경계의 음악

지은이 에드워드 사이드 Edward W. Said, 1935 – 2003
컬럼비아 대학교 영문학 및 비교문학 교수를 지냈다. 《더 네이션》지의 음악평론가로
활동했고, 20세기 지성사의 명저라 일컬어지는 『오리엔탈리즘』을 비롯해
『문화와 제국주의』, 자서전 『아웃 오브 플레이스』, 『평행과 역설』(다니엘 바렌보임과
공저)을 비롯해 수많은 책을 집필했다.

옮긴이 이석호
좋은 음악을 듣고, 좋은 글을 읽는 것이 낙이다. 그 낙을 다른 이들과 나누는 것이
또한 즐거워, 그럴 궁리를 하고 지낸다. 십여 권의 음악 관련 책을 우리말로 옮겼다.
『다시, 피아노』, 『음악에서 무엇을 들어 낼 것인가』, 『바그너, 그 삶과 음악』,
필립 글래스 자서전 『음악 없는 말』, 『왜 말러인가?』 등이 있다.

에드워드 사이드
음악비평집

경계의 음악

에드워드 사이드 지음
이석호 옮김

봄날의책

Music at the Limits
Three Decades of Essays and Articles on Music

Copyright © 2008 by Edward W. Said
Foreword copyright © 2008 by Daniel Barenboim
Preface copyright © 2008 by Mariam C. Said
Korean translation copyright © 2019 by Spring Day's Book
All Rights Reserved.

This Korean edition is published by arrangement with The Wylie Agency LTD.

이 책의 한국어판 저작권은 The Wylie Agency LTD.와 독점 계약한
봄날의책에 있습니다. 저작권법에 의해 한국 내에서 보호를 받는 저작물이므로
무단 전재 및 무단 복제를 금합니다.

추천사
다니엘 바렌보임

에드워드 사이드는 관심 분야가 참으로 다양한 학자였다. 음악과 문학, 철학에 조예가 깊었고 정치에 대한 이해도 남달랐지만, 일견 이질적이고 상이해 보이는 분야들 사이의 연결점을 추구하고 발견하는 데 천착한, 실로 드문 인물이기도 했다. 인간 정신과 존재에 대한 그의 남다른 이해는, 여러 다른 생각과 주제, 문화 사이에 존재하는 유사점들이 서로를 부정하는 것이 아니라 오히려 서로를 풍윤하게 하는 역설적 성격을 가질 수도 있음을 깨달았던 데서 오는 듯하다. 사이드를 대단히 중요한 인물로 간주해야 할 이유가 바로 여기에 있다고 나는 믿는다. 사이드가 이 세상을 살다 떠난 시기는 우리 사회가 음악의 가치를 평가절하하기 시작한 시기와 정확히 일치한다. 음악이 담고 있는 인간성, 음악적 사색이 품고 있는 가치, 그리고 시공을 초월하는 소리로 표현되는 사상 따위의 개념을, 요즘 세상은 갈수록 인정하지 않고 있다. 음악은 인생의 다른 영역으로부터 괴리되었고, 더 이상 지적 성장의 필수적인 측면으로 간주되지도 않는다. 의학 분야가 그러하듯, 음악계 또한 갈수록 협소한 분야에 대해서만 더욱 깊이 파고드는 전문가들의 세상이 되어버리고 말았다.

전문화에 강력히 반대하는 입장이었던 사이드는 음악교육이 갈수록 설 자리를 잃어가는 세태를 맹렬히, 그리고 내 견해로는 매우 온당하게 비판했다. 이는 비단 미국만의 현상도 아니다. 미국이 음악을 수입해 들여온 원산지이자 음악사의 여러 위대한 인물을 낳고 기른 유럽 역시 마찬가지다. 베토벤, 브람스, 바그너, 슈만 등 많은 작곡가를 배출한 음악 창작의 요람 독일과 드뷔시, 라벨을 길러 낸 프랑스 모두 수준 높은 음악교육의 기회가 줄어들고 있음에도 아무런 손을 쓰지 않고 있다고 사이드는 지적했다. 그는 또한 음악교육을 접하기가 비교적 용이한 곳조차도 그 내용에서는 갈수록 소수를 위한 전문화의 길로 빠져드는 시대의 흐름을 개탄했다(사이드의 이러한 견해는 나와 그를 급속히 가깝게 묶어주는 계기가 되기도 했다). 전문화에 치중된 교육은, 이론이나 음악학에는 다소 어두울지라도 대신 전문 음악가가 되기 위해 필수적인 기술적 측면만은 빠짐없이 갖춘 유능한 연주자를 배출하는 것이 고작이다. 사이드는 이러한 유능한 연주자들이 정작 음악의 본질적 내용을 캐내고 이해한 뒤 표현할 능력을 갖추지 못한 현실을 지적했던 것이다. 어쨌거나 음악이 담고 있는 내용은 소리 이외의 방식으로 표현할 순 없다는 것이 음악의 본질적인 속성인데도 말이다. 오늘날 음악교육은 이와 같은 본질에 담긴 심원한 신비에서 점차 멀어져만 가고 있다. 대신 악기 연주에 필요한 민첩한 손놀림만을 강조하는 경향이 지배적이고, 또한 음악이 지닌 힘을 적극적으로 경험하지 않은 채 오로지 구조적·화성적으로 음악을 해부하는 차가운 학문의 측면이 중시되고 있다. 사이드는 음악 비즈니스가 돌아가는 이와 같은 현실에 분개했고, 그의 연주회 리뷰는 이러한 반감의 흔적으로 가득 차 있다.

에드워드 사이드는 음악을 현미경으로 들여다보는 듯한 자세의 대척점에 서 있는 전형과도 같은 인물이었다. 그렇다고 해서 그가 디테일에 관심을 두지 않았다는 뜻은 아니다. 오히려 사이드는, 음악 천재나 음악에 재능이 있는 사람들이 디테일에 대한 꼼꼼한 주의를 방기하지 않는다는 점을 뚜렷이 이해하는 쪽이었다. 천재는 사소한 세부 하나라도, 마치 그것이 가장 중요한 것이라도 되는 양 매달리고, 그러면서도 전체의 큰 그림을 시야에서 놓치지 않는 법이다. 사실 세부에 집중해야만 큰 그림에 대한 비전을 분명히 나타내 보일 수 있기도 하다. 생각이 그러하듯 음악 역시 큰 그림이란 작은 디테일을 정확하게 조직한 결과이기 때문이다. 사이드는 연주회를 보고 들을 때마다 심지어는 프로페셔널 음악가조차 왕왕 놓치곤 하는 디테일에 정신을 집중했다. 평론가로서 그는, 주어진 주제에 대해 앞뒤 사리가 분명하게 떨어지는 글을 쓸 지식이 없었던 다른 평론가들과 달랐고, 선입견 없이 음악을 듣는 능력이 결여된 평론가들과도 한참 달랐다. 특히 이 두 번째 부류의 평론가들은 해당 작품에 대한 '정확한' 해석이라는, 결국 그들 자신조차 거기에 노예처럼 묶일 수밖에 없는 개념을 미리 설정해놓고, 이를 평가의 대상이 되는 연주와 비교하며 어느 편이 더 훌륭한가 아닌가를 따지는 것 외에는 할 줄 모르는 이들이다. 이와는 반대로 사이드는 언제나 열린 자세로 음악을 들었고, 또한 깊은 음악적 지식을 동원해 연주자의 의도와 접근법을 이해하려 애썼다. 첼리비다케와 뮌헨 필하모닉의 연주회 리뷰를 쓰면서 두 시간짜리 연주회라는 전통에 의문을 제기할 수 있는 상상력을 가진 연주자들을 서로 비교하며 대중 공연의 속성에 깃든 철학적 영역으로 슬쩍 가지치기를 할 수 있는 것도 바로 그래서이다. 첼리비다케의 악명 높은 느린 템포와 악장 간의 과장된 휴지(休止)에 대한 사이드의 코멘트는 타당한 것은 물론이요 본질을 꿰뚫는 통찰과 숙고의 산물이다. 상궤에서 벗어나는 일탈에 대한 개인적 반응이라기보다는, 연주자의 심중으로 들어가 그 동기를 이해하고자 한 시도였던 것이다.

  사이드는 작곡과 오케스트레이션 분야에 대해 대단히 정밀한 지식을 가지고 있었다. 일례로, 그는 〈트리스탄과 이졸데〉 제2막 도중 무대 뒤의 호른이 연주한 음표를 몇 마디 뒤에는 오케스트라 피트의 클라리넷이 연주한다는 사실을 알고 있었다. 나는 지금까지 여러 차례 〈트리스탄과 이졸데〉를 공연하며 수많은 저명 성악가들과 함께 일해 왔지만, 그들 가운데 사이드가 알고 있는 이 디테일을 알고 있는 이들은 흔치 않았다. 그래서 그들은 해당 부분이 되면 "무대 뒤 멀찍한 곳에서 들려야 할 소리가 왜 피트에서 들려오는 거지?" 하고 흠칫 놀라며 뒤를 돌아보곤 했던 것이다! 사이드는 그런 사소한 지점에서 재미를 찾곤 했다. 디테일에 대한 꼼꼼한 관심이 있었기에 전체에 대한 그의 이해 또한 다른 방법으로는 품을 수 없는 심원성을 획득할 수 있었다. 에드워드 사이드가 세계를 이해하는 방식은, 너무 뻔한 것, 겉으로 쓰인 것, 쉽게 손에 넣을 수 있는 것에만 안주할 수 없도록 자신을 추동했다. 평생토록 쓴 글을 통해, 또한 직접 살아낸 삶을 통해 그는 세상만사가 모두 서로 연관되어 있음을 입증하는 단서들을 발견하고 거기에 빛을 비추었다. 만사의 상호 연관성이라는 개념 또한 음악에서 길어낸 것일 공산이 크다. 음악에는 외따로 떨어져 존재할 수 있는 요소란 없다. 세상살이 또한 마찬가지다. 사람들은 개인적·사회적·정치적 영역 어딘가에 그 어떤 결과와도 묶이지 않는 독립적인 행위가 있을 거라 희망하지만, 사실 그런 경우는 어디에도 없다는 걸 우리는 끊임없이 체험할 뿐이다. 바흐 연주를 분석하면서 존 키츠를 인용하거나, 이스라엘에서의 바그너 연주회와 우리 시대 아프리카인이 낭독한 조지프 콘래드의 『어둠의 심연』을 서로 비교하는 것은 사이드로서는 극히 자연스러운 일이다. 에드워드 사이드는 인간 존재의 모든 측면 사이에서 관계성을 찾을 수 있는 사람이었다.

　음악가로서 사이드는 논리와 직관을 분리하거나 이성적 사고를 감정에서 떼어내는 것은 불가능하다고 알았고, 또 그리 믿었다. 나 역시 그의 생각에 동의하지 않을 수 없다. 감정적인 필요나 순간의 변덕을 충족시키기 위해 모든 논리를 내던져버리고 싶은 충동을 우리는 수시로 느끼고 있지 않은가. 그러나 음악에서는 불가능한 일이다. 음악은 오로지 이성으로만 쌓아올릴 수도, 오로지 감정으로만 쌓아올릴 수도 없는 까닭이다. 이성과 감정이라는 요소가 서로 분리된 음악은 음악이라기보다는 소리의 집합에 지나지 않을 것이다. 배제 대신 포용을 택한 그의 신념 또한 음악에 대한 이해에서 비롯되었다. 하나의 성부(聲部)를 강조하고 다른 모든 성부를 찍어 누르는 것이 대위법의 법칙을 거스르는 바인 것처럼, 정치적인 갈등이건 여타 갈등이건 간에 해결을 위해서는 모든 당사자가 참여하는 논의 과정이 필수라는 점을 사이드는 확신했다. 오케스트라의 음향 밸런스에서부터 중동의 평화회담에 이르기까지 모든 종류의 문제를 아우르는 통합의 원리에 대해서도 사이드는 마찬가지 견해를 견지했다. 동떨어져 보이는 문제들을 연결해내는 통찰 때문에 사이드가 위대한 사상가로 명성을 떨칠 수 있었던 것이리라. 그는 자신의 민족에게 주어져야 할 권리를 위해 싸운 투사였고, 자신의 음악적 경험과 지식을 토대로 정치와 도덕에 관한 신념을 굳건히 한, 그 누구와도 비교할 수 없는 가장 깊은 의미에서의 지식인이자 음악인이었다. 음악과 공연에 대한 그의 글은 생각의 보폭이 워낙 커서 다소 따라잡기 힘든 면이 있긴 하지만 그럼에도 무척 흥미롭고 유익하다. 높은 품격을 간직한 언어로 쓰였음은 물론이요, 그중 군계일학이라 할 글들은 대단히 독창적이고 위트가 넘치며 오로지 사이드만이 찾아낼 수 있는 뜻하지 못한 발견들로 가득하다.

서문

음악을 주제로 한 자신의 첫 책 『음악적 노작(勞作)』*의 서문에서 에드워드는, 본인이 "음악에 관심을 두는 첫 번째 이유는 문학평론가 겸 음악가로서 (스스로에게) 큰 의미를 지녔던 문화의 한 분야로 서양 고전음악을 바라보기 때문"이라고 썼다. 반면 나는 음악에 대한 그의 흥미와 그가 음악과 맺은 관계를 역동적이고 변화하는 현상으로 바라보았고, 그 씨앗 또한 대단히 사사로운 것으로 이해했다.

에드워드는 자서전**에서 유년시절 음악에 대해 느낀 감정을 이렇게 기술했다. "음악은 한편으로는 지루하게 되풀이되는 피아노 연습을 의미했고 … 다른 한편으로는 멋진 소리와 광경으로 구성된, 엄청나게 풍요롭고 무계획적으로 조직된 세상을 의미했다." 에드워드는 장르 불문하고 뒤죽박죽으로 섞인 부모님의 레코드 컬렉션을 통해 음악이라는 세상을 발견했고, 또한 매주 일요일 저녁마다 라디오로 들은 BBC의 〈오페라극장에서의 밤들〉을 통해 음악이라는 세계와 만났다.

우리 부부에게 서양 고전음악은 매일매일 생활의 일부였다. 에드워드는 일할 때마다 음악을 틀어놓았고, 잠깐씩 숨을 돌릴 필요가

---

* *Musical Elaborations*, 1991. 국내에서는 『에드워드 사이드의 음악은 사회적이다』(박홍규·최유준 공역, 이다미디어, 2008)로 출판.

** *Out of Place*, 1999. 국내에서는 『에드워드 사이드 자서전』(김석희 옮김, 살림, 2001)으로 출판.

있을 때는 휴식 삼아 피아노를 치곤 했다. 그가 여가 삼아 하는 독서 역시 음악에 대한 글을 담은 책들이 큰 부분을 차지했다. 에드워드는 음악 지식도 엄청났고, 음악에 열성인 지식인 친구들이나 애호가들과 어울리며 음악에 대한 이야기를 나누곤 했다. 그가 쓴 다양한 글에는 음악을 언급하거나 인용한 경우가 무척이나 자주 등장하지만, 에드워드로 하여금 본격적으로 음악에 대한 글을 쓰도록 추동한 계기는 1982년 글렌 굴드의 죽음이었다. 에드워드는 굴드의 때 이른 죽음으로 인해 한 괴짜 피아니스트의 찬란한 경력이 마감되었음을 안타까워했고, 곧 굴드의 삶과 음악적 업적을 깊이 탐구하기 시작했다. 굴드가 남긴 녹음 가운데 입수 가능한 건 모두 구해 들었고, 굴드에 대한 글과 굴드가 직접 쓴 글을 모두 읽었다. 또한 굴드의 음반과 관련된 모든 영상 자료와 굴드를 주제로 한 영상물을 시청했다. 에드워드는 굴드에 강하게 집착했고, 자신이 사랑한 천재를 도무지 놓아줄 수 없는 것처럼 보였다.

1983년 1월, 그러니까 굴드가 사망하고 몇 달 뒤, 우리 아들 웨이디에게 변고가 생겼다. 우리 소가족으로서는 감당하기 힘들 정도로 공포스러웠던, 죽음이 보낸 초대장이었다. 웨이디가 심각한 병에 걸려 당장 입원해야 한다는 사실을 알게 된 그날, 나는 너무나 무서워서 꼼짝도 할 수가 없었다. 소식을 듣고 충격을 삼킨 에드워드는 30분 후 그날 저녁 연주회에 가려고 표를 사놓지 않았느냐며 외출할 채비를 하자고 했다. 나는 두렵고 얼떨떨해서 집에 남겠다고 했고, 에드워드는 그래도 막무가내로 혼자 집을 나섰다. 한참 세월이 흐른 뒤 깨달았지만, 에드워드에게는 죽음의 공포와 마주한 순간이었기 때문에 더욱 음악을 갈구해야만 했던 것이다.

웨이디가 입원해 있는 동안 에드워드의 어머니에게 암 진단이 내려졌다. 당장 수술이 급하다고 했다. 에드워드는 어머니와 함께 나눈 음악과 관련된 기억이 특히 많았다. 『음악적 노작』에도 쓴 것처럼, 그가 "처음 음악에 흥미를 보인 이유는 음악에 솜씨가 남다르셨고 또한 예술을 사랑하셨던 어머니 덕분"이었던 것이다. 1983년 5월 굴드에 대한 첫 번째 글이 소개되었다(이 책에 첫 번째 글로 실렸다). 1986년 에드워드는 《더 네이션》의 음악평론가가 되었고, 그 시점부터 음악을 향한 그의 개인적 열정과 음악 공부가 하나로 합해졌다. 같은 협주곡과 교향곡, 오페라, 기타 음악 작품의 음반을 몇 종씩 수집하기 시작했고, 이렇게 쌓인 음반을 들으며 많은 시간을 보냈다. 대서양 양쪽을 오가며 오페라와 리사이틀, 콘서트 무대를 수없이 섭렵하기도 했다. 마치 음악의 깊고도 다양한 주제와 복잡성이, 한편으로는 그의 모친의 병환과 죽음이라는 현실과 마주해야 하는 투쟁과 어떻게든 연관이 있는 것처럼 보였다. 이 기간에 우리 가족은 그의 어머니께 인사를 드리기 위해 뉴욕에서 워싱턴 디시까지 자동차를 타고 자주 여행하곤 했다. 평소라면 장거리 자동차 여행에 가족끼리 대화하는 쪽을 고집했던 에드워드는, 이번만큼은 캔버스 백 한가득 카세트테이프를 담아 내가 앉은 조수석 발치에 던져놓고는 음악을 들으며 가자고 했다. 내가 반대하자 그는 상처를 받은 듯했다. 그렇게 바그너의 〈니벨룽의 반지〉가 다섯 시간 여행 내내 우리의 동반자가 되었다. 뒤에 앉은 아이들은 그러거나 말거나 귀에 이어폰을 꽂고 자기네 음악을 들었다. 거의 초현실적인 느낌이었다. 그러다 문득, 에드워드가 어머니의 병환과 목전에 닥친 죽음이 안겨줄 고통과 씨름할 수 있는 유일한 방법은 장엄하고 아름다운—그리고 어머니와 함께 보낸 유년시절을 추억하게 하는—음악 소리에 흠뻑 빠지는 것밖에는 달리 없겠구나 하는 생각이 들었다. 에드워드의 어머니는 1990년에 영면하셨다. 1991년 출판된 『음악적 노작』은 돌아가신 모친에 대한 기억에 바치는 책이 되었다.

어머니가 돌아가신 바로 그다음 해, 에드워드에게 백혈병 진단이 내려졌다. 음악은 한시도 그의 곁을 떠나지 않는 벗이 되었다. 1998년 여름, 가혹하고 끔찍한 실험 치료 과정을 견디던 도중에 크리스토퍼 헤릭의 공연 소식이 전해졌다. 바흐의 오르간 작품 전곡을 총 열네 번의 연주회에 나눠 모두 공연한다는 원대한 계획이었다. 에드워드는 치료 날짜를 조정해가면서까지 공연을 챙겼다. 14회 공연 모두를 가서 들은 것은 물론이요, 공연 전체를 평가하는 리뷰 글(이 책에 실려 있다)까지 썼다.

동시에 에드워드는 '후기 양식'이라는 개념을 연구하고 있었다. 그는 작곡가들이 생애 말년에 쓴 작품들이 '비타협성, 난해함, 해결되지 않은 모순'으로 특징지어진다고 규정했다. 이러한 생각들이 책으로 발전한 것이 여러 작곡가의 후기 작품들을 언급한 『말년의 양식에 관하여』*이다. 자서전에서 에드워드는 어린 시절 음악과 관련된 경험을 떠올리면서 특히 그가 느꼈던 즐거움을 공들여 묘사하고 있다. 또한 그가 들었던 모든 것들에 대한 세부 사항을 기록하고 있고, 그의 흥미와 호기심이 어떻게 음악작품 및 작품을 공연한 연주자에 대한 공부로 이어졌는지를 기술하고 있다. 그리고 빌헬름 푸르트벵글러―에드워드는 카이로에서 푸르트벵글러의 지휘 모습을 봤다고 한다―에 대해 한참을 쓰고 난 에드워드는 마침내 "시간이 영원히 내게서 등을 돌린 것 같다"고 썼다. 이는 곧 음악과 시간을 서로 결부한 기나긴 글로 이어졌다. 시간은 언제나 에드워드를 사로잡은 주제였다. 덧없이 흘러가버리는 시간, 그 누구도 거스를 수 없이 앞으로만 전진하는 시간, 시간의 존재 속에서 중요한 일을 이뤄내기 위해 받아들여야만 하는 도전 등에 대해 그는 숙고했다. 그에게 음악과 시간은 서로 불가분의 세계 속에서 공존했다. 이 책에 실린 마지막 글은, 메이너드 솔로몬이 후기 베토벤을 주제로 쓴 책에 대해 에드워드가 쓴 서평이다. 2003년 9월, 그러니까 에드워드가 숨을 거두기 2주 전에 발표된 글로서, 얄궂게도 '때 이른 사색'이라는 제목을 달고 있다.

죽음을 세 달 앞둔 2003년 6월 초, 에드워드는 장로교 목사로

---

* *On Late Style*, 2006. 국내에는 2012년에 출판(장호연 옮김, 마티).

있던 사촌에게 전화를 걸어 "때가 올 터이니 지금이 바로 그때라"라는 구절이 성서 어느 부분에 언급되는지를 물었다. 답을 들은 에드워드는 전화를 끊고 내게 다가와 자기 장례식에 쓸 음악을 내가 모를 것 같아 걱정이라고 말했다. 나는 그의 말에 충격을 받았고, 섣불리 답을 하지 못하고 주저했다. 문득 깨달았다. 에드워드는 이것이 끝의 시작임을, 그리고 자신이 죽어가고 있음을 내게 이야기했던 것이다.

매리엄 C. 사이드

차례

추천사　v
서문　xi

I. 1980년대

음악 그 자체: 글렌 굴드의 대위법적 비전　5
연주된 것들을 기억하기: 피아니스트 예술에서의
　　존재와 기억　21
거창한 의식: 음악 페스티벌에 대하여　43
리하르트 슈트라우스에 대하여　55
〈발퀴레〉, 〈아이다〉, 〈엑스〉　67
음악과 페미니즘　79
대중을 위한 마에스트로　89
중년과 연주자들　97
빈 필하모닉: 베토벤 교향곡과 협주곡 전곡 시리즈　105
〈세비야의 이발사〉, 〈돈 조반니〉　115
메트로폴리탄 미술관의 글렌 굴드　125
〈줄리오 체사레〉　133
〈푸른 수염 공작의 성〉, 〈기대〉　143

극단적인 경우: 첼리비다케에 대하여　151

피터 셀러스의 모차르트　159

카네기 홀의 언드라시 시프　165

II. 1990년대

리하르트 슈트라우스　175

바그너 그리고 메트로폴리탄 오페라의 〈반지〉　185

오페라 프로덕션: 〈장미의 기사〉, 〈죽은 자의 집으로부터〉,
　〈파우스트 박사〉　201

양식과 무양식: 〈엘렉트라〉, 〈세미라미데〉,
　〈카탸 카바노바〉　213

알프레트 브렌델: 음악을 위한 말들　223

〈죽음의 도시〉, 〈피델리오〉, 〈클링호퍼의 죽음〉　227

스타일의 불확실성: 〈베르사유의 유령〉, 〈병사들〉　241

음악적 회고　255

바드 페스티벌　267

바그너의 말을 곧이곧대로 듣지 않는 것이 중요한 이유　283

제스처로서의 음악: 숄티에 대하여　299

〈트로이 사람들〉 311
아이들 장난 323
글렌 굴드에 관한 서른두 개의 짧은 필름 333
바흐의 천재성, 슈만의 기벽, 쇼팽의 무자비함,
　로젠의 재능 339
불레즈를 들어야 하는 이유 353
힌데미트와 모차르트 363
마이클 태너의 『바그너』 서평 371
그의 의자에 앉아 377
〈피델리오〉에 대하여 393
음악과 스펙터클: 〈신데렐라〉와 〈탕아의 행각〉 415
고트프리트 바그너의 자서전 『늑대와 함께 울부짖지 않는 자:
　바그너의 유산』 서평 423
대중을 위한 바흐 429

III. 2000년 이후

다니엘 바렌보임: 문화의 국경을 넘어 유대 맺기 439
지식인 비르투오소, 글렌 굴드 449

장대한 야망   469
바렌보임 그리고 바그너 터부   487
때 이른 사색   503

부록—바흐와 베토벤   517
감사의 글   521

옮긴이의 말   523
해설   529
찾아보기   543

경계의 음악
Music at the Limits

I. 1980년대

음악 그 자체:
글렌 굴드의 대위법적 비전*

글렌 굴드는 20세기 연주자 가운데 그 누구와도 견줄 수 없는 예외적 존재다. 대단히 능란한 피아니스트였고(대단히 능란한 피아니스트가 넘쳐나는 세상에서도 단연 독보적일 만큼), 독특한 사운드와 똑 부러지는 스타일, 창의적인 리듬감, 무엇보다도 집중력의 수준이 연주라는 행위 자체를 훌쩍 뛰어넘은 것처럼 여겨지는 드문 예술가였다. 그가 남긴 80종의 음반을 들어보면 그 어느 것이든 굴드의 피아노 음색임을 단번에 인식할 수 있다. 그의 언제 적 연주를 듣더라도 이건 알렉시스 바이센베르크도 아니요 블라디미르 호로비츠도 아니며 알리시아 데 라로차도 아닌, 바로 굴드의 연주라고 말할 수 있다는 뜻이다. 굴드의 바흐는 타의 추종을 불허하는 경지에 올라섰다. 마치 기제킹의 드뷔시나 라벨, 루빈스타인의 쇼팽, 슈나벨의 베토벤, 캐천의 브람스, 미켈란젤리의 슈만이 그러하듯 말이다. 굴드의 바흐에는 음악을 정의하는 힘이 어려 있고, 또한 바흐라는 작곡가에게 다가가길 원한다면 그의 해석을 결코 비껴갈 수 없을 것만 같은 위력을 느끼게 한다. 하지만 각자의 역점 작곡가를 보유한 다른 모든 피아니스트들과는 달리, 바흐를 연주하는 굴드는—앞서 언급한 다른 이들에 견주어도 조금도 밀리지 않을 정도로 감각적이고 즉각적이며 즐겁고 인상적인 연주임에도—불가사의한 주제를 푸는 형식

*《배니티 페어》, 1983년 5월. 이후 존 맥그리비가 편집한 『글렌 굴드: 변주곡』(뉴욕: 더블데이, 1983)에 재수록.

적 지식의 한 종자(種子)처럼 보인다. 다시 말해, 굴드는 피아노 연주라는 행위를 통해 뭔가 복잡한 사상, 대단히 흥미로운 아이디어를 제시하고 있다는 생각이 든다. 그의 경력을, 바흐나 쇤베르크를 연주하고 사라진 단명한 피아니스트로 바라보기보다 하나의 미학적이고 문화적인 프로젝트로 이해해야 하는 이유가 여기에 있다고 하겠다.

대부분의 사람들은 굴드의 다양한 기행(奇行)을 견뎌내고 감내해야 할, 대가의 비길 데 없이 훌륭한 연주에 따르는 당연한 것으로 간주했다. 새뮤얼 립먼이나 에드워드 로스스타인을 필두로 한 탁월한 평론가들은 거기서 한발 더 나아간 주장을 펼치기도 했다. 즉, 굴드의 비길 데 없는 독특함이 엉뚱하고 다양한 방식으로 표현되는 것은 사실이지만—이를테면 연주와 동시에 콧노래를 흥얼거린다거나, 괴짜 같은 옷차림을 고수한다거나, 지성과 우아미 면에서 전례가 없는 연주를 선사했다거나—그 모두가 사실은 같은 현상의 일부였다고 말이다. 즉, 굴드는 연주를 만들어내기 위해 힘쓰는 것에서 그치지 않고 자신이 연주하는 작품에 대한 의견과 평가를 덧붙이고자 했던 피아니스트였다는 뜻이다. 참으로 그러했다. 그가 남긴 수많은 글, 1964년 이후로 무대와 결별하기로 한 결심, 일편단심 레코드 프로덕션에 자신을 바친 집중력, 은둔자를 자처하면서도 기회가 주어지면 화려한 언변을 마음껏 뽐냈던 이중성 등은, 굴드의 연주를 여타 비르투오소 피아니스트의 커리어에서는 좀처럼 찾을 수 없는 사상과 경험, 상황과 연결해 생각하게 한다.

1955년 바흐의 〈골드베르크 변주곡〉 녹음이 굴드의 커리어가 본격적으로 시작되었음을 알린 신호탄 역할을 했음은 주지의 사실이다. 어떤 의미에서 〈골드베르크 변주곡〉이라는 선택은 그가 절명하기 직전에 다시 녹음한 음반을 포함하여 굴드가 했던 거의 모든 것에 대한 전조가 되었다. 1955년 녹음 전까지만 해도 〈골드베르크 변주곡〉을 연주회 무대에 올린 주요 피아니스트는 로절린 투렉이 거의 유일하다시피 했다. 따라서 굴드의 첫 번째(이자 지금까지도

퇴색되지 않은) 성취는 메이저 음반사와 손잡고(투렉에겐 이러한 연줄이 없었다) 고도로 정교한 음악을 일반 대중에게 처음으로 선보였다는 점이며, 그 과정에서 이례적이면서 누구도 의심하지 못할 그만의 독점적 영역을 창조해냈다는 점이다.

굴드의 〈골드베르크 변주곡〉을 접하고 당장 드는 인상은, 스피드와 정확성, 힘을 겸비한 악마적인 기교를 가진 피아니스트라는 것이되, 그 기교가 연주자의 두뇌가 아니라 음악 그 자체에서 비롯되는 규율과 계산에 복무한다는 점이다. 더 나아가, 그의 음악을 들으면 열 개의 손가락 하나하나가 다른 손가락의 움직임에 명민하게 반응하며 서로 뒤얽힌 실타래를 풀어내듯, 양손과 하나의 정신이 이 모든 과정을 꼼꼼히 지켜보는 가운데 촘촘히 응집된 밀도 높은 작품이 조금씩 해체되어 나가는 것을 느낀다.

〈골드베르크 변주곡〉은 그 서두에서 단순하기 그지없는 주제 선율을 선언한다. 주제는 이후 서른 차례에 걸쳐 탈바꿈하면서, 각각의 변화에 따르는 이론적 복잡성이 높아지면 높아질수록 실제 연주에서 얻는 쾌감도 덩달아 올라가는 경험을 선사한다. 그리고 서른 번의 변주가 지나간 작품의 마지막에는 주제 선율이 다시 되풀이된다. 이렇게 반복되는 주제는, 보르헤스가 단편소설 「피에르 메나르, 『돈키호테』의 저자」에서 썼던 표현을 빌리자면 "표면적으로는 동일하지만 무한히 풍성해진" 상태인 것이다. 소우주에서 대우주로 찬란히 확장했다가 다시 소우주로 회귀하는 과정 전체가 바로 굴드가 첫 번째 〈골드베르크 변주곡〉 녹음을 통해 달성해낸 특별한 성취다. 그저 일상적인 악기 연주에서는 좀처럼 경험할 수 없는, 보통은 독서나 사고의 결실이어야 마땅한 종류의 이해를 듣는 이로 하여금 경험하게 하는 것 또한 굴드의 위업이라 할 것이다.

일상적인 악기 연주 행위를 폄하하려는 게 아니다. 그저 굴드는 애초부터 밴 클라이번—굴드와 거의 동년배로, 역시 훌륭한 피아니스트다—이 차이코프스키나 라흐마니노프 협주곡을 연주하는 것과는 다른 방식으로 음악을 표현하고자 했다는 말을 하고 싶은 것뿐이다. 데뷔 때부터 바흐를 들고 나온 선택도 그렇고 이후로 바흐의 건반 작품 대부분을 이어 녹음한 행보를 보아도 그렇지만, 역시 굴드가 하고자 했던 바의 근간에는 바흐가 있었다. 바흐의 음악은 대위법적이고 다성음악적(多聲音樂的)인 면모가 압도하는데, 이는 굴드의 피아니스트 경력에 대단히 강력한 정체성을 부여하는 요소이기도 하다.

대위법의 본질은 여러 성부(聲部)의 동시성과 다양한 자원을 초인적으로 부려내는 능력, 도무지 끝을 알 수 없는 창의성에 있다고 할 것이다. 대위법에서는 선율이 언제나 하나 혹은 여러 다른 성부에 의해 반복된다. 그 결과로 탄생하는 것은 수직적이기보다는 수평적인 구조의 음악이다. 음표의 배열(혹은 선율, 혹은 주제라 불러도 되겠다)이 우선 제1성부에 의해 제시되고 연이어 제2, 제3의 성부에 의해 반복되면서 기존의 여타 성부와 어우러지기 때문에, 따라서 어떤 음표 배열이라고 하더라도 무한대 변형의 가능성을 품는 것이 대위법에 근거한 음악이다. 선율을 위에 놓고 그 아래를 두터운 화성(和聲)의 덩어리로 떠받치는 대신(대체로 수직적인 구조를 취하는 19세기 음악이 이러한 양태를 보인다), 바흐의 대위법적 음악은 여러 동등한 선율선이 엄격한 법칙을 준수하며 구불구불 서로 갈마들면서 그 모습을 갖추어 간다.

바흐의 음악처럼 만개한 대위법적 양식에 근거한 음악은—물론 아름다움으로만 쳐도 비길 데 없는 게 사실이지만—음악의 우주 안에서 각별한 신망을 얻고 있다. 그 이유는 무엇일까. 우선 생각해 볼 수 있는 것은 대단한 복잡성과 중량감이라는 대위법의 특징이다. 단번에 귀에 들어오지 않는 복잡한 음악이고 또한 엄숙한 무게감이 서린 음악이어서, 듣는 이로 하여금 엄청나게 공을 들인 음악이구나, 더 이상 뭔가를 더할 수 없는 궁극성을 지닌 음악이구나 하고 짐작케 하는 분위기가 서려 있는 것이다. 실제로도 그러했다. 베토벤이나 바흐, 모차르트 등이 쓴 푸가 혹은 푸가풍의 작품은 듣는 이로 하여금 뭔가 평소와는 다른 중요성이 거기에 부여되었다고 느끼게 한다. 모든 사항—모든 성부, 모든 순간, 모든 음정—을 꼼꼼히 재고 이리저리 꿰맞춰본 후에야 오선보에 옮긴 음악이라는 인상이 짙은 까닭이다. 엄격한 푸가보다 더 많은 것을 동시에 말할 수 있는 음악은 세상에 없다(베르디의 〈팔스타프〉 끝머리에 등장하는 훌륭한 푸가가 머리에 떠오른다). 나아가, 음악의 대위법적 양태는 신학과 연결되어 있는 것처럼 보인다. 바흐의 음악이 본질적으로는 종교음악이기 때문이라든가 베토벤의 〈장엄 미사〉가 대단히 푸가적이기 때문이어서가 아니라, 대위법이 요구하는 법칙이 워낙 정밀하고 까다로워서 천계의 섭리에 의한 것이 아니라면 도무지 불가능한 음악이 아닌가 싶은 착각마저 들기 때문이다. 오죽하면 잘못된 성부 진행이나 화성 운용 따위를 금지하면서, '음악의 악마'(diabolus in musica)라는 무시무시한 용어까지 써가며 엄포를 놓겠는가.

　토마스 만의 소설 『파우스트 박사』의 작곡가 주인공 아드리안 레버퀸도 알고 있었듯이, 대위법에 달통하는 것은 따라서 한편으로는 하느님 노릇을 하는 일이기도 하다. 대위법은 소리의 완전무결한 배열이요, 시간의 완벽한 관리이며, 음악적 공간을 잘게 또 잘게 쪼개는 일이기도 한 동시에, 음악적 지성의 절대적 집중이 요구되는 일이다. 모든 것을 기어이 아우르고야 말겠다는 대위법의 광증에 가까운 욕심은, 팔레스트리나와 바흐부터 쇤베르크와 베르크, 베베른의 엄격한 음렬주의(音列主義) 음악까지 서양음악의 역사 전체를 관류(貫流)하는 것이기도 하다. 소설 『파우스트 박사』는 독일 예술가의 미적 운명을 통해 그가 속한 조국의 도를 넘은 우행(愚行)을 압축적으로 표현하고 있는데, 그 작곡가 주인공과 악마 사이의 약속 역시 대위법의 이와 같은 고유한 특질을 강하게 암시하고 있다. 굴드의 연주에는 대위법을 쓰거나 연주함으로써 얻거나 잃을지도 모를 대가가 무엇인지를 짐작케 하는 면이 다른 누구의 연주보다 강하게 드러난다. 누가 봐도 뻔한 정치적 함의는 차치하고서라도 말이다. 그러나 그의 연주가 달성한 또 하나 간과할 수 없는 성취는, 고단수 대위법이라 하더라도 세상과 역사에 대한 지혜를 겨냥하는 원대한 소망을 품지 않고 그저 패러디의 역할에 만족하는 코믹한 잠재력이 있음을 직시하고 수용할 줄 안다는 점이었다.

요는, 굴드의 연주는 다른 그 누구의 연주와는 달리 듣는 이로 하여금 바흐의 대위법 남용—바흐의 음악이 아무리 아름다울지언정 확실히 대위법의 남용이므로 나는 다른 적당한 표현을 찾지 못하겠다—을 경험케 한다는 데 있다. 우리는 굴드만큼 바흐의 복잡한 기술을 잘 이해하고 재현하는 피아니스트가 없었으며, 굴드만큼 대위법을 잘하는 피아니스트가 없었다고 확신하게 된다. 굴드의 연주는, 연주자의 손가락 끝에서 음악과 합리성 그리고 그 둘의 육화(肉化)가 하나로 합쳐지는 경지의 극한에 놓여 있었다. 비록 굴드의 바흐 연주가 그 주어진 책무에 대단히 집중하고 있음은 분명하나, 거기에 또한 굴드의 훗날 연주에서 맛볼 수 있는 또 다른 종류의 힘과 지성이 언뜻언뜻 비치는 것 또한 사실이다. 그는 바흐의 건반 작품 전집 녹음을 진행하면서 리스트의 베토벤 〈교향곡 5번〉 피아노 편곡판과 바그너의 관현악곡 및 성악곡을 자기 나름대로 피아노 독주용으로 편곡한 음반을 녹음하기도 했다. 특히 바그너의 후기낭만주의 음악의 그 자체로도 이미 과숙(過熟)한 대위법은, 이를 피아노 건반으로 쥐어짜낸 굴드의 반음계적 폴리포니에 의해 한층 더 인공성이 강조되었다.

굴드의 연주가 기본적으로 그렇거니와, 그의 음반 또한 연주상의 압도적인 부자연스러움—아주 낮은 의자에 앉은 덕분에 구부정한 자세, 반쯤은 스타카토 같은 타건(打鍵)에 의해 부각되는 공격적일 정도로 명징한 소리—에 방점이 찍힌다. 그러나 그의 음반은, 그가 대위법 음악을 편애했기에 예기치 못한 새로운 차원을 획득할 수 있었음을 또한 보여준다. 피아노 앞에 홀로 앉아 불가능한 일을 해내던 굴드는, 그리고 대중 앞에 서는 연주자로서의 삶을 버리고 녹음 스튜디오에 칩거하기로 선택한 굴드는 스스로를 인정하고 스스로에게 감탄하는 청자가 되었던 것은 아닐까. 알베르트 슈바이처의 말에 따르자면 바흐가 자신의 음악을 바친 대상은 조물주였다. 그런 조물주의 자리에 굴드는 자기 자신을 앉혔던 것은 아니었을까.

이는 굴드가 선택한 레퍼토리만 봐도 입증이 된다. 그는 폴리포니 전반에 대한 편애를 고백하는 글을 썼을 뿐만 아니라, 리하르트 슈트라우스에 대해서도 "자신의 시대에 속하지 않음으로써 그가 사는 시대를 더욱 풍윤하게 만들어준 작곡가, 그 어떤 세대에 속하지 않음으로써 모든 세대에게 목소리를 빌려준 작곡가"라며 각별한 애정을 나타낸 바 있다. 굴드는 베토벤의 중기 작품을 싫어했고, 모차르트의 음악을 평가절하했으며, 19세기 낭만주의 음악은 과도하게 주관적이며 유행에 좌지우지된 데다가 지나치게 특정 악기에 묶이는 경향이 짙다는 이유로 또한 혐오했다. 반면 낭만주의 앞에 왔던 올랜도 기번스와 낭만주의 후에 왔던 안톤 베베른을 존경했고, 운용 악기의 운신 폭에 대해 조금의 여지도 두지 않는 엄격성을 보였지만 대신 다른 작곡가들에게서는 찾을 수 없는 꼼꼼한 규율을 음악에 불어넣은 폴리포니스트들(이를테면 바흐나 리하르트 슈트라우스 같은)을 높이 쳤다. 특히 굴드는 슈트라우스를 20세기의 가장 주요한 음악가 가운데 하나로 꼽았다. 슈트라우스는 상궤를 벗어난 작곡가였을 뿐 아니라, 또한 "가능한 한 가장 탄탄한 형식적 질서 안에서 후기낭만주의 조성음악의 풍성한 금맥을 활용하는 일"에 천착한 인물이었다. 따라서 "슈트라우스의 관심사는 우선 조성 체계의 완전한 기능을 보존하는 것이었으며, 다시 말해 단순히 작품의 근본 얼개 차원에서뿐만 아니라 가장 구체적이고 상세한 차원의 구성에까지 적용되는 조성 체계의 기능을 고수하는 일에 뜻을 두었던 것"이라고 굴드는 재삼 강조하고 있다. 슈트라우스는 바흐가 그랬듯 "구조의 ⋯ 모든 단계에서 명쾌함이 부각되는 작품을 쓰기 위해 공을 들였던 것"이다. 무릇 작곡가라면 음표 하나하나가 모두 제값을 가지는 음악을 써야 할 터, 만약 슈트라우스 같은 이라면 음표 하나하나가 짊어져야 할 뚜렷한 기능을 염두에 두고 곡을 쓸 것이고, 혹은 바흐 같은 이라면 건반악기를 위한 곡을 쓰건 〈푸가의 기법〉처럼 악기를 특정하지 않은 곡을 쓰건 간에 각각의 성부를 신중히 통제하는 미덕을 추종할 것이다. 의례히 퉁겨대는 쿵짝쿵짝 소리는 없을 것이요(유감스럽게도 슈트라우스의 음악에 이런 대목이 아예 없는 건 아니지만), 아무런 생각 없이 풀어놓은 화성 반주도 있어서는 안 된다. 가장 큰 구조에서부터 한갓 장식음에 이르기까지 의식적으로 그리고 단호하게 형식 개념을 구축해야 하는 것이다.

이상의 설명에는 상당한 정도의 과장이 포함되어 있지만, 어쨌거나 굴드는 자신의 연주가 자신이 연주하는 음악만큼이나 명쾌하고 상세하기를 지향한다는 점은 분명하다. 어떤 면에서 그의 연주는 그가 해석하는 악보를 확장하고 증폭하며 더욱 명쾌하게 부각시킨다. 굴드는 원칙적으로 표제음악은 배제했다. 음악은 근본적으로 벙어리 예술이다. 풍부한 구문론적 가능성과 표현의 잠재력을 가진 예술임에도 음악은 언어처럼 정보나 사상, 가설 들을 주저리주저리 표현하지 못한다. 그러니 연주자 역시 선택지는 두 가지뿐이다. 멍한 존재가 되어 멍한 연주를 하거나, 아니면 굴드의 경우처럼 스스로에게 엄청난 책무를 부여하는 것이다. 연주가 벌어지는 공간을 꼼꼼히 제어하고, (정상의 범위를 벗어난 옷차림과 용모를 띰으로써) 자신을 둘러싼 환경을 장악하며, 지휘자가 따로 있음에도 불구하고 건반 앞에서 오케스트라를 지휘하고, 피아노 소리보다 크게 콧노래를 부르며, 에세이와 인터뷰, 레코드 재킷 해설 등을 무더기로 쏟아냄으로써 피아노의 영역을 언어로까지 확대하고자 작심한 듯 쓰고 떠들었던 굴드. 그는 도무지 그 입을 막을 길이 없는 수다스럽고 장난기 가득한 어린 신동처럼 이 모든 일을 열정적으로 해냈다.

내가 관람했던 이루 헤아릴 수 없이 많은 굴드의 연주회 가운데 가장 인상적이었던 것은 1961년 10월의 보스턴 연주회였다. 폴 파레가 지휘하는 디트로이트 심포니 오케스트라와의 협연 무대였다. 전반부에서 굴드는 디트로이트 심포니의 바이올리니스트 및 플루티스트와 함께 바흐의 〈브란덴부르크 협주곡 5번〉을 연주했다. 내가 앉은 자리에서는 시야가 가려 그의 전신을 볼 순 없었지만 음악에 맞춰 끄덕대는 머리와 이리저리 흔들리는 양팔만큼은 눈에 들어왔다. 어수선한 동작에도 불구하고 굴드의 연주는 소편성에 걸맞은 적당한 무게를 지니고 있었고, 감탄스러우리만치 경쾌했으며, 추진력 있는 리듬을 타고 있었고, 다른 연주자들의 흐름을 완벽하게 의식하고 있었다. 귀로 듣고, 눈으로 보고, 코로 냄새 맡는 음악이라고 생각했던 게 아직도 기억난다(한편 굴드의 모든 협주곡 음반—특히 바흐의 협주곡—은 한 가지 특징을 공유한다. 팽팽한 운동성이 느껴지고 화려한 억양이 강한 독주여서, 터벅터벅 무거운 걸음을 떼는 오케스트라와 태연자약한 품새로 관현악의 덩어리를 자유로이 드나드는 날렵한 피아노 사이에 짜릿한 긴장감이 계속 유지된다는 점이 그것이다). 인터미션이 지나고 굴드는 다시 무대에 등장해, 지독히도 분주히 움직여야 하는 단악장(單樂章) 작품이지만 딱히 반드시 늘어야 할 레퍼토리라고는 보기 힘든 리하르트 슈트라우스의 〈부를레스케〉를 연주했다(굴드는 이 곡을 녹음한 바 없다). 기교 면에서 그날 그의 연주는 입이 벌어질 정도로 충격적이었다. 전반부에 바흐 앙상블 피아니스트로 등장했던 자가 중간 휴식 동안 돌연 면을 바꾸고 한껏 흥분한 라흐마니노프 스타일의 비르투오소가 되어 돌아왔다는 걸 믿기 힘들 정도였다.

그러나 진짜 놀라움은 그보다 더 기이했다. 굴드의 이후 경력을 반추해보면, 그날 그가 무대에서 선보인 슈트라우스의 음악은 그저 피아노 연주에 그치는 게 아니라 굴드라는 예술가가 이후로 어떻게 변화하고 성장해갈지를 미리 엿보여준 것이기도 했다. 마치 자신의 역할을 독주자에만 국한시키지 않겠다는 듯, 그는 장황한 동작으로 오케스트라를 지휘했다. 물론 지휘자 노릇을 하라고 불러놓은 파레가 거기에 있었다. 그럼에도 굴드는 스스로를 지휘했고(그런 그의 모습을 보는 것은 꽤나 당황스러웠다), 딱한 오케스트라는 그런 그를 애써 무시해야 했다. 또한, 만약 이따금씩 피아니스트를 째려보는 지휘자의 살기 가득한 눈길이 둘 사이에 사전 합의된 각본의 일부가 아니었다면, 굴드의 기행은 파레 역시 짜증나게 했던 것이 분명하다. 굴드에게 지휘란 〈부를레스케〉라는 작품에 대한 이해를 넓히는 황홀하고도 압도적인 방법이었던 것 같다. 처음에는 그의 손가락 끝에서 비롯된 동작이 팔과 머리를 경유하더니, 결국에는 피아니스트로서의 내밀한 공간을 탈출해 오케스트라의 영역으로까지 확장되었던 것이다. 굴드의 이 모든 행위를 관찰하는 것은 그 자체로 값진 배움의 기회였다. 즉, 광적으로 세부에 집중하면서도 팽창 지향적인 작곡가가 제시한 안내판을 따라가는 연주자가 사소한 것 하나도 놓치지 않으려는 엄격한 자세를 견지하려면 어떻게 해야 하는지를 엿볼 수 있는 수업이었던 것이다.

굴드의 연주에 대해서는 이 밖에도 여러 가지 다른 이야기를 할 수 있다. 대부분의 평론가들은 작품을 깔끔하게 해체해내는 굴드의 솜씨에 대해 이야기한다. 그는 피아노 레퍼토리에 켜켜이 쌓인 오랜 세월의 전통—템포나 음색의 자유로운 운용 또는 위대한 피아니스트의 유구한 계보라든가 유명 피아노 교사들(테오도르 레셰티츠키, 로지나 레빈, 알프레드 코르토 등)이 승인한 연주 양식 등—을 벗겨낸다. 굴드의 연주에는 이러한 전통의 흔적조차 찾을 수 없다. 그는 다른 그 어떤 피아니스트와도 닮은 소리를 절대로 내지 않았고, 내가 판단하기로는 아직 그 누구도 그와 비슷한 소리를 내는 데 성공하지 못했다. 굴드의 연주는 그의 경력과 마찬가지로 철저히 자수성가형이었고, 심지어 기존의 시대에 조금도 빚진 바 없고, 그렇다고 자신의 외부 운명에 구속되지도 않은 채로 스스로 발아하고 성장한 것이었다.

굴드가 자신만의 길을 갔던 것은, 어느 정도는 그 자신의 솔직담백한 자기중심주의의 결과이기도 했고, 또 어느 정도는 동시대 서양문화의 영향이기도 했다. 그가 연주한 수많은 작곡가와 그들의 작품처럼, 굴드는 자기만의 길을 가면서 그 누구에게도 신세 지지 않은 것처럼 보이고 싶어 했다. 그처럼 어마어마한 양의 레퍼토리를 떠맡아 납득될 만한 연주를 담보했던 피아니스트는 흔치 않다. 그가 부렸던 작품을 일부나마 일별해보자면 이 말이 허언이 아님을 짐작할 수 있다. 우선 바흐에 천착한 그는 〈평균율 클라비어곡집〉 전 2권, 파르티타 전곡, 〈2성 인벤션〉과 〈3성 인벤션〉, 토카타, 〈영국 모음곡〉과 〈프랑스 모음곡〉, 〈푸가의 기법〉, 〈이탈리아 협주곡〉을 비롯한 모든 건반 협주곡을 레퍼토리로 품었고, 그 밖에도 비제의 〈반음계적 변주곡〉, 시벨리우스의 소나타 작품들, 버드와 기번스의 작품들, 리하르트 슈트라우스의 멜로드라마 〈이녁 아든〉과 〈오필리아의 노래〉, 쇤베르크의 협주곡, 바그너 〈지크프리트 목가〉 편곡판과 베토벤 〈전원 교향곡〉 편곡판 같은 별난 악곡들도 연주했다. 이들 작품에서 굴드가 일관되게 유지했던 바는 (언젠가 굴드 본인이 시벨리우스를 두고 했던 표현을 빌리자면) "열정적이면서도 반(反)관능적인" 연주 스타일이었다. 감상자들은 이들 연주에서 "경탄과 고요의 상태를 평생에 걸쳐 조금씩 구축해온" 굴드의 올곧은 지향을 목도한다. 이들은 독자적인 예술 현상으로서나 굴드 본인을 원천으로 하는 극적 경험이라는 면에서 가치가 높다고 하겠다.

1964년 굴드는 연주회 무대에 작별을 고한 뒤 무한 재생과 무한 반복(이를 그는 '다시 한 번 갑시다'주의(主義)라고 불렀다), 무한 창조와 재창조를 가능케 하는 테크놀로지의 피조물로 부활했다. 그가 녹음 스튜디오를 "어머니의 자궁과 같은 곳"이라고 부른 것도 전혀 놀랄 일이 아니다. 그에게 스튜디오는 "시간의 흐름이 사라지는 곳"이었으며, 그에게 녹음 예술가는 스튜디오라는 장소에서 "녹자적인 법칙을 따르고 독자적인 자유를 누리는 … 특별한 가능성을 지니는 [새로운] 예술 형태"를 빚어내는 존재였다. 제프리 페이전트가 쓴 대단히 재미있는 책 『글렌 굴드: 음악과 정신』에는 이러한 새로운 생산의 현장에 대한 이야기가 아낌없이 등장하며, 또한 스포트라이트를 자신에게 집중시키는 굴드의 재주에 관한 일화도 다수 거론된다. 콘서트 피아니스트로서 스스로 사망 선고를 내린 후 맞은 제2의 삶에서 그는 치열한 자세로 반(反)자연적 반(反)관능성이라는 지향점을 향해 매진했으며, 이는 유일무이한 존재가 되는 길이라면 오히려 고독을 흔쾌히 즐길 수 있었던 그의 성벽(性癖)이나 자신의 내부에서 발견해낸 호기심의 대상과 지치지 않고 대화를 이어나가는 기묘한 사교성이 없었더라면 불가능한 일이었을 것이다.

굳이 추상적인 용어를 동원하지 않고 말하자면, 1964년의 무대 은퇴 결정은 곧 자신의 경력 중점을 다른 곳으로 옮기기로 한 결심의 표출이었다. 연주회장이라는 공간에서는 실황 연주자에 대한 관객의 평가에 역점이 놓였고, 음악가의 연주는 두 시간짜리 공연이 끝나고 나면 사라지고 말 소비의 대상으로서 거래되었다. 비록 연주라는 것이 19세기에 들어서면서 과거와는 달리 쉽게 취득 가능한 대중 소비재가 되어버린 측면이 있긴 했지만, 연주를 거래의 대상으로 두고 연주자와 관객이 흥정하는 관계 자체는 18세기의 후원 관행과 구체제의 계급구조에 뿌리를 박고 있다. 그러나 20세기 후반의 예술가인 굴드는 플라스틱으로 만든 원판이나 테이프처럼 무한히 재생 가능한 물건을 새로운 상품으로 받아들였다. 연주자로서 굴드는 자신을 무대에서 스튜디오로 전위(轉位)시켰고, 새로운 공간의 주인이 된 그는 티켓을 구매하는 대중의 변덕에는 신경을 끊고 스스로 창작자 겸 해석자가 되어 프로덕션이라는 창조의 전 과정을 총괄했다. 그가 녹음 기술진이나 기업 중역들과 새로운 관계를 맺고 감정적으로 친밀한 언사를 동원해가며 그들과의 인연에 대해 이야기했다는 사실(그들 역시 굴드에 대해 비슷한 어조로 이야기했다)은 적잖이 아이러니하다.

이러한 과정을 통해 굴드는 자신의 대위법적 관점의 외연을 더욱 확장해갈 수 있었다. 바흐나 모차르트가 그러했듯, 예술가로서 그의 목표는 자신의 분야를 완벽하게 조직하고 극도의 통제력을 발휘해 시공간을 분할하며 (토마스 만이 『파우스트 박사』에서 썼던 어구를 빌리자면) "예술의 원리에 대해 숙고"하는 것이었다. 그 요체는 기초적인 음표들의 배열을 가지고서 이들을 최대한 많은 변화의 체에 통과시키는 방식의 작업이었다. 변화의 체라는 것은, 이를테면 테이프 조각조각을 이어 붙여 새로운 전체를 만든다거나, 연속적인 사건의 순차성을 해체한다거나(예를 들어 굴드의 〈골드베르크 변주곡〉 1981년 녹음에 담긴 주제는 순서를 뒤죽박죽으로 하여 녹음한 것이다), 두 대 이상의 피아노를 사용해 동일 작품의 개별 섹션을 녹음해 합친다거나 하는 식이었다. 굴드는 녹음 스튜디오에 칩거하며 바깥세상의 시간 흐름과는 무관한 삶을 영위했고, 그럼으로써 허물없이 편안한 스튜디오 공간을 의례적 절차 때문에 절름발이 신세가 된 콘서트홀의 대척점에 놓았다. 그는 이러한 생활양식이 음악을 빚는 과정에 대한 생각을 더욱 풍윤하게 할 뿐만 아니라 피로를 느끼지 않고 영원히 작업할 수 있는 원동력이 되기도 한다고 말했다.

스튜디오 칩거는 연주자가 인간으로서 가지는 생물학적·성적 기저의 욕구를 억누르고자 하는, 다소 애처로운 시도의 일환이기도 했다. 20세기 후반의 음악 예술가에게 녹음이라는 작업은 비(非)작곡가(19세기 스타일의 작곡가는 이제 너무도 희소한 존재가 되어버렸다)에게 불멸성을 부여하는 한 가지 형식일 뿐만 아니라, 독일의 문화평론가 발터 벤야민이 말한 '기계적 복제의 시대'에 적합한 활동 양상이기도 하다. 그리고 굴드는 20세기의 위대한 연주자 가운데 단호하게 그 운명을 선택한 최초의 인물이었다. 굴드 이전의 음악인 가운데 구경꾼들, 흥행주들, 티켓 장사꾼들이 만들어놓은 부와 낭만적 클리셰가 혼재하는 세계에 기거하길 택한 이들로는 스토코프스키와 루빈스타인이 떠오른다. 그러나 굴드는 스토코프스키와 루빈스타인의 행보가 자신에게는 맞지 않는다고 판단했다. 굴드는 자신이 추진하던 사업의 명운이 거대 기업과 익명의 대중, 대대적인 홍보와 광고에 달려 있음에도 불구하고 시장 논리에 아첨하는 공모자가 될 의향은 추호도 없었다. 굴드라는 예술가가 시장 체제의 산물이라는 진술에는 일말의 진실이 담겨 있다. 그럼에도 그가 시장 체제에 관심을 두지 않은 것은, 어느 정도는 냉소적인 거리 두기의 결과였을 수도, 또 어느 정도는 그것을 자신의 연주 안에 포섭해낼 수 없었던 데 따른 자연스러운 결과였을 수도 있다. 어쩌면 자신의 작업을 둘러싼 사회적 맥락이라는 차원은 굴드의 대위법적 식견이 빨아들이지 못했던 여러 문제 가운데 하나였을지도 모르겠다.

굴드는 북국의 적막과 고독을 사랑하는 사람이었음에도 결코 목가적인 백치천재는 아니었다. 문학평론가 리처드 포리에이가 로버트 프로스트와 D. H. 로렌스, 노먼 메일러 같은 작가를 두고 한 말처럼, 굴드는 막대한 재능과 신중한 선택, 도회풍의 세련미, 그리고 어느 정도의 자급자족성이라는 다종다양한 요소를, 흡사 다성음악의 개별 성부를 다루듯 부림으로써 스스로를 연주해낸 인물이었다. 굴드가 죽기 전에 마지막으로 발표한 레코드인 〈골드베르크 변주곡〉은 복잡한 작품을 새로운 방식으로 다시 생각하고 다시 계획하는 능력을 갖추고 있으면서도 동시에 (그의 데뷔 앨범이 그러했던 것처럼) 그것이 바로 글렌 굴드의 연주임을 확신케 하는 능력을 갖추고 있었던 예술가에 대한 헌사이다.

굴드는 기계적 복제의 시대가 낳은 총아이자 그와 함께 행보했던 동반자였다. 그는 토마스 만이 말했던 "대위법의 상반된 무리들"을 능숙하게 다루는 과업을 스스로에게 부과했다. 나름의 제약이 있긴 했으나 굴드의 작업은 그와 같은 시대를 살았던 다른 거의 모든 연주자들보다 흥미로웠다. 굴드의 연주에는 간결한 지성, 감명 깊은 일필휘지, 완벽에 가까운 경제성이 결합되어 있었고, 이런 면에서 그에게 필적할 만한 이는 라흐마니노프뿐이었다. 그는 멈추지 않는 질문에서 비롯되는 이해를 위해 기교를 사용했고, 낯선 가지를 쳐내지 않고도 복잡성을 해결했으며, 그의 위트에는 철학적 앙금이 남지 않았다. 그것이 굴드의 피아노 연주였다.

연주된 것들을 기억하기:
피아니스트 예술에서의 존재와 기억 *

피아니스트들은 우리 문화생활의 적잖은 지분을 점유하고 있다. 사람들을 기쁘게 하는 '슈퍼스타' 피아니스트가 있는가 하면, 그만큼은 되지 못하더라도 나름 적잖은 추종자를 거느리는 이들도 여럿이다. 또한 음반의 존재는 피아니스트가 행하는 바에 대한 우리의 이해를 심화, 증폭시킨다. 음반은 살아 있는 관객들의 기침, 박수 소리와 살아 있는 피아니스트의 연주를 들었던 실제 리사이틀의 기억을 환기시키기도 한다. 우리가 이러한 경험을 추구하는 까닭은 무엇일까. 왜 우리는 19세기 유럽 문화의 산물에 불과한 피아니스트라는 존재에 관심을 두는 것일까. 나아가, 일부 피아니스트들을 흥미롭고 위대하며 비범한 존재로 만드는 것은 무엇일까. 관객의 관심을 독차지하고 해마다 무대에서 만나도 물리거나 질리지 않는 남다른 피아니스트에게는 그럴 만한 이유가 있을 텐데, 어떻게 하면 그 이유를 과도하게 체계적이거나 우스꽝스러울 정도로 형이상학적이지 않은 방식으로 묘사할 수 있을까.

무궁무진할 정도로 많은 피아노 레퍼토리 가운데 새로운 음악이라고 부를 수 있는 건 얼마 되지 않는다. 실상 피아노의 세계는 거울, 반복, 모방의 세계다. 실제로 연주되는 작품은 전체 레퍼토리 가운데 비교적 작은 부분을 차지할 뿐이다. 베토벤, 슈베르트, 쇼팽,

* 《하퍼스》, 1985년 11월.

슈만, 리스트에다가 약간의 드뷔시와 라벨, 그리고 약간의 바흐와 모차르트, 하이든 정도다. 알프레트 브렌델은, 피아노와 관련한 연주 전통이라고 할 만한 것은 고작 두 가지가 전부라고 말한 바 있다. 쇼팽과 소수의 연관 작곡가의 작품을 주축으로 한 전통이 그 한 갈래요, 지리상으로는 함부르크에서 빈까지, 시기상으로는 바흐부터 쇤베르크까지를 아우르는 중부 유럽 작곡가들의 작품을 골자로 한 좀 더 풍윤한 전통이 그 다른 갈래라는 것이다. 베버와 맥도웰, 알캉, 고트샬크, 스크랴빈, 라흐마니노프 등의 작품만 가지고 입신하려 애쓰는 피아니스트는 결국 곁다리 예술가 노릇을 벗어나지 못하는 것이 현실이다.

    나 역시 피아노를 즐기는 사람 가운데 하나다. 다른 피아니스트들의 존재에서 비롯되는 즐거움을 만끽하는 것은 물론이요, 내가 직접 피아노를 치면서 듣는 것을 곱씹으며 향유의 즐거움을 누린다. 이렇게 오늘날의 피아니즘을 즐기는 나의 방식 또한 단연코 과거에 초점이 맞추어져 있다. 즉 과거에 대한 기억이 기쁨의 대상이 된다는 뜻이다. 내가 느끼는 즐거움이 과거와(좀 더 정확하게 말하자면 내가 알고 있는 바대로의 과거와) 긴밀하게 연관되어 있다는 건 어렵지 않게 이해할 수 있다. 연주할 때는 열광적으로 오로지 연주에만 집중하는 피아니스트들이지만, 그들은 사실 본질적으로는 박물관의 큐레이터처럼 보수 지향성이 강한 존재들이다. 새로운 음악은 좀처럼 연주하지 않는 점, 그리고 음악이 19세기 들어 좀 더 많은 대중과 만나는 통로 역할을 했던 공개 연주회장을 아직까지도 선호하고 있는 점만 봐도 그렇다. 우리가 피아노와 연관 짓는 즐거움의 뿌리에는 저마다의 추억이 자리하고 있으며, 흥미로운 피아니스트는 우리 각자가 가진 이러한 추억을 환기시킨다. 그런 능력의 소유자가 연주하는 무대는 거부할 수 없는 묘한 힘을 가지는 것이 당연하다.

    지난 3월 23일과 3월 31일, 마우리치오 폴리니가 카네기 홀과

에이버리 피셔 홀에서 공연을 가졌다. 밀라노 출신의 폴리니는 올해로 마흔셋이 되었다. 도약대를 박차고 나온 시점부터 그의 경력에는 남다른 데가 있었다. 열여덟의 나이로 바르샤바 쇼팽 콩쿠르를 거머쥐었는데, 나이도 나이지만 쇼팽 콩쿠르 역사상 최초의 비(非)슬라브 출신 우승자라는 영예까지 안았다. 카네기 홀에서는 베토벤과 슈베르트를, 에이버리 피셔 홀에서는 슈만과 쇼팽을 연주한 이번 공연의 프로그램은, 친숙하다 못해 진부하다고까지 할 만한 작품과 까다롭고 별난 작품을 나란히 놓는 폴리니 특유의 감각을 보여주었다. 베토벤의 〈월광 소나타〉를 슈베르트의 〈소나타 C단조〉와 함께 묶고, 쇼팽의 〈장송행진곡 소나타〉를 정신병 말기의 슈만이 쓴, 그래서 일부 사람들은 그의 광증이 그대로 드러난다고 말하기도 하는 피아노곡 〈새벽의 노래〉와 아울러 연주한 것이다. 프로그램보다 더 값진 과실은, 일곱 피아니스트의 이름으로 가득 차 있는 뉴욕의 콘서트 스케줄 가운데서도 자신이 군계일학으로 흥미로운 피아니스트임을 다시 한 번 보여준 폴리니의 연주 그 자체였다.

　우선 폴리니는 기교와 기량이 대단하다. 그저 청산유수의 달변처럼 들리는 얄팍한 기량도 아니요, 장황하고 과장된 노력의 티가 역력한 기교도 아니다. 폴리니가 쇼팽의 〈연습곡〉이라든가 슈만이나 슈베르트의 난곡(難曲)을 연주하는 것을 듣고 있으면, 곡의 난점을 명민하게 풀어내는 그의 솜씨에 대해 언급하고픈 마음은 들지 않는다. 그의 기교는 이미 기교라는 존재를 까맣게 잊게 하는 경지에 올라 있기 때문이다. 그런가 하면, 쇼팽이나 슈베르트, 슈만은 오로지 이렇게 연주하는 것만이 정답이라는 생각이 들게 하는 것도 아니다. 폴리니의 모든 연주에서 우선적으로 다가오는 것은 음악에 대한 접근법—당당하고 명쾌하며, 힘차고 넉넉한 아티큘레이션이 두드러져서 듣는 이가 곧바로 간취할 수 있는—이다. 폴리니의 연주에는, 그가 마주한 작품을 배우고, 그것을 대단히 높은 수준으로 연주해내고, 그리고는 관객으로 하여금 이와 같은 일련의 과정에 대한 깊은 이해를 공감하게 하는 면모가 어려 있다. 폴리니에게는 무대 매너라든가 정해진 포즈 같은 게 없다. 대신 그가 선보이는 것은 피아노 작품에 대한 지극히 순수한 독법(讀法)이다. 몇 년 전 나는 폴리니가 재킷도 걸치지 않은 편안한 차림으로 악보 앞에 앉아 단단한 가시로 가득한 슈토크하우젠의 〈클라비어슈튀크 X〉를 연주하는 것을 본 적이 있다. 그의 연주에는 낯선 작품에 담긴 경계성과 장난기 있는 고뇌를 감지하게 하는 무엇인가가 담겨 있었다. 폴리니 덕분에 나는 〈클라비어슈튀크 X〉가 다른 현대음악 작곡가들은 좀처럼 접근하지 못한 한계까지 스스로를 내모는 음악임을 알 수 있었다.

심지어는 폴리니가 이러한 효과를 달성하지 못하는 경우라 할지라도—그의 연주는 간혹 무표정하고 팽팽한 긴장으로 가득한 나머지 완벽하긴 하나 쉽사리 다가가고픈 마음은 들지 않는 방향으로 흐를 때도 있다는 점을 많은 이들이 지적하곤 한다—차후의 다른 연주회는 그렇지 않을 거라는 기대감만은 여전히 강렬하다. 피아니스트로서 폴리니의 인생이 한 단계 한 단계씩 펼쳐지고 있다는 느낌을 관객부터가 받기 때문이다. 폴리니의 경력에는 성장의 느낌이 묻어 있고, 뚜렷한 지향점이 엿보이며, 탄탄한 구조감이 감지된다. 안타깝게도 거개의 피아니스트들이—마치 정치인이 그러하듯—잡은 권력을 유지하는 일에만 관심을 쏟고 있는 현실이다. 블라디미르 호로비츠와 루돌프 제르킨도 딱히 예외가 아니다. 물론 당사자들은 부당한 평가라 여기겠지만 말이다. 블라디미르 호로비츠와 루돌프 제르킨은 둘 다 엄청난 재능을 가진 피아니스트일 뿐만 아니라 연주에 바치는 헌신과 에너지 역시 남다르다. 그들의 연주를 들은 관객은 큰 기쁨을 누렸을 것이다. 하지만 그들의 요즘 연주를 들으면 오늘이 어제와 마찬가지고 내일 역시 오늘과 마찬가지일 거라는 타성이 느껴진다. 호로비츠와 제르킨만큼 훌륭하지만 그들만큼 흥미롭지는 않은, 이를테면 앙드레 와츠, 벨라 다비도비치, 블라디미르 아슈케나지, 알렉시스 바이센베르크 같은 피아니스트들에 대해서도 같은 평가가 가능하다. 그러나 폴리니는 다르다. 그의 연주가 타성에 젖어 같은 궤도를 반복한다고 이야기할 사람은 하나도 없을 것이다. 알프레트 브렌델에 대해서도 그런 평가는 가당치 않다. 스뱌토슬라프 리흐테르나 에밀 길렐스, 아르투로 베네데티 미켈란젤리, 빌헬름 켐프 역시 절대 간단히 깎아내리지 못할 피아니스트들이다. 이들은 저마다 시간의 흐름과 함께 한 꺼풀씩 펼쳐지는 프로젝트를 표상한다. 그들의 프로젝트는 그저 대중 앞에서 두 시간 동안 피아노를 치는 게 전부가 아니다. 그들의 리사이틀은 주요한 피아노 레퍼토리에 대한 탐험과 해석, 그리고 무엇보다 재해석을 경험하게 하는 기회의 장이 된다.

　모든 피아니스트는 독특한 연주를 추구한다. 또한 그들의 연주가 관객에게 뚜렷한 감동을 주기를, 그리고 유일무이한 미적·사회적 흔적을 남기기를 염원한다. 이를 우리는 개별 피아니스트의 '개성'이라고 부른다. 그러나 요즘 피아니스트들은 '남과는 다른' 소리를 내고 싶은 열망을 실현함에 있어 큰 장애를 겪고 있는 형편이다. 근래의 관객은, 전문 피아니스트라면 기교적 숙련도를 높은 수준으로 유지하는 것이 당연하다고 생각하고 있기 때문이다. 피아니스트라면 당연히 정밀한 연주에 능할 것이며, 쇼팽이나 리스트의 연습곡 정도는 잡티 하나 없이 해치울 수 있을 거라 상정하는 것이다. 따라서 피아니스트는 피아니스트로서 각자의 정체성을 유지하기 위해 일종의 특수 효과에 의존할 수밖에 없게 된다. 이상적인 조건이라면, 청자가 개별 피아니스트들의 사운드와 스타일, 연주 방식을 감별해낼 수 있어야 한다. 다른 이들의 연주와 혼동하는 일이 있어서는 안 될 것이다. 그것과는 별도로, 연주의 흥미로운 특징을 개괄하는 데에는 여러 피아니스트 간의 유사점을 비교하는 과정이 결정적이다. 그렇기 때문에 우리는 피아니스트들의 악파(樂派)나 서로 다른 스타일의 추종자, 쇼팽 스페셜리스트와 다른 이들 사이의 유사점 따위를 논할 수 있는 것이다.

1982년 쉰의 나이로 절명한 캐나다 피아니스트 글렌 굴드만큼 독자적인 정체성을 찬란하게 정립한 피아니스트도 달리 없을 것이다. 굴드를 싫어하는 이들조차도 그가 가진 위대한 재능만큼은 인정했다. 그는 복잡한 다성음악(多聲音樂)—주로 바흐의 작품—을 놀랍도록 선명하고 활기차게 풀어낼 줄 아는 경이로운 능력의 소유자였다. "대부분의 피아니스트가 2성부 음악을 다스리는 것보다 굴드가 5성부 음악을 다스리는 것이 훨씬 귀에 쏙쏙 들어온다"는 언드라시 시프의 평가가 참으로 타당하다고 할 것이다.

굴드는 바흐의 〈골드베르크 변주곡〉 녹음이라는 충격파와 함께 세상에 등장했고, 피아니스트로서의 무궁무진한 지모(智謀)를 웅변하기라도 하듯 마지막 녹음 역시 〈골드베르크 변주곡〉의 재해석으로 장식했다. 놀라운 점은 1982년 녹음이 1955년의 데뷔 녹음과는 무척 다르면서도 같은 피아니스트의 작품임을 뚜렷이 보여주고 있다는 사실이다. 굴드의 바흐 해석은 연주자의 재주를 보여주는 데 그치지 않고 음악의 풍요로움을 나타내는 쪽으로 나아간다(물론 연주자의 재주가 없었더라면 두 번째 〈골드베르크〉 녹음에서 바흐의 대위법이라는 비옥한 토양이 이전 녹음과는 그토록 놀랍게도 상이한 방식으로 표출되지 않았겠지만 말이다). 이지적이고 흥겨우며 활력 넘치면서도 깨끗하게 정돈된 그의 바흐 연주는, 다른 피아니스트들이 바흐라는 작곡가로 돌아올 수 있게끔 길을 열어주었다. 굴드는 1964년 연주회 무대를 떠난 뒤 오로지 녹음에만 전념했다. 그러나 굴드에게 영향을 받은 일군의 피아니스트들, 이를테면 언드라시 시프나 피터 제르킨, 주앙 카를루스 마르팅스, 찰스 로젠, 알렉시스 바이센베르크 등은 〈골드베르크 변주곡〉을 연주하면서 명성을 얻어나갔다. 굴드의 바흐는 그 자체로 하나의 지진파가 되어 연주에 대한 생각에 변화를 초래했다. 이제 그 누구도 바흐를 베토벤, 쇼팽, 리스트, 브람스, 슈만 따위의 이른바 표준 레퍼토리를 우대하기 위해 희생해도 무방한 작곡가라고 여기지 않는다. 또한 그 누구도 바흐의 작품을 관객의 입맛을 돌게 하는 '리사이틀의 애피타이저'로 간주하지 않는다.

굴드가 던진 충격파는 비단 건반 분야에만 국한되지 않았다. 그는 모든 작품을 마치 엑스레이를 비추듯 연주함으로써 각각의 음악적 요소에 독립성과 명징성을 부여했다. 그로 말미암아 단일한 아름다운 흐름에 흥미로운 부수적 세부가 여럿 곁들여지는 연주가 탄생했다. 모든 것이 용의주도한 계획에 따른 결실임에도 그 어느 것도 무겁다거나 억지로 꾸민 듯하다거나 필요 이상으로 고심한 흔적이 보이지 않았다. 게다가 굴드의 연주는 그저 넋 나간 채로 양손만을 날래게 움직이는 게 아니라 매 순간 정신을 집중하여 이뤄내는 연주라는 느낌이 다분하다. 연주회 무대에서 은퇴한 뒤 그는 수많은 녹음과 텔레비전 영상물, 라디오 방송물을 제작하며 자신의 능력이 건반에 국한되어 있지 않음을 입증해보이기도 했다. 굴드는 본인이 하고 싶은 말을 분명히 하면서도 거부할 수 없는 괴짜의 이미지를 동시에 가지고 있었다. 무엇보다 그는 언제나 주변을 놀라게 했다. 우선 그는 남들이 기대하는 레퍼토리에 안주하지 않았다. 바흐에서 바그너, 쇤베르크로 도약했다가 다시 브람스, 베토벤으로 돌아왔고, 비제와 리하르트 슈트라우스, 그리그를 연주하면서노 기번스나 버드 같은 르네상스 작곡가들마저 아울렀다. 그게 다가 아니었다. 좋아하는 작곡가의 작품만을 연주하는 전통에서 결별하기도 했다. 모차르트를 좋아하지 않는다고 공개적으로 선언하고는, 굳이 그의 모든 피아노 소나타를 과장된 템포와 도무지 매력을 찾을 수 없는 억양을 실어 녹음했다. 굴드는 스스로의 이미지를 꼼꼼하게 단장해 세상에 내놓았다. 자신만의 소리를 가지고 있었을 뿐만 아니라, 모든 종류의 음악에 대한 뚜렷한 주장을 연주로 표현해냈다.

구슬이 서 말이라도 꿰어야 보배라고, 제아무리 지성과 취향, 독창성이 출중하더라노 피아니스트가 그것을 전달힐 기교직 수딘이 없다면 소용없는 법이다. 이런 면에서 위대한 피아니스트는 정상급 테니스 선수와 닮은 구석이 있다. 강력한 서브, 정확한 발리, 완벽한 그라운드 스트로크 등의 기량을 매일처럼 모든 상대와 맞서 보여주었던 로드 레이버나 존 매켄로 같은 선수들 말이다. 훌륭한 피아니스트의 운동 능력에 우리가 반응하는 정도를 과소평가해서는 안 된다. 요제프 레빈의 질풍과도 같은 3도와 6도 음정 구사, 천둥처럼 쩌렁쩌렁 울리면서도 믿기지 않을 정도로 정확한 호로비츠의 옥타브, 질주하는 리듬과 화음 처리가 일품인 알리시아 데 라로차의 그라나도스와 알베니스, 타의 추종을 불허할 정도로 완벽했던 미켈란젤리의 라벨 〈밤의 가스파르〉, 손가락이 꼬일 정도로 복잡한 푸가 악장과 명상적인 느린악장을 모두 훌륭히 해석해낸 폴리니의 〈함머클라비어 소나타〉, 그리고 특히 슈만의 〈후모레스케〉처럼 단편적 에피소드의 모음으로 엮인 긴 작품에서 진가를 발휘한 리흐테르의 강인하면서도 가볍게 정련된 연주를 생각해보라. 하나같이 건반을 두드리는 행위를 일상적 차원 너머로 끌어올린 연주들이며, 각고의 노력을 통해 완벽한 경지까지 끌어올린 고도의 예술적 기교를 담고 있는 연주들이다. 이들은 그 자체로 하나의 육체적 성취라 불러 무방하다.

　그러나 지적 욕구를 가진 관객이라면 시끄럽고 빠르기만 한 연주로는 성에 차지 않는다. 절륜한 기교는 기교이되 스타일상의 비르투오시티(virtuosity)라고 부를 법한 연주도 세상에는 있는 법이다. 지성과 취향이 가공할 만한 기교적 장악력과 손을 잡은 브렌델의 베토벤 연주가 그러하고, 완벽하게 통제된 화음의 기반 위에 부드러운 노래 가락을 얹은 머리 페라이아의 슈베르트가 그러하며, 세공사(細工師)가 금줄을 뽑아내는 듯한 마르타 아르헤리치의 쇼팽 스케르초가 그러하듯이 말이다. 이와 마찬가지로, 고도로 복잡한 음악을 풀어내는 솜씨 또한 우리의 흥미를 끄는 영역이다. 찰스 로젠이 연주하는 엘리엇 카터의 음악, 제롬 로언솔이 연주하는 버르토크 협주곡, 에트빈 피셔가 연주하는 바흐나 모차르트의 눈부신 순수성이 그러한 대표적인 사례가 될 것이다. 무엇보다도 피아니스트는 소리를 재료로 하여 형식을 구축해야 한다. 형식은 곧 음향과 리듬, 억양, 프레이징 등을 서로 정연하게 엮어 듣는 이로 하여금 '바로 이것이 베토벤이 의도했던 바'라고 인지하게 하는 역할을 하는 것을 말한다. 이는 작곡가와 피아니스트의 독자성이 하나로 합일되는 순간이기도 하다.

피아니스트는 어느 정도 생각과 요령을 동원해 프로그램을 짠다. 나는 오로지 프로그램이 흥미롭다는 이유만으로 무명 피아니스트의 연주회를 찾진 않을 것이지만, 또한 마찬가지로 아무리 저명한 피아니스트의 리사이틀이라도 프로그램이 무성의하고 뻔하다면 흥미가 동하지 않는다. 사람들은 뭔가를 말하고자 하는 프로그램, 다시 말해 작품과 연주의 일면을 뜻밖의 관점에서 바라볼 수 있게 하는 그런 프로그램을 만나고자 한다. 이런 점에서 굴드는 과연 천재였고, 반면 그보다 다섯 살 아래로 역시 재능이 넘치는 피아니스트 블라디미르 아슈케나지는 함량미달이다. 아슈케나지는 쇼팽과 리스트, 라흐마니노프를 전공 분야로 하는 '낭만파' 피아니스트로 스스로를 규정하며 세상에 등장했고, 이후 연주회마다 낭만파 음악가로서의 기량을 재확인시키고 있다. 그러나 그의 프로그램 그 어디에서도 새로운 의미나 뜻밖의 연결점은 찾을 수 없다. 한편 굴드는 바흐와 리하르트 슈트라우스를 동일 프로그램에 포함하는 파격을 보인 바 있고, 거의 300년의 세월을 사이에 둔 스베일링크와 힌데미트를 나란히 연주함으로써 고도로 정교하지만 구제불능일 정도로 긴 대위법 작품을 쓴 두 작곡가의 유사점을 일깨우기도 했다.

어떤 프로그램은 일관된 내러티브를 가짐으로써 관객에게 흥미를 던지기도 한다. 이를테면 역사의 흐름에 따라 바흐나 모차르트에서 시작해 베토벤을 연주한 다음 낭만파 작곡가를 거쳐 현대 작품을 연주하는 것이 그러한 프로그램의 예가 된다. 혹은 진화하는 형식(소나타, 변주곡, 환상곡)이나 조성, 양식 등에 기초한 내부적 내러티브 또한 프로그램을 묶는 인자가 되기도 한다. 내러티브에 활기를 불어넣고, 이야기의 여러 줄기를 하나로 묶고, 요점을 강조하는 것은 두말할 것도 없이 피아니스트의 몫이다.

지난 3월 폴리니의 두 차례 연주회 프로그램은 동시대 작곡가를 묶은 기획이었다. 3월 23일 리사이틀에서는 베토벤과 슈베르트가 연주되었고, 3월 31일 연주회에는 슈만과 쇼팽이 메뉴에 올랐다. 두 번의 연주회 모두 선배 작곡가의 작품 가운데서는 형식적 구조가 '자유로운' 곡이 배치되었다. 베토벤의 작품으로는 '흡사 환상곡처럼'이라는 설명이 붙은 작품번호 27번 소나타 두 곡*이 포진됐고, 슈만의 작품으로는 성격 소품 모음집인 〈새벽의 노래〉와 〈다비드 동맹 무곡집〉이 선발되었다. 후배 작곡가의 경우에는 두 종류의 작품이 쌍을 이루었다. 일종의 막간 여흥처럼 의도한 짧고 엄격한 대칭 구조의 작품은 단조의 격정적 페이소스가 여운을 남겼고(슈베르트의 〈안단테 C단조〉와 쇼팽의 〈스케르초 C#단조〉), 그 뒤를 이은 본격적인 소나타 작품은 앞선 작품에 재료로 쓰인 에피소드를 연상케 했다(슈베르트의 〈피아노 소나타 19번 C단조〉와 쇼팽의 〈피아노 소나타 2번 B♭단조〉). 따라서 폴리니의 프로그램은 베토벤과 슈만의 '기이하고' 자유로운 형식에 담긴, 흡사 바흐에 가깝다 할 정도로 엄격하게 짜인 구조를 뚜렷이 했고, 동시에 빼어난 음악적 지성으로 풀어낸 슈베르트와 쇼팽의 소나타는 그 형식적 틀을 거의 넘쳐흐르는 지경까지를 경험케 했다. 앞선 문장에서 '거의'라는 단어를 쓴 이유는, 폴리니가 낭만파 초기의 환상곡과 소나타 사이의 작지만 중요한 차이를 결코 간과하지 않는 신중함을 보여주었기 때문이다. 물론 말할 것도 없이, 이처럼 예술가의 역량을 남김없이 보여주면서도 허세라고는 찾을 수 없는 연주회는 좀처럼 만나기 어려운 것이 현실이다.

* 〈피아노 소나타 13번 E♭장조, 작품 27-1〉과 〈피아노 소나타 14번 C#단조, 작품 27-2〉(일명 '월광 소나타').

대부분의 연주회 프로그램은 전반부와 후반부로 나뉘고, 각각의 부분이 나름의 도입과 클라이맥스를 지닌다. 프로그램의 마지막 자리는 보통 시끌벅적한 작품의 몫이며, 일반적으로 피아니스트들은 이러한 불꽃놀이가 나머지 프로그램과 어떻게든 연결되도록 애를 쓰곤 한다. 관객에게 연주자의 힘을 각인시키기 위해서는 비중이 묵직한 곡—이를테면 쇼팽의 작품을 여럿 묶는다든가 하는 식으로—을 포함시키는 것도 한 가지 방법이 된다. 내 의견일 뿐이지만 앙코르는 끔찍한 관행이다. 멋들어진 정장에 묻은 음식 얼룩과도 같은 이러한 관행이 아직도 버젓이 살아 있는 것을 보면, 프로그램 기획이라는 분야가 아직도 걸음마 단계를 벗어나지 못했구나 하는 생각이 든다. 사색적인 곡 다음에 현란한 곡을 배치하는 식으로, 그야말로 누구나 짤 수 있는 성의 없는 기획이 판을 치는 마당이고, 어쩔 때는 지리멸렬한 선곡 때문에 리사이틀 티켓을 구입하지 않는 경우도 있다.

훈시 조의 프로그램을 짜는 피아니스트도 일부 있다. 이를테면 베토벤 소나타로만 구성된 프로그램, 슈베르트 소나타로만 구성된 프로그램 식으로 말이다. 지난 3월 언드라시 시프가 메트로폴리탄 미술관에서 특기할 만한 연주회를 가졌다. 도합 세 차례의 리사이틀을 모두 바흐의 작품으로만 꾸몄으며, 그 마지막은 〈골드베르크 변주곡〉으로 장식했다. 페루초 부소니와 안톤 루빈시테인은 이러한 유의 프로그램을 최초로 시도한 피아니스트로, 그들의 연주회는 광대한 스케일로 펼쳐지는 피아노 음악의 역사에 다름 아니었다. 올-쇼팽(all-Chopin)이나 올-슈만(all-Schumann) 리사이틀 따위의 기획은 그다지 드물지 않기 때문에 그 자체로는 시선을 끌지 못하지만, 1960년대에 아르투르 루빈스타인이 열여섯 곡의 협주곡을 연달아 무대에 올린 기획은 단연코 흥미로웠다. 협주곡이라는 형식이 변화해온 다양한 과정을 환히 밝히는 연주였지만, 루빈스타인의 콘서트에서 눈을 뗄 수 없는 원인은 따로 있었다. 단 한 명의 피아니스트가 몇 주간에 걸쳐 다양한 미적 영역과 신체적 힘을 혼일(混一)하는 위업의 현장을 목도하는 감격이 짜릿했던 것이다.

그러나 그처럼 흥미로운 프로그램 기획은 드문 형편이다. 대개의 피아니스트들은 선배들이 밟았던 곡목을 중심으로 메뉴를 꾸민다. 작품을 온전히 자기 것으로 만들 수 있으리라는 막연한 바람과 함께 그리들 하는 모양인데, 내 의견으로는 전혀 근거 없는 기대다. '슈나벨의 재래'나 '20세기의 타우시크' 따위의 수식어가 나붙도록 내버려두는 피아니스트가 어찌 자기만의 고유한 미적 정체성을 확립할 수 있겠는가. 그보다 더 나쁜 경우도 있다. 지난 반세기 동안 절묘한 다이내믹과 공격적인 피아니즘의 대명사로 여겨져온 단 한 명의 피아니스트, 블라디미르 호로비츠의 소리를 모방하려는 자들이다. 성공한 자는 아무도 없었다. 호로비츠 본인이 은퇴하지 않고 연주를 계속 이어나갔다는 점이 그 하나의 이유였겠지만 말이다.

참신한 프로그램 구성을 어렵게 하는 또 하나의 제약은, 피아노 레퍼토리의 대부분이 무척 친숙할뿐더러 확고히 정립되어 있다는 점에 있다. 음표도 기록되어 바뀔 리 없고, 여러 차례 녹음된 작품들이 레퍼토리의 대부분을 차지한다. 그러니 최근 카네기 홀에서 쇼팽의 발라드 네 곡을 모두 연주한 이매뉴얼 액스의 리사이틀 역시 연주회라기보다는 재(再)연주회였다고 보는 편이 타당할지도 모른다. 우리가 희망할 수 있는 바라고는, 피아니스트가 다른 이들의 연주를 베끼거나 작곡가의 텍스트를 왜곡하지 않고서도 자신의 상상력과 감각을 드러내는 방향으로 변주를 가미해 연주하는 것이 전부다. 가장 흥미로운 피아니스트는 틀에 박힌 프로그램을 소화하면서도 그 연주가 작품에 대한 해설이기도 하다는 인상을 준다. 마치 위대한 소설에 대해 쓴 에세이가 그저 줄거리 요약이 아니라 그 자체로 하나의 논평문이기도 한 것처럼 말이다. 폴리니의 연주처럼 슈만 〈환상곡 C장조〉를 훌륭하게 쳐낸 성공적인 연주는 듣는 이로 하여금 두 가지 이질적인 사항을 동시에 느끼게 한다. 이것이 슈만이 쓴 작품임을 느끼게 함과 동시에, 무한대로 변화하는 리듬과 수사의 충동, 강세, 악절, 휴지, 억양 등에 반응하며 폴리니가 작품 자체에 대해 해설을 하고 있다는, 즉 슈만의 〈환상곡〉이라는 곡에 대한 그만의 버전을 내보이고 있다는 점을 아울러 느끼게 하는 것이다. 피아니스트들은 이렇게 자기만의 이야기를 해나간다.

피아노의 세계에는 '문화'와 비즈니스가 흥미롭게 뒤섞여 있다. 혹자는 문화적 맥락이 (매표창구가 그렇듯이) 피아니스트로 하여금 소리에 집중하지 못하게 하는 요소가 된다고 주장하기도 한다. 그러나 그러한 견해는 우리가 흥미로운 피아니즘이라고 부르는 현상을 촉진하는 일부 환경마저도 싸잡아 저해 요소로 묶는 오류를 범한다. 작금의 피아니스트들이 약진할 수 있었던 이유는, 50년 전에 테오도르 아도르노가 표현한 바대로 음악 작곡과 제작, 그것의 재현과 연주, 그것의 소비라는 음악 환경을 구성하는 세 가지 가닥이 서로 긴밀하게 엮여왔기 때문이다. 그러나 요즘은 어떠한가. 거개의 피아니스트가 동시대 음악에는 짬을 내지 못하고 있다. 따라서 피아노를 염두에 두고 쓰이는 음악도 그다지 많지 않다. 대중은 기계 장치로 재생한 음악도 채 소화하지 못할 정도로 포화 상태에 있다. 거기에 더해 이제는 악보를 읽을 줄 아는 능력이, 좋은 교육을 받은 사람이 필히 갖추어야 할 소양이 아닌 시대가 되었다. 당연히 관객은 연주와 작곡이라는 행위로부터 그만큼 더 멀어지고 말았다.

비르투오소의 등용문으로 마련된 각종 음악 콩쿠르 또한 음악의 전문화, 협소화에 기여했다. 자선가와 음악가, 공연기획자 등의 기이한 조합에 의해 운영되기 십상인 이런 콩쿠르들은 승자독식주의를 장려하는 폐해를 낳고 있다. 대부분의 콩쿠르에서 벌어지고 있는 일들에 경악하는 나 같은 사람들은 이러한 승리제일주의를 목도할 때마다 성적 향상을 위해 암페타민과 스테로이드를 상습적으로 사용하는 운동경기의 세계를 떠올리지 않을 도리가 없다. 오로지 1등만을 위해 달리는 콩쿠르의 병적 분위기를 이겨내는 피아니스트도 이따금씩 나오긴 한다. 고도의 화려한 기교와 심사위원단이 선호하는 밋밋하고 무표정한 스타일을 억지 춘향으로 견뎌야 하는 경험에서 상처를 입지 않는 피아니스트도 소수 있는 것이다. 폴리니가 바로 그러한 생환자 가운데 하나다. 내 생각에 이는 콩쿠르 우승 직후 그가 취했던 행보와도 어느 정도는 관계가 있는 듯하다. 폴리니는 바르샤바 쇼팽 콩쿠르를 거머쥔 뒤 곧장 '탄탄대로'에 올라서는 선택을 하지 않았다. 대신 몇 년간 칩거 상태로 배움의 길을 걸었고, 그 기간 동안 당연히 피아니스트로서 성장했다. 바로 앞에서 '생환'이라는 표현을 쓰긴 했지만, 그렇다고 해서 콩쿠르 우승자들이 세월이 흐름에 따라 모조리 흐지부지 사멸하고 만다는 뜻은 아니다. 우승컵의 영예를 차지하고 이름도 날린 이들을 나는 여럿 알고 있다. 아슈케나지가 그렇고, 맬컴 프레이저와 앙드레 미셸 슈브가 또한 그러하다. 내가 하고 싶은 말은, 그 가운데 흥미로운 작업을 하는 이들이 극히 드물다는 점이다.

'스타' 피아니스트는 높은 개런티를 요구한다. 여기에 음반 판매에 따른 소득이 더해지면 상당한 규모의 재산이 되기도 한다. 이러한 시스템의 혜택을 누리는 피아니스트도 일부 있다. 성공하면 성공할수록 연주 횟수를 줄이고 안식 기간을 가지면서 새로운(그리고 더 위험한) 곡들을 배우는 이들이다. 그러나 대체로는 더 많은 공연과 더 나은 녹음 계약, 더 큰 '기회'를 거머쥐기 위해 많은 연주자들이 뒤죽박죽으로 경합하는 모양새다. 스타들은 현 위치를 유지하려 애를 쓰고, 그 바로 아래 있는 이들은 어떻게든 한 단계 더 올라가기 위해 처절하게 노력한다. 이 모두가 사실 일반 대중에게는 큰 즐거움을 주진 못한다. 이 과정에서 큰 이익을 챙기는 이들은 공연기획자와 중개인들, 미디어를 부리는 세력뿐이다.

작금의 작곡가와 연주자, 감상자가 녹음 계약이나 콩쿠르 트로피 따위의 방해물 없이 실질적인 공동체—바흐 일가가 봉사했던 것 같은 그런 이상적인 공동체—에 속해 다시 한 번 합심하길 바라는 건 난망해졌다. 대중 역시 가면 갈수록 선전으로 점철된 상업주의에 물들어갈 공산이 크다. 하지만 피아노 세계 안팎으로 희망의 징후는 보인다. 많은 이들이 피아노 연주와 그 밖의 다른 인간사 사이의 고리를 다시 이어야 할 필요를 느끼고 있고, 그럼으로써 뭔가 흥미로운 것이 일류 피아니스트의 영혼을 상실한 화려한 기교를 대체하기를 바라고 있다. 폴리니가 성공을 거둘 수 있었던 것도 이와 무관하지 않을 것이며, 브렌델의 성공 역시 여기에 기인하는 바 크다. 그리고 글렌 굴드는 그가 했던 모든 바에서 피아노 연주에만 국한된 피아노 연주에 대해 불만족을 표현했다. 피아니즘을 바깥세상과 연결하는 것, 그것이 굴드의 프로젝트였던 까닭이다.

이 모든 것이 '아름다운' 소리와 절륜의 기교를 맹목적으로 숭배하는 제의적 성격에서 박차고 나오려는, 그리고 그것을 둘러싼 지성의 침묵을 깨고 나오려 노력하는 피아니즘의 증좌다. 우리는 물론 아름다운 소리와 절정의 기교를 숭앙할 것이고, 많은 피아니스트들이 연주하는 스탠더드 레퍼토리를 향유할 것이다. 그러나 피아노와 관련된 경험은 우리가 자양분을 취하는 외부의 경험과 연결될 때 비로소 심화된다.

그렇다면 피아니스트들은 어떤 방식으로 우리를 연주 그 자체로부터 이격시켜 또 다른 중요한 영역으로 옮겨가게 하는가. 세르게이 라흐마니노프의 녹음을 들어보면 그 답을 짐작할 수 있다. 라흐마니노프의 연주에는 흥미로운 구석이 넘쳐난다. 그의 연주는, 다른 사람의 연주라면 종잇장 위에 죽어 있는 악보에 지나지 않을 작품에 대한 개입이라는 인상이 짙다. 그가 주장하고 싶은 바가 있음을, 음악을 듣는 우리는 느끼지 않을 수 없다. 예를 들어보자. 슈만의 〈사육제〉를 연주하는 라흐마니노프는 듣는 이로 하여금 작곡가가 종착점을 향해 작품을 풀어가는 과정을 인식하게 하면서도, 그와 동시에 슈만만이 볼 수 있었던 대혼란과도 같은 시계(視界)를 남김없이 드러냈다. 알프레드 코르토의 연주에서도 우리는 같은 느낌을 받는다.

이러한 유의 피아니즘은 터무니없을 정도로 빠른 템포로 연주하거나 낙차 큰 굴절을 감수하는, 이른바 높은 위험부담을 떠안는 연주 자세만으로는 온전히 설명해낼 수 없다. 그러한 피아니즘이 우리를 끌어당기는 이유는, 그 과정이 뚜렷해서 우리의 이목을 끌고, 그럼으로써 우리의 지성을 자극하기 때문이다. 이것이 핵심이다. 오로지 완벽에만 목숨을 거는 피아니스트만큼 지루한 피아니스트도 없다. 그 연주를 접한 입장에서 '것 참 완벽하군' 말고는 다른 반응을 내놓기가 어려운 그런 완벽 말이다. 콩쿠르 입상을 강조하는 풍토와 현란한 손가락 놀림을 제외한 나머지 모두를 제거하려는 욕구는 확실히 '성취'의 미학을 장려한다. 달리 말하면, 완벽 그 자체만을 향한 연주(발군의 피아니스트였던 요제프 레빈의 연주가 떠오른다)는 듣는 이가 접근하지 못하도록 저만치 밀어내는 역할을 한다. 따라서 완벽을 달성한 피아니스트는 '프로'만을 위한 살균된 공간에 고립되는 처지에 빠지고 만다.

내게 힘이 되는 연주는, 말하자면 내가 그 안으로 들어갈 수 있게끔 허락하는 그런 부류의 연주다. 그런 피아니스트는 나도 그와 같은 방식으로 연주하고 싶다는 욕망을 불러일으킨다. 디누 리파티가 연주하는 불타는 듯 순수한 모차르트와 쇼팽을 들으면 그런 느낌이 물씬 풍기고, 그보다는 지명도가 낮은 마이라 헤스나 클리퍼드 커즌, 위대한 솔로몬, 그리고 베노 모이세비치 같은 영국 피아니스트들의 연주에서도 그런 느낌을 받곤 한다. 오늘날로 눈을 돌리면 다니엘 바렌보임과 라두 루푸, 머리 퍼라이아 정도를 들 수 있겠다.

피아니즘이 사회에서 가지는 본질이 이와는 정반대라는 주장도 있을 수 있다. 피아노 예술은 대중과 거리를 두고 존재해야 하며, 그렇게 함으로써 우리 시대 문화의 과도한 전문화에 따라 비르투오소 피아니스트가 배태되는 사회적 모순을 두드러지게 할 수 있다는 논리다. 그러나 이러한 주장은 그것이 드러내고자 하는 바에 못지않게 횡행하는, 이른바 상업주의에서 비롯된 대중 소외의 또 다른 결과를 무시하는 우를 범하고 있다. 피아노 연주의 유토피아적 효과에 관한 문제가 그것이다. 연주자는 작곡가와 감상자를 연결하는 존재다. 연주의 경험과 과정을 엿보게 하는 피아니스트의 연주를 들은 이는, 곧 다른 경로로는 접근할 수 없는 예리한 인식이라는 유토피아적 영역으로 들어가는 초대권을 손에 쥔 셈이다. 요컨대 흥미로운 피아니즘은 관객과 해석자를 가르는 장벽을 허물면서도 음악의 본질적인 고요를 침범하지 않는 종류의 연주인 것이다.

관객의 주관적 시각을 지배하고 그것을 더욱 풍윤하고 다채롭게 하는 연주는 썩 훌륭한 두 시간짜리 여흥 이상의 의미를 가진다. 바로 여기에 피아노와 피아니스트를 흥미롭게 하는 본질이 존재한다는 게 내 생각이다. 콘서트에 임하는 각각의 관객은 다른 연주회에 대한 기억과 연주될 작품을 알게 되고 감상했던 사연 등 거미줄처럼 촘촘한 연상을 품고서 객석에 앉게 된다. 그리고 이 모든 것이 바로 눈앞의 연주를 통해 활성화되는 것이다. 물론 활성화의 방법은 피아니스트마다 제각각이다. 굴드는 마치 참고할 전례(前例)라고는 없는 것처럼 그때그때마다 스스로의 연주를 창조하듯 연주했다. 감상자에게 직접 다가가는 듯한 그의 명석하고 생생한 대위법은 듣는 이에게 각자의 생각과 사전 경험은 일단 유보할 것을 강요한다. 반면 슈만을 연주하는 폴리니는 감상자에게 작곡가의 번뜩이는 천재성을 들려줄 뿐만 아니라, 그가 사사했고 마침내는 뛰어넘은 다른 피아니스트의 연주—이를테면 미켈란젤리 같은—마저 들려준다. 두 피아니스트의 준열한 지성은 그 힘과 설득력이라는 면에서 최상급 논문의 문장에 견줄 수 있다.

이처럼 위대한 피아니스트들은 리사이틀 무대라는 부자연스러 우리만치 정련되고 까다로운 세상과 인간 삶의 음악 세상 사이에 놓인 간극을 연결하는 존재들이다. 분명 사람들은 저마다 음악작품을 듣고 대단한 감동을 받은 경험이 있을 것이다. 또한 사람들은, 연주자들이 그들에게 감동을 준 작품을 연주해야만 하는 사명을 느끼게 되는 경위, 음표 하나하나, 악보 한 줄 한 줄 새겨가며 표현하지 않으면 안 될 추동력을 느끼게 되는 경위를 궁금해 해본 적이 있을 것이다. 최고의 피아니스트들은 바로 우리에게 감동을 주고 호기심을 일게 하는 이들이다. 그들의 확신에 찬 연주와 아름답고 고결한 소리는 나로 하여금 내가 저들만큼 피아노를 잘 칠 수 있다면 경험하게 될지도 모를 그런 감정을 막연하게나마 느끼게 한다.

이는 연주자가 관객 개개인의 기대를 충족시켜주느냐 아니냐의 문제만은 아니다. 도리어 그 반대라고 해야 한다. 연주자가 관객으로 하여금 기대를 갖게 하느냐 아니냐의 측면이 더 큰 것이다. 관객으로 하여금 특정 방식으로 연주하는 음악으로써만 표현 가능한 무엇인가를 만나게 하고 기억하게 했느냐의 문제인 것이다.

오래전 이야기인데, 유럽 어느 무대에서 위대한 독일 피아니스트 빌헬름 켐프의 연주를 들은 적이 있다. 켐프가 최근 미국에서 가진 연주회는 10년인가 12년 전쯤의 카네기 홀 리사이틀이 전부로 기억하는데, 이때의 공연은 그다지 성공적이지 못했다. 미국에서는 켐프가 그다지 이름을 날리지 못했던 것이 사실이다. 대신 켐프보다 다소 뒤처지는 빌헬름 바크하우스나 루돌프 제르킨 같은 동시대 예술가들이 영광의 자리를 차지했다. 켐프의 음악은 노래하는 듯한 그만의 독특한 톤을 지니고 있으며, 그의 연주는 굴드의 그것과 마찬가지로 스승이나 다른 피아니스트의 발자국이 느껴지지 않는다는 점에서 이례적이다. 켐프의 연주에서는 켜켜이 펼쳐지는 해석을 낱낱이 들을 수 있다. 기교가 새로운 발견을 위한 도구로서 복종하는 경지이며, 피아노를 완벽하게 빚어낸 소리를 전달하려는 목적이 아니라 지각(知覺)과 인식을 벼리는 수단으로 대하는 경지이다. 이는 베토벤〈피아노 소나타 31번〉푸가 악장의 지엄한 대위법에서부터 슈만〈크라이슬레리아나〉의 환상적이고 투박한 에너지까지 그의 모든 연주에 해당한다. 켐프 연주의 표면 마감은 결코 단호하다거나 강력하다는 느낌으로 다가오지 않는다. 대신 그의 연주에서는 음표를 있는 그대로 오롯이 읽는다는 느낌이 전해져온다. 마치 우리가 오랜 세월을 들여 작품을 배우고, 점차 이해하게 되고, 마침내 '마음으로' 알게 되는 것처럼 말이다.

내가 말하는 바를 이해하고자 하는 이들은 켐프가 1976년 녹음한 바흐의 〈예수, 인간 소망의 기쁨〉을 들어보길 바란다. 많은 이들이 디누 리파티의 영롱하고 순수한 녹음을 통해 접한 곡이다. 하지만 마이라 헤스의 편곡판을 쓴 리파티와 달리 켐프는 자신이 직접 편곡한 버전을 썼는데, 그 때문인지 연주에 애정이 진하게 어려 있다. 바흐의 원곡은 물결치는 셋잇단음표 오블리가토를 동반한 평화로운 코랄 선율인데, 이를 리파티는 굳건한 내성부(內聲部)를 아우르는 레가토 선율로 만들어냈고, 리파티의 이러한 솜씨는 많은 다른 피아니스트가 선망하는 바이기도 하다. 그러나 그의 연주를 가만히 들어보면, 피아니스트가 다양한 효과에 모두 신경을 쓰고자 한 나머지 다소 갈피를 잡지 못하는 것만 같은 인상이 스며 나온다는 점 또한 부인할 수 없다. 특히 켐프의 음반과 비교해서 듣고 나면 이러한 점은 더욱 분명해진다. 몇 차례 반복되는 코랄 선율이 마지막으로 등장하는 부분에 도달한 켐프에게서는 바흐 음악에 평생을 바친 피아니스트의 연륜이 느껴진다. 절제된 음악이 종결부에 도달하면 경건한 승리감이나 진부한 멜랑콜리는 흔적조차 찾을 수 없다. 음악의 외적 특징과 내적 움직임은 마치 두 가지 형식이 하나로 묶여 연동하듯 다가온다. 그리고 문득 깨닫는다. 우리가 알고 있는 피아노 연주라는 행위의 많은 부분이 공적인 공간에서 벌어지는 것이 사실이긴 하지만, 피아노 연주가 그 영향력을 가장 심대하게 행사하는 것은 듣는 이의 기억과 연상 작용이라는 개인적 영역이라는 점을 말이다. 이 개인적 영역은 한편으로는 연주와 취향 패턴, 문화기관, 미적 양식, 역사적 의무 등으로 둘러싸인 공간인 동시에, 다른 한편으로는 저마다의 만족과 기쁨으로 이루어지는 공간이기도 하다.

나는 지금 무척 거창한 음악의 세계에 대해 이야기하고 있다.

프루스트의 『잃어버린 시간을 찾아서』와 토마스 만의 『파우스트 박사』처럼 문학과 음악, 사회적 모더니즘을 혼일시켜낸 기념비적인 저작에서 파고들고 밝혀낸 그런 세상 말이다. 지금까지도 문학과 음악, 사회적 모더니즘은 서로 강력한 영향을 주고받고 있다. 그래서일까, 나는 글렌 굴드를 볼 때마다 그가 토마스 만이 그려낸 아드리안 레버퀸의 현신인 듯하고, 아르투르 루빈스타인의 원기 왕성하고 자못 연극조의 피아노 연주는 마치 프루스트가 묘사했던 포부르 생제르맹의 게르망트 호텔 살롱에서 열린 음악 연회에서 막 걸어나온 것처럼 여겨진다.

음악 비즈니스가 기업화되면서 콘서트 음악의 무대로 기능하던 보헤미아 살롱이나 상류 사교계는 사라져버렸다. 이러한 변화와 더불어 음악은 시장성 있는 재화로 기능하기 시작했다. 그러나 당대 피아니스트들에 의해 기품을 더한 전통이 오랫동안 존속했음을 또한 잊어서는 안 될 것이다. 그리고 다양성과 무게를 고루 갖춘 전통이 폴리니 급의 수준을 갖춘 피아니스트가 등장할 수 있는 토양이 되기도 했다는 점을 마땅히 기억해야 할 것이다.

빼어난 연주회는 서사시와 비극이라는 큰 건축물에 가려 빛을 잃은 문예 장르인 에세이와 유사한 구석이 있다. 에세이와 리사이틀은 고정적이지 않다는 점에서, 무언가를 재창조한다는 점에서, 그리고 개인적이라는 점에서 닮았다. 에세이스트는 피아니스트처럼 이미 주어진 것을 소재로 취한 뒤 거기에 자기만의 사려 깊은 판단을 담은 해석을 덧붙인다. 각각의 연주와 문체가 얼마나 단호하건 간에, 그들이 해당 소재에 대한 불변의 최종적 해석을 제공하는 존재는 아니라는 사실 또한 피아니스트와 에세이스트의 공통점이다. 근저에 날렵함이라는 특징을 공유하고 있기에 피아노 음악과 에세이라는 장르는 진솔함과 활기를 유지할 수 있는 것이기도 하리라. 그러나 피아니스트의 예술에는 단순화할 수 없는 이야기가 존재한다. 슈만의 〈후모레스케〉나 쇼팽의 〈발라드 F단조〉 같은 작품의 기저를 흐르는 멜랑콜리, 근사한 이름을 가졌던 전설적인 피아니스트—부소니, 오이겐 달베르트, 프란츠 리스트, 레오폴드 고도프스키 같은—의 사라지지 않는 권위, 베토벤의 강고한 음악부터 포레의 연약한 음악까지 모두를 아우르는 당당한 힘, 그리고 리사이틀 현장을 부유하는 헌신과 금권의 묘한 혼합이 모두 그 이야기의 실마리가 될 것이다.

거창한 의식:
음악 페스티벌에 대하여 *

『그로브 음악사전』에 짤막하고 명쾌하게 기술되어 있는 '페스티벌' 항목을 읽어보면 음악축제를 바라보는 전근대 시기의 관점과 현대의 관점이 사뭇 다름을 알 수 있다. 전근대의 음악제는 종교 및 농경 생활과 직결되는 상징적 제례였던 반면, 현대의 음악제는 위대한 작곡가를 기리는 기념행사 혹은 상업적 성격이 짙은 관광 명소가 되어 버린 것이다. 5세기 아테네의 위대했던 극 무대 축제부터 드루이드 교인들의 아이스테드바드**와 13세기 프랑스의 푸이***에 이르기까지 전근대적 의미에서의 음악축제는 이제 흐릿한 인류학적 과거의 흔적으로 물러나고 말았다. 반면 현대적 의미의 음악제는 여전히 우리 곁에—지나치게 왕성하게—살아 있다. 예외라고 부를 사례가 몇 있긴 하지만, 대체로 요즘의 음악 페스티벌은 너무도 수효가 많아지면서 그에 따라 각각의 수준 또한 낮아지는 추세다. 그렇지 않아도 음악 활동의 품질이 세월이 흐름에 따라 갈수록 정도(正道)를 벗어나 무기력해져만 가는데, 음악제마저 그러한 경향을 가속화시키고 있다.

* 《더 네이션》, 1986년 8월 30일.
** Eisteddfod. 문학과 음악을 주제로 하는 웨일스의 축제. 12세기에 비롯된 것으로 추정된다.
*** Puy. 중세 성기(盛期), 프랑스 북부와 저지대, 영국 등지에서 결성된 음악과 시문학 길드 혹은 단체.

현대적 의미의 음악 페스티벌이 태동된 것은 19세기의 일로, 헨델과 모차르트, 바흐, 베토벤, 바그너 등과 같은 위대한 작곡가를 기리는 기념행사의 성격이 짙었다. 1876년에 시작된 바그너의 바이로이트 페스티벌은 애초부터 중상류층과 중상류층이 승인한 문화적 기억에 바치는 기념물로서가 아니라 혁명적 축전의 장으로서 기획되었다는 점에서 이례적이었다. 일찍이 토마스 만은 바그너가 쓴 편지들을 읽고서 아래와 같이 쓴 바 있다.

[작곡가의 의도는] 부르주아의 안락한 문화와 더불어 상업화된 극장 산업 전반을 횃불로 태워버려야 할 필요성에 대해 갈파하는 것이었다. 뜨거운 불이 모든 것을 깨끗이 쓸고 지나간 자리에는 예술의 열렬한 지지자들이 고개를 들고 나타나 저열한 세계를 견뎌낸 생존자들에게 "당신들 중 누가 나를 도와 드라마를 공연하는 일에 가담하겠소?" 하고 물을지도 모른다. 그러면 오로지 진정으로 사심이 없는 자들만이 앞으로 나올 것이다. 예술 사업으로 돈을 번다는 것이 더 이상은 가능하지 않음을 알기 때문이다. 그런 자들이 한데 모여 목조 건물을 재빨리 짓고 사람들에게 진정 예술이 무엇인지를 보여주게 될 것이다. … 건물은 언덕 위에 건설되어 수 킬로미터 밖에서도 눈에 들어오는 예술의 사원을 상징한다. 사람들은 방방곡곡에서 모여들어 순수하고 숭고한 아름다움에 의해 교화될 것이다. 그곳에서는 가장 숭엄한 작품만이 공연되어야 할 것이며, 프로덕션 또한 가장 높은 수준을 유지해야 할 것이다.

숭고한 공연이 끝나고 나면('당연히 입장료는 받지 않는다') 프로젝트는 그것으로 마무리가 되고 극장은 헐어버린다는 계획이었다.
그러나 그런 일은 일어나지 않았다. 19세기가 저물 무렵, 바이로이트는 사회적 순례객이 모이는 현장이었다. 음악에 대해서는 아는 바가 많지 않은, 프루스트의 『잃어버린 시간을 찾아서』의 등장인물 오데트는 바이로이트를 방문해 루트비히2세의 성을 빌려 지내면서 호의호식하고 싶다고 고집을 피움으로써 남편 스완의 화를 돋우고, 1930년대에는 바이로이트 축제가 이미 천 년 제국의 상징이 된 뒤였다. 1951년 재개관과 함께 빌헬름 푸르트벵글러의 베토벤 〈합창 교향곡〉 공연으로 과거의 과오를 씻겠다고 다짐한 바이로이트 음악축제는 이후 모든 바그너 공연을 가늠하는 잣대의 위치까지 단숨에 올라섰다. 전후(戰後)의 바이로이트는 작곡가의 손자인 볼프강 바그너와 빌란트 바그너 형제가 총감독을 맡으면서 한스 크나페르츠부슈와 앙드레 클뤼이탕스, 카를 뵘 같은 주요 지휘자를 끌어들였고, 최근에는 피에르 불레즈까지 바이로이트 무대를 밟았다. 최근들어 연주 수준이 좀 삐끗하긴 했지만, 그럼에도 바이로이트 페스티벌은 사그라지지 않는 강한 불꽃을 자랑하며 방문객들로 하여금 고가의 비용을 흔쾌히 지불하도록 요구하고 있다. 7월과 8월 그곳을 방문해 〈니벨룽의 반지〉 사이클 전체를 보려면(그것만으로도 이미 쉬운 일은 아니다) 입장권과 호텔 숙박료 등으로 수천 달러는 지불할 각오를 해야 한다.

　1877년에 시작된 잘츠부르크 페스티벌 역시 바이로이트만큼 위세가 등등하고 비용이 많이 든다. 죽은 작곡가가 중심에 놓인다는 것도 또 하나의 공통점이다. 잘츠부르크 페스티벌 하면 연상되는 작곡가는 단연코 모차르트다(하지만 생전의 모차르트는 잘츠부르크의 높은 어르신들과 진저리나는 무사안일주의 등 이 도시와 관련된 거의 모든 것을 증오했다). 다만 요즘은 모차르트의 매력 위에 흡사 메르세데스 벤츠와 같은 능력을 과시하는 유럽의 음악 총감독 헤르베르트 폰 카라얀의 그늘이 짙게 드리우고 있긴 하지만 말이다. 잘츠부르크가 제일 상석에 받드는 작곡가가 모차르트임은 사실이지만 베르디와 리하르트 슈트라우스, 베토벤 등의 작품 역시 이곳에서 자주 공연된다. 모든 연주는 카라얀의 전체주의적 사고방식에 의해 일사불란하게 움직인다. 카라얀은 한때 중부 유럽의 어느 도시를 거점으로 해서 50개의 오페라를 제작한 다음 이를 차례로 세상에 내보내 순회하게 하는 야망을 품기도 했다고 한다. 바이로이트와 잘츠부르크는 특정 인물의 에고(ego)가 품은 고유의 미적·정치적 개성을 표현한다는 점에서 음악축제의 전형을 벗어나지 않는다. 스폴레토에 메노티가, 올드버러에 브리튼이, 배스에 메뉴인이, 말보로에 제르킨이, 그리고 프라드와 산 후안에 카살스가 있는 것처럼 말이다.*

이러한 페스티벌들은 이따금씩 무력증에 시달리기도 한다. 독재적 운영진과 그들을 둘러싼 도당(徒黨)이 '전통이 최고'라고 주장하면 거기에 따라갈 수밖에 없기 때문이다. 그에 대한 대안으로 각종 위원회가 주도하는 방안이 제시되지만 그것 또한 결과가 신통치 못할 때가 많다. 흔히 음악축제는 오케스트라나 오페라단의 정규 시즌이 여름까지 연장되면서 이루어지곤 한다. 아주 대놓고 장삿속을 드러내는 축제도 있다. 빈과 뮌헨에서는 이른바 여름 오페라 페스티

---

* Spoleto Festival: 미국 사우스캐롤라이나 주 찰스턴에서 매년 늦봄에 개최되는 음악축제. 1977년 이탈리아 작곡가 잔 카를로 메노티의 주도로 설립. Aldeburgh Festival: 영국 서퍽 주 올드버러에서 매년 6월에 개최되는 음악축제. 1948년 벤저민 브리튼과 테너 피터 피어스, 대본작가 겸 프로듀서 에릭 크로지어의 주도로 설립. Bath International Music Festival: 매년 늦봄 잉글랜드 남서부의 배스에서 개최되는 음악축제. 1948년에 처음 창립되었고, 바이올리니스트 예후디 메뉴인이 1959년부터 1968년까지 음악감독을 맡아 꾸렸다. 2017년 배스 문학축제와 합병되어 '배스 페스티벌'이라는 이름으로 거듭났다. Marlboro Music Festival: 미국 버몬트 주 말보로에서 매년 여름 7주간 개최되는 축제. 다른 축제에 비해 교육적인 측면이 강조되고, 그래서 정식 명칭 또한 '말보로 뮤직 스쿨 앤드 페스티벌'이다. 1950년 루돌프 제르킨과 그의 장인인 바이올리니스트 아돌프 부슈의 주도로 설립되었다. Prades Festival: 1950년 바흐 서거 200주기를 기념하기 위해 첼리스트 파블로 카살스가 프랑스 프라드 지방에서 개최하기 시작한 축제. 카살스는 이곳에서 첼리스트로서뿐만 아니라 지휘자로서도 왕성하게 활동했다. San Juan Music Festival: 매년 푸에르토리코 산후안에서 개최되는 음악축제. 지금의 정식 명칭은 '카살스 페스티벌'이다. 1956년 카살스에 의해 창설되었다.

벌이라 불리는 행사를 매년 진행하면서 지난겨울에 공연했던 작품들을 그대로 상연한다. 출연진 또한 겨울과 별반 다르지 않다. 다른 점이 있다면 훌쩍 높아진 입장권 가격이다. 앞뒤 가릴 경황이 없는 관광객의 주머니를 노린 상술인 것이다. 뉴욕의 '모스틀리 모차르트'는 겨울 시즌에 공연했던 작품을 대충 긁어모은 잡동사니 주머니나 진배없지만, 그래도 돈은 조금 덜 받는다(연주 수준 또한 평소에 못 미친다). 라비니아 페스티벌과 탱글우드 페스티벌은 각각 시카고와 보스턴의 정규 시즌의 일상적 연장선상으로 기능한다. 공연 현장을 '시골'로 옮겨 진행한다는 점과 공연의 질이 들쭉날쭉하다는 점이 양쪽의 공통 사항이다. 이 밖의 주요 페스티벌들은—대충만 열거해도 피렌체의 5월 음악제, 샌타페이, 액상프로방스, 루체른, 글라인드본 등을 들 수 있다—제각각 이들 두 양극단의 중간쯤에 위치한다. 풍광 좋은 곳에 자리 잡아 손님들을 끌면서, 동시에 뚜렷하고 꼼꼼하게 다듬은 예술적 완성도로 명성을 굳혀 관객을 유혹하는 곳이기도 하다.

이들 페스티벌에서 잊지 못할 음악 경험을 할 수 있다는 것도, 공연 환경이 멋지면 설사 연주가 평범하다 하더라도 관객이 얻는 즐거움은 커질 수 있다는 것도 모두 사실이다. 내가 바이로이트를 경험한 건 1958년이 유일한데, 그때 열흘간 머물면서 굉장히 강렬한 인상을 받았던지라 그걸 망치고 싶지 않아 아직까지 두 번째 발걸음을 하지 않고 있다. 그리고 레바논 동부의 바알베크 페스티벌은 유피테르와 바쿠스 신을 모신 고대 로마의 사원 유허(遺墟)에서 열리기 때문에 방문할 맛이 나는 곳이었다. 1976년 무렵까지 약 20년간은 그랬는데, 지금은 시아파 민병대가 인질들을 잡아 가두는 근거지로 사용하고 있어 발걸음하기 힘들게 되고 말았다. 그러나 설령 최상의 상태로 유지되는 음악제라 하더라도, 그것이 과연 오로지 완벽한 평온 속에서만 맛보고 추억할 수 있는, 고립된 순간 이상의 경험을 하게 해주는지는 의문이다. 게다가 그런 기회는 좀처럼 오지 않는다. 그렇다면 흔히 맞닥뜨리게 되는 최악의 시나리오는 어떠한가. 그런 경우 음악제를 채우는 공연은 전적으로 호도된 맥락 속에 위치한다. 축제 고유의 특별함에서 비롯되는, 불쾌하다 못해 위협적이기까지 한 화려함에 현혹된 나머지, 그저 음표만 그럭저럭 소화해내는 적당히 수완 좋은 연주인데도 헌신적이고 영감에 가득 찬 연주로 착각하게 되는 건 아닌지 자문해 볼 필요가 있다.

작금의 여름 음악제 가운데는 미적 존재 이유를 내팽개쳐버린 것으로 보이는 행사들도 다수 존재한다. 《더 뉴욕 타임스》가 소개하는 음악제 목록을 보면 뉴욕 주 내에서만도 최소 15개의 페스티벌이 진행될 것임을 확인할 수 있다. 일을 벌이기 좋아하는 흥행주들은 소비자들로 하여금 뭔가 특별한 것을 얻어 간다고 믿게끔 고안된 프로그램으로 비수기인 여름 기간을 채워 넣고, 동시에 연주자들은 일거리와 소득을 챙기는 것이다. 명성 짜한 요즘 음악축제 가운데 알프레트 브렌델이나 제임스 레바인, 이매뉴얼 액스나 크리스토퍼 호그우드의 이름이 보이지 않는 행사가 과연 몇이나 될까. 물론 예외가 있지 말라는 법은 없다. 예를 들어 올드버러에서 머리 퍼라이아가 벤저민 브리튼과 피터 피어스가 창조해낸 음악적·교육적 연주 관행에 굳건히 뿌리를 박고서 아주 훌륭한 리사이틀을 선사할 수도 있는 것이다. 그러나 현실은 어떠한가. 탱글우드에서 오자와 세이지와 알프레트 브렌델이 베토벤 〈피아노 협주곡 3번〉을 공연한다. 그리고 당신은 브렌델이 같은 작품을 일주일 뒤 에든버러에서 다른 악단 및 지휘자와 함께 크게 다르지 않은 연주로 공연하기로 되어 있다는 사실을 알고 있으며, 오자와 또한 같은 곡을 내년 시즌에 지난 시즌 심포니 홀에서 했던 것과 대동소이하게 다시 지휘하게 되리라는 것을 알고 있다. 그렇다면 탱글우드 공연에 어떤 특별한 의미가 있겠는가. 그런 연주회에서는 축제적인 그 무엇도 찾을 수 없는 게 정상이지 않을까. 아, 물론 이들 여름 공연이 일반 공연과 다른 점이 아예 없는 건 아니다. 음악에는 신경도 쓰지 않는 음향 상태를 견뎌야 하고, 말도 안 되게 비싼 티켓 가격을 감내해야 하며, 더위와 달려드는 벌레들을 참아야 하고, 일곱 시간 동안 차를 몰아야 간신히 공연장에 도착할 수 있다.

그래도 어떤 이들은 항변할지 모른다. 음악축제는 음악을 좀 더 많은 대중에게 소개할 기회이자 동시에 매력적인 고장에서 음악을 즐길 기회가 되지 않는가 하고 말이다. 그럴지도 모른다. 그들은 또한 이렇게도 이야기할 것이다. 일상의 번잡스러움에서 탈피하여 한적한 환경에서 듣는 음악이라면 격식에 얽매이지 않고 오로지 우리 내부에만 집중한 채 즐길 수 있지 않겠는가 하고 말이다. 일리가 없지 않다. 하지만 다음의 사항들도 한번 고려해 보라. 첫째, 작금의 페스티벌 가운데는 현대음악을 부각시키려 애쓰는 곳이 사실상 없다시피 하다. 오늘날 성공가도를 달리고 있는 음악제들은 모두 18세기 중반부터 20세기 초반의 중부 유럽 전통에 속한 작품 가운데 주류로 인정받는 곡들을 다시 축성하는 절차에 다름 아니다. 탱글우드를 비롯한 일부 음악제는 그래도 적잖은 양의 현대 작품을 올리고 있긴 하지만, 이런 무대들 역시 관객을 끄는 주류 이벤트와는 철저히 분리되어 진행되는 모양새다. 주류 이벤트라 함은 관객이 많이 드는 베토벤과 브람스 공연, 그리고 이따금씩이기는 하지만 여전히 칭찬할 만한, 좀처럼 듣기 힘든 작품을 무대에 올리는 박물학적 시도(이를테면 이번 시즌 탱글우드에서는 베버의 〈오베론〉을 원래의 작품 의도에 따라 영어로 공연한다) 등을 가리킨다. 결국 중요한 것은 유명한 이름과 상대적으로 친숙한 레퍼토리로 귀결된다.

둘째, 공연 횟수 증가의 역효과를 생각해봐야 한다. 이른바 연주의 사회적 의미를 강조한 나머지 연주의 미적 수준 저하를 감수해야 하는 지경에 이를 수 있기 때문이다. 뉴욕의 '모스틀리 모차르트'는 근 두 달간 진행되는 가운데 거의 매일 공연 일정이 잡힌다. 들을 연주회가 귀한 시기를 노린 이러한 페스티벌은 많은 양의 음악을 몰아서 감상할 수 있는 기회가 되기도 하는 것이 사실이다. 하지만 이처럼 대도시에서 여름내 벌어지는 음악제의 주 관객층은 아무래도 대도시 시민이며, 그들은 대부분 방관자적이고 취사선택적인 취향을 가진 이들이다. 다시 말해 대부분의 관객이 도심 공원에 산보라도 다녀오는 심정으로 가고 싶은 공연 몇 개를 골라 간다는 뜻이다. 주요 일간지의 음악 담당 기자를 제외하면 그 모든 공연을 처음부터 끝까지 챙겨 보는 이가 과연 몇이나 되겠는가. 그렇다면 단일 작곡가의 특정 레퍼토리 전체를 일거에 편성하는 측의 교육적 의도 역시 무색해지고 마는 것 아니겠는가. 결국에는 주말 나들이 삼아 가는 음악회와 다를 바가 없으니 말이다.

영국의 미술사가 T. J. 클라크는 그의 저서 『회화 속에 나타난 현대인의 생활: 마네와 그의 추종자들의 그림에 나타난 파리』에서, 오스만이 설계한 파리처럼 점차 확장되고 고도로 조직된 도시가 그곳 거주민들의 삶의 양식을 지배해가던 무렵에 중산층이 교외로 나가 자연을 직접 경험하는 생활 습관이 비로소 등장하기 시작했음을 묘사한 바 있다. 1860년대와 1870년대 화가들이 화폭에 기록한 바에서부터 이미 아이러니는 뚜렷하다. 교외에서 한적한 시간을 즐기는 사람들의 모습 뒤로 산업화된 시대의 흔적이 보이기 시작한다. 마네가 그린 파리 외곽의 모습에는 이미 공장 굴뚝과 철로가 들어가 있다. 한편 모네를 위시한 다른 화가들은 산업화의 흔적이 화폭 속으로 침입해 들어오는 것을 애써 막으려는 듯 잡초와 냇물, 나무 등에만 집중했고, 자연을 가까이에서 부자연스럽게 새로이 경험하는 편을 선택했다. "교외의 풍경을 도시의 용도에 맞추어 재편한" 그림들에서, 그리고 "부르주아의 정체성을 확인하는 의식"으로 각광받은 일요일의 소풍에서, 클라크는 "사람들이 부르주아라는 정체성을 획득하기 위해 한바탕 각축을 벌인 상징적인 전장으로서의 여가 활동"의 등장을 읽어냈다.

클라크와 경제학자 소스타인 베블런의 주장처럼 19세기 중반의 여가 활동은 행위자 본인이 즐기는 것만큼이나 남들에게 보여주고자 하는 욕구의 표출인 측면도 컸는데, 파리 주변 지역을 있는 그대로 묘사한 당시의 회화작품들 못지않게 음악축제 역시 그러한 유형의 반영이었다. 바이로이트에 다녀온다는 말은 바그너를 숭배한다는 의미 외에도, 시간을 내 먼 곳까지 여행할 여유가 있고 가정과 일상에서 벗어날 여력이 있으며, 무엇보다도 살고 있는 도시에서 만나는 공연보다 더 나은 연주를 경험하기 위해 이 모든 투자를 할 수 있는 여유가 있음을 의미하는 것이었다. 이는 또한 음악을 제대로 경험하기 위해서는 다른 모든 어려운 예술이 그러하듯 각별한 주의와 노력이라는 사치가 동반되어야 함을 의미하는 것이기도 했다.

요즘의 음악제들에서는 초창기 음악축제의 권위주의적 거리감은 찾아보기 힘들고, 그 대신 매일처럼 스타급 연주자를 무대에 세워 유명한 작품을 연주하게 하는 데서 오는 고비용의 무게가 압도적이다. 로저 본이 최근 발간한 전기『헤르베르트 폰 카라얀』에서 한 토막을 인용하자면 1983년 잘츠부르크 페스티벌은 아래와 같은 비용을 지불했다.

〈피델리오〉 공연 의상에 11만 달러, 세트 제작에 28만 달러가 소요되었다고 하며, 〈여자는 다 그래〉는 의상에 14만 달러, 세트 제작에 30만 5,000달러가 들었다고 한다. 페스티벌 기간에 공연된 무대 전체를 모두 합하면 머리 분장과 의상에 50만 달러, 조명에 100만 달러가 지출되었고, 행정 인력과 기술진에게 지급된 금액이 265만 달러였다. 1년 내내 상근하는 페스트슈필하우스 근무자 147명의 연봉을 도합하면 360만 달러에 이른다. 마젤에게 지급된 개런티는 5만 달러였고, 자발리슈에게 4만 달러, 레바인에게는 10만 달러가 지급되었다. 카라얀은 지휘자로서 매회 공연에 1만 1,000달러, 연출자로서 매회 2만 달러를 챙겼다고 한다. 독주자와 독창자 들에게 지불된 개런티는 모두 175만 달러로 집계되었다. 빈 필하모닉 단원 1인당 수당은 7,500달러였다. 잘츠부르크 페스티벌에 대한 정부 지원금은 600만 달러였다.

심지어 카라얀이라고 하더라도 이만큼의 거액이 반드시 그에 상응하는 훌륭한 연주로 이어진다고는 장담하지 못할 것이며, 또한 그만큼의 돈을 지출하지 않고서는 모차르트와 베토벤의 정신을 표현하지 못한다는 말에도 동의하지 않을 것이다. 위의 언급에 등장하는, 머리 분장과 의상에 소요된 50만 달러는 모두 스타급 음악가들에게 투자된 돈이며, 그들을 바라보는 관객들은 음악성 대신 눈에 보이는 것을 흔쾌히 받아들이며, 그래도 잘츠부르크에 오지 않은 것보다는 온 것이 낫지 않겠는가 하고 자족한다. 다시 말해 잘츠부르크 음악제는 고도로 전문화된 음악가들과 헤어드레서, 조명 기사 등이 스스로를 대중과 유리시키는 소외의 구조를 공고히 하며, 이렇게 대중은 음악의 생산에 일조하는 존재가 아니라 그저 음악을 '소비'하는 수동적 존재를 면치 못하게 된다.

그리하여 음악축제에서 음악은, 대개의 경우 행사와 의식에 부속되는 부차적 존재로 격하된다. '실황' 공연의 우수성을 판단하는 기준 또한 화려한 볼거리에 맞춰지거나 혹은 녹음된 음반의 소리에 맞추는 경향을 띤다. 참으로 적절한 제목의 에세이 「음악의 물신적(物神的) 성격에 대하여, 그리고 듣기의 퇴보에 대하여」에서 아도르노가 지적한 바대로, 빼어난 실황 공연은 "동일 레퍼토리를 녹음한 레코드 음반과 비슷하게 들린다." 페스티벌이 상차림한 일련의 공연은 언제든 경험할 수 있는 수준을 벗어나지 않는다는 점에서 누군가의 레코드 라이브러리에 꽂힌 음반들을 닮아간다. 따라서 가르침이 있는 음악제, 새로운 작품이 소개되는 페스티벌은 무척 귀해진 현실이다. 제2차 세계대전 직후인 1946년부터 매년 여름 다름슈타트에서 진행된 여름 강좌를 계기로 슈토크하우젠과 불레즈, 케이지, 베리오, 슈토이어만 등의 작곡가들이 서로 교류했지만, 그것 역시 이제는 과거의 일이 되고 말았다.

　페스티벌이 나쁘다는 인상을 주고 싶어서 이런 글을 쓰는 게 아니다. 음악축제에서 만날 수 있는 공연이 모두 흠집투성이라거나 저속하다거나 혹은 진지한 관심을 기울일 가치가 없는 것이라는 말을 하고 싶은 것도 아니다. 나중에 또 기회가 있으면 쓰겠지만, 일청(一聽)의 가치가 있는 축제도 있는 것이 분명한 사실이다. 그러나 음악축제와 그것이 소개하는 음악은 해당 사건이 일어나는 사회적 환경이라는 맥락과 분리해서 생각할 수 없다. 잘츠부르크가 되었건 링컨 센터 혹은 샌타페이가 되었건 간에 모든 음악 공연이 능률 제일주의로 치닫고 있다. 소비자의 귀와 주머니 사정에 맞추어, 또한 일간지 평론가의 입맛에 맞추어 가능한 모든 방법으로 살을 덜어내고 중요한 핵심만 앙상히 남기고 있다. 바그너가 바이로이트에 구현코자 했던, 혹은 니체가 『비극의 탄생』에서 묘사했던 음악축제는 이제 경험하기 힘들게 되어버린 것은 물론이요 상상하기조차 어려워지고 말았다.

리하르트 슈트라우스에 대하여*

그가 세상을 떠난 지가 거의 반세기가 되어가고 있지만 리하르트 슈트라우스가 20세기 음악에서 차지했던 역할은 아직까지도 수수께끼로 남아 있다. 그의 재능 및 기량과 음악가로서의 남다른 상상력에 대해서는 누구도 반론을 제기하지 않는다. 그럼에도 그는 진보적인 반음계주의와 잠깐 불장난하듯 놀아본 젊은 시절을 제외하고는 바그너와 브람스가 구축해놓은 조성음악이라는 전통의 울타리를 넘지 않았다. 물론 그가 조성음악의 전통을 그 누구보다 더 정교하게 다듬은 건 사실이라고 하더라도 말이다. 슈트라우스는 제3제국의 흥성기와 심지어는 쇠망기 이후까지도 가곡과 오페라, 실내악, 관현악곡을 써냈다. 당연히 사람들은 그가 권력자들의 지시에 농조하고 공모했는지, 혹은 전혀 무심한 채로 음악만 썼을 따름인지를 궁금히 여겼다. 동시에 슈트라우스는 자신의 꽤나 좁은 미적 특질을 가다듬어 신빈악파의 초창기 음악이나 스트라빈스키나 버르토크의 음악에서 달성된 바와 비견할 만한 표현력으로까지 끌어올렸다. 깊은 감동을 주는 사색적인 현악곡 〈메타모르포젠〉이 바로 그러한 사례로 꼽을 수 있는 작품이다. 20세기 음악의 정점 가운데 하나로 불러 마땅한 이 곡은 1940년대 초반에 발표된 것으로, 이미 40년도 더 전에 숙성된 음악 어법을 사용하고 있다.

* 《더 네이션》, 1986년 10월 25일.

슈트라우스의 오페라 〈이집트의 헬레나〉는 그의 작품 가운데 유독 골치가 아픈 작품이다. 빈 출신의 위대한 시인 후고 폰 호프만스탈과의 합작품인 이 오페라는 작곡 과정에서 가다 서다를 반복하며 도합 5년을 끈 후에야 간신히 완성되었다. 세계 초연이 있었던 1928년 이후 지금까지 50년이 넘는 세월 동안 이 작품은 미국과 인연을 맺지 못하다가, 이번 여름 올해로 서른 번째 시즌을 맞은 샌타페이 오페라가 기획 공연했다.

이례적이고 특이한 작품을 무대에 올리기에 샌타페이만큼 적절한 곳은 없고, 샌타페이만큼 강한 신념과 흥미로 무장한 여름 음악제 역시 달리 없다. 도심에서 몇 마일 외곽에 위치한 아름다운 디자인의 오페라극장은 벽면과 지붕의 일부가 외부를 향해 개방되어 있음에도 불구하고 무척 풍성한 음향 조건을 갖추고 있다. 샌타페이의 세트 디자인은 황혼에 물든 주변의 산맥과 계곡을 적극 활용하곤 하는데, 이는 많은 오페라의 배경이 되는 먼 옛날의 전설을 묘사하기에 썩 괜찮은 방법이고, 여름밤이 완전히 내리고 나면 어두운 바다나 신비로운 사막을 나타내기에도 적합하다. 〈이집트의 헬레나〉 제1막과 제2막에서처럼 말이다.

샌타페이 오페라는 오늘날 음악 비즈니스계에 횡행하는 별난 모순점들을 덮어버리기보다 오히려 드러내는 편이다. 뉴욕에서 비행기 편으로 세 시간 정도면 닿는 곳이지만, 체감 면에서 샌타페이는 그 어디보다 멀게 느껴지는 지역이기도 하다. 이러한 거리감은, 깊이 생각하고 선정한 몹시 흥미로운 레퍼토리, 준비도가 뛰어난 프로덕션, 성악가와 지휘자를 막론하고 저명 스타를 초빙하지 않는 고집 등의 특징에서 다시 한 번 강조된다. 샌타페이는 브리튼과 헨체, 쳄린스키, 버질 톰슨, 스트라빈스키, 베리오, 라벨, 야나체크, 빌라 로부스의 작품에 더해 푸치니와 베르디, 로시니, 모차르트 따위도 성공적으로 해내는데, 어찌 메트로폴리탄 오페라와 다른 기성 오페라단들은 시도조차 하지 않는 것인지 따져 묻고 싶은 마음이 들지 않을 수 없다.

리하르트 슈트라우스의 오페라—좀처럼 접할 기회가 없는 〈다프네〉와 〈다나에의 사랑〉, 〈카프리치오〉는 물론이요 스탠더드 레퍼토리인 〈엘렉트라〉와 〈장미의 기사〉까지—는 샌타페이의 공연 목록 중 횟수와 빈도 면에서 단연 선두를 점하고 있다. 어쩌면 페스티벌의 감독이자 견인차인 존 크로스비가 슈트라우스 애호가라는 점이 크게 작용한 것인지도 모른다. 크로스비는 지휘자로서도 슈트라우스의 음악에 한 몸 바친 인물이다(비록 언제나 영감에 찬 연주를 들려주는 것은 아닐지라도 말이다). 〈이집트의 헬레나〉는 슈트라우스의 오페라 가운데서도 들을 기회가 가장 드문 작품이다. 또한 이 오페라는 고전 신화를 소재로 사용하여 슈트라우스와 호프만스탈이 흥미를 가졌던 미학적 문제에 대해 논평한다는 점에서, 혹은 고전 신화를 차용하여 사회적 정체성과 성적 정체성이 흔들리는 가정 내의 모순을 설명한다는 점에서, 〈낙소스 섬의 아리아드네〉나 〈다프네〉, 〈다나에의 사랑〉 같은 오페라와 궤를 같이한다. 호프만스탈과 슈트라우스는 5년간 단속적(斷續的)으로 〈이집트의 헬레나〉를 완성해가면서도 거기에 담긴 기이한 특징들은 끝내 해결하지 못했다. 그러나 바로 이러한 특이점들이 이 오페라의 중요한 일부를 이루고 있다는 게 내 의견이다. 〈이집트의 헬레나〉는 최상급에 미치지 못하는 음악적 재료에 발이 묶였음에도 불구하고 작곡가의 놀라운 음악성과 숙련도를 보여준다는 점에서 슈트라우스의 후기작 가운데 유일한 사례이며, 거기에 더해 고(故) 글렌 굴드가 말한 몰아의 경지에 오른 음악을 써내는 슈트라우스의 독보적인 재능을 보여주는 작품이기도 하다. 20세기 음악이라는 직물 속에 포함되어 있는 긴장과 흥미로운 이슈들을 부각시키는 것이 음악제의 마땅한 본분이라고 한다면(안타깝게도 실제로 그러한 본분에 충실한 음악제는 거의 없는 실정이다), 〈이집트의 헬레나〉만큼 적격인 작품도 드문 셈이다.

메넬라오스*는 아가멤논의 동생이자 헬레네**의 남편이다. 메넬라오스는 고대 그리스 문화에서 가장 유명할뿐더러 가장 잔인한 한 쌍의 사건에서 모두 중요한 역할을 차지하는 인물이기도 하다. 즉, 호메로스의 『일리아드』의 주제인 트로이 전쟁과 아이스킬로스가 『오레스테이아』에서 추념한 아트레우스의 살해라는 두 가지 사건이 모두 그와 관련이 있는 것이다. 그렇지만 『오디세이아』 제4권에 등장하는 메넬라오스는 헬레네를 다시 곁에 두고서 편안한 인생을 보내고 있는 모습이다. 한때는 아내를 빼앗긴 복수심에 눈이 먼 남편이었던 메넬라오스가 세월이 흘러 사랑스러운 중년의 배우자와 함께 편안한 생활을 하고 있는 존재로 탈바꿈된 것인데, 호프만스탈은 이러한 변화를 매우 흥미롭게 받아들였다. 1928년에 써서 오페라에 붙인 비범한 서문에서(지금은 절판된 울리히 바이스슈타인의 값진 책 『오페라의 정수』에서 읽을 수 있다) 호프만스탈은, 트로이가 함락된 바로 그 밤, 아내—"납치된 과거가 있지만 그래도 사랑스럽기만 한 아내이며 온 세상에서 가장 아름다운 절세미녀로 꼽힌 여인, 이 전쟁의 원인이자 끔찍한 10년 세월의 이유가 되었던 여자, 그리고 죽은 장정들로 뒤덮인 들판과 끔찍한 참화(慘火)의 원인이 되었던 바로 그 여자"—를 찾아 폐허가 된 프리아모스의 궁전을 방황하는 메넬라오스에 대한 생각이 그의 심금을 완전히 찢어놓았다고 한다.

남편 된 도리로서 어찌 이런 지경을 경험해야 한단 말인가! 아무리 상상을 해보려 해도 닿지 못한다—설령 셰익스피어가 이를 주제로 글을 썼다 하더라도 메넬라오스의 고뇌를 있는 그대로 표현하진 못했을 것이다. 메넬라오스는 필경 이 여인을 … 자신의 배로 조용히 옮겼을 것이다.

* 독일어식 표기는 메넬라스.
** 독일어식 표기는 헬레나.

〈이집트의 헬레나〉 대본은 『일리아드』와 『오디세이아』 사이에 벌어진 일을 두고 쓰였다. 그러나 호프만스탈은 참으로 그답게도 여자 마법사 아이트라라는 제3의 인물을 창조해 끼워넣었다. 이집트 인근 지중해에 있는 섬에서 아이트라가 부리는 술책은 호프만스탈로 하여금 메넬라오스의 변화 과정을 설명하는 두 막의 이야기를 가능케 했다. 메넬라오스와 헬레네는 그들을 싣고 트로이를 출발한 배가 난파되면서 아이트라의 섬에 표착한다. 메넬라오스가 파리스를 죽인 바로 그 단검으로 헬레네의 목을 긋기 직전, 아이트라가 그들을 맞이하고는 마법의 힘을 사용해 헬레네를 아리따운 젊은 처녀로 바꾸어놓는다. 몇 초가 흐른 뒤 고개를 든 메넬라오스는 웬 젊은 여인의 모습에 어리둥절해 한다. 마법의 힘이 담긴 연잎즙을 받아 마신 메넬라오스는 헬레네가 전쟁 기간 도중 트로이에 있던 것이 아니라 이집트에 잠깐 피해 있었던 것으로 믿게 된다. 이제 그 앞에 나타난 젊고 사랑스러운 여인을 아내로 알아본 메넬라오스는 헬레네와 재결합의 예식을 올린다.

대본작가도 작곡가도 거기서 펜을 놓을 수는 없었다. 제2막은 슈트라우스의 작품 가운데 의도치 않은 희극성이 가장 두드러지는 동시에 그로 인해 배배 꼬인 결론을 향해 치닫는 대복이기노 하다. 하나의 사건이 그보다 더 얼토당토않은 후속 사건으로 이어지면서 도미노처럼 연쇄되지만, 종국에는 작곡가와 대본작가 모두 더 이상 이야기를 진행시키는 것이 소용없음을 감지하고는 부부의 딸인 헤르미오네를 깜짝 등장시켜 간신히 막을 내리게 한다. 그 과정에서 슈트라우스와 호프만스탈은 아랍의 전사이자 부자지간인 알타이르와 다-우드의 사막 에피소드를 삽입했다. 둘은 헬레네의 아름다움에 홀딱 반하고 말지만, 다-우드는 사냥 여행 도중 숨을 거두고 알타이르는 헬레네가 자신의 여인이 될 수 없음을 깨닫는다. 알타이르와 다-우드가 등장하는 부분에서 슈트라우스는 〈살로메〉에서 처음 시도했던 '동양풍' 음악을 써먹었던 반면, 호프만스탈에게 알타이르와 다-우드는 헬레네와 메넬라오스 사이의 관계에 배어 있는 기이한 양극성을 강조할 기회가 되었다. 호프만스탈은 작품 서문에서 메넬라오스의 도덕성과 죄책감을 거론하며 그를 "필멸하고야 마는 서양적인 모든 것의 전형으로 이해했음"을 밝힘과 아울러 헬레네에게서는 "동양의 무궁무진한 힘을 보았다"고 고백했던 것이다. 이처럼 다소 과장된 오리엔탈리즘에 근거한 시각은, 메넬라오스의 종잡을 수 없는 심경 변화를 설명하는 수고를 대신하는 핑계처럼 사용되고 있다는 것이 내 생각이다. 메넬라오스는 제1막 끄트머리에서 연잎즙을 마셨음에도 불구하고 제2막 내내 아내에 대한 살의로 끓어오른다. 헬레네와 환상적인 밤을 보내고 나서조차도 분노에 가득 차 아내를 죽이고자 하는 것이다.

귀를 긁기도 하고 귀에 착착 감기기도 하고, 때로는 공허하고 때로는 견딜 수 없을 정도로 복잡하기도 한 슈트라우스의 음악은 여성의 목소리를 기용할 때 특히 흥미로워진다. 슈트라우스는 여성 가수에게 '황홀한' 칸틸레나* 악절을 맡겨, 하늘로 비상하게 하는 음악에서는 다른 낭만주의 작곡가들의 추종을 불허했다. 또한 둘 이상의 여성 가수가 서로 긴밀히 얽혀드는 노래를 들을 때면, 남성과 여성의 전통적인 중창 대신 소프라노끼리 짝을 지운 편성을 강박적으로 편애한 그의 성향을 짐작할 수 있다. 〈이집트의 헬레나〉에 등장하는 남성 배역 중 귀에 들어오는 음악을 노래하는 배역은 사실상 하나도 없으며, 언제나 물 흐르듯 하는 슈트라우스의 선율선에 담긴 독창성 역시 관현악의 색채와 그의 한없이 영리한 수사적 기교에 국한된다. 그러나 〈이집트의 헬레나〉의 작법에는 그 자체로 주목을 요하는 장치가 가득해서, 듣는 이의 입장에서는 다양한 문제에 대처하는 작곡가의 해결책을 메모라도 하면서 들어야 하는 것은 아닌지 부담이 느껴질 정도이다.

* 서정적인 노래 선율.

사실상 〈이집트의 헬레나〉는 변칙과 모순, 불가능한 것들이 이리저리 얽히고설킨 세포 조직과도 같은데, 바로 이러한 이유 때문에 이 오페라를 묘하게 흥미로운 작품으로 볼 수 있는 것이다. 호프만스탈이 첨가한, 아이트라 밑에서 일하는 점쟁이 조개 '모든 것을 아는 홍합'이라는 캐릭터가 바로 그러한 예가 되는데, 우연찮게도 이 배역 역시 메조소프라노의 몫이다. 슈트라우스는 이처럼 터무니없는 요구사항에 조금도 동요하지 않고 이 동물 캐릭터에게 선뜻 매력적인 음악을 붙여주었다. 그러나 슈트라우스는 드레스리허설 때 홍합이 노래하는 장면을 보고는 "저 망할 것이 너무도 축음기와 닮지 않았나" 하고 큰 목소리로 중얼거렸다고 한다. 그러니까 〈이집트의 헬레나〉는 조개와 마녀가 등장하고 아랍의 전사들이 고대 그리스의 남신, 여신과 드잡이를 하는 작품인 셈이다. 따라서 이 오페라는 본래의 의도대로 상연하는 것도, 본래의 의도를 따라 감상하는 것도 불가능하다. 그러기에는 너무도 괴상망측한 것들이 난무하고, 너무도 치명적으로 혼란스러운 상황으로 가득 차 있기 때문에, 이를테면 〈그림자 없는 여인〉처럼 어두운 단색 기조로 차분하게 공연하는 것도 불가능한 작품인 것이다. 그러한 난제에 대응하는 방식을 관찰하는 것만으로도 드문 공연을 반드시 챙겨 보아야 할 이유가 된다. 샌타페이 프로덕션의 가장 훌륭했던 점은—사실 공연이 성사되었다는 것만으로도 충분히 칭찬할 이유가 되지만—제1막에서는 (바다의 색인) 푸른색을 기조로 하고, 제2막에서는 (사막의 색인) 노란색을 기조로 한 무대 디자인이었다. 크로스비는 흥미로운 지휘자까지는 되지 못하더라도 성실한 지휘자는 되고도 남았고, 아울러 슈트라우스 특유의 다양한 매너리즘과 별난 특징을 확고히 장악한 지휘였다는 점을 첨언해야겠다. 슈트라우스에 대해 기념비적인 연구 업적을 남긴 노먼 델 마에 따르면, 지휘자 프리츠 부슈가 이끄는 리허설 도중 작곡가가 스코어를 이리저리 땜질식으로 고치는 바람에 전체의 음악적 효과가 하나로 이어지지 못하고 뚝뚝 끊어진 적이 있었다고 한다. 결국에는 연습이 진도를 빼지 못하고 정체하던 바로 그 때 슈트라우스가 지휘봉을 잡더니만 전체를 '하나의 넓고 커다란 흐름으로' 지휘해냈다. 물론 결과는 부슈의 지휘와는 달랐고 무척 성공적이었다. 근본적으로는 바로 이것이 슈트라우스의 음악이 요구하는 바인데, 샌타페이 공연에서는 바로 이 점이 부족했다. 현실과 역사의 법칙뿐만 아니라 음악적 진화의 법칙마저 잠시 잊게 하는 그 무엇이 말이다. 그렇지 않고서는 어찌 이처럼 시대착오적이고 원시적인 음악을 찬란하게 선언해낼 수 있겠는가. 샌타페이에서도 이러한 효과를 도모하려는 시도는 일부 있었다. 그러나 가장 큰 걸림돌은 아이트라 역을 맡아 놀랍도록 막힘없는 노래를 들려준 셰릴 우즈를 제외하고는 그 누구도 제일급 성악가가 아니라는 점이었다. 헬레네(밀드러드 타이리)는 최고음역에서 고투하는 경향이 있었고, 메넬라오스(데니스 베일리) 역시 배역이 요구하는 본디 음역에서 곤란을 겪는 모습이었다. 주역들이 그러하니 알타이르(마이클 데블린)와 다-우드(글렌 시버트) 또한 자신들의 무대 위 본분이 무엇인지 도무지 갈피를 잡지 못하고 헤매기만 하는 것도 어찌 보면 당연했다. 홍합 역을 맡은 클래러티 제임스는 감미롭고 묵직한 노래를 들려주긴 했지만, 대체 그녀가 자신이 맡은 배역에 관해 어떻게 스스로를 납득시키면서 무대에 섰는지는 지금까지도 미스터리이다.

작가 헤르만 브로흐는 호프만스탈에 관한 인정머리라고는 조금도 찾아볼 수 없는 연구서에서 주장하기를, 〈이집트의 헬레나〉 같은 오페라는 현실 세계에 대한 호프만스탈의 완강한 거부에 그 뿌리를 두고 있으며, 또한 천 년 치세의 끝물을 향해 가던 빈이라는 도시에 마지막 '이별 축제'를 성대하게 차려주고자 했던 시인의 욕망의 반영이라고 했다. 한편 '기교를 통해 자연스러움을 창조해내는' 슈트라우스의 능력을 존경했던 아도르노는, 작곡가 후기 작품의 '종잡을 수 없는 양식'과 유연함을 세상 사람들이 모두 모여 북적대며 천지간에 있는 모든 것을 구경하고 구할 수 있는 시장통으로 이해했다.

오늘날 슈트라우스와 호프만스탈의 합작품을 제대로 공연하려면 미적 신비주의의 농밀한 퇴폐성에서 언뜻언뜻 드러나는 당시의 촘촘한 문화적 맥락을 반드시 고려해야 할 것이요, 또한 각자 남다른 재능을 가지고 있으면서 서로 묘하게 어울리지 못했던 두 예술가가 언제나 다루고자 했던 정치적이고 미적인 이슈 전반을 고려하지 않으면 안 된다. 사막 위로 내리쬐는 석양의 빛줄기와도 같았던 샌타페이발(發) 〈이집트의 헬레나〉는 무척이나 순수하고 세심한 연출 방식에 힘입어 지적으로 흥미로운 결론을 향해 조금씩 다가가는 것처럼 보였다. 그러나 그러한 기대는 기대에 그치고 말았고, 결론이라 부를 만한 성명서는 그 어디에서도 찾을 수 없었다. 이는 깊은 곳으로 탐구해 들어가기를 거부하고 자기의식을 결여한 공연이 하나의 이데올로기로서 자리 잡은 요즘의 분위기와 무관치 않을 것이다.

잡동사니를 이리저리 그러모은 뉴욕의 모스틀리 모차르트 페스티벌은 운운할 이데올로기조차 없다. 페스티벌 주최측은 어떻게든 일정에 광이 나도록 애를 써서 마지막 찬란한 결승선까지 완주케 했지만, 그런데 문제는 안타깝게도 그 과정에서 흥미를 발견할 구석이 거의 없다는 점이었다. 나는 대략 여덟 차례의 연주회를 챙겨 보았는데, 아무래도 필요 이상으로 많이 챙겼던 듯싶다. 우선 에이버리 피셔 홀은 한 달에 한 번 이상 가기가 끔찍한 곳이다. 홀의 음향 상태는 제대로 된 구석이 하나도 없어서 정확한 감상도 힘들고 조용히 사색하기도 어렵다. 거기다가 앞에서 이끄는 두뇌를 결여한, 틀에 박힌 연주를 벗어나지 못하는 공연 수준도 한심하고 인지 가능한 양식적 노선도 없어서, 이건 당최 높이 떠받들거나 반기를 들거나 하기가 무척이나 애매하다. 그러니 그저 주는 대로 넙죽넙죽 받아먹는 품행 방정한 관객을 앞에 두고 하는 여름철의 맥 빠진 의무방어전이 되고 마는 것이다.

요즘 음악감독으로 인기가 높아지고 있다는 제러드 슈워츠에 대해서도 몇 마디 하지 않을 수 없다. 슈워츠는 미국 동부부터 서부까지 곳곳을 누비면서 여러 곳의 음악축제와 오케스트라 운영에 관여하고 있지만, 지금까지 내가 들은 그의 연주 가운데 그 어느 것에서도 끌림을 느끼지 못했다. 그는 자신 앞의 보면대 위에 무슨 작품이 놓이건 그럭저럭 응대할 수 있을 정도의 숙련도로 모든 무대를 무난하게 소화하는 편이긴 하다. 그러나 랑팔과 협연한 모차르트의 〈플루트 협주곡 1번 G장조〉는 작품에 대한 모독이라는 생각이 들 정도로 합을 맞추지 못하며 후다닥 해치워버렸다. 또한 일정 후반부에 공연된 오페라 〈가짜 여정원사〉는 혹사당한 오케스트라의 피로도가 심했던 탓인지, 알렉산더 포프의 시구를 빌리자면 "어디서나 하품만 날 뿐"이었던 연주로 일관했다. 개성도 없고 조금도 빛이 나지 않으며 계획성도 없는, 지독히도 들쭉날쭉한 모차르트 연주였다. 〈여자는 다 그래〉를 내다보게 하는 몇몇 악절이 있다고는 하지만 그것만으로는 도저히 정당화해 줄 수 없는 무대였다.

올해 모스틀리 모차르트 페스티벌은 그야말로 양식상의 일관된 개성의 결여가 뚜렷한 공연의 연속이었다. 특히 찰스 매케러스의 공연이 유독 심했는데, 거기서 뚜렷했던 건 무기력하고 처참할 정도로 엉성한 연주 수준이었다. 나로서는 망신살이 뻗친 공연이었다고까지 말하고 싶다. 역설적인 것은 난공불락의 알리시아 데 라로차가 협연자로 나선 무대였다는 점이다. 첫 곡인 모차르트 〈론도 A장조〉에서 그녀는 지휘자 매케러스와 겨루며 예의 믿을 만한 손가락으로 날카로운 소리를 벼려내며 승리했다. 문제는 두 번째 곡인 〈피아노 협주곡 20번 D단조〉에서 불거졌다. 피로가 누적된 탓인지(데 라로차는 그 어느 현역 피아니스트보다 바쁜 연주 일정을 소화하는 것 같다) 아니면 그저 지루해져서 그랬는지는 모르겠으나, 갑자기 '은쟁반에 옥구슬 굴리는 듯' 딸랑거리기만 하는 연주에 기대고 만 것이다. 괜찮은 무대도 있었다. 리처드 구드의 〈피아노 협주곡 25번 C장조〉 협연은 훌륭했고, 프란츠 크롬머라는 작곡가가 쓴, 까맣게 잊어도 하등 지장 없을 작품에서 남다른 연주를 조탁해낸(비록 그렇게 하기 위해 연기에 가까운 신체 동작을 잔뜩 써야 하긴 했지만) 하인츠 홀리거도 준수했다.

연주자의 인격이나 기억력, 동작 따위의 음악 외적 요인이 연주가 가지는 힘에 어느 정도나 기여하는지는 로버트 쇼가 이끈 연주회가 잘 보여주었다. 현재 애틀랜타 심포니의 지휘자로 있는 쇼는 30년 전 로버트 쇼 합창단을 창단하며 처음 대중의 눈에 들었다. 로버트 쇼 합창단은 창단 직후 토스카니니의 베토벤〈장엄 미사〉음반 녹음에 기용되며 특히 유명세를 탔고, 이와 더불어 쇼는 미국에서 가장 완성도 높은 합창단을 일궈낸 사람으로 기억되고 있다. 그는 겸손한 성품을 가진 사람이지만, 그가 만들어내는 음악은 결코 겸손의 미덕 안으로 움츠러들지 않는다. (모차르트의 교회음악 중 단연코 정점이라 할 수 있는 작품인)〈미사 C단조〉에서 보여준 폭넓고 때로는 부풀려진 선율선과 압도적인 클라이맥스에 나는 감동했고, 루돌프 피르쿠슈니가 독주를 맡은 베토벤의〈합창 환상곡〉에서는 그의 음악적인 힘을 느낄 수 있었다. 에도 데 바르트나 슈워츠 같은 젊은 샛별에 견주자면 로버트 쇼는 과거 지향적이고 의고적(擬古的)인 인물로 비치기도 한다. 쇼는 어떤 분명한 선언을 하기 위해, 어떤 사상을 제안하기 위해 그곳에 있다는 사명을 띤 지휘자인 반면, 젊은 피들은 그 어떤 스코어라도 술술 읽어내고 아무리 어려운 음악이라도 척척 해치우고는 곧장 공항으로 달려가는, 이른바 효율성 높은 사업가 같은 인상을 준다. 후자의 음악적 노선은 아무래도 받아들이기 힘들다. 모차르트와 베토벤, 하이든의 작품을 특별한 순서도 없이 뒤죽박죽 섞은 일정으로 꽉 채워 두 달간 진행하는 '축제'라는 개념이 성립하기 위해서는 온갖 호들갑을 관통하는 전체적인 목적이나 패턴 같은 것이 있어야 마땅하리라. 그것이 결여된, 그저 연주회의 연속일 뿐인 축제라면, 위대한 음악을 경험하기가 난망한 것은 자명한 이치이다.

〈발퀴레〉, 〈아이다〉, 〈엑스〉*

그랜드 오페라라는 장르는 본질적으로 19세기의 형식이며, 또한 요즘의 유명 오페라하우스들은 바그너와 베르디의 유물을 잘 보존하여 20세기의 구경꾼들에게 보여주는, 박물관의 그것과 비슷한 역할을 하고 있는 것이 사실이다. 그러나 19세기 당시에도 반동적이라 평가받는 레퍼토리와 음악적·극적으로 혁명적인 레퍼토리가 따로 존재했던 것 또한 분명한 사실이다. 하지만 어떤 경우라도 19세기의 공연은 당대의 문화적·미학적 관행과 긴밀한 접촉 관계를 잃지 않았다. 베르디와 바그너, 푸치니 같은 작곡가들은 공연에 관여하며 자신들의 작품에 행해지는 바에 영향을 미쳤고, 관객과 연주자는 오페라의 노래 언어를 십중팔구 이해하고 있었으며, 대체로 모든 사람들이 당시의 음악적 어법을 공유하고 있었던 것이다.

요즘은 거의 그렇지가 못하다. 〈아이다〉처럼 근본적으로 보수성이 강한 작품 공연과 〈발퀴레〉처럼 혁명적인 작품 공연 사이에 그 어떤 의미 있는 차이점도 보이지 않는다. 메트로폴리탄 오페라에서 〈트리스탄과 이졸데〉를 관람한 어느 익살꾼은 "뚱보 네 명이 깜깜한 무대 위에서 알아듣지도 못할 노래를 지겹도록 끝도 없이 부르더라"고 말하기도 했다. 다소의 차이는 있을 테지만, 사실 이 문장은 메트로폴리탄의 거의 모든 공연에 적용해도 크게 벗어나진 않을 것

* 《더 네이션》, 1986년 12월 6일.

이다. 잔뜩 힘이 들어간 고비용의 쇼가 바로 관객이 원하는 것이라는 생각들을 모두가 하고 있는 모양이다. 메트로폴리탄에서 관객 몰이를 하는 성악가들을 보라. 구식이 되어버린 음악 스타일에 낯선 언어로 노래하면서 연기는 도무지 설득력을 찾아볼 수 없는 이들이 태반이다. 디자이너들의 직무는 성악가들에게 우스꽝스러운 옷을 입히는 것이 전부인 듯 보이며, 감독들은 그런 우스꽝스러운 몰골을 한 성악가들을 무대 위에서 이리저리 움직이게 함으로써 공연히 심각하고 급박한 느낌을 자아내도록 하는 치들로 보인다.

많은 오페라 애호가를 뿔나게 하길 각오하고 한마디 더 덧붙이자면, 오늘날의 오페라가 처한 문제의 상당 부분을, 천재였던 로시니의 작품을 제외하면 대부분 이류 작품으로 가득한 이탈리아 레퍼토리의 탓으로 돌릴 수 있다. 파바로티 같은 기괴한 가수가 명성을 떨치면서 그에게 딱 맞는 작품으로 오페라 레퍼토리가 집중되는 폐단이 본격화하고 있다. 그런 가수들이 패권을 쥐면서 오페라 공연에서 지성은 자취를 감추고 대신 값비싼 소리가 그 빈자리를 채우게 되었다. 그러면서 믿기 힘들 정도로 저열한 수준의 극작술과 그에 못잖게 저열한 수준의 음악성과 연출법이 나란히 손을 잡는 현상이 빚어졌다. 새로운 사상이나 미적 개념을 배양하기 힘든 척박한 환경인 셈이다.

이렇게까지 극렬한 표현까지 동원해가며 글을 쓰게 된 건 최근 세 편의 오페라 무대를 연달아 경험하게 되었기 때문이다. 유난히 문제가 많았던 메트로폴리탄(메트)의 두 차례 공연—시즌 개막으로 북새통을 이루었던 〈발퀴레〉와 〈아이다〉—을 양쪽에 두고, 그 사이에 샌드위치처럼 뉴욕 시립 오페라에서 미국의 재즈 피아니스트 겸 작곡가 앤서니 데이비스가 쓴 놀라운 오페라 〈엑스(맬컴 엑스의 삶과 시대)〉를 관람한 것이다. 설령 데이비스의 오페라와 메트의 두 편이 공연 시기상으로 겹치지 않았다 하더라도, 흥미로운 현대 레퍼토리를 끝끝내 회피하는 메트의 고집에 나는 필시 짜증이 치밀었을 것이다. 메트 프로그램의 8할이 〈라 보엠〉, 〈토스카〉, 〈리골레토〉, 〈람메르모르의 루치아〉, 〈노르마〉 따위로 채워진다는 점을 지적하고자 하는 게 아니다. 그보다는 1930년대 할리우드 영화의 오페라 시퀀스에서 빌려온 것만 같은 개념—모든 남녀 주인공은 통통하고 땅딸막한 체구에 목소리만 크고 아둔하며, 그들이 노래하는 음악 역시 시끄럽기만 하고 멍청한—에 따라서 19세기 레퍼토리를 공연하고 재공연하는 그들의 방식이 개탄스러운 것이다. 이런 여건이다 보니, 19세기에 아방가르드로 인정받았던 작품을 공연한다손 치더라도 그 공연 방식은 19세기의 다른 보수적 작풍의 오페라와 비슷하게 다림질되어 밋밋해질 수밖에 없는 것이다. 협소한 레퍼토리 폭을 십분 참작해 준다 하더라도, 아방가르드한 작품들에 잠재된 효과를 한갓 캐리커처로 짜부라뜨리는 점은 용서하기 힘들다.

〈발퀴레〉를 예로 들어보자(그런데 메트는 바그너의 〈니벨룽의 반지〉 4부작을 모두 무대에 올리는 기획을 실행에 옮기면서 굳이 그 두 번째 작품을 첫 타자로 기용하는 고집을 부렸다). 힐데가르트 베렌스는 브륀힐데 역을 맡아 능숙하고 때로는 꽤나 훌륭한 노래를 들려주었고, 지글린데 역의 제닌 알트메이어는 매우 열정적이었으며, 오게 하울란은 목소리 면에서는 안정적이면서도 묘하게 냉담한 인상을 주었는데, 그가 맡은 배역이 훈딩이었음을 생각하면 이는 치명적인 결격이었다. 여기에 더해 메트의 오케스트라는 이제 명실상부 최고의 앙상블 가운데 하나로 올라섰다. 정확성과 인토네이션, 정밀성, 그리고 지휘자의 요구에 반응하는 민활함에서는 뉴욕 필하모닉보다 한 수 위라는 평가가 아깝지 않다. 그러나 바그너는 괜찮은 성악가 몇 명과 훌륭한 오케스트라만으로 상차림이 끝나는 작곡가가 아니다. 바로 이 지점에서 메트라는 오페라단이 추구하는 심미적 지향점이 문제가 된다. 이해하기 쉬운 '단순함과 진솔함' 덕분에 팬들의 사랑을 받는 베르디와는 달리, 바그너는 철학자이기도 했으며 무엇보다도 음악적·미학적 선구자였다(혹자는 그런 이유로 바

〈발퀴레〉, 〈아이다〉, 〈엑스〉

그녀의 이름에 불명예의 멍에를 덧씌우기도 한다). 베르디가 〈아이다〉 작업에 한창이던 1870년 무렵 바그너의 영향력은 이미 전 유럽에 퍼져 있었다. 그리고 베르디를 비롯한 많은 작곡가들이 인정한 것처럼, 바그너의 영향은 오페라로 하여금 더 많은 생각을 하도록 촉진했고 또한 섬세한 곳까지 주의를 기울이도록 영감을 주었다. 그런데도 이번 메트의 〈발퀴레〉 공연은 메트의 〈아이다〉에 대한 관점에 의해 결정되고 말았다. 마땅히 그 반대가 되어야 했음에도 말이다.

지금껏 시도된 오페라의 구상 가운데 가장 거대한 규모인 〈니벨룽의 반지〉는 현대문화의 뿌리를 역사적·신화적 관점에서 전달하고자 했던 작곡가의 노력의 결실인 동시에, 니체를 읽은 독자라면 기억하겠지만 아테네 비극을 그 원형으로 삼은 작품이다. 바그너의 음악적 지성은 심원했고, 오케스트라와 목소리를 비롯한 예술적 구조물에 대한 그의 이해는 바흐와 헨델에서 시작해 빈의 고전주의자들을 거쳐 베토벤과 슈베르트, 슈만에게까지 이어진 오스트리아-독일 음악의 물줄기를 그 정점까지 끌어올렸다. 이 밖에도 20세기 오페라 극단의 입장에서 바그너가 유별나게 까다로운 이유는 두 가지가 더 있다. 첫째로, 바그너만큼 해석에 관한 이론과 관행을 많이 촉발시킨 작곡가가 없다는 점이다. 여기에는 바이로이트[바그너 본인이 향후 자신의 모든 작품에 관한 하나의 기준으로 기능하게끔 직접 기획한 바그너학(學)의 중심지]라는 장소도 한몫했을 것이요, 또한 그 이후로 그의 음악에 헌신한 음악의 거인이 여럿 나왔다는 점도 한몫했을 것이다. 제임스 레바인 같은 젊은 지휘자가 〈발퀴레〉를 난생처음 지휘하려고 하는데 폰 뷜로나 니키슈, 리하르트 슈트라우스, 토스카니니, 푸르트벵글러, 크나페르츠부슈, 솔티, 불레즈 같은 기라성 같은 선배들의 존재감을 느끼지 않을 수 없다면 아무래도 힘이 되기보다는 두려움이 앞서는 것이 인지상정일지도 모른다.

바그너의 작품을 연주함에 있어 두 번째 난점—그러나 하기에 따라서는 보람이 되기도 하는—은, 그는 본질적으로 이야기꾼이었다는 점이다. 바그너는 동시대 오페라 작곡가들보다는 차라리 플로베르, 헨리 제임스, 토마스 만, 프루스트 같은 소설가에 견주는 편이 더 실속이 있다(만과 프루스트는 바그너의 음악에 완전히 매혹되기도 했다). 바그너의 이야기는, 꼭 니벨룽족의 반지가 그러하듯, 빙글빙글 돌고 돌아 되풀이되면서 이야기에 속한 요소요소를 되비춘다. 각각의 에피소드가 앞선 에피소드들을 에둘러 시사하고 또한 나중에 올 에피소드들을 확정하거나 암운을 드리운다. 음악적 선(線)의 밀도는 무척이나 촘촘하여, 앞으로 나아가는 것이 때로는 뒤로 돌아가거나 깊은 곳을 건드리거나 훌쩍 건너뛰는 것이 되기도 한다. 그러면서 음악은 점차 긴장을 높여가고, 마침내 4부작 전체 사이클의 마지막에 가서는 각기 자의식이 부여된 음악 하나하나가 얽히고설켜 묵직한 덩어리를 형성하여 결국에는 스스로의 무게에 짓눌려 붕괴하고 마는 것이다. 프로이트의 중층결정(重層決定) 이론을 바그너가 미리 정립한 것은 아닌가 싶을 정도로 빽빽한 그물로 얽힌 음악이며, 반음계와 대위법을 귀신처럼 능수능란하게 운용하는 솜씨는 조성 체계를 유지하는 의식적 이성을 산산이 무너뜨릴 정도로 압도적이다.

어쨌건 〈반지〉 사이클을 무대에 올린다는 건 어마어마한 프로젝트임에 틀림이 없다. 최근의 사례 가운데 작품에 마땅한 지적 노력이 투입된 공연은 10년 전 피에르 불레즈와 파트리스 셰로가 합작한 바이로이트 무대가 마지막이었다. 물론 이번 메트의 〈발퀴레〉에는 그처럼 출중한 재능의 소유자들이 관여하지 않긴 했지만, 그것이 이처럼 방향타도 없고 지향점도 없는 공연의 면죄부가 될 순 없다.

첫 번째 문제는 레바인의 음악적 구상과 오토 솅크의 극적 구현이 제2차 세계대전 이후 바그너 공연 전통이 이룩해 온 발전들을 깡그리 무시해버렸다는 점이다. 메트의 무대에서는 그 어떤 상징적인 것도, 융 심리학적인 것도, 프로이트 심리학적인 것도, 마르크스주의적인 것도, 혹은 구조주의적인 것도 찾아볼 수 없었다. 대신 남은 것은 1900년경 무렵의 '자연주의적' 해석이 전부였고, 그것이 지향하는 무대 연기라고는 그저 무대 중간에서 문까지 뛰어서 왔다 갔다를 반복하는 것이 고작이었다. 풀어 헤친 금발에 중요 부위만 가린 의상을 입고 멋진 외모를 뽐낸 지그문트 역의 페터 호프만은 이러한 접근법을 낱낱이 보여준 사례였다(호프만은 G나 A 이상은 올라가지 않는 음역에도 불구하고 노래는 무난하게 해냈고, 특히 제1막에서는 높은 바리톤 음성을 잘 활용했다).

둘째, 바그너는 극적 진행에 면밀한 주의를 기울이며 공연하는 것이 마땅하다. 〈반지〉는 상당 부분이 이야기를 진행시키고 인물을 드러내는 낭독으로 이루어져 있는데, 특히 그런 부분에서는 무대 위에서 뭔가 중요한 일이 벌어지고 있다는 느낌을 관객에게 전달할 줄 아는 배우와 감독의 역할이 필수적이다. 제2막이 완벽한 예가 된다. 여기서 보탄은 자신의 젊은 시절 이야기를 풀어낸다. 천계에서 지상으로 내려와, 에르다를 강제로 범하고, 그렇게 브륀힐데가 태어나고, 파프너 및 파졸트와 굳은 약속을 하고, 알베리히와 겨루고, 그리고 신으로서 자신의 존재를 속박하게 되고 만 약속과 법칙의 사슬에서 스스로를 해방시킬 도구(지그프리트)를 마침내 찾아 나섰다는 이야기다. 보탄의 이야기는 곧 〈발퀴레〉라는 작품의 핵심이다. 그것은 곧 창조할 자유를 가진 의식, 스스로의 창조물에 속박당할 수밖에 없는 의식, 그리고 마침내 도덕적 기준에서 해방된 새로운 수준에서의 창조 수단을 찾아 끊임없이 헤매는 의식이 처한 문화적·정치적 곤경을 극화한 것이다. 그것은 또한 공포와 숭고를 모두 아우른 게르만의 선언이기도 하다. 빼어난 지성을 갖춘 예술가가 붙어야만 제대로 공연할 수 있는 작품이요, 기나긴 오케스트라의 침묵을 뚝딱대는 시끄러운 소리로 채워 넣어야만 할 텅빈 공허로 여기지 않는 지휘자가 절실한 오페라가 바로 〈발퀴레〉인 것이다. (20세기 최고의 바그너리언 가운데 하나인 한스 호터가 이 40분짜리 이야기를 전달하는 녹음을 듣고 있으면, 그의 집중도와 기량, 대사와 악보에 대한 이해에 압도당하지 않을 도리가 없다.)

　이번 메트 공연에서 보탄 역을 맡은 사이먼 에스테스는 〈반지〉 사이클을 제외한 몇몇 바그너 배역을 소화한 경험이 있는 괜찮은 경량급 베이스이다. 다만 보탄은 위엄 있는 존재로 그려져야 마땅한데(키가 195센티미터에 달했던 호터의 무대 위 존재감은 대단했다) 에스테스에게는 그런 위엄이 부족했다. 그의 자그마한 목소리는 중음역과 고음역대에서는 무난했으나 저음역에서는 버둥거리며 허우적댔다. 그의 이야기는 내면에서 비롯되는 느낌이 부족했고, 노래와 연기에도 뚜렷한 줏대가 보이지 않았다. 설상가상으로, 에스테스는 복잡하고 시적인 언어에 노래를 실었지만 관객 가운데 그 누구도 그 의미를 알아듣지 못했다. 도대체 자막을 사용하지 않겠노라는 메트의 고집불통을 이해할 수가 없다. 관객이 이 부조리를 견뎌야 하는 이유가 무엇이란 말인가. 당신이라면 에스페란토어로 된 조악한 셰익스피어 공연을 보겠답시고 100달러나 되는 거금을 내겠는가.

　레바인이 내세운 음악적 방향타는 좋게 말해서 미끈한 효율성을 지향하고 있었다. 오케스트라는 '겨울 폭풍' 장면에서는 지휘자의 따뜻함에 명민하게 반응했고, '발퀴레의 기행'에서는 어깨에 힘이 잔뜩 들어간 지휘자의 허장성세에 기민하게 움직였으며, '마법의 불'(이 대목의 무대 조명은 무척이나 초라했다)에서는 지휘자의 폭넓은 서정성에 적극 호응했다. 그러나 전체적으로 보자면 레바인이 꾸려내는 음악은 마치 장차 공연에 쓸 목적으로 급조된 스케치 같다는 인상을 남겼다. 레바인은 넌더리 날 정도로 넘쳐나는 재능을 가진 지휘자다. 그런데도 그것을 제대로 써먹을 생각은 하지 않고, 오히려 깊은 생각을 요하는 음악의 사색적이고 지적인 차원을 대부분 무시하고 말았다. 그래서 그의 주체 못 할 재능이 더욱 짜증스럽기만 하다.

　레바인은 〈아이다〉 무대의 지휘봉을 자신보다 유명하지 않은 인물에게 넘기는 꾀바른 선택을 했다.* 암네리스 공주 역을 맡아 뜨거운 노래를 선보인 그레이스 범브리는 막강한 존재감을 뽐냈고, 덕분에 이제는 나오지도 않는 목소리로 고투한 아이다 역의 마티나 아로요는 설 자리를 찾기가 힘들었다. 범브리를 제외하면 이번 메트의 〈아이다〉 프로덕션은 무엇 하나 건질 것 없는 실패작이었다. 베르디는 〈아이다〉를 쓰면서 몇 가지 계산 착오를 범했다. 우선 미성숙한 이야기에 과성숙한 음악을 붙였고, 동양학의 관점에서 접근한 이집트학을 맥없이 추종하기만 했으며, 작품의 무대가 되는 장소(카이로)에는 조금도 관심을 두지 않았다. 거드름을 피우다가 더듬거리다가 도무지 갈피를 잡지 못한 메트의 공연은 작곡가의 이러한 패착을 명명백백하게 드러냄으로써 관객에게 고통을 주었다. 전성기 권력을 구가하던 파라오의 궁전 내부가 왜 너덜너덜한 폐허 꼴을 하고 있어야 하는지, 벽면의 프리즈 장식과 돋을새김은 왜 관객의 눈앞에서 바스러져 가야만 하는지는 알다가도 모를 일이다.

하지만 폐허에서도 꽃은 피어났다. 크리스토퍼 데이비스의 원작을 툴라니 데이비스가 대본화하고 거기에 앤서니 데이비스가 음악을 붙인 〈엑스〉가 바로 그 꽃의 이름이다.** 〈엑스〉는 대단한 작품이다. 정치적인 소재를 다루었음에도 눈치 보지 않는 패기를 갖추었고, 비록 그 음악은 양식적인 일관성이 다소 떨어진다 하더라도 흥미로운 작품임에는 분명하며, 연극적인 측면에서도 훌륭하다. 반동적인 분위기가 지배하는 지금 시국에 발표되었다는 게 의아할 따름이다. 오페라는 원작인 『맬컴 엑스의 자서전』을 가까이 따르고 있다. 전체는 세 개의 막으로 구성되어 있다. 세 개의 장으로 이루어진 제1막은 맬컴의 유년기인 1931년부터 1945년 사이의 세월을 다

* 메트로폴리탄 오페라의 당시 공연 기록에 따르면 1986년 〈아이다〉 공연의 지휘자는 넬로 산티로 되어 있다.
** 크리스토퍼 데이비스와 툴라니 데이비스는 남매간이고, 앤서니 데이비스는 이들 남매와 사촌지간이다.

루고 있다. 랜싱에서 아버지를 여의고 보스턴으로 건너와 거리 생활을 하다가 수감되기까지의 이야기다. 네 개의 장으로 짜인 제2막은 1946년부터 1963년까지, 즉 맬컴이 이슬람교도가 되고 일라이자 무하마드의 제자가 되기까지의 이야기를 다룬다. 다섯 개 장으로 나뉘는 제3막은 맬컴의 메카 순례길과 일라이자 무하마드와의 결별, 그리고 마지막 암살 장면으로 이루어져 있다.

 무대 위에서는 흑인 분리주의 열풍 및 블랙 무슬림의 대두, 케네디 암살 사건, 범아프리카주의, 메드거 에버스 암살 사건과 파트리스 루뭄바 암살 사건 등 당시의 역사적 사건을 암시하는 대목들이 가득 펼쳐진다. 또한 〈엑스〉는 훌륭하게 조직된 대규모 출연진을 통해 당시의 흑인 민권운동에 대해 각기 인식의 차이를 보인 여러 흑인 커뮤니티를 정확하게 변별하는 데 성공했다. 그 결과 방대한 내용을 담은 연극인 동시에 클래식 오페라이기도 하며 재즈 앙상블이 등장하기도 하는 독특한 혼성 작품이 탄생했다. 맬컴과 그가 이끌었던 그리고 그가 대변했던 '네이션 오브 이슬람' 사이에는 미처 해소하지 못한 긴장이 있었지만, 나는 그것이 값진 결실을 낳은 긴장이었다고 생각한다. 맬컴 역을 맡은 벤 홀트는 그가 표현해내야 하는 딜레마에 담긴 인간미와 자기 억제력을 나름대로 준수하게 보여주었다. 토머스 영은 거침없이 행동하는 길거리 폭력배 스트리트 역과 설교를 일삼고 희미하게 기분 나쁜 일라이자 무하마드 역을 겸해 호연을 펼쳤다. 홀트와 영 같은 강력한 콤비를 한 무대에서 만난다는 것은 좀처럼 하기 힘든 경험이었다.

 〈엑스〉가 충격적인 작품으로 자리매김할 수 있는 가장 큰 이유는, 특히 제1막과 제3막에서 두드러진, 다채롭고 거대한 앙상블 때문이다. 반면 교도소 장면은 힘이 조금 빠진 느낌이었다. 제2막 역시 밋밋하고 두서없는 느낌이 간혹 들었는데, 어쩌면 대본작가가 맬컴의 이슬람 개종에 대한 정보를 최대한 많이 전달해야겠다는 부담을 느껴서 그리되었는지도 모르겠다. 이슬람 개종 과정에 대한 이야기가 충분히 전달되어야만, 케네디 대통령 암살 소식을 접하고 "자업자득"이라고 말한 맬컴의 고약한 논평이 극적으로 이해 가능하기 때문이다. 3막은 맬컴이 일라이자 무하마드를 대면하는 장면과 메카를 방문해 다시 한 번 이슬람으로 개종하는 장면이 특히 압권이다. 메카 장면에서 작곡가 앤서니 데이비스는 길게 지속되는 음악을 통해 모스크에서 낭송하는 코란 기도문인 '파티하(fatiha)'를 효과적으로 표현해냈다. 이 두 개 장면이 연이어 등장함으로써 형성되는 극적 정합성은 곧 이슬람교를 통해 인종적 배타주의의 모든 굴레에서 해방될 수 있으리라는 맬컴의 깨달음을 뒷받침한다. 맬컴이 택한 외로운 길의 끝에서 마침내 이슬람의 보편주의를 받아들이는 과정은 쇤베르크 〈모세와 아론〉의 이야기와도 닮아 있다. 다만 신의 분노의 표현 방법에 관해서는 두 작품이 갈린다. 쇤베르크는 신의 분노를 모세가 하느님으로부터 받은 것으로 표현한 반면, 〈엑스〉에서는 "등 뒤에서 파도가 일어 너를 집어삼킬 것"이라고 하여 맬컴이 처한 역사적 시점의 거센 물줄기로 표현한 것이다. 게다가 데이비스는 맬컴의 정신적 해방을 모잠비크, 앙골라, 잠비아, 짐바브웨, 심지어는 남아프리카공화국의 반정부 무장투쟁 운동가들의 활동과 대놓고 연결 지음으로써 맬컴의 구원적 비전과 총탄에 유명을 달리 한 희생에 더 폭넓은 의미를 부여하고 있다.

뉴욕 시립 오페라는 어느 모로 보나 데이비스의 음악과 스토리, 대본에 멋들어지게 감응하는 무대를 선사했다. 출연진의 숙련도는 어디 하나 빠지는 데가 없었고 또한 모두가 날카로웠다. 어쩌면 무척 따끈따끈한 현대 오페라이기에 더더욱 준비에 만전을 기한 건지도 모르겠다. 정치성 있는 현대 오페라만이 무대에 올릴 가치가 있다고 말할 생각은 없다. 그러나 뭔가 중요한 개념이 전체를 관통하는, 그리고 오페라라는 장르의 역사와 그것이 우리 시대의 역사에서 가지는 의미를 지각하게 하는 공연이 절실한 것만은 사실이다. 〈엑스〉처럼 관객을 움직이는 현대 작품에 담긴 음악적 표현을 익히는 것이 얼마나 어려운 일인지 우리는 알아야 한다. 크리스토퍼 킨은 민활하고 권위 있게 스코어를 지휘해냈지만, 12음음악과 재즈라는 두 가지 상충하는 어법의 통합이라는 면에서는 다소 아쉽기도 했다. 데이비스의 음악에는 조리 정연한—다시 말해 달통한—리듬의 맥박이 뚜렷하고, 이것이 〈엑스〉를 매혹적인 작품으로 만드는 요인이기도 하다. 그러나 데이비스는 정치적인 작품을 풀어내면서 그 어떤 명백한 음악적 모델을 참고하지 않았고, 결국에는 독자적인 음악 양식을 만들어내지도 못했다(대신 극적인 메시지는 확실하게 전달했지만). 〈엑스〉의 특징이라 할 수 있는 엄격한 음렬주의와 자유롭고 즉흥적인 재즈의 흐름 사이에서 줏대를 세우지 못하고 흔들리면서, 그러한 결락은 명백하게 드러났다.

〈엑스〉는 진정으로 중요하고 독창적인 작품이지만, 또한 넘어야 할 외부적 장애물이 많은 오페라이기도 하다. 순응함으로써 마음을 다독이기보다 강력한 저항의 메시지를 담은 작품이라는 것이 그 첫 번째 장애물이다. 맬컴은 오페라 객석의 압도적 다수를 차지하는 백인들이 편히 받아들일 수 있는 인물은 아닌 것이다. 또 다른 장애물은 이것과 묶을 수 있는 다른 오페라가 아직은 작곡된 바 없기에 제작하는 입장에서는 재정적 부담을 각오해야 한다는 점이다. 대부분의 자본이 푸치니와 마스카니에 묶여 있는 마당에 이처럼 어려운 음악을 배우는 데 선뜻 시간을 투자할 성악가들이 드물다는 것도 또 하나의 걸림돌이다. 훌륭한 프로덕션의 못자리가 되는 베를린 앙상블 같은 오페라단이 부재한 상황이므로, 어떻게든 레퍼토리 오페라 하우스들을 못살게 굴어서라도 한층 모험적인 태도를 가지게 해야 한다. 모쪼록 〈엑스〉 공연이 그 출발점이 되었으면 한다.

음악과 페미니즘*

페미니즘 연구가 활발하고 또한 현대문화에서 음악이 점하는 위상이 낮지 않음을 고려하면, 음악 제작과 공연 분야에서 여성이 담당하는 역할을 파악하려는 노력이 부족했다는 사실은 다소 의아하게 다가온다. 음악의 예술적 영역에서는 다양한 중요 역할이 여성에게 주어지고 있음에도, 주류 고전음악계의 거의 모든 경제적·정치적·사회적 측면은 남성이 지배하고 있다. 여성에게는 유망한 남성 작곡가에게 영감을 주는 뮤즈로서의 역할, 그리고 나아가서는 그를 흠모하는 (그러나 그보다는 능력이 모자라는) 배우자와 조수, 파트너로서의 역할이 주어져 왔다. 클라라와 로베르트 슈만 부부가 그러했고, 코지마와 리하르트 바그너 부부가 그러했던 것처럼 말이다. 한편 베토벤에게 여성이라는 존재는 손에 넣을 수 없는 이상으로서의 의미가 지배적이었다. 그와 정반대되는, 파멸적인 요부(妖婦)로서의 여성상은 유명한 음악가의 실제 삶보다는 그들이 쓴 음악 내에서 좀 더 자주 발견된다(베르크의 룰루나 리하르트 슈트라우스의 살로메가 대표적인 예다). 과거에는, 최하층 계급을 제외하고는 여성이 공연이나 연주를 직업으로 한다는 발상은 사회 통념상 용납할 수 없는 것이다. 그랬던 상황이 19세기부터 역전되어 많은 여성이 디바와 악기 연주자, 음악 교사로서 이름을 떨쳤다. 여성 음악가를 바라보는

* 《더 네이션》, 1987년 2월 7일.

시선의 전환은 음악사에서도 중요한 의미를 가지는 사건의 하나다. 슈만의 〈여인의 사랑과 생애〉나 비제의 〈카르멘〉, 풀랑크의 〈카르멜회 수녀의 대화〉처럼 여성을 위해 쓰인, 여성에 관해 쓰인 위대한 레퍼토리들이 그 과정의 생생한 증언자들이다. 연주와 작곡 분야는 물론이고 음악평론과 음악학 분야 역시 문화비평의 주류와는 놀랄 만큼 동떨어져 있다. 최근 발표된 피에르 불레즈와의 대담에서 미셸 푸코가 주장한 바처럼, 하이데거와 니체를 위시하여 역사와 문학, 철학에 관심을 둔다는 대부분의 지식인들은 재즈나 록 음악에 관해 슬쩍 스쳐가듯 보이는 무심한 관심을 제외하면 음악 전반을 엘리트주의적이고 까다로운 예술로 바라보고 있다. 서양 세계의 지식인들이 음악에 관한 담론에 가담할 기회는 중세 중국과 일본의 문화처럼 난해한 분야에 대한 담론에 참여할 기회보다도 더 희소하지 않나 싶다. 그러니 거의 모든 인문학과 과학 분야 연구에서 빠지지 않는 주제인 페미니즘이 정작 음악평론 분야에서는 기여한 바가 없다는 사실도 기이하긴 하지만 어느 정도 예상된 결과이기는 하다. 지금 음악 분야에서의 페미니즘은 약 20년 전 문학 분야에서 페미니즘이 도달했던 단계 정도에 이른 것으로 보인다. 즉, 자기만의 목소리를 냈던 과거의 여성 음악가들을 일별하려 시도하되 아직 다른 연구 분야와는 연결되지 못하는 외딴 섬 같은 존재가 작금의 음악 페미니즘 분야다. 다시 말해 그 섬 바깥으로는 아직 허허벌판일 뿐인 걸음마 단계인 것이다. 그러나 그 비난의 화살을 음악비평이나 페미니즘 이론 쪽에만 국한하는 것은 온당치 못하다. 문제의 근원은 오늘날의 음악계가 과거와 마찬가지로 남성이 지배하는 강고한 거대 조직의 틀을 벗지 못했다는 점에서 찾아야 한다. 아직까지도 여성은 거의 예외 없이, 중대하되 종속적인 역할에 만족해야 하는 현실이다.

페미니즘의 관심 영역에 속하면서도 페미니즘에 근거한 평단의 반응은 기대하기 힘든 최근 사례들—오페라, 리사이틀, 오케스트라 연주회—을 무작위로 추출해보면 이와 같은 진단이 틀리지 않음을 쉽사리 알 수 있다. 예를 들어, 여성 연주자의 연주회에서는 과연 '여성적'인 음악 스타일이 존재하는지에 대한 문제 제기가 등장하곤 한다. 지난해 10월 피아니스트 알리시아 데 라로차는 클라우스 텐슈테트가 지휘하는 뉴욕 필하모닉과 함께 모차르트의 〈피아노 협주곡 25번 C장조〉(K. 503)를 협연한 바 있다. 데 라로차는 이와 같은 시기에 에이버리 피셔 홀에서 알베니스의 조곡집 〈이베리아〉 1권과 2권으로 독주회를 가졌다. 얼마 전 작고한 릴리 크라우스와 견주자면 데 라로차는 좀 더 자기주장이 강한 피아니스트다. 그녀의 모차르트—언제나 '남성적'인 작곡가로 여겨져 온 베토벤과는 달리 '여성적'인 작곡가로 간주되어 온—는 은쟁반에 옥구슬 구르는 듯하지도 않고, 새가 지저귀는 것 같지도 않으며, 연약하거나 부드럽지도 않다. 그럼에도 데 라로차는, 사실상 그녀 소유라고 봐도 무방한 스페인 음악을 제외하면, 남성 연주자보다 여성 연주자에게 어울린다고 판단되는(자그마하고 내밀하다는 이유로) 음악을 더 자주 연주하는 편이다. 이를테면 스카를라티와 쇼팽, 모차르트, 바흐 등이 여기에 속한다. 그렇다손 치더라도 K. 503은 모차르트의 협주곡 가운데 규모가 가장 크고 품새도 가장 넓은 곡이다. 베토벤 협주곡의 선구자적 작품을 이야기할 때 반드시 언급되는 곡이자, 따라서 모차르트의 작품 가운데 가장 '남성적'인 곡이기도 하다. 반면 데 라로차가 리사이틀에서 연주한 베토벤 곡은 〈피아노 소나타 31번 A♭장조〉(Op. 110)였다. 〈함머클라비어 소나타〉나 〈피아노 소나타 32번〉보다 덜 '남성적'인 작품이었던 셈이다.

    음악에서 젠더와 섹슈얼리티에 따른 정형화라는 문제는 대단히 복잡한 성격을 띤다. 이 문제를 가장 손쉽게 접할 수 있는 기회는 낭만주의 음악과 오페라 음악이 제공한다. 여성의 존재로 인해 그 과정이 처음부터 끝까지 움직일 동력을 얻는 그런 장르들이다. 최근 조운 서덜랜드가 메트로폴리탄 오페라에서 주역을 맡은 벨리니의

〈청교도〉가 그 좋은 예가 된다. 끝없이 이어지는 아찔한 노래 곡예, 알맹이 없는 이야기, 17세기 영국을 가리키는 공허한 몸짓까지, 이 오페라가 내세우는 것들은 얼마나 기이하고 심지어는 변태적인가. 사건의 한가운데에는, 사랑하는 남자가 자신을 배신한 것으로 오해한 나머지 '미치고 마는' 십대 소녀가 있다. 최소한으로 간추린 단조로운 베이스에 군악대풍의 금관이 방점을 찍는 음악을 반주 삼아 펼쳐지는 비인간적으로 잡아 늘인 고음의 선율이 곧 연가(戀歌)가 된다. 잔뜩 뻐기는 과시, 지나치게 꾸민 나머지 종래에는 진을 빼고야 마는 음악적 표현, 끝없이 유예되는 클라이맥스들, 서로를 모방하며 마구잡이로 올라가고 내려가는 남성과 여성의 음성들, 이런 것들이 모이고 모여 마침내는 섹슈얼리티를 암시하는 음악이 된다. 내가 너무 삐딱하게 보는 것인지는 모르겠지만, 이 작품이 오랫동안 많은 남녀 관객의 사랑을 받는 데에는 이런 이유도 있다고 생각한다.

말러의 연가곡집 〈죽은 아이를 그리는 노래〉는 그 반대편 극단에 위치하는 작품이다. 음악적 수단을 절약하고 또 절약한 경제적 운용법, 절제되고 차분한 표현, 어려운 음악적 소재를 거의 완전하다 싶을 정도로 통제하는 능력이 발군인 곡으로, 최근 메릴린 혼이 독창을, 주빈 메타 지휘의 뉴욕 필하모닉이 협연을 맡았다. 메릴린 혼이 조금 몸을 사리는 것 같은 아쉬움도 있긴 했지만, 그래도 그녀의 노래에는 감탄할 수밖에 없는 면이 많았다. 〈죽은 아이를 그리는 노래〉는 프리드리히 뤼케르트가 쓴 비통시(悲痛詩)의 깊고 고요한 정서, 그리고 촘촘하지만 언제나 투명함을 잃지 않는 말러의 대위법적 오케스트레이션이 훌륭하게 어울리는 곡이다. 쇤베르크의 〈기대〉가 그러하듯, 연가곡집을 이루는 다섯 곡은 슬픔의 여러 단계를 표현하고 마침내 체념에 이르는 한 편의 드라마가 된다(불길한 예언처럼, 이 곡을 완성한 1904년으로부터 3년이 흐른 후 말러는 장녀를 여의고 말았다). 영국 시인 제라드 맨리 홉킨스 만년의 소네트처럼 연가곡집이 다루는 감정의 폭은 좁다랗게 집중되어 있고, 이

점에서 혼의 절제된 노래는 완벽한 선택이었다. 혼은 유일하게 제5곡 '이 비바람 속에서'에서 잠깐 흔들리는 듯 보였다. 유절가곡(有節歌曲) 형식인 이 곡은 각 절을 같은 음악으로 되풀이하되 각 절마다 악기법과 억양이 살짝 바뀌어 있다. 혼의 창조력은 클라이맥스 지점 이후로 궤도를 이탈한 듯 보였는데, 아마도 마지막 절의 내용을 따뜻한 평온 대신 무력한 피로로 받아들인 해석 착오에 따른 탈선이었던 것으로 짐작된다.

남성 작곡가가 여성 성악가를 내세워 움직이게 한다는 점에서 이 가곡집을 일종의 복화술로 간주하는 사람도 있지만, 이는 지나치게 제한적인 의미 규정이라고 본다. 〈죽은 아이를 그리는 노래〉에는—마치 말러의 가곡과 교향곡이 서로 그러하듯—남성과 여성 사이의 상호 인지와 상호 공생이 존재하며, 여기서 양성의 관계는 어느 한쪽이 다른 한쪽을 일방적으로 조종하는 관계가 결코 아니다. 일방적인 조종의 사례는 최근 뉴욕에서 공연된 두 편의 디오니소스적 19세기 작품에서 발견할 수 있었다. 그 첫 번째는 힐데가르트 베렌스를 타이틀 롤로 내세운 메트로폴리탄 오페라의 베토벤 〈피델리오〉였고, 두 번째는 샤를 뒤투아가 이끄는 피츠버그 심포니가 에이버리 피셔 홀에서 공연한 베를리오즈의 〈파우스트의 천벌〉이었다. 이번 무대를 통해 뒤투아의 실연(實演)을 처음으로 접한 나는 그의 지휘에 혼을 뺏기고 말았다. 배우 루돌프 발렌티노가 투우사 복장을 하고 지휘를 했더라면 바로 뒤투아와 같은 모습이었을 것이다. 미끈한 엉덩이와 날씬한 상체, 강건한 다리, 어딘가 어둡고 위협적인 인상이 압도적이었다. 메피스토펠레스 역을 맡은 그리스 출신의 베이스 디미트리 카브라코스는 강력하지만 갈고 닦이지 않은, 초점이 뚜렷하지 않은 목소리로 노래했음에도 매력을 십분 발휘했다. 가련한 마르그리트 역을 맡은 캐서린 시진스키는 썩 괜찮은 기량을 가지고 있었지만, 성량이 다소 모자랐던 탓에 뒤투아와 메피스토펠레스 사이에 끼여서 고군분투했음에도 역부족이었다.

괴테 장편의 베를리오즈식 구상, 아니 번안에는 특이한 점이 있다. 제라르 드 네르발이 프랑스어로 번역한 『파우스트』에서 노랫말을 취한 〈파우스트의 천벌〉은 그 어떤 후속 모방작도 불가능한 일회성 작품으로 기획되었다. 구원의 계시를 다룬 작품이 보통 그러하듯, 이 작품 역시 경건함보다는 마성(魔性) 덕분에 보고 듣는 재미가 있다. 베를리오즈의 상상력은 대개 기악 음악에서 발휘되고 있으며, 성악가들 각자는 몹시 창의적인 전체 앙상블을 위해 복무하게끔 되어 있다. 게다가 베를리오즈는 애초부터 괴테의 원작을 충실하게 따를 뜻이 없었다. 극에 접근하는 그의 방식은 무척 독특했다. 오페라적이라고 보기도 힘들고 그렇다고 오라토리오적이라고 보기도 힘든, 정경과 분위기를 중시하고 넌지시 암시하는 표현을 선호한 접근법이었다. 원작의 문구 선택 역시 이처럼 독특한 방식을 구현하는 데 적합한 요소들을 고려하여 진행되었다. 〈파우스트의 천벌〉은 뻥 뚫린 공간과 후퇴하는 군대, 방황하는 학자들이 대거 등장할 뿐만 아니라, 정교한 음악적 장치(예를 들어 푸가에 관한 푸가 같은)와 놀라운 분위기 전환으로도 가득하다.

선법(旋法)*에 따른 발라드 '툴레의 왕'을 제외하면 베를리오즈의 마르그리트는 노래하는 주체로서보다는 노래 불리는 대상으로서 더욱 흥미롭다. '강렬한 욕망'의 대상인 마르그리트로부터 만족을 얻었음을 파우스트가 인정함으로써 마침내 내기에 이긴 악마가 노래하는 '사랑에 취한 그대는 그만큼 더 어리석어질 것이다'에서 뒤투아의 능란한 극적 감각은 최고조로 빛을 발했다. 이 작품은 또한 여성을 파멸적인 천사로 묘사하길 즐기는 19세기식 편향의 교과서적인 사례이기도 하다—마르그리트는 실수로 어머니를 독살한 혐

---

* 음계를 음정관계, 으뜸음의 위치, 온음과 반음의 위치 등에 따라 더욱 세분한 음열. 조성음악의 기본이 되는 장음계, 단음계도 선법의 일부다. 고대그리스의 선법, 중세시대 교회선법, 민속음악 선법 등 다양한 갈래가 존재한다. 우리 전통음악의 평조와 계면조 역시 선법으로 간주할 수 있다.

의로 옥방에 갇히게 된다. 메피스토펠레스를 통해 베를리오즈는 징벌에 대한 자신의 환상을 억눌러 표현한다. 핏대를 세우고 '아수라'에 대해 이것저것 주워섬기며 횡설수설하는 메피스토펠레스는, 파우스트가 스스로의 여러 방종으로 인한 죗값으로 죽어서도 무척 끔찍한 고초를 겪게 될 것이라고 관객을 설득한다. 문제는, 품행 난삽한 남성의 죄에 붙인 음악이 품행 방정한 여성에게 붙인 당밀 같은 음악보다 더 흥미롭다는 점인데, 이는 베를리오즈 이후의 모든 프랑스 음악에 붙어 떨어지지 않는 난제이기도 하다(대번에 생상스, 프랑크, 포레, 심지어는 메시앙의 음악이 떠오른다). 따라서 여성을 남성의 쾌락을 위한 수단이자 언제든지 증오의 대상으로 바뀔 수 있는 존재로 간주하는, 즉 사실상 여성 혐오를 찬양하는 불편한 음악을 마주하게 되는 것이다.

마침내 〈피델리오〉를 살펴볼 순서다. 〈피델리오〉는 구원자적 존재로서의 여성을 그렸다기보다 신의와 정절, 부부 사이의 행복(〈피델리오〉는 부이의 희곡 『레오노레, 혹은 부부간의 사랑』을 원작으로 한다), 폭압적 지배에 대한 증오 등의 다양한 신념을 극화한 작품이다. 1806년에 완성되어 〈레오노레〉라는 제목으로 발표되었지만 오랫동안 무대에서 성공을 거두지 못하다가, 8년 뒤 전체를 크게 쳐내고 제목도 〈피델리오〉로 바꾸고서 인정을 받았다. 나는 개정 전 오리지널 판본을 음반으로 들은 적이 있는데, 팽팽한 맛은 없어도 듣기 좋은 선율이 풍부하고, 또한 등장인물이 너무도 인간적이고 따뜻한 작품으로 다가왔다. 1814년의 개정판 〈피델리오〉는 필수불가결한 요소를 제외하고는 모두 잘라낸 것처럼 한마디로 줄여도 너무 줄였다는 느낌이 들고, 또한 관객의 주의를 잡아끌 매력이나 연극적 요소도 부족하다.

〈피델리오〉는 공연 수준이 아무리 형편없어도 일곱 성악가 네 명과 탁월한 지휘자 한 명만 있으면 그럭저럭 큰 상처 없이 견뎌낼 수 있는 유일한 오페라 레퍼토리가 아닌가 싶다. 이 작품에는 어딘가 고지식하고 치열하게 솔직한 구석이 있어서, 어느 한쪽에 치우친 당파성이나 편파성을 허용하지 않는다. 베토벤은 프랑스혁명을 우러러보았지만(〈피델리오〉라는 작품 선택 역시 그와 일정 정도 관련이 있을 것이다), 혁명가의 실제 삶을 추적하는 일에는 크게 관심을 보이지 않았다. 베토벤은 정치적 모티프를 이용하되 정치 너머의 영역과 역사 너머의 영역을 이야기하려고 했다. 철학자 에른스트 블로흐가 참으로 통찰력 있게 짚어냈던 것처럼, 〈피델리오〉는 미래를 지향하는 묵시록적 작품인 것이다. 블로흐는 레오노레가 스스로의 정체를 밝힌 직후 플로레스탄이 마침내 피차로의 손아귀에서 해방되는 순간에 들려오는 유명한 트럼펫 소리를 "구세주의 오심을 선언하는 '불가사의한 나팔소리(tuba mirum spargens sonum)'"로 이해했다. 블로흐는 또한 오페라가 끝 무렵에 이르면 베토벤의 음악이 "투쟁적인 종교성"을 지니고 있음이 입증된다면서 이렇게 덧붙였다. "새로운 시대가 도래했음이 너무도 확연히 들려오기 때문에 그저 희망이라는 표현으로는 다 담을 수 없다. … 그렇게 음악은 그 총체로서 인류의 최첨단에 서게 된다. 새로운 언어를 체득한, 그리고 비로소 획득한 '우리'라는 세계의 치열함이 후광으로 빛나는 인류가 비로소 모양을 갖춰가는 것이다."

볼썽사납도록 낡아빠진 메트의 프로덕션에서는 블로흐가 묘사한 불빛의 낌새조차 느끼기가 도무지 쉽지 않았지만, 그래도 모름지기 〈피델리오〉는 공연을 가리지 않고 가서 볼 만한 가치가 있는 작품이다. 병가를 낸 텐슈테트의 빈자리는 크리스토프 페릭이 씩씩하게 메웠고, 베렌스를 주축으로 한 성악진 또한 그만하면 괜찮았다. 다른 누구도 발 디디지 못한, 세월을 초월한 원칙의 영역에 자신만은 갈 수 있다고 믿은 베토벤의 생각이 무지막지하게 자만했던 것은 아닌지 나는 줄곧 생각해왔다. 그러나 그의 자기중심주의와 정성 들여 쌓아올린 개성, 미적 규범은 모두 특수성, 역사성, 정치성을 딛고 일어서려는 시도의 일부였음을 또한 인정하지 않을 수 없다.

초기 낭만파 예술은 이른바 정치적인 작품에서조차 이와 같은 세속적인 것으로부터의 각성으로 가득하다. 초기 낭만파 예술이 매혹적인 이유는 그것이 인본주의를 내세우고 있음을 자처해서가 아니라 오히려 인간성과 정치의 배제를 목적으로 하고 있음을 천명하기 때문이다. 〈피델리오〉가 과연 베토벤이 의도한 바대로 멋진 여성상을 달성한 작품일까. 아니면 레오노레라는 인물에게 주어진 부수적 위치를 여성 전체에 대한 폄하로 받아들여야 할까. 동경과 좌절을 모두 아우른 집요하게 정형화된 구조의 음악은 거기에 대해 결정적인 답을 주지 않는다. 페미니즘 평론 분야가 해답을 발견할 수 있을지 궁금하다.

대중을 위한 마에스트로*
『토스카니니 이해하기』 서평

음반사와 연주회 기획사는 클래식 음악가들을 앞세워 큰 돈벌이가 되는 비즈니스를 구축했다. 그러나 비즈니스는 연주 수준에 악영향을 끼치게 마련이다. 1964년 캐나다 피아니스트 글렌 굴드는 콘서트 뮤지션으로서 거둔 대단한 성공을 뒤로한 채 실황 무대에서 완전히 은퇴하기로 결정했고, 1982년 사망할 때까지 음반 녹음과 라디오 및 텔레비전 출연으로 자신의 활동 영역을 제한했다. 그가 무대를 떠나기로 마음먹은 이유 가운데 하나로 내놓은 것이 관객의 존재가 자신의 연주에 왜곡을 가할 우려였다. 바흐의 대위법은 엄격하게 절제하여 연주해야 마땅함에도 관객의 주의를 끌기 위해 이따금씩 과장된 강세를 동원하고 불필요한 방점을 찍어야 하는 필요 아닌 필요를 느꼈다는 것이다. 그럼에도 불구하고 모든 예술가와 프로듀서, 연주자는 관객을 필요로 한다. 그렇다면 문제는 자신이 봉사해야 할 예술에 대한 내면적 의무, 그리고 만족과 여흥, 흥분을 요구하는 사회의 외부적 요청 사이에서 어떻게 균형을 잡을 수 있는가 하는 점이겠다.

    이러한 문제에 대해 생각하다 보면 결국 예술이 지향하는 바와 사회가 지향하는 바가 서로 깔끔하게 어우러질 수 있는지를 곰곰이 생각하게 된다. 특히 예술에는 상당한 경제적 이해 관계가 얽혀 있

* 《더 뉴욕 타임스 북 리뷰》, 1987년 3월 8일.

는 경우가 많기에 더욱 골치 아픈 문제가 된다. 요즘의 음반사와 음악 흥행주들이 운용하는 마케팅 도구의 위력은 엄청난 것이어서, 피아니스트이건 성악가이건 어느 정도 대접받을 만한 기량만 된다 싶으면 수백만 달러짜리 커리어라는 궤도 위로 너끈히 쏘아올리고도 남는다. 스스로의 양심에 따라 예술에만 정진하는 고독한 삶에서 만족을 얻는 음악가는 이제 찾기 힘들게 되었다. 〈아마데우스〉라는 영화 덕분에, 그렇지 않아도 막대한 모차르트의 위업이 끝없는 티켓과 음반 판매고로 이어지고, 음반사가 독특한 연주자에게 '세계에서 가장 위대한'이라는 수식어를 붙여 수백만 달러를 벌어들이는 세상이 되었다. 예술적 진실성에 큰 위해가 미치더라도 오로지 유명세와 명성만을 좇는 예술가가 나오기 좋은 환경인 것이다. 보통을 넘지 못하는 재능을 가진 이들을 루치아노 파바로티나 이츠하크 펄먼 같은 예술가로 길러내려 노력하는 것은 부질없는 짓일 테지만, 성공만을 좇지 않은 예술가들이 완고하게 지켜왔던 뉘앙스와 품위를 희생했기에 파바로티와 펄먼이 슈퍼스타가 될 수 있었을 거라는 짐작 역시 무리는 아니다.

조지프 호로위츠가 방대하고 상세한 연구 끝에 저술한 『토스카니니 이해하기』는 '세계에서 가장 위대한 지휘자'로 알려진 토스카니니가 걸어온 길이 대체로 미국산 성공 스토리의 공식을 따르고 있다는 점을 주장하는 동시에, 대단한 재능의 소유자였던 그가 미국에서 50년 가까운 세월 동안 흡사 예술적 독재에 가까운 지위를 누릴 수 있었던 배경에는 본인의 권위주의적인 성품과 음악적 개성에 대한 불안감은 물론이요, RCA라는 거대 음반사와 "음악 대중화를 기치로 내건 보수주의자들"과 "고급문화 포퓰리스트들"의 적극적 후원이 있었음을 강조하고 있다. 1957년 사망 이후 토스카니니의 이름값은 다소 하락세에 접어든 것이 사실이다. 음반 보급이 확산되면서 다른 지휘자들에게 관심이 분산된 측면도 있고, 토스카니니가 표상했던 엄혹한 추상과도 같은 음악적 표준에 대한 신봉이 줄어든 측면도 있다. 그러나 (본인을 위해 특별히 조직된) NBC 심포니 오케스트라의 수장으로서 압도적인 영향력을 발휘하던 시절(1937~1954)의 토스카니니는 미국 음악계에서 달리 사례를 찾기 힘들 정도로 독보적인 존재였다. 겨룰 여지가 없는 압도적인 지배력으로 다른 모든 경쟁자들을 제거했고, 자신의 요구사항 하나하나가 그대로 법이 된다고 할 정도로 막강한 숭배의 대상이었다고 호로위츠 씨는 쓰고 있다.

이탈리아 한촌(閑村)에서 태어나 밀라노 라 스칼라의 감독직을 수행하고 이어서 메트로폴리탄 오페라(1908~1915)와 뉴욕 필하모닉(1927~1936)을 차례로 이끌어온 세월을 시대순으로 기록하면서 호로위츠 씨는 토스카니니의 경력에 등장했던 몇 가지 모티프를 강조한다. 저자의 의견에 따르자면, 이러한 모티프들이 모여 "20세기 음악계를 결정지었던 중류문화 현상"을 만들어냈다는 것이다. 첫 번째 모티프는 토스카니니의 불가사의할 정도로 날카로운 음악적 능력과 모든 작품을 한 편의 극으로서 해석하는 경향의 결합이었다. 그는 틀리는 법이 없는 귀와 기억력을 가지고 있었고, 그것을 무기로 하여 베토벤의 교향곡이건 브람스의 서곡이건 차이코프스키의 세레나데건 간에 모든 음악을 흡사 베르디의 오페라 바라보듯 했다. 두 번째 모티프는 음악문화를 죽은 외국 작곡가의 수입품으로 단순화하여 받아들이는 미국의 사회적 경향이었다. 그러한 사회 분위기의 주축인 장사치와 홍보 전문가, 속물, 무비판적인 열성분자 들은 누구도 이의를 제기할 수 없는 권위가 된 토스카니니에게서 사용 가치를 발견했고, 그렇게 스스로를 살찌워가면서 동시에 토스카니니를 영웅시했다. 즉 이런 사람들에 의해 토스카니니는 덜컥 고전 해석의 명장이 되어버린 것이다. 호로위츠 씨는 이러한 대접이 완전히 부당한 것만은 아니라고 인정한다. 토스카니니는 타고난 소질과 적절한 훈련을 겸비한 음악가였고, 따라서 유럽의 앞선 전통을 상징하는 존재로 받아들여지기에 적합했기 때문이다.

세 번째이자 좀 더 문제가 되는 모티프는 앞서의 두 가지 모티프가 하나로 만나면서 그 부산물로서 파생된 음악적·미학적 수준의 절하다. 호로위츠 씨는 그 결과로 예술과 음악에 생채기가 난 것은 물론이요 음악가 토스카니니 또한 피해를 봤다고 주장하고 있다. 이것이 이 책의 핵심 논점이며, 또한 그토록 방대한 사항을 상세히 기록한 이유이기도 하다. 호로위츠 씨는 이렇게 쓰고 있다. "토스카니니가 지휘자들 가운데 전례 없는 지명도를 누리게 된 결정적인 이유는 그의 인격이었다. 그리고 그가 남긴 유산을 논하기 위해서는 주로 음악 외적인 문제에 이야기를 집중해야 한다. 토스카니니는, 지휘자로서는 그저 후계자들과 아류들에게 영향을 남겼을 뿐이다. 그러나 토스카니니 숭배 현상은 그 전례 없는 조직적 술책에 힘입어 지휘자로서의 영향을 훌쩍 뛰어넘는 지속적인 충격파를 던졌다." RCA의 총수 데이비드 사르노프와 함께 NBC 오케스트라에 매진하던 무렵은 토스카니니의 나이 이미 일흔으로, 자신이 부리던 레퍼토리를 대폭 발라내어 19세기 고전의 소수 작품으로 국한한 뒤였다. 그러면서 현대 작품 쪽은 바라보지도 않았고, 그가 보기에 지나치게 복잡하거나 지엽적이거나 대위법적인 음악 역시 등한시했다. 이제 토스카니니는 대단히 제한된 범위의 작품을 대중에게 호소하는 일에 정력을 집중하기 시작했다. 호로위츠 씨의 말마따나 "본능에 호소하는 베르디의 음악에 상응하는 다목적 공연의 흥분"이 제일의 목적이 된 것이다. NBC 사옥에 있는 스튜디오 8H—마에스트로의 세상사에 대한 무관심과 신비주의, 비접근성, 기업의 '상품 논리'로 대변되는 유사과학의 난리법석을 표상하는—에서 토스카니니와 NBC 심포니 오케스트라는 매주 '전설적인' 공연을 뚝딱뚝딱 찍어냈고, 그 초라한 내용물은 기업의 과장광고와 자본에 알랑방귀를 뀌는 치들이 앞다투어 쏟아내는 상찬으로 화려하게 포장되었다.

호로위츠 씨의 주장은, 비록 대단히 극단적이긴 하지만, 결코 이렇게 간단히 정리할 수 있을 정도로 단순하진 않다. 토스카니니를 숭배의 대상으로 바라본 시각은 깊은 통찰에 기반하고 있다. 내 생각에 그 시각의 기원은 1958년 독일 철학자이자 음악학자 겸 사회평론가인 테오도르 아도르노가 발표한 짧은 에세이가 아닌가 싶다(호로위츠 씨도 이 글을 참고문헌의 하나로 밝히고 있다). 아도르노는 토스카니니를 후기자본주의의 난맥상의 하나로 간주한 바 있다. 그러면서 아도르노는 토스카니니의 악단 장악력 역시 오로지 기계적인 능률을 최우선시하는 영혼 없는 지도자의 권력과 상통한다고 주장했고, 또한 그의 지배를 향한 의지는 음악의 인간적 영혼을 모두 외면한 연주 스타일에 고스란히 드러난다고 지적했다.

호로위츠 씨의 글에는 아도르노의 형이상학적 위트에 담긴 유현미(幽玄美)는 부족하지만, 그럼에도 토스카니니 현상을 풀어내기 위해 다양한 사례와 시각을 동원한 노력은 인정받아 마땅하다. 책에서 가장 흥미 있는 부분은 토스카니니 공연의 잔뜩 고조된 분위기를 다양한 언어로 인용한 대목이다. 이 밖에도 토스카니니의 영향력이 너무도 강력했던 나머지 공연에 관해 어떤 '표준화'된 규범이 생기게 된 경위에 대한 이야기라든가, 토스카니니가 버티고 선 바람에 구스타프 말러나 빌헬름 푸르트벵글러, 오이겐 요훔, 한스 크나페르츠부슈와 같은 유럽 출신의 위대한 음악가들이 미국에서 성공하는 데 애를 먹은 이야기, 토스카니니 견습생 스타일의 조지 셀이나 프리츠 라이너 같은 지휘자들이 쉽게 성공할 수 있었던 배경 같은 이야기도 흥미롭고 충격적이다. 토스카니니는 너도나도 앞다투어 따르던 '명곡 감상'의 유행을 대표하던 인물이었고, 또한 《굿 하우스키핑》이나 《리더스 다이제스트》 같은 잡지, 밥 호프와 얼 윌슨처럼 이름만 대면 누구나 아는 존재였다.

그러나 토스카니니 숭배에 대한 호로위츠 씨의 반감에 독자들이 상당 부분 공감할 수 있다손 치더라도, 또한 찰스 아이브스와 존 케이지, 폴 볼스, 헨리 카월의 작품에 드러나는 반권위주의와 자생적 창조성에 대한 저자의 지지(심지어는 월트 휘트먼까지 인용되어 있다)에 독자들이 동의할 수 있다손 치더라도, 미국 문화계의 문제점을 모두 토스카니니 탓으로만 돌리는 것은 온당치 못하다. '링컨 센터 증후군'이라는 현상이 생기게 된 것도 토스카니니 한 사람의 과오 때문은 아니며, 토스카니니가 마치 미국 문화계 전체를 아우를 수 있는 인물인 것처럼 실제보다 부풀려 기술하는 것도 받아들일 수 없다. 호로위츠 씨의 분석은 지나치게 선형적(線形的)이고 반복적이며, 또한 지나치게 외곬이며 균질화되어 있다. 문장은 명석하지만, 마치 토스카니니에 관한 것이라면 무엇이든 미국 기업정신으로 짜부라뜨릴 수 있다는 듯이 기어이 설명을 곁들여야 직성이 풀리는 충동을 억누르지 못하는 점이 안타깝다. 어쨌거나 문화라는 것은 그것이 속한 사회의 결정 인자들의 총합보다도 더 크다는 것이 호로위츠 씨 본인의 주장이 아니었던가. 그럴진대 판매되고 마케팅되는 재화의 수준까지 토스카니니를 완전히 끌어내려야 할 이유는 무엇인가.

    호로위츠 씨의 책은 성공적인 토스카니니 분석서라기보다는 현대사회의 속물 근성과 상업주의에 대한 절절한 항의문으로 읽는 것이 바람직하다. 내 생각에 토스카니니는 호로위츠 씨가 인정하는 것보다는 더 긍정적이고 존중받아 마땅한 인물이다. 비록 그는 오디오 기술 분야가 최근 일군 발전의 수혜자가 되지 못하고 한발 먼저 세상을 떠나고 말았지만, 연주 예술에서 전통주의의 겉치레와 지나친 감상성의 폐해를 걷어낸 인물로서 값진 유산을 남겼다. 전성기 시절 토스카니니의 짜릿한 실제 연주를 접한 이들은 강건한 힘살이 보일 듯 팽팽한 그의 명곡 해석을 '직역주의'나 '직해주의'라는 단어로 가두는 것에 거부감을 느낄 것이다. 이는 마치 관객이 그의 연주에 넋을 놓았던 까닭이 NBC 아나운서가 달달한 목소리로 전한 상투적인 표현 때문이었다는 것만큼이나 언어도단이다.

    호로위츠 씨는 토스카니니의 과업을 납득할 수 있는 선에서 공정히 평가하겠다며 소매를 걷어붙였지만, 이것이 쉬운 일이 아님은 개념적으로 생각해 보아도 자명하다. 스타일과 연주라는 복잡한 문제를 당시의 역사적·사회적 현실과 연결 지어 판단하는 일이 어찌 용이할 수 있겠는가. 이러한 문제에 대한 연구나 나름의 해답이 없었다는 사실은 미국의 음악평론이라는 분야가 지적으로 척박하며 아직도 갈 길이 멀었음을 방증하는 지표라 할 것이다. 문학평론이나 미술평론 분야와 비교할 때 음악평론 쪽은 사회적 맥락을 고려하는 빈도도 들쭉날쭉한 편이며, 그렇게 할 때조차도 투박하고 초보적인 수준의 고려를 벗어나지 못하는 경우가 많다. 토스카니니 같은 거물을 주제로 한 책을 쓴 것만으로도 호로위츠 씨는 큰일을 해낸 셈이다. 비록 평론가로서의 단점 역시 명백히 드러난 것이 사실이긴 하지만 말이다. 토스카니니 같은 음악가는 그 존재가 단순한 체계의 범주를 훌쩍 뛰어넘을 뿐만 아니라 평론가로 하여금 해석의 통론에 따라서 그들이 가진 힘과 정확성을 이해할 것을 요구하기 때문에 분석하기가 특별히 까다롭다. 호로위츠 씨는 이 방면으로는 별다른 성과를 보여주지 못했다. 그러나 토스카니니가 미국사회에 끼친 영향을 다방면으로 조명한 그의 노고만은 무척 인상적이며, 그것만으로도 많은 여타 평론가들의 생각을 움직이게 할 것이다.

중년과 연주자들*

명확히 규정할 수 있는 것들 사이에 끼인 것이 으레 그렇듯, 중년이라는 시기 또한 특별히 보람으로 가득 찬 시기는 아니다. 앞날이 촉망되는 젊은이도 아니고 덕망 있는 노인이 되려면 아직 세월이 좀 남은 애매한 시기가 곧 중년인 것이다. 마흔이 넘어서까지 철부지 반항기를 버리지 못하면 우스꽝스러운 꼴을 면치 못하고, 그렇다고 섣부르게 노년기의 권위를 취하면 거만하고 뻣뻣하다는 핀잔을 듣기 십상이다. 단테는 위태로운 중년기에 필생의 걸작을 썼지만, 그의 비전은 무척이나 장대하고 상세한 것이어서 다른 못난 자들이 겪는 중년의 위기를 하찮은 투덜댐 정도로 격하시키기에 충분했다. T. S. 엘리엇은 단테와 중년기를 자신의 창작 활동에 활용하기도 했지만, 그러한 사례는 극소수의 인사에게 국한될 뿐이다. 중년은 불확실의 시기이자 다소간의 상실을 경험하는 시기이며, 몸이 여기저기 고장 나기 시작하는 시기이자 건강염려증의 시기요, 걱정거리가 늘어나고 향수가 깊어지는 시기다. 또한 대부분의 사람들은 중년기에 들어서 비로소 죽음을 차분히 응시할 기회를 맞곤 한다.

이런 것들이 경험에 의거한 중년의 현실이다. 그러나 예술이라는 분야로 옮겨오면 이야기가 사뭇 달라져서, 예술가들의 찬란한 중년기에는 이따금씩 뜻밖의 감상까지 따라붙기도 한다. 이른바 베토

* 《더 네이션》, 1987년 3월 14일.

벤의 중기(中期) 작품은 그가 그 시절에 쓴 소나타와 교향곡의 가치라는 울타리를 훨쩍 뛰어넘어 추어올려진다. 강조성 밑줄과 방점이 잔뜩 동원된 수사, 적절한 취향과 균형감각은 아랑곳하지 않고 마구 찍어댄 강세로 버무려진 말들로 베토벤의 진정한 영웅성이 시작된 것이 바로 그 시기라고 주장하는 것이다. 워즈워스 역시 중년 시절에 쓴 글로 좋은 평가를 받았고, 스트라빈스키와 빅토르 위고 또한 그랬다. 그러나 중년기를 실제로 살아내는 사람들은 아무래도 환호할 거리보다는 고민거리와 맞닥뜨리게 되는 것이 사실이다. 이를테면 삶의 방향을 재정립하는 문제, 몸의 활력이 떨어지는 것을 수긍하고 새로운 현실에 적응하는 문제, 과거를 반복하지 않고 거기서 교훈을 얻어야 하는 문제 같은 것들이다. 중년기 하면 으레 따분하고 누추하고 빛바랜 이미지가 떠오른다고 상투적으로 입에 올리지만, 그런 상투적 표현에도 일말의 진실은 담겨 있다.

더 이상 신동도 아니고 그렇다고 콩쿠르에서 우승한 최근 경력이 있는 것도 아닌, 또한 노년의 보답은 아직 털끝만큼도 보이지 않는 피아니스트에게 중년기라는 협곡은 아찔하게 느껴질 수도 있다. 그러나 중년기에 손에 넣을 수 있는 성취의 크기 또한 생각해야 한다. 마우리치오 폴리니는 새로운 레퍼토리를 탐구하는 위험을 기꺼이 떠안는다는 점에서, 또한 의식적으로 자신의 연주 지평과 미학을 변화시키려고 노력하고 있다는 점에서 다른 동년배 피아니스트들보다 저만큼 앞서 나가고 있다(바이올리니스트 가운데서는, 좀 더 연배가 있긴 하지만 메뉴인을 꼽을 수 있겠다). 폴리니는, 애초에는 쇼팽 피아니스트로 이름을 알렸지만 신속하게 19세기 레퍼토리 전반으로 가지를 쳐나갔다. 그러더니 20세기의 고전이라 부를 작품(쇤베르크, 베르크, 베베른, 스트라빈스키)도 연주 목록에 더했고, 급기야는 베리오와 불레즈, 슈토크하우젠처럼 그와 동시대를 사는 유럽 작곡가들의 작품마저 받아들이기 시작했다. 1985년 폴리니는 놀랍게도 방향을 180도 틀어 유럽과 미국 무대에서 바흐의 〈평균율 클라비어곡집 1권)을 선보였다. 올해 3월에는 카네기 홀에서 클라우디오 아바도가 지휘하는 빈 필하모닉 오케스트라와 함께 베토벤의 피아노 협주곡 전곡을 협연할 계획이다.

폴리니의 연주를 내가 무척 높이 평가하는 건 사실이지만, 사실 그의 바흐 연주에는 흠잡을 구석도 많았다. 글렌 굴드가 미친 영향의 흔적은 아무리 사소한 것이라도 피하고자 했던 다소 편협한 의도에 지독하게 매달린 결과가 아니었나 싶다. 굴드 대신 폴리니가 택한 대안은 이탈리아의 저명한 선배 페루초 부소니였다. 부소니는 아마 20세기 음악사를 누빈 인사 가운데 가장 저평가되고, 심지어 언급의 기회마저 충분히 누리지 못하는 인물이 아닌가 한다. 폴리니가 부소니를 따랐다는 말은 곧 브람스와 동시대 사람이 연주하는 식으로 바흐를 연주했다는 뜻이 된다. 폴리니의 연주는 시종여일 집중도와 긴장감을 유지했으며, 특히 길이가 긴 푸가 곡(C♯단조, A단조, B단조)에서는 팽팽하게 직조된 대위법 텍스처로 구성된 넉넉한 지성의 골조 사이로 웅숭깊은 논리가 엿보였다. 그러나 때로는 소리가 탁해지곤 했고, 각각의 성부(聲部)를 수평으로 움직이게 하면서도 동시에 그것과 같은 힘으로 소리를 수직으로 쌓아올리겠다는 불가능한 몽타주를 완성하려고 애를 쓰다보니 다성음악의 선율선이 불명확해지기도 했다. 그럼에도 최소한, 전체적인 연주가 미학에 근거한 하나의 결심에 의해 통제되고 있었다는 인상만은 뚜렷했다. 그 결심이란 부소니를 수단으로 삼아 굴드의 해석을 다듬겠다는 것이었다. 문제는 그 결심의 실행이 그다지 신통치 못했다는 점인데, 충분한 숙고가 부족하여 실패한 연주가 아니라 오히려 너무 많은 생각과 너무 치열한 고민이 패착이 되었던 듯하다. 피떡처럼 엉긴 분망함에서 나는 키츠의 시구 '덩굴나무 얽힌 격자 정자처럼 바삐 움직이는 두뇌'가 생각났다. 그것이 폴리니의 바흐가 달성한 묘한 성취의 일면을 대변하는 것이리라.

저명한 중년 피아니스트 그룹을 언급할 때마다 폴리니의 암묵적 맞수로 여겨지는 알프레트 브렌델에 대해서는 언급할 만한 성취가 폴리니만큼 많지 않고 흥미도 다소 떨어지지 않나 싶다. 브렌델은 견고하고 주의 깊은 연주와 철저한 준비성, 믿음직하고 고귀한 해석으로 잘 알려져 있다. 그는 또한 글솜씨가 좋아서 가끔씩 학술지 따위에 음악을 주제로 한 글을 기고하기도 한다. 그래서인지 지식인 계층이 특히 높이 사는 피아니스트이기도 하다. 몇 년 전 뉴욕과 유럽에서의 베토벤 소나타 사이클에서 확인했던 것처럼, 브렌델은 이때까지 습득한 것을 공고히 다지면서 중년의 세월을 보내고 있는 것 같다. 폴리니의 패인이 도를 넘은 욕심이라면, 브렌델의 경우는 그 반대다. 그때그때의 기분이나 분위기라는 사정에는 크게 신경 쓰지 않고 일단 자신에게 주어진 임무를 최대한 빈틈없이 해내는 쪽을 선호하는 편인 것이다. 그의 맹숭맹숭한 슈만 연주를 들으면 나는 이런 혐의가 느껴진다. 어쨌든 슈베르트와 모차르트, 베토벤, 리스트를 얼추 커버했으니 슈만도 걸작이라는 작품 몇 편을 레퍼토리에 포섭해야 하지 않겠는가 하는 마음가짐으로 임하지 않았을까 하는 불온한 생각 말이다. 마찬가지로 〈에로이카 변주곡〉이나 〈방랑자 환상곡〉처럼 각 작곡가의 피아노 소나타라는 불야성의 영역에서 한발 비켜나 있는 작품들 역시 브렌델은 다른 곳에서 다른 목적으로 완벽하게 다듬은, 그러나 딱히 〈에로이카 변주곡〉과 〈방랑자 환상곡〉에는 적당하지 않은 스타일에 맞추어 대충 연주하는 듯 다가온다. 작품이 요구하는 엉뚱한 돌발이나 환상성도 부족하고 어디에 힘을 준 연주인지도 애매한 반면, 모든 것을 안달복달 착실하게 설명하려는 경향이 짙은 것이다.

    폴리니와 브렌델은 모두 대단히 흥미로운 피아니스트로, 두 사람에게 중년이라는 시기는 낙망의 수렁도, 젊은 시절의 영광을 지겹게 되풀이하는 시기도 아닐 터이다. 아무리 못해도 그들의 연주는 승리뿐만 아니라 위험부담까지 기꺼이 떠안는 피아니스트로서의 유의미한 발달 과정의 일부 단계로서 가치가 있다. 또한 그들은 관객으로 하여금 공연이라는 특수한 상황에 국한되지 않고 그 너머를 보도록 독려하는 존재들이기도 하다. 이는 찰스 로젠도 마찬가지이다. 연주자로서는 다른 일급 피아니스트의 활약에 미치지 못할지도 모르지만, 손가락의 민첩성이 다소 뒤처지는 점 정도는 다른 분야(이를테면 집필과 강의 같은)로의 확장을 선택한 데 따른 당연한 희생으로 받아들이면 그만이다. 로젠은 흥미를 느끼지 않을 수 없는 예술가다. 마르타 아르헤리치나 피터 제르킨, 맬컴 프레이저, 어설라 오픈스 같은 일부 피아니스트의 리사이틀을 놓치기 싫어하는 것과 마찬가지로 말이다. 내가 지금까지 들은 가운데 가장 훌륭한 중년 피아니스트는 솔로몬과 아르투로 베네데티 미켈란젤리, 그리고 압도적인 존재감을 가진 스뱌토슬라프 리흐테르였다.

블라디미르 아슈케나지 이야기를 하고 싶어서 쓴 글인데 서론이 너무 길었다. 아슈케나지의 미국 데뷔 리사이틀을 들은 게 벌써 25년 전의 일이다. 경이로운 재능, 타고난 본능이 압도적인 그는 어떤 곡을 선택하건—모두 1835년 이후의 중부 유럽 및 러시아 레퍼토리로 국한되긴 하지만—꼴사납거나 어색하게 연주하는 건 애초부터 불가능한 인물인 것처럼 보였다. 내가 처음 접한 실연 무대에서 아슈케나지는 브람스의 〈헨델 주제에 의한 변주곡과 푸가〉와 라흐마니노프의 〈코렐리 주제에 의한 변주곡〉을 연주했다. 둘 다 규모가 크고 텍스처가 빛나는 곡인데, 이제 스물을 갓 넘긴 피아니스트의 연주치고는 스타일이 무척 뚜렷하다는 인상을 받았다. 차이코프스키 콩쿠르에서 우승 메달을 거머쥔 뒤 소련을 등지고 서방으로 망명한 것은 그 뒤의 일이다. 망명 이후 아슈케나지는 세계를 돌아다니며 무대에 서고 있지만, 웬일인지 거의 매번의 무대가 실망스럽기만 하다. 완벽하긴 하지만 묘하게 둔하고 표정 없는 연주가 그 하나의 이유요, 음악을 통해 하고 싶은 말이나 뭔가를 무릅쓰려는 노력이 거의 보이지 않는다는 인상이 또 하나의 이유이다. 최근에는 이곳저곳에 자신의 재능을 찔러보자는 심산인지 실내악과 반주, 지휘

쪽으로도 관여를 하고 있지만, 내가 보기에는 중년의 진퇴양난에 속수무책으로 당하고만 있는 예술가의 전형이 바로 아슈케나지다.

가장 최근에 들은 그의 연주회는 카네기 홀에서였다. 로열 필하모닉 오케스트라를 지휘하며 독주자 역할까지 겸한 무대였다. 로열 필하모닉의 어두운 사운드와 살짝 합이 맞지 않은 어택은 기량이 말끔한 미국 앙상블을 주로 듣던 나에게는 반가운 변화였다. 프로그램의 첫 곡은 베를리오즈의 〈해적 서곡〉이었다. 다양한 목소리가 분주하게 목청껏 경합하는 것을 보여주는 형형색색의 작품으로, 베를리오즈 최고의 음악만큼이나 고집스럽거나 화려하지는 않지만 오케스트라 입장에서는 콘서트 모두(冒頭)로 쓰기에 적당하다. 아슈케나지의 해석에는, 그가 현재 처해 있는 상황이 얼마나 엉망인지를 능히 짐작케 할 정도로 염려되는 구석이 많았다. 사운드의 균형은 티끌만큼의 사전 고민이나 계획도 없었던 듯 제멋대로였는데, 이러한 흠결은 전적으로 지휘자의 책임이라고밖에 볼 수 없었다. 예리하고 날카로운 합주에만 열을 올린 듯 아슈케나지는 모든 소리의 덩어리를 무대 앞쪽으로 끌어당겼는데, 그래서 현악군과 금관군, 목관군이 동시에 '날 좀 보소' 하며 하나로 뭉쳐 떠드는 꼴이 되고 말았다. 경중 차별에 대한 원칙도 없고 극적 감각도 결여한 오케스트라의 연주는 열렬하면서도 동시에 길을 잃은 듯 어수선했다. 모두가 보란 듯이 전경(前景)으로 돌출되어 혼잡하게 지껄여대기만 하는 연주라는 것이 전체적인 인상이었다.

베를리오즈가 끝나고 단원들은 반원 형태로 좌석 배치를 바꾸었고, 그 중심에는 아슈케나지가 피아노에 앉아 악단과 마주했다. 삼면으로 둘러싸인 그는 중년기 작품의 전형이라 할 수 있는 베토벤의 〈피아노 협주곡 3번〉 연주를 시작했다. 이 곡은 자칫하면 맵시 없이 둔중하기만 한 연주로 흐를 수 있는 작품인데, 아슈케나지가 내놓은 결론은 역시 그가 처한 위기의 징후를 내비쳤다. 관현악 도입부는 여러 녹음본을 얼기설기 이어붙인 듯했고—카라얀 약간, 토스카니니 조금 하는 식으로—1악장을 하나로 묶는 팽팽한 리듬의 충격이 사라지면서 음악은 점차 느슨하게 이완되고 말았다. 지휘자로서의 아슈케나지는 작은 부분을 장식하고 꾸미는 데 총력을 집중함으로써 경험과 자신감 부족이라는 결함을 고스란히 드러내고 말았다. 반면 피아노 연주 면에서는 노련미가 엿보였다. 도입부의 음계는 오케스트라 음향에 묻혀 흐릿해지고 말았지만, 이를 염두에 두었던 듯 첫번째 카덴차에서는 총주(總奏)와 겨뤄 이기기 위해 가외의 강세를 두는 모습이었다. 2악장에서는 리듬적 체계를 찾기가 힘들었고, 그래서 악보에 적힌 '라르고' 템포라기보다는 힘빠진 '몰토 아다지오'처럼 들렸다. 마지막 악장은 풀죽은 오케스트라가 제 갈 길 가는 식으로 따로 노는 결함이 있긴 했지만, 아슈케나지의 명민한 손가락 덕분에 그나마 선방으로 마무리했다.

　중년에 접어든 아슈케나지가 실망으로 일관하고 있다는 진단의 근거는 크게 두 가지다. 우선 지혜와 숙련도가 뜻하는 만큼 발휘되지 못해 지휘자로서의 성공에 저해 요소가 되고 있다는 점이 그 하나요, 뚜렷한 미적 개념을 지침으로 갖추지 못한 상태에서 시대에 뒤진 연주 본능에 굴복하고 있다는 점이 나머지 하나다. 음악가로서의 그의 경력이 어떻게 흥미롭게 진화해살 것인지 기대를 싣기 힘들고, 그의 엄청난 재능은 그저 매주 며칠 밤씩 관객 앞에 널어놓고 자랑하면 그만인 물건처럼 전락한 것 같아 안타깝다. 오랜 세월 의존해 온 완벽한 기교를 제외하면, 음악적으로나 지적으로나 숨겨놓은 밑천도 별로 없는 것 같다. 어쩌면 이미 달성한 바를 반복하는 것이, 전에 했던 것을 전과 똑같은 정도로 잘하는 것이 중년의 침체를 이겨내는 한 가지 해법이 될지도 모른다. 그러나 이는 관객의 기억과 인식을 음악이라는 방정식의 변수로 인정하지 않는 외골수 해법이요, 그처럼 전문화되고 지루한 프로젝트의 반복에서 얻을 수 있는 성신석 만족은 가면 갈수록 줄어들기 마련이라는 점을 외면하는 무성의한 해법이다.

최악의 경우, 중년의 연주는 도저히 참아주기 힘든 것이 될 수도 있다. 어쨌거나 젊은 피아니스트들은 계속 쏟아져나오고 있고, 노년의 연주자들은 나이를 먹지 않는 기교와 미적인 종결감에서 비롯되는 귀중한 통찰로 각광을 받는다. 녹음이 지닌 값진 가치 가운데 하나는, 예술가의 성장 단계에 따른 판단의 준거가 되어준다는 점이다. 그럼으로써 우리는 청년 리흐테르를 중년 리흐테르와 비교할 수 있고, 켐프의 베토벤을 브렌델의 베토벤과 견주어볼 수 있다. 다만 레코드는 리사이틀 무대의 연장인 경우가 너무 많다는 점이 함정이다. 직방의 효험이 있는 효과에 혈안이고, 빼어난 처리 능력에 바탕을 둔 일시적인 즐거움 등의 제한된 흥미를 넘지 못하는 것이다 (아슈케나지가 그러하듯이). 무대와 녹음을 막론하고 중년기 최고의 연주는 자아와 타자 사이, 연주자와 작품 사이의 변증법적 관계를 탐구한 징후가 있어야 마땅하고, 또한 연주자가 나이를 먹어감에 따라 양자에 관해 무언가를 밝혀내는 것을 목표해야 마땅하다. 그러므로 연주자는 끊임없이 진행되는 과정인 해석 그 자체—모든 연주는 결국 이것으로 귀결된다—에 대한 성명을 내놓는 것이다. 그러한 원대한 포부에 따르게 마련인 위험과 값진 품격을 듣는 이가 감지하지 못한다면, 결국 그 경험이란 진부하고 밋밋한 것이 되게 마련이다.

빈 필하모닉:
베토벤 교향곡과 협주곡 전곡 시리즈*

E. M. 포스터의 소설 『인도로 가는 길』 끝부분에는 정신적으로 탈진한 필딩이 고국으로 돌아오는 여정이 묘사되어 있다. 수에즈 운하를 거쳐 "인간 세상의 표준"인 지중해로 접어든 필딩은 거기서 안도감을 느낀다. 그에게 지중해는 "인간의 역사(役事)와 그것들을 떠받치는 대지 사이의 조화"가 달성되었음을 상징하는 곳이다. 포스터가 의도한 바는 모든 게 뒤죽박죽이고 찝찝한 신비투성이인 인도와 "혼란을 벗어난 문명이자 이성의 형태를 갖춘 정신"인 유럽 사이의 교활한 비교였다.

베토벤의 삶과 음악이 가지는 중요성을 이해하려 노력했던 사람이라면 필딩의 그러한 경험과 비슷한 경험(서양의 기준으로 동양을 바라보는 시각에서 오는 무례한 측면을 제외하고)을 할 수 있다. 그의 삶과 음악에서 핵심이라 할 수 있는 영웅적 요소는 인간 깜냥의 범위를 벗어나지 않는다. 베토벤의 삶은 지나치게 길지도 짧지도 않았다. 또한 그가 평생 남긴 작품은 그 규모가 방대하긴 하되 그렇다고 말도 안 될 정도로 압도적으로 많진 않고, 작품 활동의 궤적 역시 그 시기별 윤곽이나 발전 양상을 명쾌하게 구획할 수 있다. 19세기에 접어들면서 우리는 18세기 작곡가들과는 작별을 고했다. 자식을 스물이나 낳고 칸타타는 이백 곡 이상을 썼으며 헤아리기도 곤란

---

* 《더 네이션》, 1987년 5월 9일.

할 정도로 많은 기악곡을 썼고 끝없이 복잡하고 독창적인 대위법에 근거한 음악을 추구한 바흐, 도저히 인간의 것으로 보기 힘든 생산성을 가지고 교향곡 마흔아홉 곡, 피아노 협주곡 스물한 곡, 오페라와 미사곡, 사중주와 트리오, 소나타 등을 쓰면서도 어느 작품 하나 형식적 완벽성이나 품격이 모자라는 느낌을 주지 않은 모차르트, 교향곡만도 백 곡이 넘고 그 밖의 모든 있음직한 장르에서 수십 곡의 족적을 남긴 하이든, 그리고 바흐와 마찬가지로 방대한 분량의 작품에서 활기와 화려미를 뽐낸 헨델이 그들이다. 이들 작곡가의 음악은 저마다 독자적인 미적 특징을 환기하면서도 동시에 어딘가 희미한 익명성의 커튼 뒤에 숨은 듯하다. 따라서 20세기를 사는 감상자는 그들의 음악에 경탄하고 신비로움을 느끼면서도, 궁정과 교회가 둘러쳐놓은 구조에 종속된 음악 인생들에 십분 공감하지는 못한다.

베토벤은 프랑스의 역사학자 샤를 모라제가 말한 '정복하는 부르주아'(les bourgeois conquérants)의 음악적 선봉에 섰던 인물이다. 베토벤은 자신을 후원하는 귀족들의 지배를 받길 거부했고 오히려 그들을 지배하고자 했다. 중산층 태생이었던 베토벤은 그가 타고난 환경을 훌쩍 넘어서는 위치까지 올라갔다. 그것은 전적으로 세속적인 개인이 불굴의 의지를 바탕으로 이뤄낸, 거의 기업가적이라고까지 할 수 있는 성공이었다. 대단한 양의 스케치북에서부터 품을 들이고 들여 손보고 또 손본 스코어에 이르기까지, 그의 음악과 관계된 모든 것은 한 인간이 쏟아부은 노력과 그로써 거둔 발전을 논증한다. 그의 삶을 가로막은 온갖 난관—각종 질환, 채무, 고독, 불행한 가족사, 여인들과의 안타까운 로맨스, 악상이 뜻대로 풀리지 않는 좌절감—이 능히 이해가 가고, 그의 재능과 업적은 물론 비범한 것이긴 하나, 베토벤이 이룬 예술적 성취는 인간의 영역을 벗어난다고까지 말할 순 없다. 즉, 평범한 사람이 보더라도 이론적으로 도달 불가능하다고 여길 이유는 없는 수준이라는 것이다. 베토벤의 음악은 실로 압도적이라 할 정도로 소나타 형식이나 변주곡 형식에 매달린다. 전자가 극적이고 악상의 발전에 무게를 두는 형식이라면 후자는 순환적이고 한 꺼풀씩 껍질을 벗겨내는 것만 같은 형식이라는 차이가 있다. 소나타 형식의 작품이건 변주곡 형식의 작품이건 간에 베토벤의 전형적인 특징은 충격적인 순간의 통찰이라기보다는 노력과 노동에 가깝다. 아도르노와 토마스 만을 매혹했던 이른바 베토벤의 후기 음악에서는 악마와 천사의 세계를 오가는 모습을 관찰할 수 있지만, 그럼에도 베토벤의 음악에는 언제나 투지가 동반된 기술적 노력을 요하는 부분이 적당량 포함되어 있다.

프루스트는, 모든 예술가에게는 그의 모든 작품에서 찾을 수 있는 특정한 샹송, 즉 선율이 있다고 말한 바 있다. 특별한 마침꼴이나 주제, 강박처럼 등장하는 특징이나 특정 예술가를 상징하는 열쇠 같은 것들이 여기에 해당한다. 모차르트의 열쇠 가운데 하나는 인간의 음성과 닮은 선율 프레이즈를 만들어내는 방식이었다. 바흐의 경우에는 리듬과 다성음악이 조합되는 독특한 양식(이를 음악학자 윌프리드 멜러스는 "하느님의 춤"이라 표현했다)이 그의 작법에 공통적으로 등장하는 특징이다. 베토벤의 경우에는 단순한 선율과 고집스럽고 때로는 폭발적인 발전부의 전개 사이에서 벌어지는 현저한 긴장 관계가 대표적인 특징이다. 특히 양자 사이의 긴장은 베토벤의 작품에서 전통적인 형식(소나타, 교향곡, 사중주) 구현의 가시적 동력이 된다. 마치 극작가가 연극 무대를 구현하듯, 베토벤은 구체적인 시간 속에 관객을 앞에 둔 채로 무대 위에서 형식을 구현하는 것이다.

스스로가 상정한 음악적 목표를 달성하겠다는 베토벤의 의지는 대단히 단호하여, 서른두 곡의 피아노 소나타와 아홉 편의 교향곡, 열일곱 곡의 사중주와 다섯 편의 피아노 협주곡처럼 그가 평생에 걸쳐 내놓은 작품들은 모두 바위처럼 단단한 완결성을 내재하고 있다. 이들 작품 전체는 세속적이고 인간적인 요소에 깊이 뿌리내리고 있고, 바로 그러한 까닭으로 그만큼 더 매력적이다. 음악이 가장 숭고한 지점을 향해 차고 오르는 순간에도 베토벤은 귀를 긁는 스포르찬도를 배치하는 데 주저하지 않음으로써 천박한 현실, "짐승이 우글대는 세계의 통제 불가능한 신비"를 환기시킨다. 그 좋은 예가 마지막 교향곡의 마지막 악장 첫머리다. 이전 세 악장의 주제가 나열되고 그때마다 요란스런 베이스가 끼어들어 퇴짜를 놓는다. 이러한 절차는 바리톤 독창이 시작될 때도 그대로 반복된다. 사례는 이 밖에도 많다. 〈교향곡 8번〉 종악장에서 C#단조 화음이 몇 번이고 훼방을 놓으며 들어오는 것도 그렇고, 〈영웅 교향곡〉 1악장 발전부에서 등장하는 엇박자 강세 역시 대칭을 무너뜨리며 귀를 긁는다. 이러한 음악적 특징은 비르투오소이기도 했던 베토벤의 삶에서도 드러난다. 돌연 피아노 건반을 세게 두드렸다가 왁자한 웃음을 터뜨리곤 했다지만, 관객은 오히려 그런 즉흥 연주에 감동받아 눈물을 떨구고 열광했다. 이러한 모든 순간 하나하나, 파편 하나하나가 융합되어 한 편의 드라마를 완성한 것이다. 그것은 무엇보다 소박한 재료로 구성된 드라마였으며, 균질성보다는 포괄성을 예술적 윤리 강령으로 삼은 드라마였다.

베토벤 교향곡과 피아노 협주곡 전곡 연주회는 쉽게 접할 수 있는 기회가 아니다. 이는 교향악단이란 단체가 다양성을 요구하는 정기 연주회 시스템을 선호하는 이유도 있겠지만, 사이클을 통해 혹은 사이클에 관해 어떤 차별된 뚜렷한 메시지 전달을 도모하기가 쉽지 않다는 이유도 작용한다. 사실 베토벤의 작품은 오랜 세월 숭배의 대상으로서 공연되어오면서 음악문화의 강력한 구심점이 되었기 때문에 사이클을 공연한다는 사실부터가 그 자체로 하나의 메시지로 작용하는 측면도 있다. 지난 3월 카네기 홀에서 클라우디오 아바도가 지휘하는 빈 필하모닉이 마우리치오 폴리니와 함께 이 두 사이클을 여섯 차례의 무대를 통해 공연했다는 사실은, 베토벤과(그리고 물론 다른 위대한 교향곡 작곡가들과) 결부되는 빈의 전통을 이어받은 적장자라 할 수 있는 악단이 직접 그 전통을 신세계에 전파한다는 제스처를 의미했다. 모든 공연이 그러하듯 이번 공연 역시 우리 사회가 두꺼운 장벽으로 구획된 곳이로구나 하는 점을 생각게 했다. 좋은 좌석의 가격은 이례적으로 높아 공연당 75달러 혹은 60달러로 책정되었으며, 평소보다 훨씬 잘 차려입은 출세한 관객들이 유럽풍의 외모를 뽐내며 공연장으로 몰려들었고, 전반적으로 축제 분위기가 지배했다. 구세계에 대한 은유인 '반들반들 윤을 낸 나무와 가죽' 현상(자동차로 치자면 메르세데스-벤츠 정도가 되겠다)이 그대로 반복된 것이다. 공연에 참석한 관객은 재구성된 세기말 빈을 경험할 수 있었다. 아직도 음악에서만큼은 유럽의 위세가 등등한 것이다.

    내가 이처럼 겉으로 드러나는 사항들을 언급하는 이유는, 전 단원이 남성인 빈 필하모닉에 덧씌워진 전통과 정성 들여 숙성된 아름다움이라는 아우라가 연주 그 자체보다 훨씬 더 핵심적인 부분을 차지했다고 보기 때문이다. 획기적인 혁신가였으면서 처신은 투박한 벼락부자처럼 했던 베토벤의 모습은 그 흔적만 여기저기에 이따금씩 출몰하는 정도였지만, 그래도 오케스트라는 따뜻하고 빛나는 소리, 자연스러운 일사불란함, 음악을 향한 특유의 몰입감 등으로 관객을 매혹했다. 그러나 사이클의 기술적 측면을 깔끔하게 장악한 아바도의 헌신과 노력이 웬일인지 그 어떤 일관된 지향점을 향하지 못하고 겉돌고 말았다. 첫 번째 콘서트(〈에그몬트 서곡〉과 〈피아노 협주곡 4번〉, 〈영웅 교향곡〉)를 본 어느 평론가는 아바도의 이러한 결점이 이탈리아인으로서의 한계를 극복하지 못한 결과라 썼는데, 이는 정작 평론가 자신의 인종적 편견을 고스란히 드러낸 몹시도 멍청한 논평이었다. 공정히 말해, 아바도처럼 베토벤의 교향곡과 피아노 협주곡 전곡을 암보(暗譜)로 지휘한다는 것은—그토록 까다로운 음악을, 그것도 한 곡도 아니고 여러 곡을 연달아 사람들 앞에서 연주한다는 것은—그 자체만으로 어마어마한 위업이며, 대부분의 음악가들은 시도조차 엄두 내지 못할 만큼 막중한 과업이다. 하지만 한 가지 부인하기 힘든 사실은, 아바도의 연주는 대단히 열정적이고 때로는 서두르는 듯한 인상을 주다가도 다른 한편으로는 부주의하고 판에 박은 듯 지루한 쪽으로 흐르기도 했다는 점이다.

연주회 가운데 가장 만족스러웠던 것은 〈영웅 교향곡〉이었다. 특히 1악장이 그랬는데, 자신감 있는 프레이징, 명쾌한 성부(聲部) 간의 배분, 처음부터 끝까지 적절히 조절된 작품 진행의 보폭 등이 듣는 이의 마음을 움직였다. 사이클 전체로 보자면 빼어난 순간은 드문드문 간헐적으로 등장했다. 눈부시게 강건한 〈교향곡 5번〉의 종악장은 부점음표(附點音標) 하나하나가 한 치의 오차도 없었고 각각의 클라이맥스가 환희로 충만했다. 〈전원 교향곡〉은 아낌없이 넉넉했으며, 특히 2악장은 흡사 브루크너 교향곡의 원류처럼 다가왔다. 유명한 〈교향곡 7번〉 2악장(알레그레토)은 각별히 명쾌했고 감정 과잉으로 흐르지 않았으며, 〈교향곡 8번〉의 첫 악장은 완급 조절이 탁월했고 서정성과 외향성을 동시에 피력했다. 한편 냉담하고 무심한 연주는 모두 비슷한 이유로 듣기 고역이었다. 특히, 아마도 베토벤의 교향곡 가운데 가장 접근이 까다로운 〈교향곡 4번〉은 무례하다 싶을 정도로 서투르고 건성인 연주로 일관했다.

베토벤의 음악에는 신경질적이고 디오니소스적인 측면이 있다. 물론 아바도도 이해하고 있는 사항일 터다. 그러나 그의 베토벤에 대한 정리된 생각에는 고동치는 강력한 맥박, 다른 것은 모두 덮어 놓고 직진하는 듯한 집요함 등에 대한 고려가 부족했다. 실패가 가장 두드러진 지점은, 내가 〈영웅 교향곡〉과 함께 가장 완벽하게 만족스러운 교향곡으로 꼽는 데 주저하지 않는 〈교향곡 9번〉에서였다. 아바도도 오케스트라도 1악장의 A단조 으뜸조-딸림조 시퀀스를 효과적으로 연주해내지 못했고, 연주는 곡이 진행되면서 누덕누덕해져만 갔다. 단연 최악은 스케르초 악장(2악장)이었다. 아바도의 비팅은 눅눅하고 변화 없이 단조롭기만 했으며, 어택 역시 충분히 뚜렷하지 못했다. 대부분의 교향곡 결미(結尾)에서 분위기가 고조되면 아바도는 오케스트라에 채찍을 먹여 다소 과하다 싶은 왁자한 아첼레란도를 구사하는 경향을 보였는데, 이것이 합창을 동반한 〈교향곡 9번〉의 결미에서는 거의 귀에 거슬릴 정도까지 치닫기도 했다.

대체로 아바도의 베토벤 교향곡 사이클은 어떤 비전을 전제로 깔고 있었던 것 같은데, 다만 그 비전이 정확히 어떤 것인지는 명확히 드러나지 않았다. 어쩌면 아바도가 베토벤 교향곡에 대한 자신의 관점을 실제 연주로 옮겨내지 못한 것이 문제였을 수도 있다. 고슴도치 굴 앞에 앉아 목을 빼고 기다렸는데 정작 구멍에서 나온 동물은 잔뜩 지친 여우였던 꼴이다. 아바도가 지휘한 말러와 베르디를 듣고 그를 존경하게 된 나로서는, 혹시 아바도가 이번 연주회에서는 빈 필하모닉이라는 악단의 위명(威名)이나 카네기 홀이라는 공연 환경에 은근히 기대지 않았나 하는 의문도 품게 된다. 만약 과도한 개런티를 지불해가면서까지 스타 시스템에 의존하고 홍보와 광고에 열을 올리면서 시끄럽게 변죽만 울려대는 작금의 공연문화가 아바도처럼 원칙을 존중하는 진지한 예술가마저 변질시켜버린 것이라면 그보다 더 유감스러운 일도 없을 것이다.

다섯 곡의 협주곡을 협연한 폴리니에게는 그러한 혐의를 둘 여지가 조금도 없었다. 내 견해로는 오늘날의 피아니스트 가운데 폴리니를 따를 자는 없다고 본다. 확신에 차 있는 연주, 정확하면서도 단순명쾌한 연주를 들려주는 발군의 피아니스트이자, 해석의 엄정함 면에서나 기교와 파워 면에서 봐도 대적할 적수가 드물다. 폴리니는 베토벤의 협주곡을 다섯 편의 개별적인 미적 단위로 간주하는 무척이나 창의적인 입장을 취했다. 각각의 곡이 저마다의 뚜렷한 음색과 차별된 긴장의 정도를 가지며 또한 피아노와 오케스트라 사이의 관계도 다 다른 것으로 보았던 것이다. 독주자와 오케스트라 사이의 긴장이 폴리니의 도발에 의한 것이었는지, 아니면 아바도의 가끔씩 면밀치 못한 지휘에 의한 것이었는지는 중요치 않다. 이러니저러니 해도 결국 폴리니의 연주가 흠잡을 데 없이 훌륭했기 때문이다. 아마도 다섯 곡 가운데 가장 실속이 부족한 편이라 여겨지는 〈피아노 협주곡 2번〉에는 악보에서 찾을 수 없는 극적 효과가 덤처럼 붙어 있었는데, 이것 또한 납득이 갔다. 도입 총주부(總奏部)에서 아바도는 부러 오케스트라를 반 박자 혹은 거의 한 박자 가까이 늦춰 엇물리게 했는데, 이러한 엇갈림은 폴리니의 주제 연주가 시작되자마자 곧바로 조정되어 뚜렷한 대조를 이루었다. 이러한 대조감은 〈피아노 협주곡 2번〉 전체를 관통하고 있었다. 피날레 악장 끝부분의 경쾌하고 재기 넘치는 이중 3도* 연주는 오케스트라와 독주자 사이의 자그마한 줄다리기를 깔끔하게 둥글리는 역할을 했다.

폴리니의 연주가 특히 훌륭했던 것은 우선 폭넓고도 다양한 음색 운용과 주제넘지 않으면서도 단호하게 피아노를 다루어 여러 상반된 결과를 도출해내는 솜씨였다. 〈피아노 협주곡 4번〉 마지막 악장의 우아미는 자그마한 공연장에서나 느낄 법한 친밀함을 동반한 가운데 쾌활하면서도 고상하게 표현했다. 이와는 대조적으로 〈피아노 협주곡 3번〉은 팽팽한 긴장이 어린 어두운 분위기가 지배했는데, 보통은 초점을 잃고 멍하니 보내버리기 십상인 2악장(라르고)마저도 바짝 고삐를 당긴 모습이 역연했다. 폴리니는 베토벤 중기 특유의 스타일에 담긴 최악의 면모를 최소화해냈고, 대신 마치 외과수술 의사처럼 정교한 솜씨로 에피소드 각 주제의 경제성을 끄집어냈다. 그의 연주가 가장 압도적이었던 작품은 〈황제 협주곡〉으로, 그 장쾌한 중량감은 개인적으로 미켈란젤리의 연주를 제외하고는 일찍이 경험하지 못한 바였다. 묵직한 망치처럼 다가오는 1악장 발전부의 C♭단조 화음과 여기에 이어지는 E♭단조 옥타브 스케일은, 당최 그러한 힘이 돌연 어디에서 솟아난 것인지 혀를 내두를 정도로 압도적이었다. 폴리니는 〈협주곡 4번〉과 〈협주곡 5번〉을 양쪽 말뚝으로 놓고 베토벤의 열정과 지성을 고루 표현해가며 고전시대 협주곡 형식을 전체적으로 일괄한 셈이다.

* 피아니스트가 양손으로 3도 음정을 동시에 나란히 연주하는 주법.

폴리니의 연주와 빈 필하모닉의 사운드는 조리정연하게 어울렸지만, 베토벤 사이클 전체에는 그러한 일관된 논리가 다소 부족했다. 이번 시리즈의 가장 큰 미덕은 여러 해당 작품을 압축된 기간에 만날 수 있다는 점이었고, 아바도의 미적 목적의식이 다소 아쉽긴 했지만 베토벤의 교향곡과 협주곡을 낱낱의 단품으로서 즐기기에는 손색이 없었다. 푸르트벵글러류의 망원안(望遠眼)을 가졌던 마지막 지휘자인 오이겐 요홈의 최근 사망 소식을 접한 나는, 이처럼 핵심적인 작품을 진정 완결된 사이클로 접하는 것은 당분간 어렵겠구나 하는 우울한 전망을 하게 되었다. 어쩌면 이제 클래식 음악계에서 대규모의 미적 혜안을 요하는 프로젝트—바그너의 〈반지〉나 베토벤 교향곡, 바흐의 수난곡과 〈평균율 클라비어곡집〉 같은—는 단편적인 되풀이나 서글픈 실패밖에 되지 못하는 위기에 처하지 않았나 싶기도 하다.

〈세비야의 이발사〉, 〈돈 조반니〉*

최근 문학평론계는 해석의 어려움, 혹은 해석의 불가능성이라는 화두에 엄청난 양의 지적 에너지를 쏟아붓고 있다. 정신분석학과 기호학, 언어학, 해체이론, 페미니즘 이론과 마르크시즘 따위의 연구 분야 덕분에 텍스트에 대한 우리의 개념 또한 크게 확장되었고, 그리하여 『리어 왕』이나 『율리시스』가 의미하는 바를 받아들이는 것 또한 이제는 몹시 복잡한 일이 되었다. 최선의 경우라도 해석은 창의적이고 일종의 주도면밀한 오독(誤讀)이 된다. 즉, 작품의 역사적 거리와 작가의 침묵, 평론가가 작품에 대해 행사하는 현격한 영향력 등을 표현하기 위해 모든 가능성을 허심탄회하게 추측하는 것이다. 무의식의 횡포와 계급 간의 책략에 예속된 텍스트라면, 그것이 사실적으로 묘사하는 캐릭터와 배경, 역사라는 액면만을 읽어내어서는 곤란하게 되어버렸다. 어느덧 '워즈워스'라는 단어가 불안정하고 셀 수 없으리만치 다양한 힘들이 어지러이 만나는 장소로서의 텍스트—폭포를 찍은 사진이 진짜 폭포를 표현하는 것처럼 '사실적'인 표현은 불가능한—를 써내는 작가들을 상징하는 편리한 약칭이 된 세상이다.

    물론 음악 역시 해석의 예술이다. 그러나 베토벤 소나타를 연주하는 피아니스트나 〈보체크〉를 상연하는 오페라 감독이 이들 작품

* 《더 네이션》, 1987년 9월 26일.

에 대한 창조적 오독을 생산해내리라 기대하고 공연을 찾는 관객은 없을 것이다. 대부분의 음악 공연은 여전히 악보의 충실한 모사를 규범으로 삼는다. 피아니스트는 베토벤이 실제로 썼다고 각자 생각하는 바를 최대한 그대로 연주하려고 노력하며, 또한 연주 순서 역시 베토벤이 지정한 순서대로 첫 악장은 처음에, 마지막 악장은 마지막에 연주한다. 마찬가지로 오페라 프로덕션 역시 감독 노릇을 하는 사람에게 상당한 재량을 부여하는 것은 사실이지만, 그래도 캐릭터와 플롯을 존중하는 방향을 견지해야 한다. 〈아이다〉를 공연하는데 아이다를 빼놓고 할 순 없는 법이다. 비록 빌란트 바그너는 프랑크푸르트 프로덕션에서 아이다를 배경 뒤로 숨김으로써 암네리스로 하여금 무대의 중심을 독점케 하는 파격을 선보인 바 있긴 하지만 말이다. 성악가와 무희 들은 물론이고 연출 감독과 관객은 작품의 온전성에 관해 현실적인 기대를 함께 나눈다. 그런 전제가 사라진다면 오페라 공연은 애당초 불가능할 것이며, 돈을 써가며 공연을 찾을 관객도 없을 것이다.

그리하여 이른바 리바이벌된 음악이라는 사건은 잃어버린 혹은 잊어버린 원본을 되찾길 기도하는 보수적 경향을 띤다. 원전(原典) 악기를 사용하는 고음악 열풍, 벨칸토* 레퍼토리와 스타일의 부활, 말러의 귀환 등의 현상은 우리가 지금까지 잊고 있던 것을 되찾는다는 의미 외에도 그 저변에는 진품(眞品) 지향의 이데올로기가 함의되어 있는 것이 보통이다. 그렇게 도출된 음악적 결과물은 만족스러운 경우가 많다. 그러나 '오리지널에의 충실'이라는, 언뜻 봐서는 무해하고 '올바른' 것 같은 관념 역시도 그 자체로 이미 하나의 해석이라는 사실은 종종 간과된다. 제아무리 오리지널에 충실한 연주라 할지라도 이미 그 안에는 입증 불가능한 사항들(이를테면 작곡가의 의도라든가 당대의 음향 같은)을 마치 자연의 섭리인 양 떠받드는

---

* 말뜻을 그대로 풀이하면 아름다운(bel) 노래(canto)라는 의미다. 18세기에 유행한 이탈리아의 노래법으로, 아름다운 선율 전달에 중점을 둔 양식이다.

오류가 내재되어 있는 것이다.

현재진행형인 로시니 리바이벌이 그 실례가 된다. 〈세비야의 이발사〉를 제외하면 30년 전까지만 하더라도 이 나라에서 로시니 오페라를 관람하기란 쉬운 일이 아니었다. 그러던 상황이 여러 요인의 작용으로—벨칸토에 대한 관심, 조운 서덜랜드와 메릴린 혼 같은 성악가의 출현, 리코르디사(社)의 주도로 이뤄진 막대한 분량의 로시니 악보 수정 편집, 필립 고셋 같은 학자들의 선구적 연구 등—로시니의 여타 오페라에 대한 관심으로 이어졌고, 이제는 여러 작품을 음반으로 만날 수 있는 것은 물론이요, 이따금씩은 그의 비범한 음악에 값진 연구 노력을 기울인 공연도 접할 수 있다. 비록 로시니는 아직도 다소 저평가되고 있으며 오페라 공연 빈도 역시 그가 누려야 마땅한 수준에 미치지 못하는 것이 사실이라 할지라도, 요즘은 〈세비야의 이발사〉 같은 인기작의 공연마저도 로시니의 음악과 극에 대한 해석 태도가 긍정적인 방향으로 변화하고 있음을 실감케 하니 다행이다.

지난 7월 런던 코번트가든에서의 〈세비야의 이발사〉가 보여준 것처럼, 이제는 로시니 오페라 중 가장 잘 알려져 있는 작품조차도 단순하고 우스꽝스러운 여흥 차원에 가두어지지 않는다. 아이들과 판단력 모자란 어른들에게나 적당했던 무대가 사라지는 추세인 것이다. 로시나 역은 근래 들어 순정파 소프라노 대신 냉소적인 메조소프라노에게 주어지는 편인데, 이번 런던 공연 역시 루치아 발렌티니-테라니가 맡아 어딘가 비틀린 듯하면서도 자신 있고 원숙한 노래를 들려주었다. 지휘를 맡은 가브리엘레 페로는 로시니 부흥운동의 일원답게 로열 오페라하우스 오케스트라의 달콤한 음색을 억누르고 거친 소리를 부각시킴으로써 로시니 앙상블 작법의 수다스러운 수사적 특징을 반영하려 했다. 현악군 음량을 억제시켰고, 대신 고음역의 목관과 금관악기(특히 피콜로와 트럼펫)를 도드라지게 함과 더불어 타악군에 날카로운 강세를 실었다. 조지아 출신으로 엄청난 울림의 성량을 가진 젊은 베이스 파타 부르출라제가 돈 바실리오 역을 맡은 것을 제외하면 캐스팅은 특기할 만한 바가 없었지만, 그래도 교묘하게 복잡하고 동시에 명철한 새로운 로시니 상(像)을 나타내는 공연이었다고 총평하고 싶다. 이 친숙한 오페라가 멍청하고 아둔한 익살극이 아니라 창의적이고 빈틈없는 계산이 동반된 계급제 도발의 성격이 짙은 작품이 된 것을 보는 것은 얼마나 값진 경험인가. 첨언컨대, 이번 코번트가든 공연의 프로그램 책자는 보마르셰의 서한, 생시몽 공작의 회고록, 리코르디 악보에 수록된 알베르토 체다의 소론(小論) 등에서 두루 골라 모은 역사적·문화적 정보로 가득해서 또한 유익했다. 프로그램 책자에 수록되는 지적 내용물을 마치 광고와 광고 사이 지면을 메우는 충전재 정도로 업신여기는 메트로폴리탄 오페라에서는 쉽사리 접할 수 없는 수준 높은 프로그램이었다.

    요즘 평론가들이나 관객들 가운데 로시니 리바이벌의 결과물에 대해 반대 의견을 개진하는 이들은 거의 없다. 내 판단으로는, 바그너나 소수 다른 작곡가들에게 주어진 혁신적이고 반의태적(反擬態的)인 예술관으로 재해석한 무대라는 기회가 아직 로시니에게까지는 돌아가지 않았다는 것도 그 이유의 일부가 되리라 본다. 반면 올해 뉴욕 퍼처스의 펩시코 서머페어 페스티벌에서 공연된 피터 셀러스 감독의 〈돈 조반니〉는 재해석의 표본이라 할 경우였다. 《더 뉴욕 타임스》의 평론가 도널 헤너핸은 〈돈 조반니〉를 마약 밀매꾼들과 약쟁이들의 뒷골목 드라마로 해석한 셀러스의 연출에 심사가 단단히 뒤틀렸고, 이러한 해석은 모차르트의 명예를 완전히 깎아내리는 것이라고 목청을 높였다. 한편 셀러스의 〈코지 판 투테〉는 1970년경 '데스피나의 간이식당'이라는 곳을 배경으로 삼는 파격을 보였음에도 대부분의 평론가들이 눈감아주는 분위기였는데, 이는 〈여자는 다 그래〉라는 오페라가 다른 작품에 비해서 더 가볍고 중요성이 떨어지는 편이라는 인식 때문이다(그러나 바드 대학의 프레드 그래브

교수가 알려주었듯 동베를린 코미셰 오퍼의 명감독 발터 펠젠슈타인은 〈여자는 다 그래〉가 감당하기 대단히 까다로운 작품이라 여겨 무대에 올릴 시도조차 하지 않았다고 한다).

《더 뉴욕 타임스》의 헤너핸과, 셀러스의 〈돈 조반니〉를 지금까지 본 작품 가운데 가장 짜릿했다고 평가한 《더 뉴요커》의 앤드류 포터는 음악 해석에 관해 중요한 문제를 건드린 셈이다. 작품을 변형시킬 수 있다면 어느 정도까지 그럴 수 있는 것이며, 음악에는 어떤 내재적 성질이 있기에 얼마간의 변형을 견딜 수 있는 작품과 그렇지 않은 작품으로 갈리는 것일까. 원전에의 충실이라는 이데올로기적 개념이 연주의 표준을 지배한 이유는 무엇이며, 특히 모차르트 오페라의 경우(리하르트 슈트라우스와 바그너의 일부 작품 역시 여기에 해당된다고 보는데) 놀랄 만큼 새롭고 심지어는 충격적인 상상력에 의해 상연될 때 일부 관객은 보수적 자세로 공격하고 일부 관객은 열렬히 수용하는 현상이 벌어지는 이유는 무엇일까.

이러한 문제들에 대한 직접적인 통찰의 기회를 제공한다는 것이 셀러스 프로덕션이 가진 큰 미덕이다. 셀러스의 무대는 막이 오르자마자 모차르트와 관련된 가장 기묘하고 불투명한 사실들을 관객에게 숙제로 던진다. 이늘 작품은 죄에는 응분의 대가가 따르게 마련이라거나 남녀 간에 진정한 합일이 이루어지기 전에 모든 인간에게 내재된 바람기를 일단 다스려야 한다는 것을 보여주는 일에는 큰 관심이 없다는 점이 그것이다. 〈돈 조반니〉와 〈여자는 다 그래〉의 등장인물은 정의할 수 있는 특징들을 가진 개인으로 해석하기보다는, 그들 자신도 이해하지 못하고 따져보고 싶은 마음 역시 들지 않는, 외부의 힘에 의해 휘둘리는 인물들로 해석할 수 있다. 기실 이 두 작품은 거대하게 휘몰아치는 사건의 한가운데에 놓인 개인의 개별성을 덧없는 것으로 짜부라뜨리고 마는 힘에 대해 이야기한다. 신중하다고 해서 피할 수 있는 힘도 아니고, 개인의 카리스마나 영웅성에 의해 극복할 수 있는 힘도 아닌 것이다. 베토벤이나 베르디, 심지어 로시니와 비교해도 모차르트가 그리는 세상은 비정하기 그지없다. 그곳은 도덕이 발붙이지 못하는 비정한 루크레티아의 세계이며, 신을 숭배하는 마음이나 현실성 따위에는 아랑곳하지 않는 권력이 그 자체의 논리로 움직이는 공간이다. '카탈로그의 노래'에서 레포렐로가 일일이 숫자까지 세어가며 냉정하게 밝히고 있는 것처럼 돈 조반니를 음탕한 행각에 단단히 묶어놓는 힘은 무엇이며, 돈 알폰소와 데스피나로 하여금 그들의 계략과 계획에 매달리게 하는 힘은 또 무엇인가. 오페라는 이들 물음에 대한 그 어떤 적절한 해답도 내어놓지 않는다.

대신 모차르트는 도덕적 가치 판단의 무의미성이 부각되는 이 이야기를 수단 삼아 개개인의 정신이나 의지와 무관하게 사람들을 조종하는 추상적인 힘을 음악 속에 구현하려 했다는 것이 내 생각이다. 계몽주의에 누구보다 열광했던 베토벤이 모차르트의 오페라를 싫어했던 이유도 바로 여기에 있다. 〈여자는 다 그래〉에 나오는 굴리엘모의 따져 묻는 아리아 '여자들이여, 너무하는군요' 또한 여자들이 왜 그렇게 방종하게 행동하는지를 묻는 것으로 있는 그대로 받아들여야 한다. 문맥상 이 아리아는 또한 남성들의 행동도 문제 삼고 있긴 하다. 셀러스는 이 아리아를 굴리엘모로 하여금 객석에 내려가서 마이크를 들고 부르게 했는데, 그럼으로써 마치 굴리엘모 캐릭터는 일순간 방송인 필 도나휴가 된 듯, 각각의 사례에 대해 쓸모는 없겠지만 그래도 서로 다른 대답을 구하는 존재가 된 듯했다.

모차르트 오페라에서는 수수께끼 같은 늙은 남성(알폰소, 자라스트로)과 제 생각만 하는 귀족(알마비바, 돈 조반니)이 권력의 중재자 혹은 관리자로서 등장한다. 그들이 가진 힘은 임의적으로 변하곤 해서 단순히 특징짓기가 불가능하다. 제 고집만 내세우며 그 자체로 완결성을 지닌, 정교한 체계에 의해 작동하는 힘인 것이다. 모차르트는 봉건적이며 교회 집중적 권력 유형이 지배하던 시대에 태어났고, 권력이 점차 시민사회로 옮겨오던 시기를 살았다. 따라서 그는 자신에게 익숙한 형태의 권력 요소를 작품에 원용했다. 그리하여 그의 작품에는 시민사회의 신사숙녀가 등장했고, 농민과 하인이 등장했으며, 프리메이슨의 유사(類似) 사제가 등장했다(자라스트로가 바로 그런 경우였다). 하지만 그렇다고 해서 그가 이러한 권력의 전형적 형태가 향후에도 사회적 권력의 가능성을 모조리 소진할 거라고 믿었으리라고 볼 순 없다. 게다가 모차르트가 구현한 캐릭터들은 사건에 관여한다기보다는, 일단 정형화된 패턴이 발동되고 나면 이를 뒤따르는 게임 같은 행위에 관여하는 측면이 강하다. 이론적으로 보자면, 이와 같은 과정이 21세기에도 일어날 수 있다고 상상한다 해도 억지는 아니다.

그래서 묻노니, 〈여자는 다 그래〉에 싸구려 식당이 배경으로 등장하고 베트남 참전 용사가 주인공으로 등장한다 해서 뭐가 문제란 말인가. 돈 조반니가 마약 중독자라고 해서 안 될 이유가 무엇인가. 모차르트의 '오리지널'이 가지는 설득력과 타당성이 셀러스가 연출한 두 편의 픽션에서는 부족하다고 볼 수 있는 이유가 있을까. 반드시 18세기의 옷을 입혀 공연해야만 오리지널 〈여자는 다 그래〉— 어차피 여러 편집자들과 연출가들이 이리저리 훼손해버린 — 와 〈돈 조반니〉를 더 쉽게 이해할 수 있을 거라고 믿는 근거는 무엇인가. 셀러스는 이 두 작품의 핵심에 자리한 공백, 즉 스스로의 패턴과 효과 면에서 내적 논리를 유지하기만 한다면 실로 끝없이 대체하고 재해석할 수 있는 여지라는 공백을 간취해낸 것이다. 〈여자는 다 그래〉는 세 쌍의 남녀가 합을 맞추어 이루는 좌우 균형감을 바탕으로 작동하는 오페라이고, 따라서 가수들의 동작을 잘 짜인 안무처럼 표현하고, 몸짓에 과잉이 보이더라도 그것을 일사분란하게 통제하며, 또한 가수들에게 가벼운 해수욕 복장을 입힘으로써 시사성을 강조한 셀러스의 구상은 설득력을 가진다고 볼 수 있다. 한편 〈돈 조반니〉의 경우에는 연쇄적·순차적으로 발생하는 사건의 흐름에 작곡가의 상상력이 투입된 작품이다. 에피소드 사이에 차별이 뚜렷하지 않고,

진정한 발전이나 확고한 목적 없이 하나의 모험이 다음 모험으로 이어지는 것이다. 특히 어두운 무대 위에서 서로 분간도 잘 되지 않는 인물들이 마약을 복용하는 장면이 내게는 서늘한 느낌을 줄 정도로 충격적이고 적절하게 다가왔다. 사회에 적응하지 못한 부랑자들이 점거한 우중충한 지하철 승강장 역시 돈 조반니의 여성 편력과 잘 어울렸다. 기회만 생기면 어떻게든 약을 맞으려 드는 구제불능 마약쟁이들의 태도는, 여자라면 어떻게든 손에 넣어야 직성이 풀리는 돈 조반니의 여성관과 완벽하게 조응했다.

그러나 셀러스의 모차르트 해석관을 받아들여야 하는 데에는 이것 말고도 더욱 절박하고 실용적인 이유가 있다. 셀러스 자신이 단절되고 독립된 오페라 전통을 가진 문화의 산물이라는 점을 우선 고려해야 한다. 지금까지 미국 오페라 프로덕션의 주류는 대개 유럽을 추종해왔고, 특히 그중에서도 따분한 베리스모(즉 현실 모방적인) 양식을 좇아왔다. 미국에서 그러한 전통이 가능하려면 자금력과 스타급 성악가들이라는 희소한 자원이 필요해진다. 반면 셀러스는 소박한 예산에서 출발했다. 〈여자는 다 그래〉와 〈돈 조반니〉에 기용된 성악가들은 일반적인(심지어는 중간 실력 정도밖에 되지 못하는) 목소리를 가진 신진이 대부분이었다(그래도 여성 성악가들이 대체로 남성들보다는 훌륭했다). 그러나 음악적 세련미의 부족분은 각자의 민첩한 몸놀림이 만회하고도 남았다. 가수들은 무대 위를 분주히 누비면서 여러 아리아를 노래했다. 오로지 목소리 측면만 보자면 불만족스러운 대목도 있었고, 따라서 군계일학으로 뛰어났던 성악가를 콕 짚어내기도 어려움이 있었다. 성악가를 중심에 두기보다 전체 오페라의 일개 부속으로 보는 셀러스의 시각이 워낙 강력하여, 이들이 여타 프로덕션에 출연하는 모습을 상상하는 것조차 쉽지 않을 정도다. 마치 디킨스가 그려낸 주인공들이 그가 쓴 소설이라는 양식화된 세상 바깥으로는 영원히 나올 수 없는 존재처럼 느껴지듯 말이다.

셀러스의 모차르트에서 가장 미덥지 못한 것은 지휘자 크레이그 스미스였다. 그가 부린 악단이 소리의 밀도가 결여된 이류였다는 점은 인정한다. 또한 이미 아름답고 신성한 모차르트의 음악을 더욱 낭만적으로 표현하고자 했던 시도는 영화 〈아마데우스〉라면 모를까 여기서는 얼토당토않은 선택이었다는 점도 그렇다고 치고 넘어가자. 하지만 모차르트의 음악을 시속 120킬로미터로 질주하는 것까지 감내할 필요가 있을까. 가장 별났던 건 모든 아리아와 앙상블이 서로 비슷하게 들렸다는 점이다. 어느 하나 할 것 없이 도입 템포는 언제나 빨랐고 이후로는 더욱 빨라졌다. 성악가들은 질주를 따라잡지 못해 허덕였다. 모든 넘버는 종지부를 흐지부지 뭉갠 채 다음 넘버로 직진했고, 가수들은 완전히 소화하지 못한 언어로 된 가사를 서둘러 쏟아내면서 그 고생에 대한 눈총마저 감수해야 했다. 셀러스의 스타일이 창의적이고 유연했던 반면, 스미스의 스타일은 기계적이었던 데다가, 오호통재라, 비음악적이고 미숙했다.

셀러스와 스미스 사이의 불균형이 나를 어리둥절하게 했음을 고백하지 않을 수 없다. 스미스의 지휘가 셀러스의 지향점과 조화를 이룬 부분을 내가 다만 놓쳤을 수도 있다. 그렇다 하더라도, 그토록 훌륭했던 극적 이해를 떠받지는 것이 그처럼 시시하고 경솔한 연주였다는 점은 참으로 안타깝다. 어쩌면 셀러스 프로덕션이 다음 시즌 메트로폴리탄의 제임스 레바인과 짝을 이룬다면 기대를 걸어봄직도 하다. 그러나 설령 그것이 실현된다 하더라도 셀러스의 멋진 연출이 이제 막 답하기 시작한 까다로운 문제는 그대로 남아 있을 것이다. 모차르트의 유창한 음악과 놀랍도록 자연스러운 작풍, 끝없이 샘솟는 선율을 어떻게 하면 그의 극도로 간결한 희극 플롯과 어우러지게 할 것인가의 문제가 바로 그것이다. 음악이 무대 위 사건을 흉내 내며 조롱하도록 해야 할 것인가. 음악으로 하여금 플롯에 담긴 사회적으로 용인된 범위 내에 있는 관습을 강조하게 함으로써 모차르트의 체제 전복성을 다소 누그러뜨려야 하는가. 혹은 이들 두 요소를 서로 비끄러매는, 지금까지 발견되지 않은 제3의 낯선 방식이 존재하는 것일까. 이들 문제에 답한다는 건 어지간히 깊고 세심한 해석이 동반되지 않고는 불가능에 가깝다. '오리지널'에 대한 선정적인 솔직함과 독창적인 곡해를 동반한 셀러스의 연출이 흥미로운 이유다.

메트로폴리탄 미술관의 글렌 굴드*

지난 9월 26일과 27일 양일간 뉴욕 메트로폴리탄 미술관(메트)에서는 글렌 굴드가 다양한 레퍼토리를 연주하는 영상을 담은 한 시간짜리 프로그램 여덟 편을 상영하는 행사가 있었다. 이번 행사는 이 미술관 콘서트 및 강연 기획자인 힐데 리몬지언이 마련한 것으로, 1982년 굴드의 사망 이후 뉴욕에서 치러진 세 번째 영상 상영회이기도 했다. 관람객으로 북적이는 현장 분위기는 굴드가 여전히 세인의 이목을 끄는 매력적인 인물임을 방증했다. 그는 거의 불가능에 가까운 존재였다. 놀라운 재능을 가진 피아니스트이면서, 동시에 별난 주장과 깊은 통찰과 지성을 바탕에 깐 주장을 능란하게 표현해 낼 줄 알았던 사람이기도 했다. 그는 동시대 다른 음악가들의 연주에서는 결코 접할 수 없었던 음악적 만족과 지적 만족을 주는 연주자였다.

 메트의 상영회는 1950년대 중반 굴드의 젊은 시절 영상으로 시작해서 그의 마지막 모습이 된 1981년 〈골드베르크 변주곡〉 연주 영상—곧 음반으로도 출시된—으로 마감되었다. 필름에 포함된 레퍼토리는 주로 바흐와 베토벤의 독주곡과 앙상블 작품들이었고, 모차르트 〈피아노 소나타 13번〉(K. 333)을 보란 듯이 무참하고 가학적으로, 그러면서도 지루하게 살육한 영상을 제외하고는, 모든 연주

---

* 《더 네이션》, 1987년 11월 7일.

는 굴드를 충분히 돋보이게 했다(협주곡을 제외한 모차르트의 모든 피아노 작품은 근본적으로 제대로 연주한다는 것이 불가능하다고 나는 이제 믿고 있다. 그리고 굴드는 평생에 걸쳐 모차르트의 소나타를 연주하면서 바로 그 점을 예증하는 데 성공했다).

굴드의 연주에는 기벽(奇癖)과 놀라움이 적당히 섞여 있어 즐거움을 준다. 그의 연주를 접하는 사람들은 반드시 뭔가 특이한 구석이 있을 거라고 기대하기 십상이다. 영상 중 가장 초창기에 해당하는 1954년 CBC 방송분을 보자. 베토벤〈피아노 협주곡 1번〉1악장의 카덴차에서 굴드는 해당 악장의 주제를 가지고 찬란하고 복잡한 사성부(四聲部) 푸가를 펼쳐 보인다. 물론 베토벤이 직접 마련해 둔 카덴차도 있긴 하나, 굴드는 그깟 권위에 내가 굴복할까보냐 하는 과연 그다운 제스처로 자신이 직접 짠 카덴차를 연주한 것이다. 세르게이 프로코피예프의〈피아노 소나타 7번〉은 1961년 연주와 1976년 연주가 나란히 이어 붙도록 편집되어 있었는데, 이 두 연주는 같은 작품에 대한 완전히 다른 이해를 보여주었다. 첫 번째 영상은 대단히 서정적이고 넉넉했던 반면, 1악장만으로 이루어진 두 번째 영상은 급하고 긴박했으며 굴드의 완숙기 스타일의 특징이었던 머뭇대는 듯한 건반 어택이 두드러졌다.

스스로의 화려한 존재감에도 불구하고 굴드는 완벽한 실내악 뮤지션이기도 했던 모양으로, 다른 앙상블 주자들의 연주에 자신을 흔연히 맞추기도 하고(쇼스타코비치〈오중주〉에서 그러하듯) 여타 독주자들의 높은 기교 및 전문적 기량과 어울리도록 자신의 연주 수준을 끌어올리는 능란함을 관찰할 수 있었다. 특히 눈길이 갔던 것은 레너드 로즈와 함께 연주한 베토벤의〈첼로 소나타 3번 A장조〉와 예후디 메뉴인과 함께 촬영한 바흐〈바이올린 소나타 C단조〉, 쇤베르크〈바이올린과 피아노를 위한 환상곡〉[작곡가 만년의 작품으로 대단히 복잡한 곡인데, 메뉴인은 선뜻 내키지 않은 듯 불안하게 연주한 반면 암보(暗譜)로 연주한 굴드는 자기 집 안방 누비듯 편안하고 열정적으로 연주했다], 베토벤의 중기에서 후기로 넘어가는 시기의 작품으로 메뉴인의 장기 레퍼토리인 〈바이올린 소나타 10번 G장조〉(Op. 96)이었다. 특히 메뉴인과의 연주 영상은 다소 불안한 듯하면서도 언제나 흥미로운 해석이 담겨 있어 관심을 끌었다. 내가 알기로 이번 상영회에 공개된 영상의 레퍼토리 가운데 굴드가 음반으로 출시한 것은 거의 없다(다만 쇤베르크의 〈환상곡〉은 1964년 이즈리얼 베이커와의 녹음으로 발매한 바 있다).

그러나 뭐니 뭐니 해도 이번에 공개된 여덟 편의 영상 가운데 가장 이목을 끈 것은 대위법적 작품과 변주곡이었다. 오롯이 푸가에만 할애된 한 시간짜리 프로그램은 바흐 〈평균율 클라비어곡집〉에서 몇 곡, 베토벤 〈피아노 소나타 31번 A♭장조〉(Op. 110) 종악장, 파울 힌데미트 〈피아노 소나타 3번〉 종악장으로 짜여 있었다. 특히 굴드가 귀신 쐰 듯 연주해낸 힌데미트의 소나타는 훌륭한 작품임에도 불구하고 음악가들의 지적 비겁성 때문에 오늘날 무대에서는 접할 기회가 극히 드문 곡이다. 한편 변주곡 프로그램은 베베른의 〈변주곡〉과 베토벤 〈피아노 소나타 30번 E장조〉(Op. 109)에서 정점을 찍었다. 굴드는 각각의 작품에 담긴 절묘한 구조감과 표정 풍부한 세부를 환히 비춤으로써 두 작품 사이에 다리를 놓았다. 이것만으로도 무시 못 할 성취인데, 이는 베베른과 베토벤의 작품이 서로 상극의 미학을 추구하고 있기 때문이다. 전자는 한 꺼풀씩 벗겨내듯 공을 들이는 미학인 반면, 후자는 농축적이고 투박한 미학에 가까운 것이다. 프로그램에는 스베일링크의 〈오르간 환상곡〉을 극도로 절제하여 연주한 영상도 포함되었다. 내가 굴드의 이 곡 연주를 처음 들은 건 1959년 혹은 1960년의 리사이틀에서였는데, 그때 받았던 충격을 화면에서도 고스란히 느낄 수 있었다. 화면 속의 굴드는 연주자로서의 거죽을 벗고 작품의 길고도 복잡한 흐름 속으로 침잠해, 시간의 흐름에서 한발 벗어나 그 자체로 온전한 예술적 구조 속에서 이른바 '황홀경'을 경험케 하는 하나의 사례를 보여주고 있었다.

여덟 편의 영상물 가운데 가장 감동적이었던 건 〈골드베르크 변주곡〉에 대한 굴드의 이야기와 연주를 채록한 브뤼노 몽생종 감독의 영상이었다. 여기서의 굴드는 더 이상 젊음의 열기를 발산하는 깡마른 지식인도 아니었고, 언제나 조바꿈 때만 되면 베토벤은 한바탕 야단법석을 떨곤 했다고 쏴붙이는 신랄한 재치꾼도 아니었다. 몽생종이 잡은 화면 속의 굴드는 배가 불룩 나오고 머리도 벗겨져서 어딘가 슬퍼 보이는 중년의 탐미주의자였고, 군살이 붙어 처진 얼굴과 살짝 퇴폐의 기운이 보이는 입술은 폭식에 탐닉한 흔적인 듯했다. 심지어는 그의 손가락조차, 비록 놀랍도록 효율적인 우아미와 경제성은 그대로였지만, 산전수전 겪은 세월의 흔적을 뚜렷이 내보이고 있었다. 과연 굴드가 해석해내는 주제와 그에 따른 서른 개의 변주에는, 부가된 장식음과 별나게 다양하고 대체로 느린 템포, 놀라운 반복부, 날카롭게 굴절되는 선율선 등의 면에서 세련미와 영리함이 한 꺼풀 더해져 있었다. 제1변주의 베이스 라인에 무게가 더해진 것이나, 동음(同音) 카논인 제3변주에서 주제를 강조하는 모습 등이 그 좋은 예였다.

굴드가 등장하는 영상이라면 지금까지 많이 봐왔지만, 몽생종의 다큐멘터리는 드문 컬러 영상이라는 점 외에도 텔레비전 카메라맨이 아닌 전문 영상 제작자가 촬영한 것이라는 점이 값졌다. 굴드가 자신에게 유명세를 가져다준 작품을 마지막으로 연주한 것이라는 점을 알고 감상하면 가을빛 감도는 영상의 색조가 더욱 슬프게 다가온다. 지난해 토론토 대학의 제프리 페이전트 교수가 내게 해준 이야기가 있다(그가 1978년에 발표한 『글렌 굴드, 음악과 정신』은 글렌 굴드에 대해 제대로 연구하고 기록한 유일한 저작이다). 몽생종은 쉰두 시간 분량의 굴드 연주 영상을 유럽과 미국의 방송사에 판매하려 시도했다가 거래를 성사시키지 못했다는 것이다. 각 방송사들이 퇴짜를 놓은 건 그렇다 치고, 어떻게든 굴드의 연주 장면을 담고 싶어 했던 몽생종의 의도는 충분히 공감이 간다. 굴드라는 인간은 오롯이 전심전력을 투자하지 않을 수 없는 문화적 소재였던 것이다.

그러나 굴드에게 호로비츠나 볼레트, 미켈란젤리 같은 전설적인 기교파와 맞먹는 손가락 테크닉이 없었더라면 그가 달성했던 위업 중 그 어느 것도 가능하지 않았을 것이다. 굴드는 손가락, 피아노, 작품을 이음매 보이지 않게 통합하고 그 하나를 다른 하나로 확장시켜, 급기야는 그 셋을 따로 구분할 수 없는 경지의 연주를 선보이곤 했다. 흡사 굴드의 비르투오시티는 다년간의 연주 경험에 의해 별도로 구축된 민활한 기교가 아니라 작품 그 자체에서 능변(能辯)을 끌어내는 수준에 도달한 것처럼 보였다. 폴리니 역시 이와 비슷한 자질을 가지고 있지만, 그럼에도 굴드가 특별할 수밖에 없는 것은 그의 이처럼 영리한 손가락 놀림이 특히 다성음악(多聲音樂)에서 빛을 발하기 때문이다. 굴드와 마찬가지 방식으로 의사소통할 수 있는 이들은 오로지 위대한 바흐 오르가니스트뿐이리라.

그러나 무엇보다 몽생종은 굴드가 끊임없이 경계를 넘으려 했고 갑갑한 통제를 깨부수려 했다는 점을 특히 흥미롭게 여겼다. 지난해 몽생종은 프랑스에서 『글렌 굴드: 나는 결코 괴짜가 아니다』라는 책을 출간한 바 있다. 거기 마지막 부분을 보면 굴드가 남긴 인터뷰 영상을 모아 다섯 평론가와 인터뷰하는 것처럼 만든 '비디오 몽타주'가 등장하는데, 그걸 봐도 명확히 알 수 있지만 몽생종은 필멸의 운명을 전혀 제약으로 받아들이지 않는 굴드의 모습에 주목했다. 일반 대중이 굴드를 필멸의 굴레에서 벗어난 존재로 각인했다면 거기에는 굴드 본인의 행적도 적잖은 영향을 미쳤을 것이다. 그는 르네상스부터 현대음악까지 서양음악 전반에 통달했음은 물론이요—영상에는 굴드가 음악적 사례에 대해 이야기를 한 다음 피아노로 돌아앉아 지금 막 이야기한 부분을 암보로 뚝딱 연주해내는 장면이 자주 등장한다—자신이 선택한 음악을 자신의 기호에 맞게 부려내는 데에도 탁월했다.

훌륭한 음악가라면 대부분 대중 앞에서 공연하는 것보다 훨씬 많은 양의 가용 레퍼토리를 가지는 법이다. 마찬가지로 기억력은 모든 연주자가 가진 재능의 일부를 이룬다. 우리가 접하는 공연이란 미리 짠 프로그램을 무대 위에서 연주하는 것이 보통이다. 굴드는 1964년 콘서트 무대에 작별을 고한 이후 폭넓은 관객에게 다가가기 위해 각고의 노력을 기울였다. 가진 지식을 모두 쏟아냈고 음악을 명철하게 분석하기도 했으며, 또한 영상 기술을 이용하여 연주회에 참석하는 것만으로는 십분 느낄 수 없는 엄청난 기교를 가까이서 볼 수 있도록 했다. 카메라 앞에서 연주하는 것에 그치지 않고 수십 편의 글도 썼으며, 라디오 대본을 직접 쓰고 프로그램 제작까지 떠맡았고, 사람들을 만나 인터뷰를 하기도 했으며, 텔레비전 프로그램에도 출연했고, 그러면서 물론 레코드 녹음도 꾸준히 병행했다. 바흐 피아니스트라는 틈새시장에 안주하는가 싶다가도 돌연 바그너 편곡판이라든가 그리그 소나타 같은 이례적인 작품을 들고 나와 세상의 허를 찔렀던 것이 또한 굴드였다.

그는 한 가지 일을 훌륭히 하면서 동시에 뭔가 다른 일을 하는 것만 같은 암시를 주는 놀랍고도 드문 재능의 소유자였다. 대위법 악곡이나 변주곡 형식에 대한 편애도 같은 맥락에서 이해할 수 있고, 이와는 조금 다른 차원이겠지만 피아노를 치면서 동시에 콧노래를 흥얼대고 지휘하듯 손을 움직이는 습관이라든가, 아무 때고 음악적 사례나 문학적 사례를 인용하여 설명하는 능력도 비슷하게 이해 가능하다. 어떤 면에서 굴드는—터무니없고 자가당착적인 묘사처럼 들리겠지만—일종의 비극적(非劇的)이고 반(反)심미적인 종합예술작품(Gesamtkunstwerk) 혹은 보편적인 예술품에 조금씩 접근하고 있었던 것이다. 이와 같은 목표를 달성코자 했던 그의 의도가 얼마나 계획적이었던 것인지, 혹은 '의미를 뿌리째 뽑기'(déracinement du sens)를 미학적 지향으로 추구했던 랭보의 행보를 그가 얼마나 인지하고 있었는지는 내가 말할 수 없는 부분이다. 그러나 내가 보기에는 이러한 특징들이 굴드의 진취성에 담긴 불편하면서도 매력적인 포스트모던성을 가장 적확하게 정리하는 개념이 아닌가 한다.

⟨줄리오 체사레⟩*

게오르크 프리드리히 헨델은 서양음악사를 수놓은 위대한 작곡가 가운데 가장 꾸준히 오해되고 대체로 저평가된 인물이다. 헨델은 자신과 정확히 동년배인 요한 제바스티안 바흐와 비교선상에 놓이는 불이익을 영원히 감내해야 하는 작곡가이기도 하다. 내게는 음악학자 친구가 한 명 있는데, 그 친구만 하더라도 툭하면 바흐의 고상한 다성음악 스타일과 지적 편중성 및 엄격성, 감동적인 종교성 등을 거론하며 헨델의 상대적으로 단순한 스타일과 억누를 수 없는 화려미를 깎아내리곤 한다. 확실히 헨델의 음악에는 어떤 세속성이랄까, 요즘 관객이 쉽게 공감하기 힘든 일종의 궁중풍의 냄새가 나긴 한다. 하지만 음악 그 자체의 대단히 복잡한 어법이라는 면으로 보자면, 헨델은 역시 그 기법과 마감에서 바흐와 어깨를 나란히 할 만하다. 뿐만 아니라 헨델과 동시대를 살았던 동료들이 모두 입을 모은 것처럼 그는 바흐에 버금갈 정도로 깊은 신앙심을 가졌었고, 비록 그의 극적 오라토리오—⟨이집트의 이스라엘인⟩, ⟨메시아⟩, ⟨유다스 마카베우스⟩ 등의 작품—는 야단스러울 정도로 연극적이고 현실적인 미학을 표방하고 있긴 하지만 그럼에도 거기 녹아 있는 진정한 광휘와 무한한 창의성에 이의를 제기할 사람은 없을 것이다.

*《더 네이션》, 1988년 11월 14일.

다른 위대한 작곡가들이 높이 평가했던 그를(일례로 베토벤은 임종 자리에 누워서도 헨델의 악보를 넘겨 읽으며 그에 대한 각별한 존경심을 표했다고 한다) 정작 요즘 사람들은 인정해 주지 않는 데에는 두 가지 이유가 있다. 첫째, 헨델의 업적 중 상당 부분은 부자연스럽고 특성화된 형식인 오페라 세리아 분야에 가두어져 있다. 헨델은 1710년부터 숨을 거둔 1759년까지의 근 50년 세월을 영국에 기거하며 약 서른 편의 오페라를 썼다. 그중 대부분을 직접 무대에 올렸고 감독까지 맡았던 그는 숨이 다하는 그 순간까지 극장을 떠나지 않은 작곡가였다. 그러나 요즘의 오페라단들은 (역시 마찬가지로 갑갑한 양식화의 틀에 갇힌) 벨칸토와 베리스모 작품을 선호할 뿐, 헨델의 오페라 세리아는 거의 거들떠보지도 않는 형편이다.

헨델이 다소 서러운 대접을 받게 된 두 번째 이유는 그가 활동하던 시대의 변화상에서 찾을 수 있다. 헨델은 본질적으로 귀족 관객층을 위해서 음악을 짓는 작곡가에서 출발하였지만, 귀족층이 차츰 몰락함에 따라 아침 태양처럼 밝게 떠오르며 몸집을 키워가던 영국 중산층을 위해 곡을 쓰는 작곡가로 변신해야 했다. 19세기 사람들은 헨델을 빅토리아시대의 미학과 완전히 부합하는 작곡가로 여겼으며, 그렇게 형성된 인기는 그의 음악이 지닌 천재성을 곧이곧대로 인지하는 데 오히려 걸림돌이 되었다. 그의 작품은 얼토당토않게 뻥튀기 된 거대한 합창 오락물로 알려지거나—2,000명 규모의 합창단과 500명 규모의 목관 및 금관 앙상블 따위가 헨델을 공연했다는 이야기가 음악사에는 심심찮게 등장한다—왕실 관련 행사에 쓰이는 단골 작품 정도로 통용되었다. 심지어는 그의 장려한 앤섬(anthem)*이나(〈사제 사독〉 같은) 고도의 기교를 요하는 아리아 (찰스 왕세자와 다이애나 왕세자비의 결혼식에서 우스꽝스러운 꽃 모양 보닛 모자를 쓰고 '저 빛나는 천사를 보라'를 노래한 키리 테

---

* 영국 국교회가 사용하는 예배용 음악의 한 종류.

카나와를 누가 잊을 수 있겠는가)조차도 의도치 않은 코미디의 희생양이 되곤 했다.

그러니 헨델은 엄청난 저력을 가진 음악을 쓴 작곡가치고는 운수가 참으로 억셌던 셈이다. 그는 바흐 또는 팔레스트리나 타입처럼 추상적이고 순수한 음악가로 간주되지도 못했고, 모차르트나 하이든, 베토벤처럼 낭만주의로 향하는 길을 튼 원숙한 고전주의의 모델로 대접받지도 못했다. 그렇게 헨델은 자신이 속한 시대에 완전히 갇힌 듯 보인다. 그가 과거의 중류층 및 왕족과 더불어 연상되는 것도, 열심히 음악을 챙겨 듣는 요즘 애호가들에게는 은근히 벌점 대상이 되는 항목이다. 헨델을 좋아한다고 하면 취향이 핫길이거나 무르익지 못했다는 핀잔을 듣기 십상인 것이다. 이해하기 위해서 큰 수고를 들여야 하는 작곡가가 헨델이긴 하지만, 이는 역설인 것이, 헨델만큼 호감 가고 쉽게 다가갈 수 있는 음악을 쓴 사람도 흔치 않기 때문이다. 그래도 헨델은 많은 현대 음악학자가 유익하면서도 읽기 쉬운 책을 써 바친 작곡가라는 점에서만큼은 운수가 괜찮았다. 윈턴 딘이 헨델에 관해 쓴 여러 권의 책만큼 지적이면서도 명료한 음악학 연구서는 찾기가 힘들며, 그보다 전문성이 낮은 책들—이를테면 폴 헨리 랭과 H. C. 로빈스 랜딘의 저서들—은 헨델을 대단히 인간적인 천재로 묘사한다. 그랬다. 그는 세상 물정에 밝았고 언제나 프로페셔널 음악가로서의 본분을 잊지 않았다. 또한 영국인들의 냉소와 상식을 받아들여 자만심을 다잡음과 더불어 어떤 일에도 경직되지 않는 자신감을 획득했다.

그러나 뭐니 뭐니 해도 작곡가 헨델의 위대함은 그의 음악에 자명하게 드러난다. 그가 쓴 모든 음악에는, 바흐의 작품만큼이나 깔끔하게 조직된 대위법(화성의 다양성과 화려함이라는 면에서는 바흐에 살짝 못 미치지만)과 때로는 대위법에 앞서 형식을 이끌어나가는 양질의 선율과 텍스처 사이에 남다른 관계가 존재한다. 헨델은 이 두 모드를 하나로 녹여내는 샤콘과 변주곡도 쓰긴 했지만, 그래

〈줄리오 체사레〉

도 대체로 헨델은 언제나 푸가에서 아리아로, 아리아에서 앙상블로 자유롭게 넘나드는 편에 가까웠다. 그의 건반 모음곡이 그러하고, 〈합주 협주곡〉(Op. 6)이 또한 그러하며, 훌륭한 합창곡 다수가 그러하듯 말이다. 마치 극적이고 감정적인 표현력이 엄격한 폴리포니를 구슬리고 달래 노래로 만들어내듯, 음악 그 자체의 모방(대위법)에서 음악으로 분위기를 모방해내는 차원으로 전이하는 것이다. 헨델의 작품에서는 음악 그 자체에 몰두하는 음악 대신, 극과 춤, 선율과 형식적 구성 등을 이용하여 음악이 무언가를 흉내 낼 수 있음을 관객에게 보여주고자 하는 극적 특질을 향해 창의력이 발동됨을 느낄 수 있다.

바흐나 모차르트, 베토벤과 달리 헨델은 작곡 과정에서 빌려오고 대체하고 재활용하는 방식을 적극 끌어들이곤 했다. 끝도 없이 수월하게 곡을 써내는 모차르트와 바흐의 능력을 신봉하는 사람들은 헨델에게는 미심쩍은 눈초리를 거두지 않았다. 그가 밟고 간 길 위에는 태평스러운 표절과 도적질의 흔적이 장강처럼 남아 있지 않느냐는 것이다. 헨델과 베토벤 사이의 교집합은 더더욱 찾기 힘들었다. 속으로 고뇌하고 스케치북을 고문하듯 혹사시키고 그러면서도 슬프게도 스스로를 인식하지 않을 수 없었던 투쟁의 기록이 곧 베토벤의 음악이니 말이다. 헨델의 음악은 은폐의 예술이라기보다는 역설적이게도 견제와 적절성의 예술에 가깝다. 많은 학자들이 지적한 바대로 그는 단 하나의 이음매도 내보이지 않고도 그 어떤 기분이나 상황도 자유자재로 표현할 수 있었다. 또한 그의 음악은 한 군데 머물지 못하고 변화무쌍하게 역동하는 느낌을 주는데, 정주(定住)하지 못함에도 불구하고 누가 들어도 틀림없는 그의 사운드와 감정의 폭은 언제나 뚜렷하게 다가온다. 헨델은 고유한 독창성을 콕 짚어내기는 힘들어도 웬일인지 그것을 지성적으로 경험하기는 수월한 작곡가다. 그는 자신의 모든 음악에 존재하는 본능적 충동을 거의 완벽하게 다스리고 훈육해냈다. 비록 후기 오라토리오에서 보이는 디오니소스적 과잉에서는 간혹 충동이 분출되기도 하지만 말이다.

그러나 헨델의 이해를 가로막는 진정한 장애는 요즘 오페라 무대에서 그의 작품을 만나기 힘들다는 점이다. 그 같은 결핍을 메울 수 있는 레코딩도 드문 형편이다. 최근 메트로폴리탄 오페라가 1988~89년 시즌에 공연한 〈줄리오 체사레〉의 경우만 해도 전곡 음반은 20년 전 뉴욕 시립 오페라 프로덕션의 실황 기록이 유일한 녹음인데, 그나마도 베벌리 실스와 노먼 트레이글의 노래가 썩 만족스럽지 못하다. 나는 조운 서덜랜드와 메릴린 혼이 리처드 보닝의 지휘로 합을 맞춘 발췌 음반을 가지고 있는데, 묘하게 어수선하면서도 그 나름의 매력이 있는 음반이지만 요즘은 제작되지 않는 듯하다. 그러니 대체로 헨델의 오페라는 그의 명성에 기여할 기회를 박탈당하고 있는 셈이다. 이는 마치 베토벤의 사중주나 모차르트의 피아노 협주곡을 레퍼토리에서 제외하고 논하는 것과 비슷한 양상이다.

이러한 누락이 생길 수밖에 없는 이유로는 헨델이 요구하는 관례가 대단히 반(反)현대적이고 반민주적이며 반현실적이라는 점, 그리고 그의 작품 공연에 요구되는 기교와 즉흥적 장식 악구 등을 부려낼 성악가가 요즘은 흔치 않다는 점이 흔히 언급된다. 이러한 주장은 일견 충분히 사실처럼 보여서 곧 납득될 것만 같지만, 차분히 1분만 생각해보면 그 허점이 드러난다. 모차르트도 매일반으로 어려운 작곡가지만 공연되고 있지 않은가. 베르디나 도니체티, 리하르트 슈트라우스도 헨델과 비슷한 수준의 요구를 성악가들에게 하지만 공연 기회를 잡는 데 어려움을 겪지 않는다. 작금의 오페라 문화—푸치니와 베르디를 거푸 무대에 올려야만 메트로폴리탄 오페라의 사명을 달성한다고 믿는 뉴욕의 사람들이 지배하고 있는—가 헨델을 받아들이지 못하는 이유는 그가 양식화된 음악을 썼기 때문이 아니라, 굳이 말하자면 그의 양식화된 음악을 공연으로 풀어내거나 설명할 수 없기 때문이라고 본다. 오페라를 소재로 한 대부분의 책은(가령 폴 로빈슨의 명저 『오페라와 사상』 같은) 아예 헨델은 건드리지도 않으며, 설령 그의 이름이 언급되는 경우에도(가령 피터 콘래드의 『사랑과 죽음의 노래』 같은) 몰리에르를 모방한 진부한 클리셰 정도로 치부되는 처지다. 어쩌면 헨델의 현대성은 쇤베르크나 베베른처럼 미리 정해진 방식에 천착했던 엄격성이나, 혹은 틀에 박힌 일상성과 자기 풍자에서 스스로를 구원했던 지성에서 찾아야 할 일인지도 모른다.

헨델 오페라를 공연했던 당대의 조건을 지금 그대로 복제해내기란 불가능하다. 귀족 집단이나 카스트라토, 카드놀이를 하는 관객, 이탈리아산 원작 따위가 공급되지 않고, 난해한 연주 방식을 소화해내도록 훈련받은 연주자들 또한 돈벌이가 되는 일을 찾아 떠날 테니 말이다. 그럼에도 그의 오페라는 공연이 가능하며, 실제 공연이 성사될 경우 보통 성공적으로 마무리된다. 헨델 오페라의 핵심은 지성과 품격이다. 〈돈 조반니〉는 그럭저럭 해낼 수 있지만 〈로델린다〉나 〈줄리오 체사레〉에서는 영 갈피를 못 잡는 성악가라면 아무리 목청을 높여 감정을 과장해봐도 헛일이다. 좋은 공연을 듣고 볼 기회가 부족한 실정이니, 헨델의 세계에 더 가까이 다가가고 싶은 관객이나 음악가에게 제일로 추천하고픈 방법은 윈턴 딘이 쓴 『헨델과 오페라 세리아』의 첫 두 챕터를 읽고 피아노 보컬 스코어를 연주하면서 그가 가진 본연의 힘을 머릿속에 그려보는 것이다.

다행스럽게도 메트로폴리탄 오페라의 누군가가 팔을 걷고 나선 덕분으로 〈줄리오 체사레〉가 실제로 최고 수준의 공연이 되어 관객과 만났다. 내가 객석을 찾은 날은 클레오파트라 역을 맡기로 되어 있던 캐슬린 배틀이 건강상의 이유로 출연하지 못한다고 하여, 체격, 목소리의 민첩성, 기교적 안정성 면에서 배틀과 흡사한 바버라 킬더프가 대타 노릇을 했다. 헨델의 카이사르와 클레오파트라(각각 메조소프라노와 소프라노)는 조지 버나드 쇼의 희곡보다는 셰익스피어의 희곡 등장인물에 더 가깝다. 특히 고혹적인 매력을 발산하는 클레오파트라는, 아찔한 트릴과 재빠른 장식음에 탐닉하는 조숙한 십대 소녀기보다는 작당과 살인도 마다하지 않는 원숙한 여인으로 묘사되기에, 참으로 오페라라는 장르에 맞춤한 캐릭터다. 킬더프는 이상적인 대안은 되지 못했지만 그래도 썩 훌륭하게 헤쳐나갔다.

〈줄리오 체사레〉는 폼페이우스의 패주와 프톨레마이오스(카스트라토 혹은 카운터테너)의 사주에 의한 암살 이후에 이집트에서 벌어지는 이야기를 다룬다. 클레오파트라의 남동생인 프톨레마이오스는 카이사르의 목숨까지 노린다. 클레오파트라가 카이사르를 유혹하기 위해 음모를 꾸미는 동시에 카이사르는 프톨레마이오스의 흉계에서 벗어나려고 한다. 그러는 중에 프톨레마이오스 휘하의 장군 아킬라가 폼페이우스의 미망인 코르넬리아를 차지함과 더불어 아비의 복수를 결심한 섹스투스를 처단하려 하는 이야기가 하위 플롯으로 펼쳐진다.

물론 이야기는 모두 잘 풀린다. 아킬라는 죽고, 프톨레마이오스의 흉계는 좌절되며, 카이사르와 클레오파트라는 결합하고, 섹스투스와 코르넬리아는 구출된다. 출연진 가운데 남성 역할을 노래한 유일한 남성인 아킬라 역의 줄리엔 로빈은 대체로 만족스러웠고 이따금씩은 감동적인 절창을 들려주기도 했다. 그러나 극의 흐름을 지배한 건 카이사르 역을 맡은 타티아나 트로야노스였다. 그녀의 노래는 기품 있었고, 다만 카이사르가 복수의 결의를 다지는 제1막의 아리아 '은밀하게 조용하게'의 흠잡을 데 없는 프레이징과 섬세한 앙상블(이 아리아에는 독특하게도 호른 오블리가토*가 붙는다)은 지나치게 장엄한 초월성을 표현하는 쪽으로 너무 나아간 나머지 섬뜩한 복수심을 전달하는 면에서는 아쉬움이 따랐다. 헨델이 어려운 이유가 바로 여기에 있다. 음악에 붙인 가사의 효과가 어찌나 정밀하게

* 성악 주선율에 시종일관 따라 붙는 기악 반주 선율. 보통 하나의 악기에 주어져, 이를테면 바이올린 오블리가토, 오보에 오블리가토 식으로 사용된다.

계산되어 있는지, 터럭 한 올만큼만 템포가 빨라도 우스꽝스러울 정도로 유쾌하게 들리고 조금만 느려도 침울하게 들리는 것이다.

이번 〈줄리오 체사레〉 공연은 영국의 유명한 하프시코드 연주자 겸 지휘자 트레버 피녁이 이끌었다. 이 공연은 피녁의 메트로폴리탄 오페라 데뷔 무대이기도 했다. 자신감 넘치는 악단으로부터 그가 이끌어낸 사운드는 하프시코드 화음 반주가 넉넉히 걸리고 현악군의 소리는 숨아낸, 이른바 우리가 바로크 정격으로 이해하고 있는 음향 바로 그것이었다. 그의 구상에는 번뜩이는 육감은 뚜렷하지 않았지만, 그래도 자연스럽고 합리적이며 정성껏 빚은 솜씨만큼은 분명했다. 출연진 가운데 주역급 몇몇—섹스투스 역의 마르틴 뒤퓌이와 코르넬리아 역의 세라 워커—은 음악에 대한 진지한 생각이 채 여물기 전에 공연에 덥석 뛰어든 듯 보였다. 프톨레마이오스 역을 맡은 미국 출신의 카운터테너 제프리 골은 기쁨과 기술을 대담히 조합하여 인상적인 노래를 들려주었는데, 다만 그의 목청은 첫 막이 다 가고서야 비로소 풀린 듯해서 아쉬웠다.

존 코플리의 프로덕션은 그냥저냥 적절했으며, 〈아이다〉에서 빌려온 게 분명한 싸구려 이집트 의상만 제외하면 나를 화나게 할 것도 충격받게 할 것도 없었다. 헨델의 오페라는 극도로 명확하게 구분되는 부분들—레치타티보와 다 카포 아리아, 식별 가능한 극적 단위로 확장되는 앙상블—이 모여 굴러간다(이 각각의 부분이 서로 매끄럽게 이어지기보다는 칼로 자르듯 매정하게 구획된다는 점이 요즘 관객이 받아들이기 힘든 이유가 되기도 한다). 〈줄리오 체사레〉는 '선량한' 등장인물들만을 무대 위에 모은 채로 모든 갈등을 극복하고 마무리된다. 장엄한 마지막 합창곡은 만족감을 최종 순간까지 유예하는 헨델의 솜씨가 유감없이 발휘되는 대목인데, 이번 메트로폴리탄 공연의 하이라이트 역시 바로 이 지점이었다. 나로서는 가늠조차 할 수 없는 이유로 거의 삼분의 일에 가까운 관객이 공연 도중에 자리를 떴는데, 굳이 그 까닭을 짐작하자면 극의 흐름을 따라

가지 못해서 그랬던 것이 아닐까 한다. 자막 사용을 용납하지 않는 메트로폴리탄의 머저리 같은 옹고집 때문에 관객은 대본을 통째로 외워 오거나 아니면 그저 수동적으로 앉아 기다릴 수밖에 없다. 그럼에도 불구하고 대단히 위대한 오페라의 찬란한 모범이라 할 〈줄리오 체사레〉가 다시 한 번 링컨 센터를 찾게 된다면 반드시 참석하여 그 마지막 커튼이 내려올 때까지 감상할 것을 강권하는 바이다.

⟨푸른 수염 공작의 성⟩, ⟨기대⟩*

메트로폴리탄 오페라하우스에서 공연된 벨러 버르토크의 ⟨푸른 수염 공작의 성⟩과 아르놀트 쇤베르크의 ⟨기대⟩는 흠결로 얼룩진 연출에도 불구하고 이례적으로 흡인력 있는 무대를 선사했다. 상대적으로 낯설고 특화된 어법을 메트 무대에서 접한다는 것은 대단히 드문 경험인데, 20세기 오페라를 제작하기에 적당한 오페라극장이 왜 그렇게 중간 정도밖에 되지 못하는 베리스모 레퍼토리를 이 악물고 고집하는지는 참말로 모를 일이다. 이 두 작품은 대충 동년배로, ⟨기대⟩가 1909년생, ⟨푸른 수염 공작의 성⟩이 1911년생이다. 한참을 기다리고서야 초연을 맞았던 운명도 비슷하다. 둘 모두 소외와 불안, 고독이 지배하는 세계를 사는 개인의 기괴한 환상의 산물과도 같은 작품으로, 반(反)현실적인 분위기에 그 의미를 종잡기 힘들어, 대충 분류하자면 표현주의나 상징주의 계열로 묶을 수 있다. 이 두 편의 짧은 오페라(버르토크의 작품은 한 시간가량이며 쇤베르크의 작품은 그 반도 채 되지 않는다)의 핵심에 놓인 화두는 섹슈얼리티(섹스 그 자체가 아니라)다. 여인의 고초—경탄스러운 제시 노먼이 맡아 노래하고 연기했다—가 중심이 되어 이야기를 풀어간다는 점도 공통적이다.

⟨푸른 수염 공작의 성⟩에서 유디트는 푸른 수염의 공작과 막

* 《더 네이션》, 1989년 3월 6일.

혼례를 올린 신부로, 그녀는 성으로 이끌려 들어온다. 유디트는 성 내의 벽에 일렬로 나 있는 일곱 개의 문을 모두 열고 그 안에 무엇이 있는지 확인해야 직성이 풀리겠다며 공작을 조르기 시작한다. 결국 유디트는 문을 하나씩 열어본다. 어떤 문 뒤에는 권력과 부가 있고, 또 다른 문 뒤에는 잔인함과 공포가 있다. 예를 들어 세 번째 문 뒤로는 잔뜩 쌓인 금과 보석이 피로 뒤덮여 있는 광경이 펼쳐진다. 마지막 문이 열리면 공작의 세 전처(前妻)의 유령이 밖으로 빠져나오고, 그 순간 유디트는 자신의 운명을 깨닫는다. 오페라는 세 유령과 유디트의 음울한 퇴장으로 마무리된다. 유디트는 공작의 마지막 아내로서 행렬을 따르며, 그들의 주인이자 살인자인 공작은 이를 말없이 지켜본다.

유디트와 푸른 수염 공작은 분명 서로를 사랑하고 있지만, 유디트는 공작으로서는 내버려두었으면 하는 비밀을 공개하도록 압박한다. 그럼에도 버르토크는 사건의 연쇄에 필연성을 부여하고 있으며, 이로써 극의 흐름은 흡사 시작에서 끝을 향해 가는 의례처럼 다가온다. 푸른 수염 공작—원어인 헝가리어 이름 '켁서칼루'로 들어야 인물의 느낌이 확 살아난다—에게는 꼬치꼬치 캐묻는 여인을 마침내 압도할 만한 사악한 힘이 있음이 슬쩍 감지되곤 하지만, 그래도 두 등장인물은 그들이 이해하거나 통제하지 못하는 힘에 떠밀려 행동하는 편에 가깝다. 쉽게 생각하면 '판도라의 상자' 전설이 떠오르겠지만, 버르토크가 원작으로 삼은 작품은 모리스 마테를링크의 동화 3부작 가운데 한 편이다(드뷔시의 〈펠레아스와 멜리장드〉, 폴 뒤카의 〈아리안과 푸른 수염〉이 바로 이 3부작의 또 다른 자식들이다). 〈푸른 수염 공작의 성〉이 보여주는 세계는 암호로 표현된 마법의 세계다. 비록 거기서 벌어지는 주요한 행위는 친밀감과 성(性) 지식에 대한 필요에 의해 촉발되고 폭로된 충격적인 공포라 하더라도 말이다. 연출을 맡은 예란 예르베펠트는 문이 하나씩 열릴 때마다 공작으로 하여금 옷을 한 꺼풀씩 벗게 함으로써 이런 점을 십분 강조했다.

줄거리 요약에서 짐작 가능하듯, 버르토크의 오페라는 처음부터 끝까지 흐름이 예측 가능하다고 할 정도로 대단히 패턴화된 형태로 진행된다. 버르토크는 〈푸른 수염 공작의 성〉을 쓸 당시 헝가리 민속문화를 연구하며 동시에 리하르트 슈트라우스를 비롯한 다른 아방가르드 작곡가들의 음악에 영향을 받던 시기였고, 음악에도 역시 그러한 특징이 반영되어 있다. 〈푸른 수염 공작의 성〉과 〈기대〉는 작곡 당사자의 원숙기 스타일보다는, 〈살로메〉(1905)와 〈엘렉트라〉(1909)라는 전율스러운 작품으로 바그너를 넘어선 바 있는 슈트라우스의 양식적 각인이 두드러지게 다가온다. 버르토크나 쇤베르크와 마찬가지로 슈트라우스 또한 바그너의 비범한 반음계주의를 받아들여 그것의 표현 가능성을 확장하려 했으며, 그러는 과정에서 기존의 조성을 거부하는 세계를 기웃거림으로써 일대 스캔들을 몰고 왔다.

그러나 흥미로운 점은, 〈트리스탄과 이졸데〉라는 강력한 작품이 보여주었듯이 조성음악의 한계를 넘어서는 바그너의 실험 역시 사회 통념을 넘어서는 달뜬 섹스와 연관되었다는 사실이다. 그러나 〈트리스탄과 이졸데〉 다음에 발표된 〈뉘른베르크의 명가수〉는 전작보다 '건전한' 수제(한스 작스와 발터 및 에바 사이의 우정으로 표상되는 독일 예술의 강건성)를 다룬 탓인지 그 음악 표현 또한 그에 맞춰 건강할 뿐만 아니라 어디 하나 꼬인 구석이 없다. 물론 〈뉘른베르크의 명가수〉에 등장하는 온음계적 폴리포니와 루터교 음악에도 이따금씩 화성(和聲)의 일탈과 탈선이 양념처럼 더해져 있음을 부인할 순 없으나, 그래도 음악의 전체상은 정상적인 성 관념과 관습적인 화성을 동일시하는 방향을 가리킨다. 그러므로 〈트리스탄과 이졸데〉의 열병은 살로메의 타락, 엘렉트라의 살모(殺母)에 대한 강박, 유디트의 불운한 집착, 〈기대〉의 이름 없는 '여인'의 히스테리와 한 줄로 꿰인다. 이러한 계보는 뒤로 가면 갈수록 조성에서 멀어지고 '병적으로' 심리적인 음악을 지향하여, 결국 쇤베르크가 주창한

12음기법에 이르면 마침내 고전적인 조성적 규범과의 마지막 남은 고리마저 끊어버리게 된다.

〈기대〉에 비하면 〈푸른 수염 공작의 성〉은 화성 면에서나 미적인 면에서 덜 급진적인 작품이다. 사정을 두지 않고 연주자에게 많은 것을 요구하는 면에서도 〈기대〉 쪽이 훨씬 앞선다. 밝혀두건대, 나는 아직 버르토크의 음악을 완전히 납득하진 못한 것 같다. 버르토크는 쇤베르크와 마찬가지로 20세기 음악의 거인이다. 〈현악 사중주 5번〉과 〈6번〉, 〈현과 타악기, 첼레스타를 위한 음악〉, 〈오케스트라를 위한 협주곡〉, 〈피아노 협주곡 2번〉과 〈3번〉을 포함한 그의 후기작은 효율적인 리듬과 엄청난 선언적 힘이 뚜렷한 음악이며, 또한 당대 그 어떤 음악보다도 넉넉한 선율을 품고 있기도 하다. 그러나 나는 그의 음악을 들을 때마다 속 시원하게 도모해보지 못한 낭만파적인(또한 언제나까지는 아니더라도 거개는 민족적인) 과업에 대한 미련 같은 것을 느낀다. 드뷔시나 젊은 시절의 슈트라우스, 쇤베르크에 비해 버르토크는 충분히 자신을 성찰하거나 숙고하지 못한 채 마지못해 아방가르드에 뛰어든 예술가처럼 느껴지는 것이다.

메트의 〈푸른 수염〉 공연에서는 버르토크 음악의 이러한 면모가 반쯤은 싸구려처럼, 반쯤은 감상적으로 드러나고 말았다. 예를 들어 공작이 유디트에게 자신의 왕국을 보여주는 대목에서 오케스트라는 큰 음량의 선법(旋法) 화성으로 완강하게 방점을 찍는다. 내가 짐작하기로는 귀에 거슬리는 음향에서 관객이 뭔가 불길한 낌새를 느끼도록 한 것이 버르토크의 의도가 아니었을까 하는데, 제임스 레바인과 메트로폴리탄 오케스트라의 연주는 마치 M.G.M 영화사의 미클로시 로저의 음악 소리처럼 들렸다. 푸른 수염 공작으로 분한 새뮤얼 래미는 인상적이었다. 언제나 위엄 있고 납득 가는 연기를 보여주었는데, 심지어는 무대 오른편에 삐딱하게 세워진 조그맣고 둥그런 플랫폼 위에 우스꽝스러운 반라 상태로 태아처럼 몸을 말고 누운 모습에서조차 그러했다. 래미는 메트에서 가장 빼어난 레가

토 프레이징 솜씨를 가진 남성 성악가로, 더욱 칭찬하고 싶은 것은 그가 이러한 솜씨를 비단 '아름다운' 발성이나 보여주기식 노래에 국한하지 않고 언제나 극의 일부로 녹아들도록 사용한다는 점이다. 그가 맡은 공작 역은 정적이고 수수께끼 같은 인물이며, 그의 극중 행위 역시 그러하다. 그러나 래미의 몸가짐과 고결한 사운드는 공작의 여성 혐오 성향을 표현하는 데에 다소 방해가 된 것도 사실이며, 그리하여 공작의 잔학성이 드러나기보다는 제삼자가 만들어놓은 덫에 부부가 나란히 걸려든 것처럼 보이는 면도 없지 않았다.

메트로폴리탄이 모처럼 버르토크와 쇤베르크를 상연한 것은 물론 반가운 일이긴 하나, 공연에는 몇 가지 심각한 문제점도 있었다. 제시 노먼은 의심의 여지 없이 빼어난 기량을 가진 성악가다. 독일과 프랑스 낭만 가곡에 능통하고, 웅대함과 안정성에 무게가 실리는, 그러면서 노래 연기와 행동 연기의 폭이 좁은 특정 오페라(역시 프랑스와 독일 레퍼토리를 비롯하여 퍼셀의 〈디도와 아이네이아스〉 같은 작품)에서 발군의 솜씨를 발휘한다. 추하거나 서툰 프레이징은 감히 생각조차 못 하는 성악가이며, 슈트라우스와 베를리오즈에서는 그 누구도 따를 자가 없는 독보적인 존재다. 그러나 20세기 작품 두 편을 동시 상연한 이번 메트의 무대에서만큼은 그녀의 노래와 연기에 후한 점수를 주기 힘들었고, 특히 〈기대〉에서는 뒤로 가면 갈수록 더욱 고전했다. 움직임은 둔했고, 양팔을 펄럭대며 들썩이는 동작만 가지고 공포부터 발작적인 흥분, 열정, 사랑과 황홀경 사이의 모든 감정을 표현해내느라 고역을 겪었다.

〈푸른 수염〉에서 노먼은 래미의 훌륭한 조력을 받으면서도 한편으로는 그의 그늘에 묻히고 말았다. 래미의 존재감은 노먼의 몸짓과 확신에 찬 노래에 초점을 부여했다. 한스 샤베르노흐의 세트는 내키진 않지만 용서하려고 한다. 거창한 아르데코 스타일에 야한 색감도 성에 차지 않았고, 가게 셔터문과 닮은 문들 뒤로 비쭉 비어져 나온 〈스타 트렉〉 우주선처럼 이따금씩 뜬금없는 장치도 거슬렸지만 말이다. 공작과 결혼 후 펼쳐질 새 삶에 들떠 있다가 차츰 남편의 잔혹한 명령에 따를 수밖에 없는 기구한 운명을 깨달아가는 여인 역을 맡은 노먼의 연기 역시 다소 들쭉날쭉했지만 용서하려고 한다. 최소한 그녀는 점차 추락하는 운명을 그럭저럭 충실하게 구현하긴 했다.

쇤베르크의 〈기대〉는 버르토크의 작품처럼 극적으로 명쾌하게 똑 떨어지지 않는 작품인데, 바로 이 지점에서 노먼의 한계가 자명해졌다. 작곡가가 '모노드라마'라고 부른 〈기대〉는 쇤베르크의 가장 위대한 음악 가운데 하나이며, 인간의 절망과 신경증을 조금의 여지도 두지 않고 가차 없이 표현한다는 점에서 알반 베르크가 쓴 〈보체크〉의 아버지뻘 되는 음악이라 할 수 있다. 모차르트의 속필처럼 단 2주 만에 일필휘지로 써내려간 작품으로, 당시 의대생이던 마리 파펜하임이 쓴 4부로 이루어진 텍스트에 곡을 붙였다. 이름 없는 여인이 숲속에서 연인을 찾다가 마침내 시신으로 변해버린 연인을 발견한다. 정신병원에서 탈출한 그녀가 질투심에 빠져 연인을 살해한 것은 아닌지 극은 관객에게 묻는다. 대본은 말끔히 떨어지는 문장들이 아니라 파편화된 단어들로 구성되어, (불레즈가 말했듯) 무너지는 감정을 드러내고 발작적인 에너지를 분출한다.

다조성적(多調性的)인 〈푸른 수염 공작의 성〉처럼 〈기대〉 역시 정신이 불안정한 여인이 쇤베르크와 같은 시대에 빈에서 활동한 프로이트가 파헤친 영역으로 빠져들어가는—마치 이졸데가 살로메나 엘렉트라로 화(化)하듯—내용을 그린다(테오도르 아도르노는 프로이트의 사례 연구와 〈기대〉 사이의 유사점을 지적하며, 모노드라마와 12음기법 사이의 관계가 프로이트의 사례 연구와 본격적인 정신분석 방법 사이의 관계와 같다고 말한 바 있다). 〈기대〉는 놀라울 정도로 흡인력 있는 작품으로, 그 스코어에는 쇤베르크가 쓴 그 어떤 음악보다 진한 섬세함과 열정, 격렬함이 묻어난다. 네 개의 장면은 뒤로 갈수록 길고 복잡해지는데, 이는 절묘한 효과 계산을 염두에 둔 얼개로 파악된다. 여인은 차츰 숲의 깊은 곳까지 방황해 들어가며, 그럼으로써 그녀의 정신 또한 일상의 현실에서 점차 유리되어 "경계와 색깔이 없는 꿈" 속으로 헤매어 들어간다. 자연과 역사, 자아와 타자가 편집증의 거미줄 속으로 편입되어 들어가다가 끝내 균형감을 완전히 결여한 여인이 여전히 무엇인가를 찾아 헤매는 모습으로 작품은 마무리된다.

　이 작품을 주의 깊게 듣는다는 것은 그 어떤 다른 등가물을 찾을 수 없는 경험이다. 쇤베르크의 소편성 오케스트라는 사실상 독주자 몇몇으로 구성된 실내악 앙상블 정도의 규모이며, 중심 조성을 내버려둔 채 이리저리 뒤섞이는 악기 간의 창의적인 조합은 이 작품에 숨겨진 또 하나의 놀라운 즐거움이 된다. 일련의 용의주도한 선택과 묘수, 전술이 대단히 신속하게 펼쳐지며, 각각의 착점(着點)은 환각적인 극의 상황과 단단히 연결되며 노련한 표현을 도모한다. 〈기대〉를 무대 위에 구현한다는 것은 그 자체로 이미 이러한 효과를 얼마간 희생하지 않을 수 없음을 의미하며, 그 결과로서 내면의 드라마는 낡고 우스꽝스러운 볼거리로 전락하고 말았다. 그리고, 오호통재라, 노먼과 무대 디자이너 샤베르노흐는 설상가상으로 문제를 악화시켰다. 숲이라고 명기된 쇤베르크의 지시를 따라 나무 몇 그루와 벤치 두어 개만 두면 충분했을 것을, 샤베르노흐는 무대 중앙에 피아노를 떡하니 갖다놓고, 그것도 모자라 그 위를 천으로 뒤덮고 나뭇가지 모양의 촛대까지 얹어 예술가 티를 내고야 말았다. 그리하여 우리는 숲 한가운데 놓인 그랜드피아노를 보아야만 했고, 제시 노먼은 무대에 동그마니 홀로 서서 어려운 노래를 부르며 게다가 연기까지 해야 했다.

　그처럼 가혹한 도전을 품위 있게 소화할 수 있는 예술가는 세상에 없을 것이다. 노먼은 당최 피아노를 가지고 뭘 하면 좋을지 감을 잡지 못했고(누가 그녀를 탓할 수 있겠는가), 배역을 완전하게 내면화하지도 못한 것처럼 보였다. 대사와 음표는 하나도 놓치지 않았지만, 바로 그 정확한 발음과 아름다운 노래가 오히려 그녀를 둘러싼 부조리를 부각시키는 것처럼 보였다. 손목을 비틀면서 이리저리 오가며 음표와 프레이징을 올바르게 해내느라 바삐 애쓴 그녀의 성의가, 무너져가는 자아를 마주한 광기 어린 여인 내면의 섬세한 드라마에 집중하는 것을 방해하는 커다란 걸림돌이 되는 것만 같았다. 프로이트의 사례 연구뿐만 아니라 아도르노의 비판이론, 죄르지 루카치의 소외이론과 구체화이론과도 상관관계로 묶을 수 있는 것이 바로 〈기대〉가 그리는 음악적 세계다. 그럼에도 메트로폴리탄 오페라는 이 작품을, 아주 헛다리를 짚은 무대그림과 위대한 성악가이면서도 종종 메트의 헛짓에 흔쾌히 협조하는 패착을 범하곤 하는 제시 노먼의 노래가 곁들여진 대단히 영리한 관현악곡 정도로만 간주했다. 다만 제임스 레바인의 지휘는 훌륭했다.

극단적인 경우:
첼리비다케에 대하여*

두 시간짜리 클래식 공연은 기획자와 연주자, 관객이 사고파는 물건처럼 공고화되어왔다. 연주와 작곡이 거의 완벽하게 서로에게서 단절되었다는 점이 이러한 변천의 한 가지 이유가 된다. 제오르제 에네스쿠와 세르게이 라흐마니노프, 페루초 벤베누토 부소니가 활약한 20세기 초반 이래로 연주자는 오로지 연주에만 집중하고 작곡가는 창작에만 집중하는 존재가 되기 시작했다(특화의 심도는 작곡 쪽이 더욱 깊어서, 요즘 작곡가들은 대체로 소규모의 학구적 청중만 상대하는 존재가 되어버렸다). 피에르 불레즈와 레너드 번스타인은 요즘 연주자 가운데 작곡가로도 인정받는 유일한 이들이지만, 그들마저도 자작자연(自作自演)으로 지금의 명성을 얻은 건 아니다. 그러므로 대규모 대중에게 다가가는 볼거리는 무척 엄격한 규칙과 의례를 따르는 순수한 연주 차원에 집중된다.

    카네기 홀은 여전히 꽤 높은 수준의 공연을 접할 수 있는 미국 최고의 공연장 가운데 하나지만, 안타깝게도 너무나 판에 박힌 무대 일색이다. 공연의 구색과 관련된 기준은 미치지 않는 구석이 없어서, 의상과 프로그램, 무대 위 몸가짐, 관객의 행동, 티켓 가격, 공연의 유형, 연주자의 신분까지 간섭하고 든다. 그러다 보니 공연 자체의 가치와 연주자가 느끼는 안락 사이에 어떤 상관관계가 드러난다.

*《더 네이션》, 1989년 6월 26일.

연주자의 수준이 높으면 높을수록 공연이라는 관례를 불편하게 느끼는 경향이 있는 것이다. 공연이라는 의식은 보통 어느 정도 정립된 상태로 주어지는 것이 보통이다. 소수의 비범한 연주자들은 거기에 내포된 한계와 의전적 측면을 거부하거나 무너뜨리려고 또는 확장하거나 변화시키려고 노력한다. 반면 두 시간짜리 공연의 부자연스러운 굴레를 수동적으로 받아들이고 불평 한 마디 없이 그 울타리 안에 갇히는 편을 선택하는 음악가들의 연주에서는 대개 흥미점을 찾을 수가 없다.

세르지우 첼리비다케와 뮌헨 필하모닉의 카네기 홀 연주회가 18세기 및 19세기 관현악 명곡을 끈질기게 고집하는 무대에 익숙해진 뉴욕 관객에게는 그토록 극단적인 경험으로 다가왔던 이유가 바로 여기에 있다. 루마니아 출신의 기인 첼리비다케는 올해로 일흔여섯의 노장으로, 제2차 세계대전 직후 베를린 필하모닉과 함께 잠깐 명성을 누린 이후로는 연주회 세계의 변두리에서 어정거려왔다. 보통의 오케스트라가 흔쾌히 감수하는 리허설 시간의 무려 다섯 배를 요구하는 그는, 기계에 의해 재생되는 음악과 무대에서 해석되는 음악 사이에 그 어떤 유의미한 유사성도 없다고 판단하여 녹음 작업을 일체 거부했다. 필연성과 형이상학적 올바름을 동반한 연주는 오로지 한 번, 그것도 콘서트홀에서만 가능하다는 것, 음악은 바로 그 순간에만 존재하는 것이라는 게 그의 주장이다. 첼리비다케는 또한 유달리 느린 템포로도 유명한데, 이는 지난 4월 22일 카네기 홀의 브루크너 〈교향곡 4번〉 연주에서도 역시 마찬가지였다. 브루크너 〈4번〉은 통상 연주에 한 시간 정도가 걸리는 곡이기 때문에 절대로 프로그램의 유일 레퍼토리로 등장하는 법이 없다. 그렇지만 그날 첼리비다케가 지휘한 곡은 그 곡이 유일했다.

확실히 내가 지금까지 들은 대부분의 음악 공연과는 달랐다. 여러 면에서 더 풍성했고 더 세부적이었으며, 더 느긋했고 더 계획적이었으며, 더 치밀했고 광범했다. 브루크너의 교향곡들은 순전한 길이와 지나친 반복에 의존해 미적 효과를 도모한다. 심포니스트로서 브루크너가 도입한 혁신은, 작품의 사이즈가 그저 부수적이고 형식적인 차원에 국한되는 단계를 넘어 음악적 내용을 좌우하는 차원까지 올라서게 했다는 점이다. 바로 이 점을 첼리비다케는 인내심 있게 강조했고, 그 효과는 놀라웠다. 흡사 18세기 후반과 19세기 초반에 벼려지던 소나타 형식의 전진 지향적 논리를 거부하고, 대신 음악을 옆에서 바라보면서 시간에 구애받지 않고 한없이 느긋하게 한 꺼풀 한 꺼풀씩 벗겨낼 수 있는 구조로 간주하기로 단단히 마음먹은 것만 같았다. 부자연스러울 정도까지 템포를 늦추어 마치 시간이 거대하게 팽창한 것만 같은 착각이 들게 하는 연주도 있지만, 첼리비다케의 브루크너는 나를 완전히 사로잡았고 잠시도 귀를 뗄 수 없게 했으며 마침내 거기 음악이 실제로 존재한다는 점을 납득케 했다. 이제 나로서는 더 이상 다른 방식으로 연주되는 브루크너는 상상조차 할 수 없게 되어버린 것이다. 비록 네 개 악장의 단편 단편은 하나의 연속된 흐름으로 다가오기보다는 제각기 분리되어 머릿속에 떠오르지만, 그것은 내 기억력의 기능 장애를 탓할 일이지 일부 평론가가 지적하는 것처럼 첼리비다케의 브루크너관(觀)에 문제가 있어서 그런 건 아니다. 연수를 듣는 그 순간의 나는 완전하게 납득해 버렸던 것이다. 역설적으로 나는 첼리비다케의 수사적 자극의 긴장이 풀린다고는 조금도 느끼지 않았고, 또한 그의 연주가 아름답지만 길게 잡아 끈 소리의 분절된 집합이라고 생각하지도 않았다. 첼리비다케의 오케스트라는 지휘자의 설계에 완벽하게 부합했고, 특히 이번 작품에서 중요한 역할을 하는 호른 독주가 톡톡히 빛을 발했다.

 이게 전부가 아니었다. 첼리비다케의 설계에는 악장과 악장 사이에 엄청난 휴지(休止)가 포함되어 있었고, 그래서 그날 저녁 브루크너 〈교향곡 4번〉에 소요된 연주 시간은 자그마치 80분에 달했다. 또한 무대 뒤에서 지휘대까지 이동하는 첼리비다케의 걸음은 한 발자국 한 발자국 무척 무겁고 더뎠으며, 그가 오케스트라와 함께 커튼콜에 응하는 방식 역시 정중하면서도 신중했다(첼리비다케는 우선 호른 주자들에게 일어나라고 손짓했고, 그리고는 플루트 주자들, 그리고는 호른과 플루트를 묶어서, 그리고는 트럼펫, 그리고는 트롬본, 그리고는 호른과 플루트, 트럼펫과 트롬본을 묶어서 등등의 식으로 그야말로 끝도 없었다). 이런 시간을 다 더하니 두 시간이 꽉 찬 공연이 되었다. 내가 생각하기로 이 모든 것의 핵심은, 공연이라는 관례의 외연 확장을 강제하고 그것을 충분한 숙고의 과정을 거친 집중된 결과물로 변화시키고자 하는 의도다. 첼리비다케의 공연은 음악의 진행 시간과 음악 외적인 사건의 진행 시간을 모두 아울러 하나로 파악코자 하는 끊임없는 숙고와 노력의 일환이라는 인상이 짙은데, 바로 이런 이유로 유독 그의 연주회에서는 기존의 시간 관념이 흥미롭게 비틀리는 경험을 하게 된다고 본다.

이리하여 공연은 단순히 비르투오시티와 박수갈채를 아우르는 두 시간짜리 의식이 아니라, 상당량의 자기 연출이 동반된 포괄적 현상이 된다. 우리 시대 음악 공연 현실을 찬찬히 들여다보면 볼수록, 관객의 이목을 집중시켜온 훌륭한 연주자들은 주목하지 않을 수 없는 방법을 동원하여 두 시간짜리 인터벌의 빈 공간을 이용하고 넘어서고 통섭(統攝)하려고 의식적으로 애를 써온 이들임을 알 수 있다. 그것 자체만 가지고는 무지막지한 성취라고 할 순 없더라도, 그것이 최소한 연주자의 지성과 의지—요즘은 참 희소해진 두 가지 덕목이다—를 보여준다는 점은 분명하다. 그리고 몇몇 경우에는—아르투로 베네데티 미켈란젤리, 스뱌토슬라프 리흐테르, 고(故) 글렌 굴드, 1950년대와 1960년대 초의 호로비츠가 떠오른다—연주자와 연주 시간 사이의 갈등이 워낙 치열해서 결국에는 연주자가 연주를 전면 포기하는 지경까지 이르기도 했다. 콘서트라는 의식이 던져놓은 구체적인 형식의 틀이 지배하는 현실을 더 이상 받아들이지 못하는 형국이 된 것이다.

너무도 많은 음악가들의 행보에 흥미를 느끼지 못하는 이유는,

그들이 한 회분의 콘서트에 차려진 여러 단계들, 즉 무대와 악기, 연주, 박수, 다양한 금전적·사회적 보상 등을 주어진 그대로 받아들이고 순응한다는 데 있다. 한때 아주 빼어난 피아니스트로 각광받은 머리 퍼라이아의 경우를 보라. 4월 10일 카네기 홀 무대에서 퍼라이아는 가장 지루하고 안전한 리사이틀을 또 한 차례 치러냈다. 그는 19세기 연회장처럼 꾸며놓은 제단 위로 흡사 미지의 컬트(cult)를 숭배하는 의식의 집전자처럼 걸어나와 피아노에 앉았고, 그의 연주를 보러 온 숭배자들은 하나같이 숭배자처럼 차려입고 자리에 앉아 있었다. 그의 베토벤은 너무 학구적이고 조심스러웠으며, 그의 라흐마니노프는 라흐마니노프의 패러디처럼 들렸고, 그의 리스트는 본질적으로 세밀화 전문가에 가까운 그의 기교에 비해서 너무 시끄럽고 메말라 있었다. 그의 음색을 깎아먹은 조악하고 거친 소릿결은 이제 퍼라이아의 스타일을 상징하는 붙박이가 된 듯 보인다.

그러나 최소한 퍼라이아의 연주에는 한때 다수가 흔쾌히 동의하던 표현법의 흔적 같은 것이 여기저기에 남아 있기라도 하다. 생각하면 한숨밖에 나오지 않는 앙드레 와츠는 그나마도 안 된다. 위대함과는 거리가 멀고 그저 괜찮다 할 정도의 독일 지휘자 쿠르트 마주어가 지휘하는 명문 라이프치히 게반트하우스 오케스트라와 짝을 이루어 카네기 홀 무대에 섰는데, 참으로 어울리지 않는 조합이었다. 와츠는 베토벤 협주곡 가운데 세 곡을 협연했는데, 나는 그중에서 4월 14일에 연주된 〈피아노 협주곡 2번〉을 가서 들었다. 와츠는 현대 연주 유행을 선도하는 피아니스트로 자처하고 있음이 분명해 보였는데, 애쓰는 티 하나 없이 민활하게 건반을 부려내는 그의 연주를 보는 내 머릿속에는 '무의미한 능수능란함'이라는 문구만이 메아리쳤다. 방대한 기교와 높은 인기가 '대체 저자는 왜 피아노를 치는 거지?'라는 질문을 반복케 하는 촉매가 되는 연주자가 아주 극소수 있는데, 와츠가 바로 그중 한 명이다. 거기까지 올라가기 위해 투자한 연습이 전적으로 무의미해 보이고, 생각도 없고 심지어는 관

극단적인 경우

심도 없어 보이며, 어떤 지향점이나 계획도 보이지 않는 것이 그의 연주다.

피아니스트는 다른 악기 연주자들보다 숫자가 압도적으로 많은데, 주목할 만한 피아니스트가 드문 현상도 바로 그래서가 아닌가 한다. 와츠와 퍼라이아는 일종의 표준으로 받아들여지고 있다. 객관적인 기량은 아낌없이 보여주면서도 저점을 좀처럼 벗어나지 못하는 연주, 그리고 첼리비다케라면 능히 해내는 수준에는 도무지 도달하지 못하는 연주인 것이다. 바로 이러한 이유로 마우리치오 폴리니가 가진 덕목은 그만큼 놀랍게 다가온다. 폴리니는 조금은 산만하고 어리둥절한 표정으로 무대를 성큼성큼 가로질러 피아노 벤치 가장자리에 앉아서는, 자신의 재량 하에 주어진 두 시간을 밀고 당기며 있음직하지 않은 정도까지 연주의 집중도를 높여간다. 두 차례의 카네기 홀 리사이틀 가운데 3월 14일에 열린 두 번째 무대에서 그는 브람스의 (세 곡의 간주곡과 한 곡의 랩소디로 구성된) 〈피아노를 위한 네 개의 소품〉(Op. 119)으로 포문을 열더니만 쇤베르크의 작품과 슈토크하우젠의 〈클라비어슈튀케〉로 넘어갔다(마치 조성음악에서 탈조성음악까지 오스트리아-독일 낭만주의 흥망성쇠의 역사를 기록하기라도 하듯). 마지막은 베토벤의 〈함머클라비어 소나타〉를 그야말로 머리칼이 쭈뼛 설 정도로 멋지게 연주하며 장식했는데, 내가 지금껏 들은 그 어떤 연주보다 악마적이면서도 동시에 꾸밈없는 해석이었고, 연주 불가능이라 할 정도로 까다로운 마지막 푸가가 특히 발군이었다.

푸가는 어느 기준으로 보나 폴리니에게는 궁극의 맞춤형 형식이다. 폴리니는, 탁월한 기교는 갈수록 단순해지면서도 그 어휘의 힘은 오히려 강해진다는 점에서 새뮤얼 존슨보다는 조너선 스위프트 과(科)에 가깝다. 다른 이들의 연주에서는 자칫 쇼팽의 초창기 녹턴의 한 유형처럼 전락해버리기 일쑤인 느린 악장—쇼팽의 어법은 놀랍게도 베토벤의 그것과 참으로 닮아 있다—해석에도 나는 특히 감동받았다. 폴리니는 느린 악장을 자신의 거침없는 목적 지향적 추동력의 한 축, 즉 푸가에 부치는 프롤로그로서 포용했고, 그 전략은 주효했다.

폴리니의 호적수 알프레트 브렌델 역시 폴리니 직전에 카네기 홀 무대에 섰다. 브렌델은 아르투르 슈나벨이 남기고 간 자리의 소유권을 주장하며 남들과 색깔을 달리했지만, 사실 가만히 뜯어보면 그의 레퍼토리는 슈나벨보다 조금 더 다채롭다(브렌델은 베토벤과 모차르트, 슈베르트라는 필수품에 더해 리스트와 슈만의 작품을 일부 연주한다). 폴리니와 첼리비다케, 굴드, 미켈란젤리, 리흐테르(그는 최근 유럽 무대로 복귀했지만 여전히 홀과 스테이지의 조명을 죽이고 건반 위에 올린 조그마한 독서등에만 의지해 악보를 보며 연주하는 쪽을 고집한다)처럼 브렌델도 공연이 딱히 편하지는 않아 보이는 거동을 하곤 한다. 아직까지 나는 그의 연주에 흠뻑 매료된 적이 없다. 폴리니의 공연에는 경쟁자를 저만치 따돌리는 느낌이 있지만, 브렌델의 경우에는 그게 부족한 것이다. 브렌델은 품격 있고 솔직한 피아니스트이며, 순회연주를 일삼는 비르투오소에게서는 쉽게 찾을 수 없는 진중함과 남다른 지성을 가지고 있어 특히 문학 분야 종사자들이 높이 평가하는 예술가지만, 무대 위 존재감으로 짜릿함을 선사하는 부류는 아니다. 그러나 리사이틀 프로그램이라는 좁은 세계에서 그는 레퍼토리를 고르는 안목과, 무대에 올린 작품을 서로 변증법적·비판적으로 견주는 독특한 방식으로 톡톡한 효과를 거두고 있다(그의 연주 방식에 대한 단서를 얻고 싶은 독자는 지난 2월 2일 자 《더 뉴욕 리뷰 오브 북스》에 브렌델이 기고한 슈베르트의 후기 소나타에 대한 글을 참고하기 바란다. 거기서 그는 이 세 편의 작품이 서로 어떻게 상호 소통하고 얽히는지를 주로 이야기한다). 지난 2월 12일 카네기 홀 리사이틀에서 브렌델은 주제와 변주 형식의 작품 네 편—모차르트의 〈장-피에르 뒤포르의 미뉴에트 주제에 의한 변주곡〉, 브람스의 〈현악 육중주〉(Op. 18) 제2악장 편곡, 리스트의

〈바흐 칸타타 주제에 의한 변주곡〉, 베토벤의 〈디아벨리 변주곡〉—을 연주했다. 극적이고 발전적인 고전시대 소나타와는 달리 변주곡은 본질적으로 지엽적이고 상호 관계적인 형식이기 때문에, 브렌델의 접근법 또한 프로그램의 골조 안에서 끈질기게 앞길을 트기보다는 골조 외부로 눈을 돌려 네 작품을 바라보는 시각을 택했다. 〈디아벨리 변주곡〉 연주는 흠잡을 데 없었으며, 마치 베토벤의 고집과 위트에 맞서 시시한 왈츠 주제에서 계속하여 실을 뽑아내는 솜씨를 시험하는 장처럼 느껴졌다. 브렌델의 연주는 단연코 기민하고 경제적이었으며, 확고한 단언보다는 거르고 거르는 증류의 과정에 가까웠다. 가장 기묘했던 점은 폴리니의 〈함머클라비어〉와 달리 브렌델의 〈디아벨리〉에서는 베토벤의 후기 양식에 천착하지 않기 위한 각고의 노력이 엿보였다는 사실이다. 심각성이 전면에 부각되는 작품에 대한 해석으로는 신선했다고 하겠다. 비록 나로서는 미적으로 만족하지 못한 무대였지만, 통상적인 해석의 결을 거스르기 위해 분투한 노력에는 감탄을 보내지 않을 수 없었다.

피터 셀러스의 모차르트*

뉴욕주립대학 퍼처스 캠퍼스의 펩시코 서머페어에서 공연된 다 폰테 3부작—〈돈 조반니〉와 〈여자는 다 그래〉, 〈피가로의 결혼〉—공연에 앞서, 피터 셀러스가 각 작품을 장면별로 상세히 해설하고 해석의 변까지 곁들인 글이 배포되었다. 감독이 직접 펜을 들어 해설을 쓴다는 것은 선례가 드물면서도 또한 칭찬하지 않을 수 없는 조치인데, 덕분에 관객은 감독의 의도를 이해할 수 있었고, 흔히 공연되는 걸작에 대한 대단히 드문 관점의 시선을 한발 더 가까이 납득할 수 있었다. 나는 이 지면에 셀러스의 〈돈 조반니〉와 〈여자는 다 그래〉 프로덕션을 보고 그에 대한 글을 쓴 바 있으며(1987년 9월 26일자),** 그때의 공연 또한 펩시코 서머페어 무대였다. 올해는 〈피가로의 결혼〉까지 더해 완전한 3부작으로 공연되어 더욱 반가운 마음으로 공연장을 찾았다. 올해로 10회째가 된 펩시코는 이번 무대로 작별을 고할 예정이어서, 이들 비범하면서도 지극히 세속적이고 복잡한 오페라에 대한 셀러스의 해석이 일단락되는 현장을 보고 싶은 마음도 강하게 작용했다.

세 편의 무대를 하나로 잇는 것은 숱하게 회자된 영리한 설계(혹은 교묘한 속임수, 또는 《더 뉴욕 타임스》의 인정사정 봐주지 않는 평론가 도널 헤너핸의 입을 빌리자면 "감독의 오만")도 아니요,

* 《더 네이션》, 1989년 9월 18일.
** 이 책의 115~124쪽에 수록된 「〈세비야의 이발사〉, 〈돈 조반니〉」 참조.

셀러스의 무분별한 충일함도 아니며, 이탈리아어에 붙인 진정으로 고전적인 18세기 음악과 20세기 미국 팝 문화의 인유(引喩) 사이의 놀라운 병치도 아니다. 오히려 연결고리는 정치성 짙은 셀러스의 시각에서 찾아야 할 것이다. 그는 우선 세 편의 오페라가 모두 혁명의 기운이 비등하던 사회의 자의식이 반영된 산물이라는 점에 주목한다. 명백히 20세기 말 미국식 언어를 동원해 세 작품을 옮긴 배경에는 "인정하고 싶든 않든 [이곳 미국의] 구체제가 무너지고 있다"는 암시가 깔려 있는 것이다. 〈피가로의 결혼〉에서 알마비바 백작은 피가로를 운전사로, 수산나를 가정부로 고용하고 생활하는, 부유하지만 여색을 밝히는 트럼프 타워 입주민으로 그려졌고, 뉴욕 빈민가를 배경으로 하는 〈돈 조반니〉의 주인공은 "모차르트가 그린 억압적 계급구조"에 기생하는 마약에 중독된 흑인 밀매꾼으로 설정되었으며, 데스피나의 간이식당을 배경으로 하는 〈여자는 다 그래〉—셀러스의 3부작 가운데 가장 훌륭했다—에서 돈 알폰소는 "하루하루 생존이 버거운 베트남전 참전군인"으로, 그리고 두 커플은 철없는 여피(yuppie)로 그려졌다.

나는 셀러스가 내세운 전제와 그가 그린 담대하고 혁신적인 설계도에 대체로 동의하는 입장이다. 그러나 3부작 무대가 시종일관 훌륭했다거나 셀러스의 연출 의도가 시종여일 과녁의 정중앙을 때렸다고는 생각하지 않는다. 18세기의 세비야를 20세기의 뉴욕으로 끌고 온 시도가 눈부실 정도로 대담하긴 했지만, 그것과는 무관하게 이번에 셀러스가 연출한 〈돈 조반니〉는 불편하고 불쾌했으며 지루한 장광설처럼 느껴졌다. 귀족 계급과 도시 거주자, 농민 계급을 꼼꼼하게 구분해 표현한 모차르트와 달리, 셀러스의 버전에서는 대부분의 사건이 침침한 조명 아래 너저분한 현관 계단에서 일어나는 것으로 국한되었다. 등장인물들은 하나같이 사회의 쓰레기처럼 살아가는 계층에서 뽑았는데, 그럼으로써 연출이 지향하는 정치성 또한 원시적인 성격을 벗지 못했고, 결국에는 관객의 마음을 얻는 데도 실패했다. 일란성 쌍둥이 흑인 성악가 유진 페리와 허버트 페리를 발굴해 각각 돈 조반니와 레포렐로를 멋들어지게 부르게 한 수고—상규적(常規的)인 도덕 관념과 정체성 개념을 초월한 〈돈 조반니〉의 특징에 방점을 찍은 눈부신 묘수였다—는 높이 친다 하더라도, 갑갑한 부조화가 지속되다가 결국에는 오페라 전체가 거기에 쓸려 사라지고 말았다. 누가 돈 조반니고 누가 레포렐로인지 구분이 쉽지 않았고, 각각의 연기 또한 갈피를 못 잡고 허둥댔으며, 모차르트가 마련해놓은 지극히 대위적인 무대 위 동선 역시 뒤죽박죽되고 말았다. 지휘자 크레이그 스미스라도 셀러스를 도우면 좋았으련만 그러지 못했다. 박자 하나만큼은 규칙적으로 유지했지만, 템포(너무 급했고 특히 〈여자는 다 그래〉가 심했다. 너무 급하지 않을 때는 무미건조하거나 목적성을 결여한 것처럼 보였다)와 밸런스는 음악과 무관하게 따로 놀거나 혹은 그저 너무 투박했다. 그럼에도 셀러스가 스미스를 기용한 건 강력한 정치적 메시지 전달의 극대화를 위해서 음악은 최대한 간소하고 밋밋하게 유지하는 게 좋겠다고 판단한 데 따른 결정이 아니었을까 하는 의심이 들었다.

 그러나 이는 그의 성악가 기용 또한 부적절했다는 의미는 아니다. 무대 위 가수늘은 보는 눈을 흡속게 했고, 몇몇 경우는 탁월했다. 셀러스는 모차르트의 남성 배역이 여성 배역보다 한결같이 더 흥미롭다는 사실을 재확인하게 했으며, 모차르트의 한껏 멋을 낸 마초 배역이 요구하는 쾌활한 자신감과 달콤한 음색, 세련된 음악성의 결합이라는 면에서 또한 셀러스가 기용한 바리톤과 테너 진용이 소프라노 쪽보다 더욱 설득력 있게 다가왔다. 3부작 전체를 통틀어 국제급 위상을 가진 성악가는 피가로와 돈 알폰소로 분한 샌퍼드 실번뿐이었는데, 민머리에 과체중임에도 묘한 매력을 발산했고 미소는 모두를 품을 듯 넉넉했으며 어색하게 과장된 동작은 눈길을 떼지 못하게 하는 구석이 있었나. 알마비바 백작과 굴리엘모로 분한 세임스 마댈리나도 실번 못지않게 훌륭했다. 마댈리나는 목소리의 테두리가 다소 거친 듯했고 이따금씩 과장된 표현을 하기도 했지만 그래도 배역에 대한 장악력은 준수했다. 돈 바질리오와 페란도로 분한 테너 프랭크 켈리는 비음(鼻音)에 가까운 날카로운 음색에도 불구하고 차분한 음악적 자신감을 보여주며 맡은 배역을 소화했다.

터프한 데스피나를 제외하면 모차르트의 여주인공들은 투덜대며 눈물을 내비치는 쪽으로 기우는 편인데, 이러한 경향성을 강조한 셀러스의 연출에는 다소간의 여성 혐오적 시각도 엿보였다. 높고 가는 여성 음역의 소리가 상대적으로 강조된 것도 이러한 편향을 거들었다. 〈피가로의 결혼〉에서 케루비노 역을 맡아 꼬마 요정처럼 활기차게 무대를 누비며 무척 재기발랄한 모습을 보인 수전 라슨은 〈여자는 다 그래〉에서는 피오르딜리지로 돌아와 자아 발견에서 비롯되는 슬픔이 방향을 상실한 히스테리로 번져가는 모습을 연기했다. 이처럼 모차르트가 요구하는 바를 모두 표현하려다 보면 성악가가 가진 모든 약점이 동시에 낱낱이 드러나기 마련이다. 그러나 그러한 문제가—〈돈 조반니〉에서 특히 두드러지는데—여성을 장난꾸러기나 눈물 짜는 잔소리꾼 정도로 바라보았던 모차르트의 책임인지 아니면 무대를 연출한 셀러스의 책임인지는 나도 잘 모르겠다. 아무래도 작곡가의 책임이 맞지 않나 싶은데, 우리로서는 엘리자베트 슈바르츠코프나 리사 델라 카사의 매끈하고 능수능란한 음성에 너무도 익숙해진 탓인지 이들 배역에 내재된 (그리고 대단히 절망적인) 한계는 눈에 잘 들어오지 않는다.

셀러스가 음악적 재료를 다루는 짐짓 태평스러워 보이는 방식에는 보는 이를 동요시키는 구석이 감지되는데, 이로써 그가 남들이 좀처럼 시도하지 않는 바를 도모하고 있음이 분명해진다. 바그너는 작곡가 겸 대본작가 겸 연출자로서 대사와 음악 사이의 긴장을 진지하게 연구한 마지막 인물이었다. 연구의 결과로 그가 내린 결론은 오페라의 여러 요소 가운데 음악이 가장 중요한 위치를 점한다는 것이었다. 바그너 이후로 모든 사람들은 오페라를 주로 음악 장르로 여겨오고 있다. 그러나 셀러스는 오페라를 비단 음악적인 프로젝트가 아니라 본격적인 지적·사회적·미적 프로젝트로 바라본다. 같은 오페라라 하더라도 무대가 바뀌면 셀러스는 주저치 않고 제작자 입장에서 극적 세부의 투입량을 조절한다. 관객 입장에서는 상당량의 생각과 연습이 투자되었다는 인상을 받음에도 불구하고 그가 꾸민 무대의 통일성이나 목적성은 작품이 어느 정도 진행된 후 앞서 지나갔던 바를 회고함으로써 비로소 드러나는 경우가 잦은데, 이것도 바로 그 때문이다. 더불어 또 한 가지 중요한 사실을 지적하지 않을 수 없다. 모차르트/다 폰테 삼부작을 필두로 하는 셀러스의 오페라에 대한 관념은 현재 미국 거의 전역의 오페라 무대를 휩쓸고 있는 관행에 대한 전면적인 공격으로 의도되었다는 점이 그것이다. 오페라 공연은 응당 맹목적 존경과 맹종적 반복을 찬양하는 장이 되어야 마땅하다는 고정관념(특히 대형극장이 자랑스레 내세우는)은 셀러스의 눈부시게 빛나는 역동적 비판적 상상력의 가차 없는 먹잇감이 된다. 모차르트의 정중한 오페라를 셀러스는 요리조리 비틀어 선사했고, 그러한 시도는 왜 우리가 그토록 오랫동안 원전에의 충실이라는 허울을 앞세운 경직된 우아미에 만족해왔는지를 자문하게 만든다. 셀러스를 통해 우리는 기실 판에 박은 듯한 공연에 만족한 적이 없었음을 새삼 깨닫는다. 구태의연한 공연은 어리석은 관습에만 천착함으로써 정작 모차르트는 거들떠보지도 않고 있고, 어리석은 관습은 절대 다수 오페라 극단의 나태함과 무능함을 보호하는 방어막이 되기도 한다.

    셀러스가 행하는 바의 정치적 의미나 이론적 중요성을 간단하게 평가할 수 있으면 좋으련만, 문제는 그리 간단치가 못하다. 그래, 그는 포스트모던을 지향하며 재기 넘치고 창조적이다. 거기까지는 좋다. 그러나 그를 성공의 반좌에 올린 문화 기득권층에 우리뿐만 아니라 그 또한 공모자로서 참여해왔다는 찜찜한 의구심이 남는다. 그 점을 그가 오히려 반어적으로 비꼬고 있다고 생각하면 마음은 편하다. 예를 들어 펩시코가 아낌없이 후원금을 쾌척해 제작한 무대에 올라 자본주의를 풍자하고 조롱하는 모습 따위가 그렇다. 셀러스는 남다른 재능을 타고난 사람이고, 그가 제작하는 오페라 무대는 미국의 다른 그 어느 무대와 비교해도 저만큼 앞서나가 있다. 셀러스의 행보에 나는 언제나 신선한 자극을 받고 있지만, 그럼에도 아직 완전히 납득되지는 않는다. 모차르트/다 폰테 프로젝트가 강한 인상을 남길 수 있게 한, 그러면서도 동시에 묘하게도 아직 결론에 이르지는 못하고 여전히 진행 중이라는 인상을 주는 그 몇 가지 매력적인 제스처 너머에 대한 복안을, 그는 가지고 있는 것일까. 이를테면 전체적인 비전이나 이론이 확립되어 있을까 하는 물음이 남는 것이다. 그에 대한 실마리는 셀러스가 음악에 대한 입장을 조금 더 확고히 할 때 나타날 것이다. 지금까지 그는 음악을 건드리지 않고 방부 상태로 내버려두면 알아서 잘되겠지 하고 막연히 기대하는 편을 택한 듯싶다(그런데 음악이라는 건 무릇 내버려둔다고 저절로 굴러가는 것도 아닐뿐더러 스미스 또한 별 도움이 되지 않아 설상가상이었다). 능숙한 기량을 가진 고정 멤버들이 기꺼운 마음으로 참여한 극단을 이끌고 지금까지 온 셀러스다. 그런 그에게 만약 진정으로 빼어난 가수들이 붙는다면 어떤 결과를 기대할 수 있을까. 그렇게 된다면 그 역시 클래식 음악에 으레 따라붙는 전통적인 공연 형태에 이의를 제기하는 일에 힘을 보탤 것이다. 마치 로저 노링턴과 글렌 굴드가 그러했던 것처럼 말이다. 그때 비로소 우리는 그의 비전이 가진 폭과 깊이를 가늠할 수 있게 되리라.

카네기 홀의 언드라시 시프*

지난 11월 5일 블라디미르 호로비츠의 사망 소식이 전해지자 그의 명료하고도 열정적인 연주, 굉장한 기교적 솜씨에 대한 이야기가 쏟아져 나왔다. 그러나 호로비츠가 흥미롭고 사람들의 이목을 집중시키는 연주자가 된 것은 딱히 음악성 때문은 아니었다. 그가 사람들의 주목을 받은 이유는 도무지 믿기지 않는 크레셴도, 강철처럼 압도적인 음향, 혹은 엄청나게 빠르고 정확하게 옥타브와 3도, 스케일 따위를 부려내는 솜씨 때문이었다. 물론 만년의 호로비츠가 그를 숭배하는 평론가들과 기자들을 주렁주렁 몰고 다닐 수 있었던 것은 '볼로디아'**라는 감상적 이미지와 백악관까지 나서서 칭송한 국가적 자산이라는 이미지에 기댄 바도 없지 않았다. 어쨌거나 그는 다른 그 어떤 피아니스트도 감히 시도하거나 해내지 못한 어마어마한 힘을 바탕으로 자신의 경력과 평판을 구축해온 것으로 보인다.

호로비츠가 위대한 피아니스트였다는 점에는 이견이 없다. 그러나 그의 피아니즘은 효율적이긴 했으나 설득력은 부족했다. 그의 연주에 입을 떡 벌리고 경탄할 순 있으되 그가 했던 바를 배우거나 모방하려 했다가는 스스로에게 독이 되기 십상이었다. 30년 전쯤 이반 데이비스나 바이런 재니스를 비롯한 일부 피아니스트가 호로

* 《더 네이션》, 1989년 12월 25일.
** 블라디미르 호로비츠의 애칭.

비츠를 좇은 적이 있었지만, 그 결과는 누가 봐도 성공적이지 못했다. 비르투오소의 경지에서 호로비츠와 어깨를 가까이했던 경쟁자 그룹 가운데 제2차 세계대전 이전에 원숙의 단계에 올라선 이들—스뱌토슬라프 리흐테르와 아르투르 루빈스타인, 아르투로 베네데티 미켈란젤리 같은—은 모두 호로비츠보다 더욱 만족스러운 예술가의 위치까지 올라섰다. 특히 리흐테르는 전달력과 신령스러운 경지에 달한 천재적 해석력, 고귀한 비르투오시티 등의 면에서 맞설 적수가 없는 수준에 올라 있다. 따라서 리흐테르가 미국 무대를 자주 찾지 않는 것은 무척 애석한 일이다.

그러나 리흐테르의 부재, 루빈스타인과 호로비츠의 사망, 미켈란젤리의 칩거는 요즘 꾸준히 활동하고 있는 젊은 피아니스트들의 새로운 세력과 진용을 가늠하게 하는 계기가 되고 있다. 알프레트 브렌델과 마우리치오 폴리니가 젊은 피아니스트 진용의 선두를 이끄는 가운데 또 다른 세 명의 피아니스트에 특히 눈길이 간다. 라두 루푸와 마르타 아르헤리치, 언드라시 시프가 그들이다. 의심의 여지 없이 가장 빼어난 여성 피아니스트이자 올해로 마흔여덟이 된 아르헤리치는 몇 년 만에 카네기 홀을 찾을 예정이고(스위스 로망 오케스트라와의 협연으로), 루푸는 거의 2년 동안 뉴욕에서 연주를 하지 않고 있다. 반면 뉴욕 무대의 단골인 시프는 지난 10월 19일에 카네기 홀 리사이틀을 치르고 돌아갔다.

젊은 시절의 시프는 바흐 연주로 두각을 나타냈고, 몇 년 전 메트로폴리탄 미술관에서 세 차례의 리사이틀을 가지며 〈골드베르크 변주곡〉으로 화려한 피날레를 장식했을 때까지만 해도 그의 본령은 역시 바흐였다. 헝가리 출신에 천사 같은 외모를 가진 그는 올해로 서른여섯 살이 된 소장파 피아니스트로, 음악원 졸업 이후 부다페스트를 떠나 현재는 잘츠부르크와 런던에 정주하며 활동하고 있다. 시프의 바흐 연주에는 글렌 굴드의 영향이 뚜렷이 관찰되는 가운데, 그럼에도 굴드의 연주와는 사뭇 다른 레가토 주법과 미묘하게 변화하는 음량 폭, 딱딱 부러지는 맥박을 한결 누그러뜨린 온건한 리듬 운용이 특징적이었다. 시프의 연주에는 해석과 음향을 달콤하고 예쁘장하게 꾸미려는 고집스러운 경향이 한 가지 끈질긴 문제처럼 붙어 떨어지지 않았던 적이 있다. 예를 들어 〈영국 모음곡〉과 〈프랑스 모음곡〉에서 그는 바흐의 팽팽하게 조직된 대위법적 악구를 다소 느슨하게 한다거나, 절묘하게 조절된 그러나 역시 명백하게 느껴지는 부자연스러운 디미누엔도를 걸어 곡을 마감하는 식의 피아니스트 특유의 매너리즘을 강조하곤 했었다. 뉴욕의 소규모 홀에서 이루어지곤 했던 그의 리사이틀은 가정 음악 연주회 같은 인상도 있었다. 실내악 리사이틀리스트가 고전시대 작품을 골라 사려 깊고 풍류 있는 연주를 한다는 느낌이 짙었지, 피아니스트에게 껌뻑 죽을 뿐 당최 쓴소리라고는 못 하는 구름 같은 관객에게 리스트와 라흐마니노프를 들려주는 호로비츠 사단의 벼락처럼 시끌벅적한 연주회와는 거리가 멀었던 것이다. 그럼에도 역설적인 것은, 시프의 남달리 유창한 솜씨, 완전한 기교적 성취에 대해서는 의심하는 목소리가 없었다는 점이다. 시프는 사근사근한 겸양의 미학, 내향적 음악성을 자신의 기교 과시에 우선했고, 결코 자신의 테크닉을 자기중심적 과시욕이나 기교 편숭적 연주에 봉사하는 수단으로 사용하는 법이 없었다.

    물론 모든 음악 공연에는 장악력이 요구되는 법이다. 그 어떤 연주자라 하더라도 잘 훈련된 물리력 없이는 악기의 내재적 힘을 통솔할 수도, 관객의 주목을 끌 수도 없기 때문이다. 호로비츠와 시프의 두 가지 다른 연주 스타일은 각자가 선별한 레퍼토리를 단언적으로 표현함으로써 장악력을 행사한다. 호로비츠 분파는 음악성보다는 피아니스트의 기교가 중시되는 작품을 선호하며, 연주자의 해석적 개성(고도로 과장된 연주 자세, 일부러 극단적으로 몰고 가는 템포와 강약, 꼼꼼한 연구보다는 본능적인 자유에 방점을 찍는 방향성 따위)을 부각시키는 외향적 과시에 무게를 둔다. 이러한 범주에 속하는 피아니스트들에게 이상적인 레퍼토리는 대단히 제한적이기 마련으로, 쇼팽의 작품 다수(녹턴과 대부분의 마주르카, 폴로네이즈 일부는 여기서 제외된다), 약간의 슈만, 리스트와 프로코피예프, 스크랴빈, 라흐마니노프, 버르토크, 스트라빈스키의 〈페트루슈카〉, 약간의 라벨과 아주 이따금씩의 베르크의 소나타 같은 작품이 해당된다. 이쪽 진영에 해당하는 피아니스트로는 호로비츠와 루빈스타인, 호르헤 볼레트, 슈라 체르카스키, 이보 포고렐리치, 밴 클라이번, 앙드레 와츠 등이 있고, 이따금씩 블라디미르 아슈케나지도 기웃거리는 모양이다.

두 번째 범주의 핵심 인사들로는 아르투르 슈나벨과 디누 리파티, 에트빈 피셔, 그리고 고전주의, 낭만주의, 인상주의 쪽으로 시선을 돌리면 빌헬름 켐프와 솔로몬, 발터 기제킹을 거명할 수 있다. 오늘날 활약 중인 그들의 사도들로는 대단한 재능의 소유자인 우치다 미츠코를 필두로 하여 피터 제르킨(그의 아버지 루돌프 제르킨보다 더 세련되고 천부적인 음악가로 보이는), 리처드 구드, 시프, 루푸, 아르헤리치, 졸탄 코치시를 들 수 있다. 그들이 경계해야 할 위험은—사실 모든 연주자에게 해당하는 이야기이겠으나—한 가지 어법과 특정 종류의 레퍼토리를 통해 세상에서 거둔 성공이 오히려 족쇄가 되어 다른 분야로 뻗어나가지 못한 채 한때 신선하고 흥미로웠던 연주가 어느 순간 조악하고 생각 없는 연주로 전락할 수도 있다는 점이다(퍼라이아의 경우가 그렇다는 것이 내 생각이다). 따라서 최선의 결과는 한 가지 범주로 분류되었던 피아니스트가 다른 범주에서도 그에 못지않은 연주력을 보이는 경우겠다. 대표적으로는 폴리니와 브렌델, 아르헤리치를 거론할 수 있으며, 이따금씩 아슈케나지도 두 범주를 의기양양하게 넘나드는 모습을 보인다.

언드라시 시프 또한 그러하다. 그의 10월 19일 프로그램은 그가 레퍼토리 조직력과 그 내용에서뿐만 아니라 놀라운 연주력 또한 가진 피아니스트임을 보여주었다. 하이든의 〈변주곡 F단조〉와 좀처럼 연주되지 않는 희귀곡인 야나체크의 소나타 〈1905년 10월 1일〉, 버르토크의 〈무용 모음곡〉, 슈베르트의 〈소나타 C단조〉(D. 958)로 꾸민 프로그램은 지성과 통찰이 완연했다. 중부 유럽 작곡가들의 작품으로만 구성되었고 하나같이 연주가 까다롭고 어두운 곡들이었는데, 아마도 남달리 음울한 음악적 특성을 프로그램 전체를 꿰뚫는 공통 테마로 설정했다고 생각된다. 하이든의 정교한 변주 배치와 특히 마지막 부분의 날카로운 통렬함과 태연자약한 선언적 추진력에서는 후기 베토벤과 말러가 떠올랐다. 야나체크가 쓴 유일한 피아노 소나타는 두 악장 구성의 미완성 작품으로(예이츠의 시 〈1916년 부활절〉처럼), 외세의 지배에 항거한 민족 봉기를 추념하는 작품이다. 곡에 만족하지 못한 야나체크는 후일 욱하는 기분을 이기지 못하고 악보를 파기해버렸지만, 사본을 보관하고 있던 두 친구 덕분에 소나타는 생명을 유지할 수 있었다.

시프의 연주는 듣는 이의 혼을 빼놓을 정도로 절묘했다. 통제돼 있으면서도 열정적이었고, 지성적이면서도 강렬했다. 야나체크 음악의 근저에는 매우 서정적인 흐름이 관통하고 있지만(드보르자크와 스메타나의 흔적을 쉽게 읽어낼 수 있다) 동시에 어지러운 난폭함이 종종 끼어들어 그 흐름을 끊어놓기도 한다. 자문하게 뇌풀이뇌는 시퀀스와 〈글라골리트 미사〉나 두 편의 사중주곡을 떠오르게 하는 무서울 정도로 격동적인 기교적 패턴이 교차되는데, 바로 이 점이 〈1905년 10월 1일〉에서는 듣는 사람의 마음을 움직이는 요소가 된다. 야나체크는 젊은 리하르트 슈트라우스가 그랬듯 조성음악의 가능성이 거의 모두 소진되고 무조음악이 도래하기 직전의 아슬아슬한 벼랑 꼭대기에 내몰린 작곡가였다. 따라서 그의 음악 형식은 이것저것 누덕누덕 짜 맞춘 듯 위태위태하다. 이를테면 고전적인 소나타 구조가 몹시 개인적이고 자전적인 이야기에 동원되는 식으로, 고요하게 흐르는 표현이 갑자기 어두운 음향으로 뒤덮였다가 다시 차분한 음악으로 돌아오고 하는 와중에 불안하게 요동치는 내면의 세계가 드러나는 것이다. 시프는 이 비범한 작품이 요구하는 도전을 능히 해내고도 남을 빼어난 기교를 가지고 있음에도 거룩한 인내심을 발휘해 복잡한 소나타의 구조를 한 겹씩 차근차근 벗겨내는데, 이러한 모습은 좀처럼 만날 수 없는 값진 경험이었다.

슈베르트와 버르토크의 작품은 하이든의 빈 고전주의와 야나체크의 20세기 모더니즘 주류 사이의 가교 역할을 하면서 동시에 전통적 구조의 작품과 거기에 대항하는 서사구조를 가진 작품의 쌍을 이루어 전체 프로그램을 하나로 묶었다. 나는 시프가 전달코자 했던 음악적 경험의 지리적 배경이 궁정이나 기성 교회, 귀족 집단이 모이는 살롱도 아니라는 인상을 받았다. 오히려 그는 유럽 문화에서 음악이 위치하는 본향(本鄕)이면서도 아직 그 형식을 채 갖추지 못하고 있던 그 어드메—시골 냄새와 토속성이 물씬하고 주변부에 머물면서도 묘하게 서서히 모습을 드러내고 있던, 거의 망각되어 온 미답(未踏)의 영역—를 바라보고 있는 것처럼 보였다.

이런 콘서트를 경험하고 나면 연주회를 찾아다니는 일에 묵직한 보람이 느껴진다. 흥미로운 작품을 병치해 연주하고, 작품들로 하여금 기대치 못했던 기쁨을 빚어낼 수 있도록 판을 깔아주고, 누구나 한마디씩 보태어 이제는 거의 공식 견해가 되어버리다시피 한 19세기와 20세기 서양음악의 찬란한 광휘에서 아직 구체적인 위치를 점유하지 못한 스타일과 사운드를 청중으로 하여금 인지하도록 한, 귀중한 성취가 돋보인 연주회였다. 이제는 언드라시 시프로부터 꾸준히 이와 같은 성취를 기대할 수 있게 되었다는 사실 자체가, 그가 과거 리사이틀에서 보여주었던 한계와 짐짓 꾸미는 듯한 태도를 훌쩍 극복했음을 알려주는 지표가 되리라. 시프는 겸손한 무대 위 몸가짐을 유지하고 있으며, 관객의 취향에 영합하려는 연주자들이 으레 가지는 매너리즘도 별로 보이지 않는다. 이러나저러나 간에 두 시간짜리 이벤트일 뿐인 시프의 연주회에서 관객은 각자가 평생 축적한 음악 감상의 기록을 공고히 다지고, 때로는 이를 항구히 바꾸게 하는 변혁적 경험을 체험한다. 바로 그 점이 해석자로서 그가 가지는 깊이를 알려주는 잣대인 것이다.

 이틀 뒤인 10월 21일 준치급은 넘는 피아니스트 벨라 다비도비치가 역시 카네기 홀에서 리사이틀을 가졌지만, 나로서는 시프의 연주에서 받은 충격의 여진이 채 가시지 않은 상태였던지라 상대적으로 그녀의 연주는 위축된 것으로 다가왔다. 슈만과 쇼팽을 주력으로 하는 다비도비치는 깔끔한 연주력에 얌전빼는 새침함 없이 우아미를 달성하는 능력이 잘만 결합되면 솔로몬류의 전통과 길렐스를 비롯한 러시아 선배들의 세련된 비르투오시티를 겸비한 것으로 평가받을 자격이 충분하다. 그러나 카네기 홀의 첫 메뉴였던 슈만 〈노벨레텐〉(Op. 21)의 두 곡은 확신이 결여된 어색한 프레이징 탓에 모양새가 어그러지고 말았다. 이어진 〈후모레스케 B♭장조〉에서도 이따금씩 번뜩이는 영감이나 위트 이상의 인상은 주지 못했다. 그녀의 연주 곳곳에서 나는 억지로 학습한 억제력을 읽을 수 있었고, 인심 좋게 여러 곡 담아 넣은 쇼팽 바구니에서도 이러한 결함은 여전히 뚜렷이 감지되었다. 특히 쇼팽의 단일 작품 중 최고 걸작인 〈뱃노래〉는 준비에 만전을 기해 정확하고 멋지게 치겠다고 덤볐지만, 결과는 잔뜩 겁먹은 소심한 연수가 되고 만, 어느 피아노 교사의 연주를 듣는 듯했다. 역설적인 사실은, 프로그램 가운데 가장 진부하고 익숙한 레퍼토리인 쇼팽의 〈스케르초 B단조〉에 와서야 비로소 몸이 풀린 듯 맹렬하고 정확하면서도 아름답게 정리된 연주를 들려주었다는 점이다.

 다비도비치의 리사이틀이 그저 피아니즘에만 의존해 이따금씩 실망스러울 정도로 생각 없는 연주로 일관했다고 말한다면, 혹은 음악원에서 성실히 배운 '전통'과 연주 양식에 기초한 습관과 악절 운용에 기댄 연주로 일관했다고 평가한다면, 듣는 입장에서는 다소 섭섭할지도 모르겠다. 그러나 안타깝게도 그 같은 평가가 사실에서 그다지 멀어 보이지는 않는다. 콘서트 일정표에 시프 같은 예술가의 리사이틀이 군데군데 끼어 있는 한, 다비도비치나 호로비츠류의 연주는 상대적으로 총기와 음악성이 부족한 것으로 비춰지는 굴레를 벗지 못할 것이다.

II. 1990년대

리하르트 슈트라우스*

10여 년 전쯤《더 뉴요커》에 자니 카슨에 대한 장문의 집중 분석 기사가 게재된 적이 있다. 그 글을 쓴 케네스 타이넌은 다음과 같은 결론을 내렸다. 카슨이 한 바가 실제로 무엇이었건 간에 그것을 한 사람은 카슨뿐이었으며 그는 언제나 그것을 완벽하게 해냈다고 말이다. 카슨은 얼마쯤은 스탠드업 코미디언으로, 얼마쯤은 토크쇼 진행자로, 또 얼마쯤은 할리우드 셀레브리티로 조각 나뉜 삶을 살았지만, 20년 이상 지속된 카슨 현상은 그의 인생 조각을 모두 모은 것보다 더 거대했다.

   일대일 대응까지는 안 되더라도 리하르트 슈트라우스의 경우도 대종은 비슷했다. 슈트라우스는 몹시 긴 인생을 사는 농안(1864~1949) 20세기 음악계의 주요한 변화에 직접적으로 가담하지는 않으면서도 국면마다 묘한 방식으로 조금씩 발을 담그며 함께 보조를 맞춰왔다. 글렌 굴드는 슈트라우스가 자신을 둘러싼 트렌드의 변화에 무심한 채 자기 나름의 잔잔한 행보를 견지했다고 썼는데, 이 또한 카슨에 대한 타이넌의 평가와 일맥상통한다. 확실히 이러한 견해에는 상당량의 진실이 담겨 있다. 설령 이러한 견해가, 발표 당시 일대 스캔들을 일으킬 정도로 충격적이고 혁명적인 작품으로 받아들여진〈살로메〉(1905)와〈엘렉트라〉(1908)를 간편하게 무

---

*《더 네이션》, 1990년 3월 19일.

시하고 있음은 부인하지 못한다 하더라도 말이다. 남들보다 먼저 그의 가치를 깨닫고 추종한 인물들 가운데 쇤베르크, 말러, 드뷔시가 있긴 했지만, 그럼에도 슈트라우스가 20세기 음악계를 통틀어 가장 다작(多作)의 작곡가이면서도 웬일인지 가장 알쏭달쏭한 인물로 다가오는 것은 그를 둘러쌌던 문예적·문화적 환경의 밀도가 높았기 때문이다.

슈트라우스와 후고 폰 호프만스탈과의 긴 인연과 그가 처했던 환경에 대해서는 호프만스탈에 대한 헤르만 브로흐의 논문에도 간간이 언급되어 있고, 테오도르 아도르노가 쓴 잘 알려지지 않은 훌륭한 논문도 참고가 가능하다. 20세기 초반 중부 유럽 음악, 특히 오페라와 관련된 위대한 명성들은 거의 예외 없이 슈트라우스와 관계를 맺었다. 여기에는 말러와 클레멘스 크라우스, 카를 뵘, 헤르베르트 폰 카라얀 같은 스타급 지휘자들부터 해서 로테 레만, 리하르트 타우버, 마리아 예리차, 류바 벨리치 같은 눈부신 성악가들, 댜길레프와 막스 라인하르트 같은 유명 흥행주와 프로듀서 들이 포함된다.

제2차 세계대전 후의 세대들은 아마도 어린 나이에 우연히 슈트라우스를 접하고 그의 신비한 마력에 빠져들어 헤어나지 못하는 경우가 많지 싶다. 내 경우도 그랬다. 열세 살 때였던 1949년 봄, 클레멘스 크라우스와 빈 필하모닉의 카이로 콘서트에서 그의 음악을 처음으로 들었던 그때를 나는 아직도 생생하게 기억하고 있다. 거대한 '극장 오르간'의 위용이 낯설었던 신축 건물 시네마 리볼리에서 열린 두 차례의 연주회였다. 댄스장 조명까지 구색을 제대로 갖춘 무대였고, 인터미션 시간에는 제럴드 필이라는 이름의 매력적이고 수려한 외모의 영국인 공연자가 여흥의 분위기를 돋우었다. 당시 나는 크라우스가 슈트라우스의 최측근이라는 사실을 전혀 알지 못했지만(크라우스는 슈트라우스의 마지막 오페라 〈카프리치오〉의 대본을 쓰기도 했다), 그가 지휘한 〈틸 오일렌슈피겔의 유쾌한 장난〉은 폭포수처럼 쏟아지는 음향과 달인의 경지에 올라선 장난기, '급진적'이면서도 매력적인 반음계적 화성으로 나를 압도했다. 그러고 얼마 지나지 않아 나는 집에 있던 78회전 음반 무더기 속에서 〈살로메의 춤〉 레코딩을 발견했고(그때는 레이블에 그렇게 적혀 있었다), 그해 8월 어느 안개 자욱한 오후 레바논의 따분한 산골 마을에서 BBC 방송을 통해 흘러나오는 슈트라우스의 사망 소식을 듣고 느낀 구슬픈 안타까움은 지금도 손에 잡힐 듯 생생하다.

지금까지도 가장 자주 만날 수 있는 슈트라우스의 작품군은 오페라지만, 그 밖에도 그의 음악적 소산은 막대하다 할 정도로 다양하다. 그는 각각의 장르에 어울리는 작법을 자유자재로 흥미롭게 부릴 줄 알았고, 목관과 인성(人聲), 바이올린, 피아노, 실내악 앙상블, 대규모 관현악 등 다양한 악기 조합에 맞추어 전문가다운 마무리 솜씨를 보여주었다. 슈트라우스는 〈살로메〉와 〈엘렉트라〉를 통해 바그너보다 한 걸음 더 나아가는 듯하다가 초기작 이후로는 뒷걸음질 쳤다는 평가를 받는다. 예를 들어 〈장미의 기사〉와 〈낙소스 섬의 아리아드네〉는, 비록 호프만스탈이 쓴 대본이 초기작보다 더 복잡하고 섬세함에도 불구하고, 의고적이고 풍성한 화성 어법이라는 면에서 이를테면 〈로엔그린〉이나 〈헨젤과 그레텔〉 같은 작품과 그 궤를 같이한다. 그러나 슈트라우스가 남긴 방대한 양의 후기작(〈아라벨라〉, 〈카프리치오〉, 〈인테르메초〉, 〈이집트의 헬레나〉, 〈다프네〉 등을 망라하는)이 모두 초기 독일 낭만주의를 향한 반동적 회귀 지향을 드러낸 곡으로 국한되고 말 것인가, 아니면 이들 작품 모두를 관통하는 중요한 현대적 성취가 있는 것일까.

아도르노의 얼얼하리만치 통렬하고 적확한 슈트라우스의 성격 정의는 작곡가의 별스러움과 취약점(이를테면 바그너와 비교했을 때 그렇다는 뜻이다)의 많은 부분을 설명한다. 아도르노는 슈트라우스가 마치 음악의 교통순경처럼 과민성과 거짓된 평정심 사이를 중간 단계 없이 오갔을 뿐이며, 또한 "실재하지 않는 삶과 엇비슷한" 이른바 환상에 불과한 음악을 쓰는 작곡가였던 데다가, 그의 작곡 스타일에는 "토대가 결여되어 있고", 그저 "오로지 작곡 주제의 의지"에 따라 형식적 구조는 안중에도 없이, 전기 스위치를 켰다 껐다 하는 것을 힘이라 착각하고 환호작약했던 20세기 초반의 사람들을 떠오르게 하는 모종의 효과에만 중독되어 있었다고 폄하했던 것이다. 그러나 아도르노는 슈트라우스와 동시대 인물의 입장으로 그를 평가했다. 그에게 슈트라우스는 신빈악파가 걷던 미학의 길과 상반되는 방향을 지향하던 인물이었고, 아도르노는 무엇보다 신빈악파의 사회적 중요성을 극력 신봉한 철학자였다는 편당성(偏黨性)을 잊어선 안 될 것이다. 그럼에도 슈트라우스의 이력은 아도르노가 인정하는 것보다는 더 흥미로운 토대 위에 서 있다는 것이 나의 생각이며, 이러한 점은 오늘날 그의 작품이 연주될 때마다 오롯이 드러난다.

우선 슈트라우스와 텍스트 사이의 남달리 끈끈한 관계를 언급할 수 있다. 문예에 그보다 더 많은 흥미를 보인 작곡가는 드물었으며, 그만큼 여러 훌륭한 작가들과 협업 관계를 유지한 작곡가도 달리 찾기 힘들다. 그럼에도 그의 음악은 이따금씩 가사의 핵심을 놓치고 있다는 인상을 준다. 음악은 아름다울지언정 대본에 담긴 복잡한 암시는 무시하는 것 아닌가 하는 혐의가 드는 것이다. 마찬가지로 무척 멋지고 복잡다단한 음악이 굳이 그처럼 황홀한 사운드까지 동원할 것 있나 싶은 텍스트에 붙는 경우도 있다. 예를 들어 〈돈 후안〉과 〈돈키호테〉 같은 그의 초기 교향시는 비르투오소 오케스트라를 위한 멋들어진 작품임에는 틀림없지만, 위대한 문학 걸작의 온전한 묘사로 보기에는 터무니없는 것도 사실이다. 슈트라우스는 직접 프로그램을 쓰고 이를 음악으로 표현함으로써 애당초 이길 수 없는 비교를 자처한다. 이는 두 줄짜리 캡션 가지고 벨라스케스의 〈시녀들〉 같은 걸작 회화를 모두 '묘사하고' 설명할 수 없는 것과 같은 이치다. 〈낙소스 섬의 아리아드네〉가 그 좋은 예다. 호프만스탈의 원작이 대단히 세련된 메타극의 귀중한 정수인 데 반해, 슈트라우스의 오페라는 하찮은 가사에 콜로라투라의 짜릿한 장식 악구를 물리고(체르비네타의 아리아), 아리아드네와 바쿠스의 신비로운 결합 장면에는 맥없는 반복적 시퀀스가 들러붙는다.

둘째, 숭고한 선율을 착안해내고 이를 광시곡처럼 변주해내는 슈트라우스의 역량은, 십중팔구 단편적인 에피소드를 참담할 정도로 재주 좋게(내 개인적 소견이다) 길게 이어붙인, 주로 다성음악적 대목에서 발현되곤 한다. 이러한 경향은 〈살로메〉 같은 초기작에서부터 관찰된다. 이를테면 요카난의 어진 자질을 표현하고자 할 때마다(〈엘렉트라〉에서는 크리소테미스가 그러한 배역이다) 이따금씩 따분하게 흐르기도 하는 원대한 장조 선율이 동원된다. 그러나 줄거리 전달이라는 분주한 책무는 다른 배역들에게 주어지며, 그 절정의 순간—이를테면 유태인들의 토론 회합 같은—은 기교적인 거장의 손길이 닿았음을 보여주는, 지나치게 농익고 과필(過筆)된 음악이 붙는다. 이러한 주객전도의 양상은 올이 성긴 텍스트를 그대로 드러내어 보이는 유감스러운 귀결로 이어진다. 〈장미의 기사〉 제1막에서 이탈리아 테너의 아리아와 그를 둘러싼 수다스러운 패시지 워크(passage work)* 사이의 대조는 비정상적일 정도로 뚜렷하며, 〈카프리치오〉에서 올리비에의 소네트와 그것이 촉발하는 음악과 말 사이의 상대적 중요성에 관한 기나긴 논쟁 간의 낙차 역시 무척이나 아찔하다.

짧게 말해, 슈트라우스의 음악은 그의 초창기 음악의 일관성과 논리적 정합성을 가능케 했던 형식(소나타, 변주곡, 론도 등)이 부재함을 강조하는 온갖 불일치로 가득하다. 그 동력이 되는 것은 작곡가 자신의 기량에 대한 지독한 믿음이다. 아도르노가 지적했듯이 그것이 때로는 모든 것을 끌고 가는 견인차 역할을 하기도 하지만, 또 한편으로는 기량 자체가 각광의 위치에 놓이면서 이행부(移行部)

---

* 악곡 구성에 필수적인 부분은 아니지만 연주자가 기량을 과시할 수 있는 기회가 되는 대목. 빠르게 연주하는 스케일, 장식적 악구 등이 여기에 해당한다.

나 시퀀스, 논리적 해결의 부재 따위를 드러내는 패착으로 귀결되기도 한다. 바로 그러한 부재들이 오롯하기에, 그리고 달콤한 선율과 치밀한 음악적 계산을 보여주고자 하는 자신만만하고 거침없는 욕망 사이를 급작스럽게 넘나드는 성향이 너무나 뚜렷하기에, 전체적으로 슈트라우스의 음악은 20세기 고전음악의 주류에서 그토록 벗어나 있는 것처럼 보이는 것이다. 스트라빈스키나 베르크, 힌데미트는 형식과 내용을 통합하기 위해 치열한 노력을 기울였던 반면, 슈트라우스는 그런 문제에는 아랑곳하지 않고 자기만의 길을 걸었다. 이러한 고집은 최악의 경우에는 세상 태평한 노래꾼으로서 억누르지 못하고 써내야만 했던 과거지향적 선율과 가장 현대적인 전문가가 보여주었던 가공할 직업적 기예 사이의 경솔한 불일치로 나타나긴 했지만, 그랬기에 오히려 그의 일관성은 더더욱 기적에 가까워 보인다. 그의 지적 동반자들이 슈트라우스의 음악과 그 맥락 사이의 보이지 않는 연결고리를 제공하기 위해 애를 썼던 것도 이런 시각에서 보면 당연한 일이다. 그리하여 슈트라우스의 중기 및 후기 오페라의 대다수가 가공의 세계나 우화에 기대고 있는 것이다. 그중 가장 정교한 작품인 〈그림자 없는 여인〉(1919)은 무척 수사적이고 복잡한 작품임에도 불구하고 음악만으로는 최종적인 의미 전달이 쉽지 않아, 호프만스탈은 대본을 작곡가에게 건네고 한참이 지나 줄거리를 설명하는 장문의 글을 발표하기도 했다.

일부 진중한 평론가들은 슈트라우스의 무대 작품 중 최고 걸작으로 평가하기도 하는 〈그림자 없는 여인〉이지만, 나는 이 작품을 접할 때마다 〈마술피리〉를 20세기에 되살려놓으려 했던 그의 헛된 시도의 전형적 증상을 본다. 자식이 없어 고민인 황제 부부가 만약 순수하게 이타적인 선행을 하면 후사를 볼 것이라는 식으로 흘러가는 줄거리는 '동양'의 우화를 오리엔탈리즘으로 재해석한 것이어서 조금의 설득력도 없다. 이 선행이라는 것은 종막(終幕) 두 번째 장면에서 일어나는데, 그 준비 과정—미천한 신분인 염색공의 아내를 회유하고 설득해 스스로의 그림자(생식력의 상징)를 황후에게 양보하게 하는—이 무척이나 길고 지루하다. 이 오페라에는 유사(類似) 우화적 존재가 다종다양하게 등장하는데, 이를테면 카이코바트라는 신비로운 인물이 지배하는 명계(冥界)의 전령인 매와 간호사, 그리고 바라크(염색공)와 그의 아내, 태어나지 못한 아이들의 합창단 같은 보조 등장인물들이 여기에 해당한다.

⟨그림자 없는 여인⟩은 슈트라우스의 오페라 가운데 가장 큰 규모의 작품으로, 확장적이고 종종 번다한 무대 위 사건은, 디킨스의 작품이 준치급 등장인물로 가득한 건 그의 "잡초 같은" 상상력의 증좌라고 했던 조지 오웰의 논평을 떠오르게 한다. 염색공 바라크에게는 불구 형제가 여럿 있는 것으로 밝혀지고, 작곡가는 제2막에서 이들 각각에게 음표를 아낌없이 배당했다. 복잡한 세트, 수많은 등장인물, 요령부득인 거대한 플롯 같은 특징을 생각하면 ⟨그림자 없는 여인⟩은 메트로폴리탄 오페라(메트)의 선택으로는 기이한 구석이 있다. 막대한 지구력을 갖춘 지휘자와 가수들이 필요한 작품이며, 특히 가수들에게는 그들이 연루된 근엄한 백치 짓에 눈감을 수 있는 속 편한 배짱 같은 것이 필요하다. 그러나 ⟨그림자 없는 여인⟩은, 어떤 의미에서는 메트를 위한 완벽한 오페라라고 볼 수도 있다. 대개 푸치니와 베르디의 작품으로 도배된 레퍼토리 목록 사이에 이유도 모른 채 동그마니 배치된 그 존재감만으로도 메트로폴리탄이라는 극단의 소심한 기획력과 무분별한 상업주의를 극적으로 드러내는 완벽한 장치가 되기 때문이다. ⟨그림자 없는 여인⟩의 언어적·음악적 텍스처는 무척이나 촘촘해서 이해를 체념하는 데 이골이 난 관객이 알아먹기는 불가능에 가깝고, 지나치다고까지는 말 못 하더라도 어쨌든 막무가내식인 작품의 이국적 성격은 큰 것, 거짓된 것, 투박한 스펙터클을 선호하는 메트의 성향과 적절히 맞아떨어진다.

11월 13일 메트의 대단히 훌륭한 오케스트라를 맡은 지휘자 크리스토프 페릭은 진정한 추진력과 능변을 보여주었지만, 그의 성취는 결국 출연진의 솜씨가 그만그만함을 도리어 도드라지게 하는 것이기도 했다. 간호사 역을 맡은 헬가 데르네슈만이—비록 목소리의 울림은 많이 감퇴되긴 했지만—배역에 대한 다소간의 이해를 동반한 난공불락의 노래를 해냈다. 그보다는 흥미가 떨어지는 바라크 역을 맡은 베른트 바이클 역시 배역에 대한 이해가 돋보였다. 염색공의 아내 역을 맡은 메릴린 차우와 황후 역을 맡은 루스 팰컨은 진저리 날 정도로 까다로운 음악을 어르고 달래는 솜씨가 함량미달이었다. 어떻게든 끝까지 완주하겠다는 결의 정도는 느껴졌지만 열정에 찬 확신은 느껴지지 않았다. 팰컨은 작년 메트에서 지글린데를 노래한 바 있는 메히틸드 게센도르프를 대신해 무대에 섰는데, 그녀의 음성은 슈트라우스의 조밀한 관현악 덩어리를 뚫을 만큼 날카로운 고음역의 힘을 갖추고 있음에도 불구하고 아무것도 표현하지 못하는 밋밋한 노래로 일관했다. 불운한 로베르트 슝크는 황제 역을 맡아 우스운 꼴만 간신히 면한 정도였는데, 그의 노래를 듣고 있으면 슈트라우스가 남성 성악가를 위한 작곡가가 아니라 소프라노를 위한 작곡가라는 사실을 뼈아플 정도로 생생하게 상기하지 않을 수 없었다.

〈그림자 없는 여인〉에는 탁월하게 아름다운 두 개의 패시지(passage)가 있다(극도로 브람스적인 어법을 겹치고 또 겹쳐서 표현한, 슈트라우스가 쓴 '행복한' 순간 중 최고라 할 만하다). 하나는 제1막 두 개의 장면 사이에 놓인 관현악 이행부이며, 다른 하나는 찬란함과 황홀한 영감의 지속이라는 면에서 바그너의 〈지그프리트〉 종막에 감히 비견할 만한, 바라크와 그의 아내, 황제와 황후가 부부의 화해와 화합을 노래하는 마무리 사중창이다. 제1막 간주곡은 두 번 다시 추억하거나 발전시키지 않을 음악을, 시키지도 않았는데 척척 만들어내는 슈트라우스의 능력을 잘 보여주며, 아련한 그 옛날의 삶—도회적이고 국제적이며 근면하고 어쨌든 좋았던 것 같은—에 대한 추억을 흡사 프루스트적으로 환기시키는 음악이다. 음악은 몹시 유럽적이고 질서정연하고 선율미도 풍성하며, 대량 생산된 장식용 소품보다는 수제 예술품을 떠오르게 하는 정서를 전달한다. 마지막 사중창에서 인간 행복의 가장 높은 준봉까지 오르고야 말겠다는 슈트라우스의 꺾이지 않는 일념은(메트의 겉만 번지르르한 싸구려 프로덕션은 이를 두 커플이 각자 험준한 정상 위에 아슬아슬하게 걸터앉은 것으로 묘사했다), 그가 호프만스탈과 함께 남긴 최상의 순간들, 이를테면 〈장미의 기사〉의 마지막 삼중창과 아리아드네의 도입 독백과 같은 순간들을 위해 따로 남겨두었던 솜씨 좋은 음악을 요약한 것과 같은 효과로 귀결되었다.

나이가 들면서 자신의 과거를 거듭해서 뛰어넘은(이는 믿을 수 없을 정도로 훌륭하게 보존되고 거의 일상적으로 재생된, 그의 재능이 가졌던 특별한 측면이기도 했다) 슈트라우스는 제2차 세계대전 이후에 쓰인 최만년의 음악에서 이와 같은 작법으로 회귀했다. 황혼의 황홀경에 접어든 작법이 대체로 긍정적인 방향을 향했기 때문인지는 몰라도, 〈오보에 협주곡〉과 〈메타모르포젠〉, 소프라노와 오케스트라를 위한 〈네 개의 마지막 노래〉 등에 담긴 인생을 정리하는 가을의 적막한 분위기 역시 바깥을 향하지도 않고, 자신의 이전 작품들에서 프로그램이나 텍스트를 잘못 해석하거나 불충분하게 해석한 바를 암시하지도 않으며, 듣는 이에게 모종의 부조화나 모순된 인상을 주지도 않는다. 그와는 반대로 음악의 절망적인 광휘는 모두 작곡가의 통제하에 놓여 있으며, 또한 자기의식적인 장식이 배제되어 있어, 정서적으로는 근엄하면서도 역설적으로 그 효과 면에서는 호화로운 음악이 되었다. 〈네 개의 마지막 노래〉는 슈트라우스가 가장 완벽한 형식을 실현한 작품이라고 나는 생각하고 있지만, 발음과 표현, 밸런스 문제에서 가수와 앙상블 사이에 잠깐의 머뭇거림만 있어도 전체 직조가 찢겨 시시하고 어색한 연주가 되고 말 위험이 있어 좀처럼 공연되지 않는 작품이다. 10월 28일, 그러니까 메트 무대에 〈그림자 없는 여인〉이 오르기 2주 전, 카네기 홀에서는 율리아

파라디가 〈네 개의 마지막 노래〉를 노래했다. 협연은 아르맹 조르당이 지휘하는 스위스 로망드 오케스트라가 맡았다. 그러나 파라디는 프로페셔널리즘의 이름에 갇혀 납작 엎드린 외경심을 결코 벗어던지지 못했고, 이는 넉넉한 여유를 가지고 자연스러운 연주를 펼친 조르당에 한참 미치지 못하는 부조화를 낳았다.

요제프 폰 아이헨도르프의 시에 붙인 마지막 곡 '황혼에'는 구구절절 애가풍(哀歌風)의 곡이지만, 그 마지막 가사인 "어쩌면 이것이 죽음일까"에서는 끝이라는 실제적인 현실에 대한 의뭉스러운 의심을 던지면서 열린 결말을 획책한다. 마치 이것이 죽음이 아닐 수도 있다는 듯이 말이다. 관현악 후주에서 슈트라우스는 6/4 페달 화음* 위로 선율을 이리저리 정성스레 매만지면서(이는 그가 가장 즐겨 사용했던 음악적 장치이기도 하다) 종결을 의도적으로 유예한다. 마무리를 지으면서도 슈트라우스는 꾸물대고 옆으로 슬쩍 비켜 회피하면서 조금만 더 오래 머물고 싶다고 말하는 것이다. 더 이상 할 말이 남지 않았음에도 결어를 맺지 않는 것, 이미 그 가능성을 탐진한 화성언어(和聲言語)의 숨은 가능성을 어떻게든 쥐어짜내려는 부질없는 시도, 자신의 음악이 처한 역사적 상황을 애써 외면하려 하지 않으면서도 동시에 시대착오적인 음악을 연거푸 극화한 고집 등은 공교롭게도 슈트라우스와 현대음악의 연결점이자, 현대음악 운동에 그가 묘한 방식으로 기여한 지점이기도 하다. 그는 자신이 타고난 풍성한 수단에도 불구하고 정밀한 경제적 미학을 지향했다. 슈트라우스가 자신이 창조하고 생애 마지막 날까지 붙들고 놓아주지 않은 후기낭만주의 세상의 국왕이자 유일 신민이 될 수 있었던 것은 바로 그 때문이었다.

---

* 음악의 종지형에서 사용되는 화음의 한 종류로, 으뜸화음의 제2전위형이 이에 해당한다. 가장 일반적이고 간단한 용례로는 6/4 페달 화음-딸림화음-으뜸화음이 있다.

바그너 그리고 메트로폴리탄 오페라의 〈반지〉*

올봄, 메트로폴리탄 오페라는 지난해에 이어 바그너의 〈니벨룽의 반지〉 사이클을 세 차례 거푸 무대에 올렸다[독일어 제목의 'Nibelungen'은 니벨룽족 전체를 가리키는 복수형이 아니라, 이 거대한 4부작의 서야(序夜)인 〈라인의 황금〉 제1막에서 황금 덩어리를 훔쳐내 그것으로 반지를 벼리는 니벨룽족의 난쟁이 알베리히를 가리킨다]. 일상적이고 안전한 선택에 중독된 오페라하우스가 그처럼 막대한 부담이 따르는 거대하고 별난 모험을 시도했다는 사실 자체가 기이하고도 예상치 못한 일인데, 어쨌든 사이클은 그렇게 시도되었고 게다가 무척 성공적으로 마무리되었다. 대부분의 공연이 매진 사례를 기록했고, 청중도 대체로 열광했으며, 공연 수준도 전반적으로 만속스러웠다. 작년보다 올해 사이클이 더 특기할 만했다는 것이 내 생각이다. 참고로 나는 두 해 모두 세 번 가운데 마지막 사이클을 가서 보았는데, 이들 무대는 제시 노먼이나 힐데가르트 베렌스 같은 스타가 등장하지 않은 2진급 캐스팅으로 진행되었음을 첨언한다.

그러나 프로덕션 자체는 동일했다. 지휘 역시 제임스 레바인이 24회 공연 모두를 책임졌으니 시간으로 환산하면 자그마치 약 432시간 동안 지휘했다는 의미가 되는데, 그야말로 쉽게 믿기지 않을 정도로 장시간의 공연을 소화한 셈이다. 〈반지〉는 공연이 쉽다거

* 《더 네이션》, 1990년 6월 18일.

나 '자연스러운' 작품이라고 절대 말할 수 없기 때문에, 그만큼의 시간을 견뎌낸 레바인의 지구력과 대체적인 성취만으로도 그가 이제는 무시하기 힘든 막강한 오페라 지휘자가 되었음을 방증한다고 하겠다. 또한 그 어디에도 무겁게 얽매이지 않은 채 수많은 무대를 오가는 여타 마에스트로들과 달리, 자신의 작업을 거의 전적으로 메트에 국한시키는 레바인의 집중력 역시 칭찬할 만한 일면이다. 지난 10년간 빼어난 객원 지휘자의 무대가 비교적 드물었던 것도 역시 레바인의 확고한 고집의 결과였으리라. 어쨌거나 레바인의 〈반지〉는 이제 CD 녹음도 막바지 단계에 접어들었다고 하고, 공영방송 PBS는 6월 18일부터 21일까지 나흘간 전체 사이클을 중계할 예정이라고도 한다.

모든 극적 측면에서 메트의 〈반지〉는 의도적이고 목적지향적으로 '전통적'인 노선을 취했다. 이 말이 무슨 뜻인고 하면, 전후(戰後) 바이로이트 프로덕션의 기조였던, 빌란트 바그너의 영향력 아래에서 배태된 앙상한 무대와 움직임을 절제하는 성악가들로 대표되는 근엄한 연출과는 거리가 멀었다는 것이다(《더 뉴욕 타임스》의 수석 음악평론가인 도널 헤너핸은 메트의 연출 방침을 쌍수를 들고 환영했다). 그런가 하면 스타급 연출가들이 작곡가가 남긴 생각의 재해석자를 자처하는, 이른바 피터 셀러스나 괴츠 프리드리히류의 기괴한 무대도 아니었다. 귄터 슈나이더-짐센이 무대 디자인을 맡은 메트의 〈반지〉는, 만약 바그너가 숲이나 강을 무대 배경으로 한다고 말했다면 그의 본뜻을 오로지 숲이나 강으로 받아들일 일이지 거기에는 그 어떤 상징적인 암시도 깃들어 있지 않다는, 지루한 논지에 근거하고 있었다. 오토 솅크의 전체 연출 역시 바그너가 1876년 독일의 부유층 관객을 염두에 두고 기획한 바를 따분하게 맹종하고 말았다.

그 결과, 실제 맥락이나 명확한 철학적 성명을 결락한, 다소 설익은 밥 같은 기묘한 연출 부족의 극적 경험이 빚어지고 말았다. 직해주의를 고집했다면, 〈지그프리트〉제1막 젊은 영웅의 반려동물인 곰은 바그너의 지시를 따라 등장시켜놓고, 왜 제3막 브륀힐데가 지그프리트에게 자기의 애마(愛馬) 그라네를 소개하는 장면에는 왜 말이 등장하지 않은 것인지 궁금해지지 않을 수 없다. 지그문트가 절명하는 〈발퀴레〉 제2막의 장면도 마찬가지다. 분명 바그너는 보탄으로 하여금 영웅의 죽음을 무대 반대편에서 응시하도록 하라고 구체적으로 지시해둔 바 있는데, 그걸 어겨가면서까지 보탄이 죽어가는 지그문트를 품에 안고 쓰다듬어서 무슨 특별한 극적 목적을 달성하겠다는 것인지 묻고 싶어진다. 세트 자체가 부적절하거나 판에 박은 듯 뻔한 건 아니었다(다만 〈신들의 황혼〉의 기비히 성이 무너져 내리는 장면에서 떨어져 나온 무대 일부가 브륀힐데에게 부상을 입히는 사고가 일어나는 바람에, 내가 본 사이클에서는 스타 힐데가르트 베렌스가 전혀 출연하지 못했다). 어디 하나 흠잡을 데 없이 무난하긴 했으나, 구식이 되어버린 초창기 세트 스타일을 되살린 선택은 원작자인 바그너를 환기하기보다는 20세기 후반의 오페라하우스가 19세기 걸작을 무대에 올리는 올바른 방법에 대한 현재진행형의 격론을 떠오르게 했다. 격론 참전의 마수걸이로서 메트의 〈반지〉는 마치 인류학자들이 〈코난〉 영화를 원시 부족 습성 연구 토론회의 기조 발제 자료로 이용하는 것만 같은 인상을 줬다.

그러나 관객이 얻어간 음악적 만족은 결코 하찮거나 사소하지 않았다. 이는 〈반지〉라는 작품이 워낙 좀처럼 접할 기회가 허락되지 않는 대작이기 때문이기도 하고, 제아무리 단세포적인 프로덕션이라 하더라도 그것이 조금씩 개화(開花)해가는 것을 목도하는 것은 대단히 강력한 미적 경험이 되기 때문이기도 하다. 바그너가 1840년 후반에 착상한 4부작을 마침내 완성한 것은 1874년에 가서였다. 〈지그프리트〉가 채 완성되기 전에 〈트리스탄과 이졸데〉와 〈뉘른베르크의 명가수〉가 끼어드는 바람에 한동안 펜을 놓아야 했기 때문이다. 〈라인의 황금〉(4부작의 전주곡 격인 단막 작품), 〈발퀴레〉,

〈지그프리트〉, 〈신들의 황혼〉으로 이루어진 4부작 전체의 초연은, 뮌헨 북쪽 바이로이트라는 작은 마을에 바그너가 자신의 '음악극' 공연을 위해 특별히 건설한 축제극장에서 1876년 거행되었다. 이 무렵 바그너는 유럽 문화에서 가장 영향력 있는 인물 가운데 하나로 이미 올라선 상태였다. 그는 어쨌든 절제를 몰랐고 모순적이었으며, 대단히 막강한 힘을 가졌고 또 부유했다. 바그너는 시인이자 혁명가였으며, (1847년 드로이센이 번역한 비극 삼부작 『오레스테이아』를 읽은 뒤) 고대 그리스 문화를 되살려 세상을 새롭게 열겠다는 소명을 스스로에게 부여했다. 그는 음악가로서 베토벤을 숭배했지만 그 경외심에 묶이지 않고 베토벤을 넘어서겠다는 포부를 품었으며, 또한 그가 속한 시대의 음악적 관행을 무너뜨린 새로운 화성적·극적 구조를 설계했다. 바그너는 또한 병적으로 자기중심적인 인물이어서, 작곡가로서 성장하기 위해 코지마와의 관계를 이용했고(코지마는 작곡가 리스트의 딸이자 위대한 피아니스트 겸 지휘자인 한스 폰 뷜로의 아내였다. 뷜로는 아내를 바그너에게 빼앗긴 이후에도 바그너의 헌신적인 옹호자로 남았다), 그러면서도 동시에 다른 여인들에게 어지러이 의존해가면서 때로는 가학적인 관계를 이어가기도 했다. 그는 대단한 선견지명을 가진 심리학자이기도 하여, 인간사를 수놓은 엄청난 규모의 힘뿐만 아니라 가장 어두운 내밀함까지 이해하곤 했다. 바그너는 히틀러가 가장 좋아했던 작곡가였지만(여기에는 바그너가 노년에 접어들면서 극렬 반유태주의자, 광신적 애국주의자가 되었던 사실도 어느 정도는 영향을 미쳤을 것이다), 또한 20세기의 선진 음악에 가장 큰 족적을 남긴 작곡가이기도 했다.

바그너는 현대 서구문화 거의 전반을 걸터듬고 있어서 지금까지도 온전히 이해하기가 거의 불가능한 작곡가다. 바그너는 오페라라는 장르 재건에 꾸준한 관심을 두었고(그는 오페라의 신용 하락이 이탈리아인들 탓이라 여겼다), 카를 달하우스가 지적하였듯이 인종과 문화, 철학, 미술, 역사에 대해 그가 정립한 이론들에 앞서는 것이 또한 그의 오페라에 대한 관심이었다. 그는 음악극에 자신의 희망을 걸었고, 음악가 및 대본작가, 무대 디자이너, 자금 조달자, 역사가, 정치가, 철학적 선각자로서의 재능과 흥미를 모두 음악극에 쏟아부었다. 아도르노는 젊은 시절 집필한 책에서 바그너가 가졌던 야망이 너무도 난삽했다고 가차 없이 깎아내리면서, 막대한 재능에도 불구하고 바그너는 20세기 제국주의와 공포정치의 전조가 되었다고 비판한 바 있다. 〈니벨룽의 반지〉는 바그너의 작품 중 단연코 가장 어마어마한 규모다. 남다른 기량을 갖춘 지휘자와 대규모 오케스트라가 필요할 뿐만 아니라, 개별 아리아와 레치타티보의 묶음이 아니라 작곡가의 표현대로 '무한 선율' 형식을 따르는 복잡하고 위험한 음악을 다뤄낼 수 있는 깜냥을 갖춘 성악가도 서른 명 정도는 요구된다. 악보에는 고전시대의 교향악적 형식 대신 (칼, 영웅, 저주, 구원 따위를 상징하는) 유도동기(leitmotif)라 불리는 서로 연관된 주제들이 거미줄마냥 얼키설키하다. 유도동기는 분위기와 사물, 캐릭터는 물론이요 심지어는 그것들이 상황에 따라 변화하는 양상마저 표현할 뿐만 아니라, 전체를 아우르는 음악적 구조를 제공하기도 한다. 바그너의 기법은 무척이나 유연하고 창의적이어서, 100개 남짓 되는 모티프가 끊임없이 변화하며 〈반지〉의 악보 전체를 사실상 구성하고 있다고 해도 조금도 지나친 표현이 아니다. 바그너 본인의 말처럼 그는 "무대 위에서는 극적 완벽함"을 달성코자 했으며 동시에 "오케스트라 피트에서는 끊임없이 이어지는 교향곡"이 들려오길 도모했던 것이다.

〈반지〉는 바그너의 역사관을 드러낸 대작이다. 관객은 벨리니나 베르디의 작품을 보고 즐기듯 〈반지〉에 접근해선 곤란하며, 무엇보다 사이클 전체를 보고 들으려면 꼬박 나흘을 견뎌야 한다. 무대 위 사건에 대한 꽤나 면밀한 사전 지식이 없이는 극의 흐름을 따라가기도 난망하다. 원어인 독일어를 이해하지도 못하고 완전한 이해를 위한 공부를 할 여유도 없는 요즘 관객이 과연 극의 흐름을 얼마나 따라잡을 수 있을지 나는 회의적인 입장이다. 극의 이야기를 한 마디로 압축하자면 혈육지간 쇠망사의 19세기식 확장판 정도가 되겠다. 이야기는 시간을 초월한 영역에서 시작되어(〈라인의 황금〉), 바그너 본인도 그 의미를 확신할 수 없었던 대재앙의 파국적 역사로 마무리된다(〈신들의 황혼〉).

오스트레일리아 출신의 코미디언 애나 러셀은 〈반지〉를 기발하게 희화화하곤 했다. 끊임없는 반복, 기회가 생길 때마다 앞선 줄거리를 요약해야만 직성이 풀리는 원작자의 못 말리는 성향, 있음직하지 않은 상황과 반쯤은 제정신이 아닌 분위기를 강조하면서 말이다 (그러나 과장은 심하지 않았다). 바그너는 정말이지 패러디의 대상이 되어도 마땅한 존재다. 잠시도 가만히 있지 못하는 역동적인 천재였던 그는 온 세상을 자신의 강점과 약점으로 채워지는 공간으로 바라보았다. 〈반지〉 4부작은 바그너의 강점과 약점을 '바그네리언' 특유의 서사시적인 지평으로 확장한 작품이라 해도 과언이 아니다. 그러나 〈반지〉는 수많은 모순으로 점철되어 있기도 한데, 그러한 모순의 존재는 20년간 4부작을 붙들고 어떻게든 탈고하려 했던 바그너의 분투와 그 과정 속에 수없이 명멸했던 변심들을 증언한다. 그리하여 바그너의 또 다른 자아 가운데 하나인 보탄은 제우스처럼 근엄한 모습이다가 또 한편으로는 줏대 없고 탐욕스러운 아버지 신의 모습이기도 한 것이다. 보탄은 세 번 결혼했고 그 가운데 두 번은 근친상간이었다. 대모지신(大母地神) 에르다와의 사이에서는 브륀힐데를 필두로 한 발퀴레 여전사들이 태어났고, 결혼의 여신 프리카는 보탄의 아내이기 이전에 그의 누이였다. 보탄은 신원불상의 어느 여인과도 정을 통해 벨중족의 쌍둥이 지그문트와 지글린데를 생산케 한다. 〈반지〉는 북구 신화와 독일 신화의 혼성물로서, 보탄이 자신이 선택한 아리안 민족의 영웅들이 통치하기로 되어 있던 자연계에 간섭함으로써 인간 패권이 상실되기 시작했다는 19세기 후반의 우울한 주제를 부각시킨다.

〈라인의 황금〉의 막이 오르면 거대한 사건의 상징적 기원이 발생한다. 추한 몰골의 니벨룽족 난쟁이 알베리히가 라인의 처녀 셋이서 지키고 있던 강물 속의 금덩이—이것이 바로 '라인의 황금'이다—를 훔쳐내는 원죄를 저지른다. 그는 사랑을 포기한 대가로 금을 얻고, 이 금으로 무한한 힘을 품은 반지를 벼린다. 보탄은 거인 형제 파졸트와 파프너에게 팔할라 성을 지어주면 그 대가로 아내 프리카의 여동생 프라이아를 주겠다고 약속한 상태다. 그러나 거인 형제에게 프라이아를 내어주기가 어렵게 되자 보탄은 속임수와 불의 신 로게를 이용해 알베리히에게서 뺏은 반지를 파졸트와 파프너에게 공사 대금으로 대신 건넨다. 알베리히는 반지에 저주를 내리고, 반지의 사악한 힘이 마침내 마각을 드러내면서 파프너는 형 파졸트를 때려 죽이고 만다. 〈라인의 황금〉마지막에서 신들은 팔할라에 입성하지만, 이미 그들의 삶과 지배력은 인간, 난쟁이, 거인 들의 음모와 계책에 얽혀들어간 뒤다. 그 끝에는 오로지 세상의 파멸만이 있을 뿐인 것이다.

이어지는 세 편의 오페라에서 우리는 보탄의 쌍둥이 자식인 지그문트(바그너의 또 다른 자화상이다)와 지글린데의 친족상간 러브 스토리가 비극을 향해 치닫는 과정을 보게 된다. 지그문트는 자신의 천하무적 마검(魔劍) 노퉁에도 불구하고 결투에서 숨을 거둔다. 지글린데는 아이를 가진 채 보호자를 잃고 버려진다. 브륀힐데는 훈딩(지글린데의 끔찍하도록 잔인한 남편)으로부터 지그문트를 구하려 애쓰다가 아버지 보탄의 노여움을 산다. 보탄은 로게를 시켜 바위산 위에 마법의 불을 지피게 한 뒤 그 안에 브륀힐데를 가두어 영원한 잠에 빠지게 한다. 두려움을 모르는 영웅이 불꽃 속으로 걸어 들어와 그녀를 차지할 때까지 브륀힐데는 불의 보호를 받게 된다. 보탄은, 관례적인 결혼 절차를 뒤흔든 쌍둥이 남매에게 발끈한 프리카의 눈치를 보다가 지그문트를 사실상 희생시킴으로써 이미 주신(主神)으로서의 체면이 많이 깎인 상태다. 이는 기존 사회가 바그너의 담대한 천재성에 대한 대가를 항상 요구해왔음을 은유적으로 표현하는 것이기도 하다. 지그문트가 죽고, 보탄은 가장 아끼는 딸이자 축복과 저주를 한 몸에 짊어진 브륀힐데에게 절절한 작별의 노래를 바치며 〈발퀴레〉는 마무리된다. 〈발퀴레〉는 4부작 가운데 가장 다가가기 쉬운 작품이기도 하다.

세 번째 음악극 〈지그프리트〉에서 우리는 알베리히의 동생인 미메가 지글린데가 죽기 전에 낳은 아들 지그프리트(그 역시 브륀힐데가 구한 셈이다)를 길러왔음을 알게 된다(지그프리트 역시 바그너가 스스로를 이상화해서 표현한 인물이다). 지그프리트는 미메를 싫어하지만, 두 동강 난 지그문트의 마검 노퉁을 다시 이어붙이기 위해서는 대장장이인 그의 도움이 필요해 미메 곁에 붙어 지낸다. 애꾸눈 주신 보탄이 이번에는 '방랑자'로 다시 등장하는데, 자신이 짊어져야 할 고통을 조금도 덜지 못한 채 영원히 지상을 헤매는 행색이다. 마침내 노퉁을 한 조각으로 이어붙인 지그프리트는 파프너의 동굴로 달려간다(거인 파프너는 용으로 변신해 황금을 깔고 앉은 지 이미 오래다). 그곳에서 지그프리트는 파프너를 척살하고, 도무지 믿을 수 없는 미메까지 함께 죽인다. 황금을 손에 넣은 지그프리트는 보탄의 충고를 무시하고(한때 보탄이 자신의 아버지의 경고를 묵살했듯이) 브륀힐데가 잠들어 있는 바위산 정상을 향해 오른다. 지그프리트가 브륀힐데를 깨우며 내뱉는 대사는 오페라 장르 전체를 통틀어 가장 익살맞다. 이 투박하고 오만한 젊은이는 잠들어 있는 여전사를 내려다보며 "남자가 아니잖아!" 하고 외치는 것이다. 잠에서 깬 브륀힐데와 지그프리트는 격렬히 포옹하고 그 자리에서 부부가 된다. 〈지그프리트〉는 이렇게 마무리된다. 〈지그프리트〉는 4부작 중 인기가 가장 낮지만 내 견해로는 4부작 가운데 작법이 가장 빛나는 작품이며 또한 가장 복잡한 작품이기도 하다.

〈신들의 황혼〉은 사이클 가운데 가장 길고 또한 전통적인 의미에서 오페라에 가장 가까운 작품이다. 막이 오르면 지그프리트가 모험을 찾아 브륀힐데(인간과 맺어짐으로써 신의 불멸성을 잃었다)를 떠난다. 그는 우연히 기비히 성을 발견하고, 하겐(알베리히의 아들이자, 기비히의 지배자로 군림하는 군터·구트루네 남매와는 이복 간이다)이 준 미약(媚藥)을 먹고 구트루네와 사랑에 빠지고 만다. 지그프리트는 다시 브륀힐데에게 돌아가 몰래 반지를 훔쳐내고, 군터에게 브륀힐데를 선물로 건넨다. 분노한 브륀힐데는 무적처럼 보이는 지그프리트지만 등을 칼로 내리치면 죽일 수 있다는 비밀을 하겐에게 털어놓고 만다. 하겐의 일격에 지그프리트는 숨을 거두고(바그너는 그의 죽음에 맞추어 장엄한 장송음악을 써 붙였다), 뒤늦게 잘못을 뉘우친 브륀힐데는 지그프리트의 시신이 타고 있는 장작더미에 올라 스스로 분신 희생한다. 장작더미의 불길은 온 세상을 뒤덮고, 심지어는 팔할라 성마저 무너뜨린다. 동시에 라인강이 범람하며 성의 잔해를 뒤덮는다. 반지는 다시 라인의 처녀들에게로 돌아가고, 끝까지 반지를 탐하는 하겐은 소용돌이 물살 속에 수장되고 만다. 구원의 카타르시스를 느끼게 하는 장엄한 음악이 극도로 파괴적인 재앙을 압도하는, 바그너 특유의 역설 속에 사이클은 마무리된다.

무지막지한 길이도 길이거니와 일편단심 장대미를 추구했다는 점에서 〈반지〉 사이클과 어깨를 나란히 할 음악은 없다—바그너는 이 거대한 작품의 세부 하나하나를 결정하고 다듬는 과정에서 발휘해야 했던 거의 변태적인 인내심이 흡사 보석 세공사의 그것과 마찬가지라고 말한 바 있다. 작품의 어마어마한 음악적 구조의 모든 세부에서는 기나긴 서술적 시퀀스를 유지해가는 바그너의 천재성이 완연히 드러난다. 또한 '발퀴레의 기행'과 '마법의 불', '라인강 여행', '지그프리트의 장례식'과 '브륀힐데의 마지막 희생' 장면에 쓰인 관현악과 합창 음악 세트 피스는 기나긴 음악극의 요긴한 표지석 역할을 하기도 한다. 한마디로 〈반지〉는 황홀한 작품이며, 바이로이트는 물론이고 청중 동원력이 어느 정도 되는 극장에서는 계속해서 무대에 올려질 것이다. 다만 정녕코 뛰어난 바그네리언 성악가들의 품귀 현상이 심각하다는 점이 뼈아프긴 하지만 말이다.

요즘은 비르기트 닐손 같은 브륀힐데도 없고, 라우리츠 멜히오르처럼 지그프리트를 장쾌하게 불러 젖힐 수 있는 헬덴테너*도 귀하며, 한스 호터처럼 장엄한 권능과 너무도 인간적인 혼란 및 슬픔을 겸비한 보탄을 적절히 연기해낼 수 있는 성악가도 드물다(그래도 메트의 제임스 모리스는 그럭저럭 믿을 만한 수준은 됐다). 바그너의 〈반지〉는 그저 바그너에 대한 작품에 그치는 것이 아니라 자유의지와 결정론 사이의 양가적 관계, 또한 사회 통념에 어긋나는 정념과 '정상적'인 정념 사이의 전 우주적 관계에 대한 이야기이기도 하기 때문에, 세상을 품을 듯한 스케일로 까다로운 지점들을 헤쳐나갈 수 있는 든든한 성악가가 필수적이다. 따라서 막강한 성악가 진용을 갖추지 못한 오페라단이 〈반지〉 사이클을 시도할 경우에는 부득불 그들이 가진 다른 강점들을 부각시키는 방향으로 노선을 잡아야만 하는 측면도 있다. 이를테면 관객의 시선을 강탈하는 세트 디자이너를 고용한다든가, 지극히 음흉하고 위협적인 알베리히를 연기할 수 있는 성악가를 구한다든가, 제일급 오케스트라에 집중한다든가 하는 식이다(피트 오케스트라의 빼어난 연주는 모리스가 노래한 보탄과 함께 메트의 이번 공연이 가진 각별한 미덕이었다).

그러나 (어떤 면에서는 디킨스나 발자크의 소설과도 닮아 있는) 냉혹하고 무자비한 극의 서사 진행에도 불구하고 〈반지〉는 실상은 과거로 돌아감에 대해 이야기하는 작품이며, 또 한편으로는 끝내 완성된 적이 없는 작품이기도 하다. 프루스트는 〈반지〉의 통일성이 "작품을 다 듣고 난 후에 거꾸로 회고해 올라감으로써 비로소 밝혀진다"면서 누구보다 명철한 생각을 표명하기도 했다. 작곡 과정도 그랬다. 지그프리트의 죽음에서 시작하여 한 발자국씩 거슬러

---

* 힘찬 박력, 풍성한 음량을 요하는 배역에 능한 테너. 바그너의 지그프리트가 대표적인 헬덴테너 배역이다.

올라가 결국에는 모든 것들의 기원이 되는 라인강 이야기까지 되짚었다. 거기까지 해놓고 나서야 모든 것의 절멸과 구원적 사랑의 재확인, 옛 질서의 소멸을 향해 다시 차근차근 전진했던 것이다. 자신이 모방코자 했던 아테네의 비극 작가들과는 달리, 바그너에게는 『오레스테이아』나 테베 연극의 결미에 묘사되는 사회 전체의 카타르시스적 회춘에 공감해줄 사회적·정치적 공동체가 없었다. 그래서 바그너는 보편적인 예술작품에서부터 바이로이트에 건설한 왕국까지 자신의 자아로부터 비롯된 모든 것을 손수 마련해야 했다. 따라서 그의 작업은 구조를 매만지고, 잘못된 곳을 손보고, 다시 해석하는 일의 연속이었고, 이는 다시 말해 작품의 첫 단추부터 모든 것이 아귀가 맞아떨어지게 하기 위한 노력의 일환이었다. 〈반지〉에 등장인물이 넘쳐나는 것도, 또 마치 바그너 본인이 그러하듯 등장인물 각각이 저마다 이야기를 하고 또 하고 하는 것도 바로 그 때문인 것이다.

이러한 서사 낭송은 채권자와 악의적 소문에 둘러싸인 자신의 처지―에마 보바리가 처했던 곤경과 유사한―에 질서와 평안을 가져오고자 했던 처절한 충동의 직접적인 증거가 되기도 한다. 라인의 처녀들부터 로게, 에르다, 지그문트까지 거의 모든 등장인물이 전하는 각자의 이야기는 다른 이야기들을 떠밀치며 앞으로 나오려 하고, 오케스트라는 모든 이야기들을 품어냄으로써 서사 가운데 서사로 우뚝 선다. 서로 쟁투하는 이야기들과 권력 지향적인 등장인물들은, 〈반지〉의 단단하고 육중한 외관의 중심에 금방이라도 끓어 넘칠 솥단지처럼 박혀 있는 불안정성을 상징한다. 꿈과 권력을 지어내고, 있는 힘을 다해 최대한 버티고, 다른 이들을 지배하려 꾀하라. 이것이 〈반지〉라는 작품을 졸이고 또 졸이면 드러나는 핵심이며, 알베리히와 보탄, 훈딩과 하겐, 지그프리트와 난쟁이 미메의 책략이 공히 지향하는 바다. 각각의 삶의 항로는 마치 서로 갈마드는 음악처럼 다른 삶의 항로를 촉발한다. 결코 해결이 불가능한 그들 사이의 다툼은 오로지 이리 짜고 저리 짜는 판에 의해 양상이 변모할 뿐이다. 마치 권력과 자본 추구에 대한 노력이 영속하는 것처럼 말이다. 바그너는 교향악의 발달과 부르주아 경쟁 사회의 발달 사이의 놀라운 유사성을 온전히 간취했던 것이다.

따라서 〈반지〉를 극적·음악적으로 구현하기 위해서는, 오페라 하우스를 미적인 것과 정치적인 것 사이의 유사점을 나타내는 공간으로 사용코자 했던 바그너의 의도에 담긴 인위성과 현시성(顯示性)을 강조하는 것이 마땅하다. 덧붙여, 관객 역시 상이한 두 영역을 접붙인 바그너의 음악적 포괄성에 담긴 혁명적 자질을 인지해야 마땅하며, 또한 믿을 수 없을 정도로 유연하고 창의적이며 개성적인 웅변과 선율에 붙은 두운체(頭韻體) 텍스트에도 주의를 기울일 필요가 있다. 바그너가 자신의 가장 위대한 걸작을 두고 "음악 행위를 눈에 보이도록 구현한 것"이라고 말한 의미는, 〈반지〉라는 작품이 소나타 형식이나 고전 론도 형식으로는 언감생심 꿈조차 꾸지 못할 방식을 통하여 자신이 속한 시대의 경쟁적 에토스를 심리적으로 그리고 교향악적으로 일별하기 위해 지속적인 노력을 기울인 데 따른 산물이었다는 것이다. 〈라인의 황금〉에서 보탄과 알베리히가 주고받는 열띤 대화나 〈발퀴레〉에서 보탄과 브륀힐데가 나누는 대화에서는, 진퇴양난에 번민하는 이중 구속과 책임 전가 등 프로이트를 내다보게 하는 심리학의 단초가 놀랍다. 바그너의 등장인물들은 무엇보다 자기의식이 확고한 이들이며, 그런 면에서 그와 동년배인 베르디와 한 세대 아래인 푸치니의 작품에 등장하는 캐릭터들의 자기의식을 결여한 열변과 잔혹성과 사뭇 대비된다고 하겠다.

간단히 말해 바그너가 표방한 양식과 세계관은 울퉁불퉁하고 모순적이며 몹시 즉흥적이다. 오늘날 바그너의 작품을 흡족하게 공연하기 위해서는 소심함이나 성실함보다는 오만함과 당당함이 필요하다. 〈반지〉 역시 별나면서도 총체적인 비전이 요구되는데, 최근 파트리스 셰로나 괴츠 프리드리히가 보여주었던 무대가 그 좋은 사례라 할 법하다. 반면 메트의 해법은 날짜 칸을 적지 못하고 미적대는 초대장 같았다. 파티는 끝도 없이 연기되는데 손님들은 불러놓고 어쩌지를 못하는 꼴이다. 따라서 메트 프로덕션의 가장 취약한 지점은 생각 없는 구태의 반복 혹은 고의적인 무의미성 정도로 요약할 수 있다. 〈라인의 황금〉에서 레바인의 보폭은 어처구니없을 정도로 느리고 질질 끌면서도 묘하게 느긋해 보였다. 극적으로 중대한 순간들도—보통 줄리언 패트릭이 노래한, 목소리 가늘고 딱히 특출하지 못했던 알베리히가 등장하는 장면이 많았다—충분히 방점을 찍지 못한 채로 지나가고 말았고, 극적으로 내세울 바가 빈약한 순간들은 지루해서 하품이 날 정도로 느리게 처리되었다. 알베리히의 음악은 거북할 정도로 날카롭고 성악적으로도 비비 꼬여 있기 때문에 예리한 억양 구사와 확고한 리듬감이 필수적이다. 이를테면 라인 처녀들의 뒤를 쫓으며 희롱하는 장면에서처럼 말이다. 그러나 레바인의 지휘는 바닷가를 산책하듯 느긋했다. 이는 지그프리트 예루잘렘이 영리하게 노래한 로게 역에 붙은 음악에서도 마찬가지 패착으로 귀결되었다.

〈발퀴레〉에서는 연주가 다소 나아졌지만 지글린데가 지그문트에게 물을 먹이는 장면에서 첼로 파트의 지나친 감상주의는 나쁜 징조처럼 다가왔다. 내가 몇 년 전 이 지면에 기고한 글(1986년 12월 6일자, '음악'란*)에서 썼듯이, 스코어를 대하는 레바인의 자세는 줏대 없이 단속적(斷續的)이다. 마치 전체적인 독해 노선을 결정할 시간이 모자랐다는 듯이 말이다. 이따금씩 균형감을 상실한 듯 시끌벅적해지는 대목(이를테면 〈신들의 황혼〉의 장송음악 같은)은 연이은 공연에 따른 피로감뿐만 아니라 금관군과 목관군으로 하여금 목청껏 소리 내도록 내버려둔 개념 부재를 고스란히 나타냈다. 여러 실망스러웠던 성악가 가운데서 가장 슬펐던 것은 〈라인의 황금〉과

* 「〈발퀴레〉, 〈아이다〉, 〈엑스〉」라는 글로, 이 책 67~77쪽에 수록되어 있다.

〈발퀴레〉에서는 프리카를, 〈신들의 황혼〉에서는 발트라우테를 노래한 크리스타 루트비히였다. 그녀는 한때 브륀힐데를 소화해낼 정도로 풍성하고 어두운 소프라노 음성을 가지고 있었고(1967년 시카고 심포니와 함께 〈신들의 황혼〉 마지막 희생 장면을 대단히 총명하게 해석해낸 루트비히의 노래를 나는 들은 바 있다) 그 이후로도 깨끗한 발음과 자연스러운 프레이징 솜씨를 갖춘 영리한 가수로 남았지만, 목소리만큼은 내세울 게 없게 되고 말았다. 〈라인의 황금〉의 정열적이고 정력적인 '보탄 여사님' 역할이나, 〈발퀴레〉의 학대에 따른 분노를 풀 방도가 없는 기혼녀 역할이나, 〈신들의 황혼〉의 비극적인 발트라우테 역할 모두가 루트비히의 가늘고 이따금씩 삐걱대는 소프라노 음성의 희생양이 되었다.

제임스 모리스는 안락하고 고결한 레가토 음성과 율동적인 무게감을 갖춘 거동을 겸비해 보탄이라는 배역이 품은 남다른 풍성함을 아낌없이 보여주었다. 〈라인의 황금〉에서 모리스는 레바인의 느린 템포 때문에 고전하기도 했다. 그러나 어느 한구석도 만족스럽지 못했던 윌리엄 존스가 노래한 지그프리트와 대면한 〈지그프리트〉의 마지막 등장 장면에서는, 자신이 우리 시대 가장 존경받을 만한 보탄 가운데 한 명이자 주로 유럽에서 활동하는 로버트 헤일에게 필적할 만한 성악가임을 입증해 보였다. 지그문트 역을 맡아 짧지만 압도적인 존재감을 과시하면서 역설적으로 지그프리트를 소화할 수 있는 역량을 갖춘 성악가의 부재를 부각시킨 게리 레이크스를 제외하면, 〈반지〉 사이클 후반부의 성패가 달려 있다 해도 과언이 아닌 헬덴테너 배역들은 조금도 만족스럽지 못했다. 예루잘렘은 〈신들의 황혼〉에서 지그프리트로 등장해 우리로 하여금 윌리엄 존스의 지그프리트를 다시 한 번 견뎌야 하는 고초만은 면하게 해주었지만, 그로써 바그너가 염두에 두었던 〈지그프리트〉와 〈신들의 황혼〉 사이의 연결고리는 단절되고 말았고, 게다가 예루잘렘은 엄혹한 지그프리트 배역이 요구하는 영웅적인 음량도 가지고 있지 못했다. 그러나 예루살렘은 비록 영웅처럼 들리지는 않을지언정 최소한 영웅처럼 보이기는 하는, 수완 좋고 기민한 예술가인 점만큼은 틀림없는 사실이다. 파프너와 훈딩, 하겐으로 분한 마티 살미넨은 육중한 풍채에서 어마어마한 악의 기운을 뿜어냈고 음성 또한 어두운 위협성으로 가득했다. 미메 역의 호르스트 히스터만은 이해가 빠르고 정확한 모습이었지만, 한 세대 전 게르하르트 슈톨체가 선보였던 사이코패스적 차원은 보여주지 못했다.

 마지막으로 브륀힐데 역을 맡은 구드룬 폴케르트에 대해서 이야기할 차례다. 요즘은 어디를 둘러봐도 일급 브륀힐데는 찾기가 힘든 것이 사실이다. 연기가 좀 된다고 해서 힐데가르트 베렌스가 브륀힐데에 적격이라고 믿는 사람들의 생각도 내가 보기엔 틀렸다. 베렌스의 노래는 노력 점수는 높게 매겨도 아깝지 않으나, 실제 소리는 기본적으로 흠결이 있고(어떤 사람들은 심지어 구제불능의 엉망이라고까지 한다) 전체적인 효과 또한 단연코 함량미달이라는 것이 내 시각이다. 나는 베렌스가 연기에 능한 가수라는 인상을 받은 적이 한 번도 없으며, 바그너 역할에서도 귀네스 존스가 이따금씩 보여주곤 했던 이지적이고 내향적인 해석에 필적할 만한 수준에 이르지 못했다. 요즘은 우테 핀칭과 제닌 알드메이어가 그나미 브륀힐데로 평판이 나 있는데, 그들 역시도 요망 수준에는 한참 미치지 못한다. 베렌스, 핀칭, 알트메이어가 닐손이나 플라그스타와 같은 일급 브륀힐데가 되지 못하는 결격 사유는 부족한 음량과 기대 이하의 소리 품질이다. 그러니 폴케르트가 틈입한 영역은 이미 큰 기대를 하기 힘든 상태였다. 베렌스가 토요일 밤에 불의의 부상을 당하자 당장 어디서라도 브륀힐데 역을 맡을 소프라노를 구해 다음 주 화요일 공연에 대비해야 했다(그리고 나중에 밝혀진 것처럼 대타 가수는 목요일과 토요일 공연까지 책임져야 했다). 긴급 투입된 폴케르트의 용기만은 인정한다. 다만 그녀의 목소리는 기대를 십분 충족하진 못했다. 음량은 평균 수준이었고, 중음역대는 훌륭했지만 표현력이 심심한 것이 아쉬웠다(고음역대는 날카롭게 뻑뻑대는 경향이 있었다). 즉석 제안을 받아들여 몸과 목에 익숙지 않은 프로덕션에 투입된다는 것만으로도 이미 쉽지 않은 일인데, 하필이면 배역 또한 사실상 오페라 장르 전체를 통틀어 가장 까다롭고 긴 소프라노 배역이었다. 그런데도 단 한 차례의 큰 사고도 없이 소화해냈으니 그것만으로도 무척 인상적인 성취였다고 하겠다. 폴케르트는 〈발퀴레〉에서는 활기가 넘치면서도 부드러웠고, 〈지그프리트〉에서는 주체할 수 없는 생기를 뿜냈으며, 〈신들의 황혼〉에서는 꾸준하면서도 정밀했다(굳이 세 번의 브륀힐데 가운데 우열을 매기자면 〈신들의 황혼〉 쪽이 가장 설득력이 부족했다). 반면 제시 노먼 대신 지글린데로 투입된 소프라노 한나 리소프스카는 도무지 적임이라는 인상을 주지 못해서 상대적으로 폴케르트의 빼어난 존재감을 부각시키는 제물이 되었다. 브륀힐데라는 배역을 현란한 꾸밈 없이 믿음직하게 뚫어낸 폴케르트의 노래와 연기는 메트로폴리탄의 〈반지〉 프로덕션의 전체적 기조—뉴욕 관객(그리고 텔레비전 시청자)이 4부작을 구성하는 서사와 음악의 연쇄를 있는 그대로 경험할 수 있도록 일단 가장 기본적인 방식으로 선보인다는 의도—를 상징하는 인장(印章)이기도 했다. 역시 무대에는 자막이 지원되지 않았지만, 그래도 이번 공연만큼은 텍스트에 대해 상세한 지식을 갖추지 못한 관객까지도 큰 어려움 없이 무대를 따라갈 수 있었으리라 생각한다. 바그너의 천재성이 빚은 남다른 호전성과 아름답고 열정적인 힘을 이해하고, 작곡가가 연주자와 관객에게 나란히 짊어지운 비이성적인 요구 사항을 느끼고, 그가 요망하는 음악적·이지적 차등 이해를 수행하고, 그가 자신의 음악을 통해 예측한 훗날의 음악을 간취하기에는 부족함이 없는 무대였다.

오페라 프로덕션: 〈장미의 기사〉, 〈죽은 자의 집으로부터〉, 〈파우스트 박사〉*

카를로스 클라이버는 지난 가을 메트로폴리탄 오페라(메트)에서 〈장미의 기사〉를 고작 일곱 차례만 지휘하고 돌아갔지만, 그래도 충격적인 인상을 남기기에는 모자람이 없었다. 〈장미의 기사〉는 리하르트 슈트라우스의 작품 가운데 가장 인지도가 높은 오페라일 뿐만 아니라 관객의 구미에 가장 맞는 작품이기도 하다. 빈을 배경으로 펼쳐지는 무대, 매력적인 왈츠들, 중년 여인과 청년 사이의 달콤쌉싸름한 로맨스, 그리고 무엇보다 호프만스탈이 쓴 대본과 합이 꽉 맞아 돌아가는 음악의 무해하고 수다스러운 활력 등의 요소는 메트가 〈장미의 기사〉라는 작품을 그들의 운용 레퍼토리 최전선에 배치하는 이유가 되어왔다. 질릴 만큼 들었다고 해도 좋을 스코어가, 그러나 클라이버의 손에서는 놀랍도록 신기한 변신을 이뤄냈다. 그처럼 총기 있고 사려 깊은 오페라 지휘를 접할 기회가 지극히 드물다는 것이 울적한 현실이다. 클라이버는 그 어느 악절 하나도 판에 박은 듯 무심하게 지나치지 않았고, 슈트라우스의 굽이치는 선율선을 굴절시키고 모양을 잡으면서 실제로 만들어가는 솜씨에는 과장이나 억지, 야단법석의 흔적은 조금도 찾을 수 없었다. 찰스 로젠은 그의 저서 『고전 양식』에서 하이든의 스타일을 상냥하게 주고받는 대화와 같다고 쓴 바 있는데, 클라이버의 지휘는 바로 그런 의미에서 매

* 《더 네이션》, 1991년 1월 7일.

우 하이든적인 효과를 품고 있었다. 그의 지휘는 스코어와 듣는 이에게 모두 말을 거는 듯한 느낌이 역연했다. 스코어를 공략한다거나 여봐랍시고 듣는 이의 면전에 연주를 도열시키는 듯한 느낌과는 거리가 멀었다.

다만 프로덕션이 연주의 품질을 따라주었더라면 얼마나 좋았을꼬. 주역 가수들—마르샬린 역의 펄리시티 롯, 옥타비안 역의 안네 조피 폰 오터, 옥스 역의 오게 하울란, 조피 역의 바버라 보니—가운데는 훌륭한 이들(오터와 하울란)도 있었고 그저 괜찮은 이들(롯과 보니)도 있었지만, 전체적인 무대나 연출에는 딱히 손꼽을 만한 구석이 드물었고, 슈트라우스와 호프만스탈이 오랫동안 머리를 맞대 완성한 작품의 각별한 특징인 괴팍스러움과 어정쩡한 엄숙함의 조합에는 거의 조금도 방점을 찍지 않아 아쉬웠다.

슈트라우스와 호프만스탈의 특별한 파트너십이 얼마나 많은 문제로 삐걱댔고 그러면서도 흥미로운 구석이 많았는지는, 마이클 스타인버그가 최근 출간한 책 『잘츠부르크 페스티벌의 의미: 극장과 이념으로서의 오스트리아 1890~1938』(코넬 대학 출판부)에 감질나게나마 언급이 되어 있다. 합스부르크 제국의 붕괴 이후로 하찮은 국가로 밀려난 오스트리아를 유럽의 문화 중심으로 다시 세우고자 했던 시도의 현장이 바로 여름철의 잘츠부르크였고 호프만스탈은 그 정신적 대부였다는 것이 면밀한 연구와 분석을 마친 스타인버그의 주장이다. 오스트리아의 새로운 이미지는 가톨릭 바로크와 보편주의 및 보수주의가 내세우는 이상과 가까운 국가주의적 얼굴이 될 터였다. 따라서 잘츠부르크 페스티벌은 정치적·이념적 목적을 위해 음악과 오페라를 사용했다는 점에서 바그너의 땀의 결실인 바이로이트와 나란히 놓고 비교가 가능하다. 잘츠부르크에서 거창하고 신성한 임무를 수행할 작품으로는 모차르트와 슈트라우스의 오페라가 적격으로 보였다. 세속적이고 극도로 매끈하며 매력적이면서도 우화적인 작품들인 데다가, 페스티벌 무대 위에 안치되고 나면 문화적으로도 승인될 것이 분명했다. 30년 가까운 세월 동안 잘츠부르크 페스티벌은 사실상 헤르베르트 폰 카라얀이라는 지휘자의 1인 독무대 비슷하게 기능해왔음에도 불구하고, 모차르트와 슈트라우스의 오페라는 호프만스탈의 〈예더만〉과 함께 지금까지도 매년 거르지 않고 공연되고 있다.

    클라이버는 슈트라우스가 묘사한 빈의 18세기 후반 초상화의 의미를 포착해 스코어 해석에 녹여냈다. 메트를 비롯한 일반 프로덕션은 깜찍한 포즈가 곁들여진 코믹 시대극 정도로 일축하곤 하는 작품을 깊이 들여다본 결과다. 이 고도로 양식화된 초상화의 핵심에는 왈츠가 있다. 왈츠는 모차르트와 하이든, 베토벤, 슈베르트 등이 귀족 계층을 위해 작곡한 미뉴에트, 독일 춤곡, 렌틀러 따위를 선배로 둔 양식으로, 요한 슈트라우스(순혈 독일인인 리하르트와는 혈연관계가 아니다)에 의해 비로소 유명세를 얻었다. 스타인버그가 언젠가 어느 에세이에서 주장했듯이, 슈트라우스와 호프만스탈이 〈살로메〉와 〈엘렉트라〉, 〈장미의 기사〉에서 춤곡 형식을 애용한 데에는 나름의 이유가 있었다. 세상사 표면 아래에 감춰진 본능에 충실한 삶의 핵심에 다가가기 위해서는 오로지 춤곡밖에 방법이 없다는 것이 호프만스탈의 믿음이기도 했다고 하고, 또한 언어로는 전달할 수 없는 것도 신체의 움직임으로는 말할 수 있다고 생각했다는 것이다. 클라이버의 지휘는 스코어 곳곳에 존재하는 왈츠 리듬을 분명히 보여주었다. 대부분의 지휘자들은 별생각 없이 쿵-짝-짝 하고 넘길 왈츠 리듬이건만, 그것이 클라이버의 손에 맡겨지니 스타인버그의 말마따나 이른바 섹스를 욕망하는 날것 그대로의 마음이라는 내면의 언어를 말하는 것으로서 생명력을 얻었다.

    음악은 클라이버의 지도를 받고서 살아났던 반면, 무대 연출은 늘컹늘컹 기진맥진해 보였다. 롯은 아름다운 여인이긴 하지만, 젊은 연인(옥타비안)을 포기하고 그가 부유한 부르주아의 딸에게 장가들도록 내버려둘 수밖에 없는 서른두 살의 기세등등한 마르샬린 역을 연기하기에는 존재감이나 목소리 모두 부적절했다. 마르샬린이라는 배역은 추진력이나 정력 면에서는 살로메나 엘렉트라에 뒤지지 않지만, 살로메만큼 무자비하지도 않고 엘렉트라만큼 앞뒤 따지지 않고 광분에 떠는 유형도 아니다. 한마디로 마르샬린은 완벽한 매너를 갖춘 사회적 존재로 시종여일한다. 그녀의 슬픔이나 분노, 경멸은 음색이나 몸짓을 살짝 바꾼다거나 리듬을 급하게 한다거나 하는 식으로 언제나 최소한의 수단을 통해 억제된 방식으로 표현된다. 예를 들어 제1막에서 클라이버는 바닥에 깔린 댄스 리듬이 등장할 때마다 조금씩 그 모습에 변화를 주려 노력했는데, 이는 마치 마르샬린이 옥타비안과의 더없이 행복한 삶에 끼어드는 이런저런 훼방들—옥스 남작의 등장, 수많은 하인들, 이리저리 뒤얽힌 사회 변화를 암시하는 조짐들 따위—에 대처하면서 맞닥뜨리게 되는 상황 변화를 최대한 정확하게 묘사하려는 의도의 반영인 듯했다. 클라이버의 이러한 제스처는 절대로 독단적이거나 집요하지 않은 은근한 연주로 표현되었지만, 무대 위의 롯은 작품의 전통적 이미지에 갇혀버린 듯 지휘자의 신호에 뚜렷이 화답하지 못했다.

시대물인 것처럼 잔뜩 치장하고 있지만 〈장미의 기사〉는 18세기 궁정 행사나 풍습 희극을 현대적으로 모방한 작품이 아니라, 사실은 20세기 오페라로 보는 편이 옳다. 18세기에 쓴 작품들(모차르트나 글루크의 오페라 같은)마저도 엄밀한 의미에서의 '정격 연주'는 불가능하다. 우리가 말하는 정격이라는 것도 사실은 18세기 양식이라고 믿는 바를 재구성하고 재해석한 것에 지나지 않으니 말이다. 괴츠 프리드리히나 피터 셀러스의 인습파괴적인 대담한 프로덕션이 메트를 비롯한 다른 대형 기성 오페라단의 비겁하고 해묵은 무대보다 더 가치 있는 이유가 바로 여기에 있다. 프로덕션은 오페라와 그것이 처한 환경 사이의 접점을 강조해야 마땅하다는 것이 내 믿음이다. 무대에 올리는 것은 옛 작품일지라도, 20세기 후반의 관객을 상대로 하는 공연이라면 뭔가 자의식적인 노력이 있어야 하는 것이다.

자의식도 없고 머리도 쓸 줄 모르는 이들이 사실적 근사치라고 내세우는 어설픈 공연보다는 이러한 접근법에 의한 공연이 훨씬 더 '정격'이라 불릴 자격이 있다.

사실상 마르샬린은 살로메와 엘렉트라는 물론이고 쇤베르크 〈기대〉의 화자가 되는 여인, 심지어는 베르크의 룰루와도 연결되어 있다. 20세기 오페라, 즉 시기적으로 바그너의 사망 이후 베리오와 브리튼, 헨체까지 아우르는 작품들은 공연자와 관객으로 하여금 19세기 이탈리아 전통의 주류에 속하는 작품들—메트의 사업 계획은 이걸 빼놓고는 성립하지 못한다—이 약속하는 것과는 사뭇 다른 종류의 복잡한 경험을 하게 한다는 주장도 가능하다. 메트는 오페라와 그것이 처한 동시대적 환경 사이의 연결고리를 파괴하고 감추는 것을 존재 이유로 삼고 있는 프랑코 체피렐리와 같은 애처로운 인사를 이따금씩 끌어들여 무대를 맡기고 있고, 그럼으로써 오페라는 시끄럽고 비싸기만 한 구경거리, 문화를 사랑하는 젊은 사람들로부터는 괴리되고 부자들과 기업 스폰서, 극도로 보수적인 사람들만 끌어들이는 여흥거리로 전락하고 있다. 관객이 무대 위 연기를 분 단위로 좇을 수 있어야 마땅하다는 점을 끝내 외면함으로써—번역과 자막 제공이 금지되어 있다—메트는 위대한 음악 드라마들을 빈껍데기로 만들어 관객에게 다가가는 접근로를 차단하고 있다.

메트의 미학이 워낙 판을 치고 있는 마당이어서, 뉴욕의 다른 중소 규모 단체가 기이하고 까다로운 작품을 올린다 해도 왕왕 실망스러운 결과가 되고 만다. 그럼에도 올가을 시립 오페라에서 좀처럼 실연으로 접할 기회가 없는 야나체크의 마지막 오페라 〈죽은 자의 집으로부터〉를 볼 수 있어서 무척 반가웠다. 도스토옙스키의 소설 『죽음의 집의 기록』(톨스토이는 도스토옙스키 최고의 걸작으로 이 소설을 꼽았다)을 원작으로 하는 이 오페라는 대단히 풍성하고 이례적인 작품이다. 따라서 연출 부족에 무대도 서툴고 꼼꼼한 계획성도 보이지 않는 공연으로 보자니 실망감은 더욱 심했다. 로다 러빈은 앤서니 데이비스의 〈맬컴 엑스의 삶과 시대〉를 비롯해 시립 오페라에서 대담하고 독창적인 무대를 여러 차례 선보인 바 있는 감독이지만, 이번 야나체크만큼은 기대 이하였다. 〈죽은 자의 집으로부터〉는 극중 사건이 모조리 시베리아 형무소 뜰을 배경으로 하고 있고 주역급 배역이 뚜렷이 드러나지 않는다는 점에서 이례적인 작품이다. 러빈은 침울하고 사실적인 세트, 뒤죽박죽으로 거의 구분조차 쉽지 않은 성악가들, 연기를 완전히 배제한 무대, 가장 기본적인 것으로 국한한 조명 등으로 돌파를 시도했으나 여의치 않았다. 성악가들의 노래는 썩 훌륭하긴 했지만 거의 알아듣기도 힘든 영어로 대사를 쏟아내는 바람에 설상가상 격이 되었다. 대부분의 경우 관객은 노랫말을 알아듣기 힘들었고, 심지어는 누가 노래하고 있는지도 모호한 지경이었다. 야나체크처럼 풍성하고 흥미로운 작품을 관람하기 위해서 지불해야 할 대가로는 터무니없는 조건이었다.

〈죽은 자의 집으로부터〉는 여러 재소자의 고백이 이야기의 주축이 된다. 알렉산더 페트로비치 고리안치코프라는 정치범은 극이 시작되면 입감되어 극이 끝날 때쯤 출소한다. 고리안치코프가 옥문을 나설 때 죄수들이 키우던 상처 입은 독수리 한 마리도 자유를 얻지만, 오페라의 전체적인 분위기는 지속적인 슬픔과 절망을 벗어나지 못한다. 오페라 한가운데에는 기발한 극중극이 배치되어 있다. 재소자들이 기분 전환과 여흥을 위해 꾸미는 무대다. 크리스토퍼 킨은 명석하고 신중한 지휘를 선보였지만 야나체크가 꼼꼼하게 조직해놓은 요소들을 전달하기 위해 필요한 극적 솜씨는 보이다 말다 했다. 프로덕션이 얽어놓은 굴레를 끊고 도약한 건 시시코프로 분한 유진 페리뿐이었다. 아내를 살해했음을 털어놓는 그의 독백은 전체 스코어를 통틀어 가장 길고 한결같은 분위기가 가장 오랫동안 유지되는 대목인데(이 역시 일종의 극중극으로 볼 수 있다), 여기서 페리의 비정하고 치열한 분위기와 음악적 통제력은 단연 발군이었다.

야나체크는 20세기 작곡가 가운데 오페라 작품이 대규모 대중에게 알려지고 널리 전파되기 시작한 소수의 작곡가 가운데 한 명이다(슈트라우스도 그러하다). 시립 오페라단보다 훌륭한 기획력이 돋보이는 무대가 늘어난다면, 지금은 홀대받고 있는 다른 20세기 작품들이 공연될 확률도 덩달아 올라갈 것이다. 잘만 되면 메트 또한 19세기 중반의 레퍼토리에 압도적으로 중점을 두는 현 노선을 버리고 언젠가는 20세기 쪽으로 눈을 돌릴지도 모를 일이다. 형편없는 연출과 노래로 늘 하던 작품만 고집하는 자세를 버려야 메트 또한 스스로의 예술적 성장을 도모할 수 있을 것이다. 뉴욕 시립 오페라가 최근 라벨과 쇤베르크, 야나체크 등의 작품으로 나름 스타트는 끊었지만, 여전히 〈라 보엠〉과 〈라 트라비아타〉는 셀 수도 없을 정도로 많고 〈예누파〉나 〈기대〉는 찾기 힘든 제한된 선택지를 뉴욕 관객들은 들고 있는 처지다.

접할 기회가 드문 작품 가운데 페루초 부소니가 1924년 사망하면서 미완성으로 남은 걸작 〈파우스트 박사〉만큼 뉴욕 핵심 무대에서의 리바이벌 공연이 절실한 작품도 달리 없을 것이다. 요즘은 부소니를 아는 사람들이 그리 많지 않을 것이며, 있다 해도 바흐의 오르간곡과 바이올린곡을 편곡한 인물 정도로 기억될 뿐이다. 그는 트리에스테에서 태어났지만 생의 대부분을 독일에서 보냈다. 제2의 고국에서는 가장 위대한 비르투오소 피아니스트 가운데 한 명으로 명성을 떨쳤고, 동시대 작곡가인 쇤베르크, 말러, 드뷔시만큼이나 혁명적인 음악을 추구하는 작곡가이기도 했다. 부소니는 대단히 이례적인 오페라를 여러 편 썼고, 엄청난 양의 피아노 음악을 남겼으며, '새로운 음악'을 주제로 한 매우 중요한 논문의 집필자였다.

부소니 스타일의 핵심은 복잡성과 절충주의라는 두 단어로 요약할 수 있다. 그의 주요작 대부분은 무조주의(無調主義)에 근거하면서도 서정적이고, 대위법 텍스처가 두드러지면서도 눈부시도록 극적이다. 부소니는 지식인이자 선지자였고, 작품을 통해 다양한 양식과 세계관, 기법 사이의 통합을 이루려 했다. 역설적으로 그는 극

대규모 스케일의 작품(그의 〈피아노 협주곡〉은 연주 시간 90분에 거대한 오케스트라뿐만 아니라 남성 합창단까지 필요한 대작이다)과 극소규모 스케일의 작품(그가 쓴 빼어난 피아노 작품 가운데는 연주 시간이 지극히 짧은 작품도 다수 있다)의 양극단에서 악상을 출발시키는 경우가 잦았다. 이런 경우든 저런 경우든 부소니는 연주자에게 엄청난 것을 요구하는 작곡가이며, 사람들의 애청곡 목록에서 그의 이름을 찾기가 힘든 관계로 듣는 이에게도 많은 인내를 요하는 작곡가이기도 하다.

그의 음악이 여기저기서 공연되기 시작했고 결과도 성공적인 경우가 많아지고 있다. 더 이상 부소니를 외면할 이유가 없어지고 있는 셈이다. 1986년에는 런던의 잉글리시 내셔널 오페라(ENO)가 〈파우스트 박사〉를 무대에 올렸고, 올해도 같은 연출을 다시 무대에 올렸다. 나는 마침 때가 맞아 지난 11월 초에 있었던 시즌 다섯 번째 공연을 직접 볼 수 있었다. 작품의 힘은 나를 압도했으며, 일급 지휘자와 훌륭한 출연진, 이따금씩 지나치게 화려함을 추구하는 듯 보이긴 했지만 그래도 영감에 찬 무대의 책임자였던 디자이너와 프로듀서 콤비(스테파노스 라자리디스와 데이비드 파운트니)를 발탁한 ENO의 명민함은 감탄을 자아내기 충분했다.

공연을 위해 특별히 초빙된 지휘자 앤터니 보몬트는 연주를 업으로 하는 일반적인 음악가와는 결이 좀 달랐다. 그의 본분은 학자로, 부소니의 서간집을 편집했고 『작곡가 부소니』(인디애나 대학 출판부)라는 기념비적인 연구서를 집필했으며, 거기에 더해 약 10년 전에는 미완성 유고로 남은 〈파우스트 박사〉를 직접 마무리 지은 완성본을 발표하기도 했다(고 부소니의 부인은 쇤베르크에게 남편이 남긴 스케치를 사용해 작품을 완성해달라고 부탁했으나 쇤베르크는 이를 딱 잘라 거절했다). ENO의 공연 프로그램에는 악보 완성 작업과 관련해 보몬트가 쓴 글이 실려 있었다. 파우스트 전설을 연구하고, 파우스트와 핵물리학자 에드워드 텔러 사이의 유사점

(애매모호한 구석이 있긴 하지만 그래도 흥미로운 관찰이다)을 나열하고, 토마스 만과 부소니, 괴테 등의 인사에게 쏟아부은 에릭 헬러의 혹평을 소개하는 아주 재미있는 글이었다. 작품 공연에 도움이 되는 보몬트라는 존재를 발탁한 ENO에게 찬사를 보내는 바이다.

야나체크처럼 부소니 역시 수도 없는 자그마한 스케치를 재료 삼아 곡을 썼다. 자디잔 악상의 파편에서 웅대한 형태와 얼개의 전체가 형성되어나왔던 것이다. 그러나 야나체크와 달리 부소니는 방대한 지식과 바흐, 베토벤, 모차르트에 대한 존경심에 깊이 시달렸다(혹자는 그것이 부소니를 평생 따라다닌 '짐'이었다고까지 말할지도 모른다). 형식미를 중시하는 학자적 자세와 통합자로서의 신념을 잃지 않았고 다소 복잡하더라도 배제보다는 포함과 편입을 지향했던—〈파우스트 박사〉의 상당 부분은 마치 거대한 짜깁기 그림처럼 구성되어 있다—부소니는 이 작품에 거의 30년을 매달렸고, 그랬던 만큼 주인공과 자기를 동일시하기에 이르렀다. 그는 학식 깊은 모험가를 레오나르도 다 빈치, 괴테의 초인, 그리스도교 이단자가 뒤섞인 복합적 이미지로 바라보았다. 따라서 그의 오페라가 의례, 꼭두각시극, 멜로드라마 등의 때로는 모순되는 서로 다른 요소들로 구성되는 것도 당연하다 하겠다.

라자리디스가 디자인한 기본적인 무대는 탄력적인 가변성과 고도의 상상력을 겸비하고 있었다. 파우스트의 책상은 무대 중앙에 놓여 있었고, 그 양옆으로는 높게 쌓아올린 서류 캐비닛이 도열했다. 캐비닛들은 널판과 파이프, 지렛대와 여러 측정기구들로 얽혀 있었다. 무대 좌우의 바닥은 날카로운 예각을 이루며 비쭉댔다. 골판지 모양으로 제작한 고무 널판들과 거기에 비추어진 영리한 조명은 울타리 안에 들어앉은 어느 철학자의 내밀한 공간(서재이자 실험실 같은)이라는 느낌을 줌과 동시에, 세상의 권력과 산업, 역사에 관한 모든 지식이 망라되고 축적되는 공간(관료 체계의 지휘 본부나 공장, 공공 기록 보존고 같은)이라는 느낌 또한 주었다.

파운트니의 연출에는 별난 점들도 있었다. 파우스트와 메피스토펠레스를 일종의 동성애적 파트너십으로 바라보고 강조한 것이 그랬고, 역사를 헤쳐나가는 인간의 해법의 손을 들어줌으로써 끝내 신과 악마 모두를 거부하는 절대적으로 세속적인(그리고 비교적 낙관적인) 견해가 또한 그러했다(그러나 오페라를 관통하는 기조는 비관주의라는 것이 내 느낌이다). 부소니는 마르그리트/헬렌의 극 중 비중을 확 줄여놓았다. 여인은 작곡가의 손에 의해 일련의 희미한 인물들(파르마 공작 부인, 트로이의 헬렌 등)로 분해되어 여기저기에 배치된다. 오페라 말미에서 파우스트와 공작 부인은 건강한 사내아이를 출산하고(이 출산의 과정에는 메피스토펠레스도 한몫한 것으로 짐작된다), 아이는 메마른 지옥살이가 예정되어 있던 파우스트를 구원한다. 메피스토펠레스로 분한 그레이엄 클라크는 압도적인 존재감을 과시했다. 배우 로이 샤이더를 빼닮은 외모와 건장한 체격에, 이따금씩 귀에 거슬리긴 했지만 그래도 찌르는 듯 날카로운 테너 음성을 가진 그는, 사람을 끄는 매력과 섬뜩함을 동시에 가진 메피스토펠레스를 적절히 표현해냈다. 파우스트 역을 맡은 능숙하고 훌륭한 바리톤 앨런 오피의 이번 무대는, 사람들 말로는 1986년 같은 배역을 노래한 토머스 앨런에는 미치지 못했다고 한다. 오피는 파우스트 역이 요구하는 혹독한 강도를 버텨낼 지구력을 가지고 있지 못했다. 그러나 대규모 출연진을 전체적으로 보자면 뉴욕에서는 좀처럼 만날 수 없는 민첩하고 흥미로운 앙상블을 보여주었다고 총평하고 싶다.

시중에 판매되고 있는 〈파우스트 박사〉 음반 중에는 피셔-디스카우를 타이틀롤에 기용한 도이체 그라모폰 녹음이 있다. 피셔-디스카우는 들으면 머리칼이 쭈뼛해지는 짜릿한 노래와 표현력으로 대단히 복잡한 배역을 척척 해치워낸다. 지금까지 이 오페라가 뉴욕에서 공연된 유일한 전례였던 1964년 카네기 홀에서의 연주회용 버전 무대에서도 타이틀롤은 역시 그의 몫이었다. 내가 조사한 바에 따르면 지금까지 미국에서 이 작품이 정식 오페라로서 공연된 것은 1974년 (하고많은 장소 중에서도) 리노 공연이 유일하다. 내가 이런 말을 하는 이유는, 뉴욕 공연계가 〈파우스트 박사〉처럼 까다롭지만 지극히 흥미로운 20세기 오페라(헨체와 힌데미트, 프로코피에프, 쇼스타코비치, 브리튼 등의 작품도 마찬가지다)를 요리조리 피하는 잔꾀가 결국에는 항시 공연 대기 중인 종래의 진부한 작품들에 대한 연주 역량마저 감퇴시키는 결과를 초래하기 때문이다. ENO는 인기 스타가 다수 포진한 오페라단이 아니며(오피는 피셔-디스카우가 아니잖은가), 그런 그들이 현대 앙상블 오페라를 소화하고 무대 위에 구현해내기 위해서는 면밀한 연습과 세밀한 연출, 젊지만 의욕과 재능으로 충만한 예술가들의 획기적인 운용이 전제되어야 한다. 이러한 자세와 노력이 있을 때 〈팔리아치〉나 〈리골레토〉 같은 일반적인 레퍼토리 아이템도 혜택의 수혜자가 될 수 있을 것이다(언제나 그런 것은 아니지만). 신구가 서로 박자를 맞추어 맞아떨어지면 오페라라는 장르 전체가 더욱 높은 수준으로, 결국에는 더욱 수익성 있는(모든 의미에서) 수준으로 끌어올려질 것이 분명하다. 오페라단은 무릇 한 줌의 애청 레퍼토리를 호화롭게 연출하는 것을 기본 기조로 해야 마땅하고, 특이한 작품은 가끔씩 찔끔찔끔 성의 표시 정도로만 대접해줘도 충분하며, 개런티를 몇 명의 스타 성악가들에게 집중하는 뉴욕의 소심하고 자멸적인 태도는 어처구니없는 실수라 하지 않을 수 없다. 자막 제공도 불허하고 영어 번역 공연(이는 ENO의 방침이다)도 금지하는 강령 때문에 문제는 첩첩산중이 되고, 비판적이고 양식 있는 논의를 금지까지는 아니더라도 어쨌든 저해하는 분위기는 20세기 후반의 오페라가 땅을 뚫고 나올 여지 자체를 차단하고 있다. 지금의 평론가들에게 허락된 지면 공간은 비좁기 그지없어서 우리가 손에 쥐는 평론의 깊이라는 것은 기껏해야 운동경기 득점판 정도를 넘지 못하는 것이 보통이다.

    마지막으로 지적하고 싶은 것은, 악기 연주자뿐만 아니라 방문 오케스트라나 상주 오케스트라 또한 뉴욕 공연 때는 대충 비슷한 절차를 따른다는 점이다. 뉴욕이라는 멋진 도시에서 안전하긴 하나 끔찍히도 지루한 공연과 레퍼토리가 판을 치는 것도 바로 그 때문이다.

양식과 무양식:
〈엘렉트라〉, 〈세미라미데〉, 〈카탸 카바노바〉*

고전음악 작곡가들의 의도를 왜곡한다는 혐의를 받는 피터 셀러스 같은 오페라 연출가들에게 쏟아지는 평론가들의 불평불만이 끊이지 않고 있지만, 웬일인지 오페라를 콘서트 형식으로 공연하는 관행에서 비롯되는 더 심대한 왜곡에 대해서는 아무런 거부 반응들이 없는 것 같다. 오페라를 음악적 정수로만 졸여내어 연주회 플랫폼에 턱 얹어놓기만 하면 작품과 작곡가 모두의 면을 세워주는 것이라는 주장이 어쨌든 먹혀들고 있는 모양이다. 그러나 성악가들로 하여금 화려한 이브닝드레스를 입고 무대에 올라 연기나 양식적 원칙, 극적 제스처 따위에 구애받지 않고 목청껏 소리 지르게 하는 조치는, 오페라를 왜곡하는 것을 넘어 팔다리 자른 불구로 만드는 것이다. 어쨌든 오페라의 음악은 극 구조의 중요한 일부로 기능해야 한다는 것이 작곡가의 의도이기 때문이다. 그리고 작곡가들은 오페라 음악을 쓸 때 거기에 수반되는 압박과 긴장, 굴절, 심지어는 성악가가 무대 위에서 의상을 입고 연기를 하며 다른 성악가들과 호흡을 맞춰 공연하는 신체적 노력에 따른 장애까지도 염두에 둔다고 나는 생각한다. 허버트 린든버거가 쓴 명저의 제목처럼 오페라는 사치스러운 예술이며, 과잉과 과다를 허락하는 형식이기도 하다. 좌우간 오페라는 불순한 잡종적 성격이 매우 강하다. 그러나 오페라 연구가들이라면

* 《더 네이션》, 1991년 5월 6일.

모두 동의하겠지만, 오페라는 아무런 제약도 없이 방종해도 좋을 무형식의 장르는 결코 아니며 요즘 성악가들의 까마득한 과시욕을 허락하는 장르도 아니다.

최근 카네기 홀을 찾아 리하르트 슈트라우스의 〈엘렉트라〉를 연주회 형식으로 공연한 로린 마젤과 빈 필하모닉의 무대는 다시없을 끔찍한 상스러움과 왜곡, 진정으로 비(非)오페라적인 과잉의 전형을 보여주었다. 이라크를 깡그리 박살내버린 사막의 폭풍 작전처럼 이날 무대는 오페라 양식을 무참히 살육했다. 거대한 오케스트라는 무대를 가득 채웠고, 그 위로 설치된 일종의 V자 모양의 발코니에는(사막의 승리를 의미하는 V자였을까) 독창자들이 포진했다. 엘렉트라 역의 에버 머르톤이 V자의 꼭짓점 부분에 섰고, 클뤼템네스트라 역의 브리기테 파스벤더와 크리소테미스 역의 엘리자베스 코넬이 머르톤의 뒤편 양옆에, 그리고 그 뒤로는 아이기스토스 역의 제임스 킹과 오레스테스 역의 프란츠 그룬트헤버가 섰다. 삼각 편대를 이루어 모두가 전면을 바라보고 섰으므로 성악가들 사이의 적극적인 교감은 불가능했고, 그렇게 성악가들은 '전진 앞으로!' 명령이 떨어진 것처럼 각자의 노래를 쏟아냈다. 엎친 데 덮친 격으로, 객석은 완벽히 암전이 된 것처럼 어두웠던 반면(그럴 거면 모처럼 신경 써서 나눠준 리브레토는 어떻게 읽으라는 건지), 가수들에게는 보라색, 붉은색, 초록색이 뒤섞인 천박한 조명이 비춰졌고, 마에스트로에게는 온갖 기교를 부린 조명이 쏟아 내렸다. 활력과 경솔함이 뒤섞인 마젤의 지휘는 문자 그대로 고막을 찢는 듯한 음향 덩어리를 생산하는 데 그쳤다.

비록 군소 배역들(시녀들과 기사들 등등)의 노래는 적절했지만, 주역들 가운데는 비중이 가장 낮은 제임스 킹만이 그나마 드라마나 대화, 표현 정도로 보아 넘겨줄 만한 노래를 했다. 나머지는 마치 슈트라우스와 호프만스탈의 의도가 두 시간짜리 총천연색 음향의 향연이기라도 한 듯 들입다 어마어마한 소리를 내는 데에만 골몰했다. 단어나 어절 같은 것은 코빼기도 들리지 않았는데, 이는 감정적 효과나 극적 효과에는 아랑곳하지 않고 오로지 형언할 수 없을 정도의 음량과 힘을 쏟아내는 데에만 골몰했던 머르톤이 특히 심했다. 슈트라우스가 진보적이고 현대적인 음악을 쓰기 위해 노력했던 마지막 결실에 이처럼 지독한 연주를 덮어씌운 것은 마젤의 책임이라고 볼 수밖에 없다.

　1909년에 초연된 오페라 〈엘렉트라〉는, 〈트리스탄과 이졸데〉에서 한발 더 나아가 완전한 무조성(無調性) 직전에서 멈춘 화성언어로 관객을 놀라게 하기로 작심한 작품이다. 대본은 소포클레스가 쓴 고대 그리스 비극에 현대 심리요법이 가미되어 있다. 퇴폐주의를 미학으로 내세우고 있으며, 표현주의를 극적 사건을 전달하는 일종의 극단적 수단으로 활용하고 있음이 또한 특징이다. 그러나 마젤의 연주에서는 이런 점들이 거의 무시되다시피 했다. 마젤은 그저 '효과'에만 집착했고, 지속성이나 설득력, 양식과 작풍 등에는 거의 관심을 두지 않았다. 귀에 거슬리는 시끄러운 소리로 자신을 좀 주목해 달라고 요구하는 그런 연주였다.

　V자 형태의 구조물에 내가 너무 많은 의미를 부여하는 것인지는 모르겠다. 그러나 그것은 내게 관객은 그저 수동적인 자세로 허풍의 연속을 받아들이는 존재여야 한다는 위압을 상징하는 것처럼 보였고, 또한 전방위적 승리주의라는 당시 시대 분위기를 축약해서 보여주는 것처럼 다가왔다. 그것은 또한 2월 초 오르페우스 체임버 오케스트라의 카네기 홀 연주회와는 뚜렷한 대조를 이루는 상징물처럼 보이기도 했다. 오르페우스 체임버 오케스트라는 지휘자를 별도로 두지 않고 주로 젊은 단원으로 구성된 뉴욕 거점의 악단으로, 나도 그들의 인상적인 연주회를 여러 차례 경험한 바 있다. 비슷한 형태의 다른 악단들과 마찬가지로 그들의 핵심 레퍼토리 또한 빈 고전시대 음악이 주종이며 이따금씩 슬라브 문화권의 음악과 20세기 조성음악을 포섭하는 양상이다. 그러나 다른 체임버 악단들(이를테

면 런던 클래시컬 플레이어스나 아카데미 오브 세인트 마틴 인 더 필즈, 계몽시대 오케스트라, 세인트 루크스 오케스트라 같은)과는 달리 오르페우스 체임버 오케스트라는 정격성이나 별난 연주를 맹종하지 않는다. 카네기 홀 연주회의 첫 번째 레퍼토리였던 슈베르트의 〈교향곡 5번〉 도입 몇 마디에서부터 그들이 특별한 이유가 당장 드러났다. 세 개의 화음이 지나고 딸림화음 위로 하강음계가 펼쳐지고 나면 1악장의 주요 주제(펼침화음으로 분산된 으뜸화음)가 제시된다. 보통은 야단을 떨며 짓궂은 희롱조도 뚜렷한 연주가 대세이지만, 오르페우스의 연주는 그렇지 않았다. 주제 모티프가 스스로 삼가는 듯한 절제력은 우아미와 소박한 힘을 띠고 있었는데, 이는 연주자들이 그들과 관객에 대한 지배력을 독점하는 지휘자를 향해 외향하기보다는 서로를 마주 보고 내향하는 실내악단 특유의 자세가 발휘된 결과라 보인다.

    이건 놀랍고, 심지어는 모순적인 현상이기도 하다. 대중 공연은 내향이 아니라 외향적 과시를 목적으로 하는 것이기 때문이다. 그러나 한편으로 오르페우스는 대체로 보수적이고 친숙한 곡 위주로 프로그램을 짠다. 그들의 레퍼토리 선정에는 신중하고 의도적인 무사안일의 느낌이 묻어나고, 거기에는 마치 현혹과 비르투오시티보다는 절묘한 연주력과 취향을 강조하려는 듯한 복심이 있는 것 같다. 모차르트 〈피아노 협주곡 24번 C단조〉의 협연자는 요즘 피아니스트 가운데 가장 꼼꼼하고 겸손한 라두 루푸였다. 루푸는 절묘한 피아니시모와 총명한 리듬 운용, 그리고 누구나 인정하는 스케일 솜씨가 믿을 수 없을 정도로 대단하면서도, 절제와 금욕적 사색을 통해 자신의 강력한 음악적 개성을 드러낸다는 점에서 오르페우스 체임버 오케스트라와 결을 같이하는 피아니스트다. 결론을 말하자면, 오르페우스 체임버 오케스트라는 의사소통이 중시되는 공연에 요구되는 외향성과 서로 어울려 연주하는 음악가들의 통제된 내향성 사이의 모순을 해결하지 않은 채 내버려두는 편을 택했다.

한편, 뉴욕의 메트로폴리탄 오페라(메트)가 만족스럽지 못했던 무수한 무대를 뒤로하고 마침내 오르페우스 체임버 오케스트라에 비슷하게나마 견줄 만한 위업을 달성했음을 보고하게 되어 대단히 기쁘게 생각하는 바이다. 메트는 최근 서로 매우 다른 두 명의 음악 천재가 쓴 비교적 낯선 작품을 무대에 올렸다. 로시니의 〈세미라미데〉(1823)와 야나체크의 〈카탸 카바노바〉(1921)가 그것이다. 메트는 여전히 번역 대본이나 자막을 제공하지 않는 것을 방침으로 삼고 있다. 이해 가능한 대사의 부재는, 오스트롭스키의 비극 『뇌우』를 원작으로 하여 압축적이고 복잡한 대본에 의한 〈카탸 카바노바〉 공연에서 특히 큰 유감으로 다가왔다. 연출은 조너선 밀러가 맡았고, 오늘날 야나체크 해석의 좌장 격인 찰스 매케러스가 지휘봉을 쥐었다. 〈세미라미데〉가 드러내 보이기의 풍자적 전형이라면, 〈카탸 카바노바〉는 스트린드베리풍의 도발적 내용을 그리고 있고 성악가 및 오케스트라가 헤쳐나가야 할 극적·음악적 도전이 만만찮음에도 불구하고 조용한 체임버 오페라의 습성을 따른다. 야나체크 작품의 핵심은 카탸와 그녀의 시어머니 카바니하 사이의 갈등이다. 카바니하는 억압적 인습을 대표하는 인물로 허세도 좀 있는 편인데, 레오니 리자네크는 화려한 상식을 붙인 노래를 고집함으로써 바로 그 점을 효과적으로 투영해냈다. 카탸는 티혼과의 결혼 생활에 만족하지 못하고, 자신이 살고 있는 러시아 시골 마을 칼리노프를 찾은 세련된 젊은이 보리스 그리고리에비치와 사랑에 빠져 남편을 배신한다.

밀러의 연출은 점잖게 주고받는 대화의 표면과 억제할 수 없는 성적 욕구 및 그로 인해 빚어지는 어둡고 자멸적인 결과 사이의 긴장을 강조했다(이에 비해 〈엘렉트라〉는 극도의 흥분과 공포로 점철된 분위기의 작품이긴 하나, 그것이 그리는 세계상은 〈카탸 카바노바〉만큼 불온하지는 않다). 밀러의 연출 구상에 따라 로버트 이즈리얼이 디자인한 무대는 황량하면서도 다양한 등장인물들 사이에 정답게 오가는 일상적 생활을 품을 정도의 여유는 가지고 있었다. 출연진은 대체로 훌륭했고, 밀러는 이들에게서 평상심과 불안감이 설득력 있게 조합된 모습을 이끌어냈다. 야나체크는 〈카탸 카바노바〉라는 지극히 친러시아적인 오페라에서 이따금씩 연극 조라든가 멜로드라마적 성향을 희롱조처럼 내비치긴 하지만, 순식간에 지나가는 암시처럼 처리된 것을 제외하면 연출은 그러한 성향을 특별히 부각시키진 않았다. 무대에는 강한 신념과 그에 따른 수고가 역연했고, 특출한 음악을 숙제로 받은 오케스트라와 성악가들은 황홀한 집중력을 발휘했다. 리자네크 외에도 카바니하의 양녀 바르바라로 분한 수전 퀴트마이어와, 도스토옙스키풍의 장면에서 끔찍한 미망인 앞에 서서 짐짓 농노를 흉내 내며 굽실댄, 돈 많고 천박한 장사치 역의 오게 하울란이 특히 훌륭했다.

〈카탸 카바노바〉의 단 하나 흠결은, 출연진 가운데 유일하게 모국어로 노래하는 특전을 누린 체코슬로바키아 출신의 막강 소프라노 가브리엘라 베냐치코바가 맡은 카탸였다. 베냐치코바는 또한 열 명의 주역 가운데 다른 배역들과 주거니받거니도 않고 함께 합을 맞추는 것처럼 보이지도 않은 유일한 인물이었다. 얼굴은 시종일관 객석 방향만을 향했고, 노래는 기가 막히게 해냈으나—그녀의 목소리는 그 자체로 뛰어난 악기다—극적인 힘은 찾아보기 힘들었고 흥미롭게도 초점 또한 결여하고 있었다. 그녀 주변에서 일어나고 있는 강렬한 사건에는 발을 거의 담그지 않고 노래에만 집중하고 있어서, 이건 숫제 오라토리오를 부르는 것 아닌가 싶을 정도였다. 게다가 야나체크의 음악적 상상력이 도약하는 놀라운 부분도 그냥 싱겁게 넘기는 듯 보였는데, 이를테면 제1막 제2장에서 카탸가 따분한 일상에서 훌쩍 날아올라 더없이 행복했던 과거를 이야기하는 장면이 그랬다. 밀러는 이 장면을 멋지게 연출했다. 카탸와 바르바라를 무대 가운데에 두고 그 주변은 장난감 집으로 둘렀다(어쩌면 입센의 인형의 집을 암시하는 장치였을지도 모르겠다). 그 바깥으로는 휑한 무대를 그대로 두고 저 멀리에 구름 한두 점만 띄웠다. 카탸의 기나긴 백일몽은 점차 일상생활의 답답한 제약을 뚫고 틈입한다—그녀는 어쨌든 '정상적'인 사람인 것이다. 바이올린과 플루트의 일렁거리는 음악에서부터 베이스의 피치카토와 호른의 단호한 외침에 이르기까지 능수능란한 관현악 반주는 밀도를 더하며 점차 황홀경으로 치닫는다. 음악은 인상파적인 모호한 음향에서 감상적 선율의 종지를 넘나들며, 그 순간 카탸는 새들이 보이고 천사들의 노랫소리가 들린다고, 높은 곳으로 떠오른 듯 고립감과 소외감에서 오는 자유를 느낀다고 말한다.

    이 대목이 힘 있게 다가오는 이유는, 카탸가 자신에게 주어진 여건을 뚫고 자유롭게 솟아오르기 때문이어서가 아니다. 오히려 그녀는 그렇게 할 수 없는 처지이고, 결국에는 사실상 그 여건이 스스로를 파괴하도록 내버려둔다. 그렇기 때문에 이 장면이 더욱 절절하게 다가오는 것이다. 따라서 카탸를 연기하는 성악가에게 필요한 것은 외부의 자극에 가볍게 휘둘리는 연약성과 야나체크의 음악이 굽이굽이마다 전달하는 바를 감정에 충실하게 전달할 수 있는 능력이다. 밀러는 이 모든 것을 무대 위에 마련해놓았지만, 베냐치코바는 그러지 못했다. 음표는 완벽하게 불렀지만 오로지 그뿐이었다. 그녀는 눈부신 기교를 가지고 있음에도 그저 고분고분 배역을 낭송해나갈 뿐 이 훌륭한 배역을 극적으로 읽어내지 못하는 것 같았다. 그럼에도 매케러스는 이해심을 발휘해 그녀의 노래에 유연하게 대처했다. 주역이 기대에 미치지 못해 프로덕션은 다소 김이 빠지긴 했지만, 그럼에도 전체적으로는 결코 실패라고 할 수 없는 수준의 공연이었다. 야나체크의 오페라 어법에는 완고함과 섬세함이 공존한다. 게다가 그의 섬세함은 연극 조나 전통적 화성에서 비롯되는 간편한 확정성 대신 심리적 불안감이 음악의 방향타를 쥔다. 그리고 연출가 밀러는 야나체크의 이러한 특징을 명민하게 파악했다. 절망에 빠져 스스로 목숨을 버리는 카탸에게서는 슬픔이 느껴지지만, 카바니하가 충직한 하인들을 대하듯 구경꾼들의 우물대는 위로를 받는 장면에서는 조금도 변하지 않는 일상생활의 압박감이 느껴진다. 가장 충격적인 사건이 일어난 직후건만 역겨운 무신경이 관례라는 이름으로 스스로를 덮어버리는 장면으로, 그야말로 둘도 없는 음악적·극적 통찰이 엿보이는 대목이다. 이런 음악을 전문적으로 파고들었던 20세기 작곡가는 야나체크가 유일했다. 그런 만큼 다루는 앙상블 입장에서도 많은 훈련이 필요한데, 그 점이 이번 공연에서는 다소 아쉽긴 했다. 그래도 내가 가서 본 두 번째 공연에서는 한결 원만하고 만족스러운 연주를 들려주었다.

〈카탸 카바노바〉가 반듯이 닦인 차선을 벗어나기 때문에 공연이 힘든 작품이라면, 〈세미라미데〉는 19세기 초의 공연 관행에 너무도 깊이 뿌리 박고 있어서, 20세기 후반의 음악가들에게는 그 거리가 까마득하여 공연이 힘든 작품이다. 메트의 공연을 보고 나서 얼마 지나지 않아 프린스턴 대학의 가우스 렉처에서 시카고 대학의 필립 고셋 교수의 강연을 듣고 이런 사실을 대번 깨닫게 되었다. 고셋은 알베르토 체다와 더불어 꼼꼼한 연구와 품격 있고 자연스러운 음악 스타일을 바탕으로 로시니의 악보를 새로 편집하여 다시 세우는 일에 투신해오고 있다. 프린스턴 강단에 오른 그는, 화려하고 때로는 즉흥적인 로시니의 장식음을 노래하는 19세기 스타일에서 어떤 것은 허용 가능하고 어떤 것은 그렇지 않은지에 대해 설명했다. 이번 메트의 〈세미라미데〉 공연이 채택한 악보가 바로 고셋이 편집한 판본이었고 또한 고셋이 '양식 자문'으로 프로덕션에 직접 힘을 보태기도 했기 때문에 공연이 대성공을 거둔 건 조금도 놀랄 일이 아니었다고 하겠다.

그의 강연 그리고 메트의 뛰어난 주역급 성악가들(메릴린 혼과 준 앤더슨, 새뮤얼 래미, 존 치크, 신영옥)의 노래 가운데 특히 흥미로웠던 점은, 로시니 공연이라는 것이 허용 가능과 허용 불가능의 두 가지 범주로 잘라 말하기가 쉽지 않다는 점이었다. 대신 고셋은, 다양한 파생적 연주 관행 가운데 연주자들이 일부를 취사선택하고 있는 형편이지만 아무도 그 너머를 시도하려 하지 않는 점이 아쉽다며, 이제는 그런 연주자들이 좀 나와줘야 한다는 의견을 피력했다. 그러면서 덧붙이기를, 그러한 연주 관행들은 이미 입에 붙은 언어처럼 대물림으로 보존되며, 이를 구사하는 이들이 거기에 강고히 매달린다고도 했다. 〈카탸 카바노바〉와 달리 〈세미라미데〉는 살인과 근친상간, 온갖 종류의 표리부동으로 점철된 골치 아픈 로코코식 줄거리를 취한다. 모든 것이 과잉이요 과장된 과시인 동시에, 작품은 타인의 눈을 의식하지 않고 음악의 불꽃놀이를 만끽한다. 이 작품에는 민활한 성악적 기교가 있어야만 감당할 수 있는 규칙과 제약이 있으며―특히 혼과 래미가 눈부신 모범 사례를 보여주었다―로시니 이후의 이탈리아 오페라를 지배하게 될 '사실주의'의 흔적은 찾을 수 없다.

로시니는 냉소와 태만으로 칭송받은 작곡가였다. 손수 쓴 오페라 가운데 어느 작품이 가장 마음에 드느냐 물음에 "〈돈 조반니〉"라고 퉁명스럽게 답했다 한다. 로시니를 무척 존경한 스탕달이 집필한 작곡가의 전기는 묘하게도 〈세미라미데〉에 대해서만큼은 부정적인 평가를 내리고 있다. 한 번에 모두 빨아들이기에는 부담이 될 정도로 풍부한 선율과 독창성을 가진 작품임에도 말이다. 이번 메트 프로덕션은 그릇 안에 가두지 못하고 마구마구 흘러넘치는 꼴이었다. 제임스 콘론의 지휘는 훌륭했고 효율적이었지만, 그럼에도 음악이 줄거리를 압도하거나 심지어는 줄거리를 완전히 외면하고 우회하는 형국이었다. 희극의 천재였던 로시니는 드라마와 음악을 서로 완벽하게 맞물리는 솜씨를 보여주곤 했다. 〈탄크레디〉와 〈세미라미데〉를 대표작으로 내세울 수 있는 그의 정가극에서, 관객은 로시니가 자신의 음악적 창의성을 그 핵심까지 발가벗기기 위해 여러 표현과 극적 상황, 캐릭터를 이리저리 주유하는 것을 느낀다. 내 생각에 그 결과로서 비롯되는 것은 일종의 메타뮤직, 즉 음악에 대한 음악, 혹은 사회적·역사적 짐을 벗어던진 음악이다.

스탕달처럼 로시니 역시 끔찍한 반동의 분위기가 지배하는, 그리고 호시절이 가능하리라는 환상이 깨어진 시기 유럽의 산물이었다. 이 두 사람의 위대한 예술가가 그들의 예술을 누릴 자격도 이해할 능력도 없는 사회를 향해 세상과는 정반대 극점에 있는 생동감 있는 세계상을 그려냈다고 이해하는 것도 무리는 아니다. 그리고 스탕달과 로시니 모두, 심지어 그들의 상상력을 마음껏 펼치는 순간에 마저도 결코 합리성을 움켜쥔 손아귀 힘을 느슨하게 하지 않았다. 그들의 작품은 깔끔하게 다듬어져 있으면서도 활기로 가득하며, 그러면서도 별나게 과도하다. 요즘처럼 뚜렷한 스타일도 요점도 없는 공연이 판을 치고 그저 마지못해 하는 공연이 넘쳐나는 우울한 분위기에서는 더더욱 그런 점이 부각될 수밖에 없으리라. 〈세미라미데〉가 끊임없이 과잉이 넘쳐나는 작품이라는 이유만으로 스스로를 내보이기보다는 스스로에 대해 숙고하는 오페라라고 말한다면 너무 편협한 시각일지도 모르겠다. 그러나 내게는 그래 보였고, 그래서 오르페우스라는 이름이 더욱 생각이 났던 모양이다. 신화의 오르페우스가 뇌리를 아른거렸고, 동시에 오르페우스 체임버 오케스트라의 열띤 공연이 새삼 고마웠던 것이다.

알프레트 브렌델: 음악을 위한 말들*

알프레트 브렌델의 『음악의 속을 떠보기: 에세이, 강좌, 인터뷰, 나중에 덧붙인 생각들』 서평

음악가들은 대체로 조용한 편이다. 관객은 그들의 비르투오시티와 해석 솜씨를 목격하길 기대하지 그들의 사상이나 달변을 듣고 싶어 하진 않는다. 그래서인지, 말하길 좋아하는 연주자에 대해서는 언제나 뭔가 기묘하고 심지어는 우스꽝스러운 이미지가 따라다녔다. 이를테면 고(故) 레너드 번스타인이나 스스로의 기교에 도취된 나머지 리사이틀 도중 연주 흐름을 끊고 몇 마디씩 주워섬기지 않고는 배기지 못했던 폴란드 피아니스트 블라디미르 드 파흐만처럼 말이다. 입을 열지 않는 연주자는 왠지 진중하고 헌신적인 음악가로 받아들여진다. 마치 중요한 것은 오로지 음악뿐이라는 듯 말이다. 근년에 들어 이러한 편견을 깨부수고 나온 음악가들은 주로 가십성 연대기나 본인들의 연주 방식에 대한 중구난방식 관찰기를 저술하는 편이다(제럴드 무어와 아르투르 슈나벨이 그 좋은 예다). 문장을 통해 실질적 지적 공헌을 남긴 연주자의 수는 따라서 대단히 소수이며, 저간의 사정을 고려하면 이 숫자는 앞으로도 크게 늘어날 것으로 보이지 않는다.

문재(文才)를 겸비한 극소수 피아니스트 가운데 세 사람의 이름이 특히 두드러진다. 우선 글렌 굴드가 있다. 굴드는 1964년 연주회 무대에서 은퇴를 선언한 이후부터 1982년 숨을 거두기까지 엄청난

---

* 《더 워싱턴 포스트 북 월드》, 1991년 8월 18일.

양의 글과 레코드 해설, 라디오 방송과 텔레비전 방송 원고 등을 썼다. 그는 포괄적이고 때로는 엉뚱한 세계관을 설파하기 위해서 글을 썼을 뿐만 아니라, 본인의 연주에 덧붙이는 부속물로서 글을 쓰기도 했다. 두 번째 인물은 찰스 로젠이다. 로젠은 굴드만큼 전면적인 비르투오소도 아니었고 괴짜 성품을 가진 피아니스트도 아니었다. 대신 로젠은 훨씬 학자답고 미학 평론가다운 글을 썼다. 글과 연주가 면밀히 연계되어 있었던 굴드와 달리, 로젠이 쓴 다양한 글은—그가 쓴 책 가운데 가장 유명한 것이 『고전 양식』이다—피아니스트로서 본인의 연주 스타일과 직접적으로 연관되지 않는다. 그러나 그가 달통한 피아니스트의 면모와 막강한 학식과 품격을 갖춘 학자의 면모를 겸비한 드문 인사임은 분명한 사실이다.

세 번째가 알프레트 브렌델이다. 그가 최근 출판한 잡문집 『음악의 속을 떠보기: 에세이, 강좌, 인터뷰, 나중에 덧붙인 생각들』은 1976년에 간행된 그의 『음악의 생각과 뒷생각』이 걸었던 길을 거의 답습하고 있다. 브렌델은 물론 빈번히 무대에 서는 유명 피아니스트이며, 이탈리아 출신의 막강 동년배 마우리치오 폴리니와 함께 오늘날 피아니즘의 최정상 언저리에 서 있는 음악가다. 나는 폴리니가 브렌델보다 더 훌륭한 기교파에 전방위적인 완벽주의자라고 생각하고 있지만, 브렌델 또한 그 나름대로 두 가지 서로 다른 레퍼토리 분야에서 독보적이고 강력한 지배력을 보여주며 지금의 명성을 구축했다. 그 첫 번째는 모차르트와 하이든에서 시작해 베토벤과 슈베르트를 거쳐 브람스와 슈만으로 이어지는 오스트리아-독일 고전주의 전통의 본류다. 두 번째는 본류에서는 약간 비껴나 있으나 가치만은 그에 뒤지지 않는 리스트와 부소니로 대표되는 레퍼토리 그룹으로, 브렌델은 화려하고 복잡한 이들 작품의 뛰어난 옹호자 가운데 한 명으로 자리매김해왔다.

매진 사례가 일상인 브렌델의 리사이틀에 가본 사람이라면 누구나 그의 지적이면서도 달인적(達人的)인 스타일에 납득하지 않을 수 없다. 간혹 억지스럽고 애쓴 흔적이 역력한, 흡사 의무방어전 치르듯 하는 연주가 아예 없는 건 아니다. 어떤 곡을 프로그램에 포함시키고 싶은데 본인의 타고난 기질상 그렇게 하지 못하는 데에서 오는 괴리감이 느껴질 때도 있다. 말은 돌려서 했지만, 이는 사실 브렌델이 단순무식한 자기과시적 쇼맨이 아니라는 뜻이다. 그는 작품 해석이란 깊은 심모원려(深謀遠慮)와 노련한 준비가 요구되는 작업임을 이해하는 진정한 음악가다. 그는—슈나벨과 그의 스승 에트빈 피셔, 최근 작고한 빌헬름 켐프가 그러했듯—첫째로는 학식과 교양을 갖춘 꼼꼼한 예술가이고, 베토벤과 슈베르트의 대규모 작품의 구조를 환히 밝히는 설득력 있는 연주를 들려주는 최고의 건축가이기도 하다. 브렌델 최고의 연주에서는 언제나 일관된 접근법 및 가공할 기교와 치밀한 학식의 완벽한 조화를 느낄 수 있다.

『음악의 속을 떠보기』에 실린 그의 글은 워낙 다양해서(그리고 글의 질도 들쭉날쭉하다) 몇 마디로 요약하거나 간추리기가 쉽지 않지만, 글이 그의 연주에 직접 빛을 비추는 대목은 흥미롭게 다가온다. 그리하여 슈베르트 후기 소나타의 모티프 운용을 분석한 장문의 글에서 브렌델은 이들 숭엄한 작품의 내부 논리를 밝히면서, 이들 작품이 주절주절 길이만 긴 음악이 아니라 작곡가가 대여섯 가지의 간단한 공식을 놀라운 솜씨로 다양하게 운용하며 펼쳐 보이는, 고도로 조직적인 명상록이라고 주장한다. 베토벤 후기 작품의 '새로운 양식', 리스트의 〈B단조 소나타〉, 슈만의 〈어린이 정경〉에 대한 분석글도 마찬가지다. 이러한 글들은 비단 브렌델이 해당 작품에 대해 어떤 말을 하느냐 때문만이 아니라, 슈베르트와 리스트, 베토벤, 슈만에서 비길 데 없는 일가를 구축한 연주자 브렌델이 작품에 접근하는 방식에 대해 일러주기 때문에 더더욱 값지다.

책에는 기발한 통찰력이 빛나는 글과 입심 좋은 관찰기도 수록되어 있다. 이를테면 모차르트의 '소심성'에 대한 글, 베토벤의 〈디아벨리 변주곡〉에 담긴 유머, 혹은 리사이틀 프로그램을 짜는 비법에 대한 글 등이 그렇다. 진지한 음악의 희극성은 브렌델이 지속적으로 마음을 두는 이슈 가운데 하나인데(그는 이를 '거꾸로 뒤집은 숭고미'라고 표현한다), 그가 거론하는 여러 사례를 종합해보면 음악은 웃기려고 작정하지 않았을 때 가장 웃기다는 것이다. 일례로 브렌델은 빌헬름 분트라는 피아니스트의 1926년 리사이틀 프로그램 책자를 언급한다. 거기에 보면 지극히 근엄한 문체로 다음과 같은 곡 해설이 쓰여 있다. "관능 속에 죽고 싶은 염원—운명의 노래, 내일이 오지 않을 것처럼 흔들어대는 춤, 욕구의 외침, 필사의 투쟁, 뇌졸중과도 같은 폭스트롯으로 들썩인다." 그래놓고 브렌델은 분트가 과연 몸 성히 리사이틀을 완주해냈는지 궁금하다는 촌철살인을 덧붙인다.

브렌델은 피아니스트이자 노련한 음악가로서의 자아가 워낙 커서, 아무래도 자신의 직업적 관심사에서 상대적으로 멀리 떨어져 있는 주제—예를 들어 지휘자 푸르트벵글러나 부소니의 오페라 〈파우스트 박사〉 같은—에 대해 이야기할 때보다는 하이든의 피아노곡이나 리스트의 〈순례의 해〉에 대해 이야기할 때가 더 흥미로울 수밖에 없다. 슈나벨에 대한 그의 연구 분석이 건조한 데에 나는 약간 놀랐고, 또한 바흐를 피아노로 연주하는 데에 대한 논의가 묘하게 밋밋한 것도 의외였다(브렌델은 굴드의 바흐에 대해서는 단 한마디도 하지 않고 있는데, 굴드 이후의 모든 해석자가 그에게 지고 있는 어마어마한 빚을 생각하면 납득하기 힘든 누락이다). 그러나 음악 공연에 대한 실제적인 통찰을 모은 스크랩북의 성격으로 받아들인다면 브렌델의 책은 매우 만족스럽게 읽을 만하며, 특히 그가 리사이틀 무대에서 선보이는 바의 진가를 더욱 면밀히 이해하는 데 도움이 된다는 점에서 값지다.

〈죽음의 도시〉, 〈피델리오〉,
〈클링호퍼의 죽음〉*

"중심부가 버텨내지 못한다"며 예이츠는 「재림」에서 묵직한 우려를 표현했다. 무너지는 세상에 대한 예이츠의 메타포를 서양 고전 음악 공연의 담당자를 자임하고 있는 기관들에게 적용시킬 만큼 상황이 최악인 것은 아니다. 그래도 모험과 탐사의 가능성은 중심부보다는 변방 쪽에 있는 것이 사실이다. 참신함을 발견하려거든 뉴욕 필하모닉이나 메트로폴리탄 오페라(메트)보다는 브루클린 아카데미 오브 뮤직(BAM) 쪽을 기웃거려야 할 일이요, 선택 레퍼토리 차원—반드시 그것이 성공적인 공연 품질을 보장하는 것은 아니지만—에서도 뉴욕 시립 오페라 쪽이 분수대 광장 건너편 메트의 무수한 〈돈 조반니〉들과 〈아이다〉늘보다는 나을 것이다.

코른골트의 〈죽음의 도시〉를 보기 위해 시립 오페라를 찾은 관객 역시 그런 심정이었을 텐데(내가 그랬듯이 말이다), 대놓고 남을 흉내 낸 철면피 음악과 프랭크 코사로의 미니멀한 연출과 무대 지시 때문에 모처럼의 노력이 허사가 되고 말았다. 일껏 좋은 아이디어를 내놓았는데 거기에 따르는 무대 디자인은 왜 그리도 추레했고 준비 과정은 어찌 그리도 흐리멍덩했는지 의아하지 않을 수 없었다. 제2막 대부분은 성악가들(존 앱설롬, 스테퍼니 선다인, 리처드 번, 찰스 허들스턴, 프리츠 매스튼)이 멀뚱하니 둘러서서 연기랄 것도

* 《더 네이션》, 1991년 11월 11일.

없이 그저 지시에 맞춰 노래를 시작했다가 노래를 끝냈다가 하면서 지나가버렸다. 한편으로 관객은 현기증 나는 슬라이드쇼를 공연 내내 견뎌야만 했다. 아마도 브뤼허라는 도시와 강박적 애정이라는 프로이트적 이야기를 암시하는 것으로 기획된 장치였던 모양인데, 이것이 오히려 장애물이 되어 무대 위 사건을 선명하게 구별해서 받아들이기가 힘들게 되고 말았다. 조지 매너핸의 지휘는 썩 괜찮았다. 시립 오페라의 공연은, 슈트라우스를 방불케 하는 꽤나 흥미로운 오페라가 잠복해 있다며 군불은 잔뜩 때면서도 정작 가장 확실한 대목에서조차 그 모습을 드러내 보이지 못하고 안타까움만 안겨준 채 막을 내리고 말았다.

　뉴욕 쿠퍼스타운의 글리머글래스 오페라단 쪽으로 눈을 돌려보자. 이곳에서는 매년 한 달 동안 소수의 작품을 집중적으로 상연하는 기획을 선보이고 있는데, 올해는 베토벤의 〈피델리오〉(조너선 밀러 연출)와 모차르트의 희귀작 〈양치기 왕〉이 선정되었다. 특히 〈양치기 왕〉은 무슨 일이 있어도 가서 보라는 주변의 추천이 있기도 했다. 나는 〈피델리오〉밖에 보지 못했지만, 제임스 페니모어 쿠퍼가 살던 시골 마을까지 이어지는 산책로를 거니는 것으로 위안을 삼았다. 오페라하우스 건물은 건축적으로 대단히 멋졌다. 글리머글래스는 오페라가 지나치게 권위를 내세울 필요도 없고 '중심'의 눈치를 볼 필요도 없는 지역 공동체의 것이라는 점을 행위로써 웅변하고 있었다. 영리하고 멋지게 공연되는 중소 규모의 오페라에 대한 취향을 서서히 키워가기에 적소라는 생각이 들었다. 1992년으로 예정된 포레의 〈페넬로페〉나 로시니의 〈알제리의 이탈리아 여인〉 공연이 쉽사리 머릿속에 그려졌다. 메트가 그런 작품을 자주 공연하길 기대하는 건 언감생심에 가깝다.

　밀러의 〈피델리오〉는 의욕 저하의 느낌이 슬쩍 어린 특이한 무대였다. 하긴 지금에 와서 이 작품을 가지고 뭔가 딱히 새롭고 충격적인 걸 시도하기가 어려운 건 분명하지만 말이다. 〈피델리오〉는 여러 면에서 다 폰테 오페라에 나타난 모차르트의 자유 사상가적 관점에 대해 중류층 베토벤이 제시한 답변서일 뿐만 아니라, 프랑스 대혁명의 산물인 인간 자유와 정의에 관한 일련의 추상적 사상에 음악적 생명을 부여하려는 시도이기도 했다. 《케임브리지 오페라 저널》 1991년 3월호에 게재된 탁월한 기고문에서 폴 로빈슨은 다음과 같이 주장한 바 있다. 1789년의 사건과 〈피델리오〉라는 작품은 베토벤의 정신 속에서 워낙 강고히 연결되어 있어서 등장인물과 줄거리에서 육욕과 육체성을 거의 찾을 수 없는 지경까지 이르렀다는 것이다. 따라서 레오노레와 플로레스탄을 현실에서 만날 수 있는 인간으로 받아들이기가 쉽지 않고, 관객으로서도 위압적이고 근엄한 내러티브를 묵묵히 따라가는 것 외에는 할 수 있는 것이 없다는 이야기다. 나로서는 밀러의 해석이 지향한 핵심을 이해하지 못해서 아쉬웠지만, 그래도 여타의 〈피델리오〉 프로덕션에 툭하면 따라붙는 인위성이나 지엽적 사건에 필요 이상의 방점을 찍는 경향성을 지양한 의도만큼은 칭찬하고 싶다. 존 컨클린이 디자인한 묵직하고 황량하면서도 간결한 세트—푸코가 『감시와 처벌』에서 인상 깊게 묘사한 벤담의 파놉티콘과 섬뜩하리만치 닮아 있었다—는 성악가들로 하여금 각자의 역량을 뽐낼 수 있는 넉넉한 기회를 제공했다.

이렇게 이야기하고 보니 뉴욕이나 시카고 같은 대도시 이외의 지역에서 관객을 찾아가는 오페라단이 처한 현실적 문제를 다시 한 번 곱씹게 된다. 이들 단체에는 유명하고 극적 능력이 출중한 성악가를 기용할 예산이라는 게 존재하지 않는다. 밀러가 기용한 레오노레는 제닌 알트메이어였다. 당당한 미모를 갖춘 소프라노로, 15년 전 불레즈와 셰로의 바이로이트 무대에서 지글린데를 부름으로써 처음으로 유명세를 탔다. 이후로 바이로이트와 다른 극장에서 브륀힐데를 부르기도 했다는 모양이지만, 내가 받은 전체적인 인상은 이제는 어딘가 빛이 좀 희미해진 듯하다는 것이다. 성량은 풍부하지만 온기와 지속성이 부족했다. 레오노레의 유명 아리아 '오라, 희망이

여'에서는 막대한 성량으로 토해낸 음이 갑자기 쪼그라들길 여러 차례 하면서 정신을 흐트러뜨렸는데, 짧게 토해냈다가 쉬었다가를 반복하지 않고서는 진행이 불가능해 보일 정도였다. 그래도 그녀의 품위와 열정만큼은 나를 깊이 감동시켰다(〈피델리오〉는 치명적인 취약점이 많음에도 불구하고 그 효과를 내는 데에는 실패하는 법이 없는 작품이다. 그래서 나는 하나부터 열까지 나쁘기만 한 〈피델리오〉 공연은 있을 수 없는 게 아닌가 하는 생각마저 하곤 한다).

마크 W. 베이커의 플로레스탄은 그런대로 괜찮았고, 보통은 사악한 인물로 묘사되는 피차로를 미끈한 구변을 가진 관료로 그려낸 브라이언 스틸의 연기도 적당했다. 두 사람 모두, 가령 존 비커스나 피셔-디스카우처럼 각자 맡은 역할을 완전히 지배할 정도의 목소리는 가지고 있지 못했지만, 글리머글래스가 큰맘 먹고 예산을 투자한다손 치더라도 막상 적합한 헬덴테너나 헬덴바리톤은 눈 씻고 찾아도 보이지 않으니 달리 방도가 없으리라. 자애롭고 넉넉한 품성을 가지고 있지만 기회주의적으로 영달을 노리는, 그래서 나는 언제나 기분 나쁜 인물로 이해하고 있는 간수 로코 역은 토머스 폴이 맡았는데, 원만한 노래와 연기로 그날 저녁 출연진 가운데 최고점을 줄 만했다. 밀러의 연출 방향과 마찬가지로 스튜어트 로버트슨의 지휘는 영리하고 단도직입적이었으며 간결하고 반(反)낭만적이었다. 그러나 지휘만으로는 공연을 거룩하게 하기에 역부족이었다. 베토벤은 분명 신성한 효과를 염두에 두고 작품을 지었을 것이다. 특히 레오노레가 자신의 정체를 밝히고 플로레스탄과 재결합하는 부분의 황홀한 음악은 〈교향곡 9번〉을 내다보게 한다. 하지만 로버트슨의 오케스트라는 그만한 역량이 되지 못했고, 그가 잡은 보폭은 육중한 클라이맥스의 필연성을 담보하기에도 충분치 못했다.

그럼에도 불구하고 글리머글래스는 풍부한 솜씨와 지모가 동원되어 굴러가고 있는 작업 현장임에는 의심의 여지가 없다. 메트를 모방할 능력이 없는 데 따른(그리고 싶은 의향도 없을 테지만) 어쩔 수 없는 귀결인 측면이 크겠지만 말이다. 이는 전적으로 미학적 차원의 결정이 아니라 정치적 차원의 결정이기도 하다. 예술가와 예술 기관이 단지 음악 공연이라는 목적을 넘어,《더 뉴욕 타임스》같은 언론기관이 그러하듯 자체 생성된 모종의 기록을 유지하는 쪽에도 뜻을 둔다면, 필시 예술 이외의 어젠다를 향해 나아가게 되어 있다. 기록을 위해 작품을 제작하는 이들, 스스로 전통의 수호자로 자임하는 기관들, 터무니없는 실험적 시도를 금하는 이들, 나름의 계통을 유지하는 단체들, 바로 이러한 세력들이 정치적 올바름의 개념을 앞장세움으로써 이 분야의 좌파가 보이는 일부 행동을 딱한 가식적 행위로 보이게 하는 데 일조하고 있는 것은 전혀 별난 현상이 아니라고 나는 생각한다.

그게 다가 아니다. 체제 수호적 진영의 노력에는 예산이 투입되고, 그들의 뜻을 펼칠 수 있는 공간이 주어지며, 기관을 소유할 수 있는 권한이 부여된다. 그렇게 하여 '전통'이 정설로 굳어지는 과정이 수월해지는 것이다. 바그너의 〈반지〉 사이클과 〈파르지팔〉과 관련해 메트가 최근 보여주었던 여러 생각들—무겁고 심각하며 '사실적'이고 실험을 거부하는—은 사실상 권력을 가진 부유층이 미적 전통을 소유하는 것이 온당하다는 정치적 선언에 다름 아니었으며, 또한 거대한 규모, 압도적인 자금 투자로 이루어낸 신빙성, 과거의 무비판적 복제 등이 심사숙고, 명민한 실험 정신, 담대한 구상 등을 대체할 수 있다는 허가증과 마찬가지였다. 매상을 올리기 편한 예술, '논란의 여지가 훨씬 적은' 예술이 있는 마당에 동시대 예술, 현대 예술을 물리치는 것은 당연한 결정인 것이다.

중심부라고 해서 간직할 가치가 있는 것이 전혀 없다는 이야기는 아니다. 물론 그곳에서도 의미 있는 사건은 일어나고 있고, 그에 대해서는 내가 이 지면을 통해 여러 차례 쓴 바도 있다. 내가 하고 싶은 말은, 문학 및 회화 예술을 향한 신보수주의자들의 공격이 고전음악의 세계에 미친 심대한 타격에 대한 인식이 충분치 않다는 점

〈죽음의 도시〉, 〈피델리오〉, 〈클링호퍼의 죽음〉

이다. 신보수주의자들의 득세는, 믿기지 않을 정도로 언어 및 사상의 오염이 점차 용인되어가고 있는 음악 저널리즘의 담론에서 쉽게 목격된다. 음악은 '비이념적'(그들의 주장에서 자주 등장하는 단어다)이기 때문에 가장 훌륭하다는 것이 그들 주장의 근저가 되는 사상이다. 따라서 음악을 정치적으로 해석하려 하거나 당대의 중대 관심사를 음악 실현의 과정에 포섭하려는 시도는 모두 침해로 간주하는 것이다.

그러한 관념(《더 뉴 크라이티리언》*이 강령으로 내세우고 있고 《더 뉴욕 타임스》 또한 대체로 추종하고 있는)이 얼마나 부적당한 것인지는 지난해 봄 《더 뉴욕 타임스》의 수석 평론가 도널 헤너핸이 후임자 에드워드 로스스타인에게 자리를 물려주고 떠나며 쓴 고별 기고문에서 잘 나타난 바 있다. 헤너핸은 이 글에서 설명하기를, 현대성의 거의 모든 현현에 대한 자신의 부정적 태도의 뿌리에는 태어나지 말았어야 할 12음음악이 태어난 데 대한 유감이 자리하고 있다고 했다. 아도르노가 제일 먼저 깨달았던 것처럼, 12음음악마저도 때로는 제멋대로 식으로 흐르거나 지루해질 수도 있지만 (그리고 실제로도 종종 그리된다), 그렇다고 해서 그것의 탄생 자체를 놓고 비통해 하는 것은 마치 중력의 법칙을 발견한 사람을 탓하는 것과 다를 바 없다. 신보수주의자를 열 받게 하는 것은 음악 또한 사회처럼 변화와 발전의 대상이 된다는 사실이다. 그들에 의해 '음악 전통'은 법칙과 질서, 기계적인 리얼리즘, 뻣뻣하고 상상력 부족한 공연 스타일을 추종하는 퇴행적 사상을 떠받치는 난공불락의 캐치프레이즈가 된다.

오페라는 역설적이게도 모든 음악 장르 가운데 가장 '비이념적'인 것으로 받아들여지면서도 정치와 역사, 사회운동에 가장 뚜렷하게 영향을 받는 장르이기도 하다. 비이념적인 바그너? 사상에 물들

* The New Criterion. 뉴욕을 거점으로 하여 발간되는 문예 및 문화 평론 월간지.

지 않은 모차르트? 이데올로기는 나 몰라라 했던 베토벤과 베르디? 물론 모두 말도 안 되는 소리들이다. 그러나 최근 BAM의 〈클링호퍼의 죽음〉 프로덕션에 관한 토론 마당과 리뷰 기사에는 비이념적이라는 단어가 자주 등장했다. 〈클링호퍼의 죽음〉은 앨리스 굿맨이 쓴 대본에 존 애덤스가 음악을 붙인 오페라로, 이번 무대의 연출은 피터 셀러스가 맡았다. 평론가들은 '이념적'이라는 단어만 나오면 정치를 연상하며 탐탁찮게 여기곤 하지만, 한편으로 《더 뉴욕 타임스》나 《더 월 스트리트 저널》을 언짢게 하지 않는 정치 관련 이슈는 '비이념적'인 것으로 이해되어 결코 설명되거나 토의되지 않는다는 점도 또 하나의 역설이다.

나는 음악과 현대의 중동 문제 양쪽 모두에 깊이 관여하고 있는 사람으로서 클링호퍼 살해 사건을 소재로 한 오페라가 나온다는 소식에 큰 우려를 품지 않을 수 없었다. 나는 이라크를 뒷배로 두고 테러 집단을 조직해 끔찍한 살육을 일삼은 팔레스타인인 아부 아바스*를 오랫동안 비난해온 입장이지만, 이 지면에서도 한 차례 이상 밝혔듯이 셀러스의 작품 활동에 대해서는 꾸준한 지지를 보내온 사람이기도 하다. 이스라엘의 선전 공작과 팔레스타인 출신의 일부 무법자들이 벌이는 멍청한 범죄 때문에 대부분의 미국인늘은 팔레스타인 민족 전체에 테러리스트의 이미지를 덮어씌우는 경향이 있지만, 팔레스타인인들의 반이스라엘 저항운동인 인티파다가 시작된 이후로 대중의 못난 인식에도 변화가 찾아오고 있다. 그럼에도 클링호퍼 살해 사건은 너무도 추악하고 불필요한 것이어서, 사람들, 특히 미국 관객들의 입장에서는 그 사건을 소재로 한 오페라라고 하면 어느 정도 이념적으로 미리 결정된 방향을 향하지 않을까 짐작하는 것도 당연했다. 오페라를 보기 전에 내가 자문한 질문은, 과연 애

---

* Abu Abbas(1948~2004). 본명은 무하마드 자이단으로, 1977년 팔레스타인 해방 전선(PLF)의 수장이 되었으며, 1985년 이탈리아의 유람선 아킬라우로호를 납치해 유태계 미국인 승객 레온 클링호퍼를 살해했다.

〈죽음의 도시〉, 〈피델리오〉, 〈클링호퍼의 죽음〉

덤스-굿맨-셀러스 콤비가 이미 일어난 사건을 왜곡하지 않은 채로 우리가 알고 있는 바에 새로운 빛을 비출 수 있을까 하는 점이었다. 팔레스타인인과 이스라엘인 사이의 분노와 그들이 겪는 지속적인 고통의 원천이 되는 끔찍한 배경에 대한 우리의 인식 수준을 끌어올리면서, 거기에 덧붙여 흥미로운 미적 경험을 담보할 수 있을지 궁금해진 것이다. 중동의 날것 그대로의 역사와, 거의 한 세기 가까이 그 역사의 양분이 된, 어지러이 휘말리며 얽혀든 격정에 내재된 수많은 덫을, 과연 이 세 사람이 힘을 합쳐 피해나가는 것이 가능한 일일까.

〈클링호퍼의 죽음〉이라는 오페라가 테러 사건에서 유태인들이 느끼고 생각한 바를 경시하거나 희화화하거나 축소하거나 폄하한다는 주장(로스스타인뿐만 아니라 《더 월 스트리트 저널》의 레이먼드 소콜로프도 같은 이야기를 했지만)은 무조건반사적인 나태한 생각으로, 아킬라우로호 납치 사건에도 적용할 수 없고 오페라를 미학적으로 경험하는 데에도 도움이 되지 않는다. 클링호퍼의 숨통을 끊은 폭력성을 변호하거나 변명할 방법은 없다. 오페라 역시 그런 시도를 하지 않는다. 〈클링호퍼의 죽음〉이 시도하는 바는, 그와는 다른 맥락에서 소설가 토머스 하디가 "둘로 나뉜 것이 다시 하나로 모이는 지점"이라고 부른 것을 위한 이해의 틀과 배경, 역사적·미적 울타리를 상상해보는 것이다. 엄격히 말해, 그 틀은 오로지 일반적인 의미에서만 정확할 수 있다. 왜냐하면 클링호퍼는 이스라엘 사람이 아니라 미국에서 온 관광객이었기 때문이다. 그에게 위해를 가한 자들은 흡사 귀신에 씐 듯한 사명감으로 활활 불탔던 팔레스타인 난민 출신으로, 이 또한 희생양 클링호퍼의 비교적 평범한 배경, 정치에는 전혀 무관심했던 성격과 극명한 대비를 이룬다. 팔레스타인 망명자들이 부르는 오페라의 도입 합창에 의해 이러한 분위기는 뚜렷하게 설정된다.

[팔레스타인의] 그 집에는 새가 둥지를 틀 만한
벽이 단 하나도
남아 서 있지 않네. 이스라엘은
모두 폐허로 변해버렸다네

    작품 전체에서 이 합창곡이 내게는 가장 음악적으로 열정적이고 감동적인 대목으로 다가왔다. 특히 장엄하고 고요하게 펼쳐지는 애덤스의 음악이 결정적으로 작용했다. 합창의 마지막 연에서는 단 하나의 단어를 두고 아라베스크풍으로 분기(分岐)하며 이리저리 위아래로 갈마들면서 꽃을 피우는 부분이 숨 막힐 정도로 압권이었고, 이를 듣는 관객은 처절한 슬픔이 후끈 치밀고 들어옴을 인식하지 않을 수 없었다.
    으레 부박하게 다뤄지곤 하는 팔레스타인 쪽의 이야기에 공감하는 입장이라면 오페라의 첫 장면(이른바 '프롤로그'라고 부르는 장면으로서, 팔레스타인과 유태인 망명자들의 합창과 루머 가족으로 대표되는 미국 중산층의 삶을 풍자하는 대목으로 이루어져 있다)에 쉽게 감응할 수 있을 것이다. 나 역시 그러했는데(나의 경험을 그대로 모사한 것처럼 느껴질 정도였다), 하지만 내가 그렇게 느낀 이유가 반드시 이념적인 지향이 맞아서라거나 내가 나고 자란 배경과 맞아떨어져서 그런 것 같지는 않다. 애덤스가 추종하는 미니멀리즘 음악의 고요함과 자신감은 첫 번째 합창곡에서 보기 드문 빛을 발했고, 굿맨의 차분한 딕션도 훌륭했다. 그러나 초반부에 달성된 빼어난 수준은 오페라 전체에 걸쳐 몇 번도 되풀이되지 못하고 말았다는 것이 내 생각이다. 내 취향에 기대어 말하자면, 애덤스의 미니멀리즘은 극적인 음악보다는 명상적이거나 서정적인 음악에서 진가를 발휘하는 것 같다. 〈클링호퍼의 죽음〉의 음악을 배치한 솜씨에는 전문가의 손길이 느껴지긴 하지만, 그래도 애덤스는 단언적이고 압도적인 음악언어를 가지고서는 썩 편한 모습이 아니다. 단 한 번의 청취에서 받은 전체적인 인상은, 음악에서 멀찍이 떨어진 외부에 존재하는 상황과 목적을 위해 쓴 음악처럼 들린다는 것이었다(한 달 뒤에 라디오를 통해서 이를 다시 들을 수 있었다). 사건의 반주 역할을 하는 음악(풀 죽은 듯 단조롭게 맥박 치며 분산화음화되어 반복되는), 혹은 묘하게 회상적이고 애매한, 또는 어디로 향하는지 완전히 확신하지 못하는 듯한 어정쩡한 음악, 혹은 대사 때문에 산만하게 흐트러져 비교적 짧게 쪼개졌다가 여기에 부자연스러운 강세가 걸린 길쭉한 레치타티보가 이어 붙는 식의 음악(아킬라우로호의 선장이 내뱉는 독백처럼)은 모두 그러한 특징에서 비롯된 결과였다. 애덤스는 〈클링호퍼의 죽음〉이 베르디 스타일의 오페라가 아니라 바흐의 수난곡 같은 예식용(禮式用) 음악이라고 언급한 바 있다. 셀러스 프로덕션의 단골 가수 재니스 펠티가 노래한 세 명의 배역은 무대 위 사건의 논평자 노릇을 했는데, 이 역시도 〈마태 수난곡〉의 복음사가(福音史家)와 비슷한 역할이다.

굿맨과 셀러스가 바라본 팔레스타인 분쟁은 미국-유태인 쪽의 입장보다는 아랍 쪽의 입장에 더욱 공명하는 편이었다. 따분하고 진부한 중산층 미국-유태인 쪽의 에피소드를 서사하면서 굿맨은 은근슬쩍 본말을 전도했다. 그럼으로써 팔레스타인의 비극에 담긴 본질적인 극적 관점을 우선시했고, 동시에 유일한 죄라고는 팔레스타인 테러범들이 탄 아킬라우로호에 동승했다는 것밖에 없는 심신미약 관광객의 무의미한 죽음이 다소 부당하게 압도당하는 것을 방치했다. 그러나 이 방대한 작품이 펼쳐지는 것을 목도하는 관객은 스스로에게 반드시 다음의 질문을 하고 넘어가야 할 필요가 있다. 팔레스타인 사람들을, 비록 때로는 범법 성향을 보이긴 하지만 비극의 억울한 희생양이기도 한 존재로 다루려 했던 음악작품이나 극작, 문예, 시각예술을 접한 기억이 과연 몇 번이나 되는지 말이다. 그에 대한 대답은 물론 '전무(全無)'일 텐데, 그렇다면 비이념적 음악과 문화를 그리도 중시하는 평론가 선생들에게 다음의 질문을 던져보고 싶어진다. 과연 당신들께서는 반대 방향으로 기운 작품들에 대해서도 불평하신 적이 있는지? 예를 들어 이스라엘이 민주주의를 표방한다고 주장하는 홍수처럼 쏟아지는 이미지와 말들 가운데, 웨스트 뱅크와 가자에 거주하고 있는 200만 팔레스타인 사람들에게는 최악의 아파르트헤이트로 뒤덮인 시기의 남아프리카공화국 흑인들만큼의 권리도 허락되지 않았음을 지적하는 것이 단 하나라도 있었는지? 미국이 이스라엘에 보낸 770억 달러 규모의 자금 원조가 팔레스타인 사람들을 끝없이 억압하는 데 쓰이고 있음을 알고들은 계신지? 신시아 오직의 견디기 힘들 정도로 따분한 반(反)팔레스타인 논증이 '편파적'이라는 사람들의 불평을 들은 적이나, 혹은 1989년 팔레스타인 극단의 공연을 취소한 조지프 파프의 결정 또한 편파적이었다는 지적을 들어본 적이 있으신지? 〈클링호퍼의 죽음〉이 다루는 주제가 너무도 이데올로기적이라고 투덜대고들 있지만, 그런 기준으로 보자면 중심부에서 일어나고 있는 대부분의 예술 공연 또한 진부한 충성심으로 뒤덮여 있는 것은 아니라고 장담하실 수 있는지? 또한 이들 공연이 대놓고 이데올로기를 떠벌리지는 않을지언정 현상 유지를 위해 정치적으로 올바른 것들만 입에 담는 무리들에 의해 정당성을 인정받는 것은 아니라고 장담하실 수 있는지?

이른바 균형과 품격을 이야기하자면, 그 어떤 연주자나 예술가에게도 '맥닐-레러 뉴스아워'* 수준의 정치성을 강요할 순 없을 것이다. 나는 애덤스-굿맨-셀러스 트리오가 이를 시도조차 하지 않았다는 사실을 대단히 높게 평가하고 싶다. 그러나 마찬가지 이유에서 〈클링호퍼의 죽음〉은 평론가적 시선이 필요한 작품이다. 비록 극장 공연을 딱 한 차례 보고 하는 평론이기에 나름의 한계가 있을 테지만, 그래도 몇 가지 장점과 약점이 금세 눈에 들어왔다. 우선 신중

---

* 미국 공영방송 PBS의 텔레비전 뉴스 프로그램. 1975년 '로버트 맥닐 리포트'라는 이름으로 시작되어, 여러 차례 제목을 바꾸었고 지금은 'PBS 뉴스아워'라는 이름으로 진행되고 있다.

한 포석의 결과인 것으로 보이는 작품의 반(反)부르주아적 성격은, 작품이 강력하고 힘차게 진행될 때는 흥미롭게 다가오다가도 변덕이나 서투름 때문에 작품의 힘이 빠진다고 느껴질 때는 그 흥미 또한 반감되곤 했다. 셀러스의 연출가로서의 혜안은 공연 전체를 지배했다. 그것은 서정적인 동시에 극적이었고, 또한 코믹하면서도 기이하게 형식적이고 의식적(儀式的)이었다. 유난히 창의적인 공간 운용은 무대 디자이너 조지 시핀의 도움이 지대했다. 시핀이 고안한 여러 층과 통로로 구성된 거대한 철제 수직 구조물은 위풍당당한 풍채로 관객과 배우 들을 내려다보았다.

합창단은 사건을 지그재그로 가로질렀고, 마크 모리스가 통솔하는 댄서들의 약동하는 맥박 같은 움직임은 이보다 아름다울 수 없다고 할 정도로 훌륭했다. 2년 전 모리스는 역시 BAM에서 공연된 퍼셀의 〈디도와 아이네이스〉 공연에 투입되어 삐딱하고 몹시 무효한 안무를 선보인 바 있다. 그때는 자기도취증에 빠진 것 같은 안무, 퍼셀이 정교하게 측정하여 배치한 드라마와 애절한 음악을 근거 없이 난도질한 것처럼 보이는 안무에 무척 언짢았던 기억이다. 〈클링호퍼의 죽음〉의 춤사위들은 서정시와 극시의 특색을 모두 가진 무대 위 행위를 강조하는 방향을 취했고, 동시에 공연 공간 전체를 하나의 원호(圓弧)로 묶음으로써 비교적 정적인 동작들을 관통하게 했다. 댄서와 주역 가수, 합창단원 들은 파스텔 계통의 단순한 외출복으로 의상을 통일했고, 테러리스트들은 색깔 짙은 가운과 이따금씩 장식 두건을 둘러 외양을 차별화했다.

가장 인상적인 지점은, 드라마에 담긴 피비린내 나는 충돌과 갈등의 감정을 제거해버린 셀러스의 연출이다. 오페라에는 아이스킬로스를 흉내 낸 듯한 일곱 편의 합창곡이 산개되어 있다. 고요한 반성과 사색, 성(聖)과 속(俗)을 모두 아우르는, 광대하고도 잔잔한 인식의 폭이 엿보이는 이들 합창곡은 그 자체로 빛을 발하는 것은 물론이요, 무대 위 사건을 그저 역사의 한순간에 그치게 하는 것이 아니라 엄숙한 제례(祭禮)의 수준까지 끌어올리는 위엄을 내포하고 있다. 클링호퍼가 목숨을 앗기는 순간은 폭력이 제례적인 열정으로 전환되는 충격이 가장 두드러지는 대목이다. 일단 무대 뒤편에서 벌어진 살해 행위는 '쓰러지는 몸의 짐노페디'라는 놀라운 음악과 함께 곧 거룩한 것으로 승화—이 말 말고는 도무지 적당한 표현이 없다—된다. 동시에 댄서의 몸이 천장에서부터 서서히 내려오기 시작해 마침내 바닥에 닿고, 무대 위 바로 맞은편에는 클링호퍼 역의 샌퍼드 실번이 이미 죽은 몸으로 누워 있다.

셀러스의 연출 덕분에 〈클링호퍼의 죽음〉이라는 작품은 역사상의 폭력을 묵상할 수 있는 형식 틀을 갖추게 되었으며, 이를 통해 관객은 폐허라는 새로운 환경 속에 내던져진 등장인물을 한데 묶는 비극을 인지할 수 있게 된다. 셀러스의 의도가 꾸준히 성공적인 것만은 아니다. 프롤로그의 일부를 이루는, 뉴저지 교외에 살고 있는 루머 가족에 대한 풍자가 그 좋은 예이다. 작자의 의도는 루머 가족을 희화화하고 짜부라뜨림으로써 클링호퍼 가족의 면모를 규정하겠다는 뜻이었을 것이다. 그러나 대부분의 평론가들은 이 장면을 모욕적이라고 받아들였다. 또한 평론가들은 루머 가족 사람들을 싸구려 물건만 찾아다니는 최악의 소비주의자들로 묘사한 것은 반유태수의석 사고의 발로라는 혐의를 제기했다. 그런데 가만히 따져보면 루머 가족이 유태인이라고 단언할 수 있는 암시는 그 어디에도 나오지 않았던 것 같은데, 그나저나 간에 나로서는 이 장면이 그 목적에 비해서는 과도하게 길다고 생각했을뿐더러 반드시 넣어야 할 중요한 장면이라는 생각조차 들지 않았다. 길이가 좀 되는 장면들, 이를테면 갈등이나 문제의 핵심에서 비껴난 인물인 선장의 독백 장면은 너무 질질 끄는 느낌이었다. 반면 제2막을 여는 '하갈의 합창'은 합창단과 무용수들을 위한 장대한 춤곡 파반이 곁들여지면서 무대 위 동작을 딱 필요한 그만큼만 느리게 하고 엄숙하게 하는 절묘함을 보여주었다. 이 대목에서 나는 영화감독 질로 폰테코르보가 〈알제리 전투〉에서 보여주었던, 집단적 정체성과 투쟁의 모든 면에 방점을 찍는 미학적 품위와 같은 종류의 감정을 느꼈음을 첨언한다.

〈클링호퍼의 죽음〉은 오로지 역사적인 기정사실에 대한 태도 면에서만 정치적이고 이데올로기적인 작품이다. 작품은 유태인과 팔레스타인인 사이의 갈등과 대결 인식을 넘어선 영역으로까지 신비주의적 제례처럼 서서히 움직인다. 그리고 셀러스의 담대한 모험에 힘입어, 작품은 기꺼이 내어주겠다고 각오하는 바와 실제로 거두어들이는 바 모두에서 상당한 수준의 성취를 했다. 작품을 지배하는 '정서들'은 딱히 정치적이라기보다는 예이츠의 시 〈비잔티움〉이나 월리스 스티븐스의 위대한 송시(頌詩)와 비슷한 미학적 정서에 가깝다. 〈클링호퍼의 죽음〉은 마치 메시앙의 〈아시시의 성 프란치스코〉처럼 이따금씩 공연되는 레퍼토리 아이템으로 명맥을 이어갈 것이라는 것이 내 추측이지만, 이번 공연에는 그것과는 별도로 뭔가 특별한 점이 있었고 그건 모두 공연에 참가한 이들 덕분이었다. 셀러스는 클링호퍼로 분한 실번과 선장으로 분한 제임스 마댈리나, 마무드(공연 프로그램에 그의 이름 철자가 잘못 기재되는 아찔한 실수가 있었다)로 분한 유진 페리, 몰키와 조너선 루머의 1인 2역을 맡은 토머스 영, 알마 루머와 오마르의 1인 2역을 소화한 스테퍼니 프리드먼, '람보' 역을 맡은 토머스 해먼스에게서 멋진 공연을 이끌어냈다. 메릴린 클링호퍼로 분한 실라 내들러의 마지막 독백의 가슴 미어지는 신중함은 특히 감동적이었다. 능수능란한 감응력이 일품인 지휘자 켄트 나가노가 이끄는 음악은 찬란한 빛을 잃지 않았다. 그러나 뭐니 뭐니 해도 그날 저녁의 주인공은, 처음부터 끝까지 면밀한 생각을 쏟아부은 무대를 자신의 놀라운 재능으로 찬란히 구현한 셀러스였다.

스타일의 불확실성:
〈베르사유의 유령〉, 〈병사들〉*

최근 우리 사회를 한바탕 휩쓴 논쟁—우선 국립미국예술박물관에서 있었던 스미스소니언 협회의 '미국으로서의 서부' 전시회가 불러온 격렬한 찬반양론이 있었고, 그리고는 올리버 스톤 감독의 영화 〈JFK〉에 의해 촉발된 격론이 있었다—은 과거에 대해 일반 대중이 품고 있는 불안감이 상당함을 시사한다. 과거를 소재로 한 대중 전시가 미국의 현재(혹은 과거) 정체성뿐만 아니라 미국이 무엇을 보고 들어야 하는지에 대해 권위적인 이미지를 전달하려고 할 때마다 이러한 불안감은 수면 위로 솟아오른다. 이는 제국주의의 지배력이 위기에 봉착했음을 알려주는 확실한 징후라 하겠다. 경제는 난장판이고, 공식적으로 인가받은 문화는 공격의 대상이 되고 있으며, 미국은 예외적으로 취급해야 할 국가이자 세상에 큰 죄를 짓지 않은 국가라는 생각이나 미국식 애국주의 따위가 따가운 눈총을 받는 분위기가 크게 작용한 탓이리라. 그러므로 개인이나 기관이 미국에 관해 압도적으로 일치된 의견에 대해 찬동하거나 반대하는 의견을 개진할 필요를 갈수록 강하게 느끼는 것이다. 마치 그로 인해 얻거나 잃을 것이 그저 한 차례의 공연이나 전시회가 아니라 미국의 운명 그 자체인 것처럼 말이다. 피곤하고 재미없는 노릇이다.

    그러니 수십 년간 신곡 초연과는 담을 쌓고 지낸 메트로폴리탄

* 《더 네이션》, 1992년 3월 9일.

오페라(메트)가 작곡가 존 코릴리아노와 대본작가 윌리엄 호프먼에게 오페라를 위촉했다는 소식에서 나쁜 징조를 읽었다 해도 무리는 아니다. 사람들의 기대감과 중대한 의의라는 짐을 잔뜩 짊어지고서 마침내 성사된 지난 12월과 1월 공연은 마치 거대한 코끼리가 분홍색 발레복을 입은 것처럼 무겁고 어색해 보였다. 계획과 집필 단계만으로도 부지하세월이었던 〈베르사유의 유령〉은 내가 지금까지 본 메트 공연 가운데 가장 처참한 구경거리가 되고 말았다. 착상은 조리에 닿지 않고 (말 그대로) 앞뒤가 맞지 않았으며, 음악은 특기할 점이 없어 금방 잊히고 말았고, 프로덕션은 도무지 갈피를 잡지 못한 채 돈만 들이붓고 쓸데없이 정성을 들인 꼴이었다(놀랄 일도 아니지만, 공연은 전회 매진을 기록했다. 이는 각종 매체를 통한 과다 홍보 때문이기도 했고, 어느 정도는 일간지에서 쏟아내는 극찬 기사 때문이기도 했다).

언젠가 들은 이야기인데, 바그너의 첫 번째(지금은 현존하지 않는) 오페라에서는 모든 등장인물이 제1막과 제2막에서 죽음을 당했다가 제3막에서 노래하는 유령이 되어 돌아온다고 한다. 공연을 접한 관객은 야유를 퍼부었고 그 이후로 지금까지 다시는 공연된 바 없다(마땅한 일이다). 그런데 코릴리아노와 호프먼은 바그너를 모방하는 데서 그치지 않고 능가하려 시도했다. 그들의 오페라는 처음부터 끝까지 유령들로 가득 차 있다. 프롤로그와 다섯 개의 장면으로 구성된 제1막과 아홉 개의 장면과 피날레로 구성된 제2막 모두가 유령 천하인 것이다. 이 끔찍한 뒤죽박죽을 이해해보려 시도한 《더 뉴요커》의 평론가 앤드류 포터의 책임감을 나는 높이 존경하지 않을 수 없지만, 그러나 포터마저도 필요 없이 복잡하기만 한 작품에 두 손 두 발 다 든 모양이다. 이렇게 정리하도록 하자. 〈베르사유의 유령〉은 18세기 후반 프랑스의 역사와 문화를 이도 저도 아닌 상태로 정체시켜 놓은 뒤 그 위로 오갈 데 없는 플롯의 가능성을 덮어씌운 작품이다. 줄거리는 보마르셰의 미완성 희곡 「죄 지은 어머니」

(〈세비야의 이발사〉와 〈피가로의 결혼〉 이후로 이어지는 이야기다)를 원작으로 하여, 상상의 세계에서 온 알마비바와 피가로, 수산나, 실제 역사의 세계에서 온 보마르셰와 루이 16세, 마리 앙투아네트가 모두 뒤얽혀 음모와 계략을 펼치는 것 정도로 이해하면 된다.

벌써부터 얼마나 터무니없는 이야기가 될지 대충 감이 잡힌다. 프로그램에는 "등장인물들은 경계가 없는 세계를 점유한다"는 문장이 수줍은 듯 적혀 있는데, 없는 것이 경계뿐이면 좋으련만 내가 보기에는 의식도 판단력도 없는 것처럼 뒤죽박죽이었다. 굳이 이런 일을 벌인 이유는 역사를 다시 씀으로써 등장인물들을 화해시키고 싶어 하는 특유의 미국적 욕망에서 찾아야 하지 않을까 싶다. 급진주의자 보마르셰(한 장면에서는 여왕을 고발하기까지 하는)와 반동 세력의 대모 마리 앙투아네트가 연인 관계로 설정되어 있는 것이다. 마지막 장면의 마지막 순간, 무대 앞에서 서로 얼싸안은 두 사람의 뒤에서는 '진짜' 마리 앙투아네트의 목이 기요틴에 날아간다. 그러나 어차피 모두가 유령인 마당이니 크게 신경 쓸 일은 아니다. 다만 갑자기 깨닫게 되는 사실이 있으니, 유령 세상에서조차도 계급이 있고 받아들일 수 있는 일과 그렇지 않은 일 사이의 차별이 있다는 점이다. 그곳에서 진짜 혁명의 위상은 낙천주의 아가씨와 그녀의 친구들이 누리는 위상에도 미치지 못하는 것이다.

알마비바의 사생아와 교활한 혁명분자 베게어스(역량이 차고 넘치는 영국 테너 그레이엄 클라크가 맡았지만 그 보람이 뒤쪽으로 나고 말았다)를 둘러싼 끝날 줄 모르는 부차적 줄거리도 있고 하여 어쨌든 정신이 없었는데, 이것만으로도 부족했던지 오페라 중간쯤에는 18세기 '터키 열풍'을 보여주기 위해 디자인된 장면까지 끼어들었다. 이 장면에서 메릴린 혼은 오스만 제국 총독이 가장 아끼는 가수 사미라로 등장해, 문장도 거칠고 발음도 조악한 아랍어 대사를 내뱉으며 잔뜩 까불며 놀았다. 게다가 사미라의 입에 물린 음악은 터키 음악이었어야 마땅할 텐데 어이없게도 아랍 음악을 희화화한 것이었다. 이 장면은 그 어떤 극적 목적이나 음악적 목적에도 부합하지 않았고 그저 몰취미의 증거가 될 뿐이었다. 아랍/이슬람 세계는 현재의 정치적 난국만 가지고도 충분히 골치가 아픈 판인데, 괜스레 이 멍청하고 혼란스러운 장면에 끌려 들어옴으로써 한 차례 더 모멸감을 견뎌야 했다. 혼처럼 위대한 성악가가 이런 쓰레기 같은 작품에 동참한 결정을 나로서는 도저히 이해할 수가 없었다.

　이 모든 것을 감안하고서 해야 할 진정한 물음은, 과연 이렇게 형편없는 작품에 값하는 음악이 있을 수 있겠는가 하는 점이다. 코릴리아노는 작품에 완벽히 어울리는 음악을 썼다. 칭찬인지 아닌지 애매하지만 나로서는 이것이 생각해낼 수 있는 최선의 문구다. 인정컨대 나는 〈베르사유의 유령〉을 단 한 번밖에 보지 못했지만, 그래도 방송 전파를 탄 음악을 테이프에 녹음해 여러 차례 들으며 참고했다. 코릴리아노의 음악은 맛없는 잡탕찌개처럼 보였다. 거기에는 세 가지 조리법이 동원되었는데, 그 가운데 어느 하나도 뚜렷하거나 성공적인 청각적 개성을 더하지 못했다. 조리법 중 첫 번째는 모차르트와 그의 동시대 작곡가들을 도약대 삼아 18세기 음악 양식을 모방한 양식이다. 둘째는 과도하리만치 노골적이어서 귀에 거슬렸던 미국산 뮤지컬 코미디와 빈 오페레타를 접목한 양식이다. 그리고 마지막으로 특색 없는 후기 음렬주의 및 포스트 음렬주의 어법이 있었는데, 이를테면 음렬주의 기법을 1990년대에 재활용한다면 〈룰루〉가 어떤 작품이 되었을지 코릴리아노가 나름대로 더듬어본 흔적이 진했다. 한마디로 의미나 목적 없는 절충주의를 표방한 음악이었고, 그 대표적인 증상은 개별 아리아나 장면을 어디서 끊어야 할지 확신하지 못하는 어정쩡함으로 나타났다. 덩치가 꽤 되는 유일한 관현악 간주는 제2막의 단 한 차례가 전부였는데, 이는 무대 위 사건과 연기에 소용되지 않는 음악을 붙일 용기가 코릴리아노에게는 없었음을 시사한다. 그나마 있는 간주곡마저도 별 특징 없이 고분고분하여 듣는 재미라고는 없었다.

거대하고 호화로운 프로덕션 규모는 오페라의 약점들을 오히려 더욱 도드라지게 했다. 시련을 극복할 만큼 확신을 찾기 위해 매 순간 분투했던 성악가들—테레사 스트라타스, 호칸 하게고르드, 지노 킬리코, 클라크, 혼—의 흠을 꼬집기는 힘들 것 같다. 세트는 거대했고, 제작비는 할리우드 저리 가라 할 정도로 비쌌으며, 아슬아슬 질주하며 무의미하게 투입되는 에너지에 버거워하는 오케스트라와 출연진을 보고 있자니 불붙은 고리를 쉬지 않고 연달아 통과해야 하는 서커스 동물이 생각났다. 나는 코릴리아노와 호프먼, 제임스 레바인이 제각각으로서는 재능 있고 진지한 예술가들임을 의심하지 않지만, 이번 프로젝트는 그들의 재능을 모두 무력화할 만큼 강력한 판단 착오와 과잉으로 점철되어 있었다. 결국에는 작품 자체로 진솔하게 관객의 지지를 호소하는 대신, 사치스러운 고가의 프로덕션에 근엄한 표정으로 '신작 오페라'라는 이름을 붙인 철면피 기관의 권력으로 관객의 관심을 받으려 한 무대였던 것이다.

〈베르사유의 유령〉은 내가 메트에서 일주일 전쯤 관람한 〈이도메네오〉 무대와 극명한 대조를 이루었다. 〈이도메네오〉는 모차르트의 작품 중 다루기가 가장 까다로운 편이다. 길이가 긴 오페라 세리아로서, 음악적으로도 복잡할뿐더러 골치 아픈 노래를 다뤄낼 성악가도 여럿 필요하다. 레바인은 단 한순간도 흔들리거나 어색한 억양 없이 훌륭한 지휘를 뽐냈다. 트로이 전쟁에서 가지 쳐 나온 이야기를 플롯으로 삼은 〈이도메네오〉는, 글루크보다 한발 더 나아간, 글루크풍의 양식화된 극적 상황과 멜로드라마적 과장이 뒤섞인 작품이다. 과거에 루치아노 파바로티가 이도메네오 역을 맡아 멋진 결실을 거둔 바 있지만(파바로티 팬이 아닌 내게는 그렇게 다가왔다), 이번 공연에는 이름을 올리지 않았다. 이도메네오 역은 캐나다 출신의 테너 벤 헤프너가 맡아 썩 훌륭하게 해냈다. 헤프너는 헬덴테너로 서서히 주가를 올리고 있지만, 그의 멋진 목소리가 허락하는 범위만큼 다양한 표현을 도모하지 않는 경향이 있는 것 같아 다소 아쉽다. 일리아로 분한 돈 업쇼의 노래는 훌륭했고, 이다만테 역을 맡은 수잰 멘처 또한 품위 있는 노래를 들려주었다. 엘레트라로 분한 캐럴 배니스는 날카로운 목소리로 불안한 출발을 보였지만, 제3막 아리아에서 찬란함과 열정을 겸비한 드문 절창으로 명예 회복을 톡톡히 하고 만장의 갈채를 받았다.

〈이도메네오〉와 〈베르사유의 유령〉을 나란히 놓고 비교해보면 음악 수준에 뚜렷한 낙차가 느껴지는 것은 물론이요, 메트로폴리탄 오페라가 그저 중요한 오페라하우스로서의 역할에 그치지 않고 기록을 남기는 기관으로서의 사명감을 짊어지고 있다는 사실을 또한 느끼게 된다. 그러니 사실상 박물관 전시용 작품들에 관해서라면—〈이도메네오〉역시 장중하고 훌륭한 음악에도 불구하고 박물관용 작품이라 하지 않을 수 없다—큐레이터의 시각과 심지어는 골동품 연구가의 시각마저 강제되는 것이다. 메트의 〈니벨룽의 반지〉 프로덕션이 망가진 것도 그 때문이요, 지난봄 〈파르지팔〉에서 레바인이 음악에 활기와 생기를 불어넣기보다는 유물 발굴해내듯 지휘한 것도 그것과 무관치 않으리라. 모차르트 당대에도 이미 시대극이었던 〈이도메네오〉는 다행히도 메트의 이런 접근법이 먹힌다. 그러나 현대 관객에게 뭔가 급박히 전달할 메시지가 있는 것으로 해석될 여지가 있는 오페라나 현대 작품의 경우, 공들인 스타일이나 장식 등 프로덕션 측의 노력은 오히려 작품 본연의 직접적이고 강력한 선언적 효과를 축내는 역효과를 불러일으키기도 하고 뒷맛 개운치 않은 잡탕이나 패러디를 맛본 것 같은 느낌을 남기기도 한다. 전체적으로 〈베르사유의 유령〉은 프랑스 대혁명 이전으로 거슬러 올라가고자 하는, 혹은 혁명이 일어나지 않았더라면 좋지 않았겠는가 하는 공개적인 희망을 담은 괴벽스러운 시도가 결코 아니다. 이 작품은 또한 논란의 여지를 차단하도록 의도되었다. 등장하는 것은 모두 유령인데다가 다루는 이야기는 활기라고는 없는 가상의 이야기이며, 의상을 입은 허깨비들은 너무도 머나먼 존재들로 다가오는지라 결국에는 그들에게 조금의 감정이입도 하기 힘든 지경에까지 이르고 만다. 이리하여 오페라는 작금의 사회 및 문화와 연관을 맺지 못하는 예술로 다시 한 번 격하되었고, 이는 사실상 예술의 본분이 최대한 현상 유지 상태를 흔들지 않은 채로 횡설수설해야 하는 것이라는 선언에 다름 아니었다. 그렇게 보자면 〈베르사유의 유령〉을 위촉한 단체가 메트였던 것도 그리 놀랄 일이 아니고, 이 작품과 관련된 그 많던 소동과 법석이 결국에는 누구의 심기도 건드리지 못한 하찮은 것으로 받아들여진 것도 납득이 간다.

정확히 그 대척점에는 시립 오페라가 공연한 〈병사들〉이 있었다. 〈병사들〉은 독일 작곡가 베른트 알로이스 치머만이 1960년대 중반 완성한 작품으로, 미국에서는 1982년 보스턴에서 세라 콜드웰의 지휘로 초연되었다. 시립 오페라의 지난 10월 무대는 대단한 성취라 하지 않을 수 없다. 〈병사들〉이라는 오페라가 특출해서라기보다는 정치적으로 적절한 표현 수위를 항상 염두에 두어야 하는 메이저 극단과 달리 시립 오페라는 일종의 2군급 오페라하우스로서 온전히 작품에 몰입할 수 있었기 때문이다. 치머만이 〈병사들〉 탈고 직후에 스스로 목숨을 끊었다는 사실을 언급하자니 대단한 무뢰배가 된 것 같은 기분이 늘지만, 실은 그의 자살과 〈병사들〉이라는 작품에는 끊을 수 없는 연결고리가 있다. 베르크가 〈보체크〉와 〈룰루〉에서 달성한 바를 대단히 무겁게 받아들인 치머만이 그 토대 위에 자신의 작품을 지어 올리려고 했다는 것이 〈병사들〉을 관람한 나의 소감이다. 그 결과 절륜한 기량을 가진 성악가 여럿과 100명이 넘는 대규모 오케스트라가 소요되는, 어둠과 일종의 고역스러운 위엄이 끊임없이 이어지는 거대한 영화 한 편을 보는 것 같은 작품이 완성되었다.

오페라의 줄거리는, 뷔히너에게 큰 영향을 미친 것으로 알려진 18세기 작가 야코프 렌츠의 작품에 기초하고 있다(뷔히너는 「렌츠」라는 멋진 단편을 남기기도 했다).* 치머만은 이를 가지고 병사들의 막사와 비정한 상업주의를 배경으로 여주인공 마리가 시련을 겪으며 타락해가는 과정을 그린, 흡사 〈룰루〉와 〈보체크〉를 묘하게 섞어놓은 듯한 작품을 만들어냈다. 로다 러빈이 디자인한 무대는 눈부셨고, 압도적이고 치열한 연출은 관객을 시험에 들게 할 정도로 격렬했다. 출중한 출연자들 가운데서는 마리로 분한 리사 새퍼가 특히 타의 추종을 불허했다. 그녀는 무시무시할 정도로 어려운 배역을 맡아 음표면 음표, 강세면 강세, 어느 하나 주저함 없이 효과적인 열창, 진실되고 진솔하며 아름답고 열정적인 노래를 선사했다. 남성 출연진 가운데 가장 뛰어났던 두 사람—토머스 영과 유진 페리—이 모두 피터 셀러스 연출의 단골 멤버인 것은 전혀 우연이라고 할 수 없을 것이다.

앞에서 〈병사들〉이 〈베르사유의 유령〉과 대척점에 있는 작품이라고 말한 바 있다. 바흐 코랄을 인용함으로써 베르크풍의 분위기를 자아내는 두어 순간을 제외하고 보자면, 치머만은 너무도 극적 감각이 부족하고 외곬으로 치닫는 깊은 결함을 고스란히 드러낸다. 물론 거대한 총보를 찬찬히 들여다보면 눈에 들어오는 세부나 세련된 면모가 있기야 할 것이다. 그러나 작품이 주는 전체적인 인상은, 한 인간이 오로지 분노와 절망을 통해서만 벼려진 음악 양식을 거울삼아 거기에 자신의 모든 고통과 고뇌를 투영한다는 것이다. 시립 오페라의 프로그램에 붙은 삽지(挿紙)에는 모 해설가가 이를 부인하는 내용의 글이 수록되어 있었다. 치머만은 "과유불급"의 과오를 범하기는커녕 "절제력의 대가"였다는 주장이었는데, 이는 명백한 거짓이다. 리사 새퍼의 기량이 없었더라면 공격적인 음향이 켜켜이 쌓인 뭉텅이 외에는 별로 들리는 게 없었을 것이다. 이들 음향 뭉치는 즉각적인 표현을 도모할 뿐만 아니라 직접적이고 심지어는 노골적인 표제성을 가진 것이기도 하다. 그것이 전하고자 하는 메시지는, 세

---

* 게오르크 뷔히너는 알반 베르크의 오페라 〈보체크〉의 원작 희곡 「보이체크」를 썼다.

상은 끔찍한 곳이고 사람들은 빌어먹을 존재들이며 순수성은 살아남을 수도 없고 그래서도 안 된다는 것이다. 이 터무니없는 환원주의적 세계관이 음악적으로 지루하게 다가오는 이유가 우리가 12음 표현주의 음악을 너무 많이 들어서인지 아니면 듣는 이를 제멋대로 조종하려 드는 사운드트랙으로 무장한 호러 영화를 너무 많이 봐서인지는 어느 한쪽으로 단언하기 힘들다. 그러나 〈병사들〉은 어떻게든 무대를 훌쩍 뛰어넘어 객석의 관객들을 거세게 흔들어 깨우려고 애쓰는 작품인 동시에, 구원이나 해명의 미학을 충분히 제시하지 못한 채 지나치게 자연주의만을 추구한 거친 작품이다. 병적인 호기심을 충족시키고 감사한 마음으로 다른 종류의 공연으로 이행해가기에 적당한 작품이기도 하다.

다른 공연 말이 나온 김에, 이례적으로 만족스러웠던 두 차례 최근 공연에 대해 말하고자 한다. 대부분의 면에서 지극히 다르면서도 양식과 착상 면에서는 비슷한 일관성을 보인 두 공연이었다. 나는 피아니스트 슈라 체르카스키의 음악을 이제 30년 정도 들어오고 있다. 그러나 기이하다면 기이한 사실은 그의 음반을 들은 기억은 별로 없다는 점이다. 또한 슬라브 혈통을 물려받은(그러니까 중부 유럽 혈통이 아닌) 체르카스키가 내 관심 영역에 속하는 레퍼토리를 흥미롭게 공연하는 것도 기묘한 일이다. 자신의 전매특허인 현란한 발라키레프와 리스트를 어느 정도 상쇄하기 위해 쇼팽과 베토벤, 브람스의 곡을 여기저기 흩뿌려놓는 것이다. 요제프 호프만의 제자인 체르카스키도 어느새 여든 나이가 되었다. 그는 언제나 눈을 즐겁게 하는 연주자였다. 까탈스러운 사소한 동작들 하며, 뽐내는 듯한 비르투오시티 하며, 관객을 즐겁고 기쁘게 하는 무제한에 가까운 능력까지 여러 면에서 그랬다. 그래서였을까, 지난 12월 카네기 홀 연주에는 흡사 계시와도 비슷한 효과가 어려 있었다. 특히 이제는 과용(過用)과 난숙(爛熟)에서 비롯된 습성과 거짓 전통의 외피로 뒤덮이고 만 작품들, 이를테면 부소니가 편곡한 바흐의 〈샤콘〉, 슈만의

〈교향적 연습곡〉, 쇼팽의 〈스케르초 E장조〉가 그랬다. 마치 길을 가는데 누가 등을 두드려 돌아보니 학창 시절 학급에서 가장 익살맞은 녀석이었던 친구가 잔뜩 근엄한 얼굴을 하고 서 있는 걸 보는 기분이었다.

이날 공연의 놀라움은 체르카스키가 산란(散亂)한 매너리즘을 버리고 대신 기대 밖의 집중력과 무게, 진중함을 갖춘 데서 비롯되었다. 〈교향적 연습곡〉의 중간 변주에서는 슈만의 강박적인 고집에 잠시 흔들렸던 것인지 언뜻 집중력을 잃은 듯한 대목도 있었다. 비논리적인 강세와 감각을 마비시킬 듯한 반복적 패턴이 성가시게 느껴졌거나 혹은 그 때문에 잠시 좌초한 것만 같은 모습도 보였다. 그러나 이례적으로 느린 템포로 몰고 간 부소니에서는 달랐다. 바흐의 형식적 기원에서 놀랍도록 정교한 음악이 발전되어나오는 과정이 실제로 보인다고 할 정도로 강건하고 완숙한 음의 아름다움이 돋보였고, 원래는 바이올린 곡이던 것을 피아노용으로 변모시킨 부소니의 남다른 지성을 느끼게 하는 연주였다. 슈만의 도입부는 준수했고, 쇼팽 스케르초도 훌륭했다. 특히 쇼팽은 상승했다 떨어지며 메아리치는 화음 진행을 동반한 환상적인 민첩함이 되풀이될 때마다 품위를 잃지 않는 태연함을 보여주었는데, 이러한 해석은 실제로 접하기 어려운 것은 두말할 필요도 없고 좀처럼 시도조차 되지 않는 종류이기도 했다. 호프만과 파벨 팝스트의 기교 과시용 난곡을 통해 체르카스키는 본인의 본령으로 회귀했다. 팝스트의 차이코프스키 〈예브게니 오네긴 패러프레이즈〉는 배우고 익힐 수 있는 작품이라기보다는 목전에 닥친 붕괴의 순간을 끊임없이 걱정해가며 아슬아슬 단숨에 해치우는 것밖에는 달리 해낼 도리가 없는 비르투오소 피스의 범주에 묶을 수 있는 작품이다(이를테면 슐츠-에플러의 〈푸른 도나우〉처럼 말이다).

체르카스키를 리흐테르나 미켈란젤리 같은 피아니스트라고 말할 순 없을 것이다. 아닌 걸 아니라고 하지 않을 도리가 없으니 말이다. 그러나 건반 앞에 앉은 그는 역사에 대해 뭔가 중요한 진술을 하지 못하면 어쩌나 고민하는 기색도 없고, 그저 피아노가 직업이니 연주할 뿐이라는 피아니스트로 보이면 어쩌나 우려하는 기색도 없다. 그는 피아노 연주를 직업으로 삼은 음악가라는 사실을 조금의 부끄러움도 없이 받아들일 뿐, 능력 바깥의 거드름이나 허세는 부리지 않는다. 체르카스키는 진실되고 매력적이며 설득력 있는 피아니스트다. 그의 이러한 재능을, 최근 뉴욕을 찾은 또 다른 음악가에게서도 발견할 수 있었다. 일흔다섯 노구에도 놀라운 노익장을 뽐내고 있는 로버트 쇼가 바로 그 주인공이다.

    쇼가 명성을 쌓은 1950년대에 내가 본 공연은 로버트 쇼 합창단 연주회 한 차례가 전부였다. 쇼는 토스카니니 밑에서 NBC 심포니 오케스트라의 합창 감독으로 일하면서 사람들의 주목을 받기 시작했다. NBC 시절의 경험 덕분에 그는, 특히 지금까지 공연된 바가 없거나 아주 난해한 곡에 관해서는 필적할 자가 없는 인토네이션과 비르투오시티를 보유한 지휘자로 인정받고 있다. 체르카스키와 마찬가지로 쇼 역시 가정 내에서의 아마추어 합창이나 피아노 연탄(連彈), 혹은 매주 손꼽아 기다리던 뉴욕 필하모닉과 메트로폴리탄 오페라의 실황 중계가 음악문화를 지배했던, 한마디로 문화계에 허세가 덜했던 과거를 떠오르게 하는 음악가다. '괜찮은 음악 방송국'이 도처에 존재하기 이전, 그리고 중요한 문화기관이 국가 정체성의 상징 노릇을 자임하는 게 근사한 일이라는 인식이 퍼지기 전의 이야기다.

    쇼의 무대 매너는, 혹여 그 모든 것이 그의 본모습이기보다는 꾸며낸 이미지가 아닐까 싶은 생각마저 들 정도로 조금의 빈틈도 없이 소박하다. 마치 하소연하듯 미안한 눈빛으로 무대에 오르던 루돌프 제르킨을 떠오르게 한다. 쇼가 애틀랜타 심포니를 지휘한 것이 이제 20년이 되었지만, 애당초 그 자리를 중요하다고 생각하는 사람은 아무도 없어서 그의 업적 또한 제대로 주목받지 못한 채 지나가고 말았다. 은퇴 이후 그는 미국의 다른 오케스트라들과 녹음 및 연주 활동을 이어나가고 있고, 나 역시 그런 그의 콘서트를 몇 차례 관람한 바 있다. 1월 19일 카네기 홀에서 그는 세인트 루크스 오케스트라, 로버트 쇼 페스티벌 합창단, 빼어난 독창자들—소프라노 베니타 발렌티, 메조소프라노 플로렌스 퀴바, 테너 닐 로젠샤인, 베이스 앨리스터 마일스—과 함께 베토벤의 〈장엄 미사〉를 지휘했다. 몇십 년 전 합창단을 완벽하게 준비시켜 토스카니니의 녹음에 투입함으로써 성공적인 녹음의 계단을 놓았던 바로 그 레퍼토리였다.

이날 쇼의 〈장엄 미사〉 실황은 내가 들은 것 중 토스카니니 이후 가장 뛰어난 연주이면서, 동시에 토스카니니의 연주와는 더 이상 다를 수 없는 연주이기도 했다. 아도르노는 〈장엄 미사〉를 가리켜 "거리감을 느낄 수밖에 없는 걸작"이라고 마음에 쏙 와닿게 표현한 바 있다. 즉, 음악적으로 다루기 힘든 기묘한 작품이자 초월적인 착상을 담은 곡이어서 주류 레퍼토리로 포섭하기가 쉽지 않다는 이야기다. 〈장엄 미사〉는 또한 연주가 대단히 까다롭다. 급격히 변하는 템포와 음량으로 점철된 곡이어서 연주자가 부려내기가 여간 어렵지 않고, 낯선 선법(旋法) 화성이 암초처럼 도사리고 있으며, 특히 거대한 악장인 '크레도'에는 〈함머클라비어 소나타〉나 〈디아벨리 변주곡〉 같은 후기작의 특징인 극도로 복잡한 푸가가 등장한다. 아도르노는 베토벤의 후기 양식(Spätstil)을 부르주아의 일상 세계에 대한 거부의 상징으로 이해했고 좀처럼 곁을 허락하지 않는 〈장엄 미사〉는 그러한 후기 양식의 전형을 보여주는 작품이지만, 그럼에도 이 곡에는 질서와 신뢰를 갈구하는 노력이 언뜻언뜻 엿보인다. 메이너드 솔로몬은 『베토벤 에세이』에서 〈장엄 미사〉와 〈교향곡 9번〉에 베토벤의 건강 악화, 조카와의 갈등, 몸서리쳐지는 고독감이 투영되어 있다는 색다른 주장을 한 바 있다. 세상에 등을 돌리기는커녕 세상과 새로이 관계를 맺고자 했던 음악적 시도의 결과물이 곧 〈장엄 미사〉라며 솔로몬은 이렇게 덧붙였다. "〈장엄 미사〉는 신에게 던지는 두 가지 물음을 함축하고 있다. 우리는 그저 필멸의 존재일 뿐인가? 영원한 삶에 대한 희망은 있는 것인가?"

당연한 말이지만, 우뚝 높이 솟아 우리를 추궁하는 듯한 이 음악에는 다양한 해석을 부여할 수 있다. 쇼의 해석이 대단히 인상적이었던 건 거기서 신경증적인 구석을 조금도 발견할 수 없었기 때문이다. 최근 발매된 카라얀의 녹음(EMI)도 이와 비슷한 방향을 추구하는데, 다만 자기만족적이고 미끈하고 잔잔하기만 한 음악이라는 의도치 않은 결과가 빚어지고 말았다. 여행자랄까 혹은 답을 찾아 나선 순례자와 같은 쇼의 에너지는 신선한 디테일에 집중하기보다는 전체적 성격을 창조하는 데 투자되었다. 음향과 템포는 탄탄했고 결코 불안해지거나 신경질적으로 흐르지 않았다. 쇼의 지휘에서는 이를테면 젊은 지휘자들이 전달하기 위해 시도하곤 하는(그러나 거의 달성하지는 못하는) 고양된 평온의 느낌을 받을 수 있었다. 그는 또한 완벽한 자연미의 경지에 도달했다는 착각을 불러일으킬 정도로 자연스러운 해석을 들려주었다. 이를테면 '크레도' 마지막의 악마적인 푸가에 도사린 위험천만한 지점들이라든가, 도무지 평범한 인토네이션으로는 해석하기가 난망한 고요한 선율선의 비상을 여럿 거느린, 어쩌면 '크레도' 푸가보다 더 까다로울 수도 있는 '베네딕투스' 악장에서도, 쇼는 음악이 열변을 토하거나 스스로를 선언하게 하기보다는 그저 스스로의 껍데기를 한 꺼풀씩 벗도록 내버려두는 쪽을 택했다. 그러나 '내버려두었다'는 것도 듣는 쪽의 착각인 것이, 그러한 경지가 가능하려면 어마어마한 양의 노력이 투자되어야 하며, 다만 그 노력의 흔적이나 솔기가 보이지 않을 뿐이기 때문이다.

쇼는 보통은 무대 전면에 나와 앉는 게 일반적인 독창자들을 이번 공연에서는 합창단과 가까운 지점에 정좌시켰다. 이러한 배치 덕분에 베이스의 기여도가 다소 상쇄되는 면이 있긴 했지만 그래도 공동의 연합된 노력의 효과를 배가시킨다는 면에서는 나쁘지 않았다.

다만 한 군데, '베네딕투스' 악장에서 나오코 다나카가 연주한, 다소 단조로운 바이올린 오블리가토를 동반한 긴 대목에서만큼은 자연스럽고 고요한 느낌보다는 뭔가를 향해 분투한다는 느낌이 났으면 하고 바라지 않을 수 없었다. 베토벤의 후기작 가운데 대단히 높은 음역을 답파하는 대목은 숭고함과 더불어 긴박하고 으스스한 느낌이 묻어나야 제맛인데, 너무 차분하게 연주되어서는 그저 어색할 뿐이다.

쇼의 음악적 존재감과 무대 위 존재감은 흡사 성자(聖者)를 연상케 할 정도로 겸손하다. 그런 만큼 그는 커튼콜 또한 오케스트라 가장 뒷줄에서 모든 단원들과 함께 받는다. 마치 '내가 한 일이 아니라 우리 모두가 한 일이며, 각광의 주인은 베토벤이어야 한다'는 듯 말이다. 진부한 제스처일 수도 있겠으나, 그렇다고 해서 강철처럼 단단한 그의 연주가 평가절하되는 일은 없어야 할 것이다. 쇼는 걸물이자 위대한 음악가이며, 자기과시를 극구 사양한다는 면에서는 이쪽 세계를 점하고 있는 주빈 메타 같은 치들과는 결코 어울릴 수 없는 존재다. 팔을 한 번 쳐들더라도, 코를 한 번 풀더라도 어떻게든 '우리'에 방점을 찍어야 하는 메트나 뉴욕 필하모닉처럼 국가적 명예를 짊어진 기관을 간수하는 책무에서 자유롭다면, 그렇다면 쇼처럼 행동할 수 있을지도 모른다. 타협을 모르는 연주 수준을 통해 언제나 비범한 성취를 일궈내는 또 다른 노장 지휘자 첼리비다케와는 달리, 쇼는 중심에서 밀려난 비주류라는 느낌이 없다. 쇼의 연주는 마치 음악이 흔연히 스스로를 표현하는 것처럼 다가온다. 아마도 그것이 무엇보다 빼어난 미적 환각일 것이다.

음악적 회고*

헝가리 출신의 비범한 피아니스트 언드라시 시프는 올 2월 에이버리 피셔 홀에서 작년에 숨을 거둔 루돌프 제르킨의 추모 리사이틀을 연주했다. 최근 유명을 달리한 블라디미르 호로비츠와 클라우디오 아라우, 빌헬름 켐프에 이어 날아든 제르킨의 부음은 제2차 세계대전 이후를 찬란하게 장식했던 하나의 음악 시대가 마감되었음을 상징하는 사건이었다. 음악과 애도는 자주 서로 함께 묶이곤 하지만, 장송음악 예술이 중요하고 독립적인 장르로 올라선 것은 19세기의 일이었다(그러나 아직도 별도 장르로 연구되진 않고 있는 형편이다). 모차르트가 1785년에 쓴 〈프리메이슨을 위한 장송음악〉(K. 477)과 그로부터 20년 뒤에 쓰인 베토벤 〈영웅 교향곡〉의 2악장은 서로 극명한 차이를 보인다. 모차르트의 음악은 프리메이슨 제례라는 형식적 테두리에 갇힌 작품인 반면, 베토벤의 음악은 길이가 길고 터져나오는 슬픔의 분출을 표현하면서도 독립적인 작풍을 보여주는 데 공을 들인 작품이다. 〈영웅 교향곡〉의 '장송행진' 악장을 신호탄으로 낭만파 시기에는 베르테르풍의 개인적 비탄을 표현하는 음악이 봇물을 이루었다. 리스트와 베를리오즈, 바그너, 쇼팽, 브루크너, 리하르트 슈트라우스 등의 작곡가는 상실, 망자를 여읜 고독, 절망 등을 주제 삼아 각자의 절륜한 독창적 솜씨를 입증하는 대곡을 쓰기도 했다.

* 《더 네이션》, 1992년 10월 26일.

슬픔과 음악적 독창성 사이의 이처럼 기묘한 파트너십은, 음악이 그것이 표현하는 바에 대해 지시적이고 구체적인 지칭 능력을 갖추지 못한 예술이라는 역설을 새삼 확인케 한다. 따라서 어떤 면에서 모든 음악은 오로지 음악 그 자체에 대한 이야기만을 할 수 있을 뿐이며, 이것이 음악적 웅변에 내재된 비극의 이유가 된다. 그러므로 음악을 상징하는 신화적 존재인 오르페우스를, 그가 뒤를 돌아봄으로써 죽음에 이르게 된 에우리디케를 애도하는 모습으로 떠올리는 것도 놀랄 일이 아니다. 음악이 슬프면 슬플수록 그것은 점점 더 음악 너머의 음악, 스스로에게 갇힌 음악, 스스로 묵상하는 음악, 상실의 대상을 애도하는 음악이 되어간다.

시프의 리사이틀은 제르킨의 서거라는 비운에 대처하는 법이 반드시 가슴을 치며 대성통곡하는 것만이 아님을 보여주었다. 지적인 묵상의 놀라운 모범이었던 시프의 리사이틀은, 제르킨의 연주를 추억하기보다는 중부 유럽 출신의 제르킨이 학구적이고 심지어는 골동 취향의 음악에 천착했던 사실에 착안했다. 프로그램의 양대 산맥은 막스 레거의 희귀곡 〈J. S. 바흐 주제에 의한 변주곡과 푸가〉와 브람스의 〈헨델 주제에 의한 변주곡과 푸가〉로, 둘 모두 제르킨이 즐겨 연주하던 곡이었다. 첫 곡으로는 바흐의 〈프랑스 모음곡〉 중 한 곡을 놓고, 브람스 전에는 브람스의 작품에 쓰일 주제로 헨델이 쓴 변주곡을 놓아서 대조의 미를 꾀했다. 따라서 시프가 세운 제르킨 공덕비는, 19세기 후반 서양 조성음악이 연주회라는 현상과 마찬가지로 예스럽고 자기 지시적이고 탐닉 그 자체를 위한 탐닉으로 흐른다 하여 지탄의 대상이 되었던 바로 그 내부 논리를 강조했다. 레거의 1904년 어법은 브람스의 1861~1862년 어법보다 이 미궁 속에 한발을 더 들여놓은 것이다. 레거의 변주곡은 변주가 거듭되면 될수록 점점 복잡해지고 기괴해져서, 결국 마지막 푸가에 가서는 화성과 리듬 구조가 씨줄과 날줄처럼 켜켜이 뒤얽힌 나머지 거의 이해 불가능의 지경에까지 이른다. 리사이틀의 모든 것이 각자 다시는 되찾거나 수복할 수 없는 선례를 다룬다는 공통점을 보인 것도 흥미로웠다. 시프는 제르킨을, 브람스는 헨델을, 레거는 바흐를, 그리고 변주들은 주제를 희구했고, 그 효과는 아찔하고 유쾌했다.

시프처럼 뛰어난 연주자에게도 이번 프로그램은 각별한 보람을 안겨주었을 것이다. 시프는 바흐 연주자로서 글렌 굴드의 뒤를 잇는 존재다. 다만 그는 굴드의 '객관적'인—즉 스타카토가 두드러지고 피아노 특유의 타건에서 멀리 떨어진—접근법을 자기 것으로 받아들이는 과정에서 굴드는 쉽게 보여주지 않았던 바흐 건반 음악의 서정적이고 주정적인 면을 드러낸다. 서정성을 의도적으로 회피했던 굴드의 노선은 곧 그의 연주 저류를 흐르는 긴장의 원천이 되지만, 시프는 따뜻한 음색과 비교적 무난한 어택으로 굴드보다는 다른 스타일에 유연하게 적응할 수 있는 보편성을 보인다. 간단히 말해 시프는 굴드 같은 기인도 아니고 루빈스타인 유형의 외향파도 아니다. 그는 막대한 기교를 가지고 있음에도 근본적으로 과장을 삼가고 절제를 중시하는 피아니스트다. 시프의 리사이틀에서 내가 특히 감동을 받은 지점은, 그가 관객에게 다가가 어떻게든 그들에게 감동을 주려고 노력하며 과장된 표현으로 기울기보다는 음악 내부로 들어가 음악과 함께하는 연수를 늘려순다는 느낌을 받았다는 데에 있다. 그리하여 레거와 브람스의 작품은 르네상스 말기(퇴폐기라고 해도 좋다) 다성음악(多聲音樂) 작곡가가 어떻게든 독일 대위법 전통을 보존하고자 필사의 노력을 다하며 쓴 것처럼 다가온다. 스트레토*에서는 셋, 넷, 심지어는 다섯 악절을 동시에 운용함으로써 솜씨를 있는 힘껏 과시하고, 종국에는 조성 체계와 관습적인 리듬 구조로는 모두 다 담아낼 수 없는 고도로 복잡한 효과가 빚어진다. 레거에 이은 브람스의 〈헨델 변주곡〉은 20세기 다조성(多調性) 음악의 진정한 선구자처럼 다가왔다. 이것은 쇤베르크가 브람스를 바라

* 푸가에서, 한 성부에서 주제를 끝까지 연주하기 전에 다른 성부가 치고 들어와 주제를 겹쳐 연주하게 함으로써 마치 도미노가 쓰러지는 듯한 효과를 내는 기법.

보았던 관점과도 일치한다. 시프의 연주는, 오늘날 들을 기회도 좋아하는 사람도 극히 드문 레거라는 작곡가의 작품이 피아노 레퍼토리의 고전에 올려놓기에 손색이 없음을 입증했고, 동시에 미국의 연주회 생태계에서 고아한 고전주의자를 자임했던 제르킨의 존재감을 떠오르게 했다.

머리부터 발끝까지 관례에서 벗어나지 못하는 프로그램을 멍청한 기교 위주의 연주로 뚝딱 해치우는 콘서트들로 허덕이고 있는 시즌 스케줄 가운데서('안전한' 슈베르트와 베토벤 소나타로 채워진 프로그램을 듣고 나면 '내가 여기 왜 왔나' 싶은 생각밖에 들지 않는 연주회가 우리 주변에는 얼마나 많은가) 시프의 리사이틀과 지성적·형이상학적 흥미를 나눌 만한 연주회가 딱 한 차례 더 있었다. 내가 러셀 셔먼의 연주를 접한 것은 올해 3월 컬럼비아 대학 구내 극장에서의 리사이틀이 처음이었다. 특이하면서도 흥미로운 이력을 가진 음악가의 연주회여서인지 객석에는 다른 피아니스트의 모습도 여럿 보였다. 셔먼은 양식 면에서뿐만 아니라 기교 면에서도 까다로운 음악을 전문으로 다루고 있다. 이날 리사이틀에서도 옥타브와 3도, 반음계의 질주가 폭포처럼 쏟아져내리는 리스트의 〈돈 후안의 추억〉뿐만 아니라 로저 세션스의 〈피아노 소나타 1번〉(1930)과 드뷔시의 〈전주곡집 제2권〉을 연주했다.

셔먼 연주의 성격은, 쇤베르크와 부소니를 사사한 후 오랫동안 줄리아드 음악원에서 피아노를 가르친 에드워드 슈토이어만의 자서전에 수록된 긴 인터뷰 글에 나타나 있다(나도 1950년대 후반 잠깐 동안 슈토이어만에게 피아노를 배웠다). 슈토이어만의 자서전 『딱히 죄 없다고는 할 수 없는 구경꾼』(네브라스카 대학 출판부, 1989)은 언론의 주목을 받지 못한 채 묻혀버렸지만 역사적으로나 음악적으로 흥미롭게 읽을 수 있는 책이다. 셔먼에 따르자면, 슈토이어만은 악기로서 피아노가 가진 장애들을 강조함과 더불어 연주회에서 작품을 연주할 때 비밀스러운 메시지를 전달하기 위해 전술적이고 환각적인 보여주기식 책략을 동원해야 할 필요에 대해서 가르쳤다고 한다. 슈토이어만을 화두로 하여 셔먼과 건서 슐러가 나눈 아주 길고 복잡한 대담 내용을 여기에서 상세하게 다루지는 못하나, 그 글이 피아니스트로서 셔먼 자신의 스타일을 알려주는 지표가 되기도 했다는 점만은 밝혀두고자 한다. 엄청난 연주력과 작품에 대한 숙고가 겸비된, 비르투오소의 역할을 증대시키거나 거기에서 시선을 분산시키는 연주가 아니라 일련의 생각을 거치듯 작품을 전달하는 방식으로서의 연주, 즉 지성적이고 일관되며 유기적인 스타일의 연주인 것이다. 마찬가지로 그의 리스트와 드뷔시 연주는(내 생각에 세션스는 성공하지 못한 시대의 작품이라는 측면을 과도하게 부각시킨 연주였다) 듣는 사람으로 하여금 음악이 직접 말을 할 수 있었더라면 어떤 메시지를 전달받지 않았겠는가 하고 짐작케 하는 구석이 있었다. 그러나 음악에는 직접적이고 정확한 표현 능력이 없으니만큼 사람들에게 남은 것은 셔먼의 우회적이고 재현적인 연주 기법뿐이다. 뭔가를 손에 넣기 위해 팔을 뻗치지만 결국에는 닿지 못하고 현명하게 포기하는 과정의 반복인 것이다.

셔먼의 연주는 마우리치오 폴리니와 정반대의 효과를 발한다. 폴리니는 한때 대단히 만족스러운 피아니스트였으나, 지난 3월 두 차례의 카네기 홀 실황이 예증하였듯 이제는 고통스러울 정도로 즐길 구석이 없고, 심지어는 아예 대놓고 형편없이 자신의 소싯적 모습을 되풀이하는 것만 같다. 프로그램은 간단하면서도 묵직해서, 슈베르트의 유작 〈피아노 소나타 B♭장조〉에 이어 쇼팽의 〈연습곡〉(Op. 10)을 연주했다. 슈베르트의 소나타는 워낙 다루기 힘들고 들쭉날쭉한 작품이긴 하지만, 그래도 이처럼 형편없게 연주된 적이 있나 싶을 정도로 심했다. 느린 템포로 대단히 거들먹거리면서 지나치게 세세한 부분에 얽매인 폴리니의 연주는 무시무시할 정도로 지루해서, 마치 "브렌델이나 슈나벨보다도 더 엄정한 연주를 나도 할 수 있다"는 것밖에 하고 싶은 말이 없는 것처럼 보였다. 쇼팽 〈연습곡〉

으로 옮겨가서는 잔뜩 화가 난 듯 마구잡이식으로 기교를 과시하기 시작하더니, 이윽고 이 훌륭한 작품을 하나하나 무자비하게 꼬챙이에 꿰어버리고 두들겨 패고 짓밟고 말았다. 거의 모든 곡이 너무 시끄럽고 너무 빨랐으며, 실수 범벅의 패시지가 한바탕 광풍처럼 쓸고 지나가면, 대담한 기교가 이해할 수 없을 정도로 전면으로 툭 불거져 나온, 판단 미달의 악구가 이를 뒤따르는 식이었다. 작년의 리사이틀에서도 그랬지만, 이제 폴리니는 자신의 연주에 시들해진 듯, 그저 헛되이 시끄럽게 범람하는 소리의 홍수 속에 본인의 놀라운 재능을 표류토록 내버려두고 있다는 인상을 주고 있다.

이렇게 말하는 내 심정은 참으로 참담하고 당혹스럽다. 폴리니는 당대 가장 위대한 피아니스트 중 하나였다. 그랬던 그가 지금은 기묘한 불쾌감을 주는 예술가가 되어버린 것이다. 매일처럼 이어지는 리사이틀 일정에 무료함과 분노, 좌절감을 느끼고 있음이 감지되며, 거기에 더해 전체적으로 목적의식을 상실한 기색마저 느껴져 더욱 암울하다. 폴리니는 셔먼(혹은 시프)과 달리 자신의 연주에 '기획력'—기실 그 본바탕은 그저 근육을 놀리는 남다른 솜씨에 불과한 연주라는 행위에 덧붙는, 사색적이고 어느 정도는 음악 외적인 근거—이라는 특징을 부여하지 못하는 것처럼 보인다. 시프와 셔먼은 광범위한 관련을 가지는 기념적·철학적·역사적 성격의 서술적 목적을 염두에 두고 프로그램을 짠다. 그리하여 콘서트 플랫폼이라는 비교적 온건한 과정의 장에도 익히 알려진 음악 걸작들을 다루는 간단한 절차의 의미를 넘어서는 사상이 깃들어 보이게 할 수 있는 것이다. 시프나 셔먼 같은 드문 피아니스트들은 해석에 과장을 더하지 않고서도 극적이고 감격적일 수 있음을 보여준다. 그들은 건반 정복이라는 어쩔 수 없이 육체적인 기예와 관객 사이를 연결하는 완충적 매개자로 기능하면서 연주회를 흥미롭게 포장하는 자기의식적인 생각을 삽입할 수 있으며, 그렇게 함으로써 연주회를 그저 별난 곡예의 향연을 넘어서는 무엇인가로 끌어올리고는 한다.

근래 출간된 토스카니니와 피아노 콩쿠르에 대한 두 권의 책에서 조지프 호로위츠는 시장의 요구가 음악 연주에 직접적인 영향을 미치는 실태를 고발했다. 음악가는 스폰서나 매니저, 음반사의 요구에만 반응하는 것이 아니라 용인되는(혹은 안전한) 스타일과 레퍼토리, 커리어에 자신의 연주를 맞추어나가는 것이라는 게 그의 주장이다. 신간 발표에 이어 호로위츠는 콩쿠르 낙방자들을 불러 모아 일련의 리사이틀을 여는 재기 넘치는 기획을 추진했다. 그 가운데 나는 밴 클라이번 콩쿠르에서 쓴잔을 마신 페드루 부르메스테르의 연주회를 참관했다. 포르투갈 출신의 부르메스테르는 〈골드베르크 변주곡〉을 주축으로 한 프로그램을 통해 대단히 설득력 있는 연주를 선보였다. 기발하고 독자적인 지성이 느껴졌고, 남으로부터 주입받은 것이 아닌 자신만의 생각을 바탕으로 한 연주 스타일이라는 인상을 주기에 부족함이 없었다. 대부분의 〈골드베르크 변주곡〉 연주가 전체를 통합하는 개념을 추구하는 데 반해 부르메스테르의 연주는 작품의 원자적(原子的)인 특징을 강조했다. 더 이상 잘게 쪼갤 수 없는 원자와도 같았던 서른 개의 변주 각각은, 다른 모든 원자와 노골적으로 연결되진 않으면서도 다른 모든 원자들을 암시하는 존재로 다가왔다. 조만간 다시 그의 무대를 만나게 되길 희망케 하기에 충분한 연주회였다.

시장의 요구 운운하니 기업의 이익과 예술적 목적이 서로 갈등을 빚고 있는 강고한 요새와도 같은 존재가 생각난다. 바로 메트로폴리탄 오페라(메트)다. 제임스 레바인은 작년 무대에 올린 바그너 최후의 문제작 〈파르지팔〉을 올해 봄 시즌에 다시 지휘했다. 나는 작년 공연을 보기만 하고 그에 대한 평론은 쓰지 않았었다. 작년 공연은 제시 노먼이 쿤드리 역을 불렀다는 약점이 있었다. 노먼은 연기자로서나 무대 장악력 측면에서 쿤드리라는 배역과 절대로 어울릴 수 없다. 노먼은 놀라운 성악가이자 음악가이지만, 잘못된 스타일과 배역, 페르소나라는 소용돌이 속에 갇혀 자신이 가진 막대한 재능을 어찌해보지도 못하고 우물쭈물하고 있다. 저럴 필요가 대체 무엇인가 싶은 생각이 절로 드는 그녀의 가식적이고 끔찍한 무대 매너 때문에 더 이상 그녀의 목소리가 귀에 올곧게 들어오지 않는 지경에까지 이르렀고, 때문에 이제는 오페라 무대에서 그녀의 존재를 목격하는 것 자체가 왕왕 고통스럽기까지 하다. 올해 레바인은 노먼 대신 감각적인 어두운 색조의 음성을 가진 세련미 넘치는 중견 발트라우트 마이어를 기용했다. 어떤 면에서 마이어는 불가능에 가까울 정도로 난해한 배역(성녀인 동시에 창녀인 쿤드리를 노래하는 이들은 이 두 극점 사이를 자유자재로 오가야 할 뿐만 아니라 신비로운 고요함을 유지해야 한다) 이외에도 두 가지 난점과 씨름해야 했다. 우선 레바인의 과장된 느린 템포가 그 하나의 장애물이었고, 실소가 터질 정도로 터무니없이 천박한 프로덕션이 그 두 번째 걸림돌이었다. 그럼에도 그녀는 훌륭하게 처신했다. 그러나 마이어는 5월 레바인과 메트로폴리탄 오케스트라의 말러 〈대지의 노래〉 무대에서는 〈파르지팔〉 때만큼 의연하게 대처하지 못했다. 레바인의 균형감 상실한 냉담한 지휘가 그녀의 발목을 단단히 잡았던 까닭이다.

〈파르지팔〉은 '후기'라 부를 수 있는(아도르노가 어느 멋진 에세이에서 이미 그랬듯이) 장르에 속하는 작품이다. 즉 요약적이고, 계절로 치면 가을을 떠오르게 하며, 위대한 평이성과 당혹스러운 복잡성이 공존하는 작품인 것이다. 〈파르지팔〉의 화성 양식은 고풍(古風)과 급진 모두를 가지고 있다. 말하자면 〈뉘른베르크의 명가수〉와 〈트리스탄과 이졸데〉 사이의 위태로운 절충점 정도가 되겠는데, 거기에 성배 운운, 그리스도 운운하는 맹렬한 종교성과 언제나 설득력 있게 다가오지만은 않는 심각한 척이 더해져 있어서 해석을 더욱 까다롭게 한다. 바그너 지휘자로서 레바인이 언제나 극복하지 못하는 문제점은 육중한 무게를 심각성과 혼동하는 경향이다. 이번 〈파르지팔〉에서도 전주곡부터 템포를 어찌나 잡아 늘려놓았던지 음악이 그 형태를 잃을 지경이었고, 바그너가 꼼꼼하게 기입해 넣은 부점음표

(附點音標) 리듬도 밋밋해지고 말아 본연의 성격이 조금도 살지 못했다.

출연진 또한 레바인 때문에 고생을 좀 했다. 올해 구르네만츠로 출연한 쿠르트 몰보다는 작년의 로버트 로이드가 더 절창이었다. 몰처럼 훌륭한 성악가가 그처럼 풀이 죽어 늘컹거리는 노래를 들려주었다는 사실 자체가 레바인의 지나치게 무거운 해석의 방증이라 하겠다. 작년 공연이나 올해 공연이나 테너 운은 좋았다. 작년에는 도밍고가, 올해는 지그프리트 예루잘렘이 출연했으니 말이다. 도밍고 쪽이 목소리는 더 좋았고, 반면 예루잘렘은 포괄적인 극적 기여도 면에서 좀 더 점수를 줄 만했다. 그러나 양쪽 무대 공히 무엇보다 아쉬웠던 점은 자의식의 결여였다. 작품 속에 내재된 자의식을 어떻게든 끌어내야 하건만, 연출의 의도가 감상적인 존경심의 전달에 국한되어서야 가망 없는 노릇이었다. 〈파르지팔〉은 기적(과 마법)이라는 모티프가 없으면 성립할 수 없는 악극이면서 동시에 약간의 자기 폄하적 표현도 담겨 있는 작품이어서, 다소간의 패러디와 의도적인 진부함을 시도하는 현대적 연출과 어울리는 면도 있다. 그러나 총명한 연출의 흔적조차 찾기 힘들었던 메트의 무대에서는 이러한 효과를 전혀 기내할 수 없있다.

한편 존 덱스터 프로덕션의 벤저민 브리튼 〈빌리 버드〉에는 총명한 연출의 손길이 넉넉히 투입되었다. 〈빌리 버드〉는 허먼 멜빌의 원작을 E. M. 포스터가 대본화한 작품으로, 지휘는 찰스 매케러스가 맡았다. 오스트레일리아 출신으로 세계 각지를 누비며 객원 노릇을 하고 있는 매케러스는 많은 사람들이 그의 존재에 최소한 감사 정도는 하고 있는 것 같지만, 이상하게도 나는 그의 지휘에 한 번도 만족한 적이 없다(나는 이 지면에 모차르트와 야나체크 전문가로서 그의 활동에 대해 기고한 바 있다). 이번 〈빌리 버드〉 무대의 전체적인 문제점은 그야말로 굴곡 없이 평탄한 평지 같은 기조였다. 아찔한 클라이맥스도, 눈길을 끄는 드라마도, 멋지게 공들인 순간도 찾을 수 없었던 것이다. 빌리 역을 맡은 토머스 햄프슨은 특히 로시니와 가곡 가수로서 여기저기서 부름을 받는, 요즘 최고의 인기를 구가하는 바리톤답게 완성도 높고 믿음직하며 매력 있는 노래를 들려주었다. 그러나 그도, 혹은 보통은 힘 있는 무대를 선사하는 비어 선장 역의 그레이엄 클라크도 제2막(빌리의 손에 살해되는 클래거트와 그에 따른 빌리의 처벌 및 처형이라는 사건으로 구성되는)에서 선과 악의 문제, 도덕적 책임의 문제, 그리고 무엇보다 죽음이라는 문제에는 관심이 없는 듯 보였다. 이들은 오로지 능란한 솜씨와 순수한 프로페셔널 정신으로 작품을 밀고 나갔고, 브리튼이 날카로운 심리적 음악으로써 의도했던 이른바 중대한 문제들에 대한 치열한 경험이라는 차원은 방기되고 말았다. 클래거트 역을 맡은 제임스 모리스는 언제나 그렇듯 단조로운 모습이었다. 그는 단연코 흥미로운 목소리를 가지고 있으면서도 바그너의 보탄을 비롯한 주요 배역에 대한 극적 이해(전달력은 말할 것도 없고)가 안타깝게도 평균 이하 수준을 벗어나지 못하고 있다. 서툰 딕션과 돌부처처럼 뻣뻣한 동작에 매인 고결한 목소리가 아깝고 또 아까울 따름이다.

많은 음악에 내재된, 따라서 연주회 시즌에도 존재하지 않을 수 없는 회고적이고 기념적인 성격은 로시니와 모차르트와 관련된 축제 분위기*가 부당하리만치 질질 이어지며 한층 복잡해지는 양상을 띠었다. 수많은 공연 가운데 필립 고셋이 기획하고 유력 용의자들(햄프슨, 메릴린 혼, 새뮤얼 래미, 준 앤더슨 등)이 대거 출연한 로시니 아리아 옴니버스 콘서트가 특히 흥미로웠다. 로시니의 걸작 〈랭스로 가는 길〉에서 뽑은 열네 성부를 위한 '거대한 콘서트 피스'를 제외하면 프로그램은 자잘한 토막토막으로 구성되어 좀처럼 집중하기가 쉽지 않았다. 어쩔 수 없이 평론가로서의 본분을 잠시 잊고 히트송 퍼레이드에 귀를 기울여보니 로시니라는 위대한 인간의

* 이 글이 쓰인 1992년은 로시니 탄생 200주년이었고, 그보다 한 해 전인 1991년은 모차르트 서거 200주기였다.

믿기지 않는 선율적·극적 천재성을 제대로 기념하기에는 부족함이 많은 선곡이라는 생각이 들었다.

로시니의 재능을 기념하기에 좀 더 어울리는 기회는 리카르도 무티와 필라델피아 오케스트라의 카네기 홀 공연 쪽에서 찾을 수 있었다. 무티의 필라델피아 임기는 올해가 마지막이니 이들 콤비의 뉴욕 공연도 이번을 끝으로 당분간은 만날 수 없을 전망이다. 공연에서는 로시니의 〈슬픔의 성모〉에 이어 케루비니의 〈교향곡 D장조〉가 연주되었다. 이탈리아 출신으로 파리에서 주로 활동한 두 작곡가의 작품을 나란히 배치하고 이를 외국에서 주로 활동하는 이탈리아인이 지휘했으니 꽤 기발한 아이디어였다고 본다. 또한 이번 무대는 10년 전 필라델피아 오케스트라와 함께 처음으로 카네기 홀을 찾아 모차르트의 〈미사 C단조〉를 공연한 이후 무티의 기량이 얼마나 괄목상대했는지를 가늠할 수 있는 기회가 되기도 했다. 무티는 여전히 번드르르하고 과시적인 오페라풍의 지휘를 하는 지휘자지만, 10년 세월 동안 꼼꼼한 훈련 교관이자 오케스트라 및 합창 사운드를 빚어내는 전문가로 변했음을 또한 입증해냈다. 〈슬픔의 성모〉는 베르디 〈레퀴엠〉의 직계 조상 격의 작품이면서 동시에 〈레퀴엠〉처럼 엄청난 힘과 묵직하게 빛나는 실행력이 요구되는 작품이다. 그러나 아쉽게도 네 명의 독창자 가운데는 오로지 캐럴 배니스만 그 요구에 부응했다.

회고와 기념, 애도로 점철되어 은근히 구슬픈 기분에 휩싸이곤 하는 시즌이었는데, 그런 만큼 지난 3월 브루클린 아카데미에서 윌리엄 크리스티와 레자르 플로리상이 공연한 장-바티스트 륄리의 〈아티스〉를 만난 것이 더욱 반가웠다. 한 세기 반 후의 로시니와 케루비니가 그러했듯, 륄리 또한 이탈리아에서 태어나 프랑스에 터를 잡은 작곡가였다. 루이 14세의 총애를 받고 궁정 작곡가로 일하며 오페라 초창기의 달인으로 올라섰지만, 크리스티의 이번 〈아티스〉 이전에는 륄리의 작품이 공연되는 기회가 극히 드물었다(몇 편의 기악곡은 그래도 꾸준히 연주되어왔다). 고음악·정격음악 팬을 자처하지 않는 나로서도 이번 공연에서는 거부할 수 없는 매력을 흠뻑 느꼈다. 감정 과잉의 19세기 후반, 20세기 초반 오페라를 꾸준히 장복해왔던 터라, 까다로운 격식에 희극풍으로 잔뜩 차려입은 양식의 작품은 많은 즐거움을 선사했다. 특히 극의 격정적인 정열—아티스는 질투심 많은 여신 키벨레의 사랑을 받고, 키벨레는 아티스와 요정 상가리데의 결혼을 집전하는 대신 아티스를 미치게 하여 그로 하여금 자신도 모르게 불쌍한 요정의 목숨을 빼앗게 한다—과 륄리의 외고집처럼 차분하고 절제된 음악 사이의 대조가 뚜렷했다. 〈아티스〉는 오페라라는 장르가 계급주의적이고 엘리트주의적인 착상 과정을 거쳐 배태되었다는 사실을 다시금 깨닫게 했고, 동시에 오페라는 사회적으로 대중과 격리된 곳에서 촉발되었을 뿐만 아니라 가까이하기 힘든 양식화된 모습으로 출발했음을 새삼 알려주었다. 크리스티는 하프시코드 앞에 앉아 악단을 능숙하게 통솔했고, 일곱 성악가진—특히 아티스 역의 하워드 쿡과 상가리데 역의 모니크 자네티, 키벨레 역의 기예메트 로랑스가 뛰어났다—과 흠잡을 데 없이 매끄러웠던 무용수들과 연주자들의 기여도도 출중했다. 전체적으로 〈아티스〉는 후대의 선구적 작품이 되어서라기보다는, 눈치 보지 않고 한껏 점잔을 빼는 작품의 독특한 미적 특질 덕분에 관객의 흥미를 모았다. 크리스티의 이번 무대는 언드라시 시프의 피아니즘처럼 절제된 표현으로도 큰 효과를 거둘 수 있음을 입증했다고 하겠다.

바드 페스티벌*

대부분의 여름 음악축제는 기념행사의 성격으로 시작되어 종국에는 아예 대놓고 관광지화되는 틀에 박힌 경로를 따르고 만다. 잘츠부르크가 그 좋은 예다. 잘츠부르크 페스티벌은 (마이클 스타인버그의 책 『잘츠부르크 페스티벌의 의미: 극장과 이념으로서의 오스트리아 1890~1938』이 넉넉히 보여주고 있듯이) 모차르트 기념 축제를 표방했고, 그 목적은 제1차 세계대전 이후 가톨릭 바로크 세계관의 본산으로서의 오스트리아라는 사상을 되살리고 오스트리아에 새로운 국제적 사명을 부여하는 것이었다. 그 핵심 레퍼토리는 모차르트와 호프만스탈, 리하르트 슈트라우스의 작품이 차지했고, 제2차 세계대전까지는 비록 창립자가 의도했던 장대한 스케일에는 미치지 못했을지언정 그래도 눈부신 성공을 이어왔다. 그러나 제2차 세계대전 이후에는 헤르베르트 폰 카라얀이라는 인사가 나타나 음악제를 장악하여 자신의 영광을 드높이는 도구로 사용하기 시작했다. 학창 시절 나는 잘츠부르크 음악제를 딱 한 번 방문했는데(1958년), 높은 연주 수준에는 강한 인상을 받았지만—고작 일주일 동안 나는 카라얀의 〈피델리오〉와 베르디 〈레퀴엠〉, 카를 뵘이 엘리자베트 슈바르츠코프, 크리스타 루트비히 등을 기용하여 지휘한 〈여자는 다 그래〉, 디미트리 미트로폴로스가 지휘한 새뮤얼 바버의 〈버네사〉,

* 《더 네이션》, 1993년 1월 25일.

지노 프란체스카티와 빈 필하모닉이 함께한 훌륭한 브람스 콘서트, 글렌 굴드의 리사이틀과 디트리히 피셔-디스카우의 독창회를 챙겨 들었다—이미 그때부터 평범한 애호가의 접근을 어렵게 하는 부의 과시라든가 반동적인 정치색, 무의미한 보여주기식 방향성 등을 느낄 수 있었다. 그 이후로 잘츠부르크는 카라얀의 차갑고 위압적인 거만함이 지배하는 곳이 되었고, 대기업 임원이나 독일 은행가가 아니면 쉽사리 발을 들이기가 힘들어지고 말았다. 올해부터 제라르 모르티에가 이끄는 새로운 지도부가 들어선다는 소식인데, 아방가르드 작품(예를 들어 피터 셀러스가 1992년에 연출한 메시앙의 오페라 〈아시시의 성 프란치스코〉 같은)을 처음으로 끌어들이는 등 지금까지와는 다른 새로운 방향으로 나아갈 전망이라고 한다.

    6년 전 나는 이 지면에 샌타페이 오페라에 대해 쓴 적이 있다.* 당시 그곳에서 나는 슈트라우스의 희귀 오페라 〈이집트의 헬레나〉를 접했고, 또한 그보다는 완성도가 떨어지는(최소한 내게는 그렇게 느껴졌다) 몬테베르디의 〈포페아의 대관(戴冠)〉 공연을 관람했다. 1992년에는 샌타페이에서 게이와 페푸슈의 〈거지의 오페라〉(1728)와 슈트라우스의 〈장미의 기사〉를 관람했는데, 두 공연 모두 능숙하긴 했으나 독창성이나 활기는 부족했다. 〈거지의 오페라〉는 요즘은 만날 기회가 거의 없는 작품이다. 너무 가벼운 아리아와 앙상블로만 이루어진 음악에 지속성이 부족해서일 수도 있고, 음악이 사실상 관현악 반주가 붙은 민요에 불과해서일 수도 있는데, 이러거나 저러거나 간에 보통의 오페라단이 욕심낼 만한 흥밋거리가 부족한 작품으로 여겨지는 모양이다. 게다가 절도꾼, 포주, 부패한 정치인 등이 등장하는 게이의 이야기는 다분히 도발적인 의도를 포함하고 있어서 요즘 중산층 관객에게는 사뭇 모욕적으로 다가올 수도 있다. 20세기 들어 브레히트와 바일은 18세기 작품인 〈거지의 오페라〉를 원작

---

    * 「리하르트 슈트라우스에 대하여」로, 이 책 55~65쪽에 실려 있다.

으로 한 〈서푼짜리 오페라〉를 썼지만, 그것 역시 요즘에는 만나기가 쉽지 않은 작품이다. 벤저민 브리튼도 〈거지의 오페라〉를 멋지게 현대식으로 각색한 작품을 썼지만, 앞서 언급한 작품들처럼 이 역시 좀처럼 무대에 오르지 못하는 처지다(옹색하나마 브리튼이 창설한 올드버러 페스티벌에서 지난해 여름에 공연되었다는 소식이 전해지긴 했다).

    샌타페이 측으로부터 음악 관련 문제를 일임받은 니컬러스 맥기건은 지휘부터 콘티누오 연주, 악보 편집까지의 업무를 깨끗하고 효율적으로 처리했다. 문제는 다른 곳에 있었다. 18세기 초반 오페라를 연출하는 입장에서 선택지는 딱 둘뿐이다. 시대극을 무대에 올리듯 18세기 특징과 제약을 모두 수용하여 최대한 격식을 차려 연출하거나, 아니면 그 정반대 노선으로 20세기 최신작을 어쩌다 보니 18세기 작곡가가 쓴 것처럼 연출하는 방식이다. 피터 셀러스는 후자의 달인이며, 니컬러스 하이트너는 전자의 방식에 능통하다(최근 잉글리시 내셔널 오페라 무대에 올린 헨델의 〈세르세〉가 그 좋은 사례이다). 이쪽에서 조금, 저쪽에서 조금 하는 식으로 양쪽 노선을 적당히 섞으려다가는 자칫 각각의 취약점만 모이는 최악의 결과가 초래된다. 크리스토퍼 올든이 연출한 〈거지의 오페라〉의 문제점이 바로 여기에 있었다. 등장인물들에게는 18세기 의상을 입혀놓고 거기에 20세기 물건(이를테면 스니커즈 운동화나 글로리아 스완슨이 영화에 들고 나온 담배 케이스 같은 소품이라든지, 작가 겸 변사가 브로드웨이 뮤지컬 〈프런트 페이지〉에서 그대로 빌려온 것만 같은 아이셰이드를 쓰고 타자기를 두드리는 모양이라든지)을 덧씌운 것이다. 가수들은 20세기식 몸짓을 구사했고, 그들의 말투는 앨라배마 사투리부터 퀸스 지역 말씨까지 그야말로 다양했으며, 전체적으로는 바깥의 시선을 너무도 의식한 나머지 18세기와 20세기를 서로 접붙이는 속임수를 설득력 있게 수행하지 못한 편이었다. 과다한 미국 무대에서 첨단 유행의 코미디로 받아들여지는 이도 저도 아닌 어정쩡한 상태 속에 배우들은 허둥대고 뒹굴었다. 설상가상 격으로 맥히스로 분한 마이클 맥과이어와 제니 다이버로 분한 리사 새퍼는 서로 완전히 다른 학파의 연기를 보여주어 앞뒤가 맞지 않는 혼란을 한층 가중시켰다.

내가 딱히 오페라 프로덕션의 모순되거나 심지어는 혼란스러운 자극에 대해 반대하는 입장인 것은 아니다. 그러나 우왕좌왕하는 와중에도 어떤 뚜렷한 지향점만은 보여야 마땅하다. 모순되고 혼란스러운 추동력이 전체적인 효과에 이바지하기만 한다면 누가 뭐라고 하겠는가. 폴 스타인버그의 무대 디자인은 기발했지만(무대는 대각선 방향으로 쪼개져 있었다. 대각선은 일종의 비스듬히 기운 긴 복도처럼 무대의 입구와 출구를 연결했고, 둘로 나뉜 무대에 사건을 집중시키는 역할을 했다), 프로덕션이 의도하는 바가 무엇인지 판별하기는 까다로웠다. 원래의 형태대로라면 중산층에 대한 풍자로 읽히는 〈거지의 오페라〉지만, 이번 공연은 딱히 읽어낼 정치적 메시지도 없고 그렇다고 특별히 기억할 만한 순간도 없는, 그저 하찮고 밋밋한 볼거리로 전락하고 말았다. 〈장미의 기사〉는 진부하디진부하여 쏟아지는 졸음을 견딜 수 없었던 나머지 둘째 막까지만 보고 자리를 떴다.

샌타페이는 여름 음악축제가 지적·미적 목적을 상실하기가 얼마나 쉬운지, 그리하여 그저 하룻저녁 볼거리를 제공하며 구태의연한 밑천을 되풀이하는 행사로 전락하기가 얼마나 간단한지 보여주는 사례다. 요컨대 모든 음악제는 관객에게 비싼 표값과 넋 놓은 침묵 말고도 뭔가를 추가로 요구해야 마땅하다. 내가 알기로, 관객을 위해 그리고 관객과 함께 무엇을 하려고 의식적으로 노력하는 유일한 여름 음악제는 지난 3년간 8월의 두 차례 주말 동안 집중적인 스케줄을 소화하며 운영되어온 바드 칼리지 음악제뿐이다. 바드 칼리지 음악제는 1990년 바드의 총장 리언 보트스틴과 바드 교수진이자 빼어난 피아니스트 세라 로센버그가 의기투합하며 시작되었다.

매년 음악제는 한 명의 작곡가를 선정하여 오로지 그의 음악을 중심으로 프로그램을 꾸미고 있으며(1990년에는 브람스가, 1991년에는 멘델스존이 선정되었다), 뉴욕 음악계에서 활동하고 있는 이들, 특히 메트로폴리탄 오페라와 시립 오페라 오케스트라의 젊은 단원들이 참가 음악가의 주축을 이루고 있고, 그 밖에도 스탠더드 레퍼토리뿐만 아니라 이색적인 레퍼토리나 실내악을 연주하며 활동하고 있는 젊은 피아니스트와 성악가 들도 다수 이름을 올리고 있다. 바드 페스티벌은 관객이 엄청난 양의 음악을 듣고 싶어 할 뿐만 아니라(총 12회의 콘서트 가운데 10회분을 고작 4~5일 사이에 소화한다) 음악과 지적으로 상호 소통하길 원하는 존재라는 전제 위에서 출발한다. 매 연주회 앞에 강의가 붙고, 권위 있는 전문가와 음악가들이 패널로 참가하는 토론회가 여러 차례 개최되며, 연주자와 토론자, 관객이 음악에 대해 서로 의견을 나눌 수 있는 기회가 다양하게 제공된다. 그리하여 도출되는 결과는 무척 특별하다. 음악제 전체에 걸쳐 일관성과 지속성이 느껴지고, 연주자와 감상자 사이의 거리가 좁혀지며, 무엇보다 단절된 소비자로서가 아니라 직접 참여하고 정보를 제공받는 동시대인으로서 음악을 가깝게 경험하는 기회를 가지는 것이다.

 올해의 작곡가는 리하르트 슈트라우스(1864~1949)였다. 슈트라우스는 브람스와 바그너에서 시작하여 불레즈와 케이지에 이르기까지 당대의 음악적 혁신을 모두 보고 경험했으면서도 마치 그런 혁신에는 눈을 감은 듯 조성에 따른 음악 어법과 후기 낭만주의 양식을 고수한, 대단히 문제적이고 극도로 복잡한 사례다. 글렌 굴드는 바로 그러한 이유로 슈트라우스를 20세기 가장 위대한 음악적 개성이라 추어올렸지만, 아직도 음악적 지성을 자처하는 상당수의 사람들은 그를 독창성 부족하고 과대평가된 구시대의 유물이자 진짜배기 음악적 사상을 모방한 기회주의자로 여기고 있다. 슈트라우스를 둘러싼 논란은 여기서 그치지 않는다. 그는 제3제국 시절에도 독일을 떠나지 않고 승승장구한 음악가 가운데 하나였다(빌헬름 푸르트벵글러도 마찬가지였다). 가장 추악한 지경으로 추락한 고국을 끝내 등지지 않았고 결국에는 생존했다. 그를 부역자, 공범, 부도덕한 방관자로 규정하는 비난과 고발이 이어졌다. 푸르트벵글러는 남몰래 유태인 음악가들을 도우며 단연코 슈트라우스보다 명예롭게 행동하긴 했으나, 그의 음덕이 나치 부역과 관련한 논쟁을 불식시킬 정도는 되지 못했다. 또한 막강한 지휘 솜씨에 관해서는 누구도 의심할 수 없었던 푸르트벵글러와는 달리, 슈트라우스의 경우에는 능력 이상의 출세를 위해 정권의 입맛에 맞춰 행동한 것은 아닌가 하는 의심도 뒤따른다. 12음악 노선을 거부한 슈트라우스의 선택이 히틀러와 바그너라는 상징으로 대표되는 구질서에 영합한 것과 무엇이 다르냐는 주장도 가능한 것이다. 그게 아니라면, 예술은 삶과 별개라는 요즘의 주장에 따라 슈트라우스를 그저 음악가로서만 바라보아야 할까. 그렇다면 1942년에 쓰인 〈카프리치오〉 같은 오페라와 슈트라우스의 나치 치하 기성 음악계와의 추잡스러운 연계 사이의 함수 관계는 어떻게 이해할 수 있을까.

페스티벌 기간 내내 이러한 질문들이 여기저기서 꼬리를 물었지만 속 시원한 대답은 어디서도 찾을 수 없었다. 슈트라우스는 참으로 수수께끼 같은 인물이다. 굴드가 주장했던 것처럼, 그의 음악은 그를 둘러싼 사회와 음악 전반에 대한, 무아경에 가까운 무관심을 표현한다. 그것이 한 가지 골치 아픈 문제가 된다. 또 다른 언짢은 대목은 예술과 정치 사이의 공모나 공조 관계를 고려하기에 적합한 수단을 갖지 못한 작금의 문화 및 음악 평론의 현주소다. 바드 음악제 기간 동안 마이클 스타인버그는 평론가로서 발표한 글, 패널리스트 및 강연자로서 전달한 말을 통해 이 문제를 집요하게 파고들었다. 음악제는 공연에 곁들이는 형식으로 상당량의 평론 글을 기고받아 공급했는데, 그런 맥락에서 보자면 스타인버그의 기여도는 무척 실망스러운 수준이었다. 문화사가나 평론가로서 그가 가진 재능을 나는 엄청나게 존경하는 입장이지만(잘츠부르크 페스티벌에 관한 그의 책에 대해 내가 이 지면을 비롯하여 여기저기에 쓴 수많은 호평이 보여주듯), 이번에 그가 쓴 에세이만큼은 웬일인지 기대에 미치지 못했다. 스타인버그의 글은 슈트라우스의 음악을 나치즘에 직접 연결시키기보다는 나치즘을 둘러싼 의문점들에 연결시키려고 하는 듯해서 나로서는 납득이 가지 않았다. 그의 공개석상에서의 발언 또한 이와 비슷한 모양새였다. 내가 보기에 가장 큰 난점은 이것이다. 정치와 예술 사이의 동반자 관계라는 문제—예를 들어 베트남전쟁 시기의 미국예술은 어떠했는지, 걸프전 당시 쓰인 소설과 에세이, 음악은 어떠했는지 따위의 문제—를 보편적인 이슈로서 받아들이지 않는다면, 독일 파시즘이 남긴 공포에 대한 경각심을 일깨우는 권언 정도의 결론에 그칠 수밖에 없고, 그러고 나면 남는 것은 납득하지 못해 올라가는 눈꼬리와 서로를 공격하는 손가락질뿐일 것이다. 슈트라우스의 음악 그 자체는 '가장 중요한 문제'에는 조금도 영향받지 않은 채로 존재할 것이고, 아무리 해박하고 정통한 연구를 동원하더라도 〈카프리치오〉 첫머리의 놀라운 현악 육중주(바드에서 연주된 곡이기도 하다)나 스물세 개의 독주 성부로 이루어진 〈메타모르포젠〉(1946)의 믿을 수 없을 정도로 정교하고 독창적인 대위법, 〈네 개의 마지막 노래〉(1948)의 애수 띤 능변 따위에 담긴 은밀한 악덕을 폭로해내지 못할 것이다.

슈트라우스를 좋아하는 사람도 싫어하는 사람도 그가 완벽한 테크니션이었다는 점에는 동의할 것이다(심지어는 '가장 완벽한 테크니션'이라는 최상급을 아끼지 않을 사람도 여럿 있으리라). 젊은 시절에 쓴 교향시에 나타나는 신바그너주의적인 화려함부터, 〈살로메〉(1905)와 〈엘렉트라〉(1909)에 나타난 퇴폐적인 표현주의 지향, 〈장미의 기사〉와 〈낙소스 섬의 아리아드네〉, 〈아라벨라〉 등 후고 폰 호프만스탈과의 오랜 동반자 관계가 낳은 날날하고 성교한 음악, 그리고 〈오보에 협주곡〉과 세 편의 〈소나티나〉 같은 관현악곡과 실내악곡으로 대표되는 만년기의 호화로우면서도 묘하게 야윈 듯한 음악까지 생애 전체를 통틀어 그러했다. 보트스틴과 로젠버그는 슈트라우스가 잘했던 장르를 대부분 커버했고(다만 오페라는 인력 충당이 힘들어 제외했다), 거기에 그치지 않고 그와 동시대를 살았던 흥미로운 작곡가들의 작품과 나란히 연주하는 지모를 더했다. 그가 가장 좋아했던 작곡가의 가장 좋아하는 작품인 모차르트의 〈현악 오중주 G단조〉를 비롯해 쇤베르크, 브람스, 힌데미트, 부소니, 막스 레거, 에른스트 크레네크, 쿠르트 바일, 프란츠 슈레커, 한스 피츠너, 한스 아이슬러, 구스타프 말러, 에른스트 토흐, 심지어는 요제프 슈트라우스와 요한 슈트라우스(리하르트와는 성씨만 같을 뿐 혈연은 아니다)의 음악이 한데 망라된 것이다. 또한 보트스틴은, 한때는 유명세를 떨치며 영향력을 과시했던 작곡가들의 음악마저 발굴했다. 덕분에 알렉산더 리터, 막스 폰 실링스, 지그문트 폰 하우제거 같은 이들의 음악을 이번에 처음 실연으로 접할 수 있었다. 이들 작품은 슈트라우스의 재능에는 한참 미치지 못하고, 게다가 다소 허세가 끼고 안정적이지 못한 음악들이라는 인상은 있었지만, 슈트라우스의 음악을 위한 멍석 노릇으로는 손색이 없었다. 게다가 이들의 음악은 흥미롭게도 미클로시 로저나 디미트리 티옴킨, 그리고 막강한 에리히 코른골트 등 1930년대부터 1950년대에 걸쳐 할리우드 영화계를 평정한 음악의 선배 격으로 다가오기도 했다.

이렇게 많은 음악에 슈트라우스의 음악도 양껏 더해졌다. 극히 희귀한 작품도 여럿 있었는데, 그 가운데는 몹시 복잡하고 사악하리만치 까다로워 연주 불가능에 가까운 1927년작 〈왼손 피아노와 오케스트라를 위한 범(汎)아테네 행렬〉도 있었다. 이 곡은 제1차 세계대전에 참전했다가 오른팔을 잃은 피아니스트이자 철학자 루트비히 비트겐슈타인의 형인 파울의 위촉으로 쓴 작품으로서(라벨의 〈왼손을 위한 협주곡〉 역시 같은 사연으로 작곡된 작품이다), 슈트라우스는 재능을 아낌없이 쏟아붓는 특유의 솜씨로 35분짜리 그로테스크한 파사칼리아—되풀이되는 베이스 주제에 기초한 변주곡—형식의 작품을 완성해냈다. 피아노 독주를 맡은 이언 홉슨의 연주는 듣는 이의 기를 죽일 정도로 차분했지만, 작품 자체에 내재된 아름다움은 부족했고, 그저 온갖 산전수전을 겪어야 했던 한 피아니스트의 시련 때문에 기억할 만한 정도였다. 음악제 기간 중에 연주된 또 다른 이례적인 아이템은 애슐리 퍼트넘이 노래한 〈네 개의 마지막 노래〉였다. 이 곡을 이례적이라고 한 이유는, 원래 공연되는 네 곡의 가곡에 슈트라우스가 1894년에 완성했지만 관현악 반주용 편곡은 1948년에야 완성한 가곡 〈쉬어라, 나의 영혼이여〉가 덧붙여졌기 때문이다. 젊은 음악학자 티머시 잭슨은 〈네 개의 마지막 노래〉가 실은 〈다섯 개의 마지막 노래〉가 되어야 한다는 주장을 뒷받침하기 위해 괜한 수고를 마다하지 않았지만, 내 견해로 공연의 결과는 미적지근했다. 마치 밀로의 비너스에 진품임이 분명한 팔을 찾아 붙여놓고는 새로운 완성본이라고 부르는 것만 같았다. 헬렌 도너스를 대신할 성악가로 마지막 순간에 투입된 퍼트넘은 급히 수습된 것 치고는 썩 무난한 노래를 들려주었다. 그러나 명쾌하고 솔직한 억양을 가진 목소리에도 불구하고 독특한 개성이나 굴절이 부족한 노래여서, 탁월한 느낌이 부족한 밋밋하고 통상적인 감흥밖에 주지 못해 아쉬웠다.

    반면 리사이틀과 실내악 앙상블 공연은 대부분 효과적이었다. 이들 공연은 슈트라우스의 음악 세계에 듬뿍 몰입할 기회로 기능하며, 페스티벌 전체의 계몽적·도락적(道樂的) 목적에 이바지했다. 이는 바드 음악제의 독특한 특색이기도 하다. 바드는 절망적으로 세분화된 성격과 보여주기식 편향을 띠는 일상적 콘서트를 모사하지 않는다. 또는 관객이 어차피 얻어가게 마련인 만족을 평소보다 비싼 가격에 제공하며 바가지를 씌우는 명분으로 페스티벌이라는 허울을 사용하지도 않는다. 대신 바드는 슈트라우스를 현재진행형의 살아 있는 작곡가로 되살려놓았다. 다양한 작품이 다수 연주되었고,

리무진을 타고 도착해 한 차례만 공연하고 금방 내빼는 스타급들이 아니라 며칠에 걸쳐 여러 차례 공연에 참가하는 젊고 역량 있는 음악가들이 연주의 주축을 이루었다. 워낙 많은 연주회가 있었기에 일일이 거명하진 못하고, 다만 각별하게 도드라졌던 몇몇 연주회만 꼽아보자면 다음과 같다. 많은 생각을 하게 한 에른스트 토흐의 〈현악사중주〉(1919)는 에리카 키즈웨터, 애너메이 골드스틴, 빈센트 리온티, 피터 위릭 모두의 연주가 돋보였다(이들은 페스티벌 오케스트라 단원을 겸해 1인 2역을 소화했다). 훌륭한 피아니스트 다이앤 월시와 첼리스트 제리 그로스먼은 쿠르트 바일의 〈첼로 소나타〉를 힘차고 눈부시게 연주해 보였고, 월시와 그로스먼 콤비는 로리 스멀커, 아이라 웰터와 함께 슈트라우스 초기작인 〈피아노 사중주〉를 연주했으며, 또한 월시는 요즘 각광받고 있는 젊은 바이올리니스트인 유진 드러커와 함께 피츠너의 〈바이올린 소나타〉까지 소화했다. 월시는 엄청난 양의 무대를 소화한 것만으로도 남다른 위업을 달성했다고 하겠지만, 거기에 더해 능숙한 음악성과 억지스럽지 않은 자연스러운 피아니즘으로 꾸준한 기쁨을 선사했다. 피아니스트 토드 크로는 슈트라우스의 〈피아노 소나타〉와 레거의 〈내 일기장에서〉, 크레네크의 〈다섯 개의 피아노 소품〉(Op. 39)의 세 곡에서 놀라운 연주를 들려주었는데, 남다른 프로그램 기획력과 상상력, 취향을 겸비한 피아니스트가 전멸하다시피 한 뉴욕의 기성 무대에서 그의 이름을 찾을 수 없는 현실을 개탄하지 않을 수 없었다. 안톤 넬은 부소니의 〈피아노 소나티나 2번〉(1912)이라는 독창적이고 머리칼을 쭈뼛 서게 하는 작품을 맡아 참으로 정제되고 확신에 찬 연주를 들려주었다.

　이러한 수준의 연주가 만족스러운 데에는 두 가지 뚜렷한 이유가 있다. 우선 전체적인 목적의식과 의미가 뚜렷한 프로그램이라는 종합적 맥락이 있었고, 각자의 경력 진흥이라는 당면 요구는 부차적인 것으로 잠시 밀어두고 힘을 보탠 음악가들의 자발성이 있었기 때문이다. 그 공로는 주로 로센버그와 보트스틴에게 돌리는 것이 마땅한바, 따라서 그들이 기여한 바에 대해 여기서 한두 마디 기록하는 것이 순리라 판단된다. 브람스 〈피아노 사중주 C단조〉와 슈트라우스 〈정취 있는 풍경〉 연주가 넉넉히 입증했듯이 로센버그는 매우 능숙한 피아니스트다. 그녀는 또한 보트스틴처럼 유창한 언변과 지적인 탐구심을 가진 예술가이기도 하며, 이러한 자질은 자기 인식이 뚜렷한 연주의 매력에 그대로 녹아들어 있다. 로센버그의 연주와 작품에 대한 그녀의 논평은, 연주를 연주 그 자체의 역사·문화적 현실뿐만 아니라 우리가 살아가는 세계의 역사·문화적 현실과 생생하게 연결하는 대단히 진귀한 미덕을 가지고 있다. '실내악 전통: 브람스와 젊은 리하르트 슈트라우스'나 '모더니즘과 탄압의 발자취: 슈트라우스와 동시대를 산 아방가르드 작곡가의 음악' 같은 테마로 연주회 아이템을 하나로 갈무리했다는 단 하나의 사실만으로도, 연주라는 행위를 단순한 소비의 차원을 넘어 우리가 호흡할 수 있는 현실로 끌어올렸음을 알 수 있었다. 이는 연주회를 접하는 관객뿐만 아니라 연주자들 본인에게도 큰 도움이 되었을 것이다.

　　많은 주변인들의 도움이 있었기에 가능한 일이었겠지만 그럼에도 이 모든 것을 가능하게 한 핵심 인사가 리언 보트스틴이라는 점에는 의문의 여지가 없다. 문화사업에 직접 힘을 쏟고 있는 아마도 유일한 현역 대학 총장일 그의 놀라운 업적에 대해서 여기서 일일이 나열할 필요는 없을 것이다. 다만 바드 페스티벌이 도달한 지적 수준과 사업적 성공은 필경 그가 보인 모범과 통솔력이 있었기에 가능했으리라는 점만을 첨언코자 한다.

　　보트스틴은 또한 지휘자이기도 해서 네 번의 대규모 콘서트를 지휘했다(길이도 무척 길었다). 사실상 급조된 픽업 오케스트라였던 데다가 슈트라우스의 대규모 관현악곡을 몇 작품 해야 했기에 그에 맞춰 몸집도 불린 상태여서인지 언제나 연주가 완전무결하진 못했지만 그래도 시종여일 흥미롭긴 했다. 복잡하고 난해하며 낯선 음악을 그렇게 많이 소화했다는 사실만으로도 하나의 달성이라는 점에는 이견이 있을 수 없다. 그러나 지휘자로서 보트스틴의 리더십에는, 오호통재라, 비평의 칼날을 비껴가기 힘든 측면이 있다. 우선, 열악한 음향 조건을 가진 거대한 텐트를 공연장으로 사용했던 때문인지 음향의 밸런스가 무너지는 경우가 왕왕 있었다. 가령 첫 번째 공연에서는 보조 합창단과 주력 합창단의 음량 크기가 구별되지 않았다. 소리가 섞여들면서 음향은 질척해졌고, 악절들은 덧없는 생명을 획득하려고 몸부림치는 듯 대뜸 등장했다가 소멸하기를 반복했다. 둘째, 첫 두 연주회에서는 보트스틴의 지휘가 유연하지 못했다. 그러나 이러한 문제는 다음의 두 연주회에서—특히 〈죽음과 변용〉에서—뚜렷이 개선되었다. 셋째, 겸손한 성품 때문인지는 몰라도 보트스틴은 슈트라우스의 가장 위대한 작품 중 하나인 〈메타모르포젠〉에서 전체를 아우르는 드라마, 주제, 메시지 따위를 충분히 조직해내지 못한 듯 보였고, 이를 작품에 덧씌우려는 노력도 부족해 보였다. 무릇 지휘란 상당량의 연기력이 개입되는 직종이다. 연기조의 속임수나 오페라 배우의 나르시시즘이 필요한 일인 것이다. 그런데 보트스틴은 너무 차분하고 솔직했다. 〈메타모르포젠〉은 작곡가의 초기작을 요약하고 놀라운 메타음악적인 성찰을 지향하는 비가(悲歌)인 만큼, 드높이 치솟거나 애통한 울음을 토하며 끊임없이 감정을 표현하는 지휘가 요구된다. 보트스틴의 템포는 살짝 성급했으며 그 상태로 끝까지 힘차게 주파해버린 느낌이었는데, 작품이 절실히 요구하는 굴곡이나 응시, 방향 지시(비유적으로 말하자면)는 보이지 않았다. 〈메타모르포젠〉은 1947년 베를린 필하모닉과 푸르트벵글러가 남긴 녹음이 굉장히 뛰어나다. 이 음반을 들으면 〈메타모르포젠〉이라는 작품이 표현할 수 있는 격렬함과 압도적인 통절함이 어떤 수준인지 감을 잡을 수 있을 것이다.

투덜대는 소리로 글을 끝맺고 싶진 않다. 바드의 슈트라우스 페스티벌만큼 총명하고 실행력도 뛰어나며 만족스럽고 순수하게 즐길 만했던 음악 이벤트는 지금까지 몇 되지 않았다. 이 점에 관해서만큼은 리언 보트스틴에게 가장 큰 공로를 돌려야 마땅하다. 그는 관객에게 음악과 함께하는 삶은 응당 이러해야 마땅하다는 하나의 본보기를 만들어냈다. 대도시 콘서트에서는 그와 비슷한 냄새조차 맡기가 쉽지 않은데 말이다. 그리고 그 모범은 보트스틴의 지극히 명석한 지도에 힘입어 귀하게, 그리고 흡인력 있게 실현되었다.

개인적으로 정신 번쩍 들게 한 작품이 하나 있었다. 특출한 합창 지휘자인 윌리엄 애플링이 이끄는 동명의 합창단이 혼신의 힘을 다해 연주한, 미국에서는 사상 최초로 연주된 슈트라우스의 〈독일 모테트〉(Op. 62, 1913년 완성, 1943년 개정)가 그것이다. 티머시 잭슨이 쓴 프로그램 노트에도 적혀 있듯, 이 작품의 개정은 슈트라우스가 초기작을 고쳐 쓰고 사실상 다시 쓰는 작업을 다른 모든 작업에 우선하던 시기에 이루어졌다(〈메타모르포젠〉 역시 이때의 작품이다). 〈독일 모테트〉는 지금껏 내가 들은 것 중 가장 길고 복잡한 푸가에서 그 절정을 이루었다. 쓰인 가사("오 내게 보여주시어 나를 되살리소서, 꿈에 보았던 그 작품을")와 음악 어법은 후기 양식의 특징을 가지고 있었고, 또한 정통 종교에 대한 대안으로 모든 것의 변용적 본성에 관심을 누였던 슈트라우스의 성신세계를 짐작케 했다.

그 장대한 대위법적 기민성(그저 '타고난' 은유 솜씨가 아니라)에 대한 기억은 좀처럼 내 뇌리를 떠나지 않고 있다. 그 이유는 당분간 이 작품의 공연(혹은 녹음)을 만날 기회가 없을 것이라는 전망에 따른 것이기도 하고, 또 어느 정도는 그것이 슈트라우스라는 수수께끼―바드 페스티벌이 보여주었듯이 그만큼 다양한 음악 양식과 개념이 각축을 벌이는 격변에 현혹되지 않고 초연한 길을 걸었던 작곡가도 달리 없다―를 적절하게 보여주는 것이기도 하기 때문이다.

한편 〈독일 모테트〉의 푸가와 〈메타모르포젠〉은 많은 이들이 공감하는 이러한 슈트라우스상(像)에 대한 다소 다른 시각을 제공하는 작품이기도 하다. 끝없이 스스로를 정리하고 다듬는 고도로 원숙한 음악, 묘하게 고풍스러운 음악, 자신 주변에서 벌어진 형식과 화성의 발전에 차분히 주목하면서도 거기서부터 한발 떨어져 17세기와 18세기에 완성된 음악 형식을 끌어온 슈트라우스의 음악을 이해하는 열쇠가 바로 그의 후기 양식에 있다고 나는 믿는다. 간단히 말해, 생각조차 힘들 정도로 복잡한 다성음악인 〈독일 모테트〉와 〈메타모르포젠〉은, 끝없이 대위법적으로 변형 가능한 음렬(音列)을 핵심으로 하는 혁신을 표방했던 쇤베르크와 베베른의 역시 엄정하고 준열한 음악에 대한 슈트라우스 나름의 답변이었던 것이다. 슈트라우스의 후기작이 이룬 업적은, 신빈악파가 제기한 다양한 작곡상의 도전 과제에 대한 그만의 해답을 제시하고, 그것도 브람스와 바그너 이후로 방기되어온 조성과 형식 전통의 범주 내에서 그렇게 했다는 데에서 찾아야 한다. 이러한 점에서 슈트라우스는 조성음악의 역사를 소생시키려 했던 것으로 보이며, 그것은 감상적인 퇴행과는 거리가 먼 행보였다. 위대한 모더니스트들(쇤베르크와 베르크, 버르토크, 스트라빈스키, 베베른 등)이 조성 체계를 포기함으로써 장군을 불렀다면, 슈트라우스는 조성음악의 역사를 다시, 또다시 발굴함으로써 거기에 멍군을 놓은 것이다.

이런 논제는 이 지면이 아닌 또 다른 적절한 공간에서 다루어야 할 테지만, 내가 언술한 대강의 요지는 작금의 연주회 문화와 이를 향유하는 관객이 형성한 전체 판도에 슈트라우스의 후기작이 가지는 중요한 의미를 강조한다. 18세기 고전시대로부터 너무도 멀리 떨어진 우리가 사는 이 세계에서 고전시대 이후의 양식과 장르상의 발전을 인식한 채로 클래식 음악을 연주한다는 것이 어떤 의미를 가지는 것인지, 슈트라우스는 바로 그 정신을 체화(體化)하고 있는 것이다. 그는 표준적인 정전(正典)을 환히 밝히면서도 동시대 음악의 힘은 조금도 폄훼하지 않는다. 아니, 폄훼하지 않는 정도가 아니라 오히려 조성 체계 안에 머묾으로써 무조성 음악과 다조성 음악이 가진 힘을 부각시킨다. 음악가와 관객으로 하여금 그러한 발견을 가능케 했던 것, 바로 그 점이 바드 슈트라우스 페스티벌의 두드러진 성취였다.

내년 바드 페스티벌이 기념하기로 예정한 작곡가는 드보르자크다.

바그너의 말을 곧이곧대로 듣지 않는 것이 중요한 이유*

"바그너 연구(혹은 그렇게 통용되는 것)에는 갈피를 잡을 수 없이 다양한 이해관계와 표준이 종횡으로 얽혀 있어 사실상 바그너 연구라는 것은 애초부터 불가능한 상황이다." 영어권 세계의 바그너 학자 가운데 선두 격인 존 데스리지가 『바그너 핸드북』에 기고한 글의 첫머리에 쓴 문장이다. 데스리지처럼 박식하고 정세에 밝은 학자도 그렇게 겁을 먹고 있다면, 그러면 대체 우리 같은 사람은 어쩌란 말인가. 바그너는 대체로 역사를 업신여기는 편이었고, 스스로의 역사도 심심하면 갈아엎은 사람이었다. 그것만으로도 바그너 연구의 만만찮은 걸림돌이 될 터인데, 그가 죽으며 남긴 자료의 양 또한 막대하여(물론 여기에는 그의 오페라 얼나섯 편이 포함된다) 바그너에 접근하는 경로는 그야말로 복잡하기 그지없다. 데스리지는 설령 모든 학문을 섭렵한 다재다능한 학자라 할지라도 바그너를 둘러싼 모순을 해결하거나 교섭해낼 수 없을 거라고까지 했다. 굉장한 양의 자료와 바그너의 변화하는 이데올로기 사이의 모순, 바그너와 바그너주의 사이의 모순, 음악과 텍스트 사이의 모순을 말이다. 난관은 어지러울 정도로 많아서, 심지어는 끝이 보이지 않을 지경이다. 데스리지는 이렇게 결론을 내렸다. "바그너 연구가 살아남으려면 역사가 어떠해야 한다는 절대적 당위의 차원에서 접근할 것이 아니라,

* 《더 런던 리뷰 오브 북스》, 1993년 2월 11일.

역사의 역동성을 인정하는 쪽으로 가야 할 것이다."

그래서 『바그너 핸드북』과 『바그너 연주』처럼 바그너라는 현상을 제각각의 시점으로 다양하게 해석한, 읽을거리 많고 근사한 책들이 발간되는 것이리라. 수록 원고 가운데 음악 양식(지휘자는 물론이고 성악가들의 양식까지를 아우른다)에 대한 글들은 학문적 불확실성을 피력한 것부터 자신 있고 때로는 유아독존식으로 주제넘게 나대는 글까지 다양한 지평에 걸쳐 있다. 이 모든 것의 결정적 핵심은 바그너가 자신의 작품을 완전히 통제할 수 있는 곳이라 믿은 바이로이트다(바그너는 심지어 〈파르지팔〉의 경우에는 바이로이트 이외 장소에서의 공연을 금지하기까지 했다). 그러나 바이로이트는 보이지 않는 오케스트라와 지휘자, 가창 양식의 혁신, 유독 불편한 좌석 등의 요소로 미학적 차원에서 유행을 선도했던 장소였던 점 못지않게 사회적 권위와 권력의 중심지이기도 했다. 데스리지는 축제극장만큼 반프리트(바그너가 바이로이트에 따로 지은 자택)에도 비중을 두어 언급하는 혜안을 보여주었다. 반프리트는 바그너와 코지마가 움직인 바그너 프로덕션의 동력실이었다. 바그너가 죽은 뒤에는 코지마가, 그리고 그 이후에는 — 지버베르크의 서늘한 영상이 보여준 것처럼 — 바그너의 며느리 비니프레트가 효과적으로 지배한 곳 역시 반프리트였다. 히틀러와 리하르트 슈트라우스, 토스카니니와 휴스턴 스튜어트 체임벌린이 모두 이곳을 방문한 바 있고, 그 외에도 그만그만한 인사들, 아첨꾼들, 천재들, 철학자들, 사기꾼들, 그리고 역량과 성향이 제각각인 바그네리언 음악가들이 이곳을 찾았다.

폴 로런스 로즈가 외곬의 집념으로 바그너라는 인간과 그의 오페라를 폭력적이고 혁명적인 반유태주의의 시각으로 해석해낸 결과를 담은 근간 『바그너: 인종과 혁명』도 — 비록 역사적 견문과 지식에 기초한 단호한 글이긴 하나 — 바그너가 남긴 풍성한 유산이 얼마나 어지러운 분규 속에 놓여 있는지를 보여준다. 로즈의 책과 『바그너 핸드북』이나 『바그너 연주』를 나란히 놓고 읽으면, 각각의 글쓴이가 같은 주제에 대해 논하고 있다는 점이 믿기지 않을 정도다. 그만큼 로즈의 책은 그 어조와 의도에 있어서 다른 두 권과 차이가 진다. 일례로 『바그너 연주』에 수록된 마티아스 테오도르 포그트의 독창적인 에세이 「바이로이트에서의 수치요법(水治療法)」을 보자. 포그트가 말하고자 하는 핵심은 바그너가 수치요법에 강박적으로 집착했다는 점이다. 신들에게 화치요법(火治療法)이 절실했던 것처럼 인간에게는 수치요법이 반드시 필요하다는 게 바그너의 믿음이었다. 〈신들의 황혼〉이 어떻게 끝나는지를 생각해보라. 팔할라 성이 화염에 휩싸이며 무너지고 범람한 라인의 강물이 반지와 함께 인간 세계를 뒤덮지 않았던가. 이러한 처방이 그저 대수롭지 않은 이론적 관념에 그치는 것이 아니라 지극히 일상적인 습관이자 직접적인 체험의 산물이었음은, 포그트의 글에 인용된 바그너의 아래와 같은 기록에도 나타난다. 아래 글은 바그너가 장차 〈니벨룽의 반지〉라는 대작으로 성장할 씨앗 '젊은 지그프리트'를 작업하고 있던 1851년에 쓴 것이다.

요즘 내 하루 일과는 다음과 같다. 1) 새벽 5시 30분부터 7시까지 냉찜질. 그리고 냉탕에 몸을 씻고 산책. 8시에 마른 빵과 우유 또는 물로 아침식사. 2) 식사 직후 두 차례 관장으로 뱃속을 비운 뒤 짧은 산책. 그리고 배에 차가운 압박붕대를 두름. 3) 정오 무렵 젖은 손으로 마사지. 짧은 산책. 압박붕대 교체. 그리고 내 방에서 카를과 점심식사를 하며 반항기를 다스림. 이후 한 시간은 아무것도 하지 않고 보냄. 빠른 걸음으로 혼자 두 시간 동안 산책. 4) 오후 4시경 다시 젖은 손으로 마사지. 짧은 산책. 5) 6시경 15분간 반신욕. 산책으로 몸을 덥힘. 압박붕대 교체. 저녁 7시경 마른 빵과 물로 저녁식사. 6) 두 차례 관장 직후 9시까지 휘스트 게임. 이후 압박붕대 교체. 10시경 침대에

듦. 이와 같은 요법으로 꽤 잘 버텨나가고 있다. 요법을 좀 더 강하게 밀어붙일지도 모르겠다.

이런 스케줄 속에서 곡을 쓸 시간을 짜냈다는 사실 자체가 기적이다. 물에 대한 강박은 그의 모든 오페라를 지배하고 있는 만큼—특히 〈트리스탄과 이졸데〉, 〈니벨룽의 반지〉, 〈방황하는 네덜란드인〉, 〈파르지팔〉이 그러하다—이러한 바그너의 성향을 끔찍스런 반유태주의 장광설, 이탈리아와 프랑스 오페라로 대표되는 전통적 오페라에 대한 공격(에드몽 미쇼트가 쓴 매력적인 저작 『리하르트 바그너의 로시니 방문』이 밝힌 바대로 로시니는 공격의 대상에서 제외되었다), 얼토당토않을 정도로 거창했던 혁명적 선언과 동류에 놓고 바라보아야 할 것이다. 따라서 바그너 연구가 당면한 문제의 핵심은, 바그너에 관련된 사실들을 늘어놓고 그 가운데에서 다른 모든 사실들을 지배하는 단 하나의 사실을 추출하는 데에 있지 않다. 오히려 그보다는 여러 사실들을 식별하고 판단함으로써 명철한 지성과 남다른 상상력을 동원하여 더 이상 잘게 쪼갤 수 없을 정도로 세밀한 방식으로 바그너를 비평하는 데 소용되게 해야 하는 것이다. 그렇다면 『바그너 핸드북』과 『바그너 연주』에 담긴 가창과 지휘, 무대 디자인 따위의 다양한 주제에 대한 연구문들은 바그너의 작품을 복합적으로 해석할 수 있는 토대 및 재료를 제공한다는 의미를 가진다고 볼 수 있다. 가수들이 구사하는 비브라토의 정도, 지휘자들이 얼마나 루바토*를 사용하는지의 여부, 뉴욕 메트로폴리탄 같은 오페라단이 고집하는 따분한 자연주의적 연출 경향, 제2차 대전 이후 바이로이트에서 작곡가의 손자 빌란트 바그너에 의해 최초로 시도된 이후 파트리스 셰로와 괴츠 프리드리히, 루트 베르크하우스, 하리 쿠퍼, 로버트 윌슨 등에 의해 계승된 수정주의 연출에 대한

* 은근한 아첼레란도와 리타르단도를 가미하여 템포를 슬쩍 잡았다 풀었다 하는 식으로 유연하게 운용하는 연주 기법.

글이 그런 이유로 제각각 가치를 가진다.

아도르노는 바그너를 맹폭하는 책을 발간하고 몇 년이 지난 뒤 또다시 바그너에 대한 책을 내놓았다. 원숙한 느낌이 들고 심지어는 바그너를 달래는 듯한 내용의 바로 그 책에 이런 문장이 나온다. "바그너는 음악적 유명론(唯名論)을 단호하게 밀어붙인 최초의 사례다. … 개별 예술작품의 우위와, 구체적으로 조직된 현실을 표방하는 작품 내에서 특정 인물의 우위는 다른 어떤 종류의 설계나 외부적으로 강제된 형식에 앞서 형성된다." 이는 결코 바그너에게 면죄부를 줘도 좋다는 뜻이 아니다. 바그너는 여전히 끔찍한 이데올로기에 묶여 있고, 그의 가장 처절한 실패와 가장 훌륭한 성취를 모두 가능케 한 불확실성과 우유부단성의 늪지대에 갇혀 있다. 아도르노는 이렇게 첨언한다.

> 만약 바그너에 관해 무엇을 시도하더라도 그것이 정답일 수 없는 운명이라면, 그릇된 시도, 잘못된 시도, 자가당착적인 시도라 할지라도 그것을 억지로라도 공개된 장으로 끌어내는 편이 차라리 도움이 될 것이다. 잘못된 것을 얼버무리려는 자세, 바그너의 작품에 담긴 가장 심원한 요소와 충돌을 이루는 가공된 조화를 가장하는 것보다는 그쪽이 더 생산성 있는 방향이 되리라. 바로 그러한 이유 때문에 오로지 실험적 해법[여기서 아도르노가 '실험적 해법'이라는 단어를 통해 의미한 바는 우선 '연출'일 테지만, 좀 더 확장해보자면 자기의식적이고 반어적이며 자구에 얽매이지 않는 실험적 해석의 필요성을 제안하는 것으로 읽을 수도 있다]만이 정당화될 수 있는 것이다. 바그너에 관해서는, 정통주의를 무너뜨리려는 시도만이 진실을 향해 가는 길인 것이다. 성배의 수호자들은 그러한 시도들에 거품 물고 흥분하지 말길 바란다. 바그너가 남긴 정확한 지시사항은 시금도 존재 중이고 앞으로도 대대손손 이어질 테니 역사가들의 손

에 맡겨두면 될 일이다. 정통주의자들이 연출가들의 개입에 분노하는 건 그러한 개입이 그들의 아픈 곳을 건드리기 때문이다. 그러나 그들이 고통을 느끼는 바로 그 지점에서 오늘날 바그너가 가지는 의미가 결정된다고 본다. 한스 작스의 마지막 웅변처럼, 국수주의적 색채가 뚜렷하게 드러나는 부분에서는 더더욱 주저하지 않고 연출가의 개입이 이루어져야 한다. 마찬가지로, 연출가의 개입은 미메와 베크메서라는 캐릭터로 유태인을 희화화했다는 낯부끄러운 오명으로부터도 바그너의 악극을 해방시켜야 한다—하다못해 배역들의 억양이라도 조절하는 노력을 기울여야 마땅한 노릇이다. 정녕 바그너의 작품이 양가적인 균열로 점철된 것이라면, 그러한 균열을 교묘한 위장술로 덮기보다는 균열마저 십분 고려하여 무대 위에 구현한 연출만이 제대로 된 대접을 받을 자격을 획득한다고 본다.*

바그너와 직업적으로 연결된 사람들 가운데 이와 같은 태도를 견지할 수 있는 이는 극히 드물며, 이를 자신의 지적·극적 해석 작업에 구현할 수 있는 이는 더더욱 드물다. 아도르노가 표방한 지향점은 몹시 반어적이자 거의 브레히트적이기도 하기 때문이다. 바그너의 작품에 담긴 모순점을 강조하고, 극중 시대 배경을 의도적으로 무시할 뿐만 아니라(예를 들어 바그너가 명기한 무대 지시를 무시하는 등) 해결되지 않은 작품 속 이율배반을 알쏭달쏭한 채로 그대로 남겨두고도 흔들리지 않을 배짱을 가진 자만이 가능한 과업인 것이다. 그렇다 한들 결국 음악은 원래 모습에서 크게 변할 일이 없다. 사통팔달하는 혁명주의자라고 끊임없이 온갖 허세를 떨었던 바그너지만, 그럼에도 그의 오페라가 따르는 음악 양식은 그가 가장 좋아했던 선배들, 특히 바흐, 모차르트, 베토벤의 음악으로부터 자연스

---

* (원주) 「바그너의 관련성(Wagners Aktualität)」(1965)에서 인용.

럽게 이어받아 꽃피운 것이기 때문이다(이 점은 〈트리스탄과 이졸데〉나 〈파르지팔〉도 마찬가지다). 폴 로렌스 로즈 같은 평론가는 바그너를 반유태주의로부터 해방시키는 건 불가능하다고 생각하겠지만, 그것 또한 비교적 쉽사리 달성할 수 있는 과업이다. 베크메서와 미메가 유태인 캐릭터라고 볼 외견상의 이유가 없기 때문이다. 지금까지 수많은 연출자들이 그들의 어깨 위에 짊어지운 불쾌한 캐리커처 같은 특징이야 그저 털어버리면 그만이다. 며칠 전 메트로폴리탄에서 관람한 〈뉘른베르크의 명가수〉는 무척 따분한 공연이었지만, 헤르만 프라이의 베크메서만큼은 그렇지 않았다. 검은색 옷으로 꽁꽁 둘러 싸매고서는 노래보다는 고함을 더 많이 지르는 신경질적인 샤일록 같은 인물상을 우리는 얼마나 자주 봐왔던가. 그러나 프라이의 베크메서는 어딘가 사춘기 소년 같은 인상을 잃지 않은, 남성으로서의 매력이 부족한 취약점을 배움이 부족해서 그렇다며 눙치고 넘어가는 뿌루퉁하고 극도로 연약한 중년 남성상을 그려냈다. 그러나 무엇보다 돋보였던 것은 바로 프라이의 노래였다. 그것은 무엇보다도 노래다운 노래였고, 게다가 표정이 풍부하고 의미 전달이 정확했으며, 또한 바그네리언 스타일의 상투적 표현을 어설프게 모방하는 것이 아니라 정봉 바그네리언 스타일을 따른 설창이었다.

바그너에 대한 글이 무수히 쏟아져나오고 있지만, '균열된 양가적 작품'에 근거한 본격적 해석뿐만 아니라, 해석 그 자체는 역사를 움직이는 동력에 따라 뒤바뀐다는 사상을 전제로 바그너 연구를 진행한 음악학자는 내가 알기로 장-자크 나티에가 유일하다. 나티에는 프랑스 출신으로 현재는 몬트리올에서 교편을 잡고 있으며, 『4부작: 부정(不貞)의 에세이』(1983)와 『남녀추니 바그너』(1991)라는 두 권의 명저를 쓴 주인공이다. 『4부작』은 1976년 바이로이트의 불레즈-셰로 프로덕션에 발맞추어 쓰인 책인데, 이상하세도 엉어 번역본은 발간된 바 없고 다만 『바그너 연주』에 그 내용이 상세히 요약, 소개되어 있다. 한편 『남녀추니 바그너』는 영어판이 곧 출간될 예정으로 알고 있다. 『남녀추니 바그너』는 기묘하게도 설득력 있는 환원주의적 접근을 시도하는 책인데, 그것이 주장하는 핵심은 바그너의 음악이 음악사에 대한 음악이며, 바그너의 상상력은 남녀 양쪽의 성징을 한 몸에 지닌 인물을 제시함으로써 남성과 여성을 통합하려 노력했던, 장기간의 강박에 사로잡혀 있었다는 것이다(이는 『향연』에서 플라톤이 언급한 바 있는 우화와도 비슷한 면이 있다).

그러나 지금 이 글의 맥락과 특히 조응하는 이슈는, 바그너 오페라에 '충실하기'라는 개념에 대한 나티에의 명철한 분석이다. 나티에는 불레즈와 셰로를 거론하며 바그너의 음악을 귀환과 반복이 아닌 과도와 이행으로 이해할 것을 주문한다. 그러면서 "바그너에게 충실하기 위해서는 우선 그를 비(非)바그너화시켜야 한다"고까지 말한다. 그의 "난만한 무정부주의적 성향" 역시 해석자들로 하여금 각자의 즉흥적 기호에 따라 마음껏 재간을 발휘하도록 장려하는 측면이 있다. 어차피 바그너가 생각했던 바가 모두 그의 악보에 녹아든 것도 아니므로, 셰로 같은 연출자들로서는 작품을 현대적 시각에 맞춰 재해석하고 구도를 새로 잡고 소생시키는 데 기여하는 바그너의 여러 측면들을 강조하는 것도 일리가 있다는 이야기다. 이와 유사한 맥락에서 불레즈는 "보호를 명목으로 최초의 전통 안에 작품을 가두겠다고 자처하는 사람들은 곧 자신이 지키고 있는 것이 무덤임을 발견하게 될 것"이라고 했다. 나티에는 바그너에게 불충하는 것이 곧 그에 대한 충직을 지키는 것과 통한다고 제안하며 이렇게 덧붙였다. "모든 연출자, 모든 지휘자가 바그너의 한 가지 가능한 형태를 제안한다." 이는 문학평론가 해럴드 블룸의 오독(誤讀) 이론과 닮은 구석이 많다.

그러나 이러쿵저러쿵 해도, 해석자들이 재기발랄하거나 원작자에 대한 존경심으로 똘똘 뭉쳐 있다고 해서 바그너가 살아남는 건 아니다. 바그너가 살아남을 수 있는 이유는 그의 음악이 지닌 순수한 아름다움과 힘 때문이다. 프루스트와 토마스 만, 말라르메 같은 명사들이 열혈 바그네리언이 된 것도 바로 그 때문이었다. 로즈의 책이 공박하고자 하는 바가 바로 바그너가 남긴 극도로 다양한 유산이며, 거기에는 토스카니니, 불레즈, 쇤베르크 같은 음악가는 물론이요 데스리지, 나티에, 아도르노 같은 평론가들도 포함된다. 로즈의 글이 논점이 틀렸다거나 그 논점을 뒷받침할 역사상의 증거가 부족한 것은 아니다. 바그너의 반유태주의가 피히테, 칸트, 바쿠닌, 마르크스, 젊은 헤겔주의자들, 고비노 같은 인사들의 반유태주의 궤적의 연장선상에 있음을 로즈 역시 충분히 입증하고 있다. 그는 〈니벨룽의 반지〉의 원천에 의고적 회고주의가 아니라 '혁명적 이상'이 있었음을 충분한 연구를 거쳐 밝혀놓았고, '방랑하는 유태인'(선장 달란트와 쿤드리라는 배역으로 체화된)이라는 이미지가 항시 바그너의 뇌리를 떠나지 않았다는 점 역시 사실로 입증했다. 마침내 로즈는 이렇게 주장한다. "바그너의 결정적 특징이자 사실상 독일에 만연했던 '유태인'에 대한 개념은 가변적이고 유동적인 것이어서, 저술가나 사상가가 의식하거나 의도하지 않아도 그 의미를 매끈하게 바꾸고는 한다. 독일 혁명가들의 사상 속에서 혁명과 유태인이라는 개념은 그렇게 모호한 것이어서 사실상 신비로운 상징이라고 해도 과언이 아니었다. 서구 진보주의가 내세운 정확하고 실제적인 개념들과는 차이가 있었던 것이다."

이러한 주장에 대해서는 이의가 있을 수 있다. 그러나 물에 대한 바그너의 생각 또한 마찬가지로 흐릿하고 강박적이며 비현실적이고 부정확한 과장으로 가득했음을 기억하도록 하자. 최소한 로즈가 몇 번이고 되풀이 이야기하는 바는 그만큼 어이없진 않으니 말이다. 거만한 에고와 무지막지한 열의를 세상에 떠안긴 다른 음악가들이나 예술가들(로즈는 언급하지 않았지만 예를 들면 사드 후작 같은)에게 보통은 기울이지 않는 관심을, 반유태주의 이데올로기의 주요 필자 가운데 하나였던 바그너에게 기울여야 마땅하다는 것이 로즈의 주장이다. 바그너에 반대하는 그의 주장의 핵심은 책의 부록에 수록된 글—원래는 뉴욕의 잡지《포워드》1992년 1월호에 게재된 글이다—에서 한발 더 나아간다. 내가 보기에는 다소 분별이 떨어지는 주장이긴 한데, 여기서 로즈는 바그너의 음악이 담지하고 있는 바를 아래와 같이 설명한다.

바그너의 음악에는 그의 성격이 증류된 결정체가, 무엇보다 그의 격렬한 증오가 존재한다. 그의 악의는 증오라는 화살이 되어 유태인들에게 가 꽂혔지만, 사실 과녁은 누구라도 상관없었다. 프랑스인이 되어도 좋고, 언짢은 말을 한 친구가 될 수도 있었으며, 그의 순수한 사상을 이해하지 못하는 후원자가 되어도 좋고, 그의 애정행각에 방해가 되는 남편들이 될 수도 있었다. … 예를 들어, '지그프리트의 장송음악'의 흉포성을 들어보라. 장대함에 숨이 멎을 듯한 음악이기도 하지만 그 폭력성에도 숨이 막힌다. 혹자는 그 정도 음악을 들으려면 감정적 수치심이라는 대가를 지불할 가치가 있다고 주장할지도 모르겠다. 그러나 이 음악을 베토벤〈영웅 교향곡〉의 장송행진과 비교해보라. 마찬가지로 장려하지만, 바그너의 작품에 스며든 수치스러운 잔인성이나 증오는 없는 음악이 아니던가.

그러므로 바그너는 이스라엘에서 연주되어선 안 된다고 로즈는 결론을 내린다. 이스라엘 사람들이 그의 음악을 듣다가는 홀로코스트의 참상을 잊을 위험이 있기 때문이라는 것이다. "이스라엘의 바그너 연주 금지 조치는 유태인이 경험한 역사와 기억의 핵심을 온존하게 보중하기 위한 발군의 결정이다." 그런데 이러한 주장에는 심각한 모순이 존재한다. 만약 바그너의 음악이 그가 품었던 증오의 결정체라면, 그의 음악을 연주하면 기억이 희석되기는커녕 그 증오가 어떤 것인지를 생생하게 떠올릴 수 있게 되어야 앞뒤가 맞아떨어지는 설명이지 않은가. 게다가 어떻게 그가 유태인들만을 공격 대상으로 삼았다고 확신할 수 있을까. 만약 "과녁은 누구라도 상관없었다"는 로즈의 말이 사실이라면, 프랑스에서도 바그너 연주를 금해야 하고 아내의 부정을 걱정하는 남편들도 그의 음악을 들어선 안 되는 것 아닌가. 베토벤과 바그너를 비교한 것도 흘려 읽고 넘겨선 안 된다. 대체 베토벤은 4온스만큼 고귀하고 바그너는 2온스만큼 고귀하다는 식의 평가라니, 이게 무슨 음주운전자 혈중 알코올 수치 비교라도 된다는 말인가. 그리고 바그너를 듣는 입장에서 지불해야 하는 "감정적 수치심"이라는 건 또 무슨 뜻인가. 스트립쇼를 구경가는 것과 비슷한 수치심인가. 또한 만약 그토록 '구체적'인 내용물들—증오, 폭력성, 잔인성—을 음악에서 구별해내는 것이 불가능하다면 그때는 또 어쩔 것인가. 음악에 대한 로즈의 주장은 이처럼 대단히 터무니없다. 한편으로는 바그너의 사상이 무차별적으로 혼란스럽게 얽혀 있다고 말하면서도 또 다른 한편으로는 그의 음악을 증오의 결정체였다고 확언하는 것 자체가 어불성설이다.

바그너의 몸서리나는 사상들을 물고 늘어지는 평론가들은 언제나 있었다. 로버트 거트먼이 쓴 『리하르트 바그너: 그의 인간과 정신 그리고 음악』(1968)은, 비록 바그너의 반유태주의와 그의 혁명적 사상을 연결함에 있어서 로즈만큼 철저하진 않지만, 인간 바그너의 야비한 언동을 가차 없이 비난한 책이다. 그러나 그랬던 거트먼조차도 바그너의 음악을 전면적으로 금지해야 한다는 주장까지는 감히 하지 못했다. 지나치게 단순한 접근법을 버리지 못한 로즈는, 예술은 사실상 예술가의 정치적·도덕적 신념의 재탕—제아무리 교묘한 위장을 하고 있다 하더라도—일 뿐이며, 마치 그 과정에서 양식이나 형식, 어법, 역설 등이 아무런 역할도 못 하는 것처럼 주장하고 있다. 그는 음악의 마디 하나하나가 특정한 정치적 성향에 지배를 받는다고 수장함으로써 바그너에게 성삭 바그너 본인이 희망했던 것보다도 더 큰 정치적 권력을 부여한다(아마도 그것이 로즈의 본의는 아니었겠지만). 바그너를 경험하는 것은 오로지(혹은 대개) 반유태주의를 경험하는 것일 뿐이라는 이야기다. 그의 말대로라면, 헤르만 레비부터 바렌보임, 레바인, 숄티까지 바그너를 연주한 많은 유태인 지휘자들, 바그너를 노래하고 연출한 수많은 유태인 예술가들은 사기를 당했거나 아니면 반유태주의에 공모한 악당이 되는 셈이다. 로즈는 급기야 이렇게까지 말한다. "바그너의 반유태주의와 이를 이용한 히틀러라는 문제는 반드시 답하고 넘어가야 하는 근본적인 문제지만, 바그너 연주 금지 조치가 결국 고수하고자 하는 바는 홀로코스트 그 자체의 기억을 유지하는 것이다. 홀로코스트는 역사상 실재한 사실이고, 음악으로 숭고하게 포장된 바그너의 독선적인 광란은 홀로코스트라는 극악무도한 범죄를 생각해내고 실행할 수 있는 정신세계를 창조하는 데 가장 강력한 동인이 되었다." 이쯤 되면 바그너가 있었기에 히틀러가 가능했다는 이야기인데, 아무리 참고 들어주려 해도 이것만은 못 참겠다.

위의 인용구에서 결정적인 핵심 단어는 '근본적'(fundamental)이라는 단어다. 현재 하이파 대학의 교수로 재직 중인 로즈는 근본주의자이며 예술의 호메이니 같은 인물이다. 그래서 이란의 이슬람교 율법학자들처럼 국가 권력을 동원해 책을 금지하고 불태우는 일이 그에게는 아주 생경하지는 않은 모양이다. 사람들이 바그너의 음악을 듣거나 그의 음악극을 보더라도 바그너라는 인간의 개탄스러운 사상이나 그것이 제3제국의 공공정책으로 끔찍하게 확장된 경위를 망각하지 않을 수도 있다는 터럭만큼의 가능성조차 로즈는 허락하지 않으려 한다. 로즈는 바그너의 음악에 대한 대안적 해석(불레즈와 나티에가 추천하는 것 같은)에도 일말의 여지를 두지 않고, 바그너의 작품이 (아도르노가 주장하는 것처럼) 자기모순적일 가능성, 또는 자신과는 다른 방식으로 바그너를 읽을 수도 있다는 가능성 자체를 원천적으로 차단한다.

이는 비참하리만치 딱하고 피폐한 의견이다. 로즈의 주장은, 살만 루슈디의 『악마의 시』를 금서로 지정하길 원하는 이란(그리고 다른 무슬림 국가들)의 정치 지도자들과 '죽은 백인 남성들' 및 그들의 견해를 교과 과정에서 삭제하는 데 찬동한 이들을 암묵적으로 지지하는 것이기도 하다. 예술과 사악한 사상(그리고 그 사상의 실행) 사이의 관계는 물론 설명해야 하겠지만, 그렇다고 해서 아일랜드인의 대량 학살에 관한 견해를 밝혔다는 이유로 에드먼드 스펜서를 금하고 '검둥이 문제'에 대한 논문을 썼다는 이유로 칼라일을 금하고 '셈족의 정신세계'에 대한 의견을 피력했다는 이유로 르낭을 금해야 하겠는가. 몇 년 전의 일인데, 나이지리아 소설가 치누아 아체베가 소설 『어둠의 심연』에 나타난 콘래드의 인종차별주의를 공격하며 이 소설과 아프리카에서 벌어지는 착취에 따른 인간성 말살이 직접적으로 연결되어 있다고 비판하고 나선 적이 있다. 물론 아체베는 아프리카인들이 콘래드를 읽는 것을 뜯어말리려고 하진 않았다. 대신 반드시 콘래드를 '고전적 작가' 혹은 위대한 작가로 인식할 필요가 있는 건 아니라는 점을 그들에게 보여주고자 했던 것이다. 콘래드의 반동적이고 인종주의적인 정치관에 대한 아체베의 비평에 아무리 찬성하건 반대하건 간에, 아체베의 견해는 충분히 토론과 논쟁이 가능하다. 그러나 바그너와 홀로코스트를 등치시키는 것은 아체베의 주장과는 차원이 다를 정도로 멀리 간 것이며, 심지어는 문명이 남긴 모든 기록은 곧 야만의 기록이라고 주장했던 발터 벤야민보다도 멀리 나아간 주장이다. 로즈는 볼썽사납고 끔찍한 경험을 인간의 영역에서 잘라내고자 하는 견해를 가지고 있고, 무릇 그러한 견해는 발전시키기도, 논쟁하기도, 타협하기도 힘든 법이다.

    로즈는 홀로코스트의 참상을 간접 경험한 이스라엘인으로서 글을 썼고, 그렇다면 바그너뿐만 아니라 나치즘과 공모하고 이를 묵인한 하이데거를 비롯한 여러 독일인들을 낳은 전통과 합의하기 힘든 심정적 저항감이 있었을 것이라는 점은 나도 충분히 이해가 간다. 그러나 팔레스타인 사람으로서 감히 한 말씀 드리자면, 유럽의 반유태주의 정서는 팔레스타인 원주민들에게로 불똥이 튀었음에도 사람들은 이를 흔히 간과하고 있다. 이스라엘과 팔레스타인 문제를 연구하는 학자 누르 마살하가 최근 출판한 책은 헤르츨에서부터 바이츠만, 벤-구리온과 그들의 계승자들인 샤미르와 라빈에 이르기까지 이스라엘의 정치 지도자가 바뀌어오는 동안 시온주의자들이 '이주'라는 개념을 어떻게 생각했는지를 기록하고 있다.* 산더미처럼 방대한 히브리어 자료를 검토한 마살하는, 좌우와 중도를 불문하고 모든 시온주의 정치 지도자들이 무력이나 수상한 뒷거래까지 그야말로 필요한 모든 방법을 동원하여 팔레스타인 원주민에게서 팔레스타인을 빼앗는 쪽을 지지했음을 보여주고 있다. 우리가 이미 알고 있듯, 추방이 시작된 것은 1948년이었다. 그리고 바로 한 달 전, 라빈 행정부는 415명의 팔레스타인 주민을 그들의 삶의 터전 바깥으로 내몰았다.

로즈의 분석과 이스라엘의 정치적 태도 사이에는 너무나 뻔해서 지적하기가 민망할 정도의 우려스러운 유사점이 존재한다. 바그너에 관한 로즈의 주장이 보여주는 인식론은 중대한 결함을 가지고 있다. 예술과 역사, 인종 말살을 너무도 쉽게 쪼개서 서로 뒤섞어버리고, 나아가 적출과 금서, 회피를 연구 분석의 도구로서뿐만 아니라 국가 정책의 수단으로서 승인하는 듯한 인상을 준다. 1948년 이스라엘은 유태인을 위한 국가로서 건국되었고, 그러면서—로즈가 바그너를 맹비난하는 것과 같은 견해를 동원해—아랍인들을 그곳에서 모두 내쫓기 시작했다. 이스라엘은 그들과 다르다고 해서 타자의 존재 자체를 거부하고 또한 엄청난 양의 지적·정치적·군사적 노력을 기울여 그들을 제거하려 하고 있지만, 나는 사람들이 자기와 다른 이들을 상대하는 데—설사 그들이 증오와 공포의 대상이라 하더라도—이보다 더 나은 방법이 있으리라 믿는다. 팔레스타인 사람

* 『추방된 팔레스타인계 아랍인: 시온주의자들의 정치적 사상에 나타난 '이주'의 개념, 1882~1948』, 워싱턴 DC: 팔레스타인 연구 학회, 1992.

들은 1988년 이후로 이스라엘을 하나의 국가로서 인정해오고 있다. 그러나 지금까지 이스라엘 정부 측에서는 그 어떤 책임 있는 인사도 팔레스타인 민족주의를 인정하지 않고 있다. 삶의 터전과 사회를 잃은 것은 팔레스타인 사람들이며, 또한 1967년 이후로 군사 점령지에서 거주해오고 있는 팔레스타인 사람들이 많은 것이 엄중한 사실임에도 말이다. 로즈의 『바그너: 인종과 혁명』이 내세우는 정치관은 이스라엘 정부만큼이나 유연성과 탄력성을 결여하고 있으며, 그 결과는 이러한 정치관이 공격하는 반유태주의만큼이나 비참하다. 바그너의 음악을 듣고자 한다면 과거의 원한으로 무장한 단단한 방패를 조금은 내려놓았으면 한다. 그 정도 대접은 받을 만한 가치가 있는 음악이기 때문이다.

제스처로서의 음악:
숄티에 대하여 *

음악 공연을 찾은 관객의 전체적인 경험은 귀로 듣는 것만큼이나 눈으로 보는 것으로도 완성된다. 시각 경험은 공연의 품격과 명료성을 증진시킬 수도 있고, 혹은 공연에 있게 마련인 흠결들을 놀랄 만큼 확대시켜 보여줄 수도 있다. 그들이 쏟는 노력의 적어도 절반이 지휘봉을 흔들고 몸을 움직이는 데 들어가는 지휘자들의 경우에는 더더욱 그러하다. 내가 게오르그 숄티의 공연을 보고 들은 지가 최소한 25년은 되었지만, 그의 동작과 지휘대 위에서의 전체적인 행동이 그가 가진 최상의 음악적 의도를 약화시키고 궁극적으로는 절름발이로 만들 수 있다는 것을 비로소 목도하게 된 것은 지난 2월 빈 필하모닉과의 카네기 홀 공연이 처음이었다. 공연 프로그램은 브루크너의 〈교향곡 8번〉이었는데, 도무지 갈피를 못 잡을 정도로 들쑥날쑥하고 앞뒤 조리가 닿지 않는 연주였다.

브루크너의 음악은 주도면밀하게 계획한 요소들이 느릿느릿 서서히 펼쳐지는 작곡상의 특이점이 있다. 따라서 그의 음악은 한 꺼풀씩 찬찬히 벗겨가면서 결국에는 하나로 응집된 클라이맥스에 이르는 것이 정도(正道)다. 절정의 압도감은 거기에 도달하기까지 과정 하나하나를 밟으면서 쌓아온 돌이킬 수 없는 추동력에 의해 존재 이유를 획득한다. 연주회다 텔레비전 출연이다 해서 수천 번 이

* 《더 네이션》, 1994년 1월 17일.

상 관객 앞에 서왔고 무수한 찬미자를 거느린 숄티가 획득한 지휘대 위 페르소나는 크게 셋으로 나눌 수 있다. 우선 분주하게 뛰어다니는 지배인의 모습이 그 하나요, 사자를 길들이는 서커스 조련사의 모습이 그 둘이며, 1940~1950년대 할리우드 뮤지컬이 그려낸 코스텔라네츠나 이투르비와 같은 '마에스트로'로서의 모습이 그 마지막이다. 지휘봉을 휙 내리긋거나 몸을 전후좌우로 흔들거나 날카롭게 팔을 내지르거나, 오호통재라, 잔뜩 폼을 잡는 그의 모습에 신망 높은 빈 필하모닉마저도 어쩌지 못하고 절절맸고, 서서히 점증하면서 한 꺼풀씩 모습을 드러내야 마땅한 브루크너의 장대한 작품 또한 내동댕이쳐지고 말았다. 대신 그 빈자리를 채운 것은, 과장된 억양과 누가 봐도 불필요한 소리의 거대한 폭발—이것이 숄티의 전매특허이긴 하다—로 너덜너덜해진 악절로 이어 붙인 하찮은 누더기 같은 음악이었다. 거대한 음향과 오케스트라의 반응력에 찬탄한 이들도 있을지 모르겠으나, 거기에는 온전한 교향곡도, 음악의 일관된 흐름 비슷한 것도 없었다.

나는 항상 숄티를 좋아하는 편이었다. 심지어는 그의 자만심도 싫지 않았고, 스스로의 명쾌한 성취에 취해 있는 남다른 분위기도 나쁘지만은 않았다. 숄티는 타의 추종을 불허하는 출연진이 위대한 드라마에 힘을 더한, 제2차 세계대전 후 최초로 제작된 〈니벨룽의 반지〉 녹음으로 이름을 알렸다. 피에르 불레즈의 바이로이트 〈반지〉(최근에 영상물과 음반으로 시판되기 시작했다)와 견주자면 허세가 좀 들어가 있고 원초적인 녹음이다. 불레즈의 연주는 부드럽고 서정적인 반면, 숄티의 연주는 느릿하고 과장되어 있다. 숄티의 장기는 후기 낭만파 음악이며(반면 그의 모차르트는 때때로 지독히 진부하다), 특히 〈반지〉나 〈모세와 아론〉, 〈그림자 없는 여인〉처럼 일관성을 간취해내기 어려운 대규모 오페라 작품에서 진가를 보여왔다. 어쩌면 이들 작품의 성악적·극적 복잡성이 관객과 단원들로 하여금 숄티라는 지휘자의 기묘한 경련성 움직임을 성가시게 느끼지 않도록 하는 방패로 기능하는지도 모른다. 영국 왕실로부터 받은 기사 작위와 고령의 나이는 숄티의 주변에 아우라와 위신을 더했다. 그러나 조지 셀과 토스카니니, 프리츠 라이너 같은 지휘자들과는 달리, 숄티에게는 비르투오소 지휘자의 엄격성이나 침착한 원숙성이 보이지 않는다. 이 또한 어쩌면 음악 혹은 오케스트라에 신체적으로 섞여들지 못하는 것처럼 보이는 때문일지도 모르겠다. 빈 필하모닉과의 콘서트 두 번째 날에는 멘델스존과 쇼스타코비치가 연주되었는데, 이따금씩 흥미롭긴 했지만 딱 그만큼뿐인 연주회였다.

한편 지난해 8월 보스턴 심포니 오케스트라와 함께 탱글우드 무대에 선 영국 지휘자 사이먼 래틀은 숄티와 뚜렷한 대조를 보였다. 이날 공연에서 하이든 〈천지창조〉를 공연한 그가 보여준 몸동작과 탄력 있는 소리의 합일은 요즘 지휘자들이 쉽게 넘보기 힘든 수준이었다. 래틀은 현재 30대의 소장파임에도 가장 훌륭한 지휘자들과 어깨를 나란히 하기에 부족함이 없는 실력을 보여주었다. 다만 나는 그에게서 자신이 가진 소질을 관리하고 경력을 돌보는 데 지나치게 꼼꼼한 정성을 쏟는 것 같다는 막연한 인상을 받았다. 이미지를 관리한다는 느낌이 들어서라기보다는, 자신이 가진 막대한 재능을 탄탄하게 관리하는 품새가 어딘지 너무 조심스럽다는 느낌이 들어서였다. 래틀은 버밍엄을 떠나기를 거부해오고 있다. 물론 그런 헌신이 있었기에 버밍엄 심포니를 지금의 수준으로 끌어올릴 수 있었겠지만 말이다. 또한 그는 자신의 취향에 완벽하게 들어맞는 작품으로 (좀 심하다 싶을 정도로) 레퍼토리를 한정하고 있다. 그 대종은 시벨리우스와 말러, 브리튼이 차지하고 있고, 간혹 야나체크의 오페라, 하이든의 작품 일부, 그리고 20세기 작곡가 몇 명의 작품도 여기에 포함된다. 19세기 전반기의 다른 작곡가들에게 다소 관심을 보인 적도 있긴 하지만, 그래도 래틀은 꾸준히 영역을 넓히기보다는 했던 작품을 하고 또 하는 경향이 있는 것 같다(이것 역시 막연한 인상이다). 객원 활동에도 무척 인색해서, 주빈 메타 같은 이가 봤다면 '저 친구는 객원을 아예 안 하는 것 아닌가' 하고 혀를 찰지도 모르겠다. 3년 전에 나는 코번트가든에서 래틀의 야나체크 〈교활한 새끼 암여우〉를 관람하고 그 활기찬 지휘에 탄복한 적이 있다. 그렇지만 래틀은 오페라보다는 교향곡을 비롯한 관현악곡 쪽에 역량을 집중하고 있다.

하이든의 〈천지창조〉는 〈메시아〉만큼의 위상을 가진 작품이면서도 공연 빈도는 그에 훨씬 못 미친다. 〈천지창조〉는 〈메시아〉처럼 듣는 즐거움이 뚜렷한 작품이다. 작법은 언제나 탁월하고, 구조는 우아하고 대단히 효과적이며, 앙상블 또한 비범한 수준으로 통달해 있다. 다시 말해 잘못되기가 힘든 작품인 것이다. 래틀의 독법은, 우선 작품에 유연하고 전반적으로 간결한 형태를 부여했다는 점에서 특출했다. 또한 그는 작품 내에 이따금씩 어리는 치기 어린 팽만 상태(벌레, 고래, 코끼리 따위의 동물 묘사에 대한 하이든의 탐닉은 조금 유치해 보이는 것이 사실이다)를 효과적으로 통제했고, 작품의 절륜한 대위법을 강조함으로써 일차원적인 매력이 과도하게 부각되는 것을 견제했다. 실로 래틀의 신선한 접근법의 핵심은 독창자보다는 합창단에 더 세밀한 주의를 기울인 점에 있었다. 독창자 가운데는 오로지 소프라노 바버라 보니가 악기 연주자에 버금갈 만한 기량의 목소리와 기교를 가지고 있었다. 래틀은 신중하게 통제된 동작으로 각각의 성부에 신호를 보냈고, 유연한 비팅과 눈길, 상반신과 고갯짓에 힘입어 모든 성부는 제자리를 찾았다. 다른 연주였더라면 오케스트라와 독창자, 합창단, 지휘자가 제각각 형성한 시각적 이미지가 서로 연결되지 못한 채로 이어졌을 테지만, 래틀이 직조한 전체적인 시각적 인상은 작품의 통일성을 다지는 데 이바지했고, 또한 관객은 청각 체험 및 사고가 그들의 시각 체험과 연결되는 경험을 했다.

래틀은 물론 이러한 능력 등으로 인해 눈을 떼기 힘든 지휘자다. 그러나 꼼꼼하게 구획된 〈천지창조〉 공연을 보고 나니 의심이

스멀스멀 고개를 든 것도 사실이다. 모든 것이 미리 계획되고 고안된 것일까. 흔연스러움이나 즉흥, 공상이 끼어들 여지는 없는 것인가. 〈천지창조〉는 창세기를 극화한 버전이기 때문에 다소간 연극조의 외향성을 장려하는 작품이지만, 래틀이 이를 활용하는 모습은 다소 점잖았다. 무릇 〈천지창조〉는 무대 위 모든 것이 지휘자로 모여들어야 한다. 지휘자는 작품의 초점이 되면서 또한 작품의 전능안(全能眼)이 되는 1인 2역을 수행해야 한다. 그런 면에서 보자면 래틀은 작품 속에 흠뻑 빠져들었다기보다는 확고한 계획에 따라 음악을 끄집어내는 쪽에 가까웠다(시인에 견주자면 워즈워스보다는 포프의 스타일이랄까). 그럼에도 그가 빚는 효과는 너무도 만족스러워서, 길들였다는 표현이 절로 나올 정도로 작품을 이렇게까지 정복하려면 음악을 얼마나 잘게 씹고 또 씹었을지 궁금해지지 않을 수 없었다. 최고 수준의 프로페셔널리즘의 극치라 할 공연을 보며 감탄을 연발했고 한껏 즐긴 나였지만, 그럼에도 약간의 불확실성이랄까 미지의 세계로 걸어 들어간다는 느낌이 있었으면 하고 아쉬웠던 것도 사실이다.

그럼에도 나에게 고르라고 한다면, 래틀의 단호한 지휘 동작이 그보다 살짝 연배가 높은 제임스 레바인의 이상하게도 불만족스러운 동작보다는 낫다. 레바인이 흥미롭지 않은 지휘자라는 이야기는 아니다. 누가 뭐래도 그는 흥미로운 지휘자다. 메트로폴리탄 오페라(메트)의 압도적인 스케줄을 앞에 두고 어떤 공연을 골라 가야 본전 생각이 나지 않을까 고민하는 관객이 있다면, 레바인이 지휘대에 서는 공연을 선택하라고 조언해주고 싶다(다만 베르디 작품은 제외하고). 지난 시즌 레바인이 지휘한 〈호프만의 이야기〉는 대단했다. 출연진의 감동적인 노래와 레바인의 헌신적인 리더십이 겸비된, 뜨거운 극적 열기와 언제나 변함없는 강렬함을 갖춘 압도적인 근육질의 연주였다. 연주회의 경우와는 달리 무대 아래로 꺼진 오케스트라 피트에 선 지휘자는 관객의 눈에 거의 들어오지 않는다. 게다가 오페라는 교향곡 연주회에 비해 더 많은 볼거리와 들을거리를 관객에게 선사한다. 그럼에도 19세기 오페라 중 가장 복잡하고 도전적인 작품이라 할 오펜바흐의 작품에서 레바인의 기여도는 눈에 보이는 듯했다. 여성 주역 가운데 하나를 맡은 캐럴 배니스와 뮤즈 역으로 분한 수잰 멘처, 호프만 역으로 분한 플라시도 도밍고가 그의 지휘에 기민하게 반응하는 것이 역연했다(다만 도밍고는 조금씩 집중력이 흔들리는 듯한 부분도 있긴 했다). 레바인은 마치 자신이 독창적인 천재 E. T. A. 호프만 본인이 된 듯, 끊임없이 움직이는 복잡한 스코어를 능수능란하고 우아하게 지휘해냈다.

그러나 레바인의 문제는 순수한 독일 레퍼토리에서 그가 무엇을 시도하는지에서 드러난다. 〈호프만의 이야기〉는 프랑스와 독일이 반반씩 뒤섞인 작품이니 괜찮았다. 그러나 레바인이 지난 시즌에 지휘한 바그너의 〈뉘른베르크의 명가수〉는, 한스 작스가 독일 예술의 신성함을 장황하게 찬미하는—마치 자기가 그렇게 하지 않으면 외국 예술의 위협에 견디지 못할 거라는 듯—결말 장면이 상징하듯 독일 음악예술 지상주의를 공공연히 표방한 음악극이다. 중세의 뉘른베르크를 배경으로 하는 이 음악극은 숭고한 음악과 이류 유머, 단순화된 우화가 묘하게 뒤섞인 형태를 취한다. 바그너 원숙기의 모든 작품 가운데 이만큼 그의 숭배자들을 당혹스럽게 만드는 작품도 없다. 마을 서기 직스투스 베크메서를 통한 풍자는 야멸차기 그지없어서, 바그너가 자신의 반유태주의를 드러낸 배역이 베크메서라는 근거 없는 주장 또한 횡행했다. 독일예술을 권장하는 찬양조의 주제와 치기 어린 혈기로 쓸데없이 복잡해진 줄거리가 높은 예술적 역량에 의해 다스려지는 불균형 때문에, 사람들은 〈명가수〉를 바그너의 음악극 중 가장 까다로운 작품 혹은 가장 지루한 작품으로 여기고 있다.

내 개인적인 의견을 말하자면, 〈명가수〉는 지루한 작품이 아니라 까다로운 작품의 범주에 든다고 본다. 음악적 상상력은 대단히 창의적인데 줄거리와 이념적 지향, 등장인물들은 그에 어울리지 않기 때문이다. 뛰어난 가수(이자 제화공이기도 한!) 한스 작스는 거친 사내와 인도적인 철학자의 양면성을 가지고 있고, 젊은 기사 발터는 경솔한 풋내기 젊은이이자 타고난 재능을 가진 예술가이며, 그의 연인 에파는 소유물로서의 여성의 전형으로 그려지면서도 살림집에 갇힌 브륀힐데 같은 강단을 가지고 있다. 이야기는 중세 마이스터징거들의 이상화된 형제애에 집중한다. 이들은 선대로부터 정해져 내려온 음악적 도덕의 계율에 따라 노래하는 법을 배움으로써 마이스터징거의 자격을 얻은 이들이다. 〈파르지팔〉에 성배를 가운데 두고 의기투합한 인물들의 어두운 형제애가 있다면, 〈명가수〉의 노래꾼들은 그보다 훨씬 건강하고 햇빛 찬란한 형제애를 노래한다. 이들은 예술가인 동시에 지역사회의 주민이기도 하며, 그들이 예술에 매달리는 이유는 직업적 음악가이기 때문이 아니라 전통과 예술의 수호자를 자처하기 때문이다. 그러니까 바그너는 한편으로는 명백한 국수주의자가 되어 자신을 후원하던 귀족들에게 가장 민족주의적이고 자화자찬적인 방식으로 호소하는 동시에, 또 다른 한편으로는 도제가 장인이 되어가는 과정을 실제 무대 위에 구현함으로써 자신이 종사하는 예술을 찬양하고 있는 것이다.

플롯은 간단하다. 한여름의 어느 날, 마이스터징거 가운데 한 명인 파이트 포그너가 노래 경연대회에서 우승하는 사람에게 자신의 딸 에파를 시집보내겠다고 선언한다. 에파는 뜨내기 기사 발터 폰 슈톨칭과 서로 사랑하는 사이다. 이제 발터는 자신의 예술적 재능을 한데 집중하여 노래라는 미적 형태로 표현하는 법을 배워야만 하게 되었다. 발터가 경연에 참가하여 부른 노래가 받아들여지면 이는 곧 모든 마이스터징거들이 함께 공유하는 그들의 노래가 되어 전파된다. 발터는 제1막에서는 고배를 마시지만 제3막에서는 의기양양하게 성공을 거눈다. 베크메서는 발터의 노래를 가차 없이 깎아내리는 비평자이자 에파의 옆자리를 차지하고 싶어 하는 연적이기도 하다. 베크메서를 바그너의 적수들을 한데 모아놓은 인물처럼 희화화시키는 연출이 흔하지만, 최근 메트 프로덕션에서는 헤르만 프라이가 그와는 다른 멋진 연기를 보여주었다. 프라이가 연기한 베크메서는 어딘가 어눌한 사춘기 소년 같았다. 그가 에파 앞에서 쩔쩔매는 모습은 적극적인 메릴린 먼로 앞에서 어쩔 줄 몰라 하는 공부벌레 대학 새내기의 모습을 떠오르게 했다. 한스 작스는 발터의 친구 겸 상담 상대이자, 베크메서의 계략을 좌절시키고 '진정한' 예술적 기준을 유지하는 존재다. 그러나 그 또한 에파를 연모하고 있음을(비록 대단히 수동적인 사랑이기는 하나) 관객에게 털어놓는다.

    바그너의 음악극을 해석하는 데는 크게 두 가지 스타일이 병존한다. 첫째는 바그너가 모든 문제를 해결해놓고 떠났으니 우리는 그저 따르면 그만이라고 주장하면서 전통과 사실주의라는 허울 좋은 명분을 내세우는 노선이다. 이들은 바그너의 지시사항을 문자 그대로 엄수하는 육중한 연출을 지향하고, 1876~1883년 바이로이트에서 바그너가 손수 정립했다고 하는 독일풍 외피 속에 캐릭터와 무대, 음악을 욱여넣는다. 둘째는 수정론자들의 노선이다. 이들은 바그너가 자신의 이념적 체계를 속속들이 장악하고 통제한 건 아니라고 상정한다(내가 보기에는 이편이 진실에 부합하는 추측이다). 따라서 아무리 원작자가 물려줬다 한들 불완전할 공산이 클 체계를 불문곡직으로 재현하느니, 설령 실패로 돌아갈 시도라 하더라도 유연하고 심지어는 변덕스럽기까지 한 나름의 대안을 제기하는 방식이다. 이들은 바그너를 해석하는 본연의 자세는 원작자의 일관성 결여를 압착기로 눌러 밋밋하게 하여 관객을 호도하는 것이 아니라, 차라리 원작자의 들쭉날쭉함을 드러내고 강조하는 것이어야 한다고 믿는다. 수정주의 노선의 성공적인 사례는 로버트 윌슨 연출의 〈파르지팔〉에서부터 1970년대 중반 파트리스 셰로 연출의 바이로이트 〈반지〉 사이클, 그 밖에도 승리주의에 도취된 바그너의 음악 외적 선언이 아닌 그의 내면적 고투를 강조하는 정신분석적이고 표현주의적이며 '민족지학적'(ethnographic)인 독법까지 실로 다양하다.

지금껏 레바인은 이 두 노선 중 첫 번째 노선에 대한 선호를 뚜렷이 해왔다. 그리고 그에 따른 음악적 결과는 어리둥절한 느낌이 들 정도로 퇴행적이었다(무척 불만족스럽기 일쑤인 준사실주의적인 무대와 극적 효과는 따로 거론할 필요조차 없다). 지휘자 레바인은 필경 무겁고 필요 이상으로 신중하며 진부하고 그러면서도 자기주장이 센 인물로 바그너를 인식하고 있나 보다. 레바인의 비트는 음악을 팽창시킨다. 또한 그는 바그너의 외면적 자신감을 핑계 삼아 선언문적이고 결국에는 단조로운 사운드를 지향한다. 감각적으로 색채를 입혀가는 듯한 연주, 유연한 리듬을 동반한 연주와는 거리가 멀다. 이것에 능한 지휘자가 피에르 불레즈다. 불레즈는 오케스트라와 성악가들에게서 이러한 해석을 끌어낼 수 있는 유일한 인물이다(그는 우리 시대 가장 위대한 바그네리언이다). 어쩌면 어깨에 잔뜩 힘이 들어간 바그너의 권위에 레바인이 지나치게 감화된 것인지도 모르겠다. 그러나 바그너의 음악을 시끄럽고 경직되게 연주하는 지휘자일수록 요령 없는 지휘자라는 아도르노의 통찰을 잊어선 안 된다.

프라이를 제외한 출연진은 오페라 무대를 활보하는 가수들의 상투성을 벗어던지지 못해서, 남자들은 그저 뱃심 좋은 허세로 일관했고 여자들은 하늘대며 남자들에게 달라붙기만 했다. 에파로 분한 핀란드 소프라노 카리타 마틸라는 멋진 리릭 소프라노 음색을 가지고 있었지만, (오로지) 놀라움과 충격, 황홀경을 표현하는 것으로 짐작되는 고통스러울 정도로 우스꽝스러운 몸짓과 시종여일 퍼덕이는 양팔 때문에 소리에 집중하기가 힘들었다. 가장 실망스러운 이는 작스로 분한 도널드 매킨타이어였다. 한스 작스는 바그너가 고안해낸 바리톤 배역 가운데 보탄과 자웅을 겨룬다(심지어 어떤 이는 보탄보다 작스를 앞에 둘지도 모른다). 규범에 순응하는 의식과 반항의식이 공존하고, 자비심과 고약한 심정이 병존하며, 체념과 열정 사이에서 방황하는 인물이 바로 한스 작스다. 그런데 유연성 부족하고 너무도 조절되지 않은 오케스트라 사운드가 발목을 잡았던 탓인지—레바인은 음악 안으로 들어가지 못했고, 따라서 음악의 저항적인 모순을 찾아내는 것도 요령부득의 일이 되고 말았다—매킨타이어는 시종 피곤하고 사무적인 노래로 일관했다. 세상이 미쳐 돌아가는 것을 한탄하는, 작스의 유명한 제3막 독백은 에이비스 렌터카 계약서처럼 지루하게 들렸다.

작스는 군중 앞에서 난국을 헤쳐나갈 수 있는 수완 정도는 갖추었지만, 그럼에도 내면의 갈등을 완전히 씻지 못한 그늘을 품은 인물이다. 그런데 레바인은 그를 삶의 철학이 확고한 사람으로 이해하는 패착을 범했다. 레바인의 범실이 가장 두드러진 지점은, 독일예술의 위대함에 대해 작스가 역겹고 허황된 소리를 주워섬기는 것을 합창단과 독창자들로 이루어진 대규모 군중이 얼어붙은 채로 듣는 마지막 장면이었다. 나라면 이 장면을 일종의 모의 뉘른베르크 전당대회 정도로 연출했을 것 같다. 아니면 코믹한 의도를 살려, 어깨에 힘 들어간 연사가 열변을 토하지만 지나가던 뉘른베르크 주민들은 그런 허섭스레기 같은 이야기를 들을 시간은 없다는 듯 무관심으로 일관하게 하는 것도 나쁘지 않았을 테다.

레바인은 1992년 5월 카네기 홀에서 있었던 말러의 〈대지의 노래〉 연주회에서도 이와 같은 문제를 드러냈다(연주는 메트 오케스트라가 담당했고 메조소프라노 독창은 발트라우트 마이어가 맡았다). 레바인의 뛰어난 음악적 재능은 여전했다. 그는 후기 낭만주의 특유의 갈피를 잡기 힘든 불확실성을 지휘로 표현하려 애썼고, 정교한 엇박자 리듬뿐만 아니라 상이한 장르나 서로 충돌하는 음색을 하나로 결합하는 말러의 능력을 표현하기 위해 노력했다. 그러나 긴 호흡으로 평온함을 유지해야 하는 마지막 악장 '이별'에서는 더 이상 길어올릴 독창성과 지혜가 없는 듯 허덕였다. 기준이 까다로웠던 말러조차 스스로 인정했듯이 '이별' 악장은 지휘하기가 불가능에 가까운 곡이다. 필멸의 운명을 황홀 속에 받아들이면서 엄청나리만치 길게 이어지는 선율선은 박자 맞추는 데 급급한 평범한 지휘자들에게는 속수무책의 난관이다. 세로줄에 신경써가며 박자를 헤아리다가는 몇 페이지에 걸쳐 끝없이 이어지는 악절을 놓치기 십상이다. 음악학자 도널드 미첼이 『구스타프 말러: 삶과 죽음의 노래와 교향곡』에서 지적한 것처럼, '이별' 악장을 지휘하는 유일한 방법은 규칙적인 박자라는 관행을 일체 무시하고 음악에 몸을 맡기는 것이다. 그래야만 세로줄과 규칙적인 패턴이라는 굴레를 넘어 숭고한 제례의 영역으로 접어들 수 있는 것이다.

이 점을 레바인은 전혀 이해하지 못했다. 대신 마치 거대한 기계가 힘이 다해버린 것처럼 꺼져가는 듯한 맥빠진 느낌뿐이었고, 기묘하고 공허한 느린 음악으로 체념의 시적 정서를 전달하기 위해 안간힘을 쓸 뿐이었다. 레바인이 부려놓은 무게감과 신중함은 정교해 보이지만 궁극적으로는 그 속이 텅텅 비어 있었고, 그로 인해 불쌍한 마이어는 참담함에 가까운 당혹감을 견뎌야 했을 것이다. 레바인은 〈명가수〉 때와 마찬가지로 〈대지의 노래〉에서도 음악의 내부로 들어가지 못하고 음악을 위에서 내려다보며 법석을 떨었다.

반면 지난해 10월 카네기 홀에서 있었던 클라우디오 아바도와 베를린 필하모닉의 말러 〈교향곡 9번〉 연주회는 레바인의 콘서트와 극명한 대조를 이루었다. 뉴욕의 평론가들 대부분은 아바도의 베를린 필하모닉을 카라얀 시절과 비교하며 옛날 연주가 더 빛났다는 둥 시시껄적한 소리나 해댔다. 이는 눈곱만큼도 사실이 아니다. 아바도는 현존 지휘자 가운데 가장 만족스럽고 완성된 연주를 들려주는 인물이다. 레퍼토리의 폭도 엄청나고, 흥미를 둘 여지가 많지 않은 레퍼토리조차도 완벽한 전문성과 겸손함이 겸비된 특유의 조합으로 풀어나간다. 베를린 필하모닉의 연주는 흠잡을 데가 없었고, 카라얀 추종자들—나 또한 20년 전이었다면 스스로를 그리 여겼을 테지만—이 그토록 높이 사는 반들반들 윤기 나는 완벽함이라는, 이제는 좀 성가신 느낌은 흔적도 찾을 수 없었다. 아바도의 지휘 동작은 소리를 물리적으로 끄집어내는 과정을 보고 듣는 것만 같은 착각을, 마치 말러의 두뇌 안으로 들어가 곡을 구상하는 뇌세포의 움직임을 재현하는 것만 같은 착각을 불러일으켰다. 나는 특히 종악장의 마지막 몇 페이지에 걸친 느린 음악에 충격을 받았다. D♭장조의 음악이 길게 이어지며 십수 개의 작은 리타르단도 강세와 디미누엔도가 명멸하는 과정은 숭고한 천상의 효과를 자아냈다. 아바도의 지휘가 설득력을 가질 수밖에 없었던 이유는, 그가 절대로 음악에서 힘이 빠지도록 내버려두지 않았다는 데에서 찾아야 한다. 오케스트라로부터 소리를 끄집어내기 위해 기울이는 신체적인 노력을 생생히 목격할 수 있었던 동시에 그러면서도 음악의 맥동(脈動)이나 음악 내부의 강조점을 선명하게 알아듣게 해주었던 것이다. 연주회 내내 나는 '아바도가 곧 음악'이라는 생각을 수차례 했다.

〈트로이 사람들〉*

장대한 스케일, 숭고한 스타일, 대담한 착상이라는 면에서 베를리오즈의 마지막 오페라 〈트로이 사람들〉(1863)은 19세기 음악 중 〈니벨룽의 반지〉와 자웅을 다툴 수 있는 유일한 작품이다. 그러나 바그너는 살아생전에 자신의 4부작이 공연되고 심지어 자신이 특별히 만든 바이로이트의 오페라하우스에서 만인의 숭배를 받는 것까지 목격하고 눈을 감은 반면, 베를리오즈는 베르길리우스의 『아이네이스』 중 제1권, 제2권, 제4권을 원작으로 해서 쓴 2부 구성의 걸작**을 모두 눈에 담지 못하고 절명했다. 작곡가 생전에 공연된 건 제2부뿐으로, 그나마도 파리의 리리크 극장에서 조잡하고 옹색한 축약본 형태로 공연된 무대였다. 〈트로이 사람늘〉 전곡이 최조로 공연된 건 19세기 말, 프랑스도 아닌 독일 땅에서였다. 아직까지도 통산 공연 횟수는 프랑스가 독일, 영국, 미국에 못 미치는 실정이며, 말이 나온 김에 덧붙이자면 베를리오즈의 고국은 그의 비범한(그리고 대단히 별난) 천재성을 인정하는 데 인색한 편이다. 바그너는 독일의 언어와 음악, 철학, 문학에 이미 존재했던 경향들을 때로는 문제적인 방식으로 놀라운 경지까지 끌어올리며 자신의 시대 및 문화와 함께 호흡했던 존재다. 그러나 베를리오즈는 자신이 처한 시대

* 《더 네이션》, 1994년 6월 27일.
** 베를리오즈는 제1부에 '트로이의 함락', 제2부에 '카르타고의 트로이 사람들'이라는 부제를 붙였다.

및 장소와 충돌했다. 시대를 초월한 코즈모폴리턴이었던 베를리오즈는 프랑스 작가들보다 셰익스피어, 베르길리우스, 괴테의 작품을 더욱 편하게 받아들였다. 프랑스가 예나 지금이나 음악가들을 저평가하고 홀대하는 나라라는 점도 작용했겠지만, 음악 면으로 보더라도 그는 프랑스보다는 베토벤과 글루크를 추종한 독일의 흐름에 더 가까웠다. 프랑스 청중은 유럽 그 어느 나라 대중보다 이해심이 없었고, 기성 음악계와 기관들 역시 다른 나라들에 비해 갑갑하고 수구적인 관행에서 벗어나지 못했다.

그럼에도 〈트로이 사람들〉은 프랑스인 천재가 아니었다면 쓰지 못했을 작품이다. 대본의 수사와 어휘는 17세기 고전 희곡과 18세기 신고전주의를 19세기식으로 변형한 것이다. 카산드라와 디도라는 오페라의 두 여주인공을 묘사하는 방식도 프랑스적이다. 파리를 거점으로 융성했던 그랜드오페라라는 형식을 혁신코자 했던 베를리오즈의 생각에는 오베르와 마이어베어뿐만 아니라 역시 파리를 주 무대로 활동한 글루크의 영향도 있었다(1862년 베를리오즈는 직접 글루크의 〈오르페우스와 에우리디케〉를 무대에 올리기도 했다). 〈트로이 사람들〉의 제2부는 북아프리카를 지리적 배경으로 하고 있는데, 여기에 내 주장을 보태자면, 베를리오즈는 당시 북아프리카 식민지 확장 정책을 추진하던 프랑스의 정치 현실을 이용하기 위해 〈트로이 사람들〉을 수단 삼아 담대한 극적 상상력을 발휘하지 않았나 추측해본다.

다섯 시간에 달하는 길이에 오페라하우스의 연출 역량을 총동원해도 모자랄 막대한 요구사항 때문에 〈트로이 사람들〉을 실연으로 만날 기회는 어쩌다 한 번 있을까 말까다. 메트로폴리탄(메트)에서 마지막으로 상연된 것도 벌써 10년 전의 일이 되었다. 이번 겨울의 몇 차례 공연 가운데 나는 세 번을 관람했다. 역설적인 사실은, 연출과 연주 모두 흠집이 많았던 공연이었음에도 불구하고 〈트로이 사람들〉이라는 작품을 직접 보는 건 대단히 감동적이고 심지어는 짜릿한 경험이었다는 점이다. 〈트로이 사람들〉은 〈피델리오〉가 그러하듯 아무리 서투른 오판으로 점철된 연출이라 하더라도 그 진실성과 강렬함이 손상되지 않는 작품이다. 그러나 〈피델리오〉와 달리 베를리오즈의 걸작은 완전한 형태로 접할 기회가 참 드물다. 엎친 데 덮친 격으로, 시중에서 구할 수 있는 전곡 정규 녹음도 딱 하나뿐이다. 1969년 제작되었지만 여전히 신선하게 들리는 콜린 데이비스의 코번트가든 녹음이 그것이다. 다른 출연진도 대체로 준수하지만 그중에서도 아이네이스로 분한 존 비커스가 우뚝 높이 솟은 음반이다. 지난해 12월 초 나는 다른 일로 런던을 방문한 참에 마침 데이비스가 연주회 형태로 지휘하는 〈트로이 사람들〉을 관람할 수 있었다. 콘서트 형식의 공연이었던 만큼 연출된 오페라의 위용은 어쩔 수 없이 포기해야 했지만, 그래도 압도적으로 파워풀한 연주였다.

메트는 〈트로이 사람들〉의 결정판이라 할 무대를 올릴 역량을 가지고 있는 아마도 유일한 극장이면서도 좀체 가진 역량을 발휘하려 들지 않는다. 이번도 마찬가지였다. 마구잡이라고까지는 못하겠지만 어쨌든 무척 불완전하고 연습량도 부족한 연출이 우선 문제였다. 양식상으로는 '로마식'과 현대풍을 절반씩 뒤섞어놓은 모양이었는데, 감독은 대체 뭐하고 있었나 싶은 생각이 절로 드는, 되다 민 무대였다. 베를리오즈는 오페라를 2부로 나누었다. 제1막과 제2막을 합쳐 '트로이의 함락'으로 이름 붙였고, 제3막과 제4막을 묶어 '카르타고의 트로이 사람들'로 명명했다. 메트 역시 작곡가가 매긴 순서에 따라 공연했다. 제1부에서는 카산드라가, 제2부에서는 디도가 가장 두드러지는 배역이다. 두 여성 모두 자살로 생을 마감한다는 점이 공통적이다. 카산드라는 그리스의 노예 신세가 되는 운명을 피하기 위해, 그리고 디도는 아이네이스로부터 버림받은 것을 비관하여 세상을 버린다. 그처럼 극단적인 상황에 비하자면 베를리오즈의 극적 어법은 비교적 색다르다. 장대한 효과를 획득하기 위해 신중한 발걸음을 보이면서도 음악은 열정적으로 작열하고, 논리적이고 타당한 플롯에 충실히 접근하기보다는 일단 쓰고 싶은 음악은 쓰겠다는 의지가 보인다. 그러면서도 그가 악보에 표기한 지시사항은 극도로 세밀해서(이에 대한 연구가 점차 진행되면서 새로운 사실이 속속 드러나고 있다), 낭만주의 음악은 모호하고 그저 거창하기만 하면 된다는 선입견을 낱낱이 무너뜨린다. 표현력과 우울한 서정, 정치적 메시지를 극대화하기 위해 베를리오즈는 모든 것을 면밀히 계산해서 배치했지만, 그럼에도 그는 자신이 남긴 지시사항이 모두 엄수되리라는 환상은 애당초 품지 않았던 것 같다. 1857년에 누이 아델레에게 쓴 편지에서는, 오페라하우스들이 자신이 의도한 여남은 개의 효과 가운데 기껏해야 두엇밖에 전달하지 못할 것이라고 내다보기도 했다.

그렇다면 베를리오즈가 내다보았던 현대 연출의 범실들을 간단히 언급해보자. 베를리오즈는 카산드라가 그리스의 철군에 환호하는 트로이 군중 속에 섞인 채로 처음 등장해야 한다고 강조했지만 (막이 오르고 환호하던 군중이 사라진 뒤로 목마가 덩그러니 남는 설정이다), 메트에서는 군중이 모두 빠져나간 다음에야 비로소 카산드라의 존재가 드러난다. 카산드라 홀로 느끼는 두려움과 환희에 휩싸인 군중의 축제 분위기 사이의 계산된 대비를 가늠할 기회를 관객으로부터 빼앗아버린 셈이다. 안드로마케는 트로이 군중 앞에서 아스티아낙스와 함께 무언극을 연기하는 장면에서 애도를 뜻하는 하얀 가운을 입고 등장해야 하는데, 의상 디자이너 피터 웩슬러는 그녀에게 별 특징도 없는 줄무늬 옷을 입혔다. 제1막 투사들의 춤은 곡예사들의 춤으로 변질되었다. 제4막 창부들과 카르타고 노예들, 누비아 노예들의 춤(베를리오즈는 카르타고 노예와 누비아 노예를 분명히 구분해 지정했다)은 안무가 그레이 비어든의 손에 의해 불가해한 이유로 투투를 입은 남녀 무용수들의 발레가 되고 말았다. 제4막의 포문을 여는 화려한 '왕의 사냥과 폭풍우' 음악은 정교한 무언극을 동반해야 마땅하지만, 이러한 지시사항도 메트는 간단히 무시해버렸다. 아이네이스에게 버림받고 실성해버린 디도가 자살을 결심하고 무대에 등장하는 장면에서도 베를리오즈는 그녀의 왼발이 맨발이어야 한다고 지시해놓았지만, 이러한 멋진 장치마저도 메트는 쓱싹 그어 없애버렸다. 그보다 더 중요한 원작자의 지시, 즉 카르타고 사람들이 아이네이스와 그의 후손들을 저주하는 합창을 부르는 위로 'ROMA'라는 글씨가 나타나도록 한 장치 또한 찾아볼 수 없었다. 대신 웩슬러는 세 마리의 늑대 인형으로 관객에게 눈호강을 시켜주었는데, 영리한 장치였을지는 몰라도 쓸데없는 사족이었다. 만약 사실적인 19세기 공연을 관객에게 경험토록 하는 게 의도였다면 베를리오즈가 꼼꼼히 지시한 사항을 모두 준수하든지 아니면 전혀 따르지 않든지 시원하게 양자택일하는 것이 올바른 선택이었다고 본다.

프랑스 소프라노 프랑수아즈 폴레가 노래한 카산드라는 또 다른 여주인공인 디도에 비해 짧은 시간에 응축된 노래를 소화해야 하는 배역이다. 폴레의 발음과 가창 양식은 흠잡을 데가 없었지만, 연기는 다소 아쉬웠다. 그럼에도 폴레는 연인과 가족, 신민(臣民)을 점차 잃어가며 자신에게 다가오는 재앙에 눈 돌리지 않으려 애쓰는 여인의 위엄과 감정적 격동을 성공적으로 투영해냈다. 폴레의 저음역은 권위와 풍성함이 있었지만, 고음역은 부드럽긴 하나 소리의 힘이 좀 부족했다.

내가 모든 오페라를 통틀어 가장 위대한 앙상블 장면이라고 생각하는 트로이의 멸망 장면에서 폴레의 존재감은 빛을 발했다. 카산드라가 트로이 여인들 앞에서 그리스의 노예 신세가 되느니 모두 함께 목숨을 끊자고 선동하는 이 장면에, 폴레는 진정으로 비극적이고 거의 귀신에 씐 듯한 느낌을 불어넣었다. 카산드라가 자신의 복부에 검을 찔러넣는 그 순간, 베를리오즈의 긴장감 넘치는 극 구상은 독창 소프라노, 여성 합창, 겁을 집어먹은 하녀들의 소규모 합창, 트로이의 보화(寶貨)를 찾는 그리스 지휘관과 그리스 병사들의 합창을 위한 장대한 음악으로 화한다. 오케스트라는 위협적인 음악, 승리감 넘치는 음악, 히스테리성 음악을 번갈아가며 모두 표현하고, 하프, 클라리넷, 현악군, 팀파니, 호른, 트럼펫은 두 배, 세 배 빠른 페이스로 서로 뭉쳐가며 효과를 내며, 마침내 D♭장조 화음 위로 합창단이 '이탈리아'라고 외치는 지점에서 그 절정에 이른다.

이 대목을 비롯한 여러 지점에서 베를리오즈는 관객으로 하여금 트로이인들이 겪은 간난신고에도 불구하고 이탈리아에 새로운 트로이가 건설될 것임을 상기하게 한다. 그 새로운 트로이란 물론 로마 제국이다. 〈트로이 사람들〉은 이 점을 원작 『아이네이스』보다도 훨씬 힘주어 강조한다. 베르길리우스에 대한 베를리오즈의 열정은 어쩌면 그의 삶에서 지배적인 미학적 사상이었을 수도 있지만, 동시에 프랑스의 제국주의 팽창 정책에 대한 작곡가 본인의 지속적인 경외심 또한 그것을 공고히 다지는 부가적인 촉매가 되었을 것이다. 나폴레옹은 1798년 이집트 원정을 통해 제국의 첫 번째 성공이라는 초석을 놓았다. 1830년대 들어 프랑스는 알제리를 점령했고, 그로부터 수십 년간 잇따라 준동하는 반란을 제압하며 점차 북아프리카 지역을 제국 체제 내로 끌어들였다. 1844년에는 모로코로 쳐들어갔고, 기니는 1849년에 프랑스의 보호령이 되었으며, 1860년대에는 마다가스카르와 인도차이나 반도를 원정했다. 이 모든 사건이 베를리오즈가 살던 세계의 일부로서 벌어졌다. 베를리오즈는 보나파르트와 그의 후손들을 남달리 존경했다. 잘 알려지지 않은 그의 작품 가운데 나폴레옹 3세에게 바친 〈황제 칸타타〉라는 작품도 그렇게 설명이 된다. 그런 면에서, 베를리오즈의 정치적 사상을 민주주의와 귀족정을 양 끝에 둔 스펙트럼으로는 명확히 짚어내기 힘들다고 했던 문화사가 자크 바준의 통찰은 정확했지만, 또한 많은 학자들이 이미 논했던 것처럼 베를리오즈는 민주주의에 흥미를 두었던 것 같지도 않다. 그의 첫 작품이 장-바티스트 모제스의 동명 회화에서 착안한 〈애마의 죽음을 슬퍼하는 아랍인〉인 점에서도 짐작할 수 있듯, 그는 많은 동시대인(위고, 샤토브리앙, 들라크루아 등)이 그랬던 것처럼 오리엔트와 관련된 모든 것에 평생 매혹되어 살았다. 바준은 또한 베를리오즈의 1830년 이탈리아 여행에서 〈트로이 사람들〉을 비롯한 이후의 여러 걸작들과 관련한 단서를 얻을 수 있다고 주장하기도 했다. 이탈리아 여행은 그에게 우리가 괴테와 스탕달의 작품에서 찾을 수 있는 찬란한 태양과 로맨스를 불어넣기도 했지만, 또한 남국 이탈리아는 유럽 대륙의 첫 번째 제국의 산실이었다는 점에서 의미가 컸다.

나는 여기서 베를리오즈가 제국주의자였다고 침소봉대하려는 것도 아니고, 〈트로이 사람들〉이 투박한 이데올로기 오페라라고 주장하려는 것도 아니다. 그럼에도 불구하고, 나는 〈트로이 사람들〉이라는 작품이 제국의 시인이었던 베르길리우스 및 오페라의 시대적 맥락이 되었던 프랑스 제국주의와 공유하고 있는 흥분된 장대함에 대해서 설명하지 않고서는 이 위대한 예술작품을 제대로 이해할 수 없다고 믿는다. 오페라에서 카르타고의 여왕 디도는 북아프리카의 군주로서 자신의 지위에 위협을 느끼며 감정에 생채기가 난 상태로 등장하여, 나른한 눈길로 그녀의 신민과 군사적 위업, 비옥한 대지를 바라본나. 아이네이스와 방랑하는 트로이 사람들이 그녀의 삶에 끼어드는 그 순간부터 디도는 커다란 정념과 커져만 가는 슬픔을 경험한다. 아이네이스와의 지극히 아름다운 이중창(가사는 베르길리우스가 쓴 시가 아니라 셰익스피어의 『베니스의 상인』에서 가져온 것이다)을 부른 뒤로 디도는 자신의 행복한 시절이 끝났음을 직시한다. 아이네이스가 갑자기 날아든 명령에 따라 정복 임무를 수행하기 위해 이탈리아 반도로 돌아가야 하게 되었기 때문이다. 베를리오즈는 두 연인이 사랑을 나누는 장면에 발레, 카르타고 여인들이 주는 기쁨과 고된 바다 생활을 서로 견주는 트로이 초병의 대화, 디도와 그녀의 여동생 안나 사이의 염려 섞인 대화 등을 짤막한 장면 속 장면처럼 끼워넣었다. 한 개인으로서 지불해야 할 대가가 얼마나 지독하건 간에 제국이 나아갈 길에 복속해야 하는 의무를 말하고 싶었던 것일 게다.

그러나 제1부에서와 마찬가지로 제2부에서 또한 베를리오즈는 주로 왕족의 비극과 위대한 역사상 인물들, 국가의 운명 따위에만 관심을 쏟는다. 다소 일차원적 캐릭터인 아이네이스와 달리, 디도는 공적 자아와 사적 자아 사이를 오가며 갈등할 것을 요구받는 배역이다. 디도는 카산드라보다 목소리 부담은 가볍지만 그보다 폭넓은 표현력이 요구되는 배역이다. 내가 본 세 차례 공연 중 첫 번째와 두 번째는 마리아 유잉이, 세 번째는 캐럴 야르가 디도 역을 맡았다. 유잉은 배우로서의 스타일도 뚜렷하고 폴레처럼 음악성도 단단한 소프라노다. 첫 번째 공연에서는 감기의 영향이 채 가시지 않았던지, 그렇지 않아도 크다고는 할 수 없는 성량이 위축된 듯했다. 음의 뒤를 끊어먹는 모습이나 울부짖는 창법에도 초점이 결여되는 등 몸을 사리는 기색이 관찰되었다. 그러나 두 번째 공연에서는 몸 상태가 완전히 호전된 듯, 그런 약점이 하나도 보이지 않았다. 유잉의 목소리에는 재닛 베이커나 레진 크레스팽 같은 풍만함은 부족했지만 그래도 중음역대는 인상적이었다. 힘든 상황에도 최선을 다했다고 생각되며, 버림받은 디도가 복수의 욕망에 타오르는 장면에서는 특히 설득력 있는 노래와 연기를 보여주었다. 야르 또한 비교적 서정적이고 가벼운 목소리 결을 감안하면 준수한 무대를 선사한 셈이다. 유잉이 그려낸 설득력 있는 비극성은 없었지만, 그럼에도 젊고 연약한 디도로서는 충분히 감동적인 노래와 연기였다. 아이네이스로 분한 게리 레이크스에게는 후한 점수를 주지 못하겠다. 몸집에서 오는 존재감과는 판연히 다르게 잔뜩 긴장한 목소리로 음표 실수가 잦았고, 노래가 힘에 부친다 싶어지면 무표정한 고함으로 일관했다.

〈트로이 사람들〉은 무엇보다 오케스트라와 연출의 조직력을 요하는 작품임에도, 파브리치오 멜라노의 연출과 제임스 레바인의 지휘에는 꾸준한 조직력이 결여되어 있었다. 베를리오즈의 음악에는 때로는 무겁고 쉽게 다룰 엄두가 나지 않는 특징이 있으나, 그렇다고 해서 거대한 합창단이 무대를 터덜터덜 오가게 하고 나머지 시간에는 무엇을 할지 모르는 것처럼 멍하니 서 있게 한다고 해서 극복이 된다고 생각하면 오산이다. 베를리오즈에게 영화감독 세실 더밀의 극적 감각을 기대할 순 없으며, 따라서 그의 작품을 제대로 공연하기 위해서는 연출 면에서 얼마간의 목적성과 아이디어가 있어야 마땅하다. 그러나 추상과 구체가 절반씩 뒤섞인 메트의 무대에서는 이를 조금도 찾기 힘들었다. 베를리오즈가 어떻게든 메트의 구속과 레바인의 산만한 리더십(제2부가 제1부보다는 그래도 나은 편이었다)이라는 난관을 뚫고 나오려는 느낌이 조금은 있었다. 레바인은 가면 갈수록 팽창되고 확대된 선율선을 선호하는 쪽으로 기우는 것으로 보인다. 이러한 경향은 카산드라의 마지막 장면을 다소 장황하게 만들었던 반면(이와는 대조적으로 콜린 데이비스는 연주에 팽팽한 긴장과 심지어는 폭발력을 부여했다), 본질적으로 품새가 넉넉한 디도의 사랑의 이중창 음악에서는 이점으로 작용했다. 그러나 레바인의 지휘 탓으로 디도의 마지막 장면은 끔찍할 정도로 늘어졌고 오케스트라의 연주 또한 마찬가지였다.

아이러니한 점은, 레바인이 메트의 총감독으로서 조악한 연출 수준에도 책임을 져야 하는 입장에 있음에도 불구하고—필시 연출자와 무대 디자이너를 선정하는 것은 그의 임무 중 하나일 테니—만약 무대 위에서 행해지는 바가 조리 없이 엉성하다면 그것이 자신의 지휘에도 부정적인 영향을 미칠 것이라는 점을 인지하지 못하고 있는 듯 보인다는 사실이다. 제아무리 악단이 최고 수준의 연주 수준을 유지하고 있다 할지라도(이 또한 레바인의 공로이긴 하다), 무대와 오케스트라, 성악가들이 때로 조화를 이루지 못하고 얼마나 제각각으로 노는지 눈에 밟히지 않을 수가 없다. 모든 오페라를 원어로 공연하면서도 절대로 자막 제공을 허용치 않는 불합리하고 고집스러운 정책 또한 관객의 오해와 혼란을 가중시키고 있다.

〈트로이 사람들〉

리하르트 슈트라우스의 〈엘렉트라〉는 이러한 기이한 접근법(어쩌면 '접근법'이라는 단어는 잘못된 것인지도 모르겠다. 내가 여기서 말하고자 하는 바는 '접근법의 결여'이니)의 주요 희생자가 되었다. 내가 관람한 공연에는 힐데가르트 베렌스가 병가를 내고 대신 퍼넬러피 데이너가 무대에 섰다. 데이너의 용기는 가상했지만, 목소리가 너무 가늘고 무대 위에서의 존재감이 지독히 어색해 기여도는 미미했다. 훌륭한 메조소프라노로 여기저기서 절찬을 받는 클뤼템네스트라 역의 브리기테 파스벤더는 손짓 발짓을 동원하고 잔뜩 찡그린 표정으로 배역을 어찌어찌 해내는 수준의, 간단히 말해 재앙에 가까운 모습이었다. 그나마 구원투수 노릇을 한 건 크리소테미스 역의 데버라 보이트였다. 이는 오로지 멋진 목소리와 빼어난 음악성 덕분으로, 그녀 역시 연기 면에서는 합격점을 주기 어려웠다. 베를리오즈를 사로잡았던 이야기가 20세기 들어 또 다른 임자를 만났지만, 메트의 공연은 얼마나 뒤죽박죽이었던지 필설로 형언하기 힘들다. 아마 자기 자신만이 그 이유를 알겠지만, 연출을 맡은 오토 솅크는 아가멤논의 궁전 입구께에 넘어진 금속 마상(馬像)을 배치했다. 엘렉트라가 친모를 죽일 때 쓴 도끼를 찾기 위해 미친 듯이 뒤지고 파헤친 곳도 이 마상 근처였는데, 웬일인지 도끼는 나오지 않았고 엘렉트라는 손에 쥐지도 못한 도끼를 계속 언급해가며 눈에 보이지 않는 마술 지팡이를 흔들 듯 진땀을 뺐다. 다시 한 번 레바인의 지휘는 음악의 느릿하고 육중하며 거대한 요소를 강조했지만, 사실 〈엘렉트라〉의 음악은 호프만스탈의 대본이 그러하듯 눈부실 정도로 민첩하게 천변만화해야만 제맛을 느낄 수 있다.

플라시도 도밍고가 타이틀 롤로, 캐럴 배니스가 데스데모나로 출연한 베르디 〈오텔로〉 공연에는 뭔가 특별한 징후가 보였다. 그 특별한 징후가 보인 곳은 일라이자 모신스키의 끔찍한 연출도 아니요, 혹은 마이클 이어건이 제작한 의미 없이 풍성하기만 했던 무대도 아니었다. 그것은 놀랍도록 유연하고 총명하며 극적이고 차분했던 발레리 게르기예프의 지휘에서 찾을 수 있었다. 이번 게르기예프의 무대처럼 효과적인 오페라 공연은 나로서는 처음이었다. 그러나 음악과는 별도로 무대 위에서 벌어진 일련의 행위들은 대체로 지루하고 심지어는 멍청하기까지 했다. 한 가지 예만 들어도 수준 짐작이 가능하리라. 오텔로가 데스데모나에게 입 맞추며 노래하는 마지막 장면에서 도밍고는 배니스가 있는 곳으로부터 대충 10미터는 떨어져 있었다. 나는 절대 스스로를 베르디 팬으로 자처하지 않는 사람이지만, 그런 나조차도 이런 식의 연출 때문에 이 노친네가 실제보다 더 천박하고 비논리적인 인물이 되어버리고 만다는 사실 정도는 알고 있다. 도밍고는 관객의 입맛에 맞춘, 자신의 전매특허와도 같은 솜씨를 보였지만, 나로서는 그의 노래가 너무 경직되고 탁한 것 같아 놀라움을 금치 못했다. 배니스는 준수했지만, 아마도 연출 탓이었던지 거리감이 느껴지는 여인, 심지어 이따금씩은 차가운 여인처럼 다가왔다.

떨칠 수 없는 물음은, 도대체 왜 메트의 공연이 대부분의 오케스트라 연주회나 기악 연주회보다 관객과 소통하는 부분도 부족하고 똘똘해 보이지도 못하는가 하는 점이다. 메트의 〈트로이 사람들〉과 뉴욕 필하모닉이 최근 공연한 교향곡 〈이날리아의 해럴드〉를 비교해보면 양자 사이에 놓인 아찔한 간극에 어안이 벙벙해질 지경이다. 뉴욕 필하모닉의 연주회는 샤를 뒤투아의 지휘, 신시아 펠프스의 비올라 독주, 오케스트라의 앙상블이라는 세 축이 혼일되어 일관성과 지성, 기교, 면밀함 등에서 압도적인 인상을 심어주었다. 2월 초에는 암스테르담에서 또다시 메트와는 너무도 대조되는 무대를 접할 수 있었다. 네덜란드 오페라극장에서 관람한 빌리 데커 연출의 베르크 〈보체크〉는 무척 충격적이었다. 메트에 비해 가용 자원이 훨씬 빈약한 네덜란드 오페라임에도 〈보체크〉 무대에는 거대한 힘과 뚜렷한 개성이 이뤄 있었다. 연출을 맡은 데커가 그린 뚜렷한 작품상이 오페라의 모든 부분을 변모시켰기 때문이다. 예산 부족이나

〈트로이 사람들〉

재능 부족을 핑계로 댈 수 없는 미국 최고의 오페라하우스가 그토록 수준 낮은 공연을 반복해도 많은 사람들이 용인하는 이유는 대체 무엇이란 말인가. 아무래도 알 수 없는 점은, 주요 작품에 대해 전위적인 자세로 접근하기보다 큐레이터의 시각으로 다가가는 것으로 입장을 정리한 메트가 그들이 관리 중인 걸작들을 신경 써서 취급하지 못하고 오히려 그 위상을 침해하는 쪽으로 공연을 하고 있다는 사실이다.

그래도 이번 시즌 공연 목록에서 예외적인 공연에 대해 경의를 표하며 원고를 마감할 수 있게 되어 대단히 다행으로 생각한다. 토마스 만의 중편 소설을 원작으로 한, 벤저민 브리튼의 마지막이자 가장 까다로운 오페라 〈베네치아에서의 죽음〉(1974)이 그것이다. 〈베네치아에서의 죽음〉은 〈오텔로〉 같은 값비싼 블록버스터나 메트가 혁신에 기여한다는 허울로 내세우는 〈스티펠리오〉 같은 잊힌 범작의 재발견 무대와 경쟁하기는 애당초 힘든 편이다. 그래서 오히려 자유를 얻었기 때문인지, 콜린 그레이엄의 연출은 대단히 능숙했고, 데이비드 애서턴의 지휘 역시 최고 수준이었다. 아셴바흐 역을 맡은 앤서니 롤프 존슨, 악마의 다양한 현신을 보여준 토머스 앨런의 노래와 연기에는 넋을 놓지 않을 도리가 없었다. 그러나 유감스럽게도 메트 무대에서 이 오페라를 다시 보려면 한참의 세월을 기다려야 할 것이다.

아이들 장난*
메이너드 솔로몬의 『모차르트의 삶』 서평

최근 발간된 모차르트 전기를 집필한 메이너드 솔로몬의 말마따나 "어린이 모차르트"는 서양 문명이 받아들인 작곡가 모차르트의 이미지다. 그보다 더 조숙한 음악가는 없었고, 그보다 더 어린 시절부터 그처럼 놀라운 수준의 음악을 그토록 수월하게 써냈던 작곡가 또한 없었다. 솔로몬은 신동의 재능을 목도한 영국 학자 데인스 배링턴이 왕립학회에 띄운 서신을 인용하고 있다. "최초 공개되는 셰익스피어의 멋진 연설문이 있다고 칩시다. 그런데 그 문장을 여덟 살짜리 꼬마가 읽는 겁니다. 게다가 명배우 개릭의 처연한 에너지를 모두 담아서 말입니다. 그뿐만이 아닙니다. 연설문 그림에 붙은 설명 셋을 슬쩍 곁눈질로 읽어버립니다. 첫 번째 설명은 그리스어로, 두 번째는 히브리어로, 마지막은 에트루리아 문자로 쓰여 있는데도 말입니다. … 이 정도면 이 아이의 능력이 어느 정도인지 대충 감이 잡힐 겁니다." 초견(初見) 연주와 즉흥 연주, 조옮김에 능하고, 눈 가린 채로 피아노를 치고, 고작 한 번 들은 음악을 단 하나의 음표도 틀리지 않고 그대로 적어내고, 어떤 악기로도 음고(音高)를 그 자리에서 알아맞히고, 거기에 더해 다섯 살 때부터 소나타, 실내악곡, 협주곡으로도 모자라 두 편의 오페라를 쓰고, 한마디로 모차르트의 재능은 초자연적인 경지를 넘보았고, 이후로도 그의 재능을 넘어선 음악가는

---

* 《더 뉴요커》, 1995년 3월 13일.

단 하나도 없다.

그러나 그의 뛰어난 재주를 줄줄 왼다 해서 인간 모차르트라는 그림이 선명하게 다가오는 건 아니다. 음악언어란 것은 표현하는 바가 많은 것 같으면서도 묘하게 그 의미를 규정하기 힘든 법이다. 모차르트가 쓴 피아노 협주곡들은 아무것도 이야기하지 않으며, 작곡가의 인생과의 연관도 오로지 그것이 작곡되던 그 시기에 국한되는 부수적인 차원에 머문다. 음악학적 분석은 작곡 양식상의 변화나 형식과 음색 차원의 특징, 작품의 논리와 화성언어 따위를 설명해내려 한다. 그러나 문제는 거기서 풀리지 않는다. 모차르트의 인생 경험과 그가 작곡했던 음악을 유의미한 방식으로 서로 연결해야 하는 과제, 가령 인생 경험의 흔적이 작품에도 묻어나는지, 그리고—최소한 어느 정도라도—인생 경험이 작품을 설명할 수 있는지를 규명하는 과제가 남는 것이다. 메이너드 솔로몬이 쓴 『모차르트의 삶』(하퍼콜린스 출판, 35달러)이라는 두터운 전기가 가진 큰 미덕은, 지금까지 발간된 그 어느 모차르트 전기보다도 작곡가의 인생과 음악적 성취를 말끔하고 명민하게 하나로 묶어 설득력 있는—그리고 때로는 가슴 아픈—결론에 도달했다는 점이다. 솔로몬은 완전무결한 우아함과 숭고한 성취라는 그림 대신 모차르트 관련 기록에서 어딘가 허전한 점을 찾아 들이밀며 글을 시작한다. 모차르트가 숨지기 10년 전부터 잘츠부르크의 집단적 기억과 공식 기록에서 '잘츠부르크가 낳은 가장 유명한 아들'에 대한 언급이 등장하지 않고 있다는 사실이다. 잘츠부르크라는 도시의 강압적인 분위기를 견디지 못해 "스스로 이주를 선택한" 작곡가를 호적에서 지워버린 것이다. 솔로몬은 폐적(廢嫡)을 실마리 삼아 모차르트를 이해하려 한다. 아니, 실마리 정도가 아니라 심지어는 그것이 "모차르트의 창조성이 있을 수 있었던 선결 조건"이라고까지 주장한다. 또한 솔로몬은 자신의 통찰을 계속 발전시켜, 작곡가의 정체성의 핵심은 모차르트와 아버지 레오폴트—그 자신 역시 폐적된 아들로서, "남들을 자기 뜻대로 주

무르려는 야릇한 욕망을 가진 인물이며 아들의 성취를 통해 대리 만족하려 했던 아버지"—사이의 고통스럽고 복잡다단했던 관계에서 찾을 수 있음을 보인다. 솔로몬은 부자간의 관계에 집중한다. 부자 관계가 어떠했기에 어린 볼프강을 아들로서나 작곡가로서 아버지의 그늘을 벗어나지 못하고 반항아로 남게 했는지, 그리고—이 대목에서 저자는 창의력을 동원해 대담한 해석을 시도한다—볼프강이 어쩌면 스스로 죄수 노릇을 원하고 자처했던 것은 아닌지 묻는 것이다. 모차르트가 가정을 꾸린 이후에도 부자 관계는 내면화되어 볼프강의 마음속 상수(常數)로 자리 잡았다.

둘의 관계가 단지 착취하는 부모와 영리한 아이의 파트너십이었더라면 그렇게 오래 지속되지도, 양자 모두에게 득이 되지도 못했을 것이다. 그것은 단지 금전적 욕구나 탐욕뿐만 아니라 사랑과 존경에 근거한 관계였다. 이와는 대조적으로, 소년 볼프강과 어머니 사이의 관계는 부자 관계보다 훨씬 빈약했다. 레오폴트는 물론 아들과 딸의 장기간 유럽 연주 여행을 기획하고 통제한 장본인이었다. 솔로몬은 일곱 살 난 볼프강과 열두 살 난 피아니스트 누이 마리아 안나가 고생스럽게 유럽 대륙 곳곳을 다닌 기록을 놀랍도록 상세하게 묘사하고 있다. "3년 5개월 20일 동안, 그리고 … 1만 킬로미터 가까운 거리를 마차로 이동했다. 모두 여든여덟 개의 도시와 마을을 거치면서(반복 방문 포함) 도합 수천 명의 관객 앞에서 연주했다." 아들에게 세상을 발견하게 해준 것이 레오폴트였다면, 당대의 흐름인 신고전주의 양식—정중하고 전통적이며 이탈리아풍인—으로 곡을 쓰는 놀랍도록 유려한 재능을 꽃피울 수 있게 해준 것 역시 레오폴트였다. 솔로몬은 또한 볼프강의 유년시절은 아들과 아버지가 함께 힘을 모은 합작 투자의 시기였다고 말하고 있다. 볼프강의 활동으로 부자는 미래를 가시적으로 계획하고 부를 획득할 수 있었으며, 볼프강의 유년기가 있었기에 레오폴트는 가장으로서 생계 유지의 의무를 벗어던질 수 있었다. 신동 모차르트가 자신의 재능을 조금씩 공개할 때마다(어린 볼프강은 몹시 힘든 연주 스케줄을 오히려 즐긴 듯 보였다) '마술 같은'과 '기적적'이라는 단어로 그를 상찬하는 사람이 늘어났다.

당연히 천재 소년은 천재 청소년으로 자라났고, 자신의 관심사와 창의력을 표현할 심미적 목소리를 스스로 다듬어가기 시작했다. 솔로몬은 이제는 고전이 된 베토벤 전기(1977)에서 일대기 기술의 흐름 중간중간에 작곡가의 중대한 양식상의 발전을 설명하는 구성을 취했다. 모차르트 책도 이와 유사하다. 솔로몬은 남다른 안목으로 스타일과 형식, 수사법 등 모차르트의 사운드에 독특한 특색—우아함, 완벽한 형식미, 특유의 억양—을 부여하는 근본적인 특징들을 여러 챕터에 걸쳐 설명한다. 솔로몬의 저술이 유독 타당하게 다가오는 이유는, 각각의 챕터가 주어진 시기의 작품을 요령 좋게 특징지을 뿐만 아니라 해당 시기 모차르트의 삶에서 음악의 원천을 발견하는 수완마저 발휘하고 있기 때문이다. 예를 들어, 10대 소년의 커져만 가는 자립 의지, 잘츠부르크를 영영 떠나기 전에 경험했던 대도시 파리와 빈, "전통의 꺼풀 아래에 은근히 감추어둔 체제 전복적 기질"과 과거 신봉적 자세의 결합 등, 이 모든 것이 잘츠부르크 시절인 1772년에서 1776년 사이에 대주교를 위해 쓴 그의 세레나데와 디베르티멘토에 뚜렷이 나타나는 특질이며, 또한 같은 시기에 쓴 좀 더 전통적인 협주곡과 실내악곡에서도 어느 정도 관찰되는 특질이라고 분석하는 식이다.

솔로몬은 우리로 하여금 모차르트가 이와 같은 '사회적' 작품들, 즉 "자신이 속한 공동체에 연결된 끈과 전원적이고 목가적인 상태와 함께 연상되는 감정에 대한 강력한 애착을 동시에 나타내는" 작품들에서 자신의 창조적 개성을 확립해가는 과정을 목도하게 한다. 목가적이고 동시에 반어적이기도 한, 그리고 지금까지 상대적으로 활발하게 논의되지 못한 이들 작품은 아버지에 대한 젊은 작곡가의 애착(따라서 전통에 대한 애착)과 스스로의 "독창성에 대한 염려"를 반영하고 있다. 이들 세레나데와 디베르티멘토는 모차르트가 "감정이라는 좀 더 깊은 세계"를 처음으로 탐험한 작품이었다. 그리고 모차르트는 궁정 무도와 류트 음을 흉내 내는 이러한 종류의 음악을 계속해서 써내면서 귀족들 사이에서 홀로 자축하는 음악을 점차 넘어서기 시작했다. 그의 음악의 방향은 "이상적인 전원 세계, 심지어는 아카디아 그 자체의 고전적 이미지를 표상하는 쪽이었다. 특정 행사와 연결되어 당장 소비 가능한 형태로 매만져진 축전용 음악이 이제는 자연과 사랑, 유희를 중심으로 한 광범위한 인간 경험을 찬양하는 특별한 감정폭을 가진 양식의 보고(寶庫)가 되기 시작했다."

1782년 콘스탄체 베버와 결혼을 하고 빈으로 거처를 옮긴 이후에도 모차르트는 아버지의 족쇄를 끊어내지 못했고, 즐거움과 "지배받아야 할 필요"라는 이중성 사이에서, 또 새 가정을 꾸린 어른이 자유롭게 누려야 할 기쁨과 아버지가 엄격하게 감독하는 "연주 원칙" 사이에서 갈피를 잡지 못했다. 레오폴트는 아들의 결혼을 받아들이지 못했고, 친손자들에 대해서도 관심을 두지 않았다(그러나 레오폴트는 마리아 안나의 아들인 꼬마 레오폴트는 어미로부터 떼어서 직접 길렀다. 외손자를 어린 볼프강과 같은 음악 천재로 만들어 보려는 헛된 시도였다).

솔로몬은 모차르트의 원숙기 음악에서 예술적 자주성이 점차 늘어난 기록을 읽어낸다. 〈미사 C단조〉(K. 427/417a)가 뚜렷한 예가 된다. 이 작품은 모차르트가 1782~1783년 콘스탄체에 대한 사랑의 증표이자 기념물로서 쓴 곡이자, 또한 아버지가 그리도 귀중히 여겼던 '신고전주의 미학'을 마침내 떨어내버린 곡이기도 하다. 한때 그의 음악은 '상반된 효과들' 사이에 갇혔었지만(솔로몬은 모차르트가 1770년대 중반에 쓴 안단테 혹은 아다지오 악장들을 집중석으로 분석해, 어머니가 돌아가시고 느꼈던 슬픔과 그로 인해 가족 구조가 붕괴되는 신변상의 변화가 음악에 미친 영향을 따졌다),

1780년대 중반이 되자 모차르트는 하이든을 아버지를 대신할 존재로 두고 자신이 그 혈통의 새로운 계승자임을 알리는 음악을 썼다. 1786년경부터는 피아노 작품과도 거리를 두면서 흥행주 겸 오페라 작곡가로서 한층 도약하려 애썼다. 아버지를 여읜 1787년부터 모차르트의 음악은 새로운 차원의 아름다움을 획득한다. 음악가 찰스 로젠의 말마따나 "만져질 것처럼 생생한" 필멸성의 느낌을 획득한, 그러나 필멸의 운명을 받아들이고 순종한다는 느낌보다는 완벽의 경지에 한발 다가선 느낌을 주는 음악이었다. 솔로몬은 "순결하고 숭고한 표면 아래에 사납고 폭발적인 잠재력마저 지닌 감정이 흐르는" 모차르트 원숙기 작품에 대한 설득력 있는 설명을 군데군데 곁들이고 있다. 이를테면 〈피아노 협주곡 27번〉과 〈교향곡 40번〉에 대해서는 이렇게 썼다.

어쩌면 모차르트의 음악이 가진 힘이 우리를 멍들게 할 수 있음을 느낀 연후에야 그것이 가진 매혹적인 치유력도 느낄 수 있는 것인지도 모른다. … 우리는 모차르트의 놀이 충동이 내어놓은 즐거운 길을 따라간다. 그 길에서 우리는 그의 익살스러운 기질에 즐거움을 느끼고, 음악을 내부부터 까뒤집어 흥겨운 양면성과 끝없는 가능성을 찾아내는 그의 능력에 경탄하며, 침묵 위에 새긴 소리의 세계에 가득한 순수한 활력을 매순간 재확인하게 된다.

솔로몬은 모차르트가 상대적으로 자유롭게 탐험하고 탐닉할 수 있었던 또 다른 영역을 일러준다. 사치품 애용벽이라든가 똥오줌과 관련된 말장난, 그리고 그가 정의와 합리성에 대한 자신의 욕망이 실현된 것으로 투사한 프리메이슨 결사(만년의 오페라 〈마술피리〉는 프리메이슨 없이는 이해하기 힘들다) 등이 그것이다. 그러나 금전적 곤경에 빠지고부터 그의 삶의 지평선은 점차 어두워지기 시작했다. 레오폴트는 유산 수령 대상에서 아들의 이름을 지워버렸다. 모차르트 가문의 대들보이자 주 수입원이 바로 볼프강이었음에도 말이다. 누이가 부자간의 싸움에서 아버지 편을 들면서 한때는 가까웠던 남매지간 또한 불편해졌다. 1780년대 후반 모차르트는 심각한 우울증을 앓았고, 창작의 동력 또한 시들해졌다. 1789년 엄청난 생산성을 보인 것은 그런 면에서 기적에 가깝다 할 것이다. 나는 이 시기 소산의 정점인 〈여자는 다 그래〉가 다 폰테 3부작 가운데 가장 걸작이라 생각한다.

모차르트의 여섯 자녀 가운데 유아기를 넘어 살아남은 건 둘뿐이다. 모차르트 또한 언제나 몸 상태가 위태위태했다. 그는 1791년 12월 급성 류마티스열로 숨을 거두었다. 탈진 상태까지 내몰린 불쌍한 서른여섯 살의 사내에게 닥친 죽음이었다. 솔로몬은 모차르트가 음모의 희생양이었을지도 모른다는 추측을 단호하게 기각한다. 거기에 더해, 모차르트의 장례식이 초라했던 이유가 찢어질 듯한 가난 때문도 아니고 유족이 장례 절차에 관심이 없어서도 아니었다는 점을 충분한 증거를 통해 입증한다. 솔로몬은 당시 빈 시민들 대부분이 '3등급' 매장 방식을 선택했다는 사실을 밝힘과 더불어, 모차르트 본인 역시 입관 절차를 생략한 매장 방식을 통해 '스스로의 신념'—"살아서는 그리 못 했지만 죽어서라도 동등해야 마땅한 영혼끼리의 형제애"—을 나타내고자 했을 가능성이 농후하다고 주장한다.

나는 이보다 더 만족스럽고 감동적인 음악가 전기는 지금껏 읽어본 적이 없다. 아무리 사소한 디테일이라도 정확히 짚고 넘어가야 직성이 풀리는 강박에 가까운 저자의 성미 탓에 독자들로서는 조금 어질어질해지기도 하는 게 사실은 사실이다. 화폐 단위 두카트와 플로린, 방문했던 도시, 만났던 사람들, 쾨헬 번호 등의 길고 때로는 지루한 목록을 어쨌든 읽어야 글이 넘어가니 말이다. 솔로몬은 때로 해석 과잉으로 흐르는 경향도 보인다. 모차르트가 결혼 서류에 본명

대신 가명 '아담'을 적어넣었다고 해서 상상의 나래를 너무 넓게 펼칠 필요는 없는 것이고, 모차르트가 1786년 수수께끼와 속담 따위를 끼적인, 딱히 흥미롭지도 않은 '조로아스터교의 단편으로부터의 발췌' 문건을 뒤지느라 몇 페이지를 할애하며 입에 거품을 물 필요도 없는 것이다. 그러나 이러한 단점들은 솔로몬이 언급한 여러 값진 일화들에 의해 상쇄되고도 남는다. 모차르트는 때로 레치타티보를 부르듯 대화하곤 했다고 한다. 모차르트는 화려한 옷(특히 금단추가 달린 다홍색 코트)을 각별히 좋아했다. 모차르트는 "대놓고 프랑스를 싫어했다." 사촌 마리아 안나 테클라에게 보낸 편지는 "고삐 풀린 망아지처럼 날뛰는 유의어 사전" 같다. 모차르트는 아홉 살이 될 때까지 트럼펫 소리에 대한 비이성적인 공포심을 떨치지 못했다. 이런 일화들을 과연 어디서 만날 수 있단 말인가.

두꺼운 두께에도 불구하고 이 책이 독자를 사로잡는 이유는 인간적이고 넉넉한 정신을 읽을 수 있기 때문이다. 사회학적·정치학적 분석과 정신분석(프로이트, 멜러니 클라인, 도널드 위니컷, 폴 리쾨르로부터 영감을 받은)이 여기서처럼 효과적으로 손을 맞잡은 적이 과연 있었던가. 그리고 모차르트라는 희대의 천재성을 이처럼 세세하게 기록한 책도 나로서는 처음이며, 특히 모차르트가 아버지 레오폴트와 관계 맺으며 받은 긍정적인 자양분과 부정적인 심리적 위해에 어떻게 대처했는지에 대한 기록으로서도 이 책은 훌륭하다. 부자가 서로 주고받은 상처와 콤플렉스보다 가족의 일원으로서 느낀 유대감이 그들에게는 더 우선하는 조건임을 밝힌 것도 설득력 있다. 부자가 서로의 속박에서 벗어나려 했던 시도에 대해 언급하며 솔로몬은 이렇게 썼다. "결국 아버지와 아들은 불안한 감정들이 서로 부딪치며 일으키는 갈등에 몸을 떨며 각자의 뜻을 끝내 관철시킬 경우에 어떤 보상이 있을 것인지를 견주었고, 혹여라도 달리 행동할 수 있었을지 궁금해 했으며, 각자의 상처를 숨기려 했고, 결국에는 일의 물꼬를 돌리기가 힘든 처지를 받아들여야 했다."

그러나 무릇 작곡가 전기의 성패는, 전기를 읽고 나면 음악이 좀 더 명쾌하게 다가오는지의 여부, 그리고 작곡가의 인생 이야기가 음악을 새로운 방식으로 해석하는 데 도움을 주는지의 여부에 따라 갈린다. 솔로몬은 이 두 측면에서 모두 멋지게 성공을 거두었다. 모차르트의 작품을 꼼꼼히 조사한 이전 저술들의 혜택을 입었음은 명백하지만(특히 찰스 로젠의 『고전 양식』이 두드러진다), 솔로몬은 모차르트라는 인간의 정신 가장 깊은 곳에서 비롯되는 음악을 보여주었고, 그의 음악이 띠는 형식적·양식적 특징은 고도로 단련되고 제도화된 '고전' 미학과 작곡가 개인의 충동, 심리적 스트레스가 뒤얽힌 산물임을 또한 보여주었다. 이제부터는 〈하프너 세레나데〉를 들을 때마다, 이처럼 진부한 장르를 사용했던 모차르트의 의중이, 형식적으로는 '정확'하지만 내용적으로는 역설을 지향하는 전원풍 음악을 통해 아버지의 자장에서 벗어나려 했던 것임을 떠올리지 않을 수 없을 것 같다. 또는 〈피아노 협주곡 13번 C장조〉(K. 415)를 듣게 되면 반드시 "빈 고전주의를 작전 지역의 일부로 끌어들이려는 군대풍 양식의 과감한 포석"이라는 분석이 뇌리를 스칠 것이다. 게다가 솔로몬 이전에는 그 누구도 〈피아노 소나타 16번 C장조〉(K. 545)(세상 모든 피아노 초심사들이 반드시 넘어야 하는 골칫거리 같은 곡)처럼 '간단한' 작품에서조차 장조 음악과 단조 음악이 교대로 등장하며 뇌리 한구석을 짓누르는 것을 명쾌하게 설명해내지 못했다. "모차르트가 로코코풍의 표면을 뒤흔든 것은 고요한 시계(視界)를 뒤집어엎고자 한 의도뿐만 아니라 로코코풍 음악을 추인하고 승인한 귀족사회의 질서를 전복시키려는 의도 또한 포함하고 있었다" 같은 분석을 어디에서 만난단 말인가. 솔로몬을 읽으면 지금까지 우리가 알던 모차르트와 다른 모차르트를 만난다기보다는 모차르트가 모차르트일 수밖에 없었던 이유를 알게 될 것이며, 기적을 행하는 창조자 모차르트가 한 사람의 어엿한 인간으로 조금 더 가깝게 다가옴을 느끼게 될 것이다.

글렌 굴드에 관한 서른두 개의 짧은 필름*

오늘 밤 상영되는 〈글렌 굴드에 관한 서른두 개의 짧은 필름〉은, 프랑스계 캐나다 감독 프랑수아 지라르가 1982년 정확히 쉰 살의 나이로 절명한 영국계 캐나다 피아니스트 글렌 굴드를 주제로 제작한 무척 이례적인 작품이다. 굴드가 처음 두각을 나타낸 건 1955년 뉴욕과 워싱턴의 두 차례 리사이틀을 통해서였다. 당시 대학생이었던 나는 비록 리사이틀을 직접 보진 못했지만 그에 관련된 기사는 읽었고, 이후 컬럼비아 레코드에서 발매된 바흐 〈골드베르크 변주곡〉 음반을 구입해 들었다. 굴드의 연주회와 음반으로 인해 음악 공연의 물줄기, 특히 피아노로 연주하는 바흐라는 분야의 물줄기가 바뀌었다는 말은 조금도 과장이 아니라고 나는 생각한다. 굴드는 등장 직후 곧 세계적인 스타가 되었고, 피아노 음반 역사상 독보적으로 자신만의 레퍼토리와 연주 스타일을 천명했다. 굴드와 같은 소리를 내는 피아니스트는 어디서도 찾을 수 없었고, 복잡한 다성음악을 명징하고 정확하게 풀어내는 그의 초인적인 능력에 견줄 만한 음악가도 없었다. 한마디로 그는 누구도 가지지 못한 재능을 가진 예술가였다. 지라르는 오로지 굴드의 연주로 영상의 사운드트랙을 입혔고, 굴드가 특히 공감한 작곡가 바흐의 음악이 그 대부분을 차지한다. 바흐의 〈골드베르크 변주곡〉은 굴드가 처음으로 녹음한 작품이자

*《밀러 시어터》, 1995년 5월 11일.

사망하기 한 달 전에 재녹음했던 유작 레퍼토리이기도 하다. 두 연주는 서로 완전히 다르면서도 모두 굴드의 연주임이 틀림없는 개성을 가지고 있다. 바흐 만년의 작품인 〈골드베르크 변주곡〉은 대단히 복잡하면서도 묘한 에너지로 넘친다. 단순한 주제 선율이 제시되고 그에 따른 서른 개의 명상적 변주가 이어진 후 마지막으로 다시 주제 선율이 반복되는 수미쌍관의 구성을 취한다. 주제가 두 차례 연주되고 변주가 서른 번 붙어서 도합 서른두 개의 소부분으로 나뉘는 셈인데, 그래서 필름도 그에 맞춰 서른두 부분으로 나뉘어 있다. 같은 주제에 대한 서른 개의 짤막한 변주가 붙는 음악처럼, 영상 또한 글렌 굴드라는 같은 주제에 대한 일련의 변주로 구성되는 형식이다.

지라르가 영상에 담지 않으려 애쓴 것이 하나 있으니, 바로 굴드의 실제 연주 장면이다(영상에서 굴드 역을 맡아 연기한 젊은 배우 콜름 피오는 외모는 굴드와 크게 닮지 않았지만 굴드의 극도로 기이한 행동 양태는 훌륭하게 포착했다). 몇 가지 이유를 추정해볼 수 있겠다. 우선 건반 앞에 앉은 굴드는 보는 사람들로 하여금 눈을 비비게 만들 정도로 대단히 희한한 버릇을 가지고 있었다. 많은 평론가들과 관객이 한마디씩 주워섬기거나 투덜댄 바로 그런 버릇들이다. 굴드는 아주, 아주 낮은 의자를 사용했고, 그리하여 연주할 때 손가락과 눈의 높이가 거의 일치할 정도였다. 연주에 몰입하면 흥얼흥얼 노래를 부르는 것으로도 모자라 자신의 연주를 지휘하기라도 하듯 팔을 흔들어댔다. 나는 언젠가 콘서트에서 굴드가 리하르트 슈트라우스의 〈부를레스케〉—극악하리만치 난해한 작품이다—를 연주하는 것을 들은 적이 있다. 당시 협연은 폴 파레가 지휘하는 디트로이트 심포니였는데, 건반 앞에 앉아 과장된 동작을 곁들여 흡사 오케스트라를 지휘하는 듯한 동작을 일삼는 굴드 때문에 불쌍한 파레는 붉으락푸르락했다. 굴드의 연주 모습을 담지 않은 또 다른 이유—어쩌면 이것이 더 절박한 이유였을 수도 있다—는 대중의 인식과 관련되어 있다. 비록 1964년 돌연 무대 은퇴를 선언한 이후로 단 한 번도 사람들 앞에서 연주하지 않았지만, 이후로도 텔레비전과 영화, 녹음 등을 매개로 그 어느 음악가보다 높은 대중 접촉도를 유지한 것이 또한 굴드라는 인물이었기 때문이다. 그는 같은 캐나다 겨레붙이였던 마셜 매클루언으로부터 깊은 영향을 받았고, 본질적으로 음악을 의사소통의 수단으로 이해했다. 굴드는 라디오에 매혹되어 여러 편의 프로그램 대본을 썼고, 관객에게 들을 거리, 볼거리가 충분히만 주어진다면 연주를 듣고 연주자를 보는 것 또한 창조적인 행위가 될 수 있다고 믿었다. BBC와 CBC는 굴드의 연주를 기록한 수백 시간 분량의 영상 자료를 보유하고 있으며, 소니는 이를 레이저디스크와 비디오테이프로 발매하기도 했다. 그러니 이미 여러 차례 영상 자료화되어 대중에게 친숙한 화면을 배우로 하여금 모방하게 했다가는 어설픈 캐리커처나 공연히 헛심만 쓴 볼품없는 반복에 지나지 않을 위험이 있다고 판단했으리라. 그래서 영상에는 굴드의 연주 장면 대신 연주 직전 혹은 직후의 모습만 쓴 것이다.

    지라르의 영상이 심혈을 기울여 보여주려 했던 것은 굴드의 거리 두기, 고독을 좋아했던 별난 성벽, 음악과 삶에 도취하는 태도였다. 굴드는 '도취'라는 단어를 자주 쓰곤 했는데, 이는 대상의 바깥에 섰을 때 비로소 느낄 수 있다고 했던 시인 손 년의 용법과 맞닿아 있었다. 굴드는 악보를 보기만 해도 암기할 수 있었고, 놀라운 초견(初見) 능력을 가지고 있었다. 오페라나 교향곡, 합창곡 같은 대곡 전체를 피아노로 수월하게 쳐내는 솜씨는 보고도 믿지 못할 정도였다. 연습은 필요하지 않은 것처럼 보였고, 오늘날 많은 피아니스트는 굴드의 기교가 심지어 호로비츠나 요제프 호프만을 넘어설 정도로 막강했다고 이야기하고 있다. 그의 손가락은 저마다 두뇌를 가진 것처럼 움직였다. 그는 만사를 자기 통제하에 두어야 직성이 풀리는 사람이었고, 또한 못 말리는 건강염려증 환자였다. 홀로 오랫동안 차를 몰면서 시간을 보내길 즐겼으며, 집보다는 호텔 방을 전전하며 살았고, 오밤중에 다른 사람들에게 전화를 걸어 깨우기는 하면서도 사교적인 목적으로는 아무도 만나려 하지 않은 괴짜였다. 내가 아는 그 어떤 피아니스트보다도 흥미롭고 광범위한 레퍼토리를 수중에 두고 있었고, 바흐부터 16~17세기 엘리자베스 여왕 시대 및 플랑드르 작곡가, 헨델과 하이든, 모차르트, 베토벤, 그리그, 비제, 브람스, 바그너, 슈트라우스를 거쳐 쇤베르크, 베르크, 베베른 등의 주요 현대 작곡가를 모두 섭렵했다. 그는 많은 피아니스트가 표준으로 여기는 쇼팽과 슈만 등의 19세기 낭만파 음악을 혐오했지만, 그러면서도 리스트가 편곡한 작품과 본인이 직접 피아노용으로 옮긴 바그너의 음악은 혀를 내두를 정도로 훌륭하게 연주했다. 굴드는 모차르트가 이류 작곡가라며 그보다는 페툴라 클라크의 음악을 선호한다고 공언했다. 그래놓고서는 '내가 모차르트를 싫어한다'는 사실을 기어이 보여주고야 말겠다는 듯한 자세로 모차르트의 소나타 전곡을 녹음했다. 그는 지휘를 병행하고 하프시코드와 오르간을 연주하며 작곡에도 손을 댔는데, 이 모든 가외의 활동에 엄청난 열의와 걸출한 솜씨를 쏟아부어, 상대적으로 다른 대부분의 피아니스트는 재미없고 지루한 존재인 것처럼 보이게 만들었다. 무엇보다 굴드는 자기 자신과 자신의 삶을 통제했다.

어쩌면 그의 삶과 음악(여기에는 흥미롭지만 때로는 지나치게 만연체 문장으로 일관하는 엄청난 양의 저술도 포함된다)을 지배하는 사상을 단 하나로 압축하자면, 자신이 태어난 시대와 장소에 속하지 않는다는 믿음일 것이다. 굴드는 시대정신을 따르거나 유행을 좇는 것만큼 나쁜 일은 없다고 생각했다. 그런 점에서 그는 그저 괴짜가 아니라 독창적인 위인이었고, 예술가와 연주자로서 그가 행한 모든 것의 원천이 자기 자신이어야 한다고 믿었다. 그의 연주와 그의 말은 누구도 모방할 수 없는 오로지 그만의 것이었다. 다행히도 굴드는 그렇게 할 만한 천재적인 능력을 가지고 있었다. 굴드라는 인간에 관한 영상을 제작하는 입장에서 풀어야 할 숙제는, 그를 맹목적으로 모방하지 않으면서 진실에 가까운 초상화를 그리는 것이

가능한 형식과 양식을 발견하는 일일 것이다. 바로 이 점에서 지라르의 연출이 빛을 발했다고 나는 평가하고 싶다. 여러분은 영상에서 관례나 전례에 구애받지 않고 자신만의 길을 개척해나간 사람을 만나게 될 것이다. 물론 영상이 말하고자 하는 바는 굴드가 피아노를 연주한 그만의 방식이다. 마치 음악이 입을 열고 처음으로 말을 건네는 것만 같은 느낌을 받게 했던 바로 그 방식 말이다.

바흐의 천재성, 슈만의 기벽, 쇼팽의 무자비함, 로젠의 재능*

찰스 로젠의 『낭만 세대』 서평

찰스 로젠의 신간 『낭만 세대』는 위대한 빈 고전주의자 모차르트, 베토벤, 하이든과 그들이 표상했던 예술적 운동을 계승한 일군의 작곡가들을 다루고 있다. 이들 후(後)고전주의자들은 대부분 베토벤이 서거한 1827년부터 쇼팽이 사망한 1849년 사이에 출생했다. 1980~1981년 하버드 대학의 찰스 엘리엇 노턴 강좌를 뼈대로 하여 살을 붙인 『낭만 세대』는 저자의 걸출한 전작 『고전 양식』의 노선을 따르고 있으며, 어두운 곳을 환히 밝히는 정확한 분석과 대담한 일반화, 언제나 만족스럽지만은 않은—그러나 언제나 흥미로운—종합적 시각이 결합된 책이다. 700쪽이 넘는 방대한 원고에 걸친, 쓸 만한 그러나 때로는 거드럭거리는 느낌이 묻어나는 문장을 통해 로젠은 적잖은 양의 기악 및 성악 작품을 밀착 분석하고 있다.

당장 언급하고 싶은 점은, 로젠이 이 음악들과 그 비밀, 놀라운 화성적·구조적 혁신, 연주상의 문제와 쾌감 등에 대해서 정말로 질투가 날 정도로 잘 알고 있다는 사실이다. 그의 글은 음악학자의 글이라기보다는 평생 대중 앞에서 연주하고 연구하여 음악에 삶을 불어넣은 극도로 박식한 피아니스트가 쓴 글처럼 다가온다(책에 딸린 부록 CD에는 로젠이 예증을 위해 직접 연주 및 녹음한 발췌 음악이 수록되어 있다). 비록 지루한 부분이 없는 건 아니지만, 그럼에도 흥

---

*《더 런던 리뷰 오브 북스》, 1995년 9월 21일.

미진진하게 술술 읽을 수 있는 책이다. 책의 내용을 온전히 이해하기 위해서는 반드시 음악을 함께 '들으며' 독서해야 한다는 점도 첨언한다. 로젠이 제기하는 흥미로운 주장은 결국 쇼팽과 슈만, 리스트 등을 비롯한 작곡가들이 청각적 효과를 염두에 두고 기획한 혁명에 대한 것이기 때문이다.

책의 저류에는 다성음악의 천재 요한 제바스티안 바흐가 정선율(定旋律)처럼 흐르고 있다. 바흐의 학구파적 엄정성과 정교한 푸가 기법은 일견 낭만파 음악과는 상충하는 것으로 짐작되기 쉽지만 실은 그렇지 않다는 점을 로젠은 꾸준히 암시하고 있다. 19세기 들어 멘델스존이 바흐를 '발견'했다는 세간의 이야기는 그릇된 것이며, 쇼팽과 슈만, 리스트는 물론이요 그들 전에는 베토벤과 모차르트 역시 바흐에 대해 잘 알고 있었다. 이들 모두 〈평균율 클라비어 곡집〉을 치고 들으며 자라났기 때문이다. 쇼팽은 바흐를 '숭배'했고, 베토벤의 후기 음악은 바흐의 전주곡과 푸가로부터 감화받은 바 있었기에 지금의 모습이 되었다. 리스트와 슈만은 피아노 음악을 여러 성부에 걸쳐 대위법적으로 재배분하는 방법을 구하기 위해 몇 번이고 바흐를 지침서로 삼았다.

낭만 음악 속에 바흐가 있다는 로젠의 논점은, 쇼팽과 슈만 등 낭만파 작곡가들 모두가 오로지 수직적 작법에만 관심을 두었다고 말한 글렌 굴드의 주장을 에둘러 반박하는 것이기도 하다(굴드는 현재 현역으로 활동 중인 피아니스트들의 핵심 레퍼토리를 이루는 낭만파 작품을 회피하고 무참히 깎아내린 바 있다). 로젠은 쇼팽— 금방이라도 혼절할 듯 연약하고, '영감에 의해서만 펜을 놀렸으며', 작은 규모의 살롱용 작품에 능했고, 기본적으로 '여성적'인 음악을 썼다고 세인들이 평가하는—이 실은 대단히 정교한 대위법의 전문가였다고 말한다. 감동적인 음악의 표면 아래에는 치밀한 구상과 다성음악적 설계, 창조적인 화성이 숨어 있으며, 그런 면에서 쇼팽에 필적할 만한 적수는 쇼팽과는 반대편 극단에서 대규모 음악을 추구했던 바그너뿐이라는 주장이다. 로젠의 말을 들어보자.

쇼팽이 추구한 작법의 핵심에는 역설이 존재한다. 그 역설은 바흐의 음악에 대한 천착을 토대 삼은 반음계적 다성음악의 촘촘한 거미줄이 이탈리아 오페라에서 가져온 선율미와 결합되는 양상에서 비롯된다. 그의 음악을 있는 그대로 온전히 들어낼 때 이러한 역설은 비로소 명확해진다. 바흐와 이탈리아 오페라라는 두 강물은 쇼팽의 음악에서 완벽하게 통합된다. 그리하여 서로가 서로에게 새로운 종류의 힘을 부여하는 것이다.

로젠에 따르면 바흐는 또 다른 측면에서도 중요한 의미를 지닌다. 비록 〈푸가의 기법〉이나 〈음악의 헌정〉 같은 바흐 만년의 걸작을 악보를 보고 분석하는 것은 가능하다 할지라도, 모든 다성음악적 효과를 귀로 간취해내기란 불가능하다. 실제 소리의 측면보다는 이론적인 측면으로서 기도된 효과들이기 때문이다. 바흐와 모차르트, 헨델 같은 18세기 작곡가들은 음악을 구상하고 주석을 달 때 "상상에서만 존재하는 연주와 관련되는 특정한 아름다움, 아무리 졸여내고 졸여내도 끝내 귀로 들을 수 없는 아름다움"을 목표점으로 놓았다. 그러던 것이 베토벤이 등장하면서 소리에 필연성이 부과되었고, 이는 곧 그가 "구상과 실현을 이상적으로 융합해내는 데 성공했음"을 의미한다. 그러나 특히 슈만 같은 낭만파 작곡가들은 들을 수 없고 연주할 수 없고 상상할 수 없는 것들조차 연주 안으로 끌어들일 수 있다고 믿었다. "소리를 으뜸에 놓는 낭만파 음악이 실현 불가능할 뿐만 아니라 상상조차 할 수 없는 음향에 의해 수반되고 심지어는 선언되어야 한다는 낭만파 음악 특유의 역설이 이렇게 성립한다."

골수 낭만파 음악가들은 들을 수 없는 것은 물론이요 배음(倍音)과 페달이나 음색, 음역, 음정 따위가 만들어내는 바를 아우르는 방향으로 음악작품의 범위를 넓히려 했다. 즉 "음악작품에서 음향이 가지는 역할을 항구적으로 확대하려 했던 것"이다. 그들의 음악관은 새로운 의미를 획득했고, 이는 낭만파 문인들이 관심을 두었던 파편이나 폐허, 풍경 등으로부터 영향을 받은 독자적인 형식의 창안을 가능케 했다. 부정확하고 대략적이라는 바로 그 이유 때문에 음악은 이제 낭만파 예술의 전형으로 간주되기 시작했다(이에 반해 문학은 언어의 구체성과 정확성이라는 제약 때문에 왕좌를 내주어야 했다). 로젠은 시인 슐레겔, 철학자 비코, 물리학자 리터, 수필작가 세낭쿠르 등의 사상과 낭만파 악곡을 수차례 연결하여 설명한다. 특히 기행문 작가 겸 박물학자 라몽 드 카보니에르의 지형과 빙하 묘사는 20세기 사상의 주요한(그러나 전혀 알려지지 않은) 선구적 존재로 언급되고 있다.

안타깝게도, 로젠의 주장은 이따금씩 지나친 다변(多辯)으로 질척대며 흐르는 결함을 보인다. 개별 음악작품에 대한 분석은 명철하지만, 권위 있는 지식들인과 문사들의 글을 무턱대고 끌어와 자기 말로 바꾼다거나 거만한 인용구로 처리하는 게 거슬린다. 문예평론가 M. H. 에이브럼스와 역사학자 프랭크 매뉴얼, 혹은 낭만파 작가들이 애호한 폐허 등의 소재를 연구해온 톰 맥팔런드 같은 평론가들의 글을 평소부터 꾸준히 읽어온 독자들이라면 별 어려움을 느끼지 않겠지만, 그렇지 않고서는 난해하고 거추장스럽게 느끼기 십상이다. 로젠은 영어로 번역된 문장만 인용해도 될 것을 굳이 프랑스어와 독일어 원어까지 병기하면서 원고에 살을 붙이고 또 붙인다. 본인의 학식을 자랑하고 싶은 의도가 다분하지만, 읽는 입장에서는 무척 견디기 힘들다. 온갖 인용으로 잔뜩 문화적 맥락을 깔아놓고도 거기서 직접적인 추론을 끌어오는 경우는 무척 드문 것도 납득하기 힘들다. 인용된 자구(字句)들 또한 사회·경제·정치적 현실과는 불안하리만치 단절되어 있다. 경제학자 알베르트 히르슈만과 철학자 미셸 푸코의 유익한 논쟁이 그랬던 것처럼, 프랑스 대혁명이나 산업화의 도래, 경제 환경에 대한 증진된 관심 같은 논점들을 함께 아울렸더라면 얼마나 좋았겠는가. 그뿐만이 아니다. 리터가 음악과 언어에 관해 뭔가 흥미로운 개념을 가지고 있었고, 우연찮게 비코도 그랬고, 또 스턴도 그랬고, 마침내 슈만도 그랬다는 식이니, 이건 숫제 여기저기서 장점만 취한 이상향의 이야기 같지 않은가. 이처럼 다양한 인사들에게 흥미와 관심의 공감대가 있었다는 사실 정도는 물론 받아들일 수 있다. 하지만 로젠의 방법론은 너무 건성이고, 다양한 작가들로부터 재치 있는 논평을 캐내는 자신의 능력을 지나치게 대견해 하는 것 같다. 그리하여 독자들은 로젠이 인용하고 언급한 생각들이, 마치 세상을 둥둥 떠돌다가 용케도 작곡가의 뇌리를 파고들어 연가곡집에 대한 취향으로 나타났다거나, 음악으로 풍경을 묘사하는 기법으로 발현되었다거나, 혹은 파편을 사용하는 작곡 기법으로 이어졌다거나 하는 식으로 막연히 짐작하는 것밖에는 도리가 없게 되었다.

　　로젠의 문화적 시대 분석 절차에는 충분한 생각이 부족하다. 자유분방한 비유와 '여기 와서 내가 발견한 것을 좀 보시오들'류의 유사점 나열에 도취되어 있는 것도 사실이고, 그러면서도 주제에 대한 학문적 뒷받침을 제공하는 데는 무척 인색하다. 그럼에도 로젠의 글은 왕왕 낭만파 피아노 음악과 성악곡들의 일면에 대해 놀랍도록 효과적인 관점을 제시하기도 한다. 일련의 형식적 관례에 단단히 뿌리내렸던 슈만의 별난 음악의 원천을 밝히면서는 그 어떤 학자들의 분석도 가닿지 못한 지점까지 파고들고 있으며, 슈만의 인생에서 가장 뜨거운 창작열로 불탔던 1830년대의 주요 작품들을 통해 자신의 주장을 예증해 보이고 있다. 특히 슈만이 베토벤의 중기와 후기를 연결하는 다리 격의 연가곡집 〈멀리 있는 연인에게〉를 참고하였다는 점에 착안한 시각으로 〈환상곡 C장조〉를 읽어낸 로젠의 혜안은 참으로 훌륭하다. 로젠은 음악이 인쇄 악보를 떠나 건반 위의 손과 피아노 페달을 거쳐 마침내 듣는 이의 귀에 수용되는 과정을 통해 기억과 인용, 관찰 따위가 구체화된 음악적 실현으로 이어지는 양상을 차근차근 안내한다. 연주를 곁들여가며 작품을 조곤조곤 분석해내는 그의 능력은 확실히 다른 음악 필자들에게서는 찾을 수 없는 그만의 특장점이다.

따라서 로젠이 "연가곡은 19세기 전반기에 형성된 가장 독창적인 형식"이라는 주장을 주장인 채로 내버려두지 않고 실례로 입증하는 것은 당연하다 하겠다. 그리고 슈만의 〈다비드 동맹 무곡집〉처럼 단편의 모음으로 이루어진 피아노 작품이 "단편을 하나씩 거쳐감에 따라 점진적으로 경험되는 음악 구조"에 바탕을 둔 정교한 모음집이자 "곡이 차츰 진행됨에 따라 낱낱의 춤곡 사이에 놓인 차이점은 오히려 더 큰 통일성을 드러낸다"는 점을 상세하게 예증해나가면서 로젠은 마침내 주요한 미적 성취의 핵심에 다가선다.

구슬픈 두 번째 춤곡의 재등장은 단순한 귀환에 그치는 것이 아니라, 좀 더 명확하게 말하자면 과거를 되돌아보는 행위다. 새로운 관점과 시간적 거리에 의해 의미가 변화하고 변모하듯이, 낭만파 여행객들이 이미 방문했던 곳을 다시 방문해 예전에 보았던 것이 달리 보이는 느낌에서 쾌감을 얻은 것과 같은 맥락인 것이다. 베토벤의 기악곡에서 제1주제의 귀환은 종종 변경된 악기법과 개작에 의해 변모되거나 대거 변형된 형태를 취하곤 했다. 그러나 〈다비드 동맹 무곡집〉에서 렌틀러[첫 문장에서 언급한 바로 그 춤곡]는 조금도 바뀌지 않은 형태로 다시 등장한다. 그럼에도 그것이 변모임을 의심할 수 없는 이유는 시간적·공간적 거리, 귀환이 이루어지기까지 등장했던 음향들, 도입 이후에 일어난 모든 음악적 사건들이 있었기 때문이다. 풍경을 음악으로 실현코자 하는 시도와 함께 시작된 하나의 시대가 마침내 슈만의 가장 급진적이고 기묘한 작품을 통해 음악을 풍경으로서 경험하는 단계에까지 오른 것이다.

슈만의 최고 걸작을 그의 기벽과 등치하는 시각은 책의 마지막 챕터에서도 다시 한 번 등장한다. 세부에 대한 슈만의 강박적 집착은 그의 작품에서 넉넉한 폭을 앗아간 대신 "강렬한 최면성"을 더했다는 것이 로젠의 믿음이다. 나라면 설사 암묵적으로라도 슈만의 교향곡을 그처럼 깔아뭉개지는 않을 것이고(특히 훌륭한 〈교향곡 2번〉을 푸대접하는 건 가당치도 않은 일이다), 〈낙원과 페리〉에 대해서도 그만큼 인색하게 굴진 않을 것이다. 그러나 슈만에 관한 로젠의 관점은 대단히 경직되어 있고, 실내악은 아예 논의에서 제외되어 있다. 예를 들어 그는 수확 풍성한 10년 세월을 보낸 슈만이 과거 작품을 다시 꺼내 손본 것은 예외 없이 개선보다는 개악으로 이어졌다고 주장한다. 그렇지만 작품에서 괴짜성이 가장 빛나는 돈키호테 같은 부분을 비교 대상으로 삼음으로써 로젠은 슈만 특유의 들쭉날쭉한 접근법과 광증 말년에 접어들면서 잠잠해진 음악적 열기를 너무 가혹하게 취급하고 있다. 이는 주어진 틀에 억지로 욱여넣으려는 분석이다. 슈만의 성취는 로젠이 생각하는 것보다 더 다양하고 통합적이었지만, 로젠은 그 성취의 족적을 따라갈 인내심이 부족한 듯 보인다.

쇼팽에 대한 글은 이저럼 끓었다 식었나 하시 않는나. 200페이지 가까이 세 챕터에 걸친 쇼팽에 대한 분석은 『낭만 세대』의 핵심이라 할 만하다. 지난 10년간 굵직굵직한 쇼팽 관련 서적이 발간되었지만, 그 가운데 로젠—그에게 쇼팽은 "동시대 작곡가 가운데 가장 보수적이면서도 동시에 가장 급진적"이라는 역설을 품은 작곡가다—만큼 박식하고 안목이 날카로운 이는 하나도 없었다. 쇼팽 광팬인 나 같은 사람에게는, 쇼팽을 연주하는 방식에 대한 이해를 높이고 심지어는 연주 방법의 변화까지 생각해볼 수 있게 하기에 특히 가치가 높은 글이다. 그 가치는 특히 쇼팽의 대위법(로젠은 쇼팽이 "모차르트 이후 가장 위대한 대위법의 거장이었다"고까지 말한다)에 대한 설명에서 두드러지며, 쾌속으로 질주하며 옥타브 제주(齊

奏)로 모든 것을 해치우는 듯한 〈피아노 소나타 2번 B♭단조〉의 종악장처럼 단일 성부 작품이나 진배없는 음악에서조차 3성부, 4성부 작법이 은연중에 내포된 듯한 다성음악적 전략이 작용하고 있음을 보이는 대목은 특히 절묘하다.

로젠은 이어서, 쇼팽이 서사 형식을 기악곡 작법의 일부로 응용했다는 관점으로 〈발라드 3번〉을 읽어내는, 진정으로 탁월한 해석을 선보인다. 이처럼 신선한 관점에 의거한 해석은 다른 발라드 작품이나 후기작인 〈폴로네즈 환상곡〉으로까지 확장된다. 다른 작곡가들이 등한시한 화성 장치(으뜸음을 공유하는 장단조성을 번갈아 사용한다든가 관계조성을 색채적 목적으로 활용하는 등의 기법)를 작곡의 밑천으로 삼은 것을 설명할 뿐만 아니라, '부드럽고' 심지어는 '달달한' 것처럼 보이는 음악 안에 숨은 '비밀'이라 할 솜씨 좋은 헤테로포니*를 환히 밝히기도 한다.

실제 쇼팽은 그 누구보다 체계적이고 노련한 작곡가이면서도 때로는 인정사정없이 몰아붙일 줄도 알았다는 로젠의 주장은 대단히 설득력이 있다.

쇼팽은 피아니스트로서 실현할 수 없는 섬세함뿐만 아니라 폭력성을 요구했다. 그러나 쇼팽은 실현할 수 없는 것조차 언제나 완벽하게 소리로 상상했다. 그의 악보상 구조는, 그 자체로만 놓고 보면 (그가 가장 좋아했던 선배인) 바흐나 모차르트의 음악과 달리 아름답거나 흥미롭지 않았다. 대신 쇼팽은, 심지어 소규모의 청중이나 개인적인 친구들 앞에서 연주할 목적으로 쓴 곡조차도 구조의 효과를 우선 염두에 두었다. 그의 대규모 악곡이 저평가받아온 것도 그 때문이다. 〈발라드 3번〉이나 〈폴로네즈 환상곡〉의 형식은, 악보만으로는 한쪽으로 기운 것처럼

* 같은 선율을 한 가지 이상의 방식으로 동시에 연주하는 것.

보인다. 그의 형식이 정당성을 획득할 수 있는 것은 오로지 연주를 통해서이다. 비록 쇼팽은 모든 작곡가 가운데 가장 해석하기 힘든 작곡가이긴 하지만 말이다. 고독한 명상을 목적으로 했던 쇼팽의 음악은 바흐의 음악처럼 계산적이지 않았다. 때로는 순식간에 나타났다 사라지는 극도로 섬세한 암시로, 또 때로는 강박적으로 두들기는 격렬함으로 듣는 이의 신경에 직접적으로 작용했다.

〈스케르초 B단조〉의 마지막 페이지가 그러하듯 말이다.
쇼팽의 가혹함과 '가학성'이라는 주제는 그의 연습곡에 체현된 (그리고 어느 정도는 바흐로부터 영향을 받은) 교습 목적의 기법에 대한 훌륭한 숙고로 이어진다. 여기서도 로젠은 다른 챕터에서와 마찬가지로 쇼팽에 관해 관찰해낸 점을 몇 가지 나열한다. 이를테면 어린아이들을 위한 곡을 쓰기를 거부했던 고집, 비르투오시티의 속성, 피아니스트로서 고통을 견뎌내야 할 필요성, "익살기는 흔적도 보이지 않는 아이러니와 위트" 등을 간파해내는 시각에는 산전수전 다 겪은 연주자의 총기가 빛을 발한다. "병적인 격렬함"으로 기울었던 낭만파의 경향을 짚어내는 그의 설명은 핵심적이나. 쇼팽의 경우에는 병약함이라는 감상적인 상투성이나 깊은 감정을 "격심한 집중"으로 승화시켰고, 그 좋은 예가 "풍부한 장식음과 대위법적 세부"를 동반함으로써 무게감을 획득한 야상곡이라는 것이 로젠의 주장이다. 쇼팽의 마지막 챕터는 로젠이 생각하기에 쇼팽의 "가장 독창적이고 비범한 작품"인 마주르카에 할애되었다. 쇼팽이 "스물한 살 이후로는 길이가 긴 작품에서 조금의 어색함도 보이지 않은 당대 유일의 작곡가"—어색함을 보이지 않았다는 점은 짧은 작품에서도 마찬가지였지만—였다는 로젠의 주장을 마지막 챕터는 더욱더 공고히 하고 있다. 폴란드 춤곡 리듬과 이탈리아 오페라를 영감의 원천으로 사용한 점, 섹션 간 경계를 어슴푸레하게 짓뭉갤 수 있었던 형식적·화성적 천재성, 대단히 창의적인 주제의 변용과 재현을 부려냈던 능력 등 쇼팽의 음악 어법에 나타나는 이 모든 특징을 로젠은 진정으로 뚜렷한 낭만파 '양식'으로 규정한다. 그리고 로젠은 그러한 특징이 가장 위대하게 실현된 단 하나의 작품으로 쇼팽 만년의 작품 〈뱃노래〉를 꼽고 있으며, 나 또한 이 작품이 쇼팽이 쓴 가장 감명 깊은 작품이라 생각한다.

쇼팽 챕터는 촘촘한 논리와 탁월한 예증으로 무장하고 있지만, 읽는 이를 뒤흔들어놓는 통찰과 꼼꼼한 세부 관찰의 수준을 쇼팽 이후의 챕터까지 이어가기에는 아무래도 힘에 부쳤던 모양이다. 리스트와 멘델스존 챕터에도 물론 명민함은 묻어 있다. 특히 로젠은 멘델스존을 "종교적 키치의 창안자"로 규정하며 에둘러 칭찬하기도 했다(나는 지금까지 비발디를 그렇게 생각해왔다!). 흥미로운 이야기는 아직도 한가득이지만, 어째 내용의 흐름이 뚝뚝 끊기는 것이 글쓰기의 권태가 밀려들어온 것이 아닌가 싶다. 게다가 슈만과 쇼팽의 낭만적 양식을 묘사하기 위해 고안해낸 범주들을 여타 작곡가들에게 그대로 적용하자니 딱딱 들어맞지 않아 고투하는 모양새다. 개념 정의와 체계가 분석에 우선하고 심지어는 감식안을 압도하는 형국이다. 그리하여 베를리오즈 챕터는 다소 무분별하고 종작없이 흘러버린다. 로젠은 "베를리오즈를 위대하게 만드는 것은 그의 이상함이 아니라 그의 정상성과 평상성이었다"라는 답답하고 무의미한 한 줄짜리 문장으로 베를리오즈의 작품 세계를 압축하는데, 그러고 나면 남는 것은 베를리오즈가 화음을 전위(轉位)하는 등의 놀라운 솜씨를 가졌지만 결국에는 '그다지' 흥미로운 작곡가가 아니었을지도 모른다는 점을 받아들여야 하는 씁쓸한 뒷맛뿐이다. 로젠이 베를리오즈를 별종으로 취급한 데에는, 어쩌면 베를리오즈가 낭만파 세대 가운데 피아노를 배운 적이 없고 피아노곡을 쓰지도 않은 유일한 작곡가였다는 점이 작용했는지도 모르겠다. 로젠이 1850년대 이후의 낭만파 음악을 다소 깔보는 것도 비슷한 이유에서일 수 있다.

지나치게 감상적인 음악을 썼던 벨리니와 도니체티에 대한 납득할 수 없는 혹평과 그들보다는 재능이 나았던 마이어베어에 대한 튼실한 몇 쪽 분량의 원고를 제외하면, 로젠은 낭만파 오페라에 대해서는 큰 관심을 기울이지 않고 있다. 예를 들어 베버의 오페라는 아예 언급조차 되지 않았으며, 로시니의 역사적인 음악극에 대해서도 읽을거리가 많지 않고, 바그너의 초기 작품은 완전히 없는 셈 치고 있다. 로젠은 낭만파 관현악곡도 홀대하고 있는데, 베버와 베를리오즈의 작품은 물론이고 잠깐씩의 언급을 제외하면 멘델스존의 오케스트라 작품도 출연 명단에 포함되지 못했다. 그보다 더 중요한 결락은 베토벤이다. 물론 로젠에게 모든 작곡가가 쓴 모든 작품을 언급해야 할 책무가 있는 건 아니다. 이미 두꺼울 대로 두꺼워진 책이니 말이다. 하지만 낭만파 시대에 대해 언급하는 초입에서는 베토벤을 언급해야 했던 것 아닐까. 본격적인 논의를 뒷받침하기 위해서라도 베토벤에 대한 이야기는 빠져선 안 된다 생각하는데 말이다. 이런 아쉬움이 들 때마다 로젠의 구상이 분별없고 폐쇄적이라는 점을 절감하게 된다. 예를 들어 베토벤의 중기작과 후기작이 낭만파의 중요한 뿌리가 되었음을 간과하고 넘어가는 이유는 무엇인가. 베토벤의 존재감은 슈만과 멘델스존, 베를리오즈, 리스트, 그리고 물론 슈베르트의 음악에서 뚜렷하게 나타난다. 쇼팽은 주요 낭만파 작곡가 가운데 베토벤의 강력한 선례를 느낄 수 없는 유일한 인물이긴 하나, 쇼팽이 베토벤의 음악을 애써 거부했다는 사실이 오히려 베토벤이 낭만파 시대의 중요한 한 부분이었음을 반증하는 것이다.

또한 로젠은 낭만주의가 한 부분을 차지했던 사회의 일반 역사나 문화이론으로는 논의를 확장하지 않으려 애쓰고 있다. 이해가 가지 않는 처사는 아니지만, 그럼으로써 그는 만약 그렇게 했더라면 얻었을 수도 있었던 통찰과 개념을 먼저 내쳐버리는 우를 범하고 말았다. 낭만파 작곡가들의 단절적 존재는 로젠이 내세우는 주제 가운데 하나지만, 그럼에도 그는 왜 그런 단절이 존재해야 했는지, 그리고 종교로부터의 탈피, 세속주의의 도래, 귀족 계급 특권의 종말이라는 사회현상이 거기에 미쳤을지도 모를 영향에 대해서는 길게 설명하지 않는다.

로젠의 명철한 지성이 이런 현상을 모르고 지나쳤을 리가 없다(예를 들어 그는 낭만파 작곡가들은 레퀴엠을 제외하면 종교음악을 거의 쓰지 않았다는 점을 지적한다). 그러나 그의 암시적 언급은 워낙 재빠르게 나타났다 사라지면서 논의의 가능성을 차단한다. 대단히 골치 아픈 사안인 작곡가의 인생과 예술의 상관관계에 대한 질문을 예로 들어보자. 로젠은 "가장 흥미로운 작곡가들은 그들의 프로젝트와 구상을 효과적이고 설득력 있게 실현하기 위해 각자의 삶과 인격을 조정해왔다"는 명제를 내세운다. 그리고는 "순수하게 음악적인 경험은 음악 외적인 그 어떤 느낌만큼이나 강렬하다"는 검증되지 않은 주장을 이어 붙인다. 그러나 여기서 '음악 외적'과 '내적'은 무엇이며, 어느 지점에서 인생과 인격이 끝나고 음악적 경험이 시작되는 것이란 말인가. 이처럼 느닷없는 선언들은 삶과 예술의 관계를 이해하는 틀의 대체물이 될 수도 없고 하나의 이론이라고 부르기에도 민망하다.

낭만파 음악이 고전시대의 장르 위계와 이성적인 체계에 대한 반발을 자양분으로 해서 발전되었다는 『낭만 세대』의 결론적 주장에 완전히 반대하기는 쉽지 않다. 그러나 이 같은 결론적 주장에는, 낭만파 작품의 예측 불가능성과 "사소한 것을 통해 숭고한 것에 도달하고자 했던" 낭만파들의 지향을 설명한 로젠의 꼼꼼하고 독자적인 논의에 뚜렷했던 힘이 현격히 결여되어 있다. 만약 독자들이 『낭만 세대』를 끝까지 완독한다면 그것은 예술과 삶에 대한 일반론을 명문화하려는 그의 시도에 감화받아서라기보다는 저자의 빼어난 분석적 예증이 가진 명료함과 기지 때문일 것이다. 그럼에도 이 책은 쇼팽과 슈만의 진정한 성취가 과연 무엇이었는지에 대해 독자 대부분의 생각을 바꿔놓을 것이다. 더욱 중요한 점은, 이 책을 읽은 독자들은 전과 달리 예리한 이해를 갖고 낭만파 음악을 듣게 될 거라는 사실이다.

불레즈를 들어야 하는 이유*

올해로 일흔이 된 피에르 불레즈는 대중과 만나는 서양음악가 가운데 유일하게 작곡가와 연주자로서의 책무를 모두 이행해가고 있는 인물이다. 20세기 초반만 해도 라흐마니노프, 버르토크, 메시앙, 프로코피예프, 브리튼, 리하르트 슈트라우스 등 작곡과 연주를 병행하는 음악가는 여럿 있었다. 그러나 요즘은 연주회 무대와 진지한 작곡가 사이의 단절이 거의 돌이킬 수 없는 지경까지 와버린 것처럼 보인다. 이는 음반산업이 융성하면서 연주에만 집중해도 경력을 쌓을 수 있게 된 환경에 따른 결과이기도 하고, 또한 보통의 관객이 대부분의 현대음악을 좋아하는 것은 고사하고 이해하기조차 어려워진 데 따른 사연스러운 귀결이기도 하다. 아르보 페르트와 헨리크 구레츠키처럼 음반 구매 대중의 환심을 사는 데 성공한 소수의 '포스트모던'(차마 '반동적'이라는 말은 쓰지 못하겠다) 작곡가들을 제외하면, 불레즈나 슈토크하우젠 같은 작곡가들이 쓴 음악은 제대로 된 청중을 만나지 못한 것으로 여겨진다. 선율미도 없는 음악인 데다가 모차르트, 브람스, 베토벤의 음반을 물릴 정도로 들은 청중의 귀에는 아무래도 쉽사리 다가오지 않기 때문이다. 결과적으로 오늘날의 음악 청중은 자신들이 속한 시대의 음악에 우선 노출되지 못하는 역사상 최초의 사람들이 되고 말았다.

* 《더 네이션》, 1995년 11월 6일.

메트로폴리탄 오페라(메트)와 뉴욕 필하모닉의 흥행주들과 매니저들은 그들이 원하는 것을 주라고 말한다. 만약 '그들'이 원하는 바가 18세기 후반부터 19세기 후반 사이 고전의 무한 반복이라면, 원하는 대로 얻게 될지니. 특히 티켓 판매량이 받쳐준다면 더더욱. 메트나 카네기 홀, 에이버리 피셔 홀의 최근 레퍼토리를 대충 훑어보기만 해도 오스트리아-독일 계열의 교향곡과 소나타, 이탈리아 오페라를 고집하는 지극히 보수적인 정책이 대번 눈에 들어온다. 물론 간혹 엘리엇 카터의 곡 하나, 쇼스타코비치나 메시앙의 작품 몇 곡 하는 식으로 위선적인 양념이 끼어들긴 하지만 말이다. 메트는 아직까지도 메시앙의 〈아시시의 성 프란치스코〉나 리게티의 〈대종말〉 같은 작품을 공연한 바 없고, 헨체나 부소니, 힌데미트의 작품도 충분히 소화하지 못하고 있다. 카네기 홀이 발표한 이번 시즌 공연 일정에는 마우리치오 폴리니의 베토벤 소나타 전곡 완주가 포함되어 있다. 그런데 폴리니는 올여름 잘츠부르크에서 남성 합창을 위한 슈베르트의 가곡 리사이틀을 무려 다섯 차례나 공연하면서, 이와 더불어 베토벤의 마지막 소나타 세 곡과 쇤베르크, 제수알도, 노노, 리게티의 작품, 불레즈와 브람스, 베르크의 독주곡 및 실내악곡 등을 적절히 섞어서 무대에 올린 바 있다. 뉴욕과 잘츠부르크의 프로그램이 너무도 딴판인 데 의문이 든 나는 잘츠부르크 페스티벌의 감독 한스 란데스만에게 "왜 폴리니가 뉴욕에서는 잘츠부르크처럼 프로그램을 짜지 않습니까?" 하고 물어보았다. 그랬더니 돌아온 대답은 "폴리니는 그러고 싶어 했는데 카네기 홀에서 베토벤 시리즈를 요청했다고 합니다"였다. 어찌 폴리니에게 질쏘냐 하는 심정이었던지, 알프레트 브렌델은 다음 시즌에 쿠르트 마주어가 지휘하는 뉴욕 필하모닉과 베토벤의 협주곡 전곡 연주를 계획 중이라고 한다.

불레즈는 이처럼 따분하기 그지없는 환경에서 유독 불거져 나온 솔기 같은 인물이다. 그 이유는 크게 두 가지다. 우선 그는 오로지 지휘자로서만 인식되는 것을 피하기 위해 활동의 완급을 조절하고 있다(뉴욕 필하모닉 상임 시절은 여기서 제외된다). 뿐만 아니라 그는 20세기 작곡가 가운데 그 누구보다도 연주자, 작곡가, 그리고 평론가의 1인 3역을 나란히 병행하는 인물이다(이 점에서는 쇤베르크가 그에 버금간다). 수천 쪽에 달하는 밀도 높고 총명한 지성으로 무장한 불레즈의 글은 지휘자 겸 작곡가로서 그의 작업을 이해할 수 있는 완전하고 광범위한 지적 뼈대를 제공한다. 음악가가 자신의 무대와 전통, 비평적 어휘를 스스로 창조하는 전방위적 작전을 감행하는 것은 바그너를 제외하면 유례가 없던 일이다. 최근 불레즈의 글을 갈무리한 모음집이 프랑스 출판사 크리스티앙 부르구아에서 발간되었는데, 그 책의 첫 번째 글인 1954년 에세이 〈작곡가의 평론 능력〉은 작곡가의 기능에 평론가로서의 기능이 포함되어 있음을 이해해야 한다는 점을 강력한 어조로 논설하고 있다. 불레즈가 특유의 풍자를 곁들여 주창한 이 같은 개념은 '자연스러운' 창조성을 높이 치는 프랑스적 기질을 폄훼하는 것이기도 하여 흥미롭다.

이게 다가 아니다. 이 역시 바그너와 비슷한 점인데, 불레즈는 파리에 '음향 및 음악 연구 조직 기관(IRCAM)'이라는 연구 기관과 '앙상블 앵테르콩텡포랭'이라는 연주 단체를 구축했다. 또한 그는 콜레주 드 프랑스에서 교수직을 맡고 있기도 하다. 불레즈는 현대음악계의 가장 막강한 인사로서, 주목하고 감탄하지 않을 수 없는 독보적인 권위(권위적인 모더니즘이라는 표현을 써도 되겠다)를 발산하고 있다.

현재 불레즈만큼 음악계 곳곳에 접근할 수 있는 음악가는 없다. 그는 어디서나 자신이 고른 작품으로 무대를 꾸밀 수 있다. 1970년대에는 바이로이트에서 훌륭한 족적을 남겼고, 1971년부터 1977년까지 수장을 맡은 뉴욕 필하모닉과도, 설령 바이로이트 축제에는 미치지 못할지언정 인상적인 활동을 보여주었다. 런던과 시카고, 클리블랜드, 빈의 오케스트라와의 음반 작업도 꾸준히 병행되었다. 유럽 전역을 대상으로 한 참신한 오페라 작업(최근에는 웨일스 국립 오페라에서 〈펠레아스와 멜리장드〉를, 암스테르담 오페라에서 〈모세와 아론〉을 지휘했다) 또한 오랫동안 잊히지 않을 업적이다. 간단히 말해 불레즈는 자신이 생각하는 과거의 위대한 음악관(音樂觀)과 조응하는 연주회를 기획함으로써, 또한 연주회가 자신의 음악을 좀 더 열린 마음으로 수용할 수 있도록 노력함으로써 콘서트가 새로 나아갈 길을 모색하고 있는 것이다.

불레즈의 스승은 메시앙이었다. 메시앙의 교습 방식과 그가 1940년대 파리에 미친 영향에 관해 쓴 장 부아뱅의 책 『메시앙의 수업』은 서로 기질이 달랐던 스승과 제자가 맞부딪친 1948년의 일화에 대해 소개하고 있다. 불레즈는 메시앙에게 많은 것을 배웠고 또한 스승과의 관계 또한 대체로 원만한 편이긴 했지만, 소싯적부터 논쟁을 즐기는 제자였던 불레즈는(그는 현대음악의 전통과 관행을 노골적으로 비판하는 전선에 이미 뛰어든 참이었다) 절충주의를 표방한 스승의 음악관을 자신의 방법론과 은근히 차별화하는 발언을 했다. "메시앙은 병치하는(juxtapose) 반면 나는 작곡하려(compose) 노력한다"는 것이었다. 불레즈의 주장은, 메시앙이 다양한 음향이 서로 필연성에 의해서 묶이지 않고 대신 쾌락과 감각이 주관하는 화성적 인접성에 따라 묶여 병존하는 음악을 썼다는 것이다. 1940년대와 1950년대에 불레즈가 썼던 평론을 읽어보면, 그가 한 치의 오차도 허용하지 않는 엄정성을 요건으로 내세우고 있음에 우선 놀라게 된다. 그의 기준에 따르면 쇤베르크와 베르크, 버르토크, 스트라빈스키 같은 거장의 음악조차도 논리와 리듬 구조, 다양한 종류의 일관성이 결여된 작품이 되고 만다.

4월, 불레즈는 카네기 홀에서 런던 심포니 오케스트라와 세 차례의 20세기 음악 연주회를 열어 모두 매진시키는 기염을 토했다. 각 연주회의 프로그램은 불레즈의 작품 하나에 20세기 고전이라 부를 만한 작품들을 나란히 놓는 식으로 구성되었다. 세 차례의 콘서트 모두 지적이고 감각적이며 독창적이고 말하고자 하는 바가 뚜렷하며 날카로운 감식안으로 무장하고 있었다. 편성 작품을 관통하는 공통 요소에 주목하게 하는 프로그램 콘셉트도 예리했다. 이로써 불레즈는 여러 작품을 늘어놓기(juxtaposition)만 하는 평범한 콘서트의 관례를 깨고 작품을 배열한 숙안(宿案) 그 자체가 작품(composition)이 되는 연주회를 지향했다. 첫날 프로그램의 테마는 추모와 회고였다. 라벨의 〈쿠프랭의 무덤〉은 20세기 작곡가가 18세기 거장을 추념한 작품이고, 라벨과는 규모와 힘 면에서 확실한 대조를 이룬 불레즈의 〈한 겹 두 겹〉은 말라르메의 소네트 중 가장 난해하다는 「벌거벗은 불가항력」에서 착안한 작품으로, 종말론적 파멸 및 무덤 아래 파묻힌 듯한 압박감이 소프라노(로라 에이킨의 노래가 돋보였다)와 오케스트라를 위한 광대한 음악과 만난 곡이다. 베베른의 〈여섯 개의 소품〉은 작곡가 모친의 사망을 기록한 작품이며, 베르크의 〈바이올린 협주곡〉은 말러의 아내 알마가 건축가 발터 그로피우스와의 사이에서 낳은 딸 마농의 죽음을 기리기 위해 쓴, '천사의 기억에 부쳐'라는 부제가 붙은 작품이다.

둘째 날 프로그램은 〈봄의 제전〉과 메시앙의 〈미(Mi)를 위한 시〉(설득력 있는 진솔함과 고난도의 해석 능력을 겸비한 마리아 유잉이 노래했다), 불레즈의 〈현을 위한 소품집〉으로 짜였다. 모두 작곡가의 초창기 작품으로, 기교적 탐험과 유일무이한 표현력을 고루 갖춘 곡들이다. 이날 프로그램은 토마스 만이 『파우스트 박사』에서 일컬었던 "근원적 요소에 관한 사색"에 대한 20세기 모더니스트들 나름의 응답이라는 점에서 한 줄로 꿸 수 있었다. 메시앙이 첫 번째 아내에게 바친 연애편지 격인, 정적이면서도 열정적인 〈미를 위한 시〉는 기독교 혼례 예식에 영향을 받은 작품이며, 이에 반해 스트라빈스키의 〈봄의 제전〉은 러시아 이교도의 제례에 바탕한 작품이어서 메시앙의 곡과 뚜렷한 대위법적 대조를 이루었다.

마지막 날 프로그램은 라벨의 〈어미 거위 모음곡〉, 스트라빈스키의 〈나이팅게일의 노래〉, 불레즈의 가장 다가가기 쉽고 낭만적인 작품인 〈노타시옹〉 1~4번, 그리고 베르크의 〈일곱 개의 초기 노래〉와 〈알텐베르크 가곡집〉(Op. 4)까지 이것저것 다양한 작품으로 혼재되어 있었다(베르크에서 독창을 맡은 제시 노먼은 지금까지 그녀가 이들 작품에서 거둔 성취를 무색하게 할 정도로 불편한 허세와 매너리즘으로 일관했다). 이들 작품을 관통하는 모티프는 재고(再考)와 되풀이였다. 〈어미 거위 모음곡〉은 두 대의 피아노용인 원곡을 완성 5년 뒤에 관현악용으로 확장한 것이고, 베르크의 〈일곱 개의 초기 노래〉는 1905~1908년에 쓴 원곡에 20년 뒤 관현악 반주를 붙인 것이다. 〈나이팅게일의 노래〉는 오페라 원곡에서 추린 발레곡으로서, 이미 〈봄의 제전〉과 〈페트루슈카〉를 받아 공연한 바 있던 댜길레프의 발레단을 위해 정리한 악곡이다. 〈노타시옹〉 역시 그 뿌리는 피아노곡으로, 완성 후 몇 년이 지나 오케스트라용으로 확대되었다. 불레즈는 향후 여덟 곡을 더 붙여 총 열두 곡으로 구성되는 세트를 만들려 한다고 밝힌 바 있는데, 그렇게 되고 나면 연주자들의 취향과 선택에 따라 아무렇게나 네 곡씩 골라서 연주하게 할 의도라고 한다.

다니엘 바렌보임을 제외하면(나는 연전에 도쿄에서 바렌보임과 시카고 심포니의 연주회에서 〈노타시옹〉을 들은 바 있는데, 무척 따뜻하고 매력적인 연주였고 형태미에서도 불레즈의 이번 뉴욕 연주보다 더 우월했다) 이와 같은 일련의 프로그램을 기획하고 실행할 수 있는 지휘자가 또 누가 있을지 의문이다. 근래 불레즈의 지휘에 대한 리뷰 기사를 보면 하나도 빠짐없이 그의 전례 없이 명확하고 정확한 비팅과 놀라운 오케스트라 장악력, 예민하게 벼려진 듣기 능력에 대해 이야기한다. 모두 틀림없는 사실이다. 그러나 불레즈는 독주자를 압도하거나 전체적 효과를 위해 절정부의 음향을 필요 이상으로 증폭시키는 경향에서 알 수 있듯이 성부 간 밸런스에 능한 지휘자는 아니다. 베르크의 협주곡에서 안네-조피 무터의 독주는 여러 차례 오케스트라의 음향에 묻히고 말았고, 〈미를 위한 시〉를 노래한 유잉 또한 같은 고초를 겪었다. 〈봄의 제전〉 제2부에서는 지휘자가 음악과 드잡이를 하는 것처럼 느껴졌다. 앙상한 부분에는 살을 붙여 다른 부분과의 낙차를 없앴고, 파괴적인 에피소드에는 비록 짧게나마 거대한 폭발에 가까운 음량을 더했다. 그럼에도 불레즈는 보고 있으면 배울 점이 대단히 많은 지휘자다. 그는 지휘봉 없이 지휘하는데, 스트라빈스키와 본인의 음악, 메시앙의 작품에서 특히 까다로운 리듬 패턴이 등장하는 대목에서는 실제로 숫자를 헤아려가며 지휘하는 것을 볼 수 있었다. 그런 부분에서는 활기찬 빛과 위트로 무장한 오케스트라의 타악기적 가능성이 극한으로 끌어올려지곤 했다.

　각각의 프로그램에는 여러 아이템들을 하나로 묶는 근거가 있었고, 그로써 포함된 작품들을 조명하고 그 맥락을 상세히 기술하게 했다. 현 세기의 음악에 대한 불레즈의 집중은, '현대' 음악이 너무 어렵고 비호감이어서 이해나 향유가 도무지 불가능하다는 관념이 그릇되었음을 드러낸다. 불레즈는 음악을 여전히 진화 중인 여러 다른 양상과 양식을 겸비한 문화적·심미적 단일체로 규정한다. 이는 대부분의 연주자가 관객 앞에서 둘러대는 변명과는 상극이다. 다른 연수자늘이 제공하는 현대음악을 섭하는 관객들은, 밀턴의 말을 빌리자면 "눈먼 입들" 처지로 전락하고 만다. 그래 가지고서야 매디슨가(街) 상점들의 쇼윈도를 멍하니 바라보며 걸음을 옮기는 소비자와 무엇이 다르겠는가.

　불레즈는 콘서트홀의 기능을 확장하기 위해 수십 년간 애써오고 있다. 여덟 시에 들어와 메뉴에 있는 한 가지 아이템만을 소비한 뒤 열 시가 되면 나가는 레스토랑 같은 장소가 아니라, 최상의 의미에서의 미술관과 같은 기능을 수행하는 곳, 즉 장시간 머무르면서 다른 방문객들과 교류하며 함께 예술작품을 경험하거나 원하는 작품을 골라 볼 수 있고 때에 따라서는 강의도 들을 수 있는 그런 곳 말이다. 오늘날 클래식 음악이 다른 예술 분야에 비해 고립되어 있고 그 지평 또한 제한적이라는 그의 진단 또한 정곡을 찌른다. 고립화와 함께 한 세대 전 아도르노가 말한 "듣기의 퇴보" 현상이 찾아왔으며, '구조적'이고 총체적인 듣기가 도외시되고 그 자리에 산발적인 듣기가 들어섰다. 유명한 선율과 상업화된 고전에 집중하는 분위기와 연주 기준 저하가 클래식 음악을 이해하는 행위를 대신한 것이다.

불레즈는 자신과 동료들의 음악을 확장된 맥락 속에 위치시킴으로써 음악 경험을 지성적이고 비평적인 수용의 영역으로 끌어올리려고 한다. 이제 20세기 음악은 더 이상 관객이 쉽게 기피할 수 있는 입에 쓴 알약도 아니요, 다른 작곡가들만이 챙겨 듣는 고립된 소규모 공연이나 학계에 국한된 난해한 활동도 아니다. 사람들이 〈한 겹 두 겹〉 같은 작품을 좋아하건 않건, 이해하건 못 하건 간에, 이런 작품들은 다양한 현대문학 작품뿐만 아니라 공포와 슬픔, 경외의 표현에 대한 음악 나름의 대답인 다른 20세기 작품들과 나란히 경험될 때 비로소 힘을 얻게 되고 관객의 이해에 다가갈 통로를 획득하게 된다. 불레즈의 연주회는, 나태한 관객들과 진취성을 결여한 공연 기획자들이 클래식 음악을 꽁꽁 가두어놓은, 그리고 현대음악의 진정한 힘의 전달을 가로막고 수용자를 불편하게 만드는 분출을 제어하는 수단으로 사용한 자그마한 자족의 상자를 강제로 열어젖힌다. 불레즈에게 음악은, 무신경하고 피상적인 대중문화에 대한 저항의 한 형태다. 이런 면에서 그는 쇤베르크, 아도르노, 베베른 등을 위시해 큰 그림에 대한 명철하고 지적인 인식을 가지고 현행 음악 관례에 맞대응하려 노력한 모더니스트들의 궤적을 따라가고 있는 셈이다. 불레즈는 존 케이지와도 다르고, 필립 글래스와 존 애덤스 같은 미니멀리즘 계열 작곡가들과도 다른 길을 걷고 있다. 그는 꾸준한 검토를 요하는 대상으로 과거를 바라보며, 그럼으로써 문화적 현재를 구축해갈 수 있다고 믿는다. 이러한 프로젝트에는 시인과 철학자뿐만 아니라 음악가의 노력도 요구된다. 또한 그는 관객도 해석과 이해를 위해 예술 창조자에 버금가는 노력을 기울여야 한다고 믿는다. 이런 점에서, 곡을 쓰고 연주하며 이를 수용하는 불레즈의 전체 노정을 그저 느긋하게 앉아 '즐기면 된다'는 식으로 접근하면 그만이라고 여기는 것은 곤란하다.

이러한 노력은 오늘날 대부분의 연주회 관객이 능히 해낼 수 있는 것은 물론이요 큰 흥미를 느낄 만한 대상이기도 하다. 20세기 음악을 공연하는 무대가 늘어나는 것으로는 충분치 않다. 불레즈와 같은 종류의 노력이 기울여진 무대가 필요한 것이다. 정해진 '테마'에 따라 주말 공연 프로그램을 짜는 최근의 노력은 올바른 방향으로 걸음을 내디딘 것이라 볼 수 있으며, 바드 칼리지와 올드버러, 바이로이트처럼 다양한 현장에서 머리를 굴려 선보이고 있는 축제들 또한 그러하다. 그러나 제2차 세계대전 이후로 거의 아무도 하지 않은 바를 오로지 혼자 힘으로 일궈나가고 있는 불레즈의 노력은 영웅적이고 감동적인 현대 문화사의 사건이라 할 만하다. 그것이 그의 음악과 연주를 들어야 할 당위이며, 그가 관객을 압도하고 "스타 노릇"을 할 유혹이 충분함에도 굴하지 않고 그토록 인상적인 존재로 남을 수 있는 이유다. 불레즈만큼 숭배하는 관객 앞에 서서 멋을 부리지 않고 자기 기분 내키는 대로 하지 않는 사람도 없다. 그는 냉철한 숙고와 몰두를 거듭하며 정녕 논리 정연한 심미적 목적을 손에 넣으려 지금도 매진 중이다.

힌데미트와 모차르트*

파울 힌데미트가 자신의 가장 훌륭한 오페라 〈화가 마티스〉에 착수한 건 마흔이 채 되기도 전이었다. 작품의 완성 경위나 나치에 의해 연주금지 조치를 당하고 결국 1938년 5월에 취리히에서 초연되기까지의 곡절은 복잡하기 그지없다. 한 가지 확실한 점은, 작곡에 착수하고 2~3년이 흐른 뒤에도 힌데미트는 자신이 도모하는 바가 무엇인지 명쾌하게 알지 못했다는 사실이다. 이젠하임 제단화로 유명한 16세기 화가 마티아스 그뤼네발트가 힌데미트를 매료시킨 이유는 두 가지 정도로 압축 가능하다. 우선 마티아스의 잘 알려지지 않은 쓸쓸한 예술적 명성이 그를 당겼을 것이고, 또 어느 정도는 마티아스가 구교도와 신교도 사이의 갈등이 최고조에 달했던, 독일 역사상 가장 극심한 격동기인 농민전쟁(1524~1525) 시기에 활동했다는 점도 작용했을 것이다.

    독일이 국가사회주의라는 병증을 앓기 시작하자 힌데미트는 즉각 당으로부터의 압박과 작곡가로서 자신의 성향—혁신적이긴 하나 결단코 혁명적이지는 않은—이 서로 상충됨을 느꼈다. 힌데미트는 쇤베르크와 그의 사도들처럼 조성을 저버리지 않았고, 바흐와 베토벤, 브람스, 바그너를 포함하는 위대한 오스트리아-독일 계열의 음악 전통을 계속 이어가고자 했다. 〈화가 마티스〉는 오페라에 앞

---

* 《더 네이션》, 1996년 6월 3일.

서 교향곡 형태로 먼저 세상과 만났다. 빌헬름 푸르트벵글러와 베를린 필하모닉을 위해 쓴 작품이 그것이다. 힌데미트는 완성 후 한동안 묵혀둔 교향곡에 악상과 구조를 첨가해 지금의 오페라 형태로 확장시켰다. 일곱 개 장으로 구성된 거대한 몸집에 듣는 이를 사로잡는 음악과 주제를 가진 〈화가 마티스〉는 예술가와 사회 사이의 상관 관계를 깊이 탐구해 들어가는 작품이다.

그러나 오페라 완성 무렵 힌데미트는 이미 자신의 조국에서 환영받지 못하는 인사가 되어 있었다. 그의 음악은 퇴폐적이고 비(非)아리안적이라는 이유로 금지되었고, 친구들과 옹호자들은 나치와 척을 지고 있었으며(푸르트벵글러가 대표적이다), 따라서 독일 내에서 그의 미래는 불투명한 상태였다. 힌데미트는 훗날 미국으로 망명해 예일 대학에서 교편을 잡았지만, 그 후에도 그의 흥미와 애착은 언제나 유럽 쪽을 향해 있었다. 〈화가 마티스〉는, 그 작자가 예술가로서 부끄럼 없이 떳떳하게 살았음을 증언하는 작품임에도 불구하고 오페라 레퍼토리의 주변부를 벗어나지 못했다. 길이도 길뿐더러 지적인 감상을 요하는 무척 까다로운 작품이어서, 리하르트 슈트라우스와 베르크, 스트라빈스키, 브리튼 등 다른 작곡가가 쓴 20세기 오페라보다도 관객과 성악가, 오케스트라, 지휘자, 무대 감독에게 요구하는 바가 월등하다. 열두 명의 독창자가 필요하고 총 연주에 네 시간 정도가 걸리니, 한마디로 달달한 사탕은 절대로 되지 못하는 작품인 것이다. 뉴욕에서 주목할 만했던 공연은 1967년 함부르크 오페라의 방문 무대였으며, 지난가을에는 뉴욕 시립 오페라가 중간 실력 정도의 프로덕션으로 무대에 올린 바 있다. 지난 11월 런던 코번트가든에서 피터 셀러스가 이 작품의 감독을 맡기로 예정되어 있다는 소식을 듣고 나는 무슨 일이 있어도 가서 보아야겠다고 작정을 했다.

내가 지금까지 본 셀러스 프로덕션이 모두 그랬듯이, 이번 무대 역시 압도적이고 빛나는 구상 위에 있었고 또한 쉽게 타협하지 않는 호소력을 전달했다. 화가 마티스는 속내로는 농민들의 명분에 끌리는 것을 느끼지만, 거만한 권력자 알브레히트 추기경의 총애와 신뢰를 한 몸에 받는 인물이기도 하다. 출세욕, 예술, 사회적 책무 각각의 끌어당김에 번민하는 마티스를, 셀러스는 동시대 사회 갈등에 끌려 들어온 인물을 상징하는 것으로 받아들였다(그리고 농민 봉기대의 지도자인 슈발브는 도시 게릴라 조직을 이끄는 흑인으로 설정했다). 사업가, 정치 지도자, 무뢰배처럼 구는 경찰 등이 무대를 누볐다. 조지 시핀이 구상한 무대는 철제와 플라스틱을 주재료로 한 포스트모던 추상성을 지향했고, 무대 위 대각선 방향으로 놓인 가파른 경사로를 보행자용 통로와 고층 건물의 잔해, 난간 등이 둘러싸고 있었다. 이 황량한 배경 속에 기성 권력(교회, 정부, 기업)의 사절단들과 민병대, 폭도로 변한 노동자들, 그리고 기득권에 대한 충심과 민초들을 향한 배려 사이에 갈등하는 마티스가 섞여들었다. 무대 뒤로는 거대한 현수막과 영어로 번역된 대본을 영사하는 두 개의 모니터가 달렸다. 이는 〈화가 마티스〉에서 우리가 목격하는 바가 시끌벅적하게 충돌하는 대안들이요, 높은 사회적 위치를 점하기 위한 쟁투이며, 권력 행사 과정으로 가득한 세상에서 나아가야 할 길을 명확히 발견하기 위한 투쟁임을 강조하는 역할을 했다.

    셀러스는 이 오페라에서 특히 흥미로운 점 — 극심할 정도로 불안한 내면의 심지 — 을 움켜쥐고는 그것을 열어 보였으며, 그로써 힌데미트가 마티아스 그뤼네발트를 자전적(自傳的) 대리인으로 내세워 합의를 이루려 했던 모든 가능성을 뒤흔들었다. 그렇다면, 오페라의 절정은 성 안토니우스의 옷을 입은 마티스가 종교계, 재계, 정계, 예술계의 지도적 인물이 던지는 일련의 유혹을 견뎌내는 제6장이 된다. 이들 유혹의 제안자 각각은 여러 가능성 사이에서 갈피를 잡지 못하는 것으로 묘사된다. 예를 들어 덴마크 헬덴테너 슈티 안데르센의 훌륭한 노래가 돋보인 알브레히트 추기경은 제6장에서 성 바울로 등장하지만, 오만한 추기경, 금욕주의자, 열렬한 예술

애호가의 모습도 동시에 내보인다. 셀러스는 이야기에 내포된 여러 긴장을 해결하는 대신, 마티스가 그 긴장들에 대해 숙고한 끝에 마침내 자신이 이룬 바, 자신이 얻으려 노력했던 바, 자신이 만들어낸 것들, 자신을 괴롭힌 것들과 자신이 사랑했던 것들을 동시에 받아들임으로써 일시적인 평온에 이르는 과정을 보여준다.

〈화가 마티스〉는 평범한 오페라라기보다는 예수 수난극에 음악을 붙여 확장한 것에 가까운 모습으로(어쩌면 바흐의 〈마태 수난곡〉을 모델로 삼은 것인지도 모른다), 구원을 약속하는 신앙보다는 의심과 불안에 방점이 찍힌 작품이다. 코번트가든 프로덕션은 대단히 복잡한 여러 감정을 깨끗이 씻어내기보다는 지속하는 쪽으로 노선을 잡아서 이에 부응했다. 어쩌면 이것이 나치가 힌데미트를 싫어했던 이유의 밑바닥에 자리한 근원인지도 모르겠다. 사상과 감정을 전달하기 위해 음악을 썼을 뿐 정치가 요구하는 충성심과 지지에 대한 명확한 해답이나 청사진을 보여주지 않았던, 그러면서도 완벽의 수준에 달한 솜씨 덕분에 기묘한 매력을 내뿜는 음악이었으니 말이다. 셀러스와 만반의 연습을 마친 출연진에게 〈화가 마티스〉는 해결되지 않은 충격적 상황의 분규 속으로 관객을 떠밀어넣는 것을 목적으로 하는, 집단적 난관의 치열한 음악적·극적 탐험이었다. 그가 가졌던 위대한 재능에도 불구하고 마티스는 우리와 동시대를 사는 보통 사람이나 마찬가지다. 자신이 예술가로서 마음속에 담은 바가 자신이 실존적으로 살아내야 하는 바와 가망 없이 상충되는 현실에 대해 노래하는 양심을 가진 평범한 인간인 것이다. 미국 바리톤 앨런 타이터스는 바로 그러한 성격을 능숙하게 포착해냈다.

셀러스의 훌륭한 연출은 핀란드 지휘자 에사-페카 살로넨에 의해 한층 빛이 났다. 살로넨의 팽팽하면서도 극히 표현적인 스타일은 좀처럼 경험하기 힘든 힘과 간결함이 겸비된 관현악 사운드를 빚어냈다. 이번 〈화가 마티스〉 공연은 셀러스가 오페라 무대에서 일군 성취 가운데 가장 훌륭했다고 나는 생각한다. 그러니 상업적·정치적 이유로 인해 미국에서 이 무대를 만나기가 난망하다는 점이 더더욱 안타깝기만 하다. 셀러스는 물론 급진파다. 그러나 그는 관객을 가르치려 들거나 압도하지 않는 진정한 고결함과 넉넉함을 갖추고 있다. 그의 〈화가 마티스〉에는 요즘 오페라 감독들 가운데 그가 가장 잘하는 점—오페라가 극적·시각적·음악적·정치적 차원으로 관객을 끌어들여 우리 시대 삶의 집단적 파토스를 느끼게 하는 둘도 없는 방법임을 설파하는—이 고스란히 현시되어 있었다. 그에게 오페라는 좌절된 희망, 고독, 분투가 뒤섞인 아수라장을 체현한 장르이며, 오페라의 음악과 극, 시각 요소는 논의의 수준을 상징하는 것은 물론 그것을 끌어올릴 수도 있는 도구인 것이다. 관객과 거리를 두고 미술관 큐레이터처럼 전시 우선으로 기우는 대부분의 다른 감독들과는 상극의 길이라 하겠다. 오페라단 경영진과 많은 평론가들이 셀러스에 분개하는 이유가 여기에 있다 해도 과언은 아니리라.

셀러스는 다수의 유럽 쪽 동업자들이 쉽게 해내는 바—오페라를 사회정치적 현안 논쟁과 연결 짓는 일—를 이루려 노력하는 유일한 미국인이다. 셰로, 쿠퍼, 뮐러, 베르크하우스 같은 유럽 출신 감독들은 그러한 실험적 연출의 관행을 이미 존재하는 것으로 받아들였고, 이는 그들의 작업을 한결 수월하게 했다. 그러나 셀러스는, 무릇 오페라란 〈라 보엠〉과 〈안드레아 셰니에〉처럼 완전히 멸균적이지는 않더라도 본질적으로 무해한 작품으로 그저 거대하고 현실적인 세트와 몸값 높은 스타들, 인간적인 의미를 결여한 줄거리를 감상하면 그만이라는 미국의 지배적인 믿음과 번번이 싸움을 벌여야 하는 처지다. 셀러스는 〈화가 마티스〉를 연출작으로 선택함으로써 음악과 사회에 대한 독일 내 논쟁—한스 피츠너와 부소니에게서 비롯되어 1930년대와 1940년대에 힌데미트, 아도르노, 토마스 만이 바통을 이어받은—으로 곧장 걸어 들어갔다. 이 점에 대해서는 마크 와이너가 쓴 『반란의 함의: 현대 독일 내러티브 내에서의 음악, 정치, 그리고 사회적 영역』(1993)에 자세한 설명이 나와 있다.

마침 공교롭게도, 셀러스의 〈화가 마티스〉가 공연된 바로 그 시점에 런던에서는 남아프리카공화국 태생의 극작가 로널드 하우드가 쓴 희곡 「테이킹 사이즈(Taking Sides)」가 공연 중이었다. 냉혹한 미군 대령이 때로는 천박한 언동까지 섞어가며 푸르트벵글러의 나치 부역 혐의를 수사하는 과정을 그린 이 논쟁적인 연극은 오페라 감상에 도움이 되는 맥락을 제공했다. 궁지에 몰린 힌데미트를 역성들고 나선 음악가가 바로 푸르트벵글러였기 때문이다. 아마도 우연의 소산이었겠지만, 두 작품 모두 오페라의 사회적·철학적 의미에 대한 격론을 떠오르게 하는 공통 요소를 가지고 있었다. 그러나 기업 후원에 의존하고 있는, 따라서 돈줄의 입맛에 맞춰 불편한 논쟁과는 아주 담을 쌓고 싶어 하는 미국 무대에서는 이러한 격론의 낌새조차 찾기 힘든 안타까운 현실이다.

메트로폴리탄 오페라(메트)가 이번 겨울 새로 제작한, 모차르트의 가장 까다롭고 가장 아름다운 작품 〈여자는 다 그래〉 무대는 바로 그 불행한 사례를 보여주었다. 막이 오르고 한동안은 레슬리 케니그의 간단명료한 접근법에 좋은 인상을 받았고, 특히 그녀가 홉사 사드의 작품을 떠오르게 하는 이 오페라의 스토리를 자연스럽게 풀어가는 방식이 마음에 와닿았다. 돈 알폰소로 분한 토머스 앨런, 피오르딜리지로 분한 캐럴 배니스, 도라벨라로 분한 수잰 멘처, 구글리엘모로 분한 드웨인 크로프트, 데스피나로 분한 체칠리아 바르톨리 등 일급 출연진도 한몫 거들었다. 다만 테너 제리 해들리는 극도로 부자연스럽고 시종 서두르는 노래로 모차르트의 선율선을 무너뜨리며 다른 가수들에게 누가 되었다. 사랑에 빠진 두 청년이 아랍 복색으로 변장을 하고 나와 "알바니아에서 온" 손님이라고 스스로를 소개하는 대목(당연히 객석에서는 킥킥대는 소리가 터져나왔다)부터는 감독이 메가폰을 팽개치고 하차한 로드무비를 보는 것 같았다. 그리고 연인들이 서로의 짝과 재회하고 샴페인 잔을 부딪치며 홉사 제임스 뷰캐넌처럼 '가족'의 가치를 재강조하는 낙심천만의 순간에는, 최근 뉴욕의 오페라 공연에서 너무도 흔히 발견할 수 있는, 생각 없이 관례를 따르는 타성과 결연한 무관심의 무게를 느끼지 않을 수 없었다. 모차르트의 오페라에서 성적·인격적 지조에 대한 통렬한 공격의 메시지를 덜어내고 나면 남는 것은 빈껍데기뿐이다. 그런데 메트는 다시 찾은 사랑을 강조하는 우스꽝스러운 훈계조의 우화로 〈여자는 다 그래〉를 포장함으로써 내장을 파내고 숨통을 끊어 버리고 말았다.

마이클 태너의 『바그너』 서평*

마이클 태너의 『바그너』는 참으로 매우 흥미로운 책이다. 태너가 바그너의 삶과 음악을 재해석하여 글에 담은 수고스러운 작업에는, 사소한 억하심정이 아니라 막대한 양의 분노와 심통 섞인 반감이 동반되어 있다. 태너의 『바그너』는 작곡가의 반유태주의, 지독한 나르시시즘, 터무니없는 요구사항을 아무렇지도 않게 내어놓는 성격, 몹시 들쭉날쭉하고 심지어는 비정상적인 인생 역정 등에도 불구하고 바그너라는 인간이 그렇게까지 나쁜 사람은 아니었다고 주장하는 최초의 책이다. 사실상 저자는 그 모든 단점들을 대단치 않은 것으로 여기고 있으며, 바그너와 관련해 지금까지도 이해하기 어려운 섬들을 그의 오페라와 글을 기발하고 독창석으로 해석하는 과정 속에 포섭하고 있다. 그러나 그의 해석에는 평론가들과 학자들에 대한 불필요한 불신이라는 결함이 존재한다.

   독자들이 당장 느낄 문제점은 저자의 어조가 모호하다는 사실이다. 이 책은 일반 독자를 염두에 둔 책인가. 아니면 철학자이자 음악극의 창조자로서의 바그너에 관해 이미 부족하지 않으리만치 진행된 연구에 기여하고자 쓴 책인가. 아니면 다수의 사람들이 바그너에 관해 품고 있는 생각을 논파하기 위해 쓴 책인가. 그것도 아니라면 음악에 대해 많이 알지 못하는 사람들에게 바그너라는 작곡가를

---

*《디 옵서버》, 1996년 8월 4일.

적당히 소개하기 위해 쓴 책인가. 태너의 글은 마음을 정하지 못한 채 이리저리 기웃거리며 뒤뚱댄다. 그 결과로 우리 손에 떨어진 건, 바그너에 대한 저자의 열정을 보여주는 묘사적인 문체로 주요 작품 각각을 건성건성 건드린 책이다. 하지만 이런 책을 다방면에 걸쳐 설득력을 가진다고 평할 사람은 없을 것이다.

태너는 가공의 적들의 존재에 잔뜩 정신이 팔려 있다. 가공의 적이란, 깐깐하고 융통성 없는 학자들, 불레즈와 셰로, 빌란트 바그너처럼 (그가 보기에) 제대로 된 생각을 하지 못하는 지휘자들과 연출자들, 바그너의 수많은 기벽과 강박에만 집중하는 역사가들을 가리킨다. 이러한 그릇된 집착은 그의 글에서 논점 강화에 조금의 도움도 되지 못하는 불쾌하고 못마땅한 빈정거림으로 나타난다. 예를 들어, 저자는 근래의 바그너 연출 흐름에 대해 대체로 반대하는 입장인 것처럼 보이지만, 그의 심기를 거스른 이가 정확히 누구인지는 독심술을 하지 못하는 이상 알아내기 불가능하다(이를테면 "내실 없음을 감추기 위해 '포스트모던' 같은 두루뭉술한 타이틀을 앞에 내거는 연출 양식"처럼 남을 잔뜩 깔아뭉개는 문구만 놓고 보더라도, 이러한 비판의 화살이 바그너를 화제의 중심에 두려 하는 현대 연출가들 모두에게 적용될 순 없는 법이다). 태너가 실험적 연출 경향을 마뜩해 하지 않는다는 점 정도는 감으로도 알 수 있지만, 그보다 필요한 것은 실제적인 논증이나 예증이며, 최소한 자신이 선호하는 연출 양식이 무엇인지도 정확히 밝히는 편이 좋지 않을까 한다.

어쩌면, 이 책이 가진 이처럼 별난 특징은, 지금까지 바그너에 대해 이야기된 바와는 차별되는 뭔가를 제시하고 싶어 했던 과다한 열망에서 비롯된 것이 아닌가 싶다. 이는 충분히 이해할 수 있는 일이다. 바그너는 지금까지 엄청난 양의 논평과 학술 연구를 촉발시켰다(그 가운데는 우둔하고 그릇된 논평과 연구 또한 상당수다). 이런 분위기에서 바그너의 오페라에 대해 뭔가 새로운 이야기를 한다는 건 매우 어려운 현실인 것이다.

이 책에서 가장 빛나는 점은 지엽적인 부분에 대한 날카로운 관찰이다. 저자는 〈로엔그린〉이 종종 아주 따분한 작품으로 전락하고 만다고 이유 있는 주장을 펼친다. 멋진 음악이라는 타고난 복을 받았지만, 근본적으로는 작곡가가 앞으로 나아가지 못하고 정체된 오페라라는 것이다. 좀 더 너그럽게 말하자면, 〈로엔그린〉은 바그너에게 예술가로서 만족감을 느낄 그 무엇인가를 발견하는 가능성을 주는 작품이었다는 이야기다. 〈로엔그린〉 이후 바그너는 5년간 거의 음악을 쓰지 않았는데, 어쩌면 자신의 극적 재능과 음악적 재능이 서로 분리되어 각자의 길을 가게 될 위험성을 느꼈기 때문이 아닐까 하는 것이 저자의 추측이다. 또 다른 초기작 두 편(〈방황하는 네덜란드인〉과 〈탄호이저〉)에서 태너는 젊은 작곡가가 자신의 거대한 재능에 어울리는 음악적 재료를 찾지 못했음을 보여주는 수많은 결점을 일일이 짚어내고 있다. 〈니벨룽의 반지〉에 가서야 비로소 바그너는 음악극을 구성하는 모든 요소를 적재적소에 배치하는 능력을 획득했고, 그로써 어느 기준으로 재더라도 서양예술의 금자탑이라 할 작품이 탄생했다는 것이다.

〈반지〉와 관련한 태너의 주장에서 귀 기울일 만한 대목은, 이 작품을 부대에 올리는 현대 프로덕션들이 등장인물들—특히 보탄—의 보편적이고 영웅적인 측면에 힘을 실어야 마땅할 텐데, 오히려 이들을 자본주의자의 탐욕과 파시스트 이데올로기의 캐리커처로 절하하고 있다는 지적이다. 그는 보탄이 부패한 정치인인 동시에 진정한 선지자라고 이야기한다. 태너는 또한 바그너가 4부작의 이야기를 풀어가는 과정에서 인생의 복잡성을 드러내면서도 그 복잡성들을 모두 조화시키지는 않는다고, 즉 "어떤 부분은 총체성에 대한 약속을 그러잡지만, 그 약속은 곧 다른 부분에 의해 기각당한다"고 말한다. 이를 딱히 독창적인 논점이라고는 할 수 없지만, 태너가 〈반지〉의 개별 섹션을 가지고 이 논점을 뒷받침하는 여기저기의 대목은 훌륭하다. 바그너가 4부작 중 세 번째에 해당하는 〈지그프리트〉를 제2막 마무리 부분까지만 쓰고 몇 년간 중단한 뒤〈트리스탄과 이졸데〉와〈뉘른베르크의 명가수〉를 완성하고서야 다시 제3막 작곡에 복귀한 이유의 설명도 무척 설득력 있다. 우선 지그프리트와 브륀힐데의 관계에 체화된 깊숙한 인간적 사랑이 사회에 의해 좌절될 것인지 아니면 사랑 그 자체의 내부적 논리에 의해 사멸할 것인지를 먼저 파악할 필요가 있었다는 것이 태너의 추정이다.

그러나 저자는〈명가수〉결미 부분에서 작스와 뉘른베르크 동포들이 갑자기 토해내는 독일 민족주의의 함성에 대해서는 웬일인지 일언반구도 하지 않는다. 그는 또한 바그너가 받아 마땅했던 비난(그의 작품의 상당 부분은 외국인 혐오와 반유태주의 사상에 젖어 있다)의 예봉을 무디게 하려 애쓰고 있다. 신중한 접근인지 무신경한 간과인지는 모르겠으나, 어쨌든 이 두 가지 아쉬움은 이 책의 가장 취약한 부분이다. 배리 밀링턴의 저작(반유태주의를 바그너의 작품 핵심에 놓인 강박으로까지 끌어올린)을 가차 없이 깎아내린 것은 나도 옳은 시각이라고 생각하지만, 바그너가 끈질기게 견지했던 사회적·인종적·정치적 견해와 그의 예술작품 사이를 연결하는 까다로운 해석상의 문제를 고등학생이 쓴 것만 같은 몇 줄의 기발한 문장으로 해결할 순 없는 법이다. 바그너는 그보다 더 진지한 대접을 받을 자격이 있는 작곡가이기 때문이다. 바그너의 사상은 몇 가지 이념적 주제로 쪼개어 접근할 수 없다. 또한 그의 예술은 너무도 숭고하고 복잡하기 때문에 고작 반유태주의나 냄새 고약한 원(原)파시스트 사상이라는 좁은 안장 위에 얹을 수 없다는 견해에도 동의하기 힘들다.

마크 와이너가 보여주었듯이, 바그너는 그의 존재를 가능하게 했던 급진적 반유태주의 편향 문화라는 기묘한 맥락에서 분리시켜서는 온당히 이해할 수 없다. 그의 내부에는 독일 민족주의, 자신에 대한 극도의 불안감, 쇼펜하우어에게서 빌려온 비관론, 엄청난 음악적 창의성, 장대한 극적·심미적 구상이 서로 조화를 이루지 못한 채로 위태롭게 섞여 있었기 때문이다.

태너가 적절히 지적하고 있듯이 바그너는 종교적·심리적 고통, 구원과 거룩한 죽음, 사랑과 권력의 변증법 따위의 이슈에 사로잡혀 있었고, 저자의 이러한 논지는 〈파르지팔〉 분석 챕터에서 효과적으로 드러난다. 그러나 바그너는 또한 새로운 사운드를 만드는 능력을 갖춘 천재이기도 했다. 정녕 그는 전에 없는 고도의 기량을 갖춘 청각과 언어의 기술자였던 것이다. 그래서 바그너를 분석하고 이해하는 일은 그만큼 더 까다로워진다.

따라서 바그너가 〈반지〉 사이클과 이후의 세 작품을 위해 완성의 경지로 끌어올린 유도동기 체계에 대한 설명이 필수적이지 않을 수 없지만, 태너는 거기에 대해서는 거의 한마디도 하지 않는다. 게다가 바그너는 무지막지한 자만심을 가진 사람이어서 어떤 대가에도 아랑곳하지 않고 자신의 기벽에 탐닉했다. 그렇다면 그의 작품 또한, 설령 그의 모든 기벽은 아니더라도 대부분의 기벽이 다양한 방식으로 체현된 작품으로 보는 것이 타당한 접근일 것이다. 그러나 저자는 끔찍한 성격과 막대하고 강력한 표현력을 동시에 가진 바그너라는 인물을 마치 우리가 일상생활에서 쉽게 만날 수 있는 사람인 것처럼 다루고 있다. 모든 시대가 바그너의 가늠키 어려울 정도로 아찔한 재능과 기형성을 총체적으로 이해하려 시도해야 마땅하다. 성공 여부를 떠나 최소한 노력이라도 해야 하는 것이다.

그러나 안타깝게도 태너는 바그너를 너무 평면적인 인물로 만들어버렸고, 마치 그렇게 하는 것이 당연하다는 듯 편안하게 해석하고 받아들이고 있다. 태너의 신간은 비록 여기저기 가치 있는 통찰이 흩뿌려져 있긴 하지만, 그럼에도 지나치게 앙상한 효과밖에 남기지 못하고 만다.

그의 의자에 앉아*
피터 오스왈드의 『글렌 굴드 그리고 천재의 비극』** 서평

제2차 세계대전 이후의 음악가 중 가장 많이 회자되고 논의된 인물 중 하나인 글렌 굴드는 스스로를 흥미롭고 기묘한 존재로 만들기 위해 꽤나 의식적으로 노력했다. 그러지 않은 연주자가 그리 흔하겠느냐마는, 굴드는 그 누구보다 그러했다. 물론 그 과정에는 많은 도움이 따랐다. 손가락을 놀리는 재주는 경탄을 자아냈고, 완벽한 기억력을 가지고 있었으며, 매우 높은 지성이 이를 떠받쳐주었다. 그러나 거기에 더해, 그는 다른 연주자들은 상상조차 할 수 없는 정도로 자의식 강한 시선으로 스스로를 관찰했다. 굴드는 스튜디오에 들어앉아 엄청난 횟수의 녹음 및 재녹음 과정을 되풀이했을 뿐만 아니라, 연주하는 자신의 모습을 극히 상세한 부분까지 상상하고 숙고하였다. 1964년 서른네 살의 나이로 연주회 무대를 저버린 그는 이후 손수 창조한 밀실의 세계에 칩거했다. 오후 세 시 전에 일어나는 법이 없었고, 좀처럼 토론토의 호텔 방을 떠나지 않았으며, 테이프 녹음기와 편집 기계를 가지고 밤을 새는 일이 잦았고, 몇몇 예외를 제외하면 자신의 사회생활을 자정 이후의 장시간 전화 통화로 국한했다. 그는 말이 많으면서도 비밀이 많은 사내였다. 독창적이고 강렬한 연주로 이미 20대 시절부터 다른 음악가들과 일반 청중에게 컬

---
* 《더 런던 리뷰 오브 북스》, 1997년 7월 17일.
** 국내에서는 『글렌 굴드: 피아니즘의 황홀경』(을유문화사, 2005)으로 출간.

트적 인물로 숭배를 받았으면서도, 그의 연주에 붙는 제삼자의 평론은 경멸했다.

굴드는 1955년 컬럼비아 레코드에서 발매된 데뷔 음반 〈골드베르크 변주곡〉을 통해 캐나다 바깥으로 이름을 떨치기 시작했다. 평생에 걸쳐 제작한 바흐 녹음의 시초였던 이 음반은 아직도 굴드의 가장 유명한 음반인 동시에 그의 가장 생생하고 유창한 녹음으로 우뚝하다(굴드는 사망 직전인 1981년에 이 곡을 다시 녹음했다). 이 음반이 충격을 던진 이유는 여럿을 꼽을 수 있겠으나, 경쟁자나 선례가 없는 레퍼토리 선택이었다는 점도 한몫했다(반다 란도프스카의 하프시코드 녹음과 뉴욕 이외의 지역에서는 무명에 가까웠던 로절린 투렉의 피아노 녹음이 전부이다시피 했다). 당시의 피아노 음악이란 분야는 베토벤과 쇼팽, 라흐마니노프의 작품으로 도배되는 것이 상례였기 때문이다. 굴드는 등장과 함께 피아니즘의 지평을 바꾸었다. 그리고 '말을 할 줄 아는 열 개의 두뇌'라 해도 과언이 아닐 열 손가락—그 하나하나가 나머지 아홉 손가락과 무관하게 따로 노는 듯한—만 가지고서 그 누구도 모방하거나 범접할 수 없는 연주 수준을 이룩했다. 굴드 이후로 피아노 예술은 재정의되었다. 낭만주의가 물러선 자리에 기름기 없고 초자연적으로 명징한 대위법적 기교가 등장했다. 바흐의 위대한 건반 걸작들—파르티타와 토카타, 〈프랑스 모음곡〉, 〈영국 모음곡〉, 〈인벤션〉, 〈평균율 클라비어곡집〉, 〈푸가의 기법〉 같은—은 굴드의 남다른 재능과 결탁한 덕분에 피아노 레퍼토리의 핵심부 근처까지 치고 들어왔다. 이와 동시에 브렌델과 폴리니, 바렌보임, 마르타 아르헤리치가 각자의 존재감을 공고히 다지고 있었지만, 그중 누구도 굴드의 바흐와 국경을 접할 만큼 용기를 내지 못했다. 굴드는 마치 피아니스트가 된다는 것이 무엇을 의미하는지를 다시 정의한 것만 같았다. 그러면서도 그 방법이 어찌나 독창적이었던지, 자신이 주창한 사상의 실행자는 현재까지도 오로지 굴드 하나뿐이라 해도 무방할 정도다.

점차 늘어나고 있는 굴드 관련 서적은 그의 천재성을 방증하는 하나의 사례일 것이다. 제프리 페이전트의 『글렌 굴드: 음악과 정신』 같은 초창기 연구서는 굴드가 온갖 저술 작업을 통해 표현했던 미적 견해에 집중했다. 토론토 대학의 철학 교수인 페이전트는 굴드가 남긴 글을 모아 앞뒤 논리가 정연한 책으로 묶어냈다(물론 굴드의 글을 모두 망라한 것은 아니다). 이후에 출판된 서적들에서는 굴드를 알았던 이들, 함께 일했던 이들, 그의 대화 상대가 되었던 이들이 일인칭 시점으로 기술한 이야기를 읽을 수 있다. 작곡가에 대한 다양한 태도와 녹음 작업, 그의 삶의 일면 등에 대한 풍성한 정보가 담긴 저작들이다. 오토 프리드리히가 굴드 재단의 도움을 받아 집필한 『글렌 굴드: 인생과 변주』(《더 런던 리뷰 오브 북스》 1992년 3월 26일자에 내가 기고한 서평이 이 책에 수록되었다)가 출판되고서야 비로소 굴드라는 피아니스트의 놀라운 기벽을 세부적으로 파악할 수 있는 싱싱한 재료들이 공개되었다. 프리드리히는 굴드의 심리를 지나치게 파고들지 않으면서 곤혹스럽고 심지어 추악하기까지 한 디테일들을 있는 그대로 내어보이는 요령을 발휘했다. 굴드는 중증의 건강염려증 환자였고 온갖 종류의 약품을 중독처럼 입에 달고 살았다. 어른이 뇌고 나서부터 죽을 때까지 그는 이런저런 의사들의 도움으로 조금씩 자신의 몸에 독극물을 주입한 것이나 진배없는 셈이다. 프리드리히의 글을 잠깐 빌려보자.

의사들은 끊임없이 처방전을 써주었다. 고혈압에는 앨도멧을, 불면증에는 넴뷰털을, 달고 사는 감기와 감염에는 테트러사이클린과 클로로마이시튼을 처방했다. 그 밖에도 세르파실, 라객틸, 스텔러진, 레스테클린, 리브랙스, 클로니딘, 피오리널, 인데럴, 이노시드, 어리스토코트 크림, 네오코테즈, 자일로프림, 뷰타졸리딘, 믹트라, 섑드라, 페닐뷰타존, 메실도피, 앨로퓨리놀, 히이드로클로로사이어자이드를 복용했다. 그리고 이 모든 약품에 더해 언제나 엄청난 양의 신경안정제 밸리엄을 복용했다.

굴드는 만사가 자기 뜻에 꼭 맞아야 직성이 풀리는 사람이었고, 모든 상황을 자신의 지배하에 두려 했다(그리고 때로는 성공했다). 다시 프리드리히의 설명이다.

통제. 이는 굴드에 관한 거의 모든 이들의 회고에 몇 번이고 등장하는 단어다. 굴드는 인생의 모든 상황을 통제하길 원했고, 그러한 욕구는 해를 거듭함에 따라 열병으로, 또 강박으로 몸집을 키워갔다. 그가 무대를 떠나 녹음 스튜디오에 칩거한 것도 사실은 모든 것을 통제해야 직성이 풀리는 욕구에서 비롯되었다. 녹음 스튜디오에서도 그는 모든 기계를 직접 통제했다. 마이크들은 어디에 둘 것인지, 사용은 어떻게 할 것인지를 직접 결정했고, 음반사 직원들을 자신의 스튜디오가 있는 고향 도시로 불렀다. 녹음에 사용되는 장비는 물론 그가 준비한 장비여야 했다. 그래야 모든 것을 자기 통제하에 둘 수 있기 때문이었다.

몇 년 전 나는 예후디 메뉴인을 만난 자리에서 굴드와 작업한 경험에 대해 질문을 던졌다. 두 사람은 함께 텔레비전 프로그램에 출연한 인연이 있었다. 프로그램은 바흐 소나타, 베토벤 〈바이올린 소나타 10번〉(Op. 96), 쇤베르크 〈환상곡〉(Op. 47)을 함께 연주하고 곡 중간중간에 두 사람의 대담이 끼어드는 구성을 취했다. 메뉴인은 굴드가 기막힐 정도로 훌륭한 음악가임을 먼저 인정하고는 묘한 말을 덧붙였다. 두 음악가의 대담을 촬영하려 하는데 굴드가 메뉴인의 원고까지 자신이 직접 쓰겠다고 했다는 것이다. 굴드는 "그래야만 탈날 일이 없을 테니까"라는 말을 설명이랍시고 했지만, 메뉴인 또한 완강히 버텼다. 결국 굴드는 양보했지만, 타인에게 '통제권'을 넘겨주도록 설득하는 데까지는 한참의 시간이 걸렸다고 한다.

연주 목록에 포함시키는 작품, 작곡가에 대해서도 마찬가지였다. 연주할 작품이 무엇인지, 어떤 소리가 날지, 얼마나 빨리(혹은 느리게) 연주할 것인지는 오로지 굴드만이 알고 있었다. 한동안은 바흐와 베토벤만 섭취하다가 돌연 경로를 바꿔 리하르트 슈트라우스, 시벨리우스, 그리그, 비제 같은 작곡가의 작품을 연주하고 그들의 음악이 다른 모든 피아니스트들이 연주하는 낭만파 작곡가들보다 우수하다며 침이 마르도록 칭찬을 해 청중을 어리둥절케 하기도 했다. 바흐와 모차르트 역시 관례 따위는 안중에도 없다는 듯한 템포 선택을 일삼았고, 같은 작품이라도 경우에 따라 연주를 변화시킴으로써 "이 작품을 통제하는 건 바로 나고, 따라서 내가 원하는 대로 연주할 수 있다"고 주장하는 듯했다. 연주회 무대에서 은퇴를 선언하기 전인 1950년대 후반과 1960년대 초반에 나는 굴드의 콘서트를 몇 차례 가서 들었다. 그때까지 발매된 십여 종의 음반을 모두 챙겨 들으며 그의 연주에는 나름 익숙하다고 생각하고 참석한 연주회들이었다. 그럼에도 나는 번번이 그의 독창성과 활기찬 리듬 운용에 사로잡히고 말았다. 그러나 동시에 굴드의 연주에는 해석적 의도성이 있는 것도 사실이었다. 굴드가 고전시대 작품들에 억지로 갖다 씌웠던 비음악적 사운드와 대담한 해석을 알프레트 브렌델 같은 일급 피아니스트가 아직도 온전히 받아들이지 못하고 있는 것도 기실 따져보면 크게 놀랄 일은 아닌 것이다.

최근 발간된 굴드의 전기이자 해석적 분석서인 『글렌 굴드 그리고 천재의 비극』의 저자는 정신과 전문의인 피터 오스왈드다. 오스왈드는 니진스키와 로베르트 슈만의 삶을 정신분석학적 측면에서 접근한 흥미로운 전기를 집필한 바 있다. 아마추어 바이올리니스트이자 굴드의 친구였던 그는 이 책의 출판을 보지 못하고 암으로 숨을 거두었지만, 병마와 싸우던 생애 마지막 몇 주 동안 원고를 마무리하는 집념을 보였다고 한다. 오스왈드의 신간은 피아니스트이자 한 인간으로서 굴드가 보여주었던 터무니없는 행동들을 설명하려 할 뿐만 아니라, 그러한 기행(奇行)과 천재로서 살아가야 했던 운명에 따랐던 슬픈 대가를 구체적으로 연결시키려 노력한 최초의 책이다. 책에 소개되는 일화는 프리드리히의 전기와 크게 차이가 없지만, 오스왈드는 여기에 더해 몇 가지 추가적인 일화와 함께 자신만의 통찰을 덧붙였다. 오스왈드는 굴드의 인생을 이해하는 핵심적인 주제가 바로 그의 잠재울 수 없었던 불안감 및 자신에 대한 병적인 관심과 몰입이 서로 교차되는 자기도취적 패턴이라고 주장하면서, 언제나 대중의 매서운 관심을 받으며 살아야 하는 연주자로서의 삶이 그러한 성향을 부채질했다고 말한다. 그의 무대 위 기벽―다리를 꼰 채로 연주하고, 자신의 연주와 오케스트라의 연주를 지휘하는 듯한 동작을 곁들이고, 콧노래를 흥얼대고, 눈과 손의 높이가 거의 같은 정도로 매우 낮은 의자에 앉아 피아노를 치는 등―은 과시욕구에 따른 것이었지만, 연주 과정에서 자신을 드높은 존재로 변신시키고자 했던 필요―"몸짓의 과시와 음악적 지성의 융합"―의 징후이기도 했다. 오스왈드의 신선한 접근은, 연주자가 특별한 스트레스에 시달리는 존재이며 이들 스트레스가 굴드처럼 위대한 음악가가 소유한 남다른 능력에 의해 (경감되기는커녕) 더욱 심화된다는 사실을 전제로 하고 있다. 오스왈드는 버클리 대학의 여러 의사들과 함께, 열혈 대중을 위한 공연을 준비하고 그 준비의 성과를 보이며 거의 평생을 사는 음악가들이 가지게 마련인 고유의 문제를 전담하는 '공연예술가를 위한 보건단' 소속으로 활동한 바 있다.

몇 년 전인가, 굴드가 탈출코자 했던 공개적인 시련을 "극한 상황"이라 가리키며 희소하고 끔찍한 콘서트 아티스트의 세계에 대해 글을 쓴 적이 있다. 사람들은 피아니스트나 바이올리니스트, 성악가 등이 사실상 다른 그 누구도 할 수 없는 일을 하는 것을 구경하기 위해 적잖은 돈을 내고 공연을 찾는다. 이런 다수의 관객 앞에 노출되는 것만으로도 노이로제가 걸리기에 충분한 일이다. 그러나 시련은 거기서 그치지 않는다. 무대 위에 홀로 선 연주자는 온갖 당황스러운 일이 벌어질지도 모른다는 위태로움에 상시적으로 직면해야 한다. 잠깐의 기억력 상실, 더듬거리다 망가지고 마는 악절, 완전한 착오, 집중력 저하, 손가락 문제 등의 위험이 도처에 도사리고 있다. 거기에 더해 연주자가 난관을 극복하지 못하고 실패하기를 관객이 은근히 기대하고 있다는 기분 나쁜 느낌도 있다. 이런 면에서 연주회는 유혈 스포츠의 요소도 가지고 있는 것이다. 마지막으로, 굴드 또한 느꼈듯이, 무대에 선다는 것은 격한 경쟁의 세계에 던져진다는 것을 의미한다. 이곳은 나를 밟고 올라서려는 다른 음악가들이, 내가 실력이 줄거나 공연을 망치면 기뻐할 경쟁자들이 지천으로 깔린 세상이다. 그들은 나의 공연 일정과 녹음 계약, 개런티, 매니저, 유명세에 촉각을 곤두세운다. 업계가 요구하는 높은 수준의 세련미와 탁월성을 유지한다는 것은 지속 불가능한 수준의 격렬함을 유지하며 살아야 함을 의미한다. 한 번의 콘서트가 끝나거나 한 차례의 녹음 작업이 마무리되기가 무섭게 다음번 프로젝트에 대해 생각하기 시작해야 한다. 굴드와 동시대 예술가 가운데 몇 명만 꼽아보더라도 블라디미르 호로비츠, 게리 그래프먼, 리언 플라이셔, 존 오그던 같은 이들이 원인을 알 수 없는 질환에 무릎을 꿇고 출연 빈도를 줄이거나 경력을 마감해야 했음을 우리는 알고 있다. 하루가 멀다 하고 무대에 홀로 서야 하는 극한 상황이 반복되다 보면 결국에는 몸과 마음이 피폐해지게 마련이다. 그래서 굴드는 반복되는 공연의 고된 인생 항로를 내던졌다. 자신의 삶과 신체를 통제하려는 선천적 의지를 관철하기 위해서였다. 그러나 필멸의 운명마저 내던질 순 없었다.

 위대한 음악가의 연주 메커니즘은 대단히 섬세하고 정련된 것이어서 외부자가 그 내막을 이해하기란 쉽지 않다. 재능 있는 아마추어와 굴드 같은 피아니스트를 갈라놓는 건 종이 한 장이 아니라 대단히 뚜렷한 실선이다. 초견(初見) 연주에 능하고, 악보는 아무리 어렵게 생겨 먹어도 뚝딱 외우고, 악기 앞에 앉아 악보상의 음표 더미를 해독해 즉각 소리로 변환하고, 손가락을 부자연스러운 방식으로 사용하고, 아무 때고 이런 일을 해낼 수 있음을 자신하고(이것이 가장 중요하다), 굴드는 이런 모든 능력의 극한치를 점유한 예술가였다. 그와 견줄 만한 재능을 가진 예술가는 바렌보임 정도다. 수십 곡의 오페라와 교향곡을 암보(暗譜)로 지휘하고, 피아노 연주와 지휘를 병행하며, 이 모든 것을 별다른 연습 없이 해내는 것처럼 보이는 능력의 소유자이기 때문이다. 그러나 미친 에너지를 쏟아붓는 굴드와는 달리, 바렌보임은 이런 일들을 마치 당연한 듯 해낸다. 오스왈드는 어떻게 굴드의 어머니가 아들을 이례적인 음악가로 양육했는지 그 과정을 묘사한다. 완고한 신교도로서 토론토에서 피아노 선생으로 일하던 어머니는, 끊임없이 음악을 들으면 아기에게 음악성을 불어넣을 수 있다고 믿고 임신 중에도 또 굴드가 태어난 직후에도 계속해서 축음기와 라디오를 틀어놓았다. 아기 글렌이 몸을 가누기 시작하면서부터는 무릎 위에 앉혀놓고 피아노 앞에 앉아 아들에게 건반을 눌러보라고 독려했다. 그러면서 동시에 찬송가와 캐나다 민요를 직접 노래해 들려주었다. 오스왈드는 "엄마와 아기, 피아노가 곧 하나가 되었다"고 기술하면서 이것이 "굴드가 성인이 되고서도 기묘한 연주 자세를 고집한 시원이었을지도 모르며, 건반과 매우 가까운 거리를 유지했던 것은 어머니와 악기 사이에 붙어 앉았던 어린 시절의 따뜻한 느낌을 떠오르게 했을 것"이라고 덧붙인다. 소년은 절대음감을 가지고 있었지만, 동시에 묘한 대상에 대한 기피증도 보이기 시작했다. 구슬처럼 둥근 물건을 싫어했고 빨간 소방차를 무서워했다. 그런가 하면 들려오는 특정한 음악에 대해서는 황홀한 반응을 보였으며, 아주 어린 시절에는 〈트리스탄과 이졸데〉를 듣고 눈물까지 흘렸다고 한다. 오스왈드는 "특정한 물체에 대한 뚜렷한 공포, 감정이입 장애, 타인과의 교류 기피, 고립 지향, 습관적 행위에 대한 강박적 집착"처럼 굴드의 유년기에 시작되어 사춘기, 성인기까지 이어진 행동들이 "자폐의 변형인 아스퍼거 증후군의 증상과 닮아 있다"고 진단하며, 이러한 증상은 남달리 천부적인 재능을 타고난 사람들에게서 종종 발견된다고 첨언한다(오스왈드는 비트겐슈타인과 버르토크를 여타 사례로 지목한다).

지성과 공감이 고루 녹아든 오스왈드의 저술이 가진 한 가지 미덕은, 저자가 굴드의 경이로운 재능과 성취를 일련의 정신병리학적 징후로 절하하지 않는다는 점이다. 굴드의 바흐 연주 묘사에는 기쁨과 경탄이 묻어나며, 굴드가 자신이 존경했던 스승들과 피아니스트들(이를테면 슈나벨 같은)의 포옹을 용케 피하는 재주에는 감탄마저 묻어난다. 그의 인생에서 어머니의 역할은 지대했고, 어쩌면 강박적인 완벽 추구의 원인 또한 어머니였을 수 있다. 또한 항상 아들에게서 흠을 찾아냈던 어머니의 습관은 굴드가 후일 관객에게 똑같이 투영한 것이기도 했다. 불안감 가득한 흥분이 넘쳤던 콘서트홀이라는 공간보다 스튜디오라는 멸균 공간을 선호한 것도 어느 정도는 그 때문이었으리라. 스튜디오는 "평화롭고 고립된 오르간 로프트에서 연습하길 즐겼던 어린 시절로 회귀"하는 느낌을 갖게 했던 것이다. 굴드 여사는 신동이었던 아들을 착취로 내몰지 않으려고 각별히 신경을 썼지만, 그럼에도 그에게서 미래의 모차르트를 보았음은 분명한 사실이다. 기이하게도 굴드의 부친—토론토에서 모피상을 경영해 큰 부를 죽적했지만 예술적인 방면으로는 흥미가 없었던—은 결코 아들과 가까운 아버지가 아니었다. 그럼에도 아버지가 어린 아들에게 만들어준 특수한 의자만을 굴드는 평생 사용했다. 엉덩이가 닿는 부분에 붙은 푹신한 쿠션이 모두 해져 없어진 다음까지도 굴드는 이 의자를 버리지 않았다.

이는 곧 글렌이 H자로 된 의자 틀 위에 그대로 앉았다는 것을 의미했다. 대단히 불편했을 것이고 어쩌면 고통스러웠을지도 모른다. 의자 위로 내려앉는 하중이 그대로 그의 가랑이 사이로 선달되었을 테니 말이나. 나무판은 들의 앞뒤로 붙어 있었고, 그 양옆 빈 공간에는 굴드의 엉덩이가 아무런 지지력도 없는 채로 내려앉았다. 그의 체중 전체가 샅과 생식기 쪽으로 내려온 셈이다. … 굴드는 아버지가 만들어준 이 의자를 마치 성물(聖物)이라도 되는 것처럼 조심히 다루었고, 사용하기 불편하다고 불평한 적은 단 한 번도 없었다.

다소 기이한 점은, 오스왈드는 굴드가 이런 맥락에서 보인 피학성에 대해 별달리 언급하지 않는다는 사실이다. 굴드는 만년에 접어들면서 혹독한 자기 관찰과 살인적인 자기 교정(그것들 중 상당수가 인간 신체 작용에 대한 끔찍할 정도로 부정확한 지식에 바탕을 두고 있었다) 성향을 보였고, 이는 실체가 없는 부족함과 상상으로 빚어낸 잘못을 극복하기 위해 스스로를 채찍질하는 모습에 다름 아니었다. 다량의 일기책에는 매시간 측정한 혈압과 체온이 빼곡히 기록되어 있고, 자신의 연주에 대한 불만스러운 논평으로 가득하다. 그 밖에도 어느 손가락, 어느 관절, 어느 근육이 제대로 움직이지 않았는지에 대한 추측과 잠시도 가만히 있지 못하는 심리 상태에 대한 묘사도 다수 관찰된다. 오스왈드는 굴드를 환자로 치료한 적은 없다. 대신 다수의 정신과 및 신경과 전문의를 소개해 주었는데, 굴드는 이 의사들을 만나면서도 자신의 증상에 대한 그 어떤 최종적인 진단도 듣지 못했다. 굴드는 의사들과의 상담 내용과 처방 내용을 다른 의사들에게는 결코 발설하지 않았다. 감염과 질환에 의해 죽을지도 모른다는 그의 공포는 시간이 갈수록 깊어만 갔고, 병원 병석에서 죽음을 기다리던 어머니를 단 한 번도 찾아가지 않은 이유 역시 바로 그러한 공포 때문이었다. 그는 언제나 옷을 껴입었고, 무더운 날씨에도 무거운 외투와 양모 스웨터, 모자를 착용했다. 운동과는 담을 쌓고 살았고, 스크램블드에그 한 접시로 하루 식사를 때우며 연명했다. 그런가 하면 이런 일화도 있다. 레너드 번스타인과 펠리시아 번스타인 부부가 그를 집으로 초대한 적이 있다. 실내에서도 벗지 않으려는 모자를 부부가 간신히 설득해서 벗게 했고, 어찌어찌

하다가 펠리시아가 굴드의 머리를 감겨주게 되었다. 그런데 항상 모자를 착용한 채 실내에서만 생활하는 습관 때문인지 머리칼의 상태가 태어나서 단 한 번도 감지 않은 것 같았다고 한다.

그의 많은 음반을 들으면 느끼게 되는 놀라운 기쁨과 즐거움에도 불구하고 굴드는 지속적으로 고통을 달고 살았던 것 같다. 그는 성욕에 관한 표현을 꺼리는 편이었고, 심지어는 금욕주의자처럼 보이기도 했다. 여성과의 관계 역시—단 한 차례의 예외를 제외하면(그 상대는 유명 피아니스트, 지휘자 겸 작곡가의 아내였다)—짧았고, 대체로 갑작스레 마무리되는 편이었다. 신체 접촉을 꺼렸고, 친구들 역시 기회주의적으로 이용하고 내치기만 할 뿐 교우 관계에서 위로나 자양분을 얻는 쪽과는 거리가 멀었다. 오스왈드의 책은 굴드가 모친이 사망한 1975년 이후부터 지옥과 다름없는 삶을 살았다고 쓰고 있다. 피아노 연주도, 열의를 보이는 것 같았던 라디오 방송과 텔레비전 다큐멘터리 출연도 그에게 별 만족이 되지 못했다. 이는 '남용 장애'와 '반복성 긴장 장애'의 결과이기도 했지만, 그가 오랜 세월 겪었던 고통의 근본 원인은 최고 수준의 연주를 달성코자 노력한 데서 비롯된 심리적 압박감에서 찾아야 마땅할 것이다. 굴드가 질투한, 그리고 어쩌면 선망한 유일한 음악가는 단 하나, 호로비츠뿐이었다(호로비츠 역시 굴곡진 정신의 소유자였다). 굴드는 이 마성의 러시아인보다 자신이 더 나은 피아니스트라고 확신했다. 옥타브도 더 현란하게 칠 수 있었고, 호로비츠보다 더 큰 명성과 주목을 받아 마땅하다고 여긴 것이다. 어쨌든 굴드를 미친 듯한 노력을 기울이지 않을 수 없도록 만든 것은 자신의 음악적 야망을 논리정연하게 표현하고자 하는 불가능한 욕구였다. 그는 작곡가로서는 크게 두각을 나타내지 못했고, 지휘에 처음 손을 댄 것도 1982년 10월 뇌졸중으로 절명하기 직전 쉰의 나이에 접어들어서였다(토론토에서 몇 마일 떨어진 지역의 오케스트라를 고용해 남몰래 지휘봉 테크닉을 연마했다고 한다).

그럼에도 그는 평생 놀라운 수준의 생산성을 보여주었다. 프리드리히는 자신의 저서에 굴드가 출연하고 행했던 연주회, 녹음, 라디오 다큐멘터리, 텔레비전 영상물 등을 빽빽한 목록으로 정리했는데, 그 분량이 자그마치 100쪽이 넘는다. 그가 남긴 음반을 듣고 영상을 보고 에세이를 읽고 하다 보면, 대단히 대위법적이고 다양한 음성을 가진 자기표현 능력에 놀라지 않을 수 없다. 오스왈드는 굴드가 음악과 언어를 동일한 것의 두 가지 다른 모습으로 간주했다고 썼는데, 참으로 정확한 관찰이라 본다. 심지어는 삐딱하고 심술궂은 말을 할 때조차도("모차르트는 요절한 게 아니라 너무 오래 산 것이다"라고 말했던 것이 좋은 예다) 최소한 그의 견해를 논박하고 그의 독법에 이의를 제기할 순 있다. 굴드에게 매번의 공연은 문자 그대로의 의미에서 읽기 행위였다. 정교하고 자기의식적인 그의 연주를 들으면 작품이 주장을 펼치고 핵심을 짚으며 통찰력 있는 형태를 창조하는 것이 느껴진다. 또한 굴드의 연주에서는 언제나 대단히 우수한 조직력을 느낄 수 있다. 이러한 조직력은 '피아노 음악 특유'의 효과나 색채, 루바토, 소리의 수채화적 성격을 일절 삼가면서 대신 아티큘레이션*과 명징한 성부 운용, 가장 낮은 저음까지 모든 소리를 낱낱이 정복하고 통제하려는 지향에서 비롯되었다. 나는 지금껏 몇몇 주요 피아니스트가 '음악성'이 부족하다며, 혹은 '프레이징'이 서툴다며 굴드를 폄하하는 걸 들은 적이 있다. 그때마다 내가 깨닫지 못했던 점은, 굴드가 사실상 모든 아마추어 및 프로페셔널 피아니스트가 배워야만 하는 전통적 수사법에 반대하는 입장이었다는 사실이다. 그는 그 어느 교습 전통이나 특정 국가의 악파(폴란드, 오스트리아, 러시아, 혹은 프랑스 등)를 편든 적이 없다. 한 번도 대놓고 그렇다고 말한 적은 없지만, 그는 바흐 푸가나 바그너 편곡판을 연주할 때마다 매번 자신을 새롭게 창조하는 데 골몰했다고 나는 믿

* 음악적 의미 전달을 위해 선율을 분명한 단위로 구분하여 연주하는 것. 낭독에 비유하자면 끊어 읽기와 비슷한 개념이다.

는다. 그의 연주는 독창성과 참신함을 가지고 스스로에 대해 이야기하는(시인 제라드 맨리 홉킨스의 말마따나) 과정에서 언제나 무엇인가를—그것이 하프시코드가 되었건, 피아노포르테가 되었건, 혹은 인간의 음성이 되었건—떠오르게 한다.

굴드가 만년에 쓴 일기와 공책을 조사한 오스왈드는 그가 난경(難境)에 처한 음악가였다고 추측했다. 통제에 대한 욕구는 아무리 해도 채울 수 없었고, 고독한 처지로 고군분투하는 생활은 점점 더 그의 삶을 갉아먹었다. 건강은 갈수록 악화되었고, 그 결과 그의 몸은 도저히 버텨낼 수 없는 지경까지 내몰렸다. 살날을 몇 년 남기지 않은 굴드의 완벽 추구 성향은 오히려 더 심화되었다. 그 이유를 오스왈드는 이렇게 푼다.

어머니를 잃은 충격이 컸다. 굴드의 의식적·무의식적 기억 속에서 어머니는 끊임없이 실수를 교정해주는 존재였고 또한 완벽을 향해 진일보하도록 촉구하는 존재였다. 이제 어머니가 가고 없는 세상에서 굴드는 이러한 비평적 기능을 오롯이 자신의 내부에서 해내야만 했다. 어머니의 균형적인 영향력에서 단절된 그는, 대화, 저술, 녹음, 라디오 및 텔레비전 프로그램 등 그가 손을 댄 모든 것에 적용한 것과 같은 강박적 분노를 피아노 연주라는 문제에도 그대로 적용했다.

굴드가 직면해야 했던 또 다른 난관은 피아니스트, 지식인, 작곡가, 지휘자로서의 여러 정체성을 하나로 모아내기가 어려웠다는 점이다. 부득이 피아니스트로서의 정체성이 다른 정체성들을 압도했겠지만, 피아니스트로서의 역할만 가지고서는 다형적(多形的) 욕구를 만족시킬 수 없었다. 굴드는 속세를 떠난 듯 고립되어 살았고, 그러면서도 활동의 초점을 하나로 고정하지 못해 더더욱 번민했다. 오스왈드는 혹여 이러한 정황이 "어머니의 지도하에 유년시절부터 형성되어 온" 피아니스트로서의 일차적 이미지를 소멸시킨 것은 아닌지 물음을 던진다. 굴드는 많은 의사들에게 진료를 받으며 상태가 호전되기를 바랐지만, 그러면서도 본격적인 정신 분석에는 자신의 몸과 마음을 내어주지 않았다. 오스왈드의 글은 대단히 신중한 편이라서 굴드의 그러한 마지못함도 일종의 병증이라고 단언하진 않지만, 책의 내용이 주는 인상은 그러하다.

굴절된 성격과 행동이 굴드가 클래식 음악의 해석자로서 달성코자 했던 목적과 직결된 대가였음에는 의문의 여지가 없다. 그렇다면 이러한 특징이 비단 굴드에게만 국한되지 않는 예술가의 대표적 전형일까. 아니면 굴드가 유별나고 기이한 케이스였던 것일까. 굴드는 연주회의 경쟁적 분위기, 천박성, 탐욕, 쇼비즈니스적 성격(노먼 레브레히트가 쓴 책에는 음악계의 이러한 측면이 낱낱이 공개되어 있다)을 통렬히 비판했지만, 동시에 그는 상당한 물질적 부를 벌어들인 인물이기도 했다(굴드는 유산의 대부분을 구세군과 토론토 소재 동물복지협회에 남기고 떠났다. 오스왈드의 책에 등장하는 가장 흥미로운 사진은 굴드가 캐나다 모처의 암소 무리 앞에서 노래하는 장면을 찍은 사진이다). 컬럼비아 레코드사와의 계약 관계를 자기 뜻대로 관리하고 유지했다는 점 또한 우리가 굴드에게서 좀처럼 떠올릴 수 없는 그의 세속적 측면 가운데 하나다. 굴드의 여러 전기에 다수 언급되었던 것처럼, 그가 매일 가장 먼저 전화를 거는 상대는 증권 중개업자였다고 하며, 따라서 최소한 금전 문제에 대해서만큼은 자기 일을 착실히 처리해나가는 편이었다고 보아도 좋다. 굴드의 비극은 동시대의 사회적·문화적 관습으로서의 음악 연주에서 유리된 연주자였다는 데에 있다. 리스트처럼 재능이 막강했던 음악가마저도 자신의 음악과 친구들의 음악을 더불어 연주했다. 모든 연주자와 감상자가 앰프의 다이얼을 만지작거리는 것만으로도 '창조적'이 될 수 있다고 확신했던 굴드의 장밋빛 믿음에도 불구하고, 오늘날의 피아니스트들은 과거의 음악만을 고집한다.

레브레히트는 클래식 음악산업이 과잉으로 치닫는다며 한탄 섞인 원망을 쏟아내지만, 그의 시각이 가진 문제점은 과잉으로 치달을 수밖에 없는 산업의 생래적 본질을 충분히 인지하지 못하고 있다는 것이다. 피아노와 바이올린 연주 혹은 노래가 일단 직업적 활동이 되면, 즉 거기에 돈이 결부되기 시작하면, 이례적으로 재능이 뛰어난 개인이 공연에 대한 대가로 많은 금액의 개런티를 요구하는 것을 흠잡기가 힘들어진다. 굴드는 이런 생리를 아주 잘 알고 있었으면서도 자신이 실제로 추구하는 바는 경제적 보상 이외의 것—어떤 대가를 치르더라도 달성코자 했던 완벽한 아티큘레이션, 관례로는 설명하기 힘든 자기 인식, 건강하고 안녕한 신체 상태가 아니라 부자연스러운 자기 투영을 전제로 한 생활 방식 등—이라는 인상을 주려 항상 노력했다. 그는 믿을 수 없는 재능뿐만 아니라 아이러니한 존재 그 자체로 자신을 구원하려 한 예술가였다. 이는 지나치게 높은 몸값을 요구하는 스타들과 그들에게 아양을 떨며 기생하는 홍보 담당자들, 기력 없고 가망 없이 상상력 부족한 레퍼토리만을 선호하는 흥행주들로 가득한 현 음악계에서 도무지 찾기 힘든 덕목이다. 굴드는 스스로를 무겁게 여기면서도, 복싱 선수 도미니코 파트로노, 배우 마이런 키안티, 음악학자 험프리 프라이스-데이비스 경, 지휘자 나이젤 트위트-손웨이트 등 본인이 고안해낸 가상 인격을 흉내 내며 스스로를 조롱하는 데도 스스럼이 없었다. 자신의 병적 집착과 약점에 눈 돌리지 않으면서도 동시에 다른 방향으로 튀어나가는 변덕스런 충동에 탐닉한 그의 자기 인식은 정말로 값진 것이었다. 그에 관한 모든 것은 어떻게든 불안한 대조와 교착의 상태를 보였지만, 그로 인해 우리가 경험하는 바는 대단히 풍성하다.

〈피델리오〉에 대하여 *

〈피델리오〉는 공연 수준이 그만저만할 때조차도 관객을 흔들 수 있는 힘을 가진 유일한 오페라라 해도 과언이 아니다. 그러나 〈피델리오〉는 대단한 문제작이기도 한데, 장대한 승리로 장식되는 결말과 선이 악을 이긴다는 메시지에만 집중해서는 당시 베토벤이 씨름하던 바의 핵심을 찌를 수 없다. 플롯이 까다로운 건 아니다. 또한 베토벤이 영향을 받고 높이 평했던 당대의 프랑스 오페라처럼 길고 복잡한 작품도 아니다. 사실 〈피델리오〉가 여러 오페라극장에서 성공을 거둘 수 있었던 데에는 다부지게 다져진 규모도 한몫을 했다. 헌신적인 아내가 억울하게 감금된 남편을 구해내고, 포악하고 잔인한 스페인 고관의 흉계를 저지하고, 마구잡이 이유로 지하 감옥에 갇힌 다른 죄수들을 구해내는 등의 이야기가 대단히 팽팽한 긴장 속에 진행되는 2막 구성 속에 모두 녹아 있는 것이다. 그러나 다른 대부분의 오페라와 달리 〈피델리오〉는 과거가 복잡한 작품이고, 1814년 5월 23일 빈에서 '최종' 형태로 공개하기까지 엄청난 노력이 투자된 오페라다. 베토벤이 완성한 유일한 오페라인 〈피델리오〉는 작곡가에게 엄청난 고통을 안겨주었고, 엄청난 애정과 수고를 쏟았음에도 그에 값하는 대중적 성공이나 심미적 확신을 얻지 못해 끝내 불만스러운 구석을 씻지 못한 작품이기도 하다.

* 《더 런던 리뷰 오브 북스》, 1997년 10월 30일.

우리에게 알려진 〈피델리오〉는 여러 차례 개정을 거쳐 지금의 형태로 굳은 것이다. 우선 최초의 판본은 1805년 〈레오노레〉라는 이름으로 제작된 3막 오페라다. 이를 베토벤은 1806년에 2막 구성으로 줄여 다듬었고, 그리고 1814년과 1815년에 다시 첨삭과 변경을 가해 〈피델리오〉라는 이름으로 다시 무대에 올렸다. 그게 다가 아니다. 〈피델리오〉는 네 가지 다른 형태의 서곡이 존재하는 유일한 오페라다(세 개는 〈레오노레〉에 붙인 서곡이고, 하나는 1814년 버전인 〈피델리오〉에 붙은 것이다). 이들 서곡은 지금까지도 콘서트홀에서 왕왕 연주되는데, 한 가지 흥미로운 사실은 네 곡 가운데 최종 작품인 〈피델리오 서곡〉은 오페라에 쓰인 선율을 전혀 사용하지 않는다는 점이다. 여러 음악학자들과 음악가들의 노고에 힘입어 이제는 최초 판본인 1805~1806년 〈레오노레〉도 꽤나 정확한 형태로 접할 수 있게 되었고, 근년에는 연주와 녹음도 이루어지고 있다. 1996년에는, 내가 아는 것만 하더라도 두 차례의 중요한 〈레오노레〉 공연이 있었다. 존 엘리엇 가디너와 '혁명과 낭만 오케스트라'가 우선 뉴욕에서, 그리고 이어서 잘츠부르크에서 연주회 형식으로 이 작품을 공연한 것이다. 곧이어 역시 잘츠부르크 오페라극장에서는 게오르그 숄티의 〈피델리오〉 무대가 있었고, 뉴욕에서는 쿠르트 마주어와 뉴욕 필하모닉이 연주회 형태로 〈피델리오〉를 공연했다. 마주어의 콘서트는 극히 시끄럽고 지루하기만 해서 가디너의 역동적인 구상 및 실행력과 극명한 대조를 이루었다.

　가디너는 〈피델리오〉보다 〈레오노레〉가 더 흥미로운 작품이라는 자신의 믿음을 뒷받침하기 위해, 직접 작성한 기백 넘치는 원고를 뉴욕 공연 프로그램 책자에 기고하기까지 했다. 그 글에서 가드너는 이렇게 주장한다. "1805년판 〈레오노레〉에는, 빈으로 거점을 옮기고 비교적 안락한 생활에 젖어든 베토벤이 과거 본 시절 잉태한 뜨겁고 혁명적인 열정과 이상주의를 다시 회복하기 위해 애쓴 흔적이 역력하다. 공포에 직면한 자아가 끊임없이 이상을 모색하는 과정에서 빚어진 작품이 〈레오노레〉라면, 이와 반대로 〈피델리오〉는 압제와 불평등, 자유와 자기희생 같은 이슈에 대한 베토벤의 차분하고 정적인 응답을 상징하는 작품이다." 〈레오노레〉는 "그 감정이 강렬하고 순수"하기에 극적 효과가 있다는 설명이다. 반면 가디너는 〈피델리오〉에는 짜디짠 평가를 내린다. "개인적이고 인간적인 복잡성"을 내던지고 "추상적인 집합체와 철학적 메시지"를 강화했다는 것이다. 가디너는 "히틀러의 생일 축하연에 이용당한" 작품이 〈레오노레〉가 아니라 〈피델리오〉였던 것도 "그 유감스러운 국수주의적 찌꺼기" 때문이었으며, 〈게르마니아〉 및 〈웰링턴의 승리〉와 함께 베토벤이 당시 유럽을 지배하던 반동적 분위기에 영합하기 위해 본인의 영웅적 작곡 양식을 마음대로 원용한 작품이 또한 〈피델리오〉라고 주장한다. 베토벤이 1815년 최종판 〈피델리오〉에도 결코 만족하지 못했다는 그의 지적 또한 타당하다. 빈 회의에 맞춰 공연되어 그 권위를 더한 판본임에도 불구하고, 또한 11년에 걸쳐 지나치다 싶을 정도로 수고를 기울인 작품임에도 불구하고, 베토벤은 처음부터 다시 고쳐 쓰고 싶다고 종종 불평하곤 했다. 가디너의 결론은 이러하다. "베토벤이, 자신이 처음부터 품었던 생각을 모두 강화하고 나듬은 작품이 〈피델리오〉라는 주장은 오류"이며, "나른 판본의 상점을 모두 포괄하는 최종 판본은 존재하지 않는다."

　가디너의 주장에 동의하건 않건 간에, 〈피델리오〉는 〈레오노레〉가 제시한 바를 이어받은 오페라로 간주해야 한다. 〈피델리오〉는 스스로의 과거를 담보로 잡힌 오페라다. 그 과거란 세 가지 다른 판본의 중심 주제이자, 작곡가로 하여금 '이만하면 됐다' 하고 적정선에서 타협할 수 없게 만든 그 무엇이자, 베토벤이 사용한 '구출 오페라'라는 기성 형식의 붙박이 특징들을 어지럽게 만드는 그 무엇이다. 나는 〈피델리오〉라는 작품을 하나의 종착점으로 보기보다는 베토벤이 구성했던 작품의 획징형과 심화형으로 이해하고, 가디너가 〈레오노레〉에서 간취해내는 투쟁의 진행형으로 이해한다.

메이너드 솔로몬은 1813년이 베토벤에게는 유독 생산성 낮은 한 해였다고 했다. 가물었던 한 해를 보내고 난 뒤 베토벤은 "이데올로기적이고 장대한" 양식에 의존해 "과장된 수사법과 '애국적'인 과장으로 가득한" 조악한 작품을 연달아 썼다. 솔로몬은 이들 작품이 "베토벤이 예술가로서 최악의 저점을 보내고 있음을 알리는 표지석"이라고 보았다. 〈웰링턴의 승리〉를 비롯해 빈 회의를 위해 쓴 여러 악곡들이 여기에 해당하며, 〈레오노레〉가 〈피델리오〉가 된 1814년이 또한 바로 이 시점에 해당한다. 솔로몬은 이 '이데올로기적이고 장대한 양식'의 연원을 1790년대까지 거슬러 잡는다. 이를테면 〈요제프 2세 추모 칸타타〉, 〈레오폴트 2세 즉위 칸타타〉 같은 작품과 프리델베르크의 가사에 붙인 군가에서 젊은 베토벤이 사용한 양식이다. 그러나 핵심적인 작품들—솔로몬은 〈교향곡 3번〉과 〈교향곡 5번〉, 〈피델리오〉, 극 부수음악 〈에그몬트〉를 거론한다—에서는 이처럼 공격적인 군대풍의 양식이 "은근하고 심오한 표현 형식으로 승화되었다"며 차별을 두었다. 〈피델리오〉가 공개적인 방식으로 전례들을 떠오르게 하는 것은 놀랄 일이 아니다. 어쩌면 좋았던 과거에 대한 강박적 집착일 수도 있는 것이다. 잘 알려진 사례가 제2막 제2장에 등장한다. 국왕의 법무대신 돈 페르난도로부터 플로레스탄을 사슬에서 풀어주어도 좋다는 승낙을 받은 레오노레가 남편에게 다가선다. 음악은 A장조에서 F장조로 조바꿈되고, 감동적인 오보에 독주와 합창은 〈요제프 2세 추모 칸타타〉에서 거의 그대로 빌려온 듯한 음악을 연주한다. 지금까지 격동과 혼돈으로 가득했던 장면은 이 대목으로 인해 장엄한 평정 상태로 전이된다. 오페라의 마지막 장면에서는 〈교향곡 5번〉의 피날레가 메아리처럼 들려온다. 몇 번이고 두드리며 다짐을 받는 듯한 C장조 음악은 으뜸 조성을 확실히 함으로써 혹시라도 남아 있을지 모를 그늘을 완전히 몰아내는 역할을 한다.

〈피델리오〉를, 베토벤에게 중요한 선례가 된 작품이자 그가 씨름한 대상인 과거의 일부이기도 한 〈여자는 다 그래〉에 대한 멋진 반격으로 해석하는 것도 가능하다. 우선 두 작품에는 모두 가장(假裝)이 주요 장치로 등장한다. 물론 가장의 의도는 〈여자는 다 그래〉쪽이 단연코 음험하며, 베토벤은 피델리오의 가면을 벗김으로써 부부간의 신의라는 부르주아의 이상을 강조한다. 기억은 〈여자는 다 그래〉에서는 쾌락 추구라는 목적에 걸림돌이 될 뿐이지만, 〈피델리오〉에서는 등장인물의 핵심적 일부를 이룬다. 그러나 베토벤이 강조하는 바—인내, 절개, 도덕적 품성—의 핵심에는 사라지지 않는 모순이 존재하는 것처럼 보인다. 모든 긍정과 모든 진실의 순간은 각자의 부정(否定)을 동반한다. 마치 사랑과 부부간의 정절의 기억에는 그것을 지워 없앨 무언가 위험이 따라붙는 것처럼 말이다. 대부분의 음악평론가들은 베토벤의 영웅적 중기에 해당하는 작품을 논평하면서 곡의 결미를 장식하는 승리주의의 메시지밖에 읽지 못하는 경향을 보인다. 최근에 스콧 버넘의 그런 단순한 시각을 접한 바 있고, 폴 로빈슨은 〈피델리오〉가 프랑스 대혁명을 극화한 그리 복잡하지 않은 작품이라는 의견을 피력하기도 했다. 그러나 〈피델리오〉라는 오페라가 완성되는 과정에서 포함된 바와 기각된 바를 모두 고려하여 좀 더 면밀히 들여다보면, 훨씬 다의적이고 자기의식적인 투쟁이 눈에 들어온다. 〈피델리오〉는 그 외양으로 드러나는 것보다 훨씬 까다로운 오페라인 것이다.

이 투쟁은 오페라 첫머리부터 확연하다. 간수 야퀴노가 (그의 고참 간수인 로코의 딸) 마르첼리네에게 어서 결혼을 약속해달라고 조르며 서로 옥신각신하는 장면인데(마르첼리네는 아버지의 조수인 피델리오, 즉 변장한 레오노레에게 이미 마음을 빼앗긴 상태라 그런 야퀴노가 귀찮기만 하다), 대부분의 평론가들은 이 장면을 그저 경박한 것으로 치부하고 넘어가고 만다. 이 오페라의 많은 부분이 그러하듯, 이 장면 또한 서로 섞이지 않는 요소들이 혼재하는 하이브리드다. 이는 곧 베토벤이 오페라 전체에 걸쳐 나타내고자 하는 격동성과 긴장을 창출한다. 첫 장면은 욕구와 희망의 불일치를 보여준다. 야퀴노는 마르첼리네와 단둘이서만 있고 싶어 하고, 마르첼리네는 그런 야퀴노가 성가셔 밀어내려 하며, 그런 둘의 승강이 사이로 피델리오가 눈치 없이 끼어든다. 이 세 인물은 시간에 대한 관념마저 제각각이다. 사랑에 빠진 청년은 시간을 놓치는 것이 안타까워 급하기만 하고, 마르첼리네에게 시간은 곧 미래로 향하는 희망이며, 피델리오에게 시간은 참고 기다려야 하는 세월이다. 피델리오가 처음 등장하는 순간은 그 장면의 상징적 무게를 짊어지고 있다. 그리고 베토벤은 이 대목에 세심한 지시를 덧붙였다. 젊은 남자로 변복한 레오노레, 즉 피델리오는 식량 궤짝을 등짐처럼 짊어지고 한쪽 손에는 편지 상자, 다른 쪽 손에는 쇠사슬 꾸러미를 들고 무대에 오른다. 그 모습은 관객에게 피델리오가 식량 공급을 담당하는 존재인 동시에 투옥된 남편 및 동료 죄수들과 마찬가지로 과거의 행동 때문에 지금의 곤경을 겪고 있는 인물이라는 점을 알린다.

로코가 등장하고, 베토벤은 이를 기회 삼아 옥타브 간격의 돌림노래 사중창 '놀라운 감정이 나를 채우네'로 도입 장면에 등장한 네 인물을 하나로 묶는다. 이 역시 〈여자는 다 그래〉 제2막의 카논에서 착안한 것이다. 카논을 채택한 작곡가의 심중은 양쪽이 매우 비슷했던 것 같다. 엄격하고 학구적이기까지 한, 그러나 동시에 생각을 요하는 형식으로써 등장인물들 각각이 서로 병존할 수 없는 감정들을 표현하게 한 것이다. 〈피델리오〉는 앞에서도 언급했듯 서로 화해 불가능한 것들이 뒤섞인 문제작이며, 이는 베토벤이 단언코자 하는 바를 방해하고 복잡하게 만든다. 사중창은 그러한 점 역시 부각시킨다. 장 니콜라 부이의 원작 희곡「레오노레, 혹은 부부간의 사랑」(1798년 베토벤에 앞서 피에르 가보라는 작곡가가 이미 오페라화한 바 있다)은 전적으로 예측 가능한 구출 플롯에 의해 진행되는 작품이다. 잘못된 일은 바로잡혀지고, 죄수들은 석방되는 것이다. 〈피델리오〉에서는 원래 있던 권력이 축출되고 그 자리에 최소한 이전 권력보다는 수용 가능한 새로운 권력이 들어선다. 냉혹하고 난폭한 폭군 피차로가 물러나고 빛과 진실의 사절인 돈 페르난도가 등장하는 것이다. 좋은 방향으로의 변화이긴 하나 권력 이동의 이유를 관객으로서는 알 수 없다. 플로레스탄과 레오노레, 피차로 등은 알 수 없는 무대 밖 존재가 선과 정의를 행사했다고 짐작할 뿐이다. 돈 페르난도는 자신을 보낸 사람이 국왕이며 따라서 자신은 대리인일 뿐이라는 점을 분명히 한다.

    베토벤이 이처럼 정치적 내막을 구구절절 설명하지 않고 간소하게 표현한 이유에 대해서 많은 추측이 있어왔다. 그러나 이를 베토벤이 프랑스 대혁명에서 목격한 거대한 해방의 물결을 극적 형태로 표현하려 했던 시도로 이해하는 것은 지나치게 쉬운 설명일뿐 더러 정확하지도 않다고 나는 생각한다. 오페라에서 벌어지는 사건은 정치적 절차의 표상이라고 보기에 흡사 마술인 양 너무도 순식간에 벌어지고 지나가버린다. 바그너와 모차르트와는 달리 베토벤은 딱히 다독가(多讀家)도 아니었고 철학에 관심도 많지 않았다. 실러와 괴테 같은 동시대 시성(詩聖)들의 작품은 읽었지만, 철학적 사상이나 역사관 같은 문제에 대해서는 초심자나 진배없었다. 〈피델리오〉는 역사적 사건이나 인류사에 대한 일반론보다는, 무대 공연을 위해 말과 음악을 어떻게 하나로 뭉칠 것인가 하는 실제적인 문제에 우선 관심을 두고 있다. 베토벤은 부이와 가보가 남긴 기성품 같은 스토리라인을 출발점으로 삼아 음악을 시각적·언어적인 가소성(可塑性) 물질로 번역하기 위해 노력했다. 그러나 이는 생각보다 어렵고 낯선 작업이었다. 특히 여성을 향한 강한 감정을 표현해야 할 때는 더더욱 그러했다. 모든 베토벤 전기작가들이 썼듯이 베토벤은 손에 넣을 수 없는 여인들만을 사랑했고, 〈레오노레〉를 쓰기 시작할 무렵에는 특히 상저받기 쉬운 상태에 처해 있었나. 요세삐네 나임 백작부인—베토벤이 강력한 사랑의 감정을 피력했지만 그녀는 그의 사랑을 거절했다—에게 보낸 편지의 일부를 보면 당시 힘들어 하던 그의 심정을 짐작할 수 있다.

도대체 왜 모든 단순한 안부 인사를 넘어서는 감정—모든 것을 뛰어넘는 감정—을 표현할 수 있는 언어는 없는 것인지—오, 그 누가 '당신'에게 이름을 붙일 수 있을지—그리고 '당신'에 대해 아무리 많은 말을 하더라도 느끼지 못할—결코 닿을 수 없는—'당신'에게—오로지 음악을 통해서만이—아, 내가 말보다는 음악에 더 능하다고 해도 지나친 자만은 아닐진대—'당신', '당신', 나의 모든 것이자 나의 행복이여—아, 그렇지만—비록 조물주께서 가지신 재능을 내게 아낌없이 나누어주셨음에도 심지어 '내 음악'에서조차 나는 그리할 수 없소. '당신'에게는 모든 게 부족하오.

요제프 존라이트너가 쓴 서툰 대본을 해석하기 위해 베토벤의 이 격정으로 넘쳐흐르는 편지의 내용이 가진 의미를 과다 투영하여 확대 해석해선 안 될 일이다. 그럼에도 〈피델리오〉가, 베토벤이 음악적 충동을 오페라의 말과 행동으로 옮기는 과정에서 경험했던 괴로움을 반영한 작품이라는 점만은 뚜렷하다. 음악이라면 자신이 있다고 생각했는데, 막상 자신의 감정을 선율언어로 표현하는 과정에서 느낀 실망감은 이만저만이 아니었던 것이다. 이 점이 가장 부각되는 지점이 제2막 플로레스탄과 레오노레가 부르는, 강력하면서도 말문을 잇지 못하는 듯한 이중창 '오 이름 붙일 수 없는 기쁨이여'다. 지하 감옥에 갇힌 플로레스탄은 제1막 내내 거의 모습을 드러내지 않으며, 레오노레 역시 젊은 남자로 변장해 로코의 일을 돕고 마르첼리네의 은밀한 연정의 대상이 되어 있는 상태다. 두 사람 모두 서로에게 말조차 걸 수 없는 처지였던 것이다. 그러다가 지하 감옥에서 펼쳐지는 격정적인 사중창 '그는 죽은 목숨'에서 레오노레는 비로소 자신의 정체를 드러낸다. '마술 같은' 나팔 소리가 두 번 들려오고, 비로소 피차로는 자신의 흉계가 실패로 돌아갔음을 깨닫는다. 마침내 남편과 아내는 서로를 마주 보고 사랑의 감정을 쏟아낸다. 〈레오노레〉의 이 대목에는 부부 사이의 꽤 긴 대화가 등장한다. 서로를 발견하고 서로의 존재를 확인하며, 갑자기 찾아온 지극한 행복을 차츰 받아들이는 과정인 셈이다. 그러나 〈피델리오〉에는 이 대화 부분이 거의 깡그리 삭제되었다. 부부의 이중창은 양쪽 버전이 큰 차이가 없긴 하지만, 흥분감과 짜릿함은 〈피델리오〉 쪽이 더 강하다.

부부가 재회하는 순간의 심리적 진실성은 초판 쪽이 단연코 앞선다. 개정 작업을 통해 대화를 삭제한 이유는 사건의 생생함을 강조하기 위해서였던 것으로 보인다. 주절주절 지난 이야기를 읊어대는 장애물을 놓을 필요가 있겠는가 하는 계산이었겠지만, 그 덕분에 극적 신빙성도 따라서 사라져버렸다. 마치 어두침침한 감옥—제2막 초반부에 그토록 공들여 표현하고 묘사한—에 기거하던 캐릭터를 낚아채 언어와 일상적인 의사소통이 불가능한 고차원적이고 심지어 형이상학적인 세계로 돌연 끌어올린 것만 같은 모양새다. 부부가 재회하고 부르는 이중창의 가장 두드러진 특징은 과장법 가득한 표현이 엄청나게 많다는 점이다. 기쁨은 이름 붙일 수 없고(namenlose), 슬픔은 입에 담을 수 없으며(unnennbar), 행복은 너무도 엄청나다(übergross)고 부부는 입을 모은다. 이러한 표현은 이중창에 걸쳐 몇 번이나 되풀이되며 마치 흥분감에 숨이 막혀 말을 더듬는 듯한 특징을 부여한다. 마치 다임 백작부인에게 보낸 베토벤의 편지가 그랬던 것처럼 말이다. 거기에 더해 이중창에는 독특한 모티프가 반복해서 등장한다. 뭔가를 손에 넣기 위해 안간힘을 쓰듯 상행(上行)하는 음형(音型)이 그것이다. 이는 앞선 부분에 일관되었던, 대체로 구슬픈 음악의 특징과 뚜렷한 대조를 이룬다. 예를 들어 플로레스탄의 무덤 자리를 파는 로코와 피델리오가 굶주린 죄수의 처지를 불쌍히 여겨 먹을 것과 마실 것을 주며 부르는 삼중창은 2도와 3도 음정으로 떨어지는 선율 음형이 감정의 기조를 제공한다.

제2막 첫머리에 나오는 플로레스탄의 아리아 '세상의 아름다운 봄날에도'의 주요 주제에서도 하행(下行) 음형은 중요한 몫을 담당한다. 피차로의 지하 감옥의 황막한 고요 속에서 과거를 회상하는 노래로, 〈레오노레 서곡〉 세 편에 모두 쓰인 하행 음형이 그대로 쓰이고 있어서 친숙할 것이다. 플로레스탄의 아리아는 좀 더 면밀히 살펴볼 가치가 있는데, 그가 지었다는 죄의 성질이 무엇인지 최소한 짐작이라도 할 만한 대목이 여기밖에 없기 때문이다. 플로레스탄의 편의를 너무 봐주는 것 아닌가 싶을 정도로 친절한 간수 로코는, 제1막에서 플로레스탄이 투옥된 건 강력한 정적들을 알고 있기 때문이라는 점만을 관객에게 알려준다. 이제 죄수 본인의 입으로 듣는 설명은 이러하다. 젊은 시절 "감히 진실을 말하려 했고, 이 쇠사슬이 그 대가이다." 플로레스탄이 말하는 진실이란 과연 무엇인지 베토벤은 알려주지 않는다. 다만 그가 피차로의 '반역에 해당하는 죄'(이 역시 정확히 무엇인지는 알 수 없다)를 성토했으며, 투옥되어 살아도 사는 게 아닌 처지, 곧 생매장당할 처지에 놓인 플로레스탄은 영영 과거의 말을 주워 담을 수도 없고 다시 입에 올릴 수도 없는 입장이라는 점은 분명하다. 그 진실이란 (바깥세상에 있는 그의 정적들에게는) 너무도 위협적인 것이어서 일단 뱉고 나면 다시 말할 수조차 없는 것이다. 플로레스탄이 했다는 말이 어느 정도 정치적인 성격을 가진 발언이었으며, 조리가 서 있고 위험할 정도로 효과적이었다는 점 또한 추정해볼 수 있다. 마지막 장면에서 법무대신 돈 페르난도는 플로레스탄을 가리켜 "진실을 위해 싸운" 고귀한 영혼이라고 추어올린다. 그러나 그 진실이 과연 무엇인지는 〈피델리오〉에서도 〈레오노레〉에서도 밝혀지지 않는다. 세 판본 모두에서 플로레스탄은 진실을 말하는 것이 응당 해야 할 일이었다고 자위하지만, 그렇다고 해서 말 못 하게 무거운 정치적 책임마저 경감되는 것은 아니다.

나락으로 떨어지기 전까지일 뿐이지만, 이야기를 온전히 지배하는 존재는 오로지 피차로뿐이다. 감옥도 그의 것이고 성채도 그의 것이니 자기 뜻대로 하면 되고, 하수인들과 죄수들은 모두 그의 지배하에 놓여 있다. 피차로는 복수심에 불타는 잔인한 인간이며, 비록 일차원적인 인물이긴 하지만 절대 얕잡아 볼 순 없는 인물이기도 하다. 카를 달하우스는 〈피델리오〉에 관한 유명 논문에 쓰기를, 조연들—로코, 마르첼리네, 야퀴노 같은—은 그들의 계급 취향과 편향에 맞추어 목가적인 분위기를 만들려고 하는 반면, 그보다 높은 계층에 속하는 것으로 짐작되는 플로레스탄과 레오노레는 형제애와 자유에 기반한 유토피아를 지향하는 쪽이라고 했다. 그리고 피차로는 양쪽 계층을 극적으로 돋보이게 하는 존재다. 이재(理財)에 밝은 기회주의자 로코에게 살인 공범자 노릇을 강요함으로써 목가적인 분위기를 깨고, 정치적 유토피아와는 정반대의 디스토피아를 상징하는 존재가 바로 피차로인 것이다. 그는 또한 미래를 내다보기보다는 현재에 집중하는, 감각적인 본능에 이끌리는 인물이다. 플로레스탄에게 복수함으로써 묵은 원한을 푸는 것은 물론이요, 직접 행하는 살육 행위에서 쾌감을 느끼는 것이다.

그러나 피차로는 자신의 흉계를 실행에 옮기지 못한다. 레오노레와 로코가 무덤을 파고 피차로가 오랫동안 염원해온 자기실현을 목전에 둔 바로 그 클라이맥스의 순간, 베토벤은 레오노레로 하여금 피차로와 남편 사이에 끼어들어 피차로에게 총을 겨누게 하고, 바로 그때 나팔 소리가 그야말로 절묘한 타이밍에 들려온다. 〈피델리오〉의 다른 어떤 부분보다 많이 회자되고 논의된 대목이다. 많은 논평가들이 천우신조라 할 나팔 소리가 자유의 상징임은 물론이요, 희망, 새로 도래한 부르주아의 세상, 인본주의의 종말 등등을 의미한다고 나름의 해석을 내놓았다. 한편 아도르노는 1955년 다름슈타트에서 가진 강의 '극장-오페라-시민의 전환'에서 기민하고 독특한 관점을 제시했다. 여기서 그의 주장 전체를 요약하진 않겠지만, 강의의 골자는 오페라를 부르주아적 형식으로 특정하여 파악하는 것이었다. 아도르노는 강의에서 이렇게 말했다.

〈피델리오〉의 팡파르는 … 옥방(獄房)의 영원한 지옥문을 부수어 열고 압제에 종언을 고하는 저항의 순간을 완성하는, 거의 제례에 가까운 소리이다. 허구와 미신이 계몽주의와 서로 물려 들어가는 이 순간은 오페라라는 장르가 본질적으로 부르주아의 것이라 규정한다. 즉, 비자각적인 체제에 대한 맹신에 갇힌 통념과 그러한 가운데서 발아하는 자유의 관념이 함께 맞물리는 것이다.

아도르노의 관찰은 〈피델리오〉의 양식을 특징짓는 급작스러운 비약을 정확히 포착한 것으로 보인다. 〈피델리오〉에 비하면 이전 두 판본은 물 흐르듯 부드럽고 인간적으로 받아들일 수 있는 사건 전개를 보인다. 〈레오노레〉가 현재진행형 작품이라는 존 엘리엇 가디너의 묘사는 이 오페라가 가진 수고와 발전, 과정의 느낌을 간취하고 있으며, 바로 그래서 〈레오노레〉가 〈피델리오〉보다 눈길이 가는 작품이라는 주장에 설득력을 더한다. 〈레오노레〉에서 베토벤은 여러 입장을 제시하기보다는 다양한 관계를 발전시키는 쪽에 단연코 관심을 둔 것 같다. 아기자기한 가정사를 그린 것만 같은 제1막 장면이 그 좋은 예가 된다. 베토벤은 상사병에 걸린 마르첼리네와 순진하고 숫기 없는 아버지의 젊은 조수 사이에 약간의 전희(前戲)를 집어넣었다. 이는 〈피델리오〉에서는 삭제되었다. 〈피델리오〉의 급작성은, 아도르노의 말처럼 계몽주의와 신비로움을 완충재 없이 합성한 측면 때문도 있겠지만, 그보다는 거의 두 개의 층위로 구분되는 양식의 기묘한 혼재에 기인하는 바가 더 크다. 그 두 가지 층위는 이런 식으로 구별된다. 우선 첫째 층위로, 다양한 앙상블이 사건을 전개시키기 위해 사용된다. 피델리오, 로코, 마르첼리네가 부르는 삼중창이 그 예가 된다. 삼중창을 부르며 피델리오는 감옥 내 금지된 공간으로 들어갈 명분을 얻는다. 그리고 잠시 뒤 로코와 피차로의 이중창이 등장한다. 로코가 '소장님'이라고 부르는 피차로는 돈 페르난도가 도착하기 전에 플로레스탄을 죽여야겠다며 로코에게 어서 준비를 서두르라고 한다. 또 다른 층위는, 하나 혹은 그 이상의 등장인물이 돌연 사건의 전개에서 한발 물러나 차분하게 혹은 열정적으로 각자의 감정을 숙고하는 그런 순간들이다. '놀라운 감정이 나를 채우네'가 완벽한 예이며, 피차로의 어두운 감방에서 잠깐이나마 나와 바깥 공기를 쐬는 죄수들이 부르는 합창 또한 두 번째 층위의 예가 된다.

〈피델리오〉는 이처럼 대단히 기묘한 종류의 연속성을 가진 오페라다. 아니, 연속성이라는 단어보다는 '단속성'이라는 말이 더 적절하겠다. 만약 〈레오노레〉를 먼저 듣고 곧바로 이어서 〈피델리오〉를 들으면 각부를 연결하는 대화 문장(베토벤이 징슈필에서 차용한 기법이다)에도 불구하고 접합부 없이 억지로 밀고 나간다는 느낌이 강하게 들 것이다. 그럼에도 그 효과는 강력하고 효과적이다. 그 이유는 바로, 작곡가가 플롯이나 심리보다는 내가 지금까지 설명하려 했던 급작스러운 긴장 증대에 의해 한발씩 앞으로 나아가는 단속적 양식을 구축했기 때문이다. 그러나 돈 페르난도가 마술처럼 등장하는 오페라 후반부에도 불구하고 베토벤이 〈피델리오〉에서 그리는 세상은 자연스럽고, 그리고—이 점이 더욱 중요하다—세속적이다. 레오노레와 플로레스탄은 선대로부터 조금의 권리도 물려받지 못한 평범한 시민이다. 그들은 사회적 불의를 견디지 못하고 격렬히 항거하는 존재지만, 로코 부녀와 야퀴노는 그렇지 않다. 한편 플로레스탄이 언뜻언뜻 언급한 과거지사로 추정하자면 그와 그의 아내는 좀 더 상위 계층에 속했을 수도 있다. 물론 그렇다고 해서 피차로나 돈 페르난도처럼 보호받는 특권층은 아니겠지만 말이다. 달하우스는 베토벤이 백과전서파(百科全書派)로부터 빌려왔다고 하는 프랑스의 미학 구분법을 사용해 〈피델리오〉에서 나타나는 사회적 계층 구분을 설명하려 했다(그러나 안타깝게도 그의 이러한 기발한 이론을 뒷받침할 증거는 별로 없다). 오페라 초반에 로코와 마르첼리네, 야퀴노, 피델리오가 꾸미는 장면은 18세기 프랑스의 희곡 장르 가운데 하나인 '눈물 나는 희극'에서 빌려온 것이며, 피차로와 플로레스탄, 레오노레가 서로 메기고 받는 대목은 역시 18세기의 '부르주아 비극'에서 가져온 것이라는 주장이다. 달하우스는 또한 〈피델리오〉만의 독특한 감정적 자질을 부여하는 애처로운 장면들은 디드로와 레싱이 말한 '중간 장르'에 빚지고 있다고 주장했다. '중간 장르'는 '눈물 나는 희극'과 '부르주아 비극'을 모두 포함하는 광범위한 범주였고, 극작가로 하여금 귀족이나 고위 공직자가 아닌 등장인물들에게도 설득력 있고 감동적인 자질을 부여하도록 허락했다.

그럴듯하긴 한데, 과연 〈피델리오〉의 정치적이고 관념적인 특별한 힘을 설명할 수 있는 방법이 그것뿐일까. 나는 아니라고 생각한다. 〈피델리오〉에는 두 개의 강력한 저류가 흐르고 있다. 하나는 정치적인 저류요, 다른 하나는 준(準)형이상학적인 저류다. 대부분의 분석이 이 두 가지 저류를 크게 취급하고 있진 않고, 그저 자유와 절개라는 명확한 주제를 가장 결정적인 것으로 받아들인다. 자유와 절개는 내부적으로도 일관된 주제이며, 또한 그 결미에서 여러 다양한 요소를 완벽하게 통합해내는 것으로 인식되는 것이다. 음악학자 로즈 서보트닉은 아도르노의 주장에서 착안하여 베토벤의 중기 스타일을 규정하는 뚜렷한 특징을 다음과 같이 언급한 바 있다.

[베토벤의 중기 음악은] 외부의 원천이 아니라 자기 안에서 형식적 구조의 원칙을 끌어내는 "명확한 능력"을 가지고 있다. 그리하여 자유로운 개인, 즉 외부적 제약과 반대를 극복하고 스스로의 운명을 결정한 '음악적 주제' 간의 음악적 대화를 현실로 구축하는 것이다. … [사실] 재현부[혹은 결미]는 주제가 다시

되풀이되는 것의 합리적 불가피성을 확인한다. 주제의 귀환은 그 전에 지나갔던 바의 논리적 귀결이자 해소로서 거의 예외 없이 자연스레 드러나는 것으로 인식되는 것이다.

내가 주장하고자 하는 바는, 〈피델리오〉가 여러 다른 압력과 대항 세력에 의해 이리저리 분열된 작품이라는 점이다. 거기에는 작품 자체의 복잡한 형성사도 한몫했을 것이다. 다른 인사들과 공동 작업 하는 과정에서 우여곡절도 많았고, 작품의 변칙적 양식과 분열성 에너지, 증류되지 않은 문제적 특성 역시 베토벤으로서도 중과부적이었을 것이다. 〈피델리오〉는 베토벤의 천재성이 여기저기 흔적으로 남은 작품이긴 하지만, 그렇다고 해서 모든 구성 요소가 마치 기적처럼 하나로 조화를 이루는 것으로 이 오페라를 해석해서는 한참 번지수를 잘못 찾은 꼴이다. 프랑스 오페라와 빈 오페라에 둘러싸여 있던 베토벤이 유일무이하게 시도한 오페라인 〈피델리오〉는, 베토벤이 작품의 성공을 위해 직면해야 했던 어마어마한 문제들의 자취를 간직한 작품이다. 〈피델리오〉는 작품 자체의 유별난 특징들을 부각시키는 오페라인 것은 물론이요, 처음부터 끝까지 이것저것이 뒤섞이고 매우 과장된 문화적 양식인 오페라라는 장르의 고유한 문제점들을 부각시키는 작품이기도 하다. 그러나 볼거리로서의 오페라가 너무도 일상화되고 생각 없는 연출이 극장을 지배하게 되면서, 관객 입장에서도 이 문화적 형식을 숭배하고 그와 관련된 클리셰들—작금의 제작자와 감독 들은 이러한 클리셰들을 더욱 공고히 하는 존재들이다—을 재생하면 그만이라는 안일함에 빠지게 되었다. 대부분의 흥미로운 오페라에는 뭔가 보이지 않는 것(예를 들어 단층선이나 해결되지 않은 안티테제 같은)이라든가 관습을 거스르는 것이 있을 수도 있다는 사실은 구경꾼의 뇌리에 들어오지 않는다. 그들에게 오페라는 크면 클수록, 화려하면 화려할수록 좋은 완제품인 것이다. 뉴욕 메트로폴리탄 오페라에서는 무대를 온갖 잡동사니로 가득 채우면 감독이 할 일을 다 했다고 믿는 체피렐리 프로덕션의 조악한 베르디와 그보다 열악한 푸치니가 넉넉한 박수갈채를 받는다. 오페라라는 비즈니스가 처한 소름 끼칠 정도로 천박한 엉망진창 상태에 대해서는 누구도 관심을 기울이지 않는다.

그런 만큼 〈피델리오〉를 추동하는 창조적 주제가 균열되어 있고 단지 부분적으로만 일관성 있는 것임을 인지하는 것이 더더욱 중요해진다. 〈피델리오〉는 불확실성과 불가항력으로 둘러싸인 작품이며, 해결할 수 없는 문제와 끝까지 완수해낼 수 없는 해결책을 숙제로 떠안은 작품이다. 〈피델리오〉의 정치적 저류가 완벽한 예시가 된다. 〈피델리오〉에서는 압제와 선정(善政)이 등가물로 기능한다. 압제와 선정은 기적에 의해, 혹은 아도르노의 말에 따르자면 허구와 미신에 의해, 등장 즉시 서로를 대체할 수 있는 것이다. 피차로의 철권과 페르난도의 나팔 소리가 서로 교체 가능한 등가물인 것이다. 플로레스탄은 상황이 자신에게 불리하게 돌아갔다면서 스스로 처한 곤경의 이유를 설명하지만, 정확히 그 상황이 어떤 상황을 말하는 것인지는 오리무중이다. 다른 죄수들은 어떤 사람들인가. 그들 역시 억울한 옥살이를 하는 지식인들인가. 아니면 거기에는 도둑과 살인자도 포함되어 있는가. 모두가 자유와 광명을 희구하지만, 다른 죄수들 역시 플로레스탄과 같은 원칙주의자거나 레오노레처럼 사랑하는 사람에 대한 절개를 행동으로 옮기는 자들인가. 메이너드 솔로몬을 비롯한 학자들이 지적한 것처럼, 〈피델리오〉는 제1막에서는 로코의 옥내(獄內) 숙소에서 지하 옥방의 어둠으로 향하고, 제2막에서는 플로레스탄이 갇힌 어두운 지하 감옥에서 자유로운 햇볕이 내리쬐는 지상 광장으로 이동한다. 그렇지만 독재와 압제의 이야기가 반복되지 않으리라는 점을 확약하기 위해 작곡가는 무슨 일을 할 수 있는가.

베토벤 본인도 잘 알고 있었겠지만, 그가 속했던 사회의 진정한 권력의 원천은 〈피델리오〉라는 비교적 응축된 형태의 극장 작품이 제시할 수 있는 범위 바깥에 존재하고 있었다. 베토벤의 관객, 사실상 그의 후원자들은 평범한 중산층 시민들이 아니라 귀족층이었다. 그는 격변과 반혁명의 시기에 제국의 심장부에 거주했고, 〈피델리오〉의 관객은 주로 빈 회의에 참석하기 위해 모인 각국의 사절단들로 구성되어 있었다. 메이너드 솔로몬은 베토벤 전기를 저술하기 한참 전인 1971년에 발표한 독창적인 논문에서 다음과 같은 주장을 펼쳤다. 젊은 베토벤이 작곡가로 활동할 수 있도록 뒷배가 되어준 빈과 프로이센의 귀족층은 계몽주의 사상의 전파를 환영했고, 계몽주의는 프랑스 귀족 계층의 탄생과 그들이 후원한 루소 같은 인물들의 탄생이 가능한 토양이 되었음은 물론인데, 이는 다음과 같은 것들을 상징하는 것이었기 때문이라는 것이다.

> [계몽주의는] 의무와 봉사, 이성의 철학을 표상한, 어느 정도는 사회적 실존과 국가의 분열이라는 고통스러운 현실을 피하는 수단으로서 기능했고, 또한 어느 정도는 멸실되어가는 계급의 그릇된 인식의 틀로서 기능했다. … 계몽주의는 절대주의가 급진적 지식인들을 포섭하고 그중에서도 가장 급진적인 분파의 분위기를 순화하는 수난으로 사용된 측면도 있지만, 동시에 질대주의가 궁극적으로 파멸의 길로 가는 방편이기도 했다. … 막대한 수익을 안겨주는 타락한 소득의 원천[지주 계급의 광활한 토지]에서 거리적으로, 또한 몇 세대에 걸친 근시안적 사고에 의해 유리된 귀족 계급은 예술, 그중에서도 특히 음악을 후원했다. 그들이 음악에 흥청망청 쏟아부은 부의 규모는 음식과 의복에 탕진한 금액과 맞먹을 정도로 막대했다.

베토벤과 그의 후원자들 사이에는 '부조화'가 있었고, 바로 이 부조화가 "기존의 틀을 깨고 음악적 표현 수단의 확장을 모색게 한 박차"가 되었다는 것이 솔로몬의 설명이다. 그리고 이는 곧 낡은 후원 시스템으로부터 결별해 자신이 스스로 선택한 음악을 작곡하고, 재능 있는 귀족을 위해서가 아니라 자신과 같은 전문적인 음악가를 위해 곡을 쓰는 것을 가능케 하는 새로운 유토피아의 이미지를 베토벤에게 제공했다. 귀족 계급이 전쟁과 혁명, 낡은 질서의 점차적 소멸에도 불구하고 음악작품과 공들여 제작한 오페라 무대라는 여흥에서 유토피아를 긍정하는 가능성을 보았다면, 위대한 음악가 몇몇이 유토피아를 긍정하는 새로운 음악적 표현 수단을 발견하는 것도 불가능하지 않았을 것이며, 솔로몬의 담대한 주장에 따르자면 이것이 바로 소나타 형식의 태동을 가능케 했다는 것이다. "소나타는 환상곡풍의 내용을 주어진 형식 안에 담고, 즉흥적 요소를 형식화함으로써 억제하고, 비이성적인 것을 합리화함으로써 다른 모든 환상곡 형식과 스스로를 차별화했다. 이러한 발전에 힘입어 소나타는 그 자체로 완결된 합리적인 음악 시스템으로 거듭날 수 있었고, 나아가 그저 또 다른 음악 형식이 아닌 작곡 '원칙'으로 승화될 수 있었다."

그러나 소나타 형식을 오페라에 적용하기는 어려웠다. 소나타 형식은 교향곡과 소나타, 사중주 같은 기악곡에서는 질서와 조성, 대조, 발전과 재현으로 이루어진 엄격한 체계로서 기능하는 것이 가능했지만, 오페라는 그와 같은 방식으로 가두기에는 너무도 길고 다채로운 장르여서 무용지물이었다. 오페라 내의 넘버 각각에 한해서 소나타 형식을 활용하는 것은 가능하겠지만, 오페라 전체를 이끌고 가는 동력은 시작과 발전, 결미로 이루어진 자체적인 역동성을 가진 서사적 시퀀스, 즉 플롯이다. 베토벤 이후 한 세기가 지난 시점에 알반 베르크는 〈보체크〉를 작곡하며 같은 문제에 직면했다. 베르크는 〈보체크〉에 '극적 통일감'을 부여하기 위해 별도의 음악적 구축 원칙을 도모했고, 그리하여 모음곡, 파사칼리아, 푸가 등의 옛 형식을 이용해 대단히 복잡한 체계를 고안해냈다. 〈피델리오〉는 〈영웅 교향곡〉, 〈교향곡 5번〉과 같은 조성적·구성적 세계를 공유하지만, 오페라의 복잡한 서사를 감당하기 위해서는 소리를 조직화하는 훨씬 유연한 체계가 필요했다.

베토벤이 소나타 형식을 경험하는 과정에서 깨달은 것은 확실한 종결감의 필요성이었다. 길고도 사나웠던 투쟁에 이어지는 마무리에 합당한 안정감을 달성해야 했던 것이다. 따라서 오페라에서도 징벌과 보상이 결정되는 마지막 장면에 결정적인 무게를 실어야 했다. 〈피델리오〉의 피날레 합창의 마지막 부분은 레오노레와 플로레스탄이 주역들 모두(피차로를 제외하고)와 전체 합창단을 이끄는 힘찬 앙상블로 마무리된다. 〈교향곡 9번〉의 합창 악장을 내다보게 하는 대목으로, 가득한 피날레 앙상블은 박력 있는 강세가 걸린 프레스토 코다로 마무리되며, 특히 마지막 순간은 〈교향곡 5번〉의 마지막 마디처럼 딸림화음-으뜸화음 종지형이 반복되며 마치 불안감을 떨치려는 듯 어깨에 힘이 들어간 모습이다. '그의 목숨을 구한 그녀를 찬미하라!'라며 몇 번이고 되풀이되는 가사의 표면상 의미는 레오노레를 아무리 높이 칭찬해도 아깝지 않다는 것이다. 그리고 거기에 함축된 의미는 그녀의 영웅적 절개 덕분에 획득하게 된 새로운 자유에 대한 헌사이기도 하다.

피차로의 성채가 일시적이고 임시적인 구조가 아니라 실제 세계에 존재하며 사람들 위에 군림하는 구조임은 앞선 여러 장면들에서 넉넉히 암시되었다. 그러나 돈 페르난도의 등장에 열정적인 노래로 화답하는 군중은 피차로의 지하 감옥과 대충 가까운 곳에 살았으면서도 폭군의 존재에 대해 전혀 들어본 바 없었던 것처럼 행동한다. 그리고 안타깝게도 정 많은 것처럼 보였던 로코 또한 피차로의 부역자였음이 드러난다. 로코는 자신이 간수 노릇을 한 것이 다른 이들의 탓이었다고 항변하지만, 그럼에도 피차로의 공범으로 처벌받는다. 따라서 마지막 결론은 그 음악이 강변하는 것보다 훨씬 잠성석이다. 베토벤의 낭만적이고 유토피아적인 충동과 그가 그의 대본작가와 함께 오페라 전체에 걸쳐 표상하고자 했던 추악한 세상이 일시적으로 결합된 것이다. 그리고 긍정적 결말의 위태로움을 확인하는 듯한 침묵이 뒤따른다. 그 침묵은 마지막 C장조 화음 너머로는 확장될 수 없는 것이다. 이 대목과 관련해서도 솔로몬의 혜안은 참고할 만한 가치가 있다. 비록 솔로몬은 〈피델리오〉를 간단히 언급하고 넘기고 있지만, 그럼에도 그의 식견은 〈피델리오〉에 적용할 만하다고 본다.

> 베토벤에서는 그 어떤 단언도 그 자체로 완결된 것이 아니다. 〈영웅 교향곡〉의 피날레는 〈교향곡 5번〉의 투쟁의 전주곡이며, 〈교향곡 5번〉 종악장의 불안정한 단언 또한 그 어떤 조화나 해결로 귀결되지 못한다. 베토벤의 음악에는 그 어떤 종국적인 화해도 없다. 그의 음악은 연거푸 유토피아를 재확인하지만, 그 모든 재확인들이 조건부이고 단면적이며 일시적이다. 베토벤의 음악 세계를 구성하는 작품 하나하나는 그보다 더 큰 실체의 일부이며, 각각의 단언, 각각의 해피엔딩은 새로운 투쟁, 또 다른 자기 성찰의 고뇌, 다가올 겨울과 죽음, 새로운 승리의 결말을 내다본다. … 베토벤의 작품에서는 투쟁과 죽음, 부활이 영원히 순환한다. 각각의 작품은—마치 야누스처럼—동시에 과거와 미래를 바라보고, 각각의 해피엔딩은 그것에 앞섰던 고통을 받아들이고서야 비로소 성립한다.

〈피델리오〉의 형이상학적 저류는 당대 정형화된 문화의 일부이기도 했고, 이는 M. H. 에이브럼스가 저서 『자연스러운 초자연주의』에서 잘 설명한 바 있다. 프랑스 대혁명의 시대는 "종말론적 기대"의 시대였고, 이는 한 세대의 시인과 철학자 집단에게 진한 각인을 남겼다. 베토벤 또한 예외일 수 없었다. 그들 대부분은 "폭력적인 혁명과 함께 찾아온 새로운 천 년 세월이 얼마나 단단하게 이어질지" 자신할 수 없었지만, 그럼에도 "그들은 초기의 이상에서 비롯된 형식을 저버리진 않았다. 여러 중요한 철인들과 시인들에게 낭만적 사고와 상상력은 비록 그 외견적 내용에서는 다양한 차이가 있었지만 결국에는 종말론적 사고와 상상력을 의미했다." 〈교향곡 9번〉도 그렇지만 〈피델리오〉 역시 베토벤이 이처럼 혁명 이상에 대한 환멸을 느낀, 그러나 여전히 종말론적인 심정 상태에 있었음을 보여주는 작품이다. 두 작품에서 모두 에이브럼스가 말한 일종의 재구성된 신학의 흔적을 찾을 수 있지만, 그 흔적은 다가올 새 천 년의 변화에 대한 열의와 승리감의 일면을 간직한 채 동시에 그에 대한 자신감 결여를 부각시키는 극도로 문제적인 음악적·극적 형태라는 틀에 담겨 있는 것이다.

마지막으로 이른바 베토벤의 후기 양식 및 그의 만년을 얼룩지게 한 고통의 관점에서 〈피델리오〉를 파악할 수도 있다는 점을 언급해야겠다. 〈피델리오〉는 스스로의 과거, 속세의 경계를 벗어나지 못한 초기 판본, 그리고 실제 극적 배경과 숭고한 유토피아적 형제애를 병립시키려 했던 내면의 씨름을 이력으로 가진 작품이다. 베토벤은 〈피델리오〉 이후에도 또 다른 오페라 대본을 물색하는 노력을 그치지 않았다. 그러나 청력을 잃은 때문에, 또한 유명하면서도 고독할 수밖에 없었던 이례적 처지 때문에 점점 더 난해한 양식으로 침잠해 들어가, 마침내 1816년의 〈피아노 소나타 28번 A장조〉(Op. 101)와 1817~1818년의 〈함머클라비어 소나타〉(Op. 106)로 다시는 회귀할 수 없는 경계선을 넘어버렸음을 선언했다. 〈피델리오〉의 종장(終章)에서 늠름한 마지막 C장조 화음 너머로 명시되지 않고 남겨지는 그 무엇은, 아도르노의 말마따나 베토벤이 부분들 간의 화합을 더 이상 도모하지 않는 후기 양식에서 비로소 그 모습을 드러낸다. "최후기 베토벤에서 단연코 두드러지는 특징인 중간 휴지부, 급작스러운 단절은 … 틀을 깨고 나가는 순간의 포착이다. 작품은 손에서 떨어져나간 순간 짐북하고, 그 공허를 외부로 돌린다." 아도르노의 설명은 이렇게 이어진다. "그것은 설령 단순한 악절일

지라도 주관성을 돌처럼 단단하게 굳혀온 그의 창작 인생에 바치는 기념비로 만들어버린다." 〈피델리오〉는 베토벤 중기의 영웅적 요소를 토양으로 하여 일어섰지만, 그의 최후의 작품을 예고하는 것으로서 마무리된다는 점에 그 유일무이성이 있다. 〈피델리오〉에서 최종적인 종합과 완성을 찾을 순 없다. 대신 거기에는 아도르노가 말한 베토벤의 "분리의 힘"의 증거가 있고, 작품을 "시간과 순서의 질곡에서 뜯어내어 어쩌면 영원을 위해 보존하려 했던" 능력의 증거가 있다.

음악과 스펙터클:
〈신데렐라〉와 〈탕아의 행각〉*

오페라 무대는 타협의 예술이다. 그것은 우선 연주자와 감독, 지휘자의 타협으로 구성되며, 특히 요즘에는 관객과 스폰서, 티켓 판매량의 셈법이 또 하나의 변수로서 타협의 방정식에 끼어들고 있다. 기업의 탐욕, 관객 감소, 날이 갈수록 과다한 개런티를 받는 스타들 (이를테면 '스리 테너' 같은), 현대음악이나 이례적인 레퍼토리보다는 안전한 걸작을 선호하는 연주자들과 흥행주들의 상상력 부족하고 반동적이기까지 한 태도 등의 이유로 클래식 음악산업이 사양길을 걷고 있다는 데에는 대체로 동의하고들 있는 것 같다.

그럼에도 오페라는 다른 예술 장르가 하지 못하는 방식으로 젊은 관객과 문학·회화·철학의 전문가들, 일반 대중을 유인하고 있다. 메트로폴리탄 오페라(메트)는 무척 따분한 레퍼토리 목록에도 불구하고, 저명 연주자들의 이름으로 연주회 달력을 빼곡히 채우는 카네기 홀보다 더 많은 관심을 받고 있는 것이 사실이다. 오페라는 극과 무대 디자인, 음악이 한 무대에 공존하는 비현실적인 장르이며, 바로 그러한 오페라의 사치스러운 화려함은 신기하고 이례적인 여흥의 가능성을 높임과 더불어 오페라의 구성 요소들이 서로 타협을 이루어야 하는 이유가 되기도 한다. 오페라 무대와 객석 사이를 오가는 정보의 양은 리사이틀리스트와 관객 사이를 오가는 정보의

* 《더 네이션》, 1998년 1월 12일.

양보다 훨씬 많으며, 그 또한 보는 이에게 다른 곳에서는 경험할 수 없는 복합적인 쾌감을 제공하는 요인이 된다.

그러나 메트는 무대의 물리적 규모가 워낙 거대하여 공간 곳곳을 흥미롭게 채우고 생동하게 하는 과업이 여간 까다롭지 않다. 특히 이는, 4,000석 규모의 객석과 매머드처럼 광활한 무대 공간에 적절치 않은 소규모 작품을 상연할 때는 유달리 골칫거리가 된다. 지난해 〈카르멘〉 공연은 지나치게 사소한 부분까지 채워야 직성이 풀리는 체피렐리가 감독을 맡았는데, 온갖 동물들과 셀 수 없이 많은 사람들로 무대 빈곳을 가득 채우는 바람에 몇 안 되는 주역들은 온갖 것들이 와글대는 속에 파묻혀 식별조차 힘든 지경이 되고 말았다. 그러나 올해 메트가 처음으로 제작한 로시니의 〈신데렐라〉는 애당초 그런 접근법을 허용하지 않는 작품이다. 무대 중앙에서 펼쳐지는 아기자기한 규모의 신데렐라 스토리에 다소 소극적으로 추임새를 넣는 합창단이 등장한다는 점만 제외하면 대규모 스펙터클은 끼어들 여지가 원천적으로 차단된 작품인 것이다. 메트는 무대 중앙의 거대한 공간을 어떻게 하면 관객의 이목을 집중시키는 방향으로 사용할 수 있을지에 대해 연출 역량을 투자할 의향이 없어 보인다. 이러한 책임 방기는 날이 가면 갈수록 심해지고 있는데, 그래서 무대 복판은 어느 성악가가 잠깐 머물렀다 떠나고 다음번 성악가가 차지할 때까지 그저 죽은 것처럼 방치될 뿐이다. 프로덕션의 초점 역할을 한 안젤리나 역의 체칠리아 바르톨리는 예의 날랜 목소리와 깜찍한 동작을 동원해 주어진 소임을 다했다. 그렇지만 객석 맨 앞 다섯열 뒤쪽으로 앉은 관객들에게 그녀의 모습은 마치 자그마한 인형이 거대한 빈 공간을 휘적거리고 다니는 것처럼 보였다.

극적인 면에서 메트의 〈신데렐라〉는 결코 만족스러운 경험을 선사하지 못했다. 로시니의 극음악은 물론 유쾌하고 코믹한 대목으로 가득하다. 그럼에도 그의 통제 불가능할 정도로 충만한 창의력과 완전무결한 맵시가 따분한 익살극이나 슬랩스틱, 그리고 생각 없는 농담으로 전락한다면 그의 천재성 또한 속절없이 무너지고 만다는 점을 이번 메트 무대는 보여주었다. 제임스 레바인의 오케스트라는 이제 너무도 솜씨가 능란해지고 그의 지휘 또한 대단히 단호한 확신에 차 있어서, 무대와 오케스트라 사이의 낙차는 그만큼 더 아찔해졌다. 로시니를 숭배해 그에 대한 책까지 썼던 스탕달조차도 〈신데렐라〉는 "이상주의가 없는 작품이어서" 별로 좋아하지 않았다고 한다. 음악에 활기가 부족한 건 아니다. 스탕달이 로시니 음악의 주요 특징으로 높이 산 "저 상쾌하고 충동적인 스타일"은 〈신데렐라〉에도 여실하다. 그러나 이 오페라는 기성품 매장처럼 너무도 지루하고 따분해서 환상극으로서 성공하기가 어렵다. 물론 기발한 연출자나 연기 소질이 뛰어난 가수들이 뻔한 스토리에 새로운 요소를 도입할 수만 있다면 이야기는 달라질 수도 있다. 그러나 사건 전개를 다른 차원으로 끌어올리는 법을 몰랐던(혹은 그럴 용기가 없었던) 연출자 체사레 리에비는 그저 분주히 오가는 가수들의 움직임에만 의존했다. 예를 들어, 왕자의 시종이지만 거의 대부분의 시간을 주인으로 변장한 채 등장하는 단디니라는 캐릭터 같은 별난 요소들을 충분히 전면으로 이끌어내지 못했던 것이다.

안젤리나의 계부이자 오페라 레퍼토리 가운데 가장 뛰어난 바소 부포* 배역이기도 한 돈 마니피코 역을 맡은 시모네 알라이모는, 첫 번째 카바티나는 멋지게 부르며 출발선을 상큼하게 끊었지만 이후로는 초반의 위풍당당한 모습을 유지하지 못하고 들쑥날쑥했다. 바르톨리는 매력적인 가수임을 다시 입증했지만, 다만 막강한 음악적 재능을 십분 활용할 의향이 없어 보이는 것이 뉴욕에 처음 발을 디딘 몇 년 전과는 사뭇 달랐다. 또 다른 훌륭한 메조소프라노인 안네 조피 폰 오터는 그에 비하면 얼마나 달랐던가. 1984년 장-피에르 포넬이 연출한 모차르트의 〈티토 황제의 자비〉를 메트가 리바이

---

* 오페라에서 코믹한 역을 노래하는 베이스 가수.

벌한 무대에서 세스토 역을 맡은 오터는 심혈을 기울인 노래와 연기로 음악적인 매력을 발산하며 무대를 압도했었다. 바르톨리는 프레이징에 신경을 쓰고 음악의 형태를 만들기보다는, 달변의 기교에 기대어 늘 하던 대로 해도 그만이라는 자세로 임했다. 마치 900번이나 불러본 역인데 대충 해치우면 되지 않겠느냐는 식으로 말이다.

이번 가을 메트가 새로 올린 무대 가운데 또 다른 주목할 만한 작품은 스트라빈스키의 〈탕아의 행각〉이었다. 지휘는 역시 레바인이 맡았고, 영국의 지식인이자 과학자 겸 극장계의 팔방미인으로 명철하고 인간적이며 흥미로운 연출을 곧잘 선보여온 조너선 밀러가 무대 감독을 담당했다. 나는 밀러를 매우 존경하지만—공교롭게도 개인적인 친분도 있다—그의 프로덕션이 지향하는 방향에 언제나 동의하는 것은 아니다. 흥미롭기는 하지만 완전한 성공이라고 보기에는 미비한 구석이 있을 때도 있기 때문이다. 그는 하리 쿠퍼와 피터 셀러스 등 시류를 좇는 실험적 감독들처럼 오페라에 연출적 '콘셉트'를 강제로 뒤집어씌우는 것을 좋아하지 않는다고 여러 차례 말해왔다. 콘셉트는 작품에 일관되는 지향점을 생기게 하며, 그렇게 되면 작품의 모든 세부를 거기에 맞춰 조정해야 하는 억지가 불가피하게 되므로, 강제된 해답은 작품의 진실성에 위배되는 '고슴도치 개념'*이기 마련이라는 생각이다. 확실히 밀러는 여우 쪽의 접근법

* "많은 것을 알고 있는 여우가 가장 중요한 한 가지를 알고 있는 고슴도치를 당하지 못한다"는 교훈을 담은 고대그리스의 우화에서 따온 표현. 우화에서 여우는 고슴도치를 잡기 위해 자신이 알고 있는 모든 전략을 동원한다. 숨어 있다가 갑자기 덮치고, 찔러도 보고, 때려도 보고, 심지어 죽은 체까지 해보지만 결코 성공하지 못한다. 고슴도치는 여우에게 잡히지 않으려면 어떻게 해야 하는지, 즉 자기 방어법이라는 가장 중요한 전략을 알고 있기 때문이다. 철학자 아이제이아 벌린은 1953년에 발표한 논문 〈고슴도치와 여우〉에서 이 개념을 원용했다. 벌린은 사람들을 고슴도치류와 여우류로 이분한 다음, 여우류 사람들은 여러 목적과 흥미를 동시에 좇는 사람들인 반면 고슴도치류 사람들은 세상을 단순화시켜 단 한 가지 목표에만 매진하는 사람들로 설명했다. 여우류는 생각이 쪼개지고 집중력이 분산되어 별다른 성취를 거두지 못하지만 고슴도치류는 단일 목적에 투신

을 채택해 오페라를 일련의 시시한 에피소드와 효과적인 세부, 면밀하게 실현된 무대 지시로 구성된 총체로 바라본다.

그러나 스트라빈스키의 〈탕아의 행각〉은 그 자체로 일종의 고슴도치 같은 작품이다. 20세기 예술가가 18세기 호가스가 그린 세상에 출현해 자신이 속한 세계를 반어적으로 모사하고 있으며, 불협화(不協和)로 가득한 12음기법과 아방가르드적 실험에서 한발 멀찍이 떨어진 신고전주의 양식의 역작이기도 하다. 〈탕아의 행각〉은 원작이 된 호가스의 유명한 연작 회화는 물론이요, 모차르트의 〈돈 조반니〉를 하나의 뚜렷한 모범으로 삼고 있다(스트라빈스키의 스코어에는 〈돈 조반니〉의 메아리가 점점이 찍혀 있다). W. H. 오든과 체스터 칼먼이 쓴 대단히 정교한 대본은(때로는 심술궂어 보일 정도로 그러하다) 작곡가에게 이례적인 노력을 요구했다. 스트라빈스키는 대본 언어의 복잡한 리듬 및 음절 유희에 어울리는 음향 효과를 창조하기 위해 20세기 오케스트라의 다양한 음색과 악기 조합을 도모했다.

스트라빈스키가 구상한 작품의 얼개에는 자의식의 층위가 있어서, 그것이 플롯의 우화 같은 구조를 강조하는 동시에 약화시키고 있다. 촘촘하게 겹씌운 요소들은 제3막을 오페라 전체에서 가장 훌륭한 대목으로 만든다. 그로 인해 이야기는 더 이상 단순히 젊은 시골 총각 톰 레이크웰이 (악마 같은 닉 섀도의 보호 아래) 도시에 나가 돈과 향락의 죄에 물드는 이야기가 아니게 된다. 제2막에서 톰은 서커스장과 동화적 환상의 세계에서 곧장 걸어나온 것만 같은 기괴한 인물인 수염 달린 창부 '바바 더 터크'를 만나고, 이성과 감각의 고역에서 벗어나는 방편으로 바바와 결혼한다. 제3막, 톰은 이미 바바에게 질려버린 상태다. 닉과 함께 벌였던 일들도 모두 실패로 돌

하여 결국에는 그것을 이뤄낸다는 것이다. 그러나 사이드의 본문에서는 '고슴도치 개념'이 다원성을 부당하게 묵살하는 전일적 횡포가 될 수 있다는 점에 초점이 맞춰져 있다.

음악과 스펙터클

아가 궁핍한 지경에 처한 톰은 가지고 있던 모든 물건을 빼앗기다시피 경매에 내다 판다. 이어서 정신병원에 감금된 톰은 자신이 비너스를 기다리는 아도니스라는 환각에 사로잡힌다. 도시의 쾌락에 물든 방탕한 자식의 이야기로 출발했던 〈탕아의 행각〉은 제3막이 되면 현대 자본주의의 기만과 낭만적 광증의 이야기로 변모하고, 스트라빈스키의 음악은 앞선 장면들에는 없었던 팽팽한 신랄함과 호소력으로 무장한다. 그러나 모든 주역들이 재등장해 지금까지 펼쳐졌던 이야기에 대한 각자의 해석을 왁자지껄하게 덧붙이는 종장에서는 그러한 분위기가 다시 한 번 전복된다.

밀러가 캐스팅한 성악가 진용은 훌륭했고, 지휘자 레바인 또한 투명하고 훌륭한 사운드로 작품의 음악적 흥미를 끝까지 유지했다. 톰의 고향 정혼자 앤 트룰러브로 분한 돈 업쇼와 닉 섀도를 연기한 새뮤얼 래미는 음악적인 면에서나 극적인 면에서 흠잡을 데 없었지만, 톰 역을 맡은 제리 해들리는 빼어난 미성에도 불구하고 의기소침하게 축 늘어진 구석이 보여 썩 만족스럽지 못했다. 바바 역의 데니스 그레이브스는 간헐적으로 빛을 발하는 순간이 있긴 했지만, 그럼에도 이 어려운 배역을 십분 이해하지 못했다는 걸 감출 순 없었다. 그러나 무엇이든 집어삼킬 정도로 거대한 메트의 무대와 본질적으로 소규모를 지향한 밀러의 겸손한 해석은 결이 맞지 않았다. 작중 배경을 전간(戰間) 시기의 잉글랜드로 설정한 밀러의 의중 역시 뚜렷하게 드러나지 않았다.

내가 있었으면 하고 바랐던 부분은, 모든 도덕 우화에 있게 마련인 예측 가능한 지루함을 피해볼 목적으로 오든이 설치해둔 장난기 있는 여담뿐만 아니라 스트라빈스키의 전방위적 지식을 활용하는 화려한 연출상의 제스처였다. 지나치게 가정사 측면에만 집중된 무대 위 사건 묘사는 작품을 개인적 차원의 드라마로 끌어내렸는데, 이는 〈탕아의 행각〉이 가진 변화무쌍하고 너무도 분명한 자기 변용적 측면과 상충했다. 가장 아쉬웠던 결핍은 스트라빈스키-오든의 천재성을 모두 아우르는, 아니, 어쩌면 그것마저 넘어 「브라이즈헤드 재방문」*보다 서커스라든가 마구 증식하는 19세기 소설에 가까운 대규모의 과장된 제스처마저도 포용할 수 있는 유연하고 담대한 구상이었다. 스트라빈스키의 아이러니는 톰에 대한 앤의 진정한 사랑의 진실성마저 오염시키고 있지만, 안타깝게도 밀러는 그 점을 너무 진지하게 받아들여 오페라에 대한 그의 관념의 핵심으로까지 격상시키고 말았다. 그렇다 하더라도 이 걸작이 공연되는 걸 볼 기회 자체가 많지 않은 만큼, 다소 흠결 있는 무대였음에도 관람의 가치는 충분했다.

이 밖에도 흥미를 모으는 공연이 두 차례 더 있었다. 하나는 11월 초순 카네기 홀에서 있었던 바리톤 호세 반 담의 독창회였고, 다른 하나는 언드라시 시프와 피터 제르킨의 피아노 이중주 무대였다. 연기와 노래에 모두 능한 성악가들이 갈수록 줄어가고 있는 현실에서 반 담의 존재는 그만큼 더 소중한 것이며, 그의 빼어난 음악성은 그가 하는 모든 것에 남다른 가치를 더하고 있다. 이제 더 이상 소장파라고 불리기 힘든 나이가 되었고, 베를리오즈의 메피스토펠레스나 바그너의 한스 작스 같은 배역을 소화할 밑천이 감퇴되긴 했지만, 대신 완전한 신념과 한 점 티끌 없는 기교로, 자신이 부르는 모든 음악에 생명을 불어넣는 비범한 역량으로 그러한 부족분을 상쇄하고 있다. 이번 11월 독창회의 유일한 문제점은, 끄트머리에 배치된 한 움큼 정도의 라벨 가곡은 노래에 위트와 지성이 다분했지만, 프로그램의 대부분을 차지한 브람스와 포레, 뒤파르크 등의 레퍼토리는 거무스름한 단색 그림처럼 밋밋하고 때로는 침울할 정도로 표현이 억제되어 있었다는 점이다. 앙코르로 연주된 슈만의 '나는 원망하지 않겠소'에 가서야, 지나치게 조심스럽게 몸을 사렸던 앞 곡들에서는 찾을 수 없었던 활력이 비로소 감지되었다.

* 영국 작가 에블린 워가 1945년 발표한 소설.

메트로폴리탄 미술관에서 열린 시프와 제르킨의 합동 콘서트에서는 모차르트의 〈두 대의 피아노를 위한 소나타 D장조〉(K. 448), 막스 레거의 〈베토벤 주제에 의한 변주곡과 푸가〉, 그리고 좀처럼 연주되지 않는 작품인 부소니의 〈대위법적 환상곡〉이 연주되었다. 각각의 작품을 돋보이게 만드는 모험적인 선곡이라 할 만했다. 다만 시프의 독창적이고 통 큰 음악성이 가련한 제르킨을 압도하는 감이 있어 아쉬웠다. 제르킨의 폭 좁은 음색과 수축된 악절 운용 능력은 그의 파트너의 멋진 음색과 담대한 기교에 비길 바가 되지 못했다. 원컨대, 시프는 혹시라도 라두 루푸와 짝을 이뤄 이와 같은 연주회를 기획할 의향은 없는지 묻고 싶다. 피아노 이중주 레퍼토리는 안타깝게도 대부분이 경시당하는 분위기인데, 허구한 날 반복되는 (그러면서 똑같은 고전만 몇 번이고 되풀이하는) 지루한 독주 리사이틀이 우리에게 허락하지 않는, 노출을 받아 마땅한 종류의 레퍼토리들이 산적해 있음을 모두가 알아주었으면 좋겠다.

고트프리트 바그너의 자서전 『늑대와 함께 울부짖지 않는 자: 바그너의 유산』 서평*

리하르트 바그너의 증손자 고트프리트 바그너는 대단히 불행한 사람이다. 얼마나 불행한 삶을 살았던지, 그가 쓴 자서전은 가족에 대한 한탄과 원망으로 빼곡하다. 그가 분통을 터뜨리는 주요 대상은 바이로이트 기득권층의 최상부에 있는 아버지 볼프강, 혐오스러운 반유태주의자였던 증조부 리하르트, 나치와 히틀러를 찬양한 극우주의자로 영국에서 시집온 할머니 비니프레트다. 그러나 20세기 들어 바그너 오페라 공연과 조금이라도 연관이 되었던 사람은 모두 고트프리트의 과녁이 되었다 해도 그다지 지나친 말이 아닐 것이다.

사정이 딱하긴 하나 그를 동정하거나 이해하는 사람은 없었던 것 같다. 고트프리트는 자신의 가문이 길어온 심득한 역사를 속죄하는 삶을 살고자 했지만, 그의 인생 역정은 비굴한 자기방어와 공격적인 주장의 연속이었다. 그러나 남을 탓할 수도 없는 것이, 그가 걸어온 인생길이 실패로 점철된 이유는 연출가, 음악학자, 역사가로서 본인의 소양이 부족했던 탓이기 때문이다. 물론 그는 자신이 오페라 감독으로나 논객으로 성공하지 못하고 대중의 질타를 받은 이유를 아버지에게 돌린다. 전능한 힘을 가지고 권력을 행사한 아버지로부터 해로운 영향을 받았다는 평계다. 고트프리트의 연출작 가운데 실패한 무대(사실상 거의 전부라 해야겠지만)와 그에 대한 따가운 비

* 《디 옵서버》, 1998년 5월 24일.

평, 모든 개인적인 불행이 아버지 볼프강의 유해한 영향력의 탓으로 돌아간다. 볼프강은 독일에서 가장 중요한 문화기관인 바이로이트 페스티벌의 수장으로서 엄청난 권력을 누리면서, 급기야는 고트프리트를 바이로이트에서 내쫓고 아들의 미래를 엉망으로 망가뜨려놓았다. 그리하여 『늑대와 함께 울부짖지 않는 자』는 너저분한 세부적 사실과 분개한 어조로 점철된 책이 되고 말았다. 이런 점들 때문에 이 책은 무척이나 읽기 불쾌하다.

바그너가 남긴 유산의 무게—거기에는 파시즘에 대한 친연성도 포함된다—를 양어깨에 짊어진 투지 넘치고 무례한 남자의 막내아들로 태어나 아버지로부터 관심받지 못하고 방치된 채로 성장하기가 물론 쉽진 않았을 것이다. 게다가 아버지 볼프강은 천부적 재능을 지닌 형 빌란트와도 경쟁해야 하는 처지라 더욱 강퍅한 성정이 되어갔다(제2차 세계대전 이후 바이로이트 페스티벌의 총책임자가 된 빌란트는 상징주의적이고 현대적인 프로덕션을 통해 바그너의 위대한 음악극에 더께처럼 끼어 있던 끔찍한 과거를 거의 혼자 힘으로 씻어내었다). 고트프리트는 처음에는 백부를 존경했다. 그러나 바그너 가문이 히틀러와 얼마나 가까웠는지, 그리고 바그너 일가의 구성원들이 나치의 반유태주의 선동과 독일의 외국인 혐오증에 얼마나 흔쾌히 동참했는지를 보여주는 필름, 신문, 사진 자료가 든 상자를 발견하고는 백부 빌란트와 아버지 볼프강이 모두 상종 못 할 종자임을 깨달았다고 한다.

빌란트가 때 이른 죽음을 맞은 1966년, 페스티벌의 총감독 자리는 볼프강에게 돌아갔다. 그런데 아버지에 대한 분노를 삭이지 못한 아들의 증언에 따르면, 볼프강은 사령탑에 앉자마자 빌란트의 업적 지우기에 나섰고 바이로이트를 사실상 반동 체제로 돌려놓았다. 볼프강이 지향한 인습적인 무대 디자인과 프로덕션은 결국 독일 내 기득권층의 입맛에 맞추려는 시도였다는 것이다. 아르노 브레커가 제작한, 나치 냄새가 물씬 나는 리하르트의 흉상 조각이 입구에 놓인 축제극장은 그때부터 인종차별 이념의 신전으로 우뚝 섰다는 것이 고트프리트의 주장이다.

고트프리트는 또한 바그너의 음악극 공연과 관련된 예술계 인사들 가운데 말로가 평탄했던 이가 극히 드물었다고 주장한다. 그는 그들 대부분을 친나치 성향을 숨긴 인물 혹은 성공을 탐했던 기회주의자 내지는 알량한 아첨꾼으로 깎아내린다. 볼프강에게 발탁되어 바이로이트를 밟은 저명한 유태인 지휘자 다니엘 바렌보임과 제임스 레바인을 고트프리트는 "알리바이 유태인들"로 무참히 맹비난 한다. 고약했던 과거의 기억을 씻는다는 시늉성 명분을 위해 바그너 성전(聖殿)으로 유입된 인사들이라는 것이다. 바이로이트의 현대사를 수놓은 여러 훌륭한 〈반지〉 프로덕션들도 젊은 고트프리트는 조금도 성에 차지 않았다고 한다. 그런데 여러 무대에 대해 언급된 분량이 쩨쩨할 정도로 빈약해서 우리는 그의 혹평의 이유조차 짐작할 수가 없다. 예를 들면, '비록' 바렌보임이 지휘한 무대였음에도 축제극장에서 〈트리스탄과 이졸데〉를 듣는 것은 즐거웠다는 식의 평가 아닌 평가로 일관하는 것이다. 이건 논평도 분석도 아니며, 남을 모욕하기 위한 중상이요 험담일 뿐이다. 그런 식으로 채워진 페이지가 여럿이다.

독자의 입장에서는 그의 가정사라도 좀 더 흥미가 있었으면 하고 바라게 될 텐데, 아쉽게도 그러한 기대마저 충족되지 못한다. 고트프리트는 여러 차례 결혼과 이혼을 반복하고, 불우한 루마니아 소년을 아들로 입양하고, 새로운 친구들을 사귀고, 물론 아주 많은 적을 만들고, 신발 세일즈맨, 은행원, 보조 감독, 떠돌이 강사 노릇으로 생계를 이어간다. 이스라엘을 방문해 대중 앞에서 강의를 하고 가문의 여러 죄과에 대해 공개적으로 사과한 짧은 기간의 행보는 그의 인생에서 얼마 되지 않는 명예 회복의 순간이었다. 고트프리트는 지금까지도 증조부의 반유태주의에 대해, 니체와 리스트(증조모 코지마의 아버지인)에 대해 강의를 이어오고 있고, 그가 바그너의 위대한 미학적 대척점으로 격상시킨 쿠르트 바일에 대한 연구를 멈추지 않고 있다.

유명한 가문의 이름과 그 이름으로 뭔가 독창적인 일을 해야만 하는 의무감 사이에 끼어 갇혀버린 고트프리트는 자기 연민과 중상비방 사이를 오가며 검증되지도 않고 받아들일 수 없을 정도로 방대한 일반론들을 사방으로 퍼붓는다. "리하르트 바그너는 바이로이트, 테레진슈타트, 아우슈비츠 사이의 끊을 수 없는 연결고리를 만드는 데 이미 기여했다" 같은 거창한 문장처럼 말이다. 이러한 선언에는 나치와 히틀러의 바그너에 대한 열광, 바그너 본인의 반유태주의, 홀로코스트의 이미지가 뒤범벅되어 있으며, 그러면서도 음악이나 바그너의 비범한 천재성, 나치에는 반대하면서도 바그너의 작품을 재해석함으로써 그 생명력을 이어온 많은 음악가들에 대한 고려는 거의 보이지 않는다.

번역도 엉망인 이 책의 문제는 비단 귀에 거슬리는 투덜거림, 사소한 일화들의 나열, 중상에 가까운 비방, 길고 지루하게 꼬리를 무는 넋두리에 그치지 않는다. 오히려 진짜 문제는 저자가 자신의 직계 선조인 리하르트 바그너와 그의 음악, 그리고 그의 작품이 우리 시대에 가지는 의미 등에 대해 뭔가 의미 있는 말을 거의 하지 않는다는 점이다. 고트프리트에게 〈니벨룽의 반지〉나 〈트리스탄과 이졸데〉, 〈파르지팔〉, 〈뉘른베르크의 명가수〉 따위의 작품이 정녕 어떤 의미로 다가왔는지 뭔가 건질 게 있을까 싶어 책장을 넘기고 뒤졌지만 헛수고였고, 정작 얻은 거라고는 퉁명스러운 한 줄짜리 논평들이 전부였다. 책 어느 대목에선가 고트프리트는 〈니벨룽의 반지〉가 종말론적 원자탄 재앙으로 이어진다고 썼다. 그렇다면 과연 4부로 이루어진 대작을 무대에 올리는 데 이 백열하는 불꽃처럼 뜨거운 통찰을 어떻게 소용되게 할 수 있을까. 안타깝게도 거기에 대해서는 일언반구도 없다. 볼프강 바그너의 바이로이트 프로덕션이 천재의 솜씨가 아니라는 점은 인정한다손 치더라도, 그것을 분석하려는 최소한의 노력조차 방기할 순 없는 법이며 또한 가능하다면 그에 대한 대안 정도는 제시해야 마땅하지 않겠는가. 그래야만 비로소 고트프리트의 전방위적 비난으로부터 일말의 지적인 만족이라도 얻을 수 있을 테니 말이다. 불평불만과 묵살로 일관하는 자세로는 멀리 갈 수 없는 법이다. 이제 오십 줄에 접어든, 더 이상 젊지 않은 대변혁가께서도 슬슬 자기 앞가림 정도는 해야 하지 않을는지.

고트프리트 바그너의 부적절한 관점을 보여주는 사례로 이스라엘에 대한 그의 태도를 언급하지 않을 수 없다. 물론 이스라엘 건국을 반유태주의 및 대량 학살과 연결 지어 생각하는 것은 온당하다. 그러나 이스라엘이 태어나는 과정에서 또 다른 사회가 궤멸된 것 또한 사실이다. 팔레스타인을 국가로서 부정하고 몰아내려는 노력은 지금까지도 이어지고 있다. 고트프리트는 이 점에 대해서는 단 한 줄도 쓰지 않았다. 몇 가지 사항들을 연결하는 것으로서 자기 일은 끝이고, 마찬가지로 중요한 사항들은 속 편하게 생략하거나 못 본 척해도 그만이라고 생각했던 모양이다.

바그너의 음악과 선견지명이 남긴 여파에 대해서는 써도 써도 쓸 말이 나올 텐데, 그에 대한 독자들의 이해를 제멋대로 싹둑 자른 저자의 의도를 나는 이해할 수 없다. 가련한 고트프리트는 자신의 곤경과 슬픔을 세상에 드러내는 일 외에는 안중에 없어서, 눈가에 어린 따뜻한 눈물 너머는 도무지 보지 못하는 것 같다. 독자들에게 권하노니, 이 책은 그저 대충 넘기듯 읽으시라. 리하르트 바그너와 그의 작품이나 혹은 그의 행실 천박한 가족들에 대한 이해를 돕는 책이라고는 단 한순간도 생각하지 마시기 바란다.

대중을 위한 바흐*

영국 오르가니스트 크리스토퍼 헤릭이 최근 2주간 매일 한 시간 조금 넘는 시간 동안 앨리스 툴리 홀에서 바흐가 쓴 오르간—바흐 시절 사람들은 오르간을 그의 주 종목으로 여겼다—작품 전곡을 연주했다(열네 번에 걸친 바흐 오르간 전곡 연주회는 이번 여름 링컨 센터 페스티벌의 일환으로 기획되었다. 해마다 질과 양 면에서 쪼그라들고 있는 듯한 링컨 센터 페스티벌은 올해도 어김없이 달달한 작품들로 건성건성 채운 일정을 소화했는데, 그중 주목할 만한 몇 안 되는 연주회 중 하나가 바로 헤릭의 연주회였다. 올해는 한동안 화제에 올랐던 상하이 오페라의 미국 방문 공연이 무산되는 바람에 페스티벌 일정표가 산신히 이어 기운 누더기 꼴을 면지 못했다. 뉴욕 필하모닉 콘서트 몇 차례, 너무 재미가 없어 슬플 지경이었던 레너드 번스타인 시리즈, 그만그만한 연극 무대 몇 편, 현대음악 이벤트 몇 차례 정도가 전부였다. 그래서 헤릭의 연주회 같은 깜짝 무대가 그만큼 더 반가웠다). 오르간 제작자, 기술자, 작곡가, 비르투오소 연주자로서 바흐는 이탈리아와 북독일 양식을 접목해 새롭고 복잡한 오르간 연주 어법을 발전시켰고, 이는 이후 오르간곡 작법의 근간이 되었다.

바흐라는 위대한 음악가의 특정 작품 세계 전체를 파노라마식

*《더 네이션》, 1998년 9월 7일.

으로 살핀 헤릭의 위업은 신선하면서도 중요한 의미를 가진다고 본다. 이와 같은 마라톤급 기획을 만나기가 좀처럼 쉽지 않은 것도 사실이지만, 그보다는 마디 하나하나가 고도로 복잡한 두뇌 작용을 요하는 양식으로 점철되어 있다고 할 정도로 엄청난 궁리와 지성으로 무장한 작품이 동시에 연민, 드라마, 활기 등의 표현에서도 마찬가지로 능함을 직접 확인할 수 있는 값진 기회가 되었기 때문이다. 대부분의 사람들은 학생 시절 바흐의 건반 작품과 처음 만난다. 그의 인벤션, 모음곡, 전주곡, 푸가는 건반 기교—주로 피아노—를 쌓아 올리는 교습 과정에서 필수적인 단계로 간주된다. 애석하게도, 많은 사람들이 레슨을 받으며 애를 먹은 기억 때문에 바흐의 음악에 담긴 기쁨을 보지 못한다. 그리고 그의 건반 작품은 그저 연습용 악곡, 그것도 빌어먹을 정도로 어려운 연습용 악곡일 뿐이라고 덮어 둔다. 바흐의 건반 음악이 제기하는 기술적 난관은 주로 대위법 양식에서 비롯되는 것으로서, 다시 말해 모든 성부(즉 모든 손가락)가 독립적으로 움직여야 하는 특성에 기인한다. 선율에 단순한 반주가 붙는 구조가 아니라, 둘, 셋, 넷, 다섯, 혹은 여섯 개의 성부가 리듬과 억양, 선율적 변주를 가미해 서로를 모방하면서 동시 진행하며 끊임없이 변화하는 텍스처인 것이다. 거개의 연주자들은 이것만으로도 벅차 한다. 바흐의 놀랍도록 대담한 화성, 절묘하고 유연한 리듬 운용, 선율적 독창성 등은 무시되기 일쑤다(고작 두 개의 성부만 가지고도 진땀을 빼는 연주자들도 있는데, 바흐의 음악은 몇 개의 성부를 동시에 운용함은 물론이요 각각의 성부를 말끔하게 다룰 것을 요구한다).

  사실 연주회장이라는 공간은 바흐의 오르간 작품이 의도된 환경과는 사뭇 괴리가 있다. 바흐의 오르간곡은 모두 프로테스탄트 교회를 위해 교회 공간 안에서 연주할 목적으로 지은 것이다. 성가대 지휘자로서, 카펠마이스터로서, 또한 오르가니스트로서 바흐는 음악가 인생의 상당 부분을 라이프치히에 있는 성 토마스 교회에서 근무했다. 오르간이라는 악기는 교회 바깥 공간에는 있을 수가 없었고, 오늘날 우리가 아는 형태의 연주회란 것도 존재하지 않았다. 바흐의 관객은 전례(典禮)를 위해 모인 신자들이었고, 신자들이 전례에서 가장 중요하게 생각하는 부분은 물론 예배였다. 그렇지만 바흐가 전례용으로 고안한 수많은 형태의 작품을 하나씩 듣다보면 발견하게 되는 사실이 있다. 우선 첫째는 각각의 음악을 구성하는 부품들—코랄, 모테트, 전주곡, 푸가, 교송식(交誦式) 합창, 기악 간주곡 등—이 무척 다양하다는 점이고, 둘째는 그가 봉직한 긴 세월 동안 뛰어난 음악을 내놓은 페이스가 대단히 꾸준했다는 점이다. 바흐의 교회음악, 특히 그의 오르간 작품(하나하나의 작품이 모두 교회라는 공동 생활체의 시간표상 특정 시점에 연주되도록 작곡된 것이다)은 지금까지의 위대한 작곡가 중 가장 근면한 삶을 살았던 바흐가 쏟았던 어마어마한 수고의 가장 핵심을 차지해야 마땅하다는 것이 내 생각이다. 그러한 오르간곡을 원래의 맥락에서 떼어내어 열네 차례의 연주회로 꿰어냈음에도 각각의 작품에 어린 기교적·정신적 달통의 수준이 감쇄되지 않고 고스란히 전해져오는 것은 더더욱 놀랍지 않을 수 없었다. 이들 작품을 하나씩 차례로 연주한 헤릭의 콘서트는 각각의 작품이 가진 놀라운 수준을 보여주었고, 또한 그들을 예배용 작품이 아닌 음악 작품으로서 바라볼 수 있게 했다.

오르간은 존재감이 엄청난 악기다. 큰 예배당을 소리로 채울 수 있도록 설계되었고, 또한 신도들에게 숭배와 경탄, 환희, 묵상, 사색을 포함한 다양한 감정적 인상을 전달할 수 있는 악기인 것이다. 극상품이긴 하지만 소리가 다소 건조한 앨리스 툴리 홀의 오르간은 대형 교회 오르간에 견줄 만한 울림이나 폭은 가지지 못했으나, 그래도 크게 흠잡을 만한 구석은 없었다. 오르간 음향에 대해 약간의 설명을 덧붙여야 하지 싶다. 피아노와는 달리 오르간은 건반을 두드리는 방식으로 음량을 조절하지 못한다. 오르간은 공기가 서로 다른 크기와 형태를 가진 파이프를 통과하며 소리가 나는 구조이므로, 건반을 세게 누르든 살짝 누르든 음량에 영향을 미치지 못한다. 다른 건반악기와 오르간의 차별점은 양손으로 연주하는 건반 외에도(앨리스 툴리 홀 오르간의 경우에는 손건반만 네 단이다) 발로 누르는 건반도 있다는 것이다. 따라서 훨씬 풍부하고 다양한 음향이 가능해진다.

부가적으로, 오르간 사운드는 레지스트레이션, 즉 음전(音栓) 조절에 의해 다양하게 바뀐다. 레지스트레이션이란 연주자가 작품 연주에 앞서 특정 파이프 조합을 미리 결정하는 것을 의미하는데, 다양한 조합에 의해 음향이 현악군이나 목관군의 소리처럼 바뀌기도 하는 것이다. 레지스트레이션이 많다는 것은 곧 가능한 음향의 종류가 많다는 뜻이 되는데, 사실상 오르가니스트에게 주어진 음향의 조합 가능성은 무한대라고 해도 좋을 정도다. 그러나 일단 레지스트레이션을 결정하고 나면 악기의 음향은 하나로 결정되며, 다시 레지스트레이션을 조절하기 전까지는 음향을 바꾸지 못한다. 피아니스트가 자유자재로 구사하는 음량, 다이내믹, 음색 조절 따위의 요소는 오르간 연주와는 관계없는 사항들이다. 헤릭의 레지스트레이션 운용은 탁월했다. 그는 다양한 음향으로 관객의 귀를 유혹했고, 또한 각각의 작품이 기반하고 있는 코랄 가사의 의미를 효과적으로 드러내는 적절한 선택의 묘를 보여주기도 했다. 예를 들어 〈세상에 작별을 고하려 하네〉는 최저역 음전을 가동하여 바순과 비슷한 어두운 음향으로 연주했고, 반면 〈내 주는 강한 성〉은 마치 트럼펫과 고음역 목관악기들이 지배하는 듯 밝고 강한 쇳소리가 두드러지도록 음전을 선택했다.

바흐의 종교적 지향은 물론 루터교였다. 그러나 바흐가 추종한 음악적 표현법은 대위법과 다성음악—규칙을 준수해가며 여러 성부를 교묘하게 병치시키고 그러면서도 현학적이고 기술적인 면이 음악적인 면을 압도하지 않도록 각별히 신경 써야 하는 기법—에 의해 지배받았다. 여기에서 바흐의 오르간 작품이 품고 있는 역설이 비롯된다. 각각의 작품은 특정 대위법적 기교—푸가, 변주곡, 코랄, 프렐류드, 판타지, 파사칼리아—를 표방하지만, 기교나 기법(바흐 전에도 바흐 후에도 그토록 높은 수준으로 달성되지 못한)이 작품이 지향하는 전례라는 용도나 표현 및 감정적 목표를 결코 압도하도록 내버려두지 않는다. 헤릭은 놀라울 정도로 정교한 대위법으로 점철된 몇 작품도 연주했다. 이를테면 〈'높은 곳에서 내가 왔도다'에 의한 카논 변주곡〉, 〈파사칼리아와 푸가 C단조〉, 〈음악의 헌정〉의 '리체르카레' 같은 곡들이 대표적이었다. 눈부시도록 현란한 기교를 요하는 곡들이자, 내 생각에는 바흐의 견줄 데 없는 힘이 흡사 자연 세계의 비옥한 생산력에 맞먹는다 해도 지나치지 않을 정도로 대단한 곡들이다. 그러나 이들 작품은 다성음악 기법의 백과사전이라 불러도, 혹은 주어진 기교로 무엇을 할 수 있는지를 참고하고 배우는 개론서라 불러도 무방한 것들이기도 하다. 토카타처럼 기교 과시가 전면에 부각되는 작품도 마찬가지다. 범상한 오르간 연주자들은 도모하지 못할 눈부신 패시지, 페달 건반을 사용해 처리해야 하는 재빠른 악구, 손건반을 둘, 셋, 혹은 넷까지 사용해야 하는 복잡한 패턴 등은 그야말로 오르간 기교의 백과사전이라 할 만하다.

대위법은 매우 까다로운 규칙에 얽매이는 학문적인 양식이다. 평행5도와 같은 금기 사항도 많고, 역행(주제를 뒤에서부터 거꾸로 연주하는 것)이나 스트레토(주제 전체의 연주가 마무리되기 전에 도미노처럼 다시 주제가 덮치고 들어오는 것), 조옮김과 조바꿈 등에 의한 주제의 변용이 요구되는 양식이다. 1750년 바흐가 서거하고 고전시대가 도래하면서 그의 작품도 빛을 잃는 것처럼 보였다. 선율미와 형식 구조에 기반한 양식(즉 하이든, 모차르트, 베토벤의 소나타 형식)이 등장함에 따라 학식 없이 소화하기 힘든 바흐의 기법은 자리를 내주었다. 그러나 음악사에서 가장 감동적인 사건은 그 이후에 벌어졌다. 바흐를 재발견한 후배 작곡가들이 그의 놀라운 대위법적 천재성에 감화받기 시작한 것이다. 베토벤은 〈장엄 미사〉와 후기

피아노 소나타에서 바흐에 의지했고, 모차르트 역시 만년의 오페라와 교향곡에 푸가 작법을 도입함으로써 바흐에 대한 경외심을 표현했다. 쇼팽, 멘델스존, 슈만 같은 낭만파 작곡가들 또한 바흐의 음악에서 착안하여 자기들만의 복잡한 음악을 만들었다. 코지마의 일기장에는 〈뉘른베르크의 명가수〉를 쓰던 무렵의 남편이 온통 바흐의 작품에만 빠져 지냈다는 기록이 남아 있다. 바그너가 자신의 유일한 희극 오페라에서 내세운 이상적인 독일의 모습을 표현하는 데 참고한 것이 코랄에 뿌리를 둔 바흐의 양식이라는 점은 시사하는 바가 있다.

헤릭은 이번 마라톤 시리즈를 통해 절륜한 오르간 비르투오소 바흐의 모습을 짐작하게 했는데, 이것이 그의 연주회가 가진 여러 값진 덕목 가운데 하나였다. 바흐는 당대에 오르간 연주자로 가장 유명했다. 그 어떤 건반악기도 능수능란한 솜씨로 척척 다뤄낼 줄 알았던 바흐였지만, 그중에서도 그의 악기는 역시 오르간이었던 것이다. 미국의 음악학자 로런스 드레이퍼스의 최근 신간 『바흐와 창작의 패턴』(하버드 대학 출판부)은 동시대 관례를 완벽하게 간취하고 이해한 바흐의 작곡 기법상 독특한 특성을 분명히 밝힌 책이다. 바흐는 혁명가도 아니었고 인습 타파주의자도 아니었다. 다만 그는 관례를 적극 활용하여 거기에 새로운 의미를 부여했고, 다른 작곡가들은 꿈도 꾸지 못했던 지점까지 나아갔다. 바흐에게 창작은 무에서 유를 창조하는 것이 아니라 악절 안에 숨은 발전의 가능성을 '발견'하는 것이었다. 드레이퍼스는 모든 악절이 가진 잠재력을 내다보고 대위법적 전개를 거친 결과물을 마치 대자연의 법칙인 것처럼 천연덕스럽게 생산해내는 바흐의 신묘한 능력을 보여주었다. 바흐는 이 모든 일을 자신이 속한 시대의 음악 환경 내에서 해냈지만, 동시에 그의 능력은 워낙 철두철미하고 사려 깊어서, 그가 쓴 작품은 관례를 부각시키고 높이 끌어올려 새로운 숙고와 분석을 가능케 하는, 그리하여 관례를 완전히 다른 방식으로 변화시키는 명상록이자 음악의 지도였다는 것이 드레이퍼스의 주장이다. 드레이퍼스는 바흐의 창작 패턴을 다음과 같이 간추린다.

> 그것은 작곡에 투자한 생각과 행위의 거미줄이다. 바흐의 창작 패턴은 단일 작품의 생성 과정만을 통할하는 것이 아니다. 그보다는—이것이 훨씬 더 중요한데—음악이 최고의 역할을 담당하는 경험을 드러내 보이는 것이다. … 작품이 … 체현하는 것은 자유와 필요를 아우르는 역설이며, 자유와 필요가 서로 얼마나 긴밀하게 얽혀 있는지를 보여주는 일인 동시에, 새로운 악상의 발견에는 엄격한 책임이 동반됨을 보여주는 일이다. 간단히 말해, 위험을 떠안고 적절한 귀결을 이끌어내는 방법을 보여주는 일인 것이다. 이와 같은 음악에 대한 고유한 존경심은 모든 심각한 것들[바흐의 경우에는 엄격한 규칙에 의해 창조한 작품]과 세계의 의미에 고유한 존경심으로 이어진다.

헤릭의 콘서트에서 이러한 관점으로 바흐의 오르간 작품을 관찰할 수 있는 최적의 기회는 〈오르간 소곡집〉 연주에서였다. 〈오르간 소곡집〉은 연주 시간이 1~3분 정도인 짧은 곡 마흔다섯 편으로 구성되어 있다. 이들 소품은 모두 바흐가 교회력(敎會曆)에 맞추어 연주할 목적으로 작곡한 것이다. 각각의 곡은 코랄 선율에 기반하고 있으며, 주제 선율이나 악절 일부를 부각시키는 대위법 라인으로 둘러싸고 장식함으로써 코랄 본래의 간소미를 넘어선다. 교회 오르가니스트 출신이기도 한 헤릭은 이들 작품에 완벽하게 몰입하여 빼어나게 연주해냈고, 수수하고 심지어는 지극히 따분한 음악적 재료가 바흐라는 준열한 음악적 지성이 가진 심미안과 창의력에 의해 정교해져—즉 창조되어—모든 가능성을 펼쳐 보이는 것을 오롯이 들을 수 있었다. 헤릭의 연주를 듣는 나는 키츠의 〈프시케에 바치는 송가〉에 나오는 암시적인 멋진 시구 "생각하는 두뇌의 담쟁이 덩굴"

이 떠올랐다. 바흐는 이들 작품을 "가장 높은 곳에 계신 하느님과 스스로 배우는 나의 이웃들을 위해" 썼다고 했는데, 헤릭의 연주는 작품의 이러한 봉헌적 성격을 훌륭하게 드러냈다(성공회 사제 맬컴 보이드가 쓴 빼어난 프로그램 노트 또한 이 점을 적절히 강조했다).

마지막으로 첨언하고 싶은 것은, 헤릭이 선보인 거대하고도 풍부한 음악적 재료들이, 바흐의 음악이 가진 종교적 목적과 교습적 목적이 결코 서로 멀리 떨어져 있는 것이 아님을 보여주었다는 점이다. 가장 외향적인 토카타나 푸가부터 가장 내향적이고 애절한 수난곡까지 모든 작품은 종교적 숭배 행위의 일환으로서 기획된 동시에 작곡 과정에서 맞닥뜨릴 수 있는 여러 문제의 해법을 예시하는 모범 사례이기도 한 것이다. 헤릭은 엄청난 양의 작품을 가히 경탄하지 않을 수 없는 일관된 수준으로 연주했는데, 그러면서도 무심히 해오던 대로 연주하는 것만 같은 순간은 거의 없었다(비록 이따금씩 힘이 달리는 모습도 보이긴 했고 한두 번 정도는 미스터치가 있기도 했지만, 이는 인간적으로 충분히 이해가 가는 범위 내의 흠결이었다). 바흐의 오르간 작품은 이런 식으로 하루에 한 시간 이상씩 꾸준히 연주하고 감상할 용도로 쓰이지 않았지만, 그런 만큼 이런 종류의 연주회 경험은 더더욱 값지다고 하겠다. 헤릭의 마라톤이 종착점을 향해 한 걸음씩 전진해감에 따라 대위법이라는 불가피성의 축과 창작력이라는 자유의 축이 서로를 아름답게 조명하는 것을 느낄 수 있었다.

III. 2000년 이후

다니엘 바렌보임:
문화의 국경을 넘어 유대 맺기*

런던의 어느 호텔에 투숙하려고 줄을 서 있는데 내 뒤로 누군가 불쑥 튀어나와 프런트 직원에게 뭔가를 물어보는 모습이 무척 낯이 익었다. 때는 1993년 6월이었다. 나는 BBC의 방송 강좌 진행차 런던에 도착한 참이었는데, 기왕 내친 걸음이고 해서 다니엘 바렌보임이 피에르 불레즈, 런던 심포니와 함께하는 버르토크 〈피아노 협주곡 1번〉 연주회 티켓을 구입해둔 상태였다. 그런데 바로 그 다니엘 바렌보임이 나와 같은 줄에 서 있었던 것이다. 나는 유명인을 성가시게 하는 부류가 아닌지라 아는 체하지 않았고, 게다가 솔직히 말해 바렌보임은 이스라엘 음악가라는 이미지가 너무도 강해서 아랍 출신인 나로서는 건너기 힘든 장벽이 있는 것처럼 느껴지기도 했다. 그런데 어쨌거나 그가 거기에 있었고, 건너기 힘든 장벽처럼 보였던 것도 막상 시도해보니 금세 넘을 수 있었다. 우리 사이에는 즉각적이고 저항할 수 없이 심원한 상호 인식—살면서 몇 번 경험하지 못하는 상서로운 경험이다—이 싹텄다. 처음 만난 금요일 정오부터 그의 연주회가 있던 일요일 저녁 사이 동안 우리는 리허설 시간과 강좌 준비 시간을 제외하고는 모든 시간을 함께 보냈다. 호텔 인근의 아랍 식당은 바렌보임과 내가 함께 식사할 여건이 되면 언제든 찾을 수 있도록 아예 테이블 하나를 빼서 우리 몫으로 맡아놓아 주

* 《더 뉴욕 타임스》, 2000년 2월 27일.

었다. 만나면 대화가 끊이지 않았다. 음악과 정치에 대한 이야기부터 해서, 예술과 인생 전반에 대해 이야기를 나누었다. 뭔가 길조가 나타나길 기다리고 있다는 느낌이 들었고, 하늘이 도우사 길조는 나타났다. 공연 직후 무대 뒤에서 축하 인사를 건네고 불레즈를 소개받는 와중에 바렌보임의 연습용 피아노 위에 책 한 권이 펼쳐져 있는 게 눈에 들어왔다. 내가 쓴 『팔레스타인 문제』였다.

20세기 가장 위대한 음악가 가운데 하나라 할 바렌보임은 가까이서 보면 엄청난 활력과 비상한 표현력을 갖춘 지적 에너지의 소유자다. 물론 대단히 드문 종류의 인물임에 분명하지만, 음악계에서는 이런 사람을 만나기가 더더욱 힘들다. 음악가라는 직업의 고독 지향과 불안정성, 연주라는 과정에서 이따금씩 보이는 자아 결손, 커리어를 일궈가기 위해서 감내해야 하는 살인적인 요구, 뜨내기 인생을 살아야 하는 데서 오는 심리적 불안감 등이 이유가 되겠지만, 대부분의 비르투오소들은 입을 꾹 다문 채 너무도 노심초사하는 삶을 살고 있다. 바렌보임은 그런 정형의 상극에 선 음악가고, 그 덕분에 나의 삶을 바꾸어놓은 깊고 넉넉한 우정이 우리 사이에 싹틀 수 있었다. 그는 잠시도 손에서 일을 놓지 않고 동분서주하는 사람인 반면, 나는 최근 병을 얻어 불편한 몸인 데다가 강단에 서고 글을 써야 하는 직업상 책임이 있어서, 그와 내가 같은 대륙에 있지 않을 때도 많았다. 그럼에도 바렌보임은 어떻게든 시간을 내는 유형의 사람이며, 동시에 시간에 쫓긴다는 느낌은 조금도 내비치지 않는다. 설사 알베니스의 〈이베리아〉를 녹음 중이고, 베를린 국립 오페라와 시카고 심포니 지휘 일정이 닥쳐 있고, 5년 뒤의 연주회를 준비하며 독주자를 물색하고 연출자와 논의하는 과정을 병행하고, 수많은 고위직 인사와 음악가들, 매니저들, 에이전시, 친구들을 만나고, 악보와 책을 읽고, 지휘자와 피아니스트로 동시에 활동하는 와중에도 말이다. 나의 치료 과정이 특히 힘든 단계로 접어들었을 때는 수시로 전화를 걸어 안부를 묻기도 했다. 1996년 초의 어느 주말, 나는 다니엘과 함께 시카고 심포니의 '음악의 오리엔탈리즘' 기획 시리즈를 맡아 진행한 적이 있다. 일요일 오후에 있었던 그와 라두 루푸의 피아노 이중주 리사이틀에 페이지 터너로 힘을 보태던 도중이었다. 갑자기 사시나무 떨 듯하는 오한이 찾아왔고, 급히 병원으로 이송되어 폐렴 진단을 받고 열흘을 병석에 누워야 했다. 그날 이후 다니엘은 자주 문병을 와서 이런저런 농담과 다양한 언어로 된 사상, 여러 문화권에 걸친 프로젝트에 대해 이야기하며 말벗이 되어주었다. 그렇게 복잡한 생각들을 어떻게 머리에 다 담고 있는지 신기할 지경이었다.

우리는 베를린과 도쿄, 파리와 텔아비브, 뉴욕에서 함께 지냈고, 어쩌면 다음번 만남의 장소는 카이로가 될지도 모르겠다. 그도 나도 모두 유년시절에 복잡한 지정학적 현실과 역사에 따른 질곡을 겪었다는 공통점이 있는데, 내 생각에는 이것이 우리의 우정을 지탱하는 또 다른 요소가 아닌가 한다. 나는 소싯적에 팔레스타인에 살았고, 어린 다니엘은 이스라엘에 살았다(사이드 가문은 1947~1948년에 그곳을 떠났고, 그리고 2년이 지난 시점 바렌보임 일가는 아르헨티나에서 이스라엘로 이주했다). 이러한 배경이 말 없는 이유가 되어 우리로 하여금 음악과 공존, 우정, 사상이 현재 및 미래에 담당해야 할 어떤 역할이 있음을 느끼게 하고 있는 것이다. 물론 1948년의 사건*에 대해 우리의 입장이 반드시 일치하는 것은 아니고, 각기 다른 사정에 따라 그도 나도 중동 지방에 거주하지는 않는다. 그러나 중동이라는 지역은 언제나 우리를 끌어당기는 곳이며, 나도 그도 우리 민족들 간의 분리가 정답이 아니라는 점은 잘 알고 있다. 그렇다면 중동 문제에 관해 공식적인 직위나 역할을 가지고 있지도 않고 원하지도 않는 우리가 함께할 수 있는 일이 과연 무엇일까.

바렌보임은 어쨌든 뭔가 해보자는 주의다. 그런 면에서는 그만

---

* 이스라엘 건국을 말한다.

큼 적극적인 사람도 찾기 힘들다. 우리는 지금까지 여러 차례 공개 대담 및 미공개 대담 내용을 녹음 자료로 보관해두었고(앞으로도 대담은 계속 이어나갈 계획이다), 이를 정리해 책으로 묶는 작업이 진행 중이다. 우리의 대담은 각자의 경험을 밑천으로 삼고 있으며, 주제 또한 음악과 문학에 국한하지 않고 문화정치, 시온주의, 아랍 민족주의, 푸르트벵글러의 중요성(바렌보임은 어린 시절 그에게서 가르침을 받은 바 있고, 나는 1951년 카이로에서 그의 연주회를 들은 바 있다), 그 밖에도 많은 관련 주제들을 포괄하고 있다. 바렌보임은 생각도 많고 이를 곧장 행동으로 옮기는 능력도 발군이다. 브루크너 교향곡에서 특정한 사운드를 끌어내는 방법을 묘사할 때도, 아랍 음악가나 이스라엘 음악가를 초청하고 싶다고 누군가를 꼬드길 때도, 요요 마에게 대뜸 전화를 걸어 합석하지 않겠느냐고 물어볼 때도, 라말라에서 열릴 예정인 리사이틀에 주빈 메타를 초대할 때도, 워크숍, 세미나, 마스터클래스, 토론회를 기획할 때도, 그 바닥에는 이러한 실행력이 깔려 있는 것이다. 음악가 가운데 가장 바쁜 삶을 살고 있는 만큼 인용할 만한 사례가 끝도 없이 넘치지만, 각별히 두드러지는 두 가지 일화를 아래에 언급한다.

하나. 1998년 3월 다니엘은 독주회차 예루살렘에 머물고 있었고, 나는 웨스트 뱅크의 팔레스타인 사람들의 삶에 관한 BBC 다큐멘터리 촬영차 같은 곳에 거류하고 있었다. 20년간의 국외 추방을 마감하고 최근에 귀국한 비르제이트 대학 총장 하나 나시르가 자택으로 저녁 초대를 하여 거기서 바렌보임을 만났다. 다니엘은 총장 부부가 집으로 초대한 첫 번째 이스라엘 국민이었지만 그럼에도 양쪽은 금세 죽이 맞았다(물론 바렌보임은 이스라엘인인 것만은 아니다. 그는 크게 보아 중동인이기도 할뿐더러 아르헨티나인이기도 하고 동시에 프랑스인, 독일인, 이탈리아인, 러시아인이기도 하다. 이처럼 복합적인 정체성을 가진 그는 마치 물레가 실을 토해내듯 모든 언어를 완벽한 억양으로 구사한다). 그로부터 1년이 채 못 된 시점,

바렌보임은 총장 가족의 친우이자 귀빈으로서 다시 이곳을 방문해 비르제이트 대학 최초의 리사이틀 무대에 섰다(이는 또한 팔레스타인 최초의 이스라엘인 연주회이기도 했다). 연주회의 앙코르인 슈베르트 연탄곡(連彈曲)은 이스라엘과 팔레스타인 출신의 재능 있는 젊은 피아니스트가 함께해서 더욱 의미를 높였다. 틀에 박힌 방식 안에 그를 가두는 건 불가능한 일이며, 그날 저녁 모든 것은 속속들이 탈바꿈되었다. 다니엘을 포함해 그날 현장에 있었던 우리 모두는 전대미문의 사건이 일어났음을 납득하기 위해 어지러운 머리를 가누어야 했다.

둘. 1999년 8월 다니엘과 요요 마, 나는 당년의 유럽 문화 수도로 지정된 바이마르에 아랍 및 이스라엘의 젊은 음악가 일흔여덟 명을 불러 모았다. 모인 이들의 나이는 열여덟부터 스물다섯까지였다. 거기에 여덟 명의 시리아 출신 젊은이가 가세했고, 또한 팔레스타인 출신, 이집트인, 이스라엘 출신 아랍인, 유태인, 레바논인, 열두 명의 독일인도 참가했다. 3주간 다니엘과 요요, 시카고와 베를린에서 날아온 악단 수석급들이 수차례 마스터클래스를 진행했고, 매일 일곱 시간 동안 오케스트라 리허설이 이어졌으며, 우리들 중 두 명은 번갈아가며 서녁 토론회를 이끌었다. 휴일은 없었다. 바렌보임은 매주 세 차례가량 오후에 바이로이트로 차를 몰고 가 〈트리스탄과 이졸데〉와 〈뉘른베르크의 명가수〉를 지휘했고 [물론 암보(暗譜)로], 새벽 두 시에 돌아와 잠자리에 들고는 다음 날 아침 아홉 시 반 리허설에 늦지 않고 참가했다. 다니엘은 3주 동안 젊은 음악가들과 함께 머리를 맞대고 주어진 음악을 한 마디 한 마디씩 치열하게 헤쳐나갔다. 연습 현장에는 교훈은 물론이요 익살도 넘쳐났다[그러나 딱 하나 없는 것이 있었으니 다니엘의 총보(總譜)였다]. 드디어 대단원의 공연. 요요가 독주자로 나선 슈만의 〈첼로 협주곡〉, 베토벤의 〈교향곡 7번〉, 모차르트의 〈두 대의 피아노를 위한 협주곡〉이 연주되었다. 바이마르의 주 강당을 가득 메운 관객은 넋을 잃고 공연에 몰입했다. 괴테의 걸작 『서동시집(西東詩集)』 강의 때는 따분한 기색을 보이기도 하던 아이들이었지만, 이날 마지막 공연만은 멋지게 해냈다.

3주간 온갖 놀라운 일들이 일어났다. 이스라엘에서 온 군인 겸 첼리스트와 시리아 출신의 날씬한 바이올리니스트가 서로 첫눈에 반했고, 정체성과 정치에 대한 격렬한 논쟁이 믿을 수 없는 앙상블 연주로 녹아들었다. 바이마르 인근의 부헨발트 강제수용소를 견학한 젊은이들은 경악스러운 충격에 말을 잃었고, 다니엘은 유머라고는 모르는 독일인 가이드를 짜증날 정도로 귀찮게 굴어서 무거운 분위기를 다소나마 없앴다. 부헨발트에 다녀온 그날 저녁, 토론회가 끝나고 다니엘과 요요는 브람스와 베토벤을 연주했고, 자정이 다 된 시간까지도 자리를 뜨지 않고 뜨거운 박수를 퍼붓는 관객에게 베토벤의 〈피아노 소나타 30번〉 전곡을 앙코르로 얹었다. 그러고도 다니엘은 곧장 잠자리에 들지 않았다. 이집트에서 온 온화한 품성의 오보에 주자는 "이 양반, 정말 굉장합니다"라고 놀라움을 숨기지 않았다. 다니엘이 베토벤 교향곡 연습 도중 A장조 스케일을 대단히 깔끔하게 이끌어내는 것을 보고 놀란 이스라엘 단원들의 표정이 나는 아직도 잊히지 않는다.

파리에서 〈보체크〉를 지휘하기 위해 극장으로 이동 중인 그에게 "긴장되진 않소?" 하고 물어본 적이 있다. 베토벤의 교향곡 두 곡과 협주곡 한 곡을 독주까지 겸해 지휘한 바로 다음 날이었다. 내 물음에 그는 이렇게 답했다. "아니요. 내가 긴장할 이유가 뭐가 있답니까? 긴장은 그들이나 하라지요!" 엄밀히 말해 바렌보임에게는 본인과 무관한 타인이라는 의미에서의 '그들'은 존재하지 않는다. 그는 다른 대상과 직접적이고 즉흥적인 관계를 촉발하는 본능에 가까운 신묘한 재주를 타고났다. 그리고 그 대상이란 악보나 악기가 될 수도, 오케스트라나 가수, 연주자가 될 수도, 관객과 그들의 귀, 정신, 마음이 될 수도 있는 것이다. 이는 재능이나 천재성이라는 단어로는 온전히 설명할 수 없는 능력이다. 그것은 자신을 완전히 바쳐 몰두하는 능력이자, 스스로의 깜냥에 대한 자신감이 아니라 본인이 전심전력의 자세로 헌신하는 상황에 대한 신뢰요 믿음이다. 따라서 그에게서 거드름이나 가식은 흔적도 찾을 수 없으며(그럴 시간도 없겠지만), 지극히 뜨겁고 팽팽한 긴장으로 점철된 연주회를 마치고 나서도 마치 아무 일도 없었다는 듯 배꼽 잡는 유태인 농담이나 음악가 농담을 던질 수 있는 것도 그래서일 것이다. 당면과제에 몰입하는 그의 집중력은 엄청난 것이어서, 대저 그의 음악은 든든하리만치 정확하고 구체적이고 선명하고 명쾌하며 결코 깐깐하게 신경질적으로 따지고 들지 않는다.

어떤 의미에서 모든 예술은 무언의 예술이다. 물론 모든 예술은 각자의 수단을 이용해 스스로를 표현하고 또한 그 모두가 인간 역사와 현실에 속하는 것임에도, 궁극적으로 예술은 그들 자신에 대한 이야기 이상을 하지 않는다. 모든 예술작품은 침묵의 아이라고 했던 프루스트의 말도 같은 맥락일 것이다. 그러나 문학은 일상적인 의미를 가진 언어를 사용한다. 구상예술 역시 영화, 조각, 사진 등의 형태로 현실을 반영한다. 아리스토텔레스는 예술을 모방이요 모사라고 정의했다. 그러나 소리에 의존하고 그 자체로 소리인 음악은 모든 예술 가운데 가장 과묵하다. 시나 소설, 영화 따위에서 얻을 수 있는 의태적 의미를 얻기가 가장 까다로운 예술이기 때문이다. 음악예술에 관해서는 '그대, 순결한 고요의 신부, 그대, 침묵과 느린 시간의 수양 자녀'라 했던 키츠의 표현이 딱 들어맞는다. 따라서 연주자는 음악으로 하여금 말을 하게 하는 과업을 떠맡아야 한다. 그런데 유감스럽게도 그 방식이 너무도 까다롭고 비전(祕傳)에 가까운 나머지 우리 같은 보통 사람이 이해하기에는 무리가 있다. 바이마르 리허설에서 바렌보임은 맥을 잡지 못하고 장황한 소리로 일관하는 오케스트라에게 이렇게 말했다. "지금까지 우리는 넌지시 암시하기만 했습니다. 자, 이제부터 정확하게 말을 해야 합니다." 그렇다. 베토벤의 〈전원 교향곡〉이 자연에 대한 곡이라는 점, 〈지그프리트의 장송행진곡〉이 영웅의 죽음을 애도하는 곡이라는 점은 누구나 추정할 수 있는 바다. 그러나 그처럼 뻔하고 불충분한 꼬리표를 넘어 음악작품의 의미를 본격적으로 이해하겠다고 맘먹는다면 과연 어디를 향해 가야 한단 말인가. 연주자는 일차적으로 해석자다. 음악이 진술이 되는 실현을 돕는 사람인 것이다. 비록 대부분의 해석자들은 그들의 과제를 기교적인 측면에만 한정한 채 효과와 효율만 충족한다면 무슨 방식이라도 상관없다는 자세로 연주를 뚝딱 끝내버린다. 그런 연주들은 일단 바렌보임과 같은 위대한 해석자를 만나고 나면 지극히 시시하고 진부한 것으로 전락하기 십상이다. 피아니스트, 지휘자, 교육자로서 바렌보임은 우선 음표를 발견하고, 그것에 굴절, 휴지, 절정, 대화 같은 삶의 요소들을 얹어 생명을 불어넣은 뒤, 마침내 음표가 비롯된 장소인 침묵 속으로 다시 돌려보낸다. 이것이 그가 보여준 해석의 품질 보증 마크와도 같은 특징이다.

　침묵 속에서 음악을 끄집어내는 이 치열하고도 숭고한 과정은 지고의 해석적 재능을 요한다. 이 재능은 그저 음의 실현이나 조탁 차원에 국한되지 않으며, 그보다 더 높은 무엇인가에 관한 것이다. 나는 이를 '노작(勞作)을 마다하지 않는 성심(誠心)'이라고 부르고 싶다. 물론 우리는 말을 할 때마다 정확한 발음과 생각, 감정에 신경 쓴다. 그러나 발화(發話)나 언어 사용은 모든 인간이 선천적으로 타고나는 무척 자연스러운 행위다. 음악으로 하여금 말하게 하고 음악에 진술을 부여하는 위대한 해석자는 거기서 몇 발자국 더 나아간다. 이것이 바렌보임과 다른 음악가들을 분리하는 아주 미세하고 미묘한 차이점이다. 음악이라는 재료에 패턴, 구조, 질서, 에너지, 그리고 특히 뜻밖의 일과 기쁨으로 복잡하게 점철된 삶의 밀도를 부여하는 그의 일견 무한해 보이는 능력이 있기에 가능한 일일 것이다.

　바렌보임을 보고 있으면 범상치 않은 음악가가 예술 프로젝트에 흡사 생물학적 추동력과 같은 힘을 불어넣는 것만 같은 느낌을 받게 된다. 그는 수많은 경험, 목소리와 충동의 줄기들을 하나로 그러모아 이리저리 얽히고설킨 거미줄을 만든다. 다양하고 복잡한 표현으로 가득한 소리와 인생에 심히 인간적이고 초월적인 존재감을 명쾌하고 절절하게 부여하는 것이 그 궁극적 목표다. 이는 군림도 아니요, 조작도 아니다. 그것은 표현과 의미의 최종적 형태를 지향하는 면밀한 고심이다. 열 개의 손가락을 놀려 피아노에서 소리를 조탁할 때도, 백전노장 단원들조차 가능하다 생각지 못했던 소리를 오케스트라로부터 끄집어낼 때도 결국 바렌보임이 하고 있는 바는 바로 이것이다. 최고의 비르투오소들이 보여주는 얼음장처럼 차가운 완벽성이나 비인간적 기교의 과시는 여기에는 없으며(그러나 물론 바렌보임 또한 최고의 비르투오소 가운데 하나다), 대신 대단히 정교하게 다듬은 소리로써 듣는 이를 타인들 및 다른 자아, 다른 음악들, 다른 진술 및 경험과 연결시키는 심미적 경험을 통해, 듣는 이로 하여금 인간애를 느끼게 하고 스스로의 사랑과 필멸의 한계를 느끼게 하는 감각이 여실하다.

피아노가 되었건 지휘봉으로 통솔하는 오케스트라가 되었건 결국 중요한 것은 바렌보임이 구사하는 소리 그 자체일 것이다. 20여 년 전쯤 나는 바렌보임의 지휘가 중도를 지향하는 것 같으며 해석이나 특징적인 사운드의 측면에서 너무 몸을 사리는 것 같다고 쓴 적이 있다. 그러나 세월이 흐름에 따라 배우고 흡수한 바가 늘어나면서 그의 모색도 깊이를 더해갔다. 동시에 아르투르 루빈스타인, 클라우디오 아라우, 에트빈 피셔, 세르지우 첼리비다케, 푸르트벵글러처럼 그들이 속했던 문화와 그들이 살았던 삶이 곧 그들의 연주에도 직접적으로 영향을 미친 음악가들에게서 발견했던 존경스러움 또한 변화하고 수정되어갔다. 그의 음악의 이런 측면은 내게는 연주로 표현된 음의 확장이자 확대처럼 다가온다. 눈으로 보이고 귀로 들리는 공간에 둘러싸여 여봐랍시고 독존(獨尊)하는 선율이나 화음이 아닌, 소리가 점점 자라나 듣는 이의 청각적 주의력 전체를 점유하는 것처럼 말이다. 그것은 좀 더 긍정적이고 성숙하며 복합적이어서, 듣는 이로 하여금 뭔가 하지 못한 말이 있지나 않을까 하고 불안하게 주변을 돌아볼 필요 없이 안심하게 만든다. 이러한 종류의 만족감은, 음악을 온전한 웅변으로 인지하도록 추동하는 맥박과 이행부 처리를 담보하는, 고도로 유연하고 은근한 템포 운용을 통해 달성된다. 바렌보임의 음악은 필연적인 느낌이 가득하며 신경질적인 인상은 보이지 않는, 한마디로 삶의 질을 높이는 음악이다. 우리 시대를 위한 음악이 여기 있다.

지식인 비르투오소, 글렌 굴드*

1982년 쉰의 나이에 뇌졸중으로 유명을 달리한 캐나다 출신의 피아니스트 겸 작곡가, 지식인 글렌 굴드는 음악계 바깥세상에서도 풍성하고 복합적인 명성을 떨쳤다. 그런 사례는 음악사를 통틀어 몇 되지 않으며, 연주자로 범위를 한정할 경우에는 더더욱 진귀해진다. 굴드 같은 예가 드문 이유는 아마도 음악계 자체(물론 '음악 비즈니스'는 여기에서 제외된다)와 외부 문화 환경 사이의 간극이 갈수록 멀어지고 있는 현상과 관계가 있지 싶다. 이를테면 문학은 회화, 영화, 사진, 무용 등의 문화 분야와 꽤나 가까운 관계를 유지하고 있지만, 음악은 그렇지 않은 것이다. 오늘날 문예가 및 일반 지식인들은 음악예술에 대한 실용적 지식도 거의 없고, 악기를 연주해본 경험도 희소하며, 계명창법이나 음악이론을 공부해본 바도 없는 경우가 대다수다. 레코드를 구입하거나 카라얀이나 칼라스 같은 유명 음악가들의 이름을 주워섬기는 정도를 제외하면, 그들이 음악의 실제적 실행을 친숙한 것으로 받아들일 공산은 매우 낮다 하지 않을 수 없다. 한마디로 우리 시대의 지식인들에게서 서로 다른 공연과 해석, 스타일을 견주거나 연결하고 혹은 모차르트, 베르크, 메시앙의 화성적·리듬적 특징을 변별하는 능력을 기대하기가 난망하다는 뜻이다. 이러한 간극이 생긴 데에는 여러 요소가 작용했을 것이다. 인문학 교

* 《래리턴 리뷰》 20권 1호, 2000.

육 과정에서 음악이 차지하는 비중이 감소한 영향도 있을 것이고, 아마추어 연주 활동이 자취를 감추어가고 있는 사정도 있을 것이며 (한때는 피아노와 바이올린 레슨이 아이들의 성장 과정의 일부를 차지했던 것을 생각하면 격세지감이 든다), 갈수록 현대음악에 접근하기가 어려워지고 있는 여건도 무시하지 못한다. 물론 이런 척박한 환경 속에서도 굳건히 이름을 알린 이들이 있다. 베토벤과 모차르트(잘츠부르크라는 도시의 유명세와 영화 〈아마데우스〉의 영향이 컸다), 안톤 루빈시테인(영화 덕도 있고 손과 머리카락 덕도 있다), 리스트와 파가니니, 그리고 당연히 바그너를 빼놓을 수 없고, 최근으로 눈을 돌리면 헤르베르트 폰 카라얀, 피에르 불레즈, 레너드 번스타인 같은 지휘자들이 떠오른다. 그 밖에도 스리 테너처럼 매스컴의 주목 덕택에 이름을 알린 경우도 있겠다. 그러나 엘리엇 카터, 다니엘 바렌보임, 마우리치오 폴리니, 해리슨 버트위슬, 죄르지 리게티, 올리버 너슨처럼 뛰어난 음악가들은 우리 문화생활의 중심적 인물이라기보다는 누구나 그 이름을 아는 음악가가 되기가 무척 힘들다는 통상적인 관례를 입증하는 사례에 가깝다.

굴드는 사망 이후 20년 가까운 세월이 흐른 지금까지도 일반 대중의 뇌리를 떠나지 않고 있다. 이를테면 그는 장편 영화의 주인공으로 등장하기도 했고, 조이 윌리엄스의 단편 「매」와 토마스 베른하르트의 소설 『패배자』를 비롯한 여러 에세이나 픽션도 그의 이름을 꾸준히 언급하고 있다. 그가 남긴, 그리고 그에 관한 녹음과 영상물은 아직도 출시, 판매되고 있고, 그의 데뷔 음반 〈골드베르크 변주곡〉은 최근 《그라모폰》지가 선정한 20세기 최고의 레코딩 10선에 포함된 바 있다. 피아니스트, 작곡가, 이론가로서의 굴드를 조명한 전기와 연구서, 분석서가 꾸준히 출간되어 비단 전문 분야의 매체뿐만 아니라 주류 언론의 주목을 받고 있기도 하다. 대부분의 사람들에게 굴드는 바흐를 대표하는 연주자로 여겨진다. 카살스와 알베르트 슈바이처, 란도프스카, 카를 리히터, 톤 코프만 같은 이들도 바흐의 전도사 노릇을 했지만, 바흐 전문가로서 굴드의 위상은 이들보다도 확고해 보인다. 올해로 서거 250주년이 되는 작곡가 바흐와 굴드라는 피아니스트의 접점, 그리고 굴드의 바흐 천착과 비르투오시티라는 문제 사이의 상관관계에 대해 깊이 숙고해볼 만한 가치가 있다는 게 내 생각이다. 그것은 곧, 대위법의 위대한 천재에게 평생을 바친 지식인 겸 비르투오소 굴드는 과연 어떻게 독보적이고 유연한 미적 공간을 스스로 창조할 수 있었는지를 자문하는 과정이 될 터이다.

그러나 지금부터의 고찰에서 잊지 않았으면 하는 것은, 무엇보다도 굴드는 하나의 연주자 및 인격체로서 행한 바는 물론이요 그의 인생과 작품 세계가 촉발한 일종의 지적 행위의 영역에서도 대단히 수준 높은 기쁨과 만족을 전달한 인물이었다는 사실이다. 곧 보게 되겠지만, 이는 그의 독보적 비르투오시티의 직접적 기능이자 또한 그것이 가진 효과의 산물이기도 했다. 그와 어깨를 나란히 하는 다른 피아니스트들의 손가락 묘기는 관객에게 감동을 주고 궁극적으로는 관객으로 하여금 연주자와의 단절감을 느끼게 하는 것인 데 반해, 굴드의 기교는 관객을 도발하고 그들의 기대감을 어지럽히며 바흐 음악의 해석에 기반한 새로운 종류의 생각을 내보임으로써 관객을 끌어들이는 수단이었다. "새로운 종류의 생각"이라는 구절은 베토벤의 〈교향곡 9번〉에 관한 메이너드 솔로몬의 논문에서 따온 것으로, 즉 질서 추구뿐만이 아니라 새로운 이해 방식 추구, 심지어는 문학평론가 노스롭 프라이가 말한 의미의 새로운 신화 체계의 추구이기도 한 것이다. 20세기 후반의 현상인 굴드(그가 활동한 시기는 1950년대 중반부터 1982년 사망 시점까지이다)가 다른 이들과 차별되는 지점은, 그가 사실상 혼자 힘으로 도전적이고 복잡한 지적 실질―위에서 '새로운 이해 방식'이라는 구절은 이를 염두에 두고 쓴 것이다―을 창조해냈으며, 또한 비르투오소 연주자로서 그의 일거일동은 모두 그 실질을 구현하기 위한 노력이었다는 사실이다. 물론 그의 이러한 포부를 속속들이 알아야만 그의 음악을 즐길 수 있다고는 생각지 않는다. 그러나 대단히 드문 종류의 지적 비르투오소였던 그의 성취 전반과 사명감의 대체적 특성을 이해하면 이해할수록 그가 이룬 바 또한 그만큼 더 흥미롭고 풍성하게 다가올 것이라는 점만큼은 분명하다.

비르투오소 연주자라는 직업이 유럽 음악계에서 독립적인 세력으로 등장한 것은 파가니니와 리스트가 선험적 발자취를 남긴 뒤였다. 작곡가이기도 했던 파가니니와 리스트는 귀신에 홀린 듯한 연주 솜씨로 19세기 중반 문화의 중요한 자리를 차지했다. 그들의 선구자와 동년배, 계승자들, 이를테면 모차르트와 쇼팽, 슈만, 심지어 브람스 같은 이들도 물론 악기 연주로 이름을 떨쳤지만, 그럼에도 연주자로서 그들의 명성은 작곡가로서의 이름에 부차적으로 따라오는 것이었다. 리스트는, 비록 무시 못 할 작곡가이긴 했으나, 주로 리사이틀 무대 위의 놀라운 총아로 알려졌고, 보고도 믿지 못하는 군중의 경탄과 숭배가 늘 그의 주변을 따라다녔다. 비르투오소는 결국 부르주아 계층의 산물이다. 종교와 무관한 부르주아의 생활 영역에서 자율적으로 운영되는 연주 공간은 모차르트, 하이든, 바흐, 젊은 베토벤을 뒷바라지했던 교회와 궁정, 개인 대저택을 대체하는 존재로 부상했다(콘서트홀, 리사이틀홀, 공원, 예술의 대전당 같은 공간은 막 생겨나고 있던 연주자 집단—작곡가가 아니라—의 필요에 부응하기 위해 건설되었다). 그리고 리스트는 입장료를 지불하고 들어온 대중의 경탄을 한 몸에 받는 특별한 대상으로서의 연주자라는 길을 개척한 주인공이었다.

비르투오소 피아니스트의 역사는 제임스 패러킬러스가 책임 편집을 맡은 훌륭한 선집(選集) 『피아노 롤스』에도 상당 부분 설명이 되어 있다. 어딘가 쓴 적도 있는데, 기교 신동들의 연주를 듣기 위해 우리가 찾는 현대의 연주회장은 위험과 흥분이 공존하는, 사실상 벼랑과도 같은 공간이다. 작곡은 하지 않고 연주를 전문으로 하는 예술가가 무대로 걸어나와 '극한 상황'을 참관한 관객에게 인사를 한다. 연주자는 평범하지도 않고 다시 되풀이할 수도 없는, 그리고 비록 제한된 공간 내에서이긴 하지만 재앙으로 이어질 위험이 상존하는 위태로운 경험을 헤쳐나가야 한다. 동시에 20세기 중반을 지나면서 연주회 경험은 극도로 다듬어지고 특화되어서 그만큼 일상생활과의 거리는 벌어졌다. 개인이 소소한 즐거움을 누리기 위해 악기를 두드리는 것과 직업 연주자들의 행위 사이에는 엄청난 골이 생기고 말았다. 연주자들은 다른 연주자들과 티켓 판매상, 에이전트, 흥행주, 그리고 그들보다 훨씬 남을 통제하려 드는 레코드 회사와 미디어 회사 중역들이 서로 치열한 경쟁을 벌이는 세계에 갇히고 말았다. 굴드는 이러한 세계의 소산이자 그에 대한 반동으로 생겨난 존재이기도 하다. 만약 굴드가 컬럼비아 레코드사와 스타인웨이 피아노의 도움을 받지 못했더라면 결코 지금처럼 유명한 피아니스트가 되진 못했을 것이다. 전화 회사, 콘서트홀 매니저, 명철한 레코딩 프로듀서들과 엔지니어들, 의료계 인맥들도 모두 굴드의 입신출세(立身出世)에 도움을 준 존재들이다. 그러나 그에게는 경이로운 재능이 있어, 그러한 환경 내에서 멋지게 기능하는 동시에 그것을 넘어설 수 있었다.

굴드를 남다른 괴짜로 각인시켰던 여러 특징을 여기서 하나하나 구체적으로 논할 필요는 없을 것이다. 그래도 간단히 일별만 하고 넘어가도록 하자. 그는 대단히 낮은 의자에 앉아 피아노를 쳤고, 그의 연주에는 언제나 흥얼거림, 몸짓, 찡그림과 지휘 동작이 동반되었으며, 본인이 싫어하는 작곡가라고 공개적으로 밝힌 모차르트를 연주할 때는 별난 제멋대로식 방종을 서슴지 않았다. 자신의 독보적인 영역으로 구축한 바흐부터 시작해 건반을 표현의 주요 수단으로 사용하지 않았던 비제, 바그너, 시벨리우스, 베베른, 리하르트 슈트라우스를 아우르는 레퍼토리 폭도 유별났다.

그러나 굴드의 〈골드베르크 변주곡〉 음반이 출시된 그 순간 비르투오시티의 역사에 진정으로 새로운 장이 열렸음을 부인할 순 없다. 그는 사람들 앞에서 연주하는 행위를 전례 없는 차원으로 승화시켰다(물론 혹자는 승화라는 단어 대신 탈선이나 일탈이라는 말을 쓰기도 하겠지만). 그의 출현이 더더욱 독창적인 사건처럼 느껴졌던 이유는 음악사에 굴드와 같은 존재가 단 한 명도 없었기 때문이다. 부소니가 그와 비슷하지 않았나 문득 생각이 들 수도 있겠는데, 일단 굴드의 연주를 보고 듣고 나면 이탈리아에서 나고 독일에서 활동한 사상가 겸 피아니스트와 그를 견주는 건 천만부당한 일임을 납득하게 된다. 굴드는 그 어떤 계파나 국가 악파에도 속하지 않았고, 피아노 리사이틀 프로그램을 떠받치는 주요 작품군으로 단 한 번도 여겨진 바 없는 레퍼토리(이를테면 버드나 스베일링크, 기번스 같은)도 연주했다. 거기에 더해 그는 잘 알려진 작품이라도 놀랍도록 민첩하고 리듬적으로 팽팽하게 조인 방식으로 연주했다. 또한 〈골드베르크 변주곡〉의 사라방드 아리아와 서른 개의 변주에 완벽하게 체화되어 있는 푸가와 샤콘 형식에 대한 천착 역시 그를 거론할 때 빼놓을 수 없는 특징이다. 근사한 레스토랑을 찾은 손님처럼 느긋하게 앉아 한두 시간 저녁 여흥을 즐길 요량으로 공연장을 찾은 점잖고 소극적인 관객들은, 공격적이고 도전적인 자세로 그들에게 덤벼드는 예상 밖의 출연자를 만나고 적잖이 당황했을 것이다.

굴드가 1957년 카라얀과 함께 녹음한 베토벤의 〈피아노 협주곡 3번〉을 몇 마디만 들어도, 혹은 그가 남긴 푸가 영상물을 한두 장면만 보더라도, 굴드가 콘서트 비르투오시티를 넘어서는 무엇인가를 시도했음이 여실히 드러난다. 굴드는 피아니스트로서의 기본 역량 또한 무척 놀라운 수준이었음을 첨언하지 않을 수 없다. 굴드가 인정한 자신의 유일한 라이벌 호로비츠와 어깨를 나란히 할 정도였던 것이다(그러나 굴드는 호로비츠가 과대평가된 피아니스트라고 생각했다). 민첩하고 명쾌한 손가락 운용 솜씨나 양손 3도, 옥타브, 6도, 반음계 시퀀스, 피아노를 마치 하프시코드 다루듯 하는 포르타멘토* 처리, 대위법 텍스처를 구성하는 선율선을 투명하게 밝혀내는 놀라운 힘, 현대 작품이나 고전시대 관현악곡, 오페라 스코어 따위의 복잡한 악보를 초견하고 암기하여 연주하는 비길 데 없는 능력(이를테면 그는 슈트라우스의 오페라를 피아노용으로 축약한 악보도 쉽사리 연주하곤 했다)이라는 면에서 굴드는 과연 미켈란젤리, 호로비츠, 바렌보임, 폴리니, 아르헤리치 같은 피아니스트들의 기교와 어깨를 나란히 할 만했다. 그러니 굴드의 연주를 들으면 과거와 현대의 비르투오소들이 주는 것과 같은 종류의 기쁨에 더해 그를 그토록 특이한 존재로 만드는 독특한 개성까지 더불어 누릴 수 있는 것이다.

여기서 굴드의 연주에 관한 많은 흥미로운 설명과 분석을 다시 반복하고 싶진 않다. 제프리 페이전트의 선구적 연구서가 개정 출판되었고, 굴드의 연주와 감정에 보인 가학적·피학적 요소를 정신분석의 관점에서 세심히 접근한 피터 오스왈드의 책도 있으니 그쪽을 참고하시기 바란다. 또한 최근에는 케빈 버재나가 쓴 『글렌 굴드: 작업 중인 연주자』라는 본격 철학적·문화적 연구서가 출간되기도 했다. 이들 서적은 모두 연주하는 비르투오소 이상의 의미를 가졌던 굴드의 발자취를 꼼꼼하고 사려 깊게 파헤치고 있고, 거기에 더해 오토 프리드리히의 훌륭한 전기도 빼놓을 수 없다. 내가 여기서 말하고 싶은 바는, 굴드를 특별한 지적 비평 진동의 한 갈래로 이해할 수 있게 하는 그의 행위에 관한 것이다. 굴드는 다분히 의도적으로 비르투오시티를 재규정하고 수정함으로써 지식인들이 언어를 사용하여 도달코자 하는 결론에 이르고자 했다. 이는 물론 음악가들에게서는 쉽게 찾을 수 없는 지향이다. 즉 굴드가 행한 바를 총체적으로 보면—그는 글도 무척 많이 썼고 라디오 다큐멘터리와 본인의 영상물 제작에도 손을 뻗친 인물이었다는 점을 잊지 않길 바란다—그가 연주를 통한 보여주기라는 비좁은 울타리를 넘어서고자 했음이 분명하다. 그의 행위는 지적 해방과 비평에 관한 인상적인 사례가 되

---

* 음과 음을 이어서 미끄러지듯 연주하는 기법.

었고, 이는 요즘의 콘서트 관객이 이해하고 받아들이는 연주 미학과는 극렬히 상충하는 것이기도 하다.

아도르노는 어느 연구에서 청력 감퇴가 음악가에게 얼마나 큰 결핍인지를 보여준 바 있다. 같은 연구에서 내가 주목한 바는 비르투오소 음악가들을 숭배하는 현대 연주 관행과 연관된 일종의 지배와 장악에 관한 분석이었다. 아도르노는 토스카니니가 이러한 현상의 전형적 사례라고 했다. 음악 연주를 압축·통제·능률화하여 듣는 이들을 사로잡는 소리로 만들어내기 위해 현대 기업이 창조해낸 지휘자가 바로 토스카니니였다는 주장이다. 아래는 《클랑피구렌》에 게재된 「마에스트로의 장악력」이라는 아도르노의 논문에서 인용한 대목이다.

겉으로는 자신감으로 똘똘 뭉친 것 같은 토스카니니의 태도에는 단 한 순간이라도 통제력을 놓쳤다가는 관객이 지루함을 느끼고 자리를 뜰지도 모른다는 불안감이 도사리고 있다. 토스카니니는 사람들과는 유리된, 그러나 고수익을 보장하는 제도화된 인물이면서, 관객을 감동시킬 확고불변의 능력을 가지고 있다고 착각하는 존재다. 위대한 음악에 내재된, 그리고 빼어난 해석을 통해 실현되는 부분과 전체 사이의 변증법적 관계는 토스카니니의 연주에서는 흔적조차 찾을 수 없다. 대신 그는 전체의 대체적 개념을 처음부터 정해놓고 들어간다. 말하자면 밑그림 같은 것이다. 그리고는 압도적인 소리라는 붓으로 밑그림에 색을 입힌다. 관객으로서는 감각적인 화려함이 찰나처럼 스쳐가는 음악에 무장해제되지만, 그럼으로써 음악의 세부에 내재된 충동은 모두 묵살되고 만다. 토스카니니의 음악성은 어떤 면에서 보자면 시간이라는 축을 결여한 채 오로지 시각적인 측면에만 집중하는 것이기도 하다. 작품 전체라는 기본 형태를 놓고 그것을 자극적인 음악들로 장식하는 그의 방식은, 문화 그 자체보다는 문화산업의 이익에 부응하는 파편화된 듣기 경험 형성에 이바지한다.

1964년 경력의 정점에 있던 굴드가 돌연 연주회 무대 은퇴를 선언한 건—본인이 수차례 밝힌 것처럼—바로 아도르노가 이렇게 날카롭게 비꼬았던 인위적이고 왜곡된 공간으로 돌아가지 않겠다는 의지의 표현이었다. 굴드의 연주 스타일은 토스카니니의 파편화되고 건조한 음악성의 상극에 있었다(토스카니니에 대한 아도르노의 평가가 다소 과한 것일 수도 있다. 그가 지휘한 최고 수준의 베르디나 베토벤에서는 굴드의 바흐에 담긴 명징성과 깔끔한 내부적 상호 관련성을 느낄 수 있기 때문이다). 아무튼 굴드는 5층 발코니석에 앉은 관객까지 집중시켜야 하는 무대 연주에 뒤따르게 마련인 왜곡된 효과를 피하려 했고, 그러려면 무대를 완전히 떠나는 것 외에는 탈출의 방도가 없다고 봤던 것이다. 하지만 이 탈출이 향하는 지점은 어디였으며, 굴드는 자신이 어떤 방향을 향해 나아간다고 생각했을까. 그리고 비르투오소로서 굴드가 걸었던 지적인 궤도에서 바흐의 음악이 그토록 중심적인 위치를 차지하는 이유는 무엇일까.

1964년 굴드의 토론토 대학 졸업식 축사에서 이러한 물음에 대한 해답을 슬쩍 엿볼 수 있다. 축사는 연주하는 음악가로서 자신이 따르는 바를 졸업생들에게 충고 삼아 들려주는 문장으로 구성되어 있다. 굴드는 전도유망한 졸업생들을 앞에 놓고 음악을 "체계적인 생각으로 구성된 순수하게 인위적인 건축의 산물"로 이해해야 할 필요성에 대해 역설했다. 여기서 '인위적'이라는 단어는 부정적인 의미로서가 아니라 긍정적인 의미로 쓰였음을 주목할 필요가 있다. 그가 말하는 인위성이란 "표면과 관계된 것"으로, "분석 가능한 물건"이 아니다. 그것은 차라리 "부정(否定)과 기각의 과정에 의해 다듬어진 것이자 그것을 둘러싸고 있는, 부정과 기각의 공백에 맞설 지극히 작은 안전망"으로서의 인위성인 것이다. 굴드는 체계와 비교해서 부정과 기각이라는 방법이 얼마나 인상적인 것인지를 마땅히 인지하고 존중해야 한다고 역설한다. 그 점을 유념할 때 비로소 졸업생들 또한 "창조적인 사상의 바탕이 되는 독창성의 재공급"으로부터 이익을 얻을 수 있을 것이라는 이야기였다. "왜냐하면 창조란 것은 사실상 체계 내에 확고하게 자리 잡은 위치에서 체계 외부에 존재하는 부정과 기각의 절차를 조심스럽게 시험하는 것이기 때문이다."

불완전한 비유 때문에 이해가 쉽지 않은 글이긴 하지만, 그럼에도 굴드가 말하려는 바의 의미를 해독해내는 것은 가능하다. 음악은 합리적으로 건설된 체계다. 그것은 천연으로 존재하는 것이 아니라 인간이 구축한 것이기에 인위적인 성격을 띤다. 음악은 우리를 어디서나 둘러싸고 있는 '부정과 기각' 혹은 무분별에 맞서는 단언이다. 그리고—이것이 가장 중요한 점인데—음악은 부정과 기각을 통해 체계를 넘어서는(이는 음악 바깥세상을 묘사하는 굴드의 방식이었으리라), 그리고 음악으로 표상되는 체계 내로 다시 회귀하는 창작에 관한 것이다. 비르투오소 연주자에게 졸업 축사를 부탁한 측은 아마도 꾸준한 연습이 중요하고 악보에 충실한 연주를 해야 할 의무 따위의 충고를 기대했겠지만, 굴드의 축사는 그 기대를 완전히 벗어났다. 굴드는 표현과 해석의 예술로서 음악을 대하는 입장에서 반드시 견지해야 하는 일관성, 체계, 창의력에 관한 신조 피력이라는, 지극히 까다롭고 만만찮은 내용에 대해 이야기한 것이다. 게다가 우리가 잊지 말아야 할 사실은, 굴드가 오랜 세월 특정한 종류의 음악—바흐의 음악—에 천착한 뒤에야 이런 결론에 도달했다는 점이다. 또한 그는 피아니스트로 발걸음을 내디딜 때부터 이미 상업적인 성공을 보장하는 것으로서 받아들여지고 있던 '수직적 구조'의 낭만파 음악에 대한 거부 의사를 단호히 밝혀왔고, 자신의 대부분 연주(특히 바흐)를 통해 매너리즘에 가까운 연주 효과를 완강히 피해왔다. 굴드는 음악사의 흐름을 맹종하길 거부했고, 리하르트 슈트라우스처럼 역사에서 한발 비껴나 있던 작곡가들의 음악에 공감했으며, 자신의 연주를 통해 황홀경적 자유의 상태를 창조하는 데 주안점을 두었고, 끊임없는 일상처럼 되풀이되는 연주회 무대로 돌아가지 않겠다고 선언했다. 이 모든 것들이 굴드가 무대 바깥에서 이례적인 비르투오소로서 추구했던 바의 실질을 구성한다.

밤늦은 시간 레코딩 스튜디오에 홀로 칩거하며 꾸준히 제작한 녹음에 나타난 그의 연주 스타일에는 품질 보증 마크와도 같은 두 가지 특징이 있다. 우선 그의 연주는 듣는 이에게 합리적 정합성과 체계성을 전달했고, 그가 집중했던 바흐의 다성음악(多聲音樂)은 그 이상을 체현한 것이었다는 점이다. 1950년대 중반에 바흐라는 작곡가(와 바흐의 합리주의에 강하게 영향받은 12음기법 음악)에 매달리면서 피아니스트로서의 경력을 지탱하는 주춧돌로 삼는 것은 생각만큼 쉬운 일이 아니었다. 비슷한 시기에는 밴 클라이번과 블라디미르 아슈케나지 같은 막강한 피아니스트들이 주가를 높이고 있었고, 그들이 많은 관객의 갈채 속에 연주한 레퍼토리는 리스트와 쇼팽, 라흐마니노프 등 표준 낭만파 음악이 대종을 이루었다. 변방 캐나다 출신의 젊은 피아니스트가 등장부터 낭만파 음악을 외면했다는 것은 쉽게 볼 일이 아니며, 게다가 〈골드베르크 변주곡〉은 많은 이들에게 낯선 음악이었나. 또한 바흐를 피아노로 연주한다는 것 지체부터가 극도로 드문 노선이었던 데다가, 일반 사람들에게는 바흐라고 하면 골동 취미를 가진 이들이나 좋아하는 것이거나, 피아노 선생님이 즐거움보다는 훈육을 목적으로 억지로 연주하게 하는 어렵고 '메마른' 음악이어서 지긋지긋하다는 인식이 지배적이었다. 굴드는 저술과 연주를 통해 이런 인식을 정면으로 거슬렀다. 연주라는 '재창조 과정에 소요되는 전방위적 노력'에는 '궁극의 기쁨'이 내재되어 있음을 역설한 것이다. 따라서 이쯤에서 잠깐 숨을 고르며 굴드의 1964년 축사 뒤에 암시되어 있는 가정들과 그의 바흐 연주에 구현된 피아노 예술적 사상, 그리고 무엇보다 바흐를 선택했던 이유에 대해 알아보도록 하자.

우선 바흐의 음악은 마치 거미줄이 사방으로 방사되듯 여러 성부(聲部)가 얽힌 다성음악이다. 굴드는 애초부터 바흐의 건반 작품이 어느 특정 악기를 염두에 두고 쓰인 것이 아니라 다양한 악기—이를테면 오르간, 하프시코드, 피아노 등—로 연주될 가능성을 열어두고 있었으며, 혹은 〈푸가의 기법〉처럼 아예 악기 지정이 없는 경우도 있음을 힘주어 강조해왔다. 따라서 바흐의 음악은 절차와 관례, 시대정신이 요구하는 정치적 정당성 따위와는 무관하게 존재할 수 있고, 물론 굴드는 기회가 생길 때마다 이런 제약들을 무시해왔다. 둘째, 바흐는 살아생전부터 낡은 교회 형식과 엄격한 대위법의 규칙으로 회귀한 시대착오적 인물이라는 명성과 더불어 과도할 정도로 까다로운 작풍과 반음계적 담대함을 요구한 진보적이고 현대적인 작곡가라는 명성을 나란히 가진 음악가였다. 일반적인 리사이틀 관행의 시류를 거스르는 굴드의 포지셔닝 또한 바흐의 이러한 양가성을 토대로 하고 있었다. 그의 무대 매너는 조금도 체제 순응적이지 않았고, 그의 연주는 낭만시대 이전의 바흐까지 거슬러 올라갔다. 그리고 굴드는 아무런 꾸밈이 없고 피아노의 관행적 어법과는 사뭇 다른 음색을 통해, 음향을 소비주의의 재료가 아닌 엄격한 분석의 소재로 만들고자 했는데, 이 또한 무척 현대적인 접근법이었다.

아도르노는 발표 직후 절찬을 받은 1951년 논문—「바흐를 그의 추종자들로부터 지켜내다」—에서 바흐의 기법 핵심에 자리한 모순에 관한 몇 가지 관점을 정리했다. 즉 대위법 내부의 연결성과 연관성, 다시 말해 "주어진 주제적 재료를 거기 내재된 모티프의 작용에 대한 주관적 숙고를 거쳐 해체하는 작업"이 다음의 특성과 상충한다는 주장이었다.

공예품 제작 공정을 몇 가지 하위 절차로 쪼개듯 하는 제조적 성격의 작법이 등장한 것이다. 만약 이로 인해 음악 재료를 통한 생산 절차의 합리화가 달성된 것이라면, 바흐는 합리적으로 구성된 음악작품이라는 사상을 최초로 구현한 인물이 된다. … 그가 음악의 합리화를 표상하는 가장 중요한 기법적 달성에 착안해 자신의 주요 기악 작품의 명칭을 정한 것도 우연이 아니다. 어쩌면 바흐의 가장 내밀한 진실은, 그의 음악 안에 지금 이 순간까지도 부르주아의 시대를 지배하고 있는 사회적 추세가 보존되어 있는 것은 물론이요, 그 착상 때부터 부르주아의 지배적 추세에 의해 억압받아온 인간애의 목소리와 화해를 이루고 있는 모습을 보인다는 점일지도 모른다.

굴드가 아도르노의 글을 읽었으리라고는 생각되지 않으며, 1964년 축사 당시까지만 해도 그의 이름조차 들어본 적이 없을 가능성도 있다. 그러나 아도르노와 굴드의 견해는 놀랄 만큼 일치한다. 굴드의 바흐 연주는 심오한 고유의 주관성이라는 색채를 띠면서도, 첨가물 없이 깨끗한 소리, 집요한 훈시조, 대위법적 엄정성 같은 특징을 동시에 가진다. 이러한 양극단이 굴드의 연주에서는 하나로 통합된다. 그리고 아도르노는 바흐에게서도 이와 유사한 양극단의 통합을 발견했다. "바소 콘티누오*의 최고 거장이었던 바흐는 시대에 뒤진 다성음악 작곡가로 자임하며 당대의 추세[후대에 모차르트에 의해 완성되는 갤런트 양식**]에 복속하기를 거부했다. 그러나 바흐는 [음악이] 가장 내밀한 진실, 즉 주관성이 객관성으로부터 해방을 쟁취하는 논리 정연한 전체상—그러나 그 전체상의 원천은 주관성이다—에 이르게 하기 위해 당대 추세의 형성에 기여했다."

* 주어진 베이스 음 위로 연주자가 즉흥적으로 음을 더해 넣어 반주를 완성하는 주법. 바로크시대에 성행했다. 통주저음, 고집저음이라고도 한다.
** 바로크시대의 중후하고 장중한 다성음악에 반발하여 나타난 경쾌하고 우아한 음악양식.

바흐 음악의 핵심에는 시대착오적 현상이 기거한다. 즉 퇴물이 된 대위법적 장치를 당대의 시대정신이었던 합리성과 결합시킨 것이다. 그리고 아도르노는 이러한 융합에서 "음악적 주관-객관의 유토피아"가 비롯되었다고 말했다. 그러면서 바흐의 작품을 연주로 구현한다는 것은 다음과 같은 의미를 띤다고 주장했다. "복합적인 텍스처의 결합이 바흐 음악이 가진 힘이 되는바, 전체 음악 텍스처의 풍요로움을 전면에 부각시키며 강조해야 마땅하다. 딱딱하고 융통성 없는 단조로움에 이를 희생시켜서는 안 될 일이다. 겉으로 흉내만 낸 통일성은 그것이 담아내고 이윽고 넘어서야 할 다양성을 무시하는 결과로 이어지기 때문이다." 물론 시대 악기를 들고 나와 원전(原典)을 내세우는 이들에 대한 아도르노의 공격이 모든 이의 입맛에 맞지 않을 순 있다. 그러나 바흐의 음악에 담긴 창의성과 힘이 고작 "기득권을 빼앗긴 억울함을 풀고자 하는 이들이 사람들의 주의를 호도하는" 영역에서 낭비되고 절하되어서는 안 된다는 그의 주장은 귀 기울일 가치가 있다. 아도르노는 이렇게 말한다. "진정한 바흐 해석은 작품의 엑스레이여야 한다. 해석자의 책무는 악보를 면밀하고 집중적으로 연구하여 거기에 담긴 모든 특징과 상호 연관성의 전체상을 감각적인 현상으로서 구현하는 것이다. … 악보는 결코 작품이 아니다. 악보에 헌신한다는 것은 그것이 감추고 있는 바를 그러쥐기 위해 지속적인 노력을 기울인다는 것을 의미한다."

이러한 정의에 의하면 바흐 연주는 폭로인 동시에 고양이 된다. 그리고 연주자는 바흐의 음악에 내재된 특별한 종류의 창의성을 간취하여 현대적 방식에 의해 변증법적으로 다시 풀어내야 하는 것이다. 그 예가 되는 것이 〈파르티타 G장조〉의 마지막 푸가 악장이다. 굴드의 연주는 다성음악 작법의 제왕인 바흐의 기교적이며 동시에 지적인 창조적 면모에 대한 통찰과 본능적인 이해를 드러낸다. 내가 말하고자 하는 바를 좀 더 명료히 설명하기 위해 로런스 드레이퍼스가 최근 발표한 연구 논문 「바흐와 창작의 패턴」(1996)의 내용을 언급하려고 한다. 나는 드레이퍼스가 바흐의 기본적인 창조적 성취를 새로운 차원으로 이해하는 데 앞장서는 학자라고 생각한다. 또한 그의 연구를 이해하고 나면 굴드가 연주자로서 이룬 바가 무엇인지에 대한 우리의 감상도 탈바꿈되리라 믿는다. 드레이퍼스와 굴드가 모두 중요하게 생각한 화두는 '창조'다(그래서, 드레이퍼스가 본인의 연구 그 어디에도 굴드의 이름을 언급하지 않은 점은 다소 안타깝다). 창조는 바흐의 작곡 수단이었으며, 드레이퍼스는 창조를 퀸틸리아누스와 키케로에게까지 거슬러 올라가는 수사학적 전통의 일환으로 정확히 짚었다. 그 전통에 따르면, '인벤티오'(inventio)는 백열전구나 진공관처럼 존재하지 않던 것을 새로이 발명해낸다는 지금의 용법이 아니라 재발견과 회귀라는 의미를 품고 있는 단어다. 이처럼 옛적의 수사학적 의미에 근거한 인벤션은 논점을 발견하고 이를 완성하는 절차이며, 이를 다시 음악적 영역에 적용하면 주제를 발견하고 이를 대위법적으로 가다듬어 거기에 담긴 모든 가능성을 조탁, 표현, 구체화하는 것으로 이해할 수 있다. 인벤티오는 철학자 잠바티스타 비코의 논문「새로운 학문」에도 핵심 개념으로 등장한다. 비코는 인간 정신의 역량이 확장되는 과정으로서 인간의 역사를 바라볼 수 있는 능력(ingenium)을 묘사하기 위해 인벤티오라는 단어를 사용했다. 따라서 비코는 호메로스의 서사시 또한 합리주의 철학자의 슬기로운 지혜가 아니라 비옥한 정신이 필요불가결하게 쏟아낸 창조의 산물로 이해했고, 후대의 해석자들 또한 호메로스 시대의 안개 낀 신화 속으로 감정이입만 할 수 있다면 그 창조의 산물을 되살릴 수 있다고 보았다. 따라서 인벤션은 창조적인 되풀이와 추체험(追體驗)의 한 형식이 되는 것이다.

작시(作詩)와 그 해석을 모두 창조로 이해하는 사상을 음악 쪽으로 연장하면 바흐의 다성음악 작품에 담긴 특별한 자질을 발견하게 된다. 바흐의 푸가 곡은 주제에 내재된 모든 가능한 순열과 조합을 이끌어내고, 마치 호메로스의 서사시에 담긴 재료들처럼 능수능란한 연주와 창조의 재료로 소용되게 하는 놀라운 능력을 드러낸다. 드레이퍼스는 이를 이렇게 설명한다.

음악 구조를 무의식적으로 성장하는 것으로서 바라보기보다는—이러한 심미적 모델은 인간의 의도적 행위 범주의 밖에 있는 자생적 창조를 상정한다—나는 음악이 작곡가[바흐]의 '노고'로 빚어진 것이며, 음악이 예측 가능한 방식으로 역사적 수순을 밟아 지금에 이르렀다는 시각의 손을 들어주고 싶다. 바흐의 의도성에 주안점을 두게 되면, 그의 작품이 '불가피하게' 지금의 모습이 되었다기보다는, 관례 및 제약에 탄력적으로 반응하면서 착안하고 수정한 생각들에 의해 형성된 음악성의 결과물로 여기게 된다. … 바흐의 음악에서는 부분과 전체가 기적에 가까울 정도로 수미일관하는 것이 사실이지만 … 음악적 '기적'을 조금씩 벗겨내고 바라보려 하는 편이 유익하지 않나 싶다. … 어떤 규칙은 엄수하고 다른 규칙은 깨도 좋은 것으로 간주한 바흐의 편향, 어떤 제약은 존중하고 다른 제약은 답답한 구속으로 여긴 그의 시각, 어떤 기교는 생산적인 것으로 판단하고 다른 기교는 무익한 것으로 간주한 그의 분별, 어떤 사상은 존경하고 다른 사상은 시대에 뒤떨어진 것으로 여긴 그의 변별력을 좇아야 마땅하리라 본다. 짧게 말해 … 생각하는 작곡가로서 바흐의 면모를 포착한 분석이 요구되는 것이다.

이렇게 바흐의 재능은 미리 주어진 음표로부터 새로운 미적 구조를 구축해내고 그 누구도 그처럼 뛰어나게 사용하지 못한 '조합의 기법'(ars combinatoria)에 능통했던 창조적 역량으로 치환된다. 이와 관련해 〈푸가의 기법〉에서 바흐가 시도했던 바를 설명한 드레이퍼스의 글을 다시 한 번 인용한다.

여러 다른 종류의 푸가의 창조라는 관점에서 이 작품을 검토해보면 놀라운 사실이 드러난다. 〈푸가의 기법〉은 단일 주제로 이루어진 작품이라는 점을 기본 맥락으로 깔고 들어가는 곡이다. 그럼에도 바흐는 푸가라는 장르의 '교과서적' 사례를 나열하는 일에는 전혀 관심을 두지 않았다. 모범적이고 타당한 순서에 따라 각각의 푸가를 이어가는 선택을 충분히 고려해봄직했음에도 불구하고 전혀 그렇게 하지 않았던 것이다. 대신 바흐는 화성적 통찰을 추구하면서 푸가적 창의력을 얼마나 멀리까지 밀어붙일 수 있을지를 보여주는 대단히 독창적인 악곡들을 정성들여 쌓아올렸다. … 푸가 작법의 교본적 정의를 준거로 하여 〈푸가의 기법〉을 분석하려 들면 뜻대로 되지 않는 건 바로 그 때문이다. 그러나 그와 마찬가지 이유로 하여 이 작품은 가장 고양된 창조의 원천으로서 푸가 작법의 신령한 위치를 확언하는 것이다.

간단히 말해, 이것이 정확하게 굴드가 점지한 바흐의 본모습인 것이다. 생각하는 작곡가가 생각을 요하는 작품을 썼고, 이는 생각하는 두뇌를 가진 비르투오소에게는 자신만의 방식으로 해석 및 창조하거나 혹은 수정하고 다시 생각할 기회가 된다. 각각의 연주에 앞서 연주자는 템포, 음색, 리듬, 프레이징, 성부 진행, 억양 등을 새롭게 결정한다. 아무 생각 없이 습관적으로 하는 연주의 되풀이가 아니라 바흐의 대위법적 작품을 재창조하고 재작업한다는 느낌을 전달하기 위해 각고의 노력을 기울이는 것이다. 굴드가 이를 실제로 행하는 것을 무대를 통해서 혹은 비디오테이프로 보게 되면 그의 연주에 또 하나의 차원이 더해지는 것을 느낄 수 있다. 데뷔 녹음과 유작 녹음의 레퍼토리로서 굴드의 피아노 인생의 문을 열고 닫은 〈골드베르크 변주곡〉에서 들을 수 있는 것처럼, 가장 중요한 사실은 굴드가 고도로 정련된 대위법 구조와 샤콘 구조를 하나씩 파헤침으로써 자신의 기교 구현을 통해 바흐의 창의력을 지속적으로 탐험하는 일을 조금도 게을리하지 않았다는 점이다.

그러니까 굴드가 시도한 바는 길게 이어진 대위법적 창조의 과정을 온전히 실현하는 것, 즉 그저 간단히 제시하는 것이 아니라 연주를 통해 그 과정을 한 꺼풀씩 차근히 벗겨내고 논증하고 정교화하는 것이었다고 볼 수 있다. 연주라는 행위 자체를 콘서트홀에서 괴리시켜야 한다고 주장했던 그의 고집도 그래서였다. 거역할 수 없는 시간적 절차, 프로그램에 인쇄된 연주곡목에서 벗어나지 못하는 무대의 생리와 본인의 지향점이 맞지 않았던 것이다. 대신 그는 녹음 스튜디오에 들어앉아 레코딩 기법의 본질이라 할 '다시 한 번 갑시다'—굴드가 가장 애용한 말 가운데 하나다—를 창조 예술에 복속시켰다. 녹음한 부분을 다시 녹음하는 것은 곧 창조의 반복이었고, 이로써 그는 '창조'라는 단어가 품은 본연의 수사적 의미를 최대한으로 실현했다.

무엇보다도 굴드가 바흐에게 행한 바는, 바흐라는 작곡가의 어마어마하고 유례없는 재능, 모차르트에서 쇼팽을 거쳐 바그너, 쇤베르크, 그리고 그 너머에 이르기까지 수많은 음악적 자손에게 영향을 끼친 자양분이 된 바로 그 재능에 대해 우리가 지금에야 비로소 깨닫기 시작하고 있음을 예견했던 것이라 볼 수 있다. 굴드의 연주 스타일, 그가 남긴 글과 많은 영상 및 녹음 자료는 바흐라는 작곡가가 가졌던 창조성의 심오한 구조를 그가 얼마나 깊숙이 이해하고 있었는지를 증언하며, 또한 비르투오소로서 자신의 경력에 신중한 극적·지적 요소가 있었음을 그가 인지하고 있었다는 점을 보여준다. 그리고 이러한 특징은 바흐 연주는 물론이요 어떤 면에서는 바흐가 있었기에 가능했던 다른 작곡가들의 작품 연주에까지도 고스란히 이어졌다.

굴드는 바흐의 〈골드베르크 변주곡〉이 자가증식적인 뿌리를 가진 작품이며, 자식을 낳듯 서른 개의 변주를 한 꺼풀씩 벗겨내는 "부모의 책임감이 느껴지는" 작품이라고 여러 차례 말한 바 있다(일례로 직접 쓴 〈골드베르크 변주곡〉 음반 내지에도 그런 내용이 나와 있다). 굴드와 알고 지낸 모든 사람들은 굴드가 몹시 고독한 인물이었고, 육욕을 억제한 건강염려증 환자였으며, 극도로 별난 버릇들과 도무지 길들여지지 않은 생활 습관을 가지고 있었고, 이지적이며 어딘가 낯선 존재였다는 인상을 받았다. 그는 또한 어디에도 속하지 못한 인물이었다. 아들로서도, 시민으로서도, 피아노 연주를 업으로 하는 동업자들과 다른 음악가들 사이에서도, 혹은 한 명의 사상가로서도 그러했다. 그는 관례적 세상과 거리를 두고 오로지 자신의 연주 안에 기거하길 선택했고, 그에 대한 모든 사실이 그 고립감을 보여준다. 비옥하고 증식적인 바흐의 음악에 대한 굴드의 감상, 그리고 고독을 고집하며 후사를 두지 않은 본인의 외로운 처지 사이의 낙차는 그의 연주 스타일과 그가 선택한 연주곡목—양쪽 모두 단호한 자기 의지에 의한 것이자 시류에 맞지 않았다는 점에서 바흐와 공통적이다—에 의해 경감되는 것은 물론이요 기실 극복되었다고 나는 생각한다. 따라서 굴드라는 비르투오소가 달성한 바가 극적인 이유는, 그의 연주가 명확한 수사학적 양식을 동반하고 있었다는 점은 물론이요, 그것을 대부분의 연주자들은 시도하지 않거나, 어쩌면 시도하지 못하는 특별한 성명을 위한 논거로서 사용했다는 데 있다. 굴드는 인간성에 반하는 전문화와 세분화가 득세한 시대에 일관성, 합리적 지성, 심미적 아름다움을 주장한 논거를 들이밀었다. 굴드의 비르투오시티는 작품에 내재된 모티프의 운동성과 그 창조적 에너지는 물론이요 작곡가와 연주자가 쏟은 사고의 과정을 드러내 보임으로써 연주의 한계를 확장했다. 다시 말해 굴드에게 바흐의 음악은 합리적 체계가 등장했음을 상징하는 전형이었고, 그 합리적 체계의 힘의 본질은 우리를 사방에서 둘러싸고 있는 부정과 무질서에 맞서 조직되었다는 데에 있었던 것이다. 이를 피아노로 구현한 행위는 곧 굴드가 소비 대중이 아니라 바흐의 편에 서기로 했다는 뜻이다. 더불어 굴드의 비르투오시티는 연주에 관한 대중의 인식 또한 바꾸려 했다. 즉 연주를 수동적으로 듣고 보는 것이 아니라 청각적·시각적·지적인 차원에서 타자에게 다가가는 합리적 행위로서 경험하도록 촉구한 것이다.

굴드의 비르투오시티에 내재된 긴장은 아직 해소되지 않은 채로 남아 있다. 그의 괴짜 같은 연주는 듣는 이의 환심을 사려고 하지도 않고, 외로운 열광의 광휘와 일상 세계의 혼돈 사이의 간극을 줄이려고 하지도 않는다. 굴드의 연주가 의식적으로 보여주고자 하는 바는 합리적이면서 동시에 쾌락을 주는 예술의 결정적 모델이다. 즉 작곡이라는 행위의 과정을 연주를 통해 보여주려 하는 것이다. 이는 연주자의 작업을 강제하는 틀을 확장하는 목표를 성취하고, 또한—모든 지식인이 마땅히 그래야 하듯—인간의 영혼과 인간성을 말살하고 거기서 합리성을 앗아가는 지배적 관례에 대한 대안을 구체적으로 제시한다. 이는 오로지 지적인 성취일 뿐만 아니라 인본주의적인 성취이기도 하다. 바로 이 점이 굴드가 여전히 듣는 이를 사로잡고 움직이게 하는 이유이다.

장대한 야망*
크리스토프 볼프의 『요한 제바스티안 바흐: 박식한 음악가』 서평

서양 고전음악의 핵심 레퍼토리는 사실상 18~19세기 독일 및 오스트리아에서 태어난 소수의 작곡가들에 의해 채워져 있다고 봐도 지나치지 않다. 그들의 작품에서 형식, 선율, 화성, 리듬 면의 완벽성을 발견하기란 그리 어려운 일이 아니다. 사실상 그들 음악에서 나타나는 완벽성의 빈도는 회화나 문학에서는 상상조차 할 수 없을 정도다(회화에서는 아마 라파엘로 정도가 예외가 되겠지만). 그처럼 남다른 수준의 음악들 가운데서도 요한 제바스티안 바흐의 음악은 감히 비견할 대상이 없을 정도로 홀로 걸출하여 가히 예술의 정점이라는 말이 아깝지 않다. 그의 작품 상당수가 아직도 꾸준히 공연되고 있으며, 특히 서거 250주기를 맞은 지난해에는 일반 무대와 교회에서 그의 음악을 무척 많이 접할 수 있었다. 녹음도 엄청난 물량이 쏟아져나오고 있다. 그 가운데 특히 돋보이는 건 존 엘리엇 가디너의 칸타타 전곡 기획이다. 유럽과 북미를 오가며 매주 한 차례씩 실황 녹음하는 야심찬 프로젝트인데, 교회 합창단장 겸 오르가니스트로 봉직하며 매주 예배일에 맞춰 새로운 칸타타를 써냈던 바흐의 발자취를 더듬는다는 기획 의도를 가지고 있다. 칸타타만 해도 이처럼 막대한 분량이지만, 바흐의 작품은 그 외에도 무척 방대하다. 바흐의 전기 가운데 가장 철두철미한 책을 지어 최근 발표한 크리스토프

* 《더 런던 리뷰 오브 북스》, 2001년 4월 30일.

볼프에 따르자면, 바흐의 교회음악 작품 가운데 적어도 절반 정도가 유실된 것으로 추정되며 그 밖에도 수많은 기악곡과 앙상블 작품이 현전하지 않는다고 한다. 이러한 사정을 고려하면 남아 있는 작품의 밀도와 품질이 그만큼 더 놀랍게 다가온다.

그와 같은 해에 태어난 헨델과 그가 죽고 6년 이후에 태어난 모차르트처럼, 바흐는 보는 사람들의 숨을 막히게 하는 예민한 귀와 손가락 솜씨를 가지고 있었다. 건반 앞에 앉아 자신의 작품을 연주하거나 다른 이들의 작품을 초견 혹은 즉흥 연주하는 바흐는, 그 이전은 물론이요 그 이후에도 적수가 없는 다성음악적 재능을 뽐냈다. 바흐에게 감화받길 거부한 베를리오즈라는 사례를 제외하고는, 모든 주요 작곡가가 바흐의 비옥한 생산력에 놀라움을 금치 못했다. 바흐의 독창적인 성부 조합 및 운용 능력 또한 마찬가지였다. 이러한 능력은 그의 작품 양식을 규정하는 것이자, 세련미 면에서는 바흐가 기본기를 닦으면서 보고 배운 파헬벨과 북스테후데 같은 초창기 독일 다성음악 작곡가들을 훌쩍 뛰어넘는 것이기도 했다. 바흐 이후로 그만큼 철저히 '박식한' 음악가는 없었다고 볼프는 서술한다. 그가 쓴(그리고 자주 연주한) 작품은 대단히 아름답고 총명하며 정교하게 짜여 있어서 조성음악의 가능성을 남김없이 보여주었다. 바흐의 대위법은 놀라울 정도로 복잡하면서도 고심한 흔적은 조금도 보이지 않고 따분한 교습용 음악이라는 느낌도 없다. 그 권위는 절대적이다. 그 결과 감상자와 연주자는 당장 다가갈 수 있는 흔연함과 지고의 기교적 위용에 나란히 바탕을 둔 심미적 쾌감을 얻게 된다.

고전음악은 고도로 전문적이고 심지어는 비전적(祕傳的) 예술이기 때문에 체계적이고 조직화된 방식으로 공부해야 한다. 비음악가로서는 별도의 훈련이 동반되지 않는다면 선율을 흥얼대거나 악기에서 간단한 선율을 끌어내는 것 이상을 시도하기가 사실상 난망하다. 소리의 과학, 평균율 화성 체계의 엄정함, 작곡의 격식, 악기 연주법(혹은 아리아와 리트를 노래하는 법)을 배우는 데 따르는 신체적 규율, 이 모든 것이 다년간의 연습과 연구를 필요로 한다. 특히 정신과 귀, 손(혹은 목소리)을 한 몸처럼 완벽히 일치시켜 이를 일말의 주저와 실수 없이 사용하는 능력은 모든 비르투오소에게 핵심적으로 요구되는 역량이다. 음악에 뜻을 둔 많은 사람들은 타고난 음악성이나 음악에 대한 사랑만으로는 음악가로서 성공할 수 없음을 깨닫고 좌절한다. 음악가로 성공하려면 무엇보다 악보에 쓰인 것이나 귀로 들은 것을 그 즉시 손과 목 근육으로 옮겨낼 수 있는 타고난 역량이 필요하다. 과거와 현재의 모든 위대한 음악가들은 이러한 능력을 타고났다. 또한 민첩한 재주, 절대음감과 완벽에 가까운 기억력 역시 타고나면 타고났지 후천적으로 습득하기는 어려운 능력이다. 세월이 흐르고 연륜이 쌓이면 어느 정도의 기술을 습득할 수 있지만 타고나지 않은 재능까지 습득할 순 없는 법이다. 음악사는 이러한 사례로 차고 넘쳐난다. 한 번 들은 곡을 음표 하나 틀리지 않고 그대로 악보로 옮겨 적었던 모차르트, 오선지에 기록한 작품보다도 훨씬 더 아름다운 곡을 즉흥 연주로 끝도 없이 풀어냈던 베토벤에 대한 일화를 우리는 알고 있다. 내가 가장 좋아하는 일화는 생상스에 관한 것이다. 바이로이트를 방문해 바그너와 리스트를 만난 생상스는, 바그너가 상인어른과 이야기를 나누며 무심히 피아노 위에 펼쳐놓은 미완성 〈지그프리트〉 관현악 총보를 보고 그 자리에서 완벽하게 쳐냈다고 한다. 바그너와 리스트는 난생처음 봤을 복잡한 오케스트라 총보를 즉석에서 열 개의 유창한 손가락으로 옮겨내는 생상스의 능력에 어안이 벙벙해졌다.

지난 100년 세월 동안 브리튼이나 라흐마니노프처럼 작곡가로도 인정받은 비르투오소 연주자들은 하나둘씩 자취를 감추어갔다. 오늘날에는 그런 음악가가 아예 존재하지 않는다. 출중한 지휘자들—일례로 피에르 불레즈는 위대한 작곡가이기도 하다—을 피아니스트나 오르가니스트 같은 비르투오소 연주자의 범주에 포함하지 않는다면 말이다. 오늘날의 연주회는 일상생활에서 동떨어진 극단적 사건이다. 폴리니나 바렌보임, 요요 마 같은 연주자들은, 그들에게는 아슬아슬하고 도전적이면서 관객에게는 즐겁고 짜릿한 느낌을 주는 작품을 연주하는 남다른 음악적 재능을 가진 인물들이다. 그들에게는 절정의 연주 기량 이외에 그 어떤 다른 능력도 필요치 않다. 연주 외에 작곡과 교습을 병행하는 음악가들은 일반 사람이 생각하는 것보다 훨씬 드물다. 음악적 소질은 그 자체로 타고나는 재능이며, 이는 음악이 비전적 예술로 인식되는 현상과 무관치 않다는 것이 내 믿음이다. 위대한 시에 쓰인 언어들은 구체적인 의미를 가지고 있으며 시인의 사용 의도를 넘어서는 가능성을 가지고 있는 반면, 음악작품의 음표는 결국 음표로 되돌아오거나 다른 음악작품과 관계를 맺을 뿐, 실제 소리 바깥에 존재하는 함축에 의해 더럽혀지지 않는다. 표제음악은 이러한 점을 반증하는 것이 아니라 오히려 입증한다. 왜냐하면 십중팔구는 표제가 음악을 뒷받침하기보다는 모호한 모사적 소리(호른의 5도는 '사냥' 나팔을 묘사하는 것이고, 더블베이스의 으르렁거림은 용의 소리를 나타낸 것이며, 단조 행진곡은 군대의 패퇴를 상징한다는 등으로)라는 수단으로 음악이 표제를 뒷받침하는 양상이기 때문이다.

    19세기 중반까지 음악은, 그 의미까지는 아니더라도 느낌과 목적 면에서는 상당 부분 교회(신교와 구교)와 궁정에 빚지고 있었다. 베토벤이 음악가로서 특별한 명성을 누리는 이유가 음악가와 후원 귀족 사이의 굴종적 관계를 끊었기 때문이라는 것은 누구나 아는 음악사적 사실이다. 이를테면 하이든처럼 위대한 작곡가조차도 에스테르하지 가문이라는 명망가에 예속된 존재였다. 모차르트 역시 제국의 수도 빈에서, 그리고 잘츠부르크 대주교의 수행단의 일원으로서 하인이나 진배없는 삶을 살았다. 아직은 학자들의 분석 수준이 정교하지 못한 관계로, 하이든이나 모차르트 같은 작곡가들이 실제로 후원 귀족들의 가치와 이해관계를 대변하는 음악을 썼는지 아니면 그에 반하는 메시지를 작품 안에 숨겨놓았는지는 확정적으로 알

수가 없지만 말이다. 언젠가는 모차르트의 다 폰테 오페라와 그의 장려한 피아노 협주곡, 하이든의 〈천지창조〉 같은 작품이 저항의 제스처를 표현하고 대안적인 사회 구조를 표상하는 것으로서 받아들여질지도 모를 일이다. 나는 이 두 위대한 궁정음악가의 작품에 사회적 상층부가 강요하는 제한과 굴종으로 인한 짜증감이 음악의 형식과 실질 면에서 표현되어 있다는 인상을 받곤 한다. 그래서 이들의 음악은 그만큼 더 까다로운 것이다. 모차르트의 〈피아노 협주곡 24번 C단조〉나 〈피아노 협주곡 20번 D단조〉에 담긴 개인적 고뇌를 의심하는 이들은 없다. 하이든이 후원자들의 요구사항이 아닌 동시대 사람들의 호흡에 공명하고 있음을 보여준 〈천지창조〉의 고요하고 의기양양한 자기만족적 느낌도 마찬가지다. 만약 이런 작품들이 내면적으로는 역정 섞인 자기 권리 주장의 표현이자 찰스 로젠이 내세운 '고전 양식'이라는 조정적 사상의 한계를 넘어서 기성 형식에 맞서는 외침이었다면 어떻게 할 것인가.

볼프의 바흐 전기가 가진 큰 강점 중 하나는 바흐의 교육 및 독학 과정에 대한 상세한 정보가 담겨 있다는 점이다. 또한 바흐가 익힌 바가 훗날 그가 쓰게 될 음악—전통의 범주를 벗어나지 않으면서도 수용 가능한 것의 한계를 끊임없이 확장하려 했던—에 어떤 영향을 미쳤는지에 대한 자세한 설명 또한 이 책의 미덕이다. 바흐는 1685년 아이제나흐라는 마을의 음악가 가문에서 태어났다. 당시 아이제나흐는 막 자치권을 획득한 공국이었으며, "독일 동부의 라이프치히와 서부의 프랑크푸르트 암 마인을 잇는 교통로의 중간 지점에 위치해 교역과 우편의 요충 역할"을 했다. 아버지 암브로지우스는 마을의 음악 단체를 이끌면서 마을회관과 성 게오르크 교회에서 연주하는 직무를 수행했다. 아주 어린 시절부터 음악에 둘러싸였던 요한 제바스티안은 몇 세대 동안 이어진 가업을 자연스레 물려받았고, "17세기 독일 음악문화를 형성한 마을, 궁정, 학교, 교회라는 네 가지 토대"에 적을 둔 채로 평생을 살았다.

본문 전체에 걸쳐 볼프는 바흐가 평생 동안 라틴어와 독일어의 기초를 갈고 닦았다는 점을 분명히 밝히고 있다. 이러한 사실은 종교적 신앙심과 '실제 세계'에 관한 과학이 서로 양립 가능하며 함께 체계화될 수 있다는 점을 전제로 한다. 바흐와 뉴턴을 나란히 놓고 비교한 볼프의 관점은 대담하면서도 설득력이 있다(비교가 다소 단속적이기는 하나 그래도 충분히 도발적이다). 그러나 양자 사이의 비교가 성립하기 위해서 먼저 받아들여야 할 사실이 있다. 우선 무엇보다 "하느님을 창조주로서 받아들이고 하느님이 창조한 바가 완벽하다는 점을 믿어야" 하며, 둘째로 음악 언어와 과학 언어를 서로 상응하는 것으로서 이해해야 한다는 점이다. 두 번째 전제에 대해서 나는 대단히 회의적인 입장이지만, 최소한 첫 번째 전제는 17세기는 물론이요 18세기 초반까지도 흔하게 통용된 믿음이었다.

일견 바흐의 웅장한 음악, 독창적인 대위법 운용, 루터교와 라틴어 전례(典禮)를 능란하게 오가는 솜씨 같은 특징은 그의 열악하고 빡빡한 근무 조건과 딱 맞아떨어지지 않는다. 그토록 놀라운 재능을 가졌던 그가 끝도 없이 계속되는 일상적 업무를 견디면서 돈도 되지 않고 남에게 굽실거려야 하는 사회적 역할을 감내해야 했던 이유가 무엇일까. 볼프는 작곡가가 젊은 시절 북독일 지방의 오르간을 살펴보고 싶은 소망을 실현함으로써 일상의 잡무에서 잠시라도 멀어지고자 했다고 말하면서, 이를 일상의 모든 속박을 끊어내고 자율을 얻고자 했던 바흐의 욕망과 연결해 설명한다. 그러나 바흐의 열망은 잠깐의 유람 따위로 간단히 해결될 성질의 것이 아니었다. 젊은 시절에는 합창단원 및 도제였고, 장성해서는 이런저런 궁정과 교회, 학교 등에 매인 충직한 하인 노릇을 견뎌야 했던 속박으로부터 완전히 벗어나고 싶어 했을 것이 분명하기 때문이다.

바흐는 학창 시절 내내 음악에 관한 지식을 하나라도 더 얻기 위해 동분서주했다. 악보를 필사하고, 다른 음악가들의 작품을 듣기 위해 먼 거리를 걷는 것도 마다하지 않았으며, 밤낮을 가리지 않고 오랜 시간 공부에 매진했다. 바흐는 함부르크 인근 뤼네베르크의 성 미하엘 학교에 다녔다. 학교에 있는 하프시코드와 오르간으로 교습을 받았고, 특히 오르간은 게오르크 뵘에게 배웠다. 뵘은 바흐에게 가장 큰 영향을 미친 스승이었다. 볼프의 설명에 따르면 뵘은 제자에게 "양식화된 춤곡 장르 전반과 프랑스 음악을 소개해주었고, 특히 연주 양식에 대해 알려주었다. … 뵘은 또한 바흐에게 여러 작곡 모델도 지도했다. 직접 쓴 전주곡과 푸가, 다른 북독일 작곡가들의 전주곡과 푸가를 교습에 사용했고, 특히 본인의 장기였던 코랄 변주곡도 가르쳐주었다." 놀라운 점은, 바흐가 자신에게 주어진 모든 것을 받아들여 이를 자신의 것으로 만든 것은 물론이요, 그의 삶과 음악 인생을 둘러싼 환경과 자신의 창조적 에너지 사이의 괴리가 상당했음에도 불구하고 배운 바를 받아들여 새로운 영역으로 밀고 나아갔다는 사실이다.

졸업 후 그의 인생길은 그의 출신 계급과 배경에 비추어 별로 놀라운 구석 없이 예상대로 흘러갔지만, 다만 두 가지 측면이 남달랐다. 첫째는, 볼프가 보여주었듯, 바흐가 생활 면에서는 순종적인 기독교인과 전통주의자로서의 행보를 견지하면서도 음악 면에서는 참신한 실험에 언제나 열린 자세를 보였다는 점이다. 코렐리와 알비노니, 레그렌치 같은 이탈리아 작곡가들에게서는 "일관되고 논리적인 성부 운용법, 그 자체로 완결되고 균형 잡힌 악장 설계, 주제 제시부와 주제와 관계는 있지만 주제부는 아닌 에피소드 사이의 차별화, 시퀀스 패턴의 유의미한 사용과 용법 확장" 등을 배웠다. 그런가 하면 "진짜배기 프랑스 음악 양식과 공연 방식—후원 귀족들이 높이 치는 궁정풍의 우아미와 정중한 격식—도 곧 이해했다. 북스테후데와 파헬벨(안타깝게도 오늘날에는 도처에서 들려오는 〈카논〉으로만 알려진)에게서는 장대한 대위법 구도를 취해 여기에 전례 없는 위엄을 부여했다. 그러나 바흐의 음악은 그 외에도 많은 면을 포함하고 있었다. 같은 해에 태어난 헨델과 함께 독일에서 가장 유명한 음악가로 받아들여진 만년의 몇 년을 제외하면 바흐는 평생을 무명 작곡가로 묻혀 살았다. 오르가니스트와 합창단장 일자리를 구하고 얼마간 일하다가 결국에는 물러나서 다른 도시로 옮겨가는 삶의 연속이었다.

볼프는 바흐의 고지식함, 성마른 기질, 다투기 좋아하는 성격을 보여주는 몇 가지 사례를 제시하고 있다. 이러한 다소 꼴사납고 예상치 못한 예화들은 바흐가 혁신에 능했음을 보여주는 다른 에피소드들과 마찬가지로 날짜, 장소, 이름, 금전 거래, 직무 분석, 후원자, 일정, 프로그램, 가정적 상황 같은 세부 사실들 사이에서 유독 두드러진다. 그런 부분을 읽을 때면, 음악을 앞세워 허다하게 많았던 사소한 장애물들을 격파하거나 우회하면서 때로는 흥분하기도 하고 펄펄 끓기도 했던 한 사람이 갑자기 우리 앞으로 뛰쳐나오는 것만 같은 느낌을 받는다.

학교를 마치고 맡았던 이런저런 일자리 거의 모두에서 바흐의 비타협적인 태도가 언뜻언뜻 읽힌다. 그의 가르침을 받은 학생들 가운데는 바흐의 오만하고 조급한 성격 때문에 고초를 겪었다고 기록한 이가 여럿이다. 본인에게는 직속상관이 되는 봉건 영주들 및 고위 성직자들과의 관계 역시 이따금씩 격분으로 치달았다. 바이마르에서는 명령 불복종으로 거의 한 달간 옥살이를 하기도 했다. 바흐는 급료에 만족한 적이 없었고, 겉으로는 현재 직위에 만족하는 것처럼 가장하면서 뒤로는 조건이 나은 일자리가 나타나지 않나 언제나 촉각을 곤두세웠다. 본인의 생계를 좌우할 힘을 가진 이들에게는 알랑거리는 편지를 쓰면서도 언제나 자신의 음악에 대한 인정과 자유를 갈망했다. 다른 음악가들에게는 호전적인 면모를 보여, 즉흥 연주와 기교 도전장이 들어오면 언제고 대결을 마다하지 않았다. 아른슈타트와 뮐하우젠, 바이마르 같은 작은 마을의 궁정음악가, 교회 합창단장, 학교 교사 등으로 봉직한 젊은 시절에는 "답사, 실험, 훈련 기회"를 적극 활용했다. 그러나 그런 기회가 다 바닥나고 나면 이런저런 불평불만이 치밀어오르기 시작했고, 결국에는 일을 그만두지 않으면 안 될 지경까지 상황을 몰아가곤 했다.

볼프에 따르자면, 바흐의 건반 기량이 절정에 오른 것은 스물다섯 되던 해인 1710년이었다. 1714년 무렵이 되면 이제 하프시코드와 오르간 작품 가운데 그의 손을 거치지 않은 곡이 없다고 할 정도가 되었다. 연주나 지도를 부탁받은 음악이 본인이 직접 손댈 가치가 없을 정도로 열악하다고 느껴질 때는 짜증을 참지 못하고 창의력을 발산할 분출구를 찾기도 했다. 엄지손가락을 장애물이 아니라 다른 네 손가락과 동등한 파트너로 기능하도록 끌어올린 혁명적인 핑거링도 그런 경위로 태어난 것이다.

볼프의 책은 바흐의 인생에 관한 사실들과 유사 사실들로 빼곡해서, 바흐를 내면으로부터 이해하려(오르테가 이 가세트가 괴테 연구서에 쓴 멋진 표현이다) 시도한 책이라기보다는 당분간 다른 바흐 전기가 출간되는 것을 막으려는 목적을 띤 책처럼 보이기도 한다. 저자의 조사는 워낙 철두철미해서, 바흐의 결혼식에 초대받은 손님 목록이나 그날 연주된 음악이 무엇이었는지는 확정적으로 알려진 바가 없지만 초대받았음직한 손님과 연주되었음직한 곡을 줄줄 나열하는 것을 읽고 나면 '굳이 내가 나서서 조사해볼 것까지야 있겠는가' 하는 심정이 된다. 물론 바흐의 직무가 무엇이었고 그가 얼마를 벌었는지 알아야 할 필요는 있다. 그러나 바흐의 음악적 정신과 작곡 방식, 작품의 전체적 구조 등에 대한 값진 세부적 통찰은 금액 숫자와 집안일 따위의 시시콜콜한 사실들의 나열에 그만 매몰되고 말았다. 바흐의 일상생활이 음악에 대한 그의 깊은 염려에 미친 역할이나 양자 사이의 관계에 대해 충분히 숙고했었더라면 좋았을 텐데 하는 아쉬움이 남는다.

바흐는 일상의 잡무와 심지어는 그의 경력조차도 본인이 종사한 예술과 본질적으로 대단히 농떨어진 음악가였다. 그런 만큼 그의 전기를 쓰는 것은 결코 쉽지도 않고, 정해진 틀로 욱여넣을 수도 없는 작업이었으리라. 다만 바흐의 칸타타와 오르간 작품, 루터교 코랄 등은 전례력(典禮曆)에 따른 특정 주일 및 성서 구절과 묶어서 생각하기 좋은데, 역시 볼프는 이 점만큼은 완벽에 가깝게 설명하고 짚어냈다. 그러나 〈클라비어 연습곡집〉, 건반 파르티타와 모음곡, 관현악 작품들, 코랄, 대위법 연습용 작품들처럼 장기간에 걸친 프로젝트에 대해서는 실망스러울 정도로 단편적인 설명에 그치고 있다(그럼에도 그의 설명에는 통찰이 잔뜩 깃들어 있음은 부인할 수 없다). 예를 들어 바흐는 과연 코랄의 어떤 화성적 가능성에 그토록 매료되었기에 마지막 숨을 쉬는 그 순간까지 쓰고 또 쓰고, 화성을 이리 바꾸고 저리 바꾸고 했던 것일까. 대체 그랬던 이유는 무엇이었을까.

여기저기에 코멘트를 다는 대신에 이런 문제들에 대해 따로 장을 할애해 설명했더라면 좋지 않았을까. 실증적이고 순차적인 접근에서 탈피해 좀 더 사색적인 방식으로 접근을 시도했더라면 값진 결실로 이어지지 않았을까 싶은 생각도 든다. 마치 베토벤과 모차르트 전기를 저술한 메이너드 솔로몬이 알려진 사실들을 일단 제시한 뒤 모차르트의 세레나데나 베토벤의 후기 사중주 같은 일련의 작품들에 대해 상상력을 발휘해 상세히 이야기하는 방식을 적용했던 것처럼 말이다. 볼프는 책의 서문에서 바흐의 인생이 "자디잘게 조각난 모자이크"와 같다면서 자신이 쓴 전기가 "바흐의 인생 배경이 되었던 현실적 문제와 그의 예술의 지적 기반이라는 양극을 잇는 가교가 되어주기를 바란다"고 썼지만, 그는 흡사 가루처럼 흩날려 사라지고 마는 바흐의 인생 조각을 너무도 과소평가하지 않았나 싶다. 몇몇 악곡을 들으면 그의 작품을 관통하는 중요한 구상이 있었음을 짐작하게 되고, 또한 이처럼 상세한 지식으로 무장한 두꺼운 전기를 읽으면 그 구상이 무엇인지를 추측하고 재구성해볼 만하다고 의욕을 가지게 되겠지만, 그러나 그것은 어디까지나 짐작이고 의욕일 뿐 독자의 입장에서 바흐의 복잡한 작품 세계 전체를 관통하는 구상을 간취하는 것은 불가능에 가깝다. 작곡가의 결혼식에 참석했음직한 인사들의 목록을 나열하는 정성을 이쪽으로 쏟았다면 어땠을까 아쉬운 지점이다.

바흐의 진정으로 창의적인 심미 구조에 대한 설명을 제공하지 않는 결락의 아쉬움은, 작곡가가 사망한 뒤 그의 유산을 나누는 문제에 대해 논하는 책의 결미 부분에서 더욱 강조된다. 볼프는 상당수의 자필 악보가 유실되었거나 여러 다른 상속인들의 손으로 넘어갔기 때문에 향후 50년 동안은 바흐 음악 유산의 전체상을 온전하게 그려내지 못할 것이라 전망했다. 그러면서 볼프는 바흐를 뉴턴과 비교한다. 이미 복구된 자료만 보더라도, 혹은 그들이 생전에 달성한 바만 보더라도 "그들의 작업이 표상한 주요 사상은 뚜렷이 존재했고 심지어는 이미 가동 중이었다."

그렇다면 볼프가 "원칙에 따르면서도 감동적이고, 과학적이면서도 인간적"이라고 간단히 요약해버린, 지금까지 전하는 바흐 음악의 완강한 전체상과 그 음악적 패러다임은 과연 무엇이란 말인가. 지금 우리의 시각에서 거기에 대해 뭔가 첨언할 순 없었던 것일까. 이 문제에 대해 말을 아끼는 볼프의 태도는 바흐 본인이 이 문제와 씨름했다—성공적이지도 못했고 완전하지도 못했지만—는 사실을 고려하면 더욱 통절한 아쉬움으로 다가온다. 1735년 음악가로서 절정기를 지나고 있던 바흐는—그는 라이프치히의 성 토마스 교회에 봉직 중이었고, 곧 작센 선거후(選擧侯) 궁정과 폴란드 궁정의 작곡가로 임명될 참이었다—자신이 속한 가계도를 작성하면서 스스로의 인생을 굵직굵직하게 정리하려 했다. 그렇게 함으로써 바흐는

두 가지 방향의 폭넓은 역사적 스펙트럼을 열어젖힌 셈이었다. 즉 본인이 속한 가문의 음악적 과거와 미래가 그것이다. 한쪽으로는 선소들이, 다른 한쪽으로는 자신의 아이들이 있었으며, 본인은 그 중간에 위치해 있었다. 가문의 과거, 현재, 미래는 그의

영역 범위 안에 속한 음악의 과거, 현재, 미래를 뚜렷하게 반영하고 있었다. … 그리하여 바흐는 자신의 주요 작품을 날카롭게 점검하고 〈푸가의 기법〉과 〈B단조 미사〉 같은 대규모 프로젝트를 위한 판을 깔기 위해 스스로를 돌아보는 여정에 착수한 것이다.

바흐는 점점 더 포괄적 성향으로 기우는 작곡 노선을 취해온 것으로 보인다. 즉 파르티타 한 곡, 전주곡과 푸가 한 곡 식으로 찔끔찔끔 쓰는 게 아니라, 몇 곡, 몇십 곡을 묶어서 하나의 작품집으로 갈무리하는 쪽을 택한 것이다. 이는 작곡의 한계를 확장하는 시도이기도 했고, 아른슈타트(1703~1707), 뮐하우젠(1707~1708), 바이마르(1708~1717), 쾨텐(1717~1723), 마침내 라이프치히(1723~1750)에 이르기까지 일련의 직책을 거치는 동안 일상 업무의 제한을 뛰어넘으려는 시도이기도 했다. 그는 1720년 아내와 사별하고, 이듬해 안나 막달레나 빌케와 재혼했다. 첫 번째 아내와의 사이에서도 여러 아이가 태어났고(그중 몇은 유아기에 사망했다), 두 번째 아내와의 사이에서도 여러 명의 자식을 낳았다.

작곡과 연주, 교습과 훈련, 싸움(그 상대는 다른 음악가나 학생들은 물론이요 그 누구라도 상관없었다), 예배와 봉사로 이어지는 일상은 바흐로 하여금 잘게 조각난 노력의 시간들을 바로잡아 심미적인 목적에 부합하도록 추동했다. 그저 난해한 곡을 여럿 써내는 것에서 그치지 않고, 음표와 주제의 연쇄를 아우르고 재편성하고 개정하여 대위법적 음향으로 이루어진 대단히 꼼꼼한 구조물이 되도록 하는 각고의 노력이 곧 각각의 작품이 지닌 핵심적 정체성이 되는, 그런 음악을 썼던 것이다. 그러한 구조물 안에서는 그 어떤 개별 음표도 한낱 장식적이거나 지엽적인 기능에 머물지 않는다. 선율, 화성, 리듬, 조성, 장르 등 음악을 구성하는 모든 것에 제 나름의 역할이 부여된다. 이와 같은 놀라운 역동성은 수난곡들, 〈B단조 미사〉와 수많은 칸타타에 붙인 엄청난 수량의 코랄의 아주 상세한 부분에서까지 관찰된다. 게다가 코랄은 지금까지 남아 전하는 200여 편만큼의 수효가 유실되었다고 하니 그 놀라움은 배가되지 않을 수 없다.

볼프는 바흐의 작품 그 자체에 대해 이따금씩 핵심을 꿰뚫는 듯한 이야기를 들려준다. '음악의 과학'에 능숙했던, 학식을 갖춘 음악가로서의 바흐의 위상에 대한 언급이 한 예이다. 그렇기 때문에 볼프의 접근법은 더더욱 안타깝다. 내 생각으로는, 음악에 하느님과 이 세상 현실 사이를 중재하는 역할이 주어졌다 해서 음악가 또한 그저 조물주가 창조한 바를 굽실대며 경배하는 역할에 그친다면 곤란하지 않나 한다. 실로 바흐의 음악은 조물주에 필적하려는 무의식의 욕망을 담고 있다. 이러한 욕망은 〈푸가의 기법〉과 〈B단조 미사〉, 〈골드베르크 변주곡〉 같은 육중한 후기작으로 갈수록 더욱 뚜렷하게 드러난다. 그러나 유감스럽게도 볼프는 바흐의 거의 넌더리나는 신앙심을 액면가대로만 받아들일 뿐이어서 그러한 전복의 가능성은 염두에 두지조차 않는다. 바흐와 같은 시대를 산 누군가가 말했던 것처럼 바흐는 "기이하고 새로우며 표현력 뚜렷하고 아름다운 생각"을 만들어내는 본인의 힘에 대해서 잘 알고 있었을 것이다. 이따금씩 하느님의 권능이 미치는 영역을 완전히 벗어나는 것만 같은, 그리하여 완전히 별개의 새로운 세상의 윤곽을 보여주는 그러한 능력을 말이다.

바흐는 조성과 음악의 형태, 화성, 그리고 주제, 리듬, 변주 사이의 다양한 조합 가능성에 대해 깊이 탐구한 소수의 작곡가 가운데 하나였다. 바그너, 쇤베르크, 만년의 베토벤 역시 그러했다. 『파우스트 박사』에서 토마스 만은 아드리안 레버퀸(과 그의 아버지)의 "근본적 요소에 대해 사색하는" 경향성, 즉 자연의 특이점뿐만 아니라 사색가를 창조자의 위치로 끌어올리는 연금술, 주술, 마법, 음악을 포함한 예술 등을 추구하는, 궁극적으로는 위험천만한 경향성에 대해 이야기한다. 사실 만은 음악 행위 그 자체를 신학과 연결 지어 이해하며, 레버퀸과 악마 사이의 약속, 그리고 현대 독일의 멸망과 연관 지어 이해한다. 아드리안이 독창적인 작곡가가 될 수 있었던 것이 다성음악의 힘이었던 점을 생각하면, 이러한 연결은 바흐의 경우로 소급해서 생각할 경우 더더욱 시사하는 바가 크다고 하겠다.

위대한 과학자와 바흐 사이의 비유는 볼프의 것이지 내 것이 아니지만, 나는 그 비유를 저자가 가고자 하는 지점 너머까지 잠깐이나마 확장해보고자 한다. 연주자로서 그리고 천재 대위법 작곡가로서 바흐는, 개별 악절과 주제를 조합함으로써 실현할 수 있는 잠재력을 단번에 알아차리는 신묘한 능력을 가지고 있었다는 점을 우리는 알고 있다. 로런스 드레이퍼스의 눈부신 연구서 『바흐와 창작의 패턴』(1996)은, 바흐의 창조적 역량이 결국은 주어진 악절의 조합 가능성을 발견하고(이것이 그가 말하는 '인벤티오', 즉 창조의 본질이다) 그 가능성을 구현하고 모두 사용하는 데서 비롯된다고 주장한다. 자연수의 기본적 속성과 그들이 어떤 일관성을 가지고 서로 어울리고 행동하는지 그 핵심을 들여다보는 비범한 통찰력을 가진 수학자처럼, 바흐는 조성 체계를 들여다보면서 집중과 확장, 표현과 정교화의 잠재력을 식별하고, 화성 및 선율상의 가능성과 여러 음표로 구성된 악절의 리듬 및 논리상의 호환성을 감지하며, 엄청난 경우의 수 가운데 내재적인 아름다움을 가진 악절을 조탁해내는 일을 했다. 음악사 전체를 통틀어 바흐만큼 이러한 능력을 극도로 끌어올린 음악가는 다시없었다. 드레이퍼스의 직관력 가득한 주장이 보여주었듯, 이는 곧 〈음악의 헌정〉의 '왕의 주제'처럼 무작위로 골라 묶은 음표들에서조차도 바흐는 즉석에서 그 모든 음표 순열을 머릿속으로 돌려 파악하는 것은 물론이요 자신이 완벽하게 통달하고 있는 엄정한 법칙에 의거해 배열할 수 있음을 의미했다. 그리고 거기에 더해, 그렇게 머릿속에서 형성시킨 작품을 아무런 준비 과정도 없이 곧바로 건반악기를 통해 구현할 수 있는, 즉 두뇌의 작용을 즉각적으로 손가락으로 옮겨낼 수 있는 능력 또한 가지고 있었던 것이다.

바흐가 쓴 곡은 그 양만으로도 놀랍기 그지없다. 게다가 그의 왕성한 생산력은 뮐하우젠에서 바이마르로, 바이마르에서 쾨텐으로, 여러 곳의 임지를 옮기는 와중에도 줄지 않았다. 볼프도 지적한 것처럼, 특히 쾨텐 시절에는 걸작 기악곡이 여럿 탄생했다. 〈브란덴부르크 협주곡집〉, 〈프랑스 모음곡〉, 〈평균율 클라비어곡집〉, 〈무반주 바이올린 소나타〉와 〈무반주 바이올린 파르티타〉, 〈무반주 첼로 모음곡〉 등 어느 하나 기념비라고 부르지 못할 이유가 없는 걸작이 모두 그 시기의 산물인 것이다. 이처럼 바흐의 창작 에너지는 여러 곡을 묶은 작품에서 특히 선명하게 드러났다. 볼프의 표현을 빌리자면 "시도하지 않은 채로 남겨두는 것은 하나도 없도록 하겠다"는 결의가 있었던 것이다. 바흐는 일단 작곡에 착수하면 곡이 스스로 커가도록 했다. 왕왕 단조롭고 특별할 것 없는(그리고 만년의 작품으로 놀랄 만큼 복잡한 오르간곡인 〈'저 높은 하늘에서' 주제에 의한 카논 형식의 변주곡〉의 경우에는 심지어 유치하다고까지 할) 씨앗이 백전노장 음악가조차 상상할 수 없는 원대한 구조로 자라나도록 한 것이다. 〈푸가의 기법〉의 소박한 D단조 주제가 바로 그러한 예의 하나가 되며, 〈골드베르크 변주곡〉 '아리아'의 베이스라인(사실상 G장조 음계의 하행형이다)이나 그의 대위법 걸작 가운데 정점이라 할 〈음악의 헌정〉의 '왕의 주제' 역시 모두 마찬가지다.

 인내심을 가지고 신중한 계획에 따라 압도적이리만치 정교한 구조를 가진 작품을 썼다는 면에서 바흐는 베토벤의 대척점에 있는 작곡가다. 바흐의 대위법이 베토벤에게 미친 직접적 영향이 나타나는 후기 작품(〈함머클라비어 소나타〉와 〈피아노 소나타 31번〉, 〈현악 사중주 13번〉, 〈장엄 미사〉 등의 푸가 악장이 그 좋은 예가 된다)에서조차, 베토벤은 기본적으로 극적인 노선을 취한다. 바흐의 음악이 갈수록 널찍한 호(弧)를 그려가며 통합하고 아우른다면, 베토벤의 음악은 억누를 수 없는 에너지로 가득한 악절들이 맥동하고 전진하며 새로운 영역을 정복한다. 베토벤의 모든 작품에는 제시부와 발전부, 재현부를 불문하고 이러한 추진력을 달성하는 저마다 다른 방식이 존재한다. 보통은 삼화음을 개별 음으로 쪼개거나(〈영웅 교향곡〉의 1악장처럼) 음표의 반복을 골자로 하는 주제 패턴(〈교향곡 7번〉의 1악장과 2악장처럼) 등 자그마한 주제를 운용하는 방식을 통해서다. 바흐가 서사시라면 베토벤은 드라마다. 베토벤의 후기 작품은 장르를 해체하고 파편화된 미완성의 형태를 그대로 남겨두는 반면, 〈B단조 미사〉, 〈골드베르크 변주곡〉, 〈푸가의 기법〉, 〈음악의 헌정〉 같은 바흐 만년의 작품은 모든 뉘앙스, 모든 굴절, 모든 화성과 리듬을 통합하기로 작정한 듯 보여서 마음이 끌린다.

신교도 신앙 속에서 자라고 신교도 관습을 익히면서 신교도적 음악과 전통을 호흡한 바흐는 경건한 신앙심을 가진 기독교인으로 평생을 살았다. 알베르트 슈바이처를 비롯한 바흐의 전기 작가들도 모두 그러한 시각으로 그의 삶을 해석했다. 그러나 바흐의 열의에는 무시무시한 귀기(鬼氣) 또한 어려 있는 것이 엄연한 사실이다. 물론 그는 자신의 기교를 연마하고 음악을 연구하는 데 매진했지만, 본인 역시도 창조의 위업이라는 벽돌을 하나씩 쌓아가며 자신의 재능에 깊이 탄복했을 것이 분명하다. 하느님에 대한 경건한 신앙과 겸손의 표현이, 어쩌면 실은 인간 바흐의 어두운 일면—이를테면 불경스러운 열정과 오만—이 드러나는 것을 원천 차단하는 수단은 아니었을까 궁금해지는 것도 사실이다. 그러한 측면을 볼프 역시 언뜻이나마 알아차렸겠지만, 책에서는 충분히 논의되지 않아 아쉽다.

볼프의 전기는 할 말을 하지 않는 아쉬움과 구조상의 문제가 있음에도 불구하고 가치를 매길 수 없을 정도로 귀중한 성취라 부르기에 부족하지 않다. 모든 사실 관계를 정확하고 명료하게 전달하는 미덕이 있을 뿐만 아니라, 독자로 하여금 바흐의 인생을 채웠던 막대한 노동의 진가를 인정하게 하는 책이다. 바흐는 가정사 쪽으로는 만족한 삶을 살았던 것 같긴 하지만 그 밖에 어떤 여가 활동을 했는지는 거의 알려진 바가 없다. 그러나 그가 느꼈을 깊고 높은 인간적 정서의 증좌는 엄청난 폭의 표현력으로 모든 감정을 표현했던 그의 음악에서 찾을 수 있다. 성마른 기질을 참지 못하고 분출시키는 격한 기질을 가지고 있었고 또한 장대한 음악적 야망을 가진 그였지만, 위대한 카펠마이스터 바흐가 진정한 신앙인이었음을 의심할 순 없다. 독실한 루터교 신자로서 그가 천명한 사명은 하느님의 영광을 드러내고 자신에게 주어진 임무를 완수하는 것이었다. 이 외에 그가 흉중에 품었을지도 모르는 다른 사명은(그가 쓴 편지에서는 별다른 단서를 발견할 수 없다) 오로지 그의 인생과 음악이 예상외로 합일되는 몇 안 되는 순간을 통해 유추해볼 수 있을 뿐이다. 볼프의 책에도 언급된 1750년 7월의 한 장면이 그 예가 된다. 임종을 앞두고 병석에 누운 바흐는 자신의 마지막 작품이 될 〈푸가의 기법〉을 끝까지 완성할 수 없음을 깨닫는다. 아직까지도 미완성 토르소인 채로 연주되는 이 작품은 바흐의 이름자 'BACH'를 나타내는 음표를 마지막으로 갑자기 중단된다(독일식 계이름 명명법에 따르면 B는 B♭에, H는 B♮에 해당한다).

> '어느 친구'에게 … 자신의 페달 하프시코드를 사용해 코랄 〈우리가 큰 괴로움을 겪고 있을 때〉를 연주해달라고 부탁한 바흐는 곡을 들으면서 머릿속으로는 이 선율을 〈저는 이제 주님의 보좌 앞으로 나아갑니다〉의 가사에 붙이기로 했다. 바흐는 친구의 연주를 들으며 대위법과 세부적인 선율 및 리듬에 몇 군데 손을 볼 필요가 있다는 점을 깨달았다. 그리고는 친구에게 코랄의 제목을 '저는 이제 주님의 보좌 앞으로 나아갑니다'로 바꿔 달라고 부탁하고는, 자신이 조물주의 보좌 앞에 불려가기에 앞서 반드시 마쳐야 할 수정 사항들을 하나씩 구술하기 시작했다. … 오르간 코랄에 관한 이 놀라운 현존 자료들은 … 임종을 앞둔 작곡가가 정신적인 면과 예술적인 면에서 곡을 더 큰 규모로 확장하는 데 관여했음을 분명히 보여준다. 또한 이 자료들은 바

흐의 깊은 신앙심을 엿보게 하는 것이기도 하다. … 동시에 〈우리가 큰 괴로움을 겪고 있을 때〉를 수정해 〈저는 이제 주님의 보좌 앞으로 나아갑니다〉라는 최종판으로 한 차원 끌어올린 것은, 한평생 완벽한 음악을 위해 분투한 바흐의 집념이 그 마지막 순간까지도 꺼지지 않았음을 상징한다고 하겠다.

이 일화에서도 확인되는 바흐의 억누를 길 없는 창조적 에너지는 너무도 강렬한 것이어서, '관여'나 '신앙심' 같은 볼프의 미지근한 단어 선택에 이의를 제기하고 싶어질 정도다. 언급된 일화의 현장에서는 그보다 훨씬 더 중대하고 많은 무엇인가가 벌어지고 있었고, 따라서 이 마지막 일화를 언급한 볼프의 선택이 적절했다고 본다. 정녕 바흐의 삶은 '억누를 길 없는' 삶이었다.

바렌보임 그리고 바그너 터부*

최근 이스라엘에서 격론을 불러일으키는 사건이 일어났다. 면밀히 들여다볼 가치가 있는 일이라 판단해 여기에 쓰고자 한다. 피아니스트 겸 지휘자 다니엘 바렌보임이 지난 7월 7일 이스라엘에서 열린 연주회에서 리하르트 바그너의 오페라 발췌곡을 지휘한 것이다. 바렌보임은 나와 친한 친구라는 점을 미리 밝혀둔다. 그날 이후 바렌보임은 엄청난 양의 논평과 욕설, 훈계의 대상이 되었다. 그 모두가 리하르트 바그너가 매우 위대한 작곡가이자 악명 높은(그리고 실로 역겨운) 반유태주의자였기 때문이다. 바그너는 사후 한참의 세월이 흐른 후에 히틀러가 가장 좋아하는 작곡가였다는 사실이 알려지면서 나치 정권과 결부되기 시작했고, 더불어 나치가 멸절시킨 수백만의 유태인 및 다른 '열등' 민족의 끔찍한 경험을 떠올릴 때마다 함께 연상되는 인물이 되었다(충분히 이해할 수 있는 일이다). 이스라엘에서는 라디오 방송이 이따금씩 바그너의 음악을 틀기도 하고 음반 가게에서도 그의 녹음이 시판되고 있긴 하지만, 최소한 대중을 상대로 한 연주는 금기시되고 있다. 어쨌거나 이스라엘의 많은 유태인들에게 바그너의 음악—풍성하고 대단히 복잡하며 음악 세계에 지대한 영향을 미친—은 독일의 반유태주의를 상징하는 것으로 받아들여지고 있기 때문이다.

*《알-아흐람》, 2001년 8월 16~22일;《알-하야트》, 2001년 8월 15일;《르몽드 디플로마티크》, 2001년 10월.

제2차 세계대전 기간 중에 나치의 손아귀에 떨어진 유럽 국가의 국민들을 비롯해 유태인이 아닌 수많은 유럽인들에게도 바그너는 바로 위에 언급한 이유로 인해 거부의 대상이 되는 작곡가라는 점을 덧붙이지 않을 수 없다. 거창하고 '독일적'(오용되기 십상인 이 형용사를 어떻게 이해할지는 독자 각각의 몫이다)으로 들리는 음악을 썼고 작품의 거개가 오페라였다는 이유로 인해 바그너의 음악은 고압적이고 독일의 과거와 신화, 전통과 성취에 깊이 천착한 것으로 받아들여진다. 게다가 바그너는 열등 인종과 숭고한 (게르만족의) 영웅들에 대한 수상쩍은 생각들을 쉬지 않고 장황하고 거만한 자세로 설파한 인물이었기 때문에, 애호나 존경은 고사하고 받아들이기조차 쉽지 않은 인사다. 그럼에도 불구하고 극장과 음악이라는 면에 한하여 본다면 그의 위대한 천재성을 의심할 수 없다. 오페라라는 개념을 혁명적으로 흔들어놓았고, 조성음악 체계를 완전히 탈바꿈시켰으며, 지금까지 서양음악의 위대한 정점으로 통용되는 열 편의 오페라를 쓴 인물이 또한 바그너인 것이다. 다니엘 바렌보임이 제기하는 도전은, 한편으로는 어떻게 바그너의 음악을 드높이고 공연할 것인지, 그리고 다른 한편으로는 바그너가 쓴 끔찍한 글들과 나치에 의해 이용당한 과거로부터 그의 음악을 어떻게 분리할 것인지가 되겠다. 물론 이 도전은 비단 이스라엘인이나 유태인뿐만 아니라 모든 사람들에게 해당되는 문제라 할 것이다. 바렌보임이 누차 지적한 것처럼, 바그너의 오페라 가운데 유태인에 반하는 내용이 당장 피부로 다가오는 작품은 단 하나도 없다. 좀 더 직설적으로 말하자면, 바그너가 증오한 유태인들, 그래서 그가 여기저기 발표하고 기고한 글에 공격 대상으로 지목한 유태인들과 흡사한 인물이 바그너의 음악작품에는 조금도 등장하지 않는다. 바그너가 몇몇 등장인물을 경멸조로 조롱했다고 해서 많은 평론가들은 반유태주의의 혐의를 뒤집어씌우곤 한다. 물론 19세기 유럽에서 흔히 접할 수 있었던 희화화된 유태인의 모습과 바그너 유일의 희가극 〈뉘른베르크의 명가수〉의 비루한 캐릭터 베크메서의 모습은 서로 무척 닮아 있는 것이 사실이긴 하지만, 평론가들의 문제 제기는 반유태주의의 혐의를 전가하는 것일 뿐이지 반유태주의의 증거로 삼기에는 곤란하다. 어쨌거나 베크메서는 〈명가수〉라는 오페라에서 독일 기독교도로 설정되어 있고 따라서 결코 유태인일 수는 없으니 말이다. 바그너는 실제 세계의 유태인에 대해서는 입심 좋은 비방을 쏟아냈던 반면 자신의 음악 속에서는 유태인에 대해 일언반구도 하지 않았으니, 분명 그의 머릿속에서는 이 둘 사이의 구분이 명확했으리라.

어쨌거나 이스라엘에서 바그너의 작품은 이구동성의 합의에 따라 연주되지 않은 채로 지금에 이르고 있다. 최소한 2001년 7월 7일까지는 말이다. 바렌보임은 시카고 심포니 오케스트라와 베를린 국립 오페라를 이끌고 있으며, 이번 이스라엘 투어에는 후자의 오케스트라를 대동하고 예루살렘에서 세 차례 콘서트를 가졌다. 원래 계획은 7월 7일 무대에서 바그너의 오페라 〈발퀴레〉 제1막을 연주회 형식으로 공연하는 것이었으나, 바렌보임을 초청한 이스라엘 페스티벌 측의 감독으로부터 프로그램 교체 요청이 들어왔다고 한다. 요청을 받아들인 바렌보임은 바그너 대신 슈만과 스트라빈스키로 프로그램을 다시 짰다. 바렌보임은 이들 작품의 연주를 마치고 관객을 향해 돌아서서는 앙코르로 〈트리스탄과 이졸데〉의 짧은 발췌부를 연주하면 어떨지 제안했다. 제안은 곧 격렬한 찬반 논쟁으로 이어졌다. 마침내 바렌보임은 자신은 어쨌든 연주를 강행할 테니 기분이 상한 관객은 자리를 떠도 좋다고 했고, 실제로 일부 관객은 퇴장했다. 그렇게 이어진 바그너 연주는 2800명가량의 이스라엘 관객으로부터 열광적인 찬사를 이끌어냈다고 하니 연주 하나만큼은 지극히 훌륭했던 모양이다.

그럼에도 바렌보임을 향한 공격은 멈추지 않았다. 7월 25일자 한 언론에는 "이스라엘 최고의 문화 행사에서 히틀러가 가장 좋아했던 작곡가의 음악을 연주한 데 대해 바렌보임이 사과할 때까지 그의 활동을 보이코트할 것을 촉구하는" 크네세트 문화교육위원회의 발표가 보도되었다. 문화부 장관과 다른 권위 있는 인사들 또한 독한 공격을 쏟아냈다. 재미있는 것은, 바렌보임은 비록 아르헨티나에서 태어나고 유아기를 보내긴 했지만 언제나 스스로를 이스라엘인으로 여겨왔다는 사실이다. 그는 이스라엘에서 성장했고, 히브리 학교를 다녔으며, 아르헨티나 여권과 함께 이스라엘 여권을 가지고 다닌다. 게다가 바렌보임은 오랜 세월 이스라엘이 자랑하는 중요한 문화적 자산이자 이스라엘 음악계에 없어서는 안 될 중심인물로 간주되어 왔다. 10대 시절 이후로 이스라엘이 아닌 유럽과 미국을 주 거주지로 삼아왔지만, 아무래도 이는 음악가로서의 활동 기회가 이스라엘 이외의 지역에 더 많았던 데에 따른 불가피한 선택이었을 터이다. 베를린, 파리, 런던, 빈, 잘츠부르크, 바이로이트, 뉴욕, 시카고, 부에노스아이레스 등의 도시에서 지휘봉을 잡고 피아노 앞에 앉다보면 한 군데 정주하기가 힘든 것이 어쩔 수 없는 현실일 테니 말이다. 바그너 사건이 있고 나서 그에게 분노를 퍼부은 일부 세력은 바렌보임의 이처럼 국제적이고 인습 타파적인 삶을 꼬투리잡기도 했다.

그가 한 일을 두고 이토록 뜨거운 한바탕 소동이 벌어진 데에는 바렌보임이 대단히 복잡한 인물이라는 점도 한몫했을 것이다. 모든 사회는 다수의 평균적 시민들—보통의 패턴을 따르는 사람들—과, 비범한 재능과 독립적 성향 때문에 평균에 속하지 못하고 유순한 평균적 시민들에게 도전과 심지어 모욕으로 다가가는 극소수의 사람들로 이루어진다. 문제는, 유순한 다수의 시각에 따라서 극소수의 복잡하고 비범한 사람들을 짓누르고 단순화하고 이래라 저래라 명령할 때에 발생하기 마련이다. 이러한 충돌은 필연적으로 일어나게 되어 있다. 다수파를 점한 인간 집단은 그들과 눈에 띄게 다른 소수, 그들보다 더 재능이 뛰어나고 독창적인 소수를 견디지 못하고 분노와 불합리로 치닫기 십상이기 때문이다. 청년들에게 자주적이고 회의적으로 생각하는 법을 가르쳤던 소크라테스라는 천재에게 아테네 시민들이 어떤 대접을 했던가를 보라. 결국 독이 든 잔을 건네지 않았던가. 스피노자의 사상을 품을 만큼 통이 크지 못했던 암스테르담 유태인들은 끝내 그를 제명하고 축출했다. 갈릴레오는 교회 권력의 처벌을 받았다. 이슬람의 시인 알-할라즈는 자신이 보인 통찰이 죄가 되어 십자가형을 받았다. 그런 일들이 십수 세기 동안 이어졌다. 남다른 재능을 타고난 극도로 특이한 인물인 바렌보임은 이스라엘 사회를 하나로 묶는 많은 금기를 거스르고 너무도 많은 선을 넘었다. 정확히 어떤 금기를 어떻게 넘었는지는 여기서 상세히 언급할 만한 가치가 있다고 본다.

되풀이할 필요가 없는 소리겠지만, 음악적으로 말하자면 바렌보임은 극히 이례적인 인물이다. 훌륭한 독주자와 위대한 지휘자가 되고자 하는 개인이 소망할 수 있는 재능은 모두 다 타고났다고 해도 과언이 아니다. 완벽한 기억력, 걸출한 기교와 그에 대한 자신감, 청중의 마음을 끄는 무대 매너, 그리고 무엇보다 자신의 일을 무한히 사랑하는 자세까지 모든 것을 다 갖추고 있는 것이다. 음악에 관한 문제라면 그의 역량을 벗어나거나 정복하기 까다로운 것은 하나도 없다. 게다가 그 모든 일을 외견상으로는 힘 하나 들이지 않고 해내는 것처럼 보인다. 이는 바렌보임을 아는 음악가늘이 한입으로 인정하는 바이기도 하다. 하지만 그게 그리 간단한 일일 리가 없다. 바렌보임은 아르헨티나에서 스페인어를 쓰며, 또 이스라엘에서 히브리어를 쓰며 유년의 형성기를 보냈고, 따라서 그의 삶은 그 첫 단추부터 어느 한 국적으로 간단히 묶기 힘든 것이었다. 10대 후반을 마지막으로 그는 이스라엘에 삶의 둥지를 틀지 않았다. 문화적으로 좀 더 흥미롭고 세계로 뻗어나가기에 용이한 유럽과 미국을 선호한 데 따른 결과였다. 앞에서도 말했듯 그는 현재 음악계에서 가장 권위 있는 단체 두 곳을 이끌고 있다. 미국의 오케스트라 가운데 최고라 부르기에 손색이 없는 악단(시카고 심포니 오케스트라)의 상임지휘자인 동시에 세계에서 가장 역사가 깊고 훌륭한 오페라단(베를린 국립 오페라)의 감독직을 수행하고 있는 것이다. 그러면서 동시에 피아니스트로서의 행보도 이어가고 있다. 그가 만약 평범한 사람들이 제시하는 표준을 묵묵히 따랐더라면 지금처럼 세계를 주유하며 명성과 인정을 얻는 삶을 살진 못했을 것이다. 오히려 그 정반대로 했기에, 즉 시종일관 관례라는 장벽을 들이받는 삶을 살았기에 지금의 그가 있을 수 있는 것이다. 일반적인 부르주아 사회의 관례를 훌쩍 넘어서는 삶을 사는 비범한 사람들은 모두가 그럴 것이다. 예술과 과학 분야의 중요한 업적 가운데, 사회·정치적 일상을 단속하기 위해 설계된 울타리 안에 기거하면서 탄생한 것은 거의 없다고 해도 지나친 말이 아닐 터이다.

그러나 이야기는 지금부터 복잡해진다. 바렌보임은 워낙에 여러 곳에 터를 잡고 살아왔고 여러 곳을 다녔다는 이유로, 또한 언어에 타고난 소질이 있다는 이유로(7개국어를 유창하게 구사한다), 어디서나 편안함을 느끼는 동시에 한편으로는 그 어디에도 소속감을 느끼지 못한다. 이스라엘과의 접점도 마찬가지다. 친지들과 전화 연락을 하고 언론 보도를 꾸준히 접하지만, 정작 이스라엘 방문은 1년에 며칠 정도로 국한될 수밖에 없는 처지다. 미국과 영국을 오랫동안 보금자리로 삼아왔지만, 요즘은 독일에 머무는 시간이 가장 많다. 독일을 가장 사악한 국가로 여기는 많은 유태인들에게 독일에 거주하는 유태인 음악가 바렌보임의 존재는 삼키기 힘든 알약과도 같을 터이다. 특히 그가 즐겨 연주하는 작품들이 바그너 오페라를 그 핵심으로 하는 오스트리아-독일 계통의 레퍼토리라는 사실(이 점에서 바렌보임은, 20세기의 가장 위대한 독일 지휘자이자 정치적으로 대단히 복잡한 인물이기도 했던 빌헬름 푸르트벵글러의 전철을 밟고 있다)은 때린 데 또 때리는 격일지도 모른다. 예술적 시각으로 말하자면 오스트리아-독일 레퍼토리는 클래식 음악가가 집중의 대상으로 삼기에 아주 적절하고 탄탄한 분야다. 오히려 그쪽을 아예 외면하고 가는 게 어려울 지경이다. 모차르트와 하이든, 베토벤, 브람스, 슈만, 브루크너, 말러, 바그너, 리하르트 슈트라우스를 전혀 연주하지 않는 음악가를 쉽게 상상할 수 있는가. 물론 바렌보임은 여기에 더해 프랑스와 러시아, 스페인 출신 작곡가의 레퍼토리도 탁월하게 다뤄낸다. 그러나 뭐니 뭐니 해도 그의 핵심 레퍼토리는 오스트리아와 독일의 음악이다. 이는 특히 제2차 세계대전 이후로 일부 유태인 철학자와 예술가 들이 대단한 골칫거리로 여기고 있는 예술작품이 그의 본령이라는 뜻이다. 바렌보임의 벗이자 멘토였던, 그리고 본인 또한 유태인이었던 위대한 피아니스트 아르투르 루빈스타인은 자신의 동족을 무참히 살육한 나라에서 연주하기가 힘들다는 이유로 독일 내 연주를 거절한 바 있었다. 그러니 바렌보임을 좋아하는 많은 이스라엘인들도 베를린에 거처를 잡은 그에게 거리감을 느끼지 않을 수가 없었으리라. 설상가상으로, 베를린이라면 나치의 만행을 피해 살아남은 유태인들로서는 삿된 흔적을 여럿 발견하지 않을 수 없는 제3제국의 수도였지 않은가.

 예술과 정치는 별개이니 너그러운 마음을 가지라고 말하는 사람들도 있을 수 있다. 그러나 현실 문제로 보자면 이는 씨도 먹히지 않는 주장이며, 당장 우리가 드높이 숭배하는 대부분의 예술가와 음악가 들이 코웃음을 칠 주장이기도 하나. 모든 위내한 작곡가들은 어떤 방식으로든 정치적인 입장을 보였다. 상당히 강력한 정치적 견해를 가진 작곡가들도 있었다. 젊은 베토벤은 나폴레옹을 위대한 정복자로 찬양했다. 드뷔시는 우익 국수주의자였으니 오늘날의 관점에서 보자면 낯부끄러운 짓을 한 셈이다. 하이든은 후원 귀족 에스테르하지 공 밑에서 일하는 비천한 신세를 오랫동안 면치 못했고, 모든 천재들 가운데 가장 위대하다 할 요한 제바스티안 바흐조차도 언제나 대주교 혹은 공작의 식사 테이블과 궁정 언저리에서 그들의 비위를 맞춰야 했다.

 지금의 우리로서는 이런 사실들에 크게 개의할 필요를 느끼지 못한다. 어쨌거나 꽤나 먼 과거의 이야기가 아닌가 하는 생각이 들기 때문이다. 1860년대 토머스 칼라일이 작성한 인종차별주의적인 팸플릿만큼이나 우리를 날카롭게 자극하지 못하는 것이다. 그러나 속단에 앞서 고려해야 할 두 가지 사항이 있다. 첫째로 예술 형태로서 음악은 언어와는 사뭇 다르다는 점이다. '고양이'나 '망아지'라는 단어는 의미하는 바가 뚜렷하지만, 음표에는 그처럼 명확하고 안정적인 의미를 부여할 수 없다. 둘째로 음악은 대개 초국가적이다. 음악은 국경이나 국적의 울타리 혹은 언어의 장벽을 뛰어넘는다. 모차르트를 이해하기 위해 독일어를 반드시 알아야 할 필요는 없으며, 프랑스인이 아니어도 베를리오즈의 악보를 읽을 수 있다. 음악을 이해하기 위해 알아야 할 것은 음악뿐이다. 음악은 역사나 문학 같은 주제와는 사뭇 동떨어진, 고심과 주의를 기울여야 얻을 수 있는 매우 특화된 기술이다. 물론 개별 작품의 맥락과 전통을 숙지해야만 진정한 이해와 해석이 가능하다는 점은 불문가지겠지만 말이다. 어떤 면에서 음악은 방정식과 비슷하다고도 볼 수 있다. 그러나 바그너의 경우는 그런 비유를 올곧게 적용하기 곤란한 측면이 있다.

만약 바그너가 이류 작곡가였더라면, 혹은 숨어서 곡을 썼거나 최소한 조용히 음악에만 몰두했더라면 그를 둘러싼 모순점들 역시 받아들이고 용인하기가 한결 쉬웠을 것이다. 그러나 그는 엄청난 다변가였다. 그의 존재감은 온 유럽을 가득 채웠으며, 그에게서 비롯된 온갖 선언과 기획, 음악은 다른 작곡가들의 작품을 압도하고, 듣는 이를 무릎 꿇리기 위해 유난을 떨어가며 서로 보조를 맞추었다. 바그너 작품 세계의 중심에는 작곡가의 자기지향적이고 심지어는 자기도취적인 엄청난 자아가 똬리를 틀고 있다. 그는 자신의 자아가 독일 영혼의 정수이자 독일의 운명이요 영광이라 확신했다. 여기서 바그너의 작품에 대해 본격적으로 논할 순 없겠지만, 그가 논쟁을 추구했고 관심 집중을 요했다는 사실, 그리고 그가 파악한 혁명적 의미로서의 조국 독일과 자기 자신이라는 명분을 위해서는 무슨 일이든 서슴지 않았다는 사실만큼은 강조해두고 싶다. 그는 새로운 음악, 새로운 예술, 새로운 미학을 표방했고, 그것은 곧 베토벤과 괴테의 전통을 체현하는 것인 동시에 베토벤과 괴테를 초월해 새롭고 보편적인 통합의 길을 여는 것이었다. 예술의 역사를 통틀어 그 누구도 그보다 더 많은 주목을 받은 자는 없고, 그만큼 여러 차례 글과 논평의 주제가 된 이도 없다. 바그너는 나치가 이용하기 딱 좋게 레디메이드된 작곡가이기도 했지만, 서양음악의 진로가 그의 기여로 인해 송두리째 바뀌었음을 이해한 다른 음악가들 역시 그를 영웅과 위대한 천재로 적극 끌어안았음을 결코 잊어선 안 될 것이다. 그는 살아생전 바이로이트라는 작은 마을에 스스로에게 바치는 신전에 가까운 전용 오페라하우스를 건립했고, 이곳은 현재까지도 매년 여름마다 바그너 음악의 축제 현장이자 본산 노릇을 하고 있다. 바이로이트와 바그너 일가가 히틀러에게 무척 소중한 존재였다는 사실만으로도 골치가 아플 지경인데, 바렌보임이 거의 20년 세월 동안 고정적으로 지휘해온 여름 축제의 감독을 작곡가의 손자인 볼프강이 맡고 있어서 그렇지 않아도 복잡한 문제가 더욱 미묘하게 꼬인 양상이다.

이게 다가 아니다. 바렌보임은 누가 뭐래도 장애물을 뒤집어엎고, 금지된 신을 님으며, 금기의 영역을 헤십고 들어가는 예술가다. 이러한 사실만으로 그를 본격적인 정치에 몸을 담은 인물이라고 단정할 순 없겠으나, 최소한 그는 이스라엘의 팔레스타인 점령에 대해 반대하는 목소리를 공공연하게 밝혀왔고, 또한 1999년 초에는 웨스트 뱅크에 있는 비르제이트 대학에서 무료 연주회를 개최함으로써 팔레스타인 지역에서 콘서트를 가진 최초의 이스라엘 음악가로 기록된 바 있다. 지난 3년간 이스라엘과 아랍 출신의 젊은 음악가를 한자리에(첫 두 해는 바이마르, 올해는 시카고) 모아 힘을 모으게 한 공로도 빼놓을 수 없다. 전적으로 비정치적인 활동인 음악 해석 예술을 통해 정치적 갈등 위로 훌쩍 비상해 하나 되게 하는 담대한 기획이 지금도 진행 중인 것이다. 바렌보임은 '타자'(他者)에 대한 매료를 뚜렷이 드러내고, 아는 것보다 모르는 것이 낫다고 말하는 불합리한 입장을 단호히 배척한다. 무지는 민중을 위한 적절한 정치적 전략이 될 수 없으며, 따라서 금지된 타자를 이해하기 위해 각자가 제 나름의 노력을 기울여야 한다는 그의 견해에 나는 동의한다. 이렇게 생각하는 사람이 많은 건 아니지만, 이것이 이른바 지성인이라고 불리는 자들이 취할 수 있는 유일한 논리 타당한 견해임을 점점 더 많은 사람이 받아들이고 있다. 이는 정의 수호나 억압받은 자들과의 연대 가능성을 줄이는 것이 아니다. 이는 또한 각자의 정체성을 저버리라는 의미가 아니며, 본격 정치가 개입될 때는 다른 쪽으로 시선을 돌리라는 뜻도 아니다. 그것은 또한 근본주의자들을 추동하는 집단적 울화를 조장하고 장려하는 것이 아니라, 이성과 이해, 지성적 분석이라는 시민 의식을 키워야 한다는 당위의 표현이기도 하다. 나는 오랫동안 이러한 믿음을 견지해왔고, 어쩌면 이것이 나와 바렌보임이 서로 간의 수많은 차이점에도 불구하고 친구로 지낼 수 있는 한 가지 이유라 생각한다.

바그너라고 하는 복잡하기 그지없는 현상을 완전히 거부하고 비이성적으로 비난하고 전면적으로 깔아뭉개는 것은, 사리에도 맞지 않을뿐더러 궁극적으로 받아들일 수 없는 선택지다. 우리 아랍인들을 둘러싼 인식 또한 그와 다르지 않다. 오랜 세월 동안 '시온주의자 독립체' 같은 오해로 가득한 문구를 공공연히 입에 올리면서, 이스라엘 때문에 팔레스타인 사람들이 삶의 터전을 잃었다는 이유만으로 그들의 존재를 거부하고 그들을 이해 내지는 분석하려는 노력을 조금도 기울이지 않은 멍청하고 낭비적인 정책을 보아도 그렇지 않은가. 역사는 역동적인 것이다. 만약 우리가 이스라엘의 유태인들이 팔레스타인 사람들에게 가하는 끔찍한 인권 파괴 행위를 정당화하는 명분으로 홀로코스트를 이용하지 않길 바란다면, 우리 또한 홀로코스트가 실제로 일어난 적이 없는 허구라고 주장하는 덜떨어진 짓을 해선 안 될 것이며, 남녀노소 불문하고 이스라엘 사람들은 모두 불구대천의 원수라고 주장하는 멍청한 짓을 해서도 안 될 것이다. 역사상 사건들은 그 어느 것도 시간 속에 얼어붙은 결정체가 아니며, 그 어느 것도 변화하지 않는 것이 없다. 역사의 사건들은 모두 이성과 이해, 분석과 영향의 범주 내에 있다. 정치인들은 민중 선동을 업으로 하다보니 얼토당토않은 말들을 주워섬기고 본인들이 원하는 대로 하게 마련이다. 그러나 지식인, 예술가, 자유 시민들에게는 반대할 자유가 있어야 하고, 대안적 견해를 제시할 자유가 주어져야 하며, 다수의 폭정에 이의를 제기하고 동시에 가장 중요한 문제인 인간의 계몽과 자유를 진작시킬 방법론과 가능성이 주어져야 한다.

이러한 견해가 단지 '서양'에서 수입된 것이라고 해서 아랍 및 이슬람 문화권 혹은 유태인 사회와 전통에는 적용 불가능한 것으로 쉽게 기각해선 안 될 일이다. 더군다나 이러한 사상은 내가 알고 있는 모든 전통에서 발견할 수 있는 보편적 가치이기도 하다. 모든 사회에는 정의와 부당함 사이의 갈등, 무지와 지식 사이의 충돌, 자유와 억압 사이의 다툼이 존재한다. 남들의 말을 좇아 어느 한쪽의 편을 들 일이 아니라, 편을 정하더라도 주어진 상황의 모든 측면에 합당하고 성낭한 결과를 가져다주는 것이 무엇인지 숙고하고 나름의 판단을 내린 후에 편을 들라는 것이다. 교육의 목적이 지식 축적과 '정답' 암기가 아니라 '스스로' 비판적으로 생각하는 법, '스스로' 사건의 의미를 이해하는 법을 깨우치게 하는 데 있는 것처럼 말이다.

이스라엘 내의 이번 논쟁에서 지휘자 바렌보임이 그저 일개 기회주의자나 무감각한 승부사 정도로 치부되지 않았으면 한다. 마찬가지로, 바그너는 반동적인 사상을 가진 끔찍한 인간이었다는 주장, 그러므로 그가 쓴 음악 또한 제아무리 멋지다 하더라도 그의 글에 드러난 맹독에 감염되어 있기에 견딜 수 없는 것이라는 주장은 모두 환원주의적인 시각에 불과하다. 대체 그것을 어떻게 입증하고 사례를 들어 보일 수 있겠는가. 만약 도덕적 행위를 준거로 그들의 예술을 판단하는 것이 가능하다면 작가들, 음악가들, 시인들, 화가들 가운데 살아남을 이가 몇이나 되겠는가. 그리고 예술가의 예술 행위 과정에서 어느 정도의 추함과 부도덕을 감내하고 못하고의 기준은 과연 누가 정할 수 있다는 말인가. 일단 이런 식의 검열 잣대를 들이대기 시작하면 이론상 한계는 존재하지 않는 법이다. 내 생각은 다르다. 이스라엘 내의 바그너라는 문제만 하더라도 간단히 이렇다 저렇다 할 수 없는 복잡한 현상인 만큼 그것을 분석하려는 정신적 마음가짐이 필요하지 않나 생각한다(이와 비슷한 예를 들자면, 오늘날 아프리카인으로서 콘래드의 『어둠의 심연』이라는 작품을 어떻게 읽을 것인가 하는 문제를 다룬 나이지리아 소설가 치누아 아체베의 유명한 분석적 에세이가 떠오른다). 분석을 통해 악과 예술 사이의 경계를 그어 보여야 하는 것이다. 성숙한 정신의 소유자라면 바그너가 위대한 예술가였던 동시에 역겨운 인간이었다는 병립 불가능한 두 개의 사실을 하나로 묶는 것도 가능하다. 애석하게도 이 두 가지 사실은 서로 떨어져 별개로 존재할 수 없다. 그렇다고 해서 바그너를 금해야 한다는 의미인가. 결단코 그렇진 않을 것이다. 물론 음악을 접하는 개별적 주체가 바그너 하면 홀로코스트가 떠오르기 때문에 불편함을 느낀다는데 억지로 그의 음악을 듣게 할 순 없다. 다만 내가 말하고자 하는 바는 예술에 대한 열린 태도가 필요하다는 점이다. 예술가가 부도덕한 행위를 하거나 사악한 행위를 일삼는다면 그것은 그것대로 도덕적인 잣대로 판단해야 할 테지만, 그것이 예술가의 작품을 판단하는 유일한 근거가 되어 금지 조치로까지 이어져선 곤란하다는 뜻이다.

    마지막으로 한 가지만 덧붙이자. 아랍의 상황과도 빗대어 볼 수 있을 듯하다. 1년 전 이스라엘 국회에서 자국 내 고등학생들이 팔레스타인 시인 마흐무드 다르위시의 작품을 읽을 수 있도록 허락할지의 여부를 놓고 격론이 벌어진 적이 있다. 그때 상당수의 사람들은 이러한 발상 자체가 정통파 시온주의자들의 생각이 편협하다는 증거라고 맹공했다. 이스라엘 젊은이들이 팔레스타인 출신 주요 작가의 작품을 읽음으로써 뭔가 얻는 것이 있으리라 생각한 많은 이들이 역사와 현실을 영원히 감출 순 없는 노릇이라고 주장했고, 또한 그러한 종류의 통제와 검열은 최소한 교육이라는 분야에서만큼은 설 자리가 없어야 마땅하다고 주장했다. 바그너의 음악 또한 그와 비슷한 문제를 제기한다. 비록 작곡가가 어느 일면으로는 나치에 의해 이용당하기에 딱 좋은 인물이었다고 느끼는 이들에게는 그의 음악과 사상 사이의 끔찍한 상관관계가 트라우마로 다가갈 수 있음을 부인할 순 없겠지만 말이다. 그럼에도 바그너처럼 주요한 작곡가의 존재 자체를 차단하는 것은 한계가 있게 마련이다. 바렌보임이 지난 7월 7일 이스라엘 땅에서 바그너를 지휘하지 않았다 하더라도 언젠가는 또 다른 누군가가 같은 금기에 도전했을 것이 자명하다. 언제나 복잡한 현실이 불쑥 치고 들어와 그러한 시도를 무력화하려고 하겠지만 말이다. 그렇다면 초점은 바그너라는 현상의 존재 자체를 인정하느냐 무시하느냐의 여부—이는 부적절하고, 누가 봐도 불충분한 대응이다—가 아니라 그러한 현상을 어떻게 이해할 수 있을까 하는 데에 맞춰야 마땅하리라.

    아랍의 현실이라는 맥락에서 볼 때, 무척 시급한 현실적 과제인 이스라엘과의 '관계 정상화'—이스라엘은 그들의 34년간의 무단 점거로 인해 집 잃은 신세가 된 아랍인들 전체를 상대로 하루가 멀다 하고 집단적 징벌과 살육을 벌이고 있다—에 맞서는 조직적 활동은 팔레스타인 시인과 바그너를 금기시하는 이스라엘의 정책과 닮은 구석이 있다. 우리 쪽의 문제는, 아랍측 정부는 이스라엘과 경제적·정치적 관계를 유지하고 있는 반면 개인이 모인 집단들은 이스라엘인과의 접촉을 전면적으로 금지하려 노력하고 있다는 점이다. 관계 정상화 금지에 힘을 쓰는 세력은 그들의 존재 이유가 되는 팔레스타인인들에 대한 이스라엘의 폭압이라는 문제를 조금도 경감시키지 못하고 있기에 논리적 타당성을 확보하지 못하고 있다. 관계 정상화 반대 조치 때문에 파괴되지 않고 건사된 팔레스타인 가정이 과연 몇이나 될 것이며, 관계 정상화 반대 노력이 있었기에 학생들을 모아 가르칠 수 있는 팔레스타인 대학이 과연 얼마나 되겠는가. 안타깝게도 그 답은 '전혀 없다'이다. 이집트 출신의 저명 석학이 집에 앉아 사태를 수수방관하는 것보다 팔레스타인 땅에 직접 와서 그들의 팔레스타인 동포들과 연대하고 강의를 하거나 병원에서 도움의 손길을 건네는 편이 낫다고 했던 나의 말 또한 그런 맥락에서 나온 것이다. 힘없는 자들에게 전면적인 관계 정상화 반대는 효율적인 무기가 될 수 없다. 그것이 표상하는 가치는 높지 않고, 그것이 실제로 거둘 수 있는 효과 역시 수동적이고 부정적이기 때문이다. 약자들에게 소용이 되는 무기는—인도나 미국 남부, 베트남, 말레이시아 등이 이미 겪었듯이—언제나 적극적이고 심지어는 공격적인 성격을 띠곤 했다. 핵심은 권력을 쥔 압제자가 정치적으로뿐만 아니라 도덕적으로 불편한 느낌을 갖게 하는 것이다. 자살 폭탄 테러는 이러한 효과를 거두지 못하며, 관계 정상화 반대 노력 또한 마찬가지다.

나는 바로 이러한 이유에서 우리가 가진 모든 수단을 동원해 이스라엘인들의 의식 속으로 파고들어가도록 노력해야 한다고 생각한다. 이스라엘 청중을 상대로 강연을 하고 그들 앞으로 글을 써 보내는 행위는 '우리'를 금기시하는 '그들'의 생각을 깰 수 있다. 팔레스타인 문학을 읽을 권리에 대해 한바탕 논쟁이 벌어졌던 것도, 집단적 기억이 애써 억눌러온 대상이 먼저 다가와 말을 거는 상황에 대한 공포 때문이었다. 시온주의는 비유태인을 배제하려 해왔고, 우리 어리석은 팔레스타인인들은 심지어 '이스라엘'이라는 이름마저 보이콧함으로써 시온주의자들의 계획을 저지하기는커녕 도와주는 꼴이 되고 말았다. 반유태주의의 광기가 낳은 집단 학살의 트라우마에서 벗어나지 못하는 이들에게는 정녕 고통스럽게 다가갈 수밖에 없었겠지만, 바렌보임의 바그너 연주가 유익한 효과를 가지는 건 바로 그래서다. 애도와 슬픔이 다음 단계, 즉 과거에 꽁꽁 묶인 단절을 끊고 남은 삶을 살아내는 단계로 나아갈 수 있도록 촉매 역할을 했기 때문이다. 이번 사건과 관련된 여러 복잡한 이슈들의 모든 뉘앙스를 이 짧은 글에서 모두 담아내진 못했을지라도, 이것 하나만큼은 전달하고 싶다. 즉 무엇보다 중요한 결정적 이해와 해소의 경험을 막아서는 금기와 금지에 의해 진정한 삶이 통제받아서는 안 된다는 사실이다. 무지와 회피는 작금의 상황을 헤쳐나갈 올바른 길잡이가 되지 못한다.

때 이른 사색*
메이너드 솔로몬의 『후기 베토벤』 서평

베토벤은 평론가와 전기 작가 운이 각별히 좋았던 작곡가다. 우선 20세기 초에 발행된 전5권 분량의 알렉산더 세이어의 베토벤 전기가 1964년과 1967년 엘리엇 포브스에 의해 개정판으로 정리되었다. 이후로 대단히 높은 수준의 전기와 비평적 연구서가 봇물처럼 이어졌다. 조지프 커먼, 스콧 버넘, 찰스 로젠, 윌리엄 킨더먼, 마틴 쿠퍼 등의 저작이 잇따랐고, 베토벤 연구의 좌장 격인 루이스 록우드가 오랜 세월의 연구를 집대성한 『베토벤: 음악과 인생』도 최근 출간되었다. 그러나 베토벤의 음악과 삶이라는, 복잡다단하고 미묘한 인간적 매력으로 가득한 주제를 글로 풀어내는 면에서는 메이너드 솔로몬의 전재적 해석과 비범한 재능을 따라갈 인물이 많지 않을 것이다. 탁월한 모차르트 평전과 슈베르트에 대한 몇 가지 중요한 저작을 쓰기도 했지만, 솔로몬의 학자로서의 역량은 거의 전적으로 베토벤에 집중되어 있다고 해도 과언이 아니다. 솔로몬은 지난 사반세기 동안 베토벤에 관한 세 권의 두꺼운(그러나 무척 읽기에 편한) 책을 발표했다. 베토벤 전기(1977년 초판, 1998년 개정판)와 선집인 『베토벤 논문집』(1998년 출판), 그리고 최근 선보인 『후기 베토벤』이 그것이다. 이들 가운데 가장 발군의 저작인 『후기 베토벤』은 베토벤 생애의 마지막 10여 년(1816~1827)에 관한 작곡가

---
*《더 네이션》, 2003년 9월 1~8일.

본인의 음악적·정신적 관심사를 공통분모로 하는 여러 원고의 모음집이다.

솔로몬의 책에 대해 본격적으로 설명하기 전에, 수년 동안 나를 깊이 매료시킨 주제인 후기 양식에 대해 몇 마디 앞세우고자 한다. 우선 예술가가 자신이 속한 시대 혹은 역사적 시기, 사회, 선조 등과 맺는 관계에 대해 생각해보아야 한다. 모든 예술작품은 저마다 간단히 축약할 수 없는 독자성을 가짐에도 불구하고 그것이 생산된 시대의 일부라는 운명을 피하지 못한다(물론 시대의 일부이기를 거부하는 작품도 있긴 하다). 이는 단순히 사회학적 혹은 정치적 동시성의 문제만은 아니며, 수사학적 양식과 형식적 양식의 문제와 관련이 있다. 그리하여 모차르트는 자신의 음악에서 궁정과 교회라는 세계와 긴밀히 연관되는 표현 스타일을 사용했고, 반면 귀족과 교회의 후원 체계가 무너지고 개인의 창조력이라는 낭만적 컬트가 지배하던 시대를 살았던 베토벤과 바그너 같은 작곡가는 하인 처지(이를테면 바흐나 모차르트처럼)를 벗어나 자신의 시대를 이끌면서 많은 것을 당당하게 요구하는 천재, 심지어는 자기도취적인 모습마저 숨기지 않는 천재의 모습을 보였다. 현실의 끈을 놓지 않는 예술가와 그들을 둘러싼 사회적 환경 사이의 연결 고리는 쉽게 감지된다. 발자크가 그 좋은 예가 될 것이다. 그러나 아울러 자신이 속한 시대의 심미적·사회적 표준을 거스르는 예술가도 존재한다. 말하자면 자신이 속한 시대를 초월하거나 무시함으로써 시대와 불화하는 인물들이다. 이러한 불화의 관계는, 모방적인 음악이나 극적인 효과를 염두에 둔 음악을 쓰길 거부한 베토벤이나 브람스 같은 음악가의 경우에는 특히 간파해내기 힘들다.

솔로몬은 세상을 향해 자신 있게 말을 걸었던 〈영웅 교향곡〉과 다섯 곡의 피아노 협주곡 같은 작품과는 사뭇 다른, 개인적인 분투와 불안한 느낌이 베토벤 만년의 작품에 스며 있다고 말한다. 베토벤의 생애 마지막 10년 세월에 탄생된 걸작들은 그들이 속한 시대를 뛰어넘었다. 즉 놀랍고 담대한 참신성이라는 면에서는 시대를 앞서 있었고, 사정없이 앞으로만 흐르는 역사의 행진 와중에 잊혔거나 방기된 영역으로의 회귀와 귀향을 다루었다는 면에서는 시대를 거꾸로 거슬러 올라갔던 것이다.

문학예술의 모더니즘에서도 후기 양식적 현상이 관찰된다. 자신이 속한 시대에는 아랑곳하지 않고 고대 신화나 서사시 혹은 고대 종교 제례에서 영감의 원천을 찾으려 한 조이스나 엘리엇 같은 작가들의 창작 활동이 그 사례가 된다. 람페두사나 콘스탄틴 카바피도 마찬가지다. 시칠리아 출신의 소설가 람페두사의 유일한 소설 『표범』은 작가의 생전에는 그 어느 출판업자의 관심도 받지 못했고, 알렉산드리아 출신의 그리스 시인 카바피 역시 생전에 출판된 작품은 거의 없었다. 이들의 작품은 쉽게 다가가기 힘들고 대단히 난해한 정신 미학을 시사하며, 각자가 속한 시대와의 직접적인 접촉을 거부하고 다소 저항적이며 회고적인 성격을 띠지만, 그럼에도 엄청난 힘을 가지고 있음이 분명하다. 철학자 가운데 '시대와 어울리지 못하는' 관점을 표방한 대표 주자는 니체다. 이런 인물들은 모두 '때늦은' 혹은 '뒤늦은' 같은 단어가 참으로 적확하게 어울리는 이들이라 하겠다.

솔로몬은 후기 양식과 관련해 또 한 가지 문제적인 측면을 이야기한다. 이는 베토벤의 경우에 특히 맞아떨어지는 양상이기도 하다. 그 자체로 하나의 식별 가능한 그룹을 형성하는 베토벤 말년의 작품들(특히 〈교향곡 9번〉, 최후의 피아노 소나타 다섯 곡, 한 줌의 마지막 현악 사중주들, 〈장엄 미사〉)은 실제 작곡 양식 면에서 중기의 낭만적 영웅주의를 탈피하여 난해하고 고도로 개성적이며 (당대의 인물들에게는 물론이요 심지어는 현재의 감상자들에게도) 다소 매력적이지 못하고 어딘가 불쾌하기까지 한 음악 언어로 전이했음을 여실히 보여준다. 마치 소싯적에는 외향적이었던 사람이 갑자기 내성적인 성향으로 바뀌어, 연주자에게나 감상자에게 전례 없는 수준의 요구를 강요하는 울퉁불퉁하고 기괴망측한 음악을 써내는 것만 같았다. 그러면서도 베토벤의 후기작들은 체념의 정서가 아니라 독특한 반항성, 장벽을 허물려는 의지, 초심으로 돌아가 음악의 기본 요소들을 거침없이 넘나들며 탐험하는 담대함 등의 정서를 전달한다.

오스트리아 출신의 저명 작가로 『몽유병자들』과 『베르길리우스의 죽음』을 저술한 헤르만 브로흐는 레이첼 베스팔로프의 저서 『일리아드에 대하여』에 붙인 서문에서 노년의 양식에 대해 다음과 같이 이야기한다.

[후기 양식이] 언제나 고령의 산물인 것만은 아니다. 그것은 예술가 안에 그의 여러 다른 재능과 함께 심어져 있던 것이며, 세월과 함께 숙성되어온 것이자, 때로는 다가온 죽음의 조짐에 앞서 채 영글기 전에 꽃을 피우는 것이기도 하고, 또 때로는 고령이나 죽음의 접근과는 상관없이 저절로 개화되는 것이기도 하다. 후기 양식은 새로운 표현 수준에의 도달을 의미한다. 티치아노는 노년기에 이르러 인간의 살갗과 영혼을 묶어 한 차원 높은 통일을 이뤄내는, 모든 것을 꿰뚫는 빛을 발견했고, 렘브란트와 고야는 장년기의 정점에 이르러 인간과 사물의 기저를 이루는 추상적 표면을 발견해, 끝내 이를 그려내는 데 성공했다. 만년의 바흐가 구술로 받아 적게 한 〈푸가의 기법〉은 그 어떤 구체적인 악기 지정도 없는데, 이는 귀에 들리는 음악의 껍데기와는 상관없이 그가 표현해야만 했던 것을 어쨌든 표현해야 했기 때문이다.

테오도르 아도르노 사후에 출판된 그의 미완성 유작 『베토벤: 음악의 철학』에 수록된 「베토벤의 후기 양식」이라는 짧은 에세이는 이러한 양식의 골자를 가혹하리만치 엄격한 경구풍(驚句風)의 문장으로 풀어낸 글이다. 아도르노에 의하면 베토벤의 후기 양식을 특징짓는 것은 다가오는 죽음에 대한 불안이 아니라(설사 그러한 불안감이 음악에 나타났다손 치더라도 그것은 우화와 상징의 형태를 띠고 있었다), "감추지도 않고 변형시키지도 않은 황량함을 통하여 그대로 시각적으로 들어와 박히는" 낡은 관습들(트릴, 피오리투라,* "천진난만하리만치 간단한 … 반주" 따위)로 가득한, 파편적이고 불완전하며 규정하기 힘든 새로운 미학이었다. 잘 익은 과일의 원숙함과는 거리가 먼 이 독특한 양식이 일으킨 후기작들은 "다방면으로 원만치 못하며 구김살이 있고 심지어는 균열된 틈도 보인다. 신랄하고 날카로운 가시로 둘러싸여 있어서 음악에서 달콤함만을 찾는 이들의 접근을 불허한다." 아도르노는 다음과 같은 확신에 찬 체계적 공식화로 글을 맺는다.

베토벤 최만년기 작품의 가장 두드러지는 특징인 갑작스레 등장하는 중간 휴지부는 모든 속박을 끊고 떨쳐 일어나는 순간이다. 작품은 마치 버려진 듯 입을 다물어버리면서 그 공허함을 바깥으로 내보인다. 그때야 비로소 다음번 조각이 제자리를 찾는 듯 더해진다. 새로 등장한 조각은 주관성을 빛고 이미 앞섰던 음악적 재료들과 좋건 나쁘건 결탁한다. 새로운 파편은 그들이 함께 형성하는 음악적 형태에 의해서만 비로소 파편성이라는 악령을 벗을 수 있다. 베토벤 만년의 음악이 주관적인 동시에 객관적이라고 하는 모순은 이로써 환하게 드러나는데, 그럼에도 그 빛의 발광은 주관성에서 비롯된다. 베토벤은 양자 간의 조화로운 통합을 모색하지 않는다. 그는 주관성과 객관성을 각각 분리된 힘으로 유지한다. 어쩌면 항구적인 미래를 위해 그

---

* 선율을 화려하게 꾸미는 장식음. 작곡가가 악보에 써넣는 경우도 있고, 연주자가 즉흥적으로 가미할 수도 있다. 길이가 길고 복잡하다는 면에서, 트릴이나 아포자투라처럼 짤막한 장식음과는 다소 다르다.

상태로 보존해놓는 것이 좋다는 듯이 말이다. 예술의 역사에서 후기작은 곧 파국을 의미한다.

도리 없이 금언적으로 보일 수도 있고 해독하기도 무척 난해한 글이지만, 주요 주장이 무엇인지는 명쾌하게 다가온다. 우선 베토벤의 후기 양식은 길고 생산적이었던 인생에 대한 차분한 정리도 아니거니와 화합이나 조화와도 거리가 멀다. 「템페스트」와 「겨울 이야기」, 「심벨린」 같은 셰익스피어 만년의 작품이나 소포클레스의 「콜로노스의 오이디푸스」 같은 작품처럼, 누군가의 말마따나 원숙함 말고는 건질 게 없는 만년작들과는 확연히 다른 것이다. 아도르노가 말하는 후기 양식에는 폭력성이 있고, 실험적인 에너지가 있으며, 무엇보다 중요한 것으로는 생산적인 창작 인생의 끝에 오는 치유적이고 넉넉한 편안함에 대한 단호한 거부가 있다. 둘째로—이는 솔로몬의 책에서 핵심이 되는 내용이기도 하다(그런데 이상하게도 솔로몬은 아도르노의 이름을 지나가듯 언뜻언뜻 언급할 뿐이다)—후기 양식이라는 현상은 작품 내에서 서로 맞물려 있는(이러한 표현이 올바른 것인지는 모르겠으나) 일관성과 유기적인 완결성, 전체성에 대한 우리의 생각과 경험을 예상치 못한 방식으로 뒤흔들어놓는다. 일례로 솔로몬은 베토벤이 〈교향곡 9번〉의 합창 종악장을 완성하고 한참의 시간이 흐른 뒤까지도 실러의 '환희의 송가' 악장을 대체할 기악 악장을 쓸까 말까 고민했다는 일화를 소개한다. 솔로몬의 주장에 의하면, 우리 손에까지 전해진 베토벤의 〈교향곡 9번〉이라는 작품은 일원화된 형태로 군건한 환희에 바치는 송가가 아니라는 것이다. 대신 그것은 "다양한 양식과 절차의 접합과 다원적 형식으로 점철된 작품이며, 혼성 구조가 여러 겹으로 덧씌워진 작품이다. 변주곡, 소나타 형식 하나 혹은 둘, 이중 제시부를 가진 협주곡풍 소나타-알레그로 형식에 덧씌운 4악장 사이클 ⋯ 칸타타, 가사에서 비롯된 통작(通作) 형식,* 모음곡, 디베르티멘토, 오페라풍의 피날레,

게다가 심지어는 자유로운 환상곡마저 들려온다."〈교향곡 9번〉의 매 마디는 "당연한 것으로 주어진 바에 대한 저항을 드러낸다. 이 작품이 조성적 불확정성과 공동감(空洞感)을 나타내는 공허 5도로 시작하는 것도 바로 그래서이다."

후기 작품의 불확정성과 개방성에 대한 솔로몬의 서술은 〈교향곡 9번〉이 1824년 빈에서 초연된 이래로 다양한 문화적 이용 가치를 가져왔던 이력에 대해서도 일말의 설명이 된다. 〈교향곡 9번〉의 다목적 이용이라는 현상은 대단히 끈질기게 반복되는 것인데, 심지어 에스테반 부흐는 이 주제에 사회학적 노고를 쏟은 저작 『베토벤의 〈교향곡 9번〉: 정치적 역사』를 출간하기까지 했다. 이 책은 베토벤의 음악이 국가적 정체성 형성 과정에 얼마나 주요한 역할을 담당했는지를 [〈하느님이시여, 왕을 보호하소서〉나 〈라 마르세예즈〉 같은 국가(國歌)처럼] 보여준다. 〈교향곡 9번〉은 20세기 독일에서 최악의 국가주의에 이용되는 비극적 수모를 겪기도 했지만, 동시에 아파르트헤이트나 전체주의에 항거하는 데 동원됨으로써 체면치레를 했다. 전 세계를 통틀어 베토벤의 〈교향곡 9번〉만큼 광범위한 정치적 효과를 가지는 음악작품은 없다. 특히 인류의 형제애나 자유권을 천명하고 기념하는 자리에는 이만한 음악이 달리 없지 않나 싶은 생각이 들 정도다.

그러나 솔로몬은 전적으로 작곡가 본인의 내면세계에만 초점을 맞추고 있다. 1810년을 전후한 시점부터 시작되어 "10여 년 세월이 흘러감에 따라 점차 그 크기를 키워 … 마침내 자연과 신성(神性), 인간의 목적에 대한 이해를 전면적으로 재편한 베토벤 사상 체계의 상전벽해와도 같은 변화"가 솔로몬의 유일한 관심사인 것이다. 저자는 작곡가가 1812년에서 1818년 사이에 자신의 타게부흐(Tagebuch), 즉 일기장에 기록한 잡다하고 내밀한 내용을 밑천 삼

* 가사의 각 절이 같은 가락으로 된 유절 형식에 대비되는 개념으로, 가사의 각 절에 붙는 선율이 제각각인 형식을 말한다.

아, 그의 역동적이고 철학적인 사상들을 음과 추상적 형식으로 구성된 간결하고 암시적인 음악의 세계와 연결하려 시도했다.

서장(序章)과 이어지는 열두 개의 챕터에서 솔로몬은 베토벤이 작곡가로서 활동한 마지막 10여 년의 세월 동안 달성한 사상, 감정, 음악 형태상의 혁명을 개략적으로 일별한다. 이 시기의 베토벤은 청력 상실이 극심해졌고, 정치에 환멸을 느낀 데 따른 고립감(이는 특히 빈 회의 이후 심해졌다)에 번민했으며, 죽음이 얼마 남지 않았음을 절실히 느끼지 않을 수 없었다. 이 기간 그는 좀처럼 남에게 속내를 터놓지 못하고 자기 안으로 침잠해 들어갔다. 또한 자신의 예술을 극복해야 하는 적대적 상대로 간주하기보다는 창조적으로 협력해야 하는 상대로 인식하고 타협을 이루기 위해 매진했고, 동시에 "시끌벅적한 도시 생활을 뒤로하고 시골에 칩거하며 수도승 같은 삶을 살아야 할 필요"를 느끼고 있었다. 가차 없는 자기희생적 명령이 될 수도 있었던 절망이 인간끼리의 연대를 끝없이 희구하는 갈망에 의해 다스려졌다. 솔로몬은, 조카의 후견인 겸 멘토가 되고자 했던 외로운 노총각의 노력 역시 바로 그러한 갈망 때문이었다는 의견을 피력한다. 그러나 이 또한 베토벤에게는 "또 다른 형태의 금욕과 극기"가 되었고, 동시에 음악적으로는 "그 깊이를 알 수 없는 표현을 소리로 나타내기 위해 … 음악 형식상의 구조 변경"을 모색했다는 것이다.

이러한 시각에 따르면 베토벤의 후기 양식에 의한 만년의 작품 세계에서는 실질과 형태 면에서 온갖 종류의 독특한 탈선을 읽어낼 수 있다. "베르길리우스, 비온, 테오크리토스에게 친숙했던, 그리고 애수적이고 바쿠스풍의 느낌까지 모두 아우르는 고대의 전원 경험을 본격적으로 되살림으로써 교외의 그림 같은 풍경을 찬양하는 쪽으로만 기우는 음악적 전원 묘사를 구원해낸" 마지막 바이올린 소나타(Op. 96), 헌신적 여정이 두드러진 〈디아벨리 변주곡〉, 그리고 "언어와 음악 사이의 경계를 허묾으로써 고대의 전례극(典禮劇)에나 존재했다고 설왕설래되어온 예술의 통합을 되살려낸 거대한 교향곡"에서 보이는 것처럼 말이다. 베토벤의 공책과 편지, 일기 여기저기에 흩뿌려져 있는 이러한 음악의 사상적 단초와 파편에서 거대한 형식적 윤곽을 읽어낸 것은 오로지 솔로몬의 독창적 공로라 하지 않을 수 없다. 게다가 정통 음악학이 야단법석을 떨며 매달리는 도식적 형식화를 넘어서서 베토벤의 음악을 연구하는 후학들에게 철학적 문제를 제기한 것 역시 솔로몬의 이번 저작이 가진 값진 성취다.

솔로몬은 베토벤을 한 명의 위대한 예술가를 넘어 사상가로 바라보고 있다. 베토벤은 새로운 영역에 대해 생각하고 느끼고 살피면서, 흡사 한 폭의 풍경화를 보는 것만 같은 음악을 창조하고 단테의 여정과도 같은 서사를 음악을 통해 표현하고자 했으며, 그러는 과정에서 고도로 개인적이고 심지어는 불쾌하기까지 한 음악 언어를 사용하는 것도 주저하지 않았다. 즉 고령의 베토벤은 계몽주의의 유산인 인간 중심의 고전적인 세계관을 과감히 저버리고, 당대 낭만파 문인과 철학자처럼 변모된 혹은 개선된 고전적 세계로 다시, 또다시 회귀했다. "음악이라는 환상의 재건을 통해 기독교가 도래하기 이전의 고대를 환기하기 위해" 고대 그리스의 운율을 차용하는 데까지 나아간 〈교향곡 7번〉이 그 좋은 예가 될 것이다. 이는 또한 "고대의 문화적·윤리적·심미적 전제"를 재확인한 것에 다름 아니라고 솔로몬은 주장한다. 덧붙이자면, 이는 E. M. 버틀러가 말했던 "독일을 완전히 지배한 그리스"라는 현상의 또 다른 예가 되는 것이기도 하다.

베토벤 후기 양식의 주요 지성적 원천 가운데 하나가 슐레겔, 괴테, 헤르더 같은 이들과 함께 나누었던 사상서들(그 가운데 상당수는 낭만파 인사들의 오리엔탈리즘에 근거한 저작이었다. 특히 고대 동방과 지중해 세계의 신비한 제례와 종교, 윌리엄 존스의 번역으로 알려진 고대 인도의 고전, 호메로스를 비롯한 다른 고대 작가들의 작품에 대한 일신된 관심 등이 지대한 영향을 미쳤다)이었다면, 또 다른 중요한 축으로 꼽을 수 있는 것은 근대 초기 유럽에 큰 영향을 미친 프리메이슨 전통이었다. 모차르트 역시 열성적인 프리메이슨 단원이었지만, 제례를 통한 순화, 인내와 도덕적 용기를 확인하는 입문 의식에 대한 생각, 인본주의를 강조하는 일루미나티의 이상에 대한 깊은 존경심(이 모든 것이 모차르트의 자라스트로라는 배역에 멋지게 체화되어 있다) 면에서 볼 때 베토벤 역시 프리메이슨의 지향점에 깊이 공감했던 것으로 보인다. 솔로몬이 베토벤의 '프리메이슨적 상상력'에 대해 기술한 빼어난 챕터는 바로 이 문제를 무척 세심하게 다루고 있다. 베토벤은 다른 모든 영역에서 그러했듯 자신이 남에게 꾸어온 사상, 읽은 책들 따위를 확고하게 자기 것으로 만들었고, 이는 프리메이슨이라는 주제에 대해서도 마찬가지였다. 솔로몬은 베토벤의 음악에 진입한 경향들과 억양들을 표제에 기대지 않고 음악 그 자체로서 보여주는 전략을 취했다.

　이 책이 품고 있는 제재의 범위는 실로 놀라울 정도다. 솔로몬은 문학, 철학, 문예이론, 사회사, 음악 분석을 느긋하게 넘나들며 많은 정보에 따른 지적 추측을 쏟아낸다. 문장 또한 남달리 재치 있고 정밀하다. 모든 예술 가운데 가장 말이 없고 수수께끼 같은 음악에 대해 묘사하면서도, 가장 빼어난 정신을 가진 인간 가운데 하나였던 베토벤에 대한 모든 것을 역사적 맥락에 따라 설명하는 솜씨와, 아울러 독자로 하여금 그가 쓴 음악을 오로지 형식적·작곡상의 개념으로 접근할 수 있게 하는 요령이 탁월하다. 베토벤의 〈디아벨리 변주곡〉을 분석한 대목이 좋은 예가 된다. 〈디아벨리 변주곡〉은 통상 안톤 디아벨리의 것으로 여겨지는 진부한 왈츠 주제에 베토벤이 서른두 개의 변주를 붙인 복잡한 후기 작품이다. 그러나 솔로몬은 워즈워스의 "소박하고 투박한 것"에 대한 천착과 "민속 예술에 제값 매기기"를 지향했던 낭만파의 경향성을 들어 변주곡의 주제를 설명함으로써 기존의 통념을 수정하고 뒤집는다. 논의는 이렇게 이어진다. "범속한 것에서 익숙한 것이 시작된다. 범속한 것의 영역은 소박하고 대중적이며 투박하고 일상적인 것의 모든 징후는 물론이요 정체성이라는 좀 더 큰 이슈에서부터 비롯된다." 거기서부터 솔로몬은 이 대작을 하나의 여정으로 섬세하게 풀어내기 시작하며, 마치 곡 안에 이야기꾼이 있기라도 한 듯 곡 전반에 걸쳐 거듭되는 솜씨 좋은 변주와 변형을 설명해낸다. "[이야기꾼은] 주제를 다시 돌아본다. 주제는 목표하는 바—하느님, 낙원, 이성, 지혜, 질서, 평화, 달성, 완벽, 치유 그리고 사랑—를 상징하는 모든 가능한 은유를 추구하기 위해 떠나야만 했던 고향과도 같다." 마침내 솔로몬은 베토벤이 주제의 귀환을 바라는 청자의 기대를 외면한 채 "'그라치오소에 돌체'로 표기된 템포 디 미뉴에토, 모데라토의 귀무(鬼舞) 겸 무언가로 곡을 끝마친다"라는 문장으로 절묘한 여운을 남긴다.

솔로몬의 신간은 베토벤이 자신의 후기 작품에 실제로 쏟아부은 바를 설명한, 절묘하고 깊이 만족하지 않을 수 없는 글로 가득하다. 이곳 지면의 한계 때문에 그 전체를 소개하지 못하는 게 나로서는 다만 아쉬울 따름이다. 그나마 솔로몬의 주목하지 않을 수 없는 성취의 본질을 전달하는 것으로써 글을 맺고자 한다. 솔로몬은 가장 고차원적인 인문주의 연구서를 쓰면서도 가공하리만치 복잡한 베토벤의 음악을 설명하는 데 필요하게 마련인 기술적 측면을 조금도 등한히 하지 않았다. 예를 들어 오늘날 음악학자 가운데, 솔로몬처럼 낭만파 작품의 악장을 완벽하게 파헤쳐낸 뒤에 교향곡, 소나타, 푸가, 혹은 바가텔 따위 작품의 엄격성에 따라 베토벤이 변모시킨 모티프와 이미지를 정확하게 끄집어낼 수 있는 자가 과연 얼마나 되겠는가.

솔로몬은 조금의 두려움도 없이 지극히 중요한 인간적 관심사와 우려를 음악의 요건과 연결시키는 담대함을 보이는데, 이것이 바로 그의 책이 탁월한 이유이다. 치유 목적으로 음악을 이용하는 것에 대해 쓴 챕터는 베토벤과 슈베르트(베토벤과 동시대를 살았던 작곡가다)가 특정 피아노 작품을 연주한 실제 사건을 예로 들어 설명함으로써 그 감동을 높인다. 후기 작품의 종결부에 대한 신선한 시각도 특기할 만하다. 이를테면 〈함머클라비어 소나타〉나 〈교향곡 9번〉처럼 베토벤 만년에 탄생한 초월적인 작품들이 우리가 지금까지 생각해온 것처럼 확고한 승리를 알리는 개선가(凱旋歌)이기는커녕, 오히려 베토벤은 이들 작품을 소리의 기념비를 마무리 짓는 여러 대안들 가운데 하나로 인식하고 있었음을 보여주는 것이다. 솔로몬의 분석은 결코 공허한 추측에 머물지 않고, 마치 고고학자가 자료를 하나하나 조사하고 대조하듯 꼼꼼하게 이어진다. 그렇게 그가 내어놓는 증거는 곧 베토벤의 무궁하고 흔들리지 않는 예술적 활력과 창조성에 대한 찬탄으로 귀결된다. "베토벤의 미래지향적 충동—지금까지 존재하지 않았던 것을 창조하고자 했던—과 전통에서 벗어나고 싶어 하지 않았던 그의 갈망은 서로 맞부딪혔고, 〈교향곡 9번〉과 같은 작품에서 보이는 체제 순응적 차원과 체제 전복적 함의는 바로 그래서 서로 불가분의 관계로 얽히게 되었는지도 모른다."

솔로몬이 독창적인 평론가이자 넉넉한 공감 능력을 가진 문화 해석자로서 이루어낸 바에 대해서는 의심의 여지가 없을 터이다. 그러나 한 가지 불평을 덧붙이자면, 그가 찾아낸 바를 요즘의 베토벤 연주에 어떻게 적용시킬 수 있을지에 대한 논의가 부족한 것이 다소 아쉽다. 베토벤의 글과 악보에서 길어올린 저자의 밝은 통찰은 물론 값진 것이지만, 솔로몬은 그 값진 통찰이 작품 연주에 이바지하도록 하는 길잡이 역할까지 해주지는 못했다. 직접적이고 명시적인 제시는 없었을지라도, 만약 음악을 하는 사람이 이 책을 읽는다면 가능한 해석의 여러 경로에 대한 감각 정도는 충분히 느끼리라 기대한다. 연주란 필연적으로 선택과 그 선택에 따른 행위로 이루어지는 것이다. 솔로몬의 통찰은 풍성한 암시를 담고 있으며, 베토벤의 음악 안에 담긴 미답의 가능성과 아직 고려되지 못한 대안을 발견하고 판독해내는 일이 대단한 지적 쾌감을 줄 것임을 약속하고 있다. 따라서 실제 연주 측면에 대한 솔로몬의 신중함 때문에 그의 전반적인 통찰이 가진 매력적인 힘이 반감되는 것 같아 더더욱 아쉽다. 만약 내가 음악가였더라면 솔로몬의 책이 내게 얼마나 값진 길벗이 되었을지 생각하니 더더욱 입맛이 다셔진다. 수많은 연주 예술가들은 그의 분석에서 엄청나게 많은 것을 배울 수 있을 것이다. 모쪼록 그렇게 되길 빈다.

부록
바흐와 베토벤*

음악은 모든 예술 가운데 가장 말수가 적다. 그러나 음악은 가장 표현적이며 직접적으로 정서에 와닿는 예술인 동시에 또한 가장 논의하기 까다롭고 범접하기 힘든 예술이기도 하다. 영화와 회화, 사진, 문학이 지성인들의 논의에 일상적인 제재로 통용되고 있는 데 반해 서양 고전음악이라는 문화 영역은 그렇게 포섭되지 못하고 한발 비껴나 있는 것도 그래서일 것이다. 음악학은 고도로 전문화된 학문 분야다. 피에르 불레즈 같은 몇몇 별난 사례를 제외하면 '음악계'라는 분야 역시 사업적 측면, 유명인 숭배, 매우 호화로운 공연, 골동 취미와 전시 목적에 부합하는 소규모 레퍼토리 등으로 갈수록 국한되는 모양새다. 일반인들의 음악 생활을 책임지는 기획자들은 새롭고 독창적인 음악을 매력적이지 못하다는 이유로 거부한다. 올리비에 메시앙의 〈아시시의 성 프란치스코〉 전곡 공연보다는 새로 개비한 〈라 트라비아타〉가 무한히 더 선호되는 게 안타까운 현실이다.

그러나 음악계가 구석구석까지 암울하기만 한 것은 아니며, '바흐와 베토벤'은 이처럼 불모의 상황을 개선하기 위한 한 가지 방편이 되리라 본다. 올해는 바흐 서거 250주기가 되는 해이며, 베토벤은 낭만적·영웅적 음악의 상징으로 여전히 우뚝하다. 두 작곡가는 당대로부터 현재까지 이어지는 몇몇 음악적·문화적 이슈들을 정의

* 2000년 4월 14일.

하는 존재들이다. 그렇다면 어떤 식의 무대가 바람직할까. 핵심은, 그들의 음악이 다른 예술 형태에서는 그 단초를 찾기 힘든 그 무엇, 동시에 오늘날 우리의 현주소—세계화와 다문화의 분위기 속에서 정체성과 전통, 격동적인 변화와 같은 문제들과 씨름해야 하는—에 관해 필수적인 그 무엇을 드러내 보여주는 것이다.

서양음악사에서 바흐는 그 이후에 태어난 모든 음악가에게 영향을 미칠 정도로 절대적으로 위대한 위치를 점하고 있다. 바흐가 놀랍도록 포용적이고 다양한 음악을 통해 '낡은' 다성음악 양식을 집대성한 인물이라는 점을 고려하면 다소 기이하고도 특별한 위치라 하지 않을 수 없다. 바흐의 대위법은 조합과 재조합의 예술이며, 협화(協和)와 불협화, 선율과 화음, 단순한 리듬과 엇박자 리듬, 주제와 전위(轉位), 순행과 역행 등의 여러 변수를 모두 아우르며 끝없이 흐르는 수평선의 예술이다. 간단히 말해 바흐는 탐구의 모든 방법론을 체현한 음악가였고, 동시에 교사, 연주자, 예배자, 마술사, 지극히 뛰어난 솜씨를 가진 기술자로서 세계를 아름답게 조직한 음악가였다. 그의 음악은 완벽한 질서를 이룬 채 인식 가능한 영역의 바로 바깥 지점에 존재하는 것처럼 보인다. 방대한 지식과 복잡성으로 무장한 음악이지만 그럼에도 그것이 아름답고 우아한 소리를 가능케 했으니 더더욱 놀랍지 않을 수 없다. 우리는 바흐를 들을 때마다 창조와 그 가능성을 끝까지 구현한 정교화의 상징을 만나게 된다.

반면 베토벤은 발전이라는 화두를 표상하는 가장 위대한 작곡가다. 베토벤은 지금까지도 생생히 살아 있는 놀라운 추진력과 양식화된 에너지로 응축된 몸짓을 통해 기존의 음악을 부수고 세상으로 나오려 했다. 나는 그의 작품을, 자아가 가진 힘을 밑천 삼아 음악 바깥으로 걸어나오려 했던(그러나 심지어는 음악에 가사가 붙은 경우마저도 물론 언제나 음악 안에 머물렀지만) 최초이자 가장 단호한 발걸음으로 부르고 싶다. 조화와 통합을 지향했던 바흐와 달리 베토벤의 음악은 극적 형태(소나타 형식이 우선 떠오르지만 변주곡 양식과 연가곡집도 마찬가지다)를 통해 지속적으로 격렬함을 더해가는 흐름을 추구했다. 그리하여 그의 음악은 한계를 깨부수고 경계선 너머로 확장되는 음악이자, 개별적인 경계와 영역을 넘나드는 음악이며, 마치 새로운 지역을 탐험(혹은 침해)하고 지도를 그리고 정착하는 것처럼 시간을 가로지르는 음악이다. 도발적이고 대담하며 자기중심적인 음악이면서도 끝내 화해를 이루어내지 못한 데 따른 소외감이 느껴지는(후기 작품이 그러하다) 음악이다.

바흐와 베토벤은 서양음악사를 넘어 현대문화의 주요한 발전상을 떠받치는 두 개의 기둥이다. 현대문화를 이처럼 음악의 관점에서 바라보는 것은 실효가 있으리라 보이며—아니, 어쩌면 그렇게 바라보는 것 외에 다른 방법은 없는지도 모른다—특히 새로이 도래한 21세기 문화계는 나름의 독특한 이해를 내놓을 수 있을 것이다. 물론 바흐는 뼛속까지 기독교 작곡가였고, 베토벤은 현대 서구가 배출한 최초의 중요한 부르주아 예술가였다. 또한 그들은 유럽 본위의 시각을 대표하는 인물이자 예이츠가 "짐승의 무대 위에서 펼쳐지는 통제 불가능한 신비"라고 명명했던 인간 경험에서 격리된 자기 본위적 인물로 이해된 것도 사실이다.

그러나 사정은 해석과 이해에 관한 이 짧은 글의 주장처럼 간단하지도 않고 확고불변한 것도 아니다. 우선 바흐와 베토벤은 서로 저만치 떨어진 양극단을 대표하는 사례다. 전통과 혁신, 제도와 파격, 구심성과 편심성, 일반성과 개별성 등의 극단을 각기 점유하고 있는 것이다. 게다가 음악은 대단히 말수가 희소한 예술이기에 그 움직임과 존재의 순수성은 그만큼 더 배가된다. 그리하여 바흐의 복합적인 포괄성과 체계성(이를 이론에 국한된 지루한 음악으로 오인하지는 않길 바란다. 바흐는 결코 그런 작곡가가 아니었다)이 가지는 무게와, 확장과 확언을 넘어 부조리까지 서슴지 않는 베토벤의 자아에서 비롯된 발전적 동력이 가지는 무게가 더욱 절실하게 다가오는 것이다. 오늘날 과거(기억과 승인된 이야기의 기록을 통해 얻는)의 의미와 그것이 미래의 불확실한 도전으로 이어지는 현상에 관한 포스트모더니스트들의 문제 제기 역시 그와 다르지 않다. 우리는 무엇을 간직하고 무엇을 폐기하며 무엇을 재건해야 할 것인가. 더욱이 도시와 시골 환경의 새로운 배열은 온 세계를 하나로 엮음과 동시에 궁극적으로는—"지구의 끝자락에 가서는"—분할시킨 일종의 초국가적 지평을 그려냈다. 전자 기기에 의한 즉각적 통신 수단과 동질성에 의해 사생활이 모두 사라져버린 이 시대에 과연 개별성과 주관성의 한계는 어디까지로 보아야 할 것인가. 뒤에 남은 것은 무엇이고, 이제 앞으로는 어떻게 될 것인가.

마지막으로 정치와 문화의 문제가 이 두 거인을 따라온다. 지난 1000년의 세월은 우리로 하여금 역사를 축적과 발전, 통합과 성장, 바흐와 베토벤으로 이해하는 것을 허락했다. 그러나 우리 시대를 점철하고 있는 끝없는 이주와 변화가 바흐와 베토벤으로 대표되는 두 가지 양태 사이의 옛 균형(과 교환)을 더 이상 인정하지 않는 지경까지 몰고 가면 어떻게 될 것인가. 지역이나 전통적 정체성이 더 이상 예전의 역할을 수행하지 못하는 새로운 혼성 정체성이 서서히 대종을 이루어간다면 어떻게 될 것인가.

이것이 내가 이 짧은(175쪽짜리) 책에서 떠안은 몇 가지 주제 가운데 일부다. 문화와 정치, 비평, 문학, 음악 등의 주제에 대해 내가 지금까지 써왔던 글들이 이번 책의 훌륭한 바탕이 되어주었고, 좀 더 구체적으로는 음악에 대한 나의 총체적인 지식이 큰 도움이 되었다. 이 책은 내가 알고 있는 한도 내의 그 어떤 저작보다 새 천년 앞에 놓인 독특한 문화적 도전에 대해 신선하고 독창적인 관점을 제시하고 있다(이는 폴 케네디, 프랜시스 후쿠야마, 코너 크루즈 오브라이언, 토머스 프리드먼, 벤저민 바버 같은 다양한 분야의 석학들의 본격적인 정치경제 연구서가 전혀 다루지 않은 바이기도 하다).

감사의 글

이 책에 실린 대부분의 글은 에드워드 사이드가 《더 네이션》에 기고한 음악평론 가운데 추린 것이다. 이 밖에도 《래리턴》, 《더 런던 리뷰 오브 북스》, 《더 뉴요커》, 《배니티 페어》, 《하퍼스》, 《디 옵서버》, 《더 워싱턴 포스트 북 월드》, 《더 뉴욕 타임스》, 《더 뉴욕 타임스 북 리뷰》, 《알 아흐람 위클리》, 《알 하야트》, 《르 몽드 디플로마티크》 등에 기고했던 글을 수록했다. 부록으로 실은 「바흐와 베토벤」은 에드워드가 언젠가 쓰겠다고 생각하고 작성한 출판 제안서 성격의 글이다. 실행을 접은 프로젝트의 꽃 피우지 못한 씨앗인 셈이다.

   이 선집을 출판하는 데 많은 친구들이 귀중한 도움을 아끼지 않았다. 리처드 포리에이에게는 값진 충고라는 신세를 졌고, 다니엘 바렌보임은 통찰력 넘치는 추천사를 써주었으며, 에이라 구즐리미언은 원고를 읽는 수고를 마다하지 않았다. 원고를 모으고 정리하는 데 도움을 준 샌드라 파히, 그리고 와일리 에이전시의 세라 챌펀트와 진 오, 트레이시 보핸, 두터운 인내심을 가지고 도움의 손길을 아끼지 않은 컬럼비아 대학 출판부의 편집자 제니퍼 크루, 그리고 그녀의 동료인 앤 매코이와 티모시 클리퍼드에게도 감사의 말을 전한다.

옮긴이의 말

과문한 탓에, 에드워드 사이드라는 이름자를 처음 접한 건 음악을 통해서였습니다. 20년 전쯤 되었을까요, 어느 음악잡지가 다니엘 바렌보임과 에드워드 사이드를 함께 다룬 기사를 읽었습니다. 음악을 통해 중동 분쟁의 평화적인 해결을 모색한다는 취지의 기사였던 걸로 기억합니다. 역시 과문한 탓에, 기사를 읽으면서도 관심은 바렌보임 쪽이었지요. 반면 노교수 쪽에 대해서는 사이드라는 성씨를 보고 '이 사람은 중동 출신인가보다' 정도만 짐작을 했었습니다. 20세기 지성사의 명저라는 『오리엔탈리즘』에 대해서도 당연히 몰랐었지요. 이후로도 사이드의 소식은 오로지 음악이라는 맥락을 통해서만 제게 다가왔습니다. '서동시집(西東詩集) 오케스트라' 결성 소식이 들려오고, 바렌보임과 함께 책을 내고, 음악평론을 쓰고, 어쨌든 사이드는 음악과 분리할 수 없는 인간인 듯 보였습니다.

그러다가 2003년 그의 부음을 접했습니다. 부고 기사를 읽고, 여기저기서 그의 인생 이야기를 찾아 읽고서야 비로소 석학 사이드의 본령을 알게 되었습니다. 그는 20세기 가장 위대한 지성이라는 말이 무색하지 않으리만치 자기 분야에서 일가를 이룬 사람이었습니다. 서구 중심의 왜곡된 중동관, 동양관을 혁파하기 위한 책을 써서 동시대 고전 반열에 올렸고, 중동 문제에 관한 주장을 표명하는 데 주저함이 없었습니다. 친이스라엘-반아랍으로 잔뜩 기울어 있는 미국의 대(對)중동 정책을 따갑게 비판하면서도, 아랍 내 정치권력에 대한 준열한 나무람도 서슴지 않았습니다. 학자 신분이면서도 정치 및 외교 현안에 관한 의견 피력을 주저하지 않아 비난의 표적이 되었습니다. 그랬기 때문이겠지만, 노엄 촘스키는 언행일치, 지행합일을 추구하는 지식인의 모범적 표상으로 사이드를 꼽기도 했습니다.

『경계의 음악』은 사이드가 음악평론가로서 여기저기 올린 글을 갈무리한 책입니다. 시기로 보면 1983년부터 그가 사망한 2003년까지 20년 세월 동안 남긴 글의 궤적입니다. 즉 사이드가 마흔여덟 장년기부터 예순여덟으로 절명하기 직전까지 남긴 평론문을 담고 있습니다. 수효로는 그가 고정 음악평론가 노릇을 했던 《더 네이션》에 게재된 글이 가장 많습니다.

이 책을 번역하면서 우선 맞닥뜨린 의문은, 말하자면 이런 것이었습니다. '과연 30년 전에 있었던 일개 음악회에 대한 평론을 읽어서 무슨 의미가 있겠는가?' 글을 읽는 수고에 따르는 보상이랄까 열매가 무엇인지 당장 궁금해졌던 것이지요. 그나마 몇 꼭지 수록된 서평의 경우에는 비평의 대상이 되는 책을 여전히 구해 읽을 수 있으니 수긍이 갑니다만, 녹음도 녹화도 남지 않은 일천구백구십몇년 뉴욕에서 있었던 어느 콘서트에 대한 비평이라면 그 평가 대상을 우리가 결코 접할 수 없는 형편이니 퍽이나 멋쩍은 짓이 되지 않을까 하는 회의가 들지 않을 수 없었습니다. 그러나 고백컨대, 이러한 의문은 대단히 편협한 시각에 뿌리를 둔 단견이었음을 번역을 하며 이내 깨닫게 되었습니다. 제가 가진 시각의 편협성은, 평론을 예술 본류—이 책에서는 음악일 테지요—에 더부살이하는 부수적 존재로 여기는 데서 비롯된 것이었습니다. 물론 단견에도 일말의 진실이야 포함되어 있겠지요. 평론은, 평가의 대상이 되는 본류적 예술이라는 사건이 있고 난 다음에야 존재 의미를 가지는 것일 테니까요. 그러나 이 책에서 접한 사이드의 글들은 강력하게 항변하고 있었습니다. 어딘가에 딸린 존재라는 태생의 한계를 가진 평론일지라도 때로는 그 자체로 고유한 가치와 힘을 가질 수 있음을 말입니다.

무엇보다도 사이드의 평론은 입체적입니다. 음악평론을 내세운 글이지만, 그의 사변은 결코 음악이라는 테두리 안쪽에만 머물지 않습니다. 그는 아마도 자신의 평론문을 읽는 독자가 다양한 시각으로, 다양한 렌즈를 끼고 음악을 관찰해줄 것을 기대했던 모양이며, 음악을 온전히 이해하고 감정하기 위해서는 음악에 대한 지식만으로는 부족하다는 점을 절감했던 평론가였던 듯합니다. 그래서 그가 하는 평론은 점과 점을 잇는 '연관 짓기'의 작업이기도 했습니다. 음악이라는 점과 음악 바깥에 놓인 일견 비음악적인 또 다른 점을 밧줄로 연결함으로써 독자의 이해를 구하려 했던 것이지요. 그래서 그의 글은 독자가 기대하고 있을 평론문 특유의 사고 흐름을 무지르고 신출귀몰하는 것처럼 보이기도 합니다. 미주알고주알 연주의 품질 자체를 따지기보다는 연주자가 관철하고자 하는 개념과 철학에 물음을 제기하는 쪽입니다. 그리고 번역자이기에 앞서 한 사람의 독자로서 제가 저자에게 진 가장 큰 신세 또한 근원적인 물음, 마땅히 고려되어야 할 시각을 알게 해주었다는 데에 있습니다.

촘스키가 사이드를 지행합일의 모범으로 추어올리기도 했다고 앞에서 썼습니다만, 일단은 음악평론집 성격을 띠는 이 책에도 사회 문제에 적극적으로 참여하는 지식인의 모습을 짐작케 하는 대목이 여기저기 나옵니다. 바렌보임이 추천사에 썼듯, 오로지 음악에만 근거한 음악평론이 아닌, 음악을 통해 사회로 시선을 돌리는 평론을 썼기에 가능했던 일이었겠지요. 그러고 보니 'Music at the Limits'라고 하는 원제목 역시 예사롭지 않습니다. '경계의 음악', '경계에서 바라본 음악' 정도면 적당한 번역일지 모르겠지만, 어쨌든 방점은 '음악'보다는 '경계' 쪽에 찍히지 싶습니다. 왜 경계라는 단어를 썼던 것일까요. 어쩌면 평생을 경계인, 주변인으로 살아야 했던 그의 운명 때문은 아니었을지 조심스럽게 짚어봅니다. 이 점과 관련해 사이드는 어느 책에서 다음과 같이 밝히기도 했습니다. "성씨는 누가 봐도 아랍 계통인 '사이드'요, 거기에 붙은 이름은 별나게도 영국식인 '에드워드'라니 … 유년기의 나는 거북하기 짝이 없는 이례적인 학생이었다. 팔레스타인 사람이, 이집트에서 학교를 다니고, 이름은 영국식에, 들고 다니는 여권은 또 미국 것이니, 확고한 정체성이라고는 전혀 없었다."

평론가 사이드의 견해 가운데 또 한 가지 인상적이었던 대목은 전통적 또는 정전(正傳) 존중적 오페라 연출 방식 대신 혁신적·재해석적 연출 노선의 손을 들어주는 초지일관이었습니다. 이러한 초지일관이 반드시 '낡은 것은 가라', '좌우간 바꾸고 보자' 식의 맹목은 아니었던 것 같습니다. 오히려 그것은 형식에 얽매인 나머지 실질을 놓치는 우를 범해선 안 된다는 믿음이었습니다. 형식은 본질을 드러내는 데 이바지해야 마땅하며, 설령 감상자를 다소 불편하게 하더라도 작품의 심지를 인지하게 해야 한다고 바라보았던 겁니다. 저 또한 예전에는 돈 조반니가 청바지를 입고 나오면 눈에 거슬리곤 했지만, 이제는 좀 바뀌었습니다. 메신저보다 메시지에 집중하게 된 이러한 변화 역시 이 책을 읽은 개인적 성과입니다.

우리가 평론을 읽는 이유가 반드시 정답을 구하기 위해서는 아니라고 봅니다. 아무리 권위 있는 평론가의 평가라 하더라도 그것은 그 평론가 '개인'의 견해일 뿐이라는 한계를 벗지 못하기 때문입니다. 오히려 우리가 원하는 것은 평론의 기준이 되는 '확고한 주관'과 거기에 따른 '타당한 평가'이지 싶습니다. 그런 면에서 볼 때 사이드의 평론은 대단히 만족스럽습니다. 그가 생각하는 바람직한 예술상에 대한 확고한 믿음이 있고, 그 기준에 따른 공정하고 냉정한 평가가 이어집니다. 하나 마나 한 말이겠지만, 사이드의 주관에 동의하고 하지 않고는 독자 개인의 자유입니다. 그러나 동의 여부와는 무관하게 일독(一讀), 일청(一聽)의 가치가 있는 주관임에는 의문의 여지가 없습니다.

솔직히 고백하건대, 번역은 쉽지 않았습니다. 평소 올바른 번역은 저자가 생각하는 바를 반걸음 뒤에서 계속 좇으며 우리 글로 옮기는 것이라 생각하는데, 사이드의 글에 담긴 생각은 무척이나 광대무변하여 이 '반보 간격으로 따라다니기'가 도무지 까다로웠습니다. 어떤 구절에서는 몇 보 넘게 뒤처져 헐떡였던 것도 같고, 완전히 다른 방향으로 헛짚은 문장이나 단락은 있지 않은지 걱정도 앞섭니다. 오역은 모든 번역이 끝내 떨치지 못하는 숙명이라는 말을 하곤 하지요. 그런데 이번은 유독 그 숙명이 더욱 살벌한 눈초리로 저를 내려다보는 것 같습니다. 독자들의 너그러운 이해와 날카로운 질정을 삼가 바랄 따름입니다.

모자란 솜씨를 믿어주시고 철면피 늑장을 오랫동안 견뎌주신 '봄날의책' 박지홍 대표께 깊이 머리 숙여 감사의 말씀을 드립니다.

2019년 봄
이석호

해설
조금은 늦게 도착한, 소중한 편지

『경계의 음악』, 늦게 도착한 편지

늦게 도착하는 편지가 있다. 아, 요즘은 이메일이라고 해야 하나. 아무튼, 그중 대부분은 시효가 만료되어 굳이 읽을 필요도 없지만, 아차 실수하여 읽지 않았더라면 필경 후회했을 편지도 있다. 마르셀 프루스트의 마들렌처럼, 그런 편지는 일순간 기억을 환기시키면서 놓쳐버렸던 중요한 사실과 진실을 단박에 일깨워준다. 에드워드 사이드의 『경계의 음악』이 그런 경우다.

사이드는 2003년에 세상을 떠났고 따라서 이 책에 수록된 글들은 대체로 그가 생의 후반전에 집중하고 지속한 결실들이다. 사이드는 2003년 9월 25일에 타계했는데 이 책의 마지막에 수록된 「때 이른 사색」이 그해 9월 《더 네이션》에 게재되었으니, 그는 백혈병으로 삶의 불꽃이 사위어가는 마지막 순간까지도, 비록 메이너드 솔로몬의 책에 대한 서평이나마, 음악에 관하여 사유하고 글을 썼다.

그는 솔로몬의 책에 대하여 "문학, 철학, 문예이론, 사회사, 음악 분석을 느긋하게 넘나들며 많은 정보에 따른 지적 추측을 쏟아낸다"(512쪽)고 썼는데, 이는 누구보다 사이드 그 자신의 지적 면모다. 물론 누가 나더러 이 문장을 사이드를 위해 조금 고쳐보라면 '느긋하게'는 '필사적으로', '지적 추측'은 '명징한 해석'으로 슬쩍 고치겠지만 말이다.

사이드는 진실로 근대의 서구가 빚어낸 거의 모든 인문예술을 씨줄과 날줄로 엮어내는 비범한 사상가이며, 벽돌 한 장의 단편적인 정보를 꿰뚫고 들어가 당대의 지적 풍경이나 문화 상황을 집단 초상화 그리듯이 펼쳐 보인 통찰력의 사상가다. 그의 주저 『오리엔탈리즘』이 바로 이런 결실이거니와, 이 책으로 인하여 서구의 지성사가 거대한 전환을 이뤘음은 주지의 사실이다.

그렇기는 해도 '석학'이라든가 그 무슨 현대 지성사의 '셀럽' 같은 이미지로 사이드를 묘사해서는 안 된다. 그것은 그가 평생 맞섰던 문화 속류화의 공허한 수사다. 그는 근사한 서재에 앉아 파이프 담배를 물고 짐짓 숙려하는 척하는, 그저 그런 '석학'이 아니다. 그는 서구 근대의 중심으로 뛰어들어가 그 내부에 의미 있는 파열을 내버렸고, 사상과 정치와 문화와 일상 전반에 걸쳐 숱한 논쟁을 마다하지 않았으며, 단지 유명 음악가들과 화려한 교류를 나누는 게 아니라 바로 다니엘 바렌보임을 비롯한 중후한 인사들과 논쟁하였고 때로는 지적이며 사회적인 공동작업을 실천하였으며 자주 돌팔매를 던지기도 했다.

1935년 당시 영국령 예루살렘의 부유한 사업가 집안에서 태어난 사이드는 불가피하게 이집트 카이로로 이주하여 성장하였는데, 그 지역이 1948년 이후 지금까지 세계의 화약고로 바뀐 탓이었다. 카이로 또한 역사적·종교적·문화적 모순이 뒤엉킨 곳이었다. 격렬한 정치이념, 국가주의, 인종주의, 종교근본주의, 그에 따른 폭력과 배제와 차별과 혐오, 그리고 그 일그러진 시선이 미세먼지처럼 일상 속에 드리워진 서구중심주의와 그에 따른 '다른 세계'에 대한 왜곡과 편견, 즉 '오리엔탈리즘'의 한복판에서 그는 성장했다. 비록 풍요로운 가정환경에서 성장했지만, 개인적 결단으로는 버텨낼 수 없는 역사적 압력과 그에 따른 여러 모순이 강제해버린 디아스포라가 되었고, 미국으로 건너가 유수의 대학을 거치면서도 그는 다중 정체성을 지닌 '경계인'으로 살아야 했다. 클래식 음악과 그 문화에 관하여 쓴 글을 모은 이 책의 제목 '경계의 음악'은, 그러므로 요즘 유행하는 '정치적으로 올바른' 단어를 적당히 갖다 붙인 게 아니라, 서구의 근대문화라는 화려한 콘서트장에서 심각한 표정으로 저 홀로 한쪽 구석에 앉아 있었던 사이드의 삶을 압축한 것이다.

발레리 케네디에 따르면, 경계선의 사상가 사이드는 지식인이 반드시 주변을 맴도는 아웃사이더일 필요는 없다고 강조했다. 침묵이나 망명이나 교활함이 탈식민시대의 경계선에 선 지식인이 선택하는 불가피한 대안일 수 있지만, 그러나 사이드는 "가난하고 소외당하고 박탈당한 사람들에 대한 폭력과 부정한 행위를 있는 그대로 드러내는 것은 불가능할지라도, 지식인은 그것들을 사실에 근접하게 재현할 수는 있어야 한다"는 신념을 평생 실천하였다. 세상을 떠나던 2003년에도 그는 미국 캘리포니아의 여러 주립대학을 순회하면서 미국의 이라크 침공을 비판하며 더 온전하고 평화로운 세상을 역설했다.

사이드와 클래식 문화

그런 사이드에게 음악, 특히 서구의 클래식 음악과 그 문화는 중요한 화두였다. 망명자 집안의 총명한 아이를 문화적 결핍 없이 키우고자 애쓴 어머니에 의하여 일찌감치 피아노를 배워 세계적인 명문 줄리어드 음대까지 준비했던 사이드는, 피아니스트가 되기에는 자신이 너무 '이성적'이라는 것을 깨닫고 프린스턴으로 가서 영문학을 배웠다.

여기서 '이성적'이라는 단어는 직업 연주자에게 더없이 필요한 작렬한 감각, 그 본능, 그 기교 대신 분석과 해석에 더 집중하던 자신을 회고하여 사용한 것이다. 그렇지만 동시에 '이성'이 단순히 감각에 대비되는 말이 아니라 서구 근대 철학사상의 기본인 '비판정신'의 다른 표현인바, 오선지만 보고도 눈물을 흘릴 줄 아는 비범한 음악 재능을 타고난 사이드는 그것을 직접 연주하기보다는 깊이 듣고 이성적으로 숙고함으로써 20세기 중엽 이후 서구 클래식 문화에 심각하게 나타나는 두 양상, 즉 사유의 부재와 상업화의 극치라는 모순을, 그 역사적 뿌리까지 해명하는 쪽으로 자신의 행로를 바꿨다. 만약 그가 줄리어드를 마쳤다면, 고인에게는 실례가 되겠지만, 우리는 '에디 사이드'라는 고만고만한 연주자 한 명은 얻었을지 몰라도 에드워드 사이드라는 사상사의 거목을 만나지는 못했을 것이다.

사이드의 이성적인 면모는 이 책에 수록된 여러 글들, 특히 리하르트 바그너에 관한 글들에 충분히 드러난다. 팔레스타인 출신의 망명자이지만 사이드는 그런 '정체성의 정치학'을 자신의 미학적 도구나 정치적 무기로 사용하지 않았다. 이 책에 수록된 「바그너의 말을 곧이곧대로 듣지 않는 것이 중요한 이유」(283쪽)를 다시 읽어보라. 이 글은, 홀로코스트 참상을 간접 경험한 이스라엘 사람 폴 로런스 로즈의 『바그너: 인종과 혁명』에 대한 서평인데, 바그너에 대한 폭력적이고 협소한 정치주의적 판단을 사이드는 단호히 배격하면서 "이쯤 되면 바그너가 있었기에 히틀러가 가능했다는 이야기인데, 아무리 참고 들어주려 해도 이것만은 못 참겠다"(294쪽)고 쓴다.

이 점이 중요하다. 왜? '못 참겠다'는 언명 그 자체 말이다. 방금 인용한 것은 사이드가 음악의 속류정치적 해석에 대해 못 참겠다는 정도이지만, 책 전체를 관류하는 그의 세계관이랄까, 미학관 자체가 바로 '못 참겠다'는 것이다. 이미 읽은 독자라도 다시 한 번 아무 쪽이나 펼쳐보라. 어김없이 무엇이든 못 참겠다고 벼르고 있는 사이드를 발견하게 될 것이다.

사이드는 속류화되고 상업화된 클래식 문화 전반에 대해, 그리하여 세계 도처에서 하룻밤의 이벤트로 꾸며지는 콘서트 문화에 대해 못 참는다. "대부분의 여름 음악축제는 기념행사의 성격으로 시작되어 종국에는 아예 대놓고 관광지화"(267쪽)되고 있다고 진단

하는 그는 "일을 벌이기 좋아하는 흥행주들은 소비자들로 하여금 뭔가 특별한 것을 얻어 간다고 믿게끔 고안된 프로그램으로 비수기인 여름 기간을 채워 넣고, 동시에 연주자들은 일거리와 소득을 챙기는"(48쪽) 20세기 후반의 콘서트 문화를 경멸한다. 이러한 진단은 국내의 클래식 문화에도 어김없이 관철된다.

어찌나 경멸하였는지, 그는 1958년에 처음 바이로이트 음악축제를 경험하였고 "그때 열흘간 머물면서 굉장히 강렬한 인상을 받았던지라 그걸 망치고 싶지 않아 아직까지(1986년) 두 번째 발걸음을 하지 않"(47쪽)았을 정도였다. 그러니까 당대의 사상가이며 음악이론가이자 무엇보다 집요한 콘서트고어인 사이드는 바그너의 장대한 오페라를 온전히 관람할 수 있는 유일무이한 공간인 바이로이트마저 근 30년 가까이 찾지 않았으니, 세계 도처에서 벌어지는 저녁 한나절의 "불쾌하다 못해 위협적이기까지 한 화려"한 콘서트 문화의 속류화를 참지 못했던 것은 당연해 보인다.

그는 "지적·미적 목적을 상실"한 음악축제가 결국 "하룻저녁 볼거리를 제공하며 구태의연한 밑천을 되풀이하는 행사로 전락"(270쪽)하는 세계적 경향을 개탄하고 있는바, 이는 가보니 볼 만한 게 없더라는 단순한 감상평이 아니라 현대 클래식 문화가 구조적으로 결여하고 상업적으로 배제해버린, 강렬하면서도 제의적인 엄숙한 미적 충동의 세계사적 상실에 대한 깊은 한숨이라고 봐야 할 것이다.

그 대상에는 모차르트의 고향 잘츠부르크의 음악축제도 당연히 포함되어 있다. 몇 해 전 나는 그곳에 갔다가 "사실 이 도시와 주교는 모차르트를 내쫓았고 모차르트도 이 도시를 싫어했으며 그래서 아버지 장례식 때도 잘츠부르크에 오지 않았다는 주장도 있으니 이 도시에서는 기념품 하나도 사서는 안 된다"고 동행자들에게 말했다가 잠시 어색한 적이 있었는데, 이제야 사이드의 참담한 토로를 읽어보니, 동행자들에게 약간은 미안하긴 해도 어떤 도시를 특정 예술가와 연관지어 요란하게 축제화하고 관광화하는 일에 대한 참을 수 없는 불편함에는 나름의 문화적 비판의 근원이 있다고 할 것이다.

불멸의 연주와 불멸성

무엇보다 사이드는 '이성적'일 뿐인 사람이 아니라 진실로 음악 그 자체를 평생 옷처럼 입고 다닌 사람이었다. 작고한 사이드를 대신하여 이 책의 서문을 쓴 그의 아내 매리엄 사이드가 증인이다. 1967년 중동전쟁에서 아랍권이 패배한 후, 자신의 아랍 정체성을 좀 더 깊고 넓게 재확인하고자 했던 사이드는 1970년에 레바논으로 가게 되는데 그 여정에서 퀘이커교도인 매리엄 코타를 만나 이후 함께 살게 된다.

매리엄이 서문에 썼듯이 사이드는 아들의 심각한 병과 어머니의 죽음과 심지어 그 자신의 죽음이 임박한 순간에도 음악을 들었다. 1998년 여름, 거의 생체 실험에 가까운 수차례의 백혈병 치료를 받으면서도 크리스토퍼 헤릭의 바흐 오르간 연주를 한 차례도 빼놓지 않고 공연장을 찾아가서 들었는데, 그 연주회는 무려 14회나 지속된 것이었다. 사이드는 치료 일정을 변경하면서까지 헤릭의 연주를, 다시 말해 복잡한 건축적 구성에 의하여 비로소 순정한 경건성이 극도의 희열의 순간에 몸을 드러내는 바흐의 오르간 연주를 들었다. 사이드는 14회에 걸쳐 바흐 오르간 전곡을 연주하겠노라는 헤릭의 대담함을 우선 극찬하면서, 자기 생애의 후반전 막판에 경험한 이 연주에 대하여 "종착점을 향해 한 걸음씩 전진해감에 따라 대위법이라는 불가피성의 축과 창작력이라는 자유의 축이 서로를 아름답게 조명하는 것을 느낄 수 있었다"(436쪽)고 썼다. 이처럼, 매리엄이 증언하듯이 사이드는 "죽음의 공포와 마주한 순간이었기 때문에 더더욱 음악을 갈구"하였다. 그러니까 뛰어난 기량에도 불구하고 줄리어드 음대를 포기할 정도로 '이성적'인 사이드였지만, 동시에 그는 사이비들이 판치는 음악문화에서 그 자신의 행로를, 비틀거리면서도 끝내 걸어가는 연주자에 대해 찬사를 보내는 진정한 음악가였다.

이 책의 곳곳에서 사이드는 세상의 모든 음악문화에 불평불만을 가진 듯 날카로운 냉소와 바늘 끝 같은 문장으로 참담한 음악문화들을 묘사한다. 불멸성을 지닌 지휘자 아르투로 토스카니니도 사이드의 섬세한 비평의 칼날을 피해 가지 못했으며, 신묘한 기예의 블라디미르 아슈케나지도 중년에 이르러 "뚜렷한 미적 개념을 지침으로 갖추지 못한 상태에서 시대에 뒤진 연주 본능에 굴복"(103쪽)하고 만 연주자로 평가된다. 알프레트 브렌델이나 마우리치오 폴리니 정도가 사이드의 찬사 목록에 기입되어 있는데 그 또한 제한적이다.

그렇기는 해도 문맥 사이에서 사이드는 이 혼탁한 세상에서도 경건성을 잃지 않고 불멸성의 바벨탑을 기어오르는 자들을 존경한다. 사이드는 브렌델이 "간혹 억지스럽고 애쓴 흔적이 역력한, 흡사 의무방어전 치르듯 하는 연주"도 있지만 단언컨대 "단순무식한 자기과시적 쇼맨"은 아니라고 하면서, 브렌델은 "작품 해석이란 깊은 심모원려와 노련한 준비가 요구되는 작업임을 이해하는 진정한 음악가"(225쪽)라고 극찬한다. 이를 지금 낭상 확인하고 싶다면 인터넷으로 '알프레트 브렌델, 베토벤 피아노 소나타 32번, 2악장'을 검색하여 '보면' 된다. 소설가 토마스 만이 모든 고통과 집착을 벗어던지고 세상을 향해 마지막 작별인사를 하는 곡이라고 했던 지독히도 고독하고 경건한 2악장을, 브렌델은 가족 장례식을 치르듯 거의 울먹거리는 표정으로 연주한다.

폴리니에 대한, 사이드의 수십 년 동안 지속된 애정과 찬사는 브렌델에 비할 바가 아니다. 사이드는 아예 대놓고 "당대 가장 위대한 피아니스트 중 하나"라고 쓰거니와, 그럼에도 1992년 3월의 연주에 대해서는 "매일처럼 이어지는 리사이틀 일정에 무료함과 분노, 좌절감을 느끼고 있음이 감지되며, 거기에 더해 전체적으로 목적의식을 상실한 기색마저 느껴져 더더욱 암울"(260쪽)하다고 공연평을 쓰기도 했다. 변덕스런 클래식 소비 시장의 요구와 노련한 기업의 이익과 명민한 공연기획자와 우루루 몰려다니는 기자들 사이에서 천하의 폴리니와 브렌델도 지치고 말았으니, 이를 또한 사이드는 못 참겠다고 여러 차례 썼다.

그가 이 책에 한하여 조금의 주저함도 없이 극찬으로 일관하는 연주자는 글렌 굴드와 언드라시 시프다. 굴드는 이미 1982년에 사망하였으니, 따라서 좀 더 오래 살았더라면 혹시라도 범할 수 있었던 속류화의 위험성으로부터 스스로를 원천적으로 보호하였다는 점, 그리고 시프가 신체적 건강과 심미적 긴장을 최정상으로 유지하던 때에 사이드가 세상을 떠났으므로 훗날의 시프를 볼 수 없었다는 점을 어느 정도 감안해야 할 것이다.

그렇기는 해도, 이 책의 여러 곳에서 사이드가 극찬하듯이 "듣는 이의 환심을 사려고 하지도 않고, 외로운 열광의 광휘와 일상 세계의 혼돈 사이의 간극을 줄이려고 하지도 않"(468쪽)았던 굴드의 정신은 드높은 것이다. 같은 맥락에서, 사이드가 정확히 간파하였듯이 "관객에게 다가가 어떻게든 그들에게 감동을 주려고 노력하며 과장된 표현으로 기울기보다는 음악 내부로 들어가 음악과 함께하는 연주"(257쪽)를 하려 했던 시프는 지금도 여전히 그 견실한 자세를 지키고 있다.

이를, 역시 지금 당장 확인하고 싶다면 인터넷으로 '언드라시 시프, 베토벤 피아노 소나타, 특강'을 검색해보면 된다. 32개의 피아노 소나타를 직접 연주하면서, 각각의 선율이 지닌 감성적인 특징과 그것을 떠받치며 전개되는 화성의 건축적 구조와 미학적 의미를, 시프는 특유의 동유럽 출신자의 영어로 들려준다. 아, 음악이 감성만이 아니라 어쩌면 지성의 영역이며 거의 사상의 영역이구나 하는 점을 느끼게 될 것인바, 이런 점에서 사이드가 1992년에 "지적인 묵상의 놀라운 모범"(256쪽)이라고 평가했던 시프가 오늘날 칠순이 가깝도록 왕성한 현역으로 깊이 모를 지적 유산의 외길을 꾸준히 걸어온 것은 찬사 받아 마땅하다.

사이드를 읽는다는 것, 클래식을 듣는다는 것

생각건대 사이드의 '불평불만'은 문화사적 경로가 있고 의미가 있는 작업이다. 지나치게 호사스럽고 짐짓 우아한 척하는 설익은 감탄사 정도의 수준 낮은 언어가 횡행하는 우리의 클래식 문화에서 사이드의 날카로운 문장이 당혹스럽거나 낯선 면이 있지만, 오히려 서구의 비평계에서 이 정도 비판은 점잖은 편에 속한다.

그렇다고 더 날카롭고 냉소적이어야 한다는 말이 아니다. 이런 측면으로만 보면 국내 클래식 팬들에게도 잘 알려진 노먼 레브레히트 같은 비평가가 일급이겠으나, 사이드는 냉소가 무기인 레브레히트에 대해서도 냉소적이다. 그에 따르면 "레브레히트는 클래식 음악 산업이 과잉으로 치닫는다며 한탄 섞인 원망을 쏟아내지만, 그의 시각이 가진 문제점은 과잉으로 치달을 수밖에 없는 산업의 생래적 본질을 충분히 인지하지 못하고 있다는 것"(391쪽)이다.

'산업의 생래적 본질'이란 무엇인가. 이는 난순한 상업화와 속류화가 아니다. 그것은 현상일 뿐이며, 그보다 더 본질적인 것은 심미적이며 제의적인 근대예술이 자본주의의 거침없는 맹진에 의하여 문화산업이라는 구조 위에서 강력한 조정을 받으며 결국 상업화와 속류화의 행위 규범으로 이어졌다는 것이다. 20세기 초반 강대국으로 떠오른 미국의 막강한 음악문화 시장과 2차대전 이후 세계 곳곳의 개발도상국이 중진국으로 발전하면서 거대하게 형성된 도시 중산층의 교양문화에 대한 열망도 이 같은 현상의 확산과 연관이 있다. 따라서 사이드의 '불만'은, 더러는 특정한 공연에 대한 불편함의 토로일 수 있지만, 크게 봐서는 서구 시민문화에 대한 오랜 비판적 사상과 그 시선의 일단이라고 볼 수 있다.

이를테면 1925년의 헤르만 헤세를 생각해보자. 쉰을 바라보는 중년 헤세는 1925년 9월 뉘른베르크 일대로 여정을 떠난다. 그 여정에서 헤세는 괴테와 휠덜린, 호프만과 아이헨도르프 그리고 무엇보다 헨델과 모차르트와 슈베르트에 이르는 "마지막 위대한 시대인 1850년대까지의 독일 작가들"의 시대를 회고한다. 그 황금시대는 몰락하였고, 어느덧 "구역질을 느끼고 추락하고 몰락해버리길 갈망하여 죽을 태세"가 되어 있는 세상이 된 것이다. 그가 직접 겪은 1차대전이 그랬고, 곧 겪게 될 2차대전이 그러하였으며, 그 사이의 1920년대도 "내 세대의 모든 문학은 갈팡질팡"하고 있었다.

헤세는 만년의 걸작인 『유리알 유희』에서, 세상을 구원하기 위해 클래식 음악, 그 가장 높은 봉우리에 있는 바흐의 푸가를 내세운다. 혼란과 불안과 폭력의 시기에, 뉘른베르크 여행을 전후로 착상하여 1931년부터 집필하였고 2차대전 중인 1943년 스위스에서 출판되었으며 전쟁 직후인 1946년에 노벨문학상을 받게 되는 『유희알 유희』. 이 작품의 주인공은 소년 시절 푸가를 배운다. 소년은 "자기 앞에서 만들어지고 있는 곡 뒤에서 정신을, 법과 자유를, 봉사와 지배의 행복한 조화를 예감"한다.

그러나 그러한 세계는 끝장나지 않았던가. 영국이 산업혁명의 열차를 탔고 프랑스가 정치혁명의 열차를 탔다면 근대 시민세계가 형성되는 데 가장 중요한 이 이중혁명(에릭 홉스봄)을 성취하지 못하여 1차대전 때까지도 황제가 있고 토지 군벌이 있었던 범독일권의 시민들은 신학과 철학과 문학에, 그리고 무엇보다 음악이라는 열차에 탑승하여 정신적으로 고도의 관념적인 세계에 몸담고, 일상적으로는 사회 전반의 교양 시민계급이 되고자 하였다.

그래서, 다른 나라에서는 바흐가 그저 '음악의 아버지'일 수 있어도 범독일권에서 바흐는 완전히 조화로운 절대적 세계를 푸가로 증명한 사상가이며, 베토벤 또한 다른 나라에서는 그저 '운명' 교향곡으로 자기 삶을 쥐어뜯은 사람이지만 이 범독일권에서는 세계시민주의와 국가주의의 이중적 결합을 통해 하나의 절대적인 세계를 펼쳐낸 사상가였으며, 브람스나 말러 같은 음악가들, 그리고 무엇보다 바그너 같은 사람들은 바로 자기들의 시대정신을 강력한 음악으로 눈앞에 증명해낸 사상가들이었다.

그러나 그런 세계조차 몰락하였다. 헤세와는 다른 지점에서, 좀 더 깊은 사유로, 자신들의 몰락을 다룬 소설가 토마스 만은, 니체와 말러와 그 밖의 모든 19세기 독일권 시민문화의 예술가들이 총망라되고 또한 애드리언 레버퀸이라는 불가사의한 주인공으로 압축시켜 버린 『파우스트 박사』에서, 베토벤의 만년의 걸작 'Piano Sonata No. 32, in C minor, op. 111'의 1악장 'Maestoso – Allegro con brio ed appassionato'의 도입부가 이제는 더 이상 불가능하다고 역설한다. "그게 문제의 발단이지. 감7도 음정은 이제 불가능해."

그 불가능성이 확증된 이후에도 역사는 비틀거리며 앞으로 나아가고, 인간은 밥을 먹고 잠을 자며, 그중 어떤 인간은 작곡을 하고 또한 연주를 한다. 조율 안 된 건반을 두드리며 일그러진 푸가를 연주하면서 독해 불가능의 세계를 재현하고자 하였던바, 이를 무엇보다 테오도르 아도르노가 평생 해명하고자 하였고 이를 이어받아 사이드가 '필생의 부업'으로 삼았으니, 이로써 확인되듯이 사이드의 '불평불만'은 잿더미 속에서 타다 남은 오선지 한 조각이라도 찾아보려는 필사적인 음악 듣기였다.

우리의 경우는 어떠한가. '국산사자음미실'에 걸쳐 모든 문화적 전통이 절단 났고, 갑자기 이식된 문화에 의하여 뒤통수를 얻어맞았으며, 겨우 정신을 차려서 그것을 변용해온 역사가 1백여 년 현대사다. 그런 파국의 드라마에서 클래식 음악문화 또한 온전히 바다를 건너오지 않고 여러 욕망이 뒤섞이면서 인입되었으니, 이른바 '현대인 되기', '중산층 되기', '교양인 되기'의 오랜 수업 과정이었던 면이 없지 않았다.

이 또한 역사적 근원이 있다. 메이지유신으로 일본의 '탈아입구

(脫亞入歐)'를 추진한 세력들이 1896년에 '제국헌법'을 제정하면서 교양 증진을 국가 목표로 삼았고 그리하여 순식간에 일본 열도가 서구화, 교양화, 시민화되었는데, 이때 클래식 음악은 반드시 성취해야 할 교양시민들의 목표가 되었다. 이런 이유로 정치사상계의 거목이자 격조 높은 클래식 전문가인 '일본 사상계의 천황' 마루야마 마사오는 일본 근대의 '교양'이란 "국가의식의 고양, 즉 애국의 감정을 주입시킨 것"이라고 간파했다. 마사오는 장대한 교향곡이나 오페라의 총보를 갖춰놓고 지휘자별로 어떻게 연주하는지, 그 미학적인 선택의 의미는 무엇인지를 탐미할 정도였는데, 그 역시 사이드와 같은 맥락에서 이른바 '모리아와세' 음악문화를 경멸했다. 모리아와세는 한 그릇에 여러 음식을 담는다는 뜻으로, 마사오는 "음악사를 하룻밤의 프로그램에 압축시켜 들려준다고 생각하면 고마울지도 모르겠습니다만, 적어도 저는 너무 고마운 나머지 오히려 괴롭기까지" 하다고 썼다. 그는, 형식과 구조가 달라서 그 정신마저 완전히 다른 이질적인 곡들을 아무렇지도 않게 모아서 연주하고 또 이를 당연하게 여기며 박수를 보내는 관행을 비판하면서, 이러한 일본 사회의 교양의 단편성이라든지 일단 다 긁어모아본다는 식의 관행은 기본적으로 "자본주의 아래 생활의 기계화와 유형화"이지만 일본 사회의 "후진국 근성과 패전에 의한 열등심리에 의해서 좀 더 빨리 따라가려는 초조함"이 겹쳐진 것이라고 본다.

우리라고 해서 다를 것인가. 한 개인이 엄숙하게 제사를 모시듯이 클래식을 듣는 일이야 아름다운 풍경이지만, 집합적 문화사의 차원에서 보면 클래식 문화는 경제자본과 학력자본과 교양자본의 성취 여부를 일순간에 판가름하는 문화적 지표로 작동하였다. "무슨 음악을 좋아하시나요?"라는 질문 말이다. 1977년에 개봉한 영화 〈겨울여자〉에 보면 남자 주인공이 음악다방에서 심각한 표정으로 클래식에 '심취'해 있고 이를 여자 주인공이 뜨거운 눈으로 바라보는 장면이 있으니, 이는 우리 클래식 문화의 오랜 '코스튬'이다. 일본이 그러했듯이, 우리의 이른바 '고급 교양문화'도 강압적 국가주의와 속물적 교양시민주의가 이중 결합하여 어쩌다 보니 클래식 감상이나 전시회 관람과 거리를 두고 살아온 사람들을 필요 이상으로 주눅들게 하였고, 때로는 심리적 불편함이나 자괴감을 넘어 수치심을 주는 경우도 많았으니, 우리 문화사에서 클래식은 지배적 문화계급의 문화적 계급 지배 전략이자 천박한 허위의식으로 기능한 면도 있는 것이다.

그러는 중에도 눈 밝은 사람들이 아도르노와 사이드를 읽고자 하였고, 아직은 귀가 청신하게 살아 있는 사람들이 있어 온갖 잡다한 패키지 상품 꾸러미를 헤집어가면서 카를로스 클라이버와 스뱌토슬라프 리흐테르와 라두 루푸 그리고 백건우 등의 고결한 순례자들을 듣고 또 들어왔으니, 이때 아도르노의 불만과 사이드의 불평이 일정한 나침반이 되었다.

이런 점에서 사이드의 『경계의 음악』은, 한쪽 페이지는 바다 건너 세계의 음악과 문화를 이해하는 지도이지만 다른 한쪽 페이지는 다름 아닌 우리 자신의 음악과 문화에 대한 '번역기'로 참조할 만하다.

물론 사이드가 우리의 클래식 문화를 직접적으로 언급한 대목은 없다. 그렇다고 해서 이 책을 남의 나라 음악 풍경기로 읽어서는 곤란하다. 러시아 여행에 참조하려고 그 길고도 난해한 도스토옙스키 소설을 읽는 것은 아니잖는가. 그러니 겹쳐 읽고 포개서 들어야 한다.

사이드 식으로 말하면 '대위법적 독해'다. 사이드는, 하버드 대학원의 박사학위 논문 주제이자 평생의 연구대상이었던 조지프 콘래드의 『어둠의 심연』이나 『노스트로모』를 독해하면서 "텍스트를 대위적으로 읽는 것을 통해 이분법적인 대립구조를 해결하고 화해시키는 폭넓은 시각"(발레리 케네디)을 구사하였고 평생 그 자세를 잃지 않았으니, 이제 『경계의 음악』을 읽는 중에도 그런 견실함이 조금은 필요하다. 아니, 이런 군말이 필요 없을 정도로 그동안 우리 클래식 음악계는 '이성'이 결핍되어 있었으니, 누구라도 이 책을 읽게 된다면 우리 자신의 음악문화와 현대적 삶에 대해 끊임없이 '대위적'인 성찰을 하게 될 것이다. 그런 점에서, 조금은 늦게 도착한 사이드의 편지는 되풀이하여 읽을 만하다.

정윤수(성공회대 문화대학원 교수)

찾아보기

ㄱ

가디너, 존 엘리엇(John Eliot Gardiner, 1943-)　394, 395, 404, 469
게르기예프, 발레리(Valery Gergiev, 1953-)　321
게이, 존(John Gay, 1685-1732)
　〈거지의 오페라(The Beggar's Opera)〉　268
계몽시대 오케스트라(Orchestra of the Age of Enlightenment)　216
고셋, 필립(Philip Gossett, 1941-2017)　117, 220, 264
골, 제프리(Jeffrey Gall, 1950-)　140
구드, 리처드(Richard Goode, 1943-)　64, 168
구레츠키, 헨리크(Henryk Górecki, 1933-2010)　353
굴드, 글렌(Glenn Gould, 1932-1982)　5-19, 26, 27, 29, 35, 37, 38, 40, 57, 89, 99, 125-131, 154, 157, 164, 166, 175, 223, 224, 226, 257, 268, 271, 272, 333-337, 340, 377-391, 449-451, 453-455, 457-463, 465-468
굿맨, 앨리스(Alice Goodman, 1958-)　233-237
그레이브스, 데니스(Denyce Graves, 1964-)　420
그레이엄, 콜린(Colin Graham, 1931-2007)　322
그룬트헤버, 프란츠(Franz Grundheber, 1937-)　214
글루크, 크리스토프 빌리발트(Christoph Willibald Gluck, 1714-1787)　204, 245, 312
글리머글래스 오페라단(Glimmerglass Opera Company)　228, 230
기번스, 올랜도(Orlando Gibbons, 1583-1625)　11, 15, 27, 454
기제킹, 발터(Walter Gieseking, 1895-1956)　5, 168

ㄴ

나가노, 켄트(Kent Nagano, 1951-)　240
나시르, 하나(Hana Nasir, 1935-)　442
나티에, 장-자크(Jean-Jacques Nattiez, 1945-)　289-291, 294

『남녀추니 바그너(Wagner
　　Androgyne)』 289, 290
『4부작: 부정(不貞)의
　　에세이(Tétralogies: Essai sur
　　l'infidélité)』 289
내들러, 실라(Sheila Nadler, 1943-)
　　240
넬, 안톤(Anton Nel, 1961-) 276
노먼, 제시(Jessye Norman, 1945-)
　　143, 147-150, 185, 200, 261,
　　262, 358
뉴욕 시립 오페라(New York City Opera)
　　68, 76, 137, 207, 227, 364
뉴욕 필하모닉 69, 81, 82, 91, 227,
　　251, 254, 321, 354, 355, 394, 429
니체, 프리드리히(Friedrich Nietzsche,
　　1844-1900) 53, 70, 80, 425,
　　505

ㄷ
다나카, 나오코(Naoko Tanaka,
　　1950-) 254
다르위시, 마흐무드(Mahmoud Darwish,
　　1941-2008) 498
다비도비치, 벨라(Bella Davidovich,
　　1928-) 24, 171, 172
다임, 요제피네(Josephine Deym, 1779-
　　1821) 399, 401
단테(Dante Alighieri, 1265-1321) 97,
　　511
달하우스, 카를(Carl Dahlhaus, 1928-
　　1989) 188, 403, 405, 406
데르네슈, 헬가(Helga Dernesch,
　　1939-) 182
데스리지, 존(John Deathridge,
　　1944-) 283, 284, 291

『바그너 핸드북(Wagner
　　Handbook)』 283, 284, 286
데이비스, 앤서니(Anthony Davis,
　　1951-) 68, 74, 76, 77, 205
〈엑스(X)〉(=〈맬컴 엑스의 삶과
　　시대〉) 67, 68, 74-77, 206
데이비스, 이반(Ivan Davis, 1932-2018)
　　165
데이비스, 콜린(Colin Davis, 1927-
　　2013) 313, 319
데이비스, 툴라니(Thulani Davis,
　　1949-) 74
〈엑스(X)〉(=〈맬컴 엑스의 삶과
　　시대〉) 67, 68, 74-77, 206
데커, 빌리(Willy Decker, 1950-)
　　321
데 라로차, 알리시아(Alicia de Larrocha,
　　1923-2009) 5, 28, 64, 81
덱스터, 존(John Dexter, 1925-1990)
　　263
델 마, 노먼(Norman Del Mar, 1919-
　　1994) 61
도밍고, 플라시도(Plácido Domingo,
　　1941-) 263, 304, 320, 321
뒤투아, 샤를(Charles Dutoit,
　　1936-) 83, 84, 321
뒤퓌이, 마르틴(Martine Dupuy,
　　1952-) 140
드러커, 유진(Eugene Drucker,
　　1952-) 276
드레이퍼스, 로런스(Lawrence Dreyfus,
　　1952-) 434, 435, 462-
　　464, 482
드뷔시, 클로드(Claude Debussy, 1862-
　　1918) 5, 22, 144, 146, 176, 207,
　　258, 259, 493

〈펠레아스와 멜리장드〉 144
들라크루아, 외젠(Eugène Delacroix,
　1798-1863) 317
디아벨리, 안톤(Anton Diabelli, 1781-
　1858) 512
디트로이트 심포니 오케스트라(Detroit
　Symphony Orchestra) 13, 334
딘, 윈턴(Winton Dean, 1916-2013)
　135, 138
　『헨델과 오페라 세리아(Handel and
　　the Opera Seria)』 138

ㄹ
라벨, 모리스(Maurice Ravel, 1875-
　1937) 5, 22, 28, 56, 168, 207,
　274, 357, 421
라비니아 페스티벌(Ravinia Festival) 47
라슨, 수전(Susan Larson, 1944-　)
　162
라이너, 프리츠(Fritz Reiner, 1888-
　1963) 93, 301
라자리디스, 스테파노스(Stefanos
　Lazaridis, 1942-2010) 208, 209
라흐마니노프, 세르게이(Sergei
　Rachmaninoff, 1873-1943) 7,
　13, 19, 22, 29, 35, 101, 151, 155,
　167, 168, 353, 378, 459, 471
란데스만, 한스(Hans Landesmann,
　1932-2013) 354
란도프스카, 반다(Wanda Landowska,
　1879-1959) 378, 450
람페두사, 주세페 토마시 디(Giuseppe
　Tomasi di Lampedusa, 1896-
　1957) 505
　『표범(The Leopard)』 505

래미, 새뮤얼(Samuel Ramey,
　1942-　) 146, 147, 220, 221,
　264, 420
래틀, 사이먼(Simon Rattle, 1955-　)
　301, 302, 303
랜던, H. C. 로빈스(Howard Chandler
　Robbins Landon, 1926-2009)
　135
랭, 폴 헨리(Paul Henry Lang, 1901-
　1991) 135
러셀, 애나(Anna Russell, 1911-2006)
　190
런던 클래시컬 플레이어스(London
　Classical Players) 216
레거, 막스(Max Reger, 1873-1916)
　256, 257, 258, 274, 276, 422
　〈J. S. 바흐 주제에 의한 변주곡과
　　푸가(Variations and Fugue on
　　a Theme by J. S. Bach)〉 256
레바인, 제임스(James Levine,
　1943-　) 48, 51, 70, 71, 73,
　123, 146, 150, 185, 186, 197,
　198, 245, 246, 261-263, 294,
　303, 304, 307-309, 318-320,
　417, 418, 420, 425
레빈, 로지나(Rosina Lhévinne, 1880-
　1976) 14
레빈, 요제프(Josef Lhévinne, 1874-
　1944) 28, 36
레셰티츠키, 테오도르(Theodor
　Leschetizky, 1830-1915) 14
레이크스, 게리(Gary Lakes,
　1950-　) 198, 318
레자르 플로리상(Les Arts Florissants)
　265

렌츠, 야코프(Jakob Lenz, 1751-1792)
247
로랑스, 기예메트(Guillemette Laurens,
1957-) 266
로버트슨, 스튜어트(Stewart Robertson,
1948-) 230
로버트 쇼 합창단(Robert Shaw Chorale)
65, 251, 252
로빈슨, 폴(Paul Robinson, 1940-)
138, 229, 397
『오페라와 사상(Opera and Ideas)』
138
로스스타인, 에드워드(Edward Rothstein,
1952-) 6, 232, 234
로시니, 조아키노(Gioachino Rossini,
1792-1868) 56, 68, 117, 118,
120, 217, 220-222, 228, 264,
265, 286, 349, 416, 417
〈세미라미데(Semiramide)〉 213,
217, 220-222
〈세비야의 이발사(Il barbiere di
Siviglia)〉 115, 117, 243
〈슬픔의 성모(Stabat Mater)〉 265
〈신데렐라(La Cenerentola)〉
415-417
로이드, 로버트(Robert Lloyd,
1940-) 263
로젠, 찰스(Charles Rosen, 1927-2012)
26, 28, 101, 201, 224, 328, 331,
339-350, 473, 503
『고전 양식(The Classical Style)』
201, 224, 331, 339
『낭만 세대(The Romantic
Generation)』 339, 345, 350
로젠샤인, 닐(Neil Rosenshein,
1947-) 252

로즈, 레너드(Leonard Rose, 1918-
1984) 126
로즈, 폴 로런스(Paul Lawrence Rose,
1944-2014) 284, 285, 289,
291-297
『바그너: 인종과 혁명(Wagner:
Race and Revolution)』 284,
297
록우드, 루이스(Lewis Lockwood,
1930-) 503
『베토벤: 음악과 인생(Beethoven:
The Music and the Life)』
503
롯, 펄리시티(Felicity Lott, 1947-)
202-204
루빈스타인, 아르투르(Arthur Rubinstein,
1887-1982) 5, 18, 31, 40, 166,
168, 257, 447, 493
루빈시테인, 안톤(Anton Rubinstein,
1829-1894) 31, 450
루트비히, 크리스타(Christa Ludwig,
1928-) 198, 267
루푸, 라두(Radu Lupu, 1945-)
36, 166, 168, 216, 422, 441
뤼케르트, 프리드리히(Friedrich Rückert,
1788-1866) 82
륄리, 장-바티스트(Jean-Baptiste Lully,
1632-1687) 265, 266
〈아티스(Atys)〉 265, 266
리스트, 프란츠(Franz Liszt, 1811-1886)
10, 22, 25, 26, 29, 41, 155, 157,
168, 188, 224-226, 249, 255,
258, 259, 336, 340, 348, 349,
390, 425, 450, 452, 459, 471
리에비, 체사레(Cesare Lievi,
1952-) 417

리자네크, 레오니(Leonie Rysanek,
    1926-1998) 217, 218
리파티, 디누(Dinu Lipatti, 1917-1950)
    36, 39, 168
리흐테르, 스뱌토슬라프(Sviatoslav
    Richter, 1915-1997) 25, 28,
    101, 104, 154, 157, 166, 250
린든버거, 허버트(Herbert Lindenberger,
    1929-   ) 213
립먼, 새뮤얼(Samuel Lipman, 1934-
    1994) 6
링컨 센터 페스티벌(Lincoln Center
    Festival) 53, 429

ㅁ
마, 요요(Yo-Yo Ma, 1955-   )
    442-444, 472
마댈리나, 제임스(James Maddalena,
    1954-   ) 161, 240
마살하, 누르(Nur Masalha, 1957-   )
    296
마이어, 발트라우트(Waltraud Meier,
    1956-   ) 262, 308, 309
마일스, 앨리스터(Alistair Miles,
    1961-   ) 252
마젤, 로린(Lorin Maazel, 1930-2014)
    51, 214, 215
마테를링크, 모리스(Maurice
    Maeterlinck, 1862-1949) 144
마틸라, 카리타(Karita Mattila,
    1960-   ) 307
만, 토마스(Thomas Mann, 1875-1955)
    9, 17, 18, 40, 44, 71, 107, 209,
    291, 322, 357, 367, 481
    『파우스트 박사(Doktor Faustus)』
        9, 17, 40, 357, 481

말러, 구스타프(Gustav Mahler, 1860-
    1911) 82, 83, 93, 111, 116, 169,
    176, 207, 262, 274, 301, 308-
    310, 357, 493
    〈교향곡 9번〉 309
    〈대지의 노래(Das Lied von der
        Erde)〉 262, 308, 309
    〈죽은 아이를 그리는 노래
        (Kindertotenlieder)〉 82, 83
매너핸, 조지(George Manahan,
    1952-   ) 228
매케러스, 찰스(Charles Mackerras,
    1925-2010) 64, 217, 219, 263
매클루언, 마셜(Marshall McLuhan,
    1911-1980) 335
매킨타이어, 도널드(Donald McIntyre,
    1934-   ) 307, 308
맥기건, 니컬러스(Nicholas McGegan,
    1950-   ) 269
머르톤, 에바(Eva Marton, 1943-   )
    214, 215
메뉴인, 예후디(Yehudi Menuhin, 1916-
    1999) 46, 98, 126, 127, 380
메시앙, 올리비에(Olivier Messiaen,
    1908-1992) 85, 240, 268, 353,
    354, 356, 357, 359, 449, 517
메타, 주빈(Zubin Mehta, 1936-   )
    82, 254, 301, 442
메트로폴리탄 오페라(Metropolitan
    Opera)(=메트) 56, 67-71, 73,
    74, 81, 83, 86, 91, 118, 137, 138,
    140, 143, 146, 147, 150, 181-
    183, 185-187, 194, 197, 200,
    201, 203-205, 207, 217, 220,
    221, 227, 228, 230, 231, 241,
    242, 245-247, 251, 254, 261,

263, 271, 286, 303, 306, 312-
315, 319-322, 354, 368, 369,
407, 415-420
멘델스존, 펠릭스(Felix Mendelssohn,
1809-1847) 271, 301, 340,
348, 349, 434
멘처, 수잰(Susanne Mentzer,
1957-) 246, 304, 368
멜러스, 윌프리드(Wilfrid Mellers, 1914-
2008) 107
모라제, 샤를(Charles Morazé, 1913-
2003) 106
모르티에, 제라르(Gerard Mortier,
1943-2014) 268
모리스, 마크(Mark Morris, 1956-)
238
모리스, 제임스(James Morris,
1947-) 194, 198, 264
모스틀리 모차르트 페스티벌(Mostly
Mozart Festival) 47, 49, 63, 64
모신스키, 일라이자(Elijah Moshinsky,
1946-) 320
모차르트, 레오폴트(Leopold Mozart,
1719-1787) 324, 325, 327, 329
모차르트, 마리아 안나(Maria Anna
Mozart, 1751-1829) 325, 327,
330
모차르트, 볼프강 아마데우스(Wolfgang
Amadeus Mozart, 1756-1791)
9, 11, 17, 22, 27-29, 36, 44, 45,
47, 49, 52, 56, 64, 65, 81, 90,
100, 106, 107, 118-123, 125,
126, 135-137, 148, 157, 159-
164, 202-204, 209, 216, 224,
225, 228, 229, 233, 244-246,
255, 263-265, 267, 274, 288,

300, 323-331, 336, 339-341,
345, 346, 353, 363, 368, 369,
381, 385, 388, 399, 417, 419, 422,
433, 434, 443, 449, 450, 452,
453, 461, 466, 470-473, 478,
492, 494, 503, 504, 512
〈돈 조반니(Don Giovanni)〉 115,
118, 119, 121, 122, 138,
159-162, 221, 227, 419
〈양치기 왕(Il Rè Pastore)〉 228
〈여자는 다 그래(Così fan tutte)〉
51, 64, 118-122, 159-162,
267, 329, 368, 369, 397, 398
〈이도메네오(Idomeneo)〉 245,
246
〈티토 황제의 자비(La Clemenza di
Tito)〉 417
〈피가로의 결혼(Le nozze di
Figaro)〉 159, 160, 162,
243
모차르트, 콘스탄체(Constanze Mozart,
1762-1842) 327
몰, 쿠르트(Kurt Moll, 1938-2017)
263
몽생종, 브뤼노(Bruno Monsaingeon,
1943-) 128, 129
『글렌 굴드: 나는 결코 괴짜가
아니다(Glenn Gould:
Non, je ne suis pas du tout un
excentrique)』 129
무터, 안네-조피(Anne-Sophie Mutter,
1963-) 358
무티, 리카르도(Riccardo Muti,
1941-) 265
미첼, 도널드(Donald Mitchell, 1925-
2017) 309

미켈란젤리, 아르투로 베네데티(Arturo Benedetti Michelangeli, 1920– 1995)　5, 25, 28, 37, 101, 112, 129, 154, 157, 166, 250, 455

밀러, 조너선(Jonathan Miller, 1934–　)　217–219, 228– 230, 418, 420, 421

밀링턴, 배리(Barry Millington, 1951–　)　374

ㅂ

바그너, 고트프리트(Gottfried Wagner, 1947–　)　423–427
　『늑대와 함께 울부짖지 않는 자: 바그너의 유산(He Who Does Not Howl with the Wolf: The Wagner Legacy)』　423, 424

바그너, 리하르트(Richard Wagner, 1813–1883)　10, 15, 27, 44, 45, 51, 53, 55, 67, 69, 70–73, 79, 113, 118, 119, 130, 145, 162, 177, 182, 185–196, 198–200, 202, 205, 231, 232, 242, 255, 261, 262, 264, 271, 272, 280, 283– 297, 304–307, 311, 336, 341, 349, 355, 363, 371–375, 388, 399, 421, 423–427, 434, 450, 453, 466, 471, 481, 487–490, 492–500, 504
　〈뉘른베르크의 명가수(Die Meistersinger von Nürnberg)〉 145, 187, 262, 289, 304, 374, 426, 434, 443, 488
　〈니벨룽의 반지(Der Ring des Nibelungen)〉　45, 69, 70, 185, 189, 246, 285, 286, 291, 300, 311, 373, 426
　〈라인의 황금(Das Rheingold)〉 185, 187, 190, 191, 196–198
　〈로엔그린(Lohengrin)〉　177, 373
　〈발퀴레(Die Walküre)〉　67–72, 187, 190, 192, 196–198, 200, 489
　〈신들의 황혼(Götterdämmerung)〉 187, 188, 190, 192, 197, 198, 200, 285
　〈지그프리트(Siegfried)〉　182, 187, 188, 192, 198, 200, 373, 471
　〈트리스탄과 이졸데(Tristan und Isolde)〉　67, 145, 187, 215, 262, 286, 289, 374, 384, 425, 426, 443, 489
　〈파르지팔(Parsifal)〉　231, 246, 261–263, 284, 286, 289, 305, 306, 375, 426

바그너, 볼프강(Wolfgang Wagner, 1919– 2010)　45, 423–426, 495

바그너, 빌란트(Wieland Wagner, 1917– 1966)　45, 116, 186, 286, 372, 424

바그너, 코지마(Cosima Wagner, 1837– 1930)　79, 188, 284, 425, 434

바드 페스티벌(Bard Festival)(= 바드 칼리지 음악제, 바드 음악제)　267, 270–272, 275, 277, 279, 281

바렌보임, 다니엘(Daniel Barenboim, 1942–　)　36, 294, 358, 378, 384, 425, 439–448, 450, 455, 472, 487–493, 495–497, 499, 500

바르톨리, 체칠리아(Cecilia Bartoli,
　　1966–)　368, 416–418
바알베크 페스티벌(Baalbeck Festival)
　　47
바이로이트 페스티벌(Bayreuth Festival)
　　44, 45, 424
바이센베르크, 알렉시스(Alexis
　　Weissenberg, 1929–2012) 5, 24,
　　26
바이클, 베른트(Bernd Weikl,
　　1942–)　182
바일, 쿠르트(Kurt Weill, 1900–1950)
　　268, 274, 276, 426
　　〈서푼짜리 오페라(Die
　　　Dreigroschenoper)〉 269
바준, 자크(Jacques Barzun, 1907–2012)
　　316, 317
바흐, 요한 암브로지우스(Johann
　　Ambrosius Bach, 1645–1695)
　　473
바흐, 요한 제바스티안(Johann Sebastian
　　Bach, 1685–1750) 5, 6, 8–13,
　　15, 17, 22, 26–31, 34, 39, 44,
　　46, 70, 81, 89, 98, 99, 106, 107,
　　113, 125–127, 129, 130, 133,
　　135, 136, 158, 166, 167, 207,
　　209, 226, 236, 248–250, 256,
　　257, 288, 304, 322, 333, 334,
　　336, 339–341, 346, 347, 363,
　　366, 378, 380, 381, 385, 388,
　　429–436, 450–453, 457–467,
　　469, 470, 473–486, 493, 504,
　　506, 517–520
　　〈골드베르크 변주곡(Goldberg
　　　Variations)〉 6, 7, 17, 18,
　　　26, 31, 125, 128, 166, 261,
　　　333, 334, 378, 450, 453,
　　　454, 459, 465–467, 481,
　　　483, 484
　　〈브란덴부르크 협주곡〉 13, 483
　　〈영국 모음곡〉 15, 167, 378
　　〈예수, 인간 소망의 기쁨(Jesu, Joy
　　　of Man's Desiring)〉 39
　　〈오르간 소곡집(Orgenbüchlein)〉
　　　435
　　〈음악의 헌정(The Musical
　　　Offering)〉 341, 433, 482,
　　　483, 484
　　〈이탈리아 협주곡〉 15
　　〈평균율 클라비어 곡집(The Well-
　　　Tempered Clavier)〉 15, 98,
　　　113, 127, 340, 378, 483
　　〈푸가의 기법(Die Kunst der Fuge)〉
　　　12, 15, 341, 378, 460, 464,
　　　465, 480, 481, 483, 484,
　　　485, 506
　　〈프랑스 모음곡〉 15, 167, 256,
　　　378, 483
반 담, 호세(José van Dam, 1940–)
　　421
발렌티, 베니타(Benita Valente,
　　1934–)　252
발렌티니-테라니, 루치아(Lucia Valentini-
　　Terrani, 1946–1998) 117
발자크, 오노레 드(Honoré de Balzac,
　　1799–1850) 194, 504
배니스, 캐럴(Carol Vaness, 1952–)
　　246, 265, 304, 320, 321, 368
배링턴, 데인스(Daines Barrington,
　　1727–1800) 323
버드, 윌리엄(William Byrd, 1543–1623)
　　15, 454

버르토크, 벨러(Béla Bartók, 1881–
　　1945) 28, 55, 143–148, 168–
　　170, 280, 353, 356, 385, 439
　　〈무용 모음곡〉 169
　　〈푸른 수염 공작의 성(Bluebeard's
　　　Castle)〉 143–148
버재나, 케빈(Kevin Bazzana,
　　1963–) 455
　　『글렌 굴드: 작업 중인 연주자
　　　(Glenn Gould: The Performer
　　　in the Work)』 455
번스타인, 레너드(Leonard Bernstein,
　　1918–1990) 151, 223, 386, 429,
　　450
범브리, 그레이스(Grace Bumbry,
　　1937–) 74
베냐치코바, 가브리엘라(Gabriela
　　Beňačková, 1947–) 218,
　　219
베렌스, 힐데가르트(Hildegard Behrens,
　　1937–2009) 69, 83, 86, 185,
　　187, 199, 320
베르디, 주세페(Giuseppe Verdi, 1813–
　　1901) 9, 45, 56, 67, 69, 70,
　　74, 91, 92, 111, 119, 137, 181,
　　189, 196, 233, 236, 265, 267,
　　303, 320, 321, 408, 457
　　〈아이다(Aida)〉 67, 68, 70, 73,
　　　74, 116, 140, 227
　　〈오텔로(Otello)〉 320, 322
　　〈팔스타프(Falstaff)〉 9
베르크, 알반(Alban Berg, 1885–1935)
　　9, 79, 98, 148, 168, 180, 205,
　　247, 248, 280, 321, 336, 354,
　　356–358, 364, 410, 449
　　〈룰루〉 244, 247, 248

〈보체크(Wozzeck)〉 115, 148,
　　247, 248, 321, 410, 444
베르크하우스, 루트(Ruth Berghaus,
　　1927–1996) 286, 367
베른하르트, 토마스(Thomas Bernhard,
　　1931–1989) 450
　　『패배자(Der Untergeher)』 450
베를리오즈, 엑토르(Hector Berlioz,
　　1803–1869) 83–85, 102, 147,
　　255, 311–320, 348, 349, 421,
　　470, 494
　　〈파우스트의 천벌(Damnation of
　　　Faust)〉 83, 84
　　〈트로이 사람들(Les Troyens)〉
　　　311–313, 316–318, 321
베를린 국립 오페라(Berlin State Opera)
　　440, 489, 491
베를린 필하모니 오케스트라(Berlin
　　Philharmonic Orchestra) 152,
　　278, 309, 364
베베른, 안톤(Anton Webern, 1883–
　　1945) 9, 11, 98, 127, 138, 280,
　　336, 357, 360, 453
베스팔로프, 레이첼(Rachel Bespaloff,
　　1895–1949) 506
　　『일리아드에 대하여(On the Iliad)』
　　　506
베토벤, 루트비히 판(Ludwig van
　　Beethoven, 1770–1827) 5,
　　8–11, 15, 21, 23, 26–31, 38, 41,
　　44, 45, 48, 49, 52, 65, 70, 79, 81,
　　83, 86, 87, 91, 97–100, 102,
　　104–113, 115, 116, 119, 120,
　　125–128, 134–137, 155–158,
　　169, 188, 203, 209, 224, 225,
　　228–230, 233, 249, 252, 254,

255, 258, 288, 292, 293, 312,
326, 336, 339, 340, 341, 343,
344, 349, 353, 354, 363, 378,
380, 381, 393-414, 433, 443-
445, 450-452, 454, 457, 471,
472, 478, 481, 483, 484, 492,
493, 495, 503-514, 517-520
〈게르마니아(Germania)〉 395
〈교향곡 4번〉 110
〈교향곡 5번〉 10, 110, 396, 410,
 411, 412
〈교향곡 7번〉 110, 443, 484, 511
〈교향곡 8번〉 108, 110
〈교향곡 9번〉 110, 111, 230,
 252, 411, 413, 451, 505,
 508, 509, 514
〈디아벨리 변주곡(Diabelli
 Variations)〉 158, 225, 252,
 510, 512
〈레오노레(Leonore)〉 85, 394-
 396, 399, 401, 402, 404,
 405
〈영웅 교향곡(Eroica Symphony)〉
 (=〈교향곡 3번〉) 108-
 110, 255, 292, 396, 410,
 412, 484, 504
〈웰링턴의 승리(Wellington's
 Victory)〉 395, 396
〈장엄 미사(Missa Solemnis)〉
 9, 65, 252, 433, 483, 505
〈전원 교향곡〉(=〈교향곡 6번〉)
 15, 110, 446
〈피델리오(Fidelio)〉 51, 83,
 85-87, 227-230, 267, 313,
 393-414

〈함머클라비어 소나타
 (Hammerklavier Sonata)〉
 28, 81, 156, 158, 252, 413,
 483, 514
벤야민, 발터(Walter Benjamin, 1892-
 1940) 17, 295
벨리니, 빈첸초(Vincenzo Bellini, 1801-
 1835) 81, 189, 349
 〈청교도(I Puritani)〉 82
보니, 바버라(Barbara Bonney,
 1956-) 202, 302
보닝, 리처드(Richard Bonynge,
 1930-) 137
보르헤스, 호르헤 루이스(Jorge Luis
 Borges, 1899-1986) 7
 「피에르 메나르, 『돈키호테』의
 저자(Pierre Menard, autor del
 Quijote)」 7
보몬트, 앤터니(Antony Beaumont,
 1949-) 208, 209
 『작곡가 부소니(Busoni the
 Composer)』 208
보이트, 데버라(Deborah Voigt,
 1960-) 320
보트스틴, 리언(Leon Botstein,
 1946-) 270, 274, 277-279
본, 로저(Roger Vaughan, 1937-)
 51
 『헤르베르트 폰 카라얀(Herbert
 von Karajan)』 51
볼프, 크리스토프(Christoph Wolff,
 1940-) 469, 470, 473-479,
 481-486
 『요한 제바스티안 바흐: 박식한
 음악가(Johann Sebastian Bach:
 The Learned Musician)』 469

뵘, 게오르크(Georg Böhm, 1661-1733) 475
뵘, 카를(Karl Böhm, 1894-1981) 45, 176, 267
부르메스테르, 페드루(Pedro Burmester, 1963-) 261
부르출라제, 파타(Paata Burchuladze, 1955-) 118
부소니, 페루초(Ferruccio Busoni, 1866-1924) 31, 41, 99, 151, 207-210, 224, 226, 249, 250, 258, 274, 276, 354, 367, 422, 454
〈파우스트 박사(Doktor Faust)〉 201, 207-211, 226
부슈, 프리츠(Fritz Busch, 1890-1951) 61, 62
부흐, 에스테반(Esteban Buch, 1963-) 509
『베토벤의 〈교향곡 9번〉: 정치적 역사(Beethoven's Ninth: A Political History)』 509
북스테후데, 디트리히(Dieterich Buxtehude, 1637-1707) 470, 475
불레즈, 피에르(Pierre Boulez, 1925-2016) 45, 52, 70, 71, 80, 98, 148, 151, 229, 271, 289-291, 294, 300, 307, 353-361, 372, 439, 440, 450, 471, 517
뷜로, 한스 폰(Hans von Bülow, 1830-1894) 70, 188
브람스, 요하네스(Johannes Brahms, 1833-1897) 5, 26, 27, 49, 55, 91, 99, 101, 156, 157, 224, 249, 256, 257, 268, 271, 274, 277,

280, 336, 353, 354, 363, 421, 444, 452, 493, 504
〈피아노를 위한 네 개의 소품〉 156
〈피아노 사중주 C단조〉 277
〈현악 육중주〉 157
〈헨델 주제에 의한 변주곡과 푸가(Variations and Fugue on a Theme by Handel)〉 101, 256
브레히트, 베르톨트(Bertolt Brecht, 1898-1956) 268
〈서푼짜리 오페라(Die Dreigroschenoper)〉 269
브렌델, 알프레트(Alfred Brendel, 1931-) 22, 25, 28, 35, 48, 100, 104, 157, 158, 166, 168, 223-226, 259, 354, 378, 381
『음악의 생각과 뒷생각(Musical Thoughts and Afterthoughts)』 224
『음악의 속을 떠보기(Music Sounded Out)』 223-225
브로흐, 헤르만(Hermann Broch, 1886-1951) 62, 176, 506
브루크너, 안톤(Anton Bruckner, 1824-1896) 110, 152, 153, 255, 299, 300, 442, 493
〈교향곡 4번〉 152, 153
〈교향곡 8번〉 299
브리튼, 벤저민(Benjamin Britten, 1913-1976) 46, 48, 56, 205, 211, 263, 264, 269, 301, 322, 353, 364, 471
〈베네치아에서의 죽음(Death in Venice)〉 322

〈빌리 버드(Billy Budd)〉 263
블로흐, 에른스트(Ernst Bloch, 1885–1977) 86
비제, 조르주(Georges Bizet, 1838–1875) 15, 27, 80, 336, 381, 453
　〈카르멘(Carmen)〉 80
비커스, 존(Jon Vickers, 1926–2015) 230, 313
비코, 잠바티스타(Giambattista Vico, 1668–1744) 342, 343, 463
　「새로운 학문(The New Science)」 463
비트겐슈타인, 루트비히(Ludwig Josef Johann Wittgenstein, 1889–1951) 274, 385
비트겐슈타인, 파울(Paul Wittgenstein, 1887–1961) 274
빈 필하모닉 오케스트라(Vienna Philharmonic Orchestra) 51, 99, 105, 108, 109, 111, 113, 176, 214, 268, 299–301

ㅅ

사르노프, 데이비드(David Sarnoff, 1891–1971) 92
살로넨, 에사-페카(Esa-Pekka Salonen, 1958–) 366
살미넨, 마티(Matti Salminen, 1945–) 199
샤베르노흐, 한스(Hans Schavernoch, 1945–) 147, 149
샤토브리앙, 프랑수아-르네 드(François-René de Chateaubriand, 1768–1848) 317
새퍼, 리사(Lisa Saffer, 1960–) 248, 270
샌타페이 오페라(Santa Fe Opera) 47, 53, 56, 57, 61–63, 268–270
생상스, 카미유(Camille Saint-Saëns, 1835–1921) 85, 471
서덜랜드, 조운(Joan Sutherland, 1926–2010) 81, 117, 137
서보트닉, 로즈(Rose Subotnik, 1942–) 406
세이어, 알렉산더(Alexander Thayer, 1817–1897) 503
셀, 조지(George Szell, 1897–1970) 93, 301
셀러스, 피터(Peter Sellars, 1957–) 118–124, 159–164, 186, 204, 213, 233, 234, 236–240, 248, 268, 269, 364–368, 418
셔먼, 러셀(Russell Sherman, 1930–) 258–260
셰로, 파트리스(Patrice Chéreau, 1944–2013) 71, 196, 229, 286, 289, 290, 306, 367, 372
솅크, 오토(Otto Schenk, 1930–) 71, 186, 320
솔로몬, 메이너드(Maynard Solomon, 1930–) 252, 323–331, 396, 408–410, 412, 451, 478, 503–505, 508–515
　『모차르트의 삶(Mozart: A Life)』 323, 324
　『베토벤 에세이(Beethoven Essays)』 252
　『후기 베토벤(Late Beethoven)』 503
솔로몬(Solomon Cutner, 1902–1988) 36, 101, 168

쇤베르크, 아르놀트(Arnold Schoenberg, 1874-1951) 6, 9, 15, 22, 27, 76, 82, 98, 126, 127, 138, 143, 145-149, 156, 176, 205, 207, 208, 257, 258, 274, 280, 291, 336, 354-356, 360, 363, 380, 466, 481
〈기대(Erwartung)〉 82, 143, 145-150, 205, 207
쇼, 로버트(Robert Shaw, 1916-1999) 65, 251-254
쇼팽, 프레데리크(Frédéric Chopin, 1810-1849) 5, 21-23, 25, 26, 28-32, 34, 36, 40, 81, 98, 156, 168, 171, 249, 250, 255, 259, 336, 339-341, 345-350, 378, 434, 452, 459, 466
숄티, 게오르그(Georg Solti, 1912-1997) 294, 299-301, 394
슈나벨, 아르투르(Artur Schnabel, 1882-1951) 5, 32, 157, 168, 223, 225, 226, 259, 385
슈나이더-짐센, 귄터(Günther Schneider-Siemssen, 1926-2015) 186
슈만, 로베르트(Robert Schumann, 1810-1856) 5, 22, 23, 26, 28, 30-33, 35, 37, 38, 40, 70, 79, 80, 100, 157, 168, 171, 224, 225, 249, 250, 336, 339-341, 343-345, 348-350, 381, 421, 434, 443, 452, 489, 493
슈만, 클라라(Clara Schumann, 1819-1896) 79
슈바이처, 알베르트(Albert Schweitzer, 1875-1965) 11, 450, 484

슈베르트, 프란츠(Franz Schubert, 1797-1828) 21, 23, 28, 30, 31, 70, 100, 157, 169, 170, 203, 216, 225, 258, 259, 349, 354, 443, 503, 513
슈워츠, 제러드(Gerard Schwarz, 1947-) 63, 65
슈토이어만, 에드워드(Edward Steuermann, 1892-1964) 52, 258, 259
『딱히 죄 없다고는 할 수 없는 구경꾼(The Not Quite Innocent Bystander)』 258
슈토크하우젠, 카를하인츠(Karlheinz Stockhausen, 1928-2007) 24, 52, 98, 156, 353
슈트라우스, 리하르트(Richard Strauss, 1864-1949) 11-13, 15, 27, 29, 45, 55-57, 59-63, 70, 79, 119, 137, 145-147, 169, 175-184, 201-203, 207, 214, 215, 228, 255, 267, 268, 271-281, 284, 320, 334, 336, 353, 364, 381, 453, 455, 458, 493
〈그림자 없는 여인(Die Frau ohne Schatten)〉 61, 180-183, 300
〈낙소스 섬의 아리아드네(Ariadne auf Naxos)〉 57, 177, 178, 273
〈네 개의 마지막 노래(Vier letzte Lieder)〉 183, 184, 273, 275
〈다나에의 사랑(Die Liebe der Danae)〉 57
〈다프네(Daphne)〉 57, 177

〈독일 모테트(Deutsche Motette)〉
279, 280
〈돈키호테(Don Quixote)〉 178
〈돈 후안(Don Juan)〉 178
〈메타모르포젠(Metamorphosen)〉
55, 183, 273, 278-280
〈부를레스케(Burleske)〉 13, 14,
334
〈살로메(Salome)〉 59, 145, 148,
175, 177, 179, 203, 273
〈엘렉트라(Elektra)〉 57, 145, 175,
177, 179, 203, 213-215,
217, 273, 320
〈왼손 피아노와 오케스트라를 위한
범(汎) 아테네 행렬
(Panathenäenzug)〉 274
〈이집트의 헬레나(Die ägyptische
Helena)〉 56, 57, 59-63,
177, 268
〈장미의 기사(Der Rosenkavalier)〉
57, 177, 179, 183, 201, 203,
204, 268, 270, 273
〈카프리치오(Capriccio)〉 57, 176,
177, 179, 272, 273
슝크, 로베르트(Robert Schunk,
1948-) 182
스미스, 크레이그(Craig Smith, 1947-
2007) 123, 161, 164
스타인버그, 마이클(Michael Steinberg,
1928-2009) 202, 203, 267,
272, 273
『잘츠부르크 페스티벌의 의미
(The Meaning of the Salzburg
Festival)』 202, 267
스트라빈스키, 이고르(Igor Stravinsky,
1882-1971) 55, 56, 98, 168,
180, 280, 356, 357, 359, 364,
418-421, 489
〈탕아의 행각(The Rake's
Progress)〉 415, 418-420
스트라타스, 테레사(Teresa Stratas,
1938-) 245
시벨리우스, 장(Jean Sibelius, 1865-
1957) 15, 301, 381, 453
시진스키, 캐서린(Katherine Ciesinski,
1950-) 83
시카고 심포니 오케스트라(Chicago
Symphony Orchestra) 198, 358,
440, 441, 489, 491
시프, 언드라시(András Schiff,
1953-) 26, 31, 165-171,
255-258, 260, 266, 421, 422
시핀, 조지(George Tsypin, 1954-)
238, 365
신영옥(Young Ok Shin, 1961-)
220
실번, 샌퍼드(Sanford Sylvan, 1953-
2019) 161, 239, 240
실스, 베벌리(Beverly Sills, 1929-2007)
137

ㅇ

아도르노, 테오도르(Theodor Adorno,
1903-1969) 33, 52, 62, 93,
107, 148, 150, 176-179, 189,
232, 252, 262, 287, 288, 291,
294, 307, 360, 367, 403, 404,
406, 408, 413, 414, 456, 457,
460-462, 506-508
「마에스트로의 장악력(The
Mastery of the Maestro)」
456

『베토벤: 음악의 철학(Beethoven: The Philosophy of Music)』 506

「베토벤의 후기 양식(Beethoven's Late Style)」 506

「음악의 물신적(物神的) 성격에 대하여, 그리고 듣기의 퇴보에 대하여(On the Fetish-Character in Music and the Regression of Listening)」 52

아라우, 클라우디오(Claudio Arrau, 1903-1991) 255, 447

아로요, 마티나(Martina Arroyo, 1936-) 74

아르헤리치, 마르타(Martha Argerich, 1941-) 28, 101, 166, 168, 378, 455

〈아마데우스(Amadeus)〉 90, 123, 450

아바도, 클라우디오(Claudio Abbado, 1933-2014) 99, 108-113, 309, 310

아바스, 아부(Abu Abbas, 1948-2004) 233

아슈케나지, 블라디미르(Vladimir Ashkenazy, 1937-) 24, 29, 34, 101-104, 168, 459

아이헨도르프, 요제프 폰(Joseph von Eichendorff, 1788-1857) 184

아체베, 치누아(Chinua Achebe, 1930-2013) 295, 498

아카데미 오브 세인트 마틴 인 더 필즈(Academy of St. Martin in the Fields) 216

알라이모, 시모네(Simone Alaimo, 1950-) 417

알트메이어, 제닌(Jeannine Altmeyer, 1948-) 69, 199, 229

앙상블 앵테르콩텡포랭(Ensemble Inter-Contemporain) 355

애덤스, 존(John Adams, 1947-) 233, 235-237, 360

〈클링호퍼의 죽음(The Death of Klinghoffer)〉 227, 233-240

애서턴, 데이비드(David Atherton, 1944-) 322

애플링, 윌리엄(William Appling, 1932-2008) 279

액스, 이매뉴얼(Emanuel Ax, 1949-) 32, 48

앤더슨, 준(June Anderson, 1952-) 220, 264

앨런, 토머스(Thomas Allen, 1944-) 210, 322, 368

야나체크, 레오시(Leoš Janáček, 1854-1928) 56, 169, 170, 205-207, 209, 217-220, 263, 301, 302

〈죽은 자의 집으로부터(From the House of the Dead)〉 201, 205, 206

〈카탸 카바노바(Katya Kabanova)〉 213, 217, 218, 220, 221

〈1905년 10월 1일〉 169

업쇼, 돈(Dawn Upshaw, 1960-) 246, 420

에네스쿠, 제오르제(George Enescu, 1881-1955) 151

에스테스, 사이먼(Simon Estes, 1938-) 73

에이브럼스, M. H.(Meyer Howard Abrams, 1912-2015) 342, 412, 413

『자연스러운 초자연주의(Natural Supernaturalism)』 412
NBC 심포니 오케스트라(NBC Symphony Orchestra) 91, 92, 251
엘리엇, T. S.(Thomas Stearns Eliot, 1888–1965) 97
예루잘렘, 지그프리트(Siegfried Jerusalem, 1940–) 197–199, 263
오든, W. H.(Wystan Hugh Auden, 1907–1973) 419, 420
오르페우스 체임버 오케스트라(Orpheus Chamber Orchestra) 215–217, 222
오스왈드, 피터(Peter Ostwald, 1928–1996) 377, 381, 382, 384–390, 455
『글렌 굴드 그리고 천재의 비극(Glenn Gould and the Tragedy of Genius)』 377, 381
오웰, 조지(George Orwell, 1903–1950) 181
오직, 신시아(Cynthia Ozick, 1928–) 237
오터, 안네 조피 폰(Anne Sofie von Otter, 1955–) 202, 417, 418
오펜바흐, 자크(Jacques Offenbach, 1819–1880) 304
〈호프만의 이야기(Les Contes d'Hoffmann)〉 303, 304
오피, 앨런(Alan Opie, 1945–) 210, 211
올든, 크리스토퍼(Christopher Alden, 1949–) 269

와이너, 마크(Marc A. Weiner, 1955–) 367, 374
『반란의 함의: 현대 독일 내러티브 내에서의 음악, 정치, 그리고 사회적 영역(Undertones of Insurrection: Music, Politics, and the Social Sphere in Modern German Narrative)』 367
와츠, 앙드레(André Watts, 1946–) 24, 155, 156, 168
요훔, 오이겐(Eugen Jochum, 1902–1987) 93, 113
우치다 미츠코(Mitsuko Uchida, 1948–) 168
워즈워스, 윌리엄(Wiliam Wordsworth, 1770–1850) 98, 115, 303, 512
워커, 세라(Sarah Walker, 1943–) 140
웩슬러, 피터(Peter Wexler, 1936–) 314, 315
위고, 빅토르(Victor Hugo, 1802–1885) 98, 317
윌리엄스, 조이(Joy Williams, 1944–) 450
「매(Hawk)」 450
윌슨, 로버트(Robert Wilson, 1941–) 286, 306
유잉, 마리아(Maria Ewing, 1950–) 318, 357, 359
음향 및 음악 연구 조직 기관(Institut de Recherche et Doordination Acoustique/Musique, IRCAM) 355
이어건, 마이클(Michael Yeargan, 1946–) 320

잉글리시 내셔널 오페라(English National Opera) 208, 269

ㅈ

자네티, 모니크(Monique Zanetti, 1961-) 266

잘츠부르크 페스티벌(Salzburg Festival) 45, 51, 52, 202, 203, 267, 273, 354

제르킨, 루돌프(Rudolf Serkin, 1903-1991) 24, 38, 46, 168, 251, 255-258

제르킨, 피터(Peter Serkin, 1947-) 26, 101, 168, 421, 422

존라이트너, 요제프(Joseph Sonnleithner, 1766-1835) 400

존스, 귀네스(Gwyneth Jones, 1936-) 199

존스, 윌리엄(William Johns, 1936-) 198

존스, 윌리엄(William Jones, 1746-1794) 511

존슨, 앤서니 롤프(Anthony Rolfe Johnson, 1940-2010) 322

지라르, 프랑수아(François Girard, 1963-) 333-335, 337

지버베르크, 한스-위르겐(Hans-Jürgen Syberberg, 1935-) 284

ㅊ

차우, 메릴린(Marilyn Zschau, 1944-) 182

체다, 알베르토(Alberto Zedda, 1928-2017) 118, 220

체르카스키, 슈라(Shura Cherkassky, 1909-1995) 168, 249-251

체피렐리, 프란코(Frnaco Zeffirelli, 1923-) 205, 408, 416

첼리비다케, 세르지우(Sergiu Celibidache, 1912-1996) 151, 152-154, 156, 157, 254, 447

치머만, 베른트 알로이스(Bernd Alois Zimmermann, 1918-1970) 247, 248

ㅋ

카라얀, 헤르베르트 폰(Herbert von Karajan, 1908-1989) 45, 46, 51, 52, 102, 176, 203, 253, 267, 268, 309, 449, 450, 454

카바피, 콘스탄틴(Constantine Cavafy, 1863-1933) 505

카브라코스, 디미트리(Dimitri Kavrakos, 1946-) 83

카슨, 자니(Johnny Carson, 1925-2005) 175

칼라일, 토머스(Thomas Carlyle, 1795-1881) 295, 494

칼먼, 체스터(Chester Kallman, 1921-1975) 419

컨클린, 존(John Conklin, 1937-) 229

켐프, 빌헬름(Wilhelm Kempff, 1895-1991) 25, 38, 39, 104, 168, 225, 255

코넬, 엘리자베스(Elizabeth Connell, 1946-2012) 214

코르토, 알프레드(Alfred Cortot, 1877-1962) 14, 35

코른골트, 에리히 볼프강(Erich Wolfgang Korngold, 1897-1957) 227, 274

〈죽음의 도시(Die tote Stadt)〉
227
코릴리아노, 존(John Corigliano,
1938-) 242, 244, 245
〈베르사유의 유령(The Ghosts of
Versailles)〉 241, 242, 244-
248
코사로, 프랭크(Frank Corsaro, 1924-
2017) 227
코치시, 졸탄(Zoltán Kocsis, 1952-
2016) 168
코플리, 존(John Copley, 1933-)
140
콘래드, 조지프(Joseph Conrad, 1857-
1924) 295, 498
『어둠의 심연(Heart of Darkness)』
295, 498
콘래드, 피터(Peter Conrad, 1948-)
138
『사랑과 죽음의 노래(A Song of
Love and Death)』 138
콘론, 제임스(James Conlon,
1950-) 221
콜드웰, 세라(Sarah Caldwell, 1924-
2006) 247
쿠퍼, 하리(Harry Kupfer, 1935-)
286, 367, 418
퀴바, 플로렌스(Florence Quivar,
1944-) 252
퀴트마이어, 수전(Susan Quittmeyer,
1953-) 218
크나페르츠부슈, 한스(Hans
Knappertsbusch, 1888-1965)
45, 70, 93
크라우스, 클레멘스(Clemens Krauss,
1893-1954) 176

크로, 토드(Todd Crow, 1945-)
276
크로스비, 존(John Crosby, 1926-2002)
57, 61
크롬머, 프란츠(Franz Krommer, 1759-
1831) 64
크리스티, 윌리엄(William Christie,
1944-) 265, 266
클라이버, 카를로스(Carlos Kleiber,
1930-2004) 201, 203, 204
클라이번, 밴(Van Cliburn, 1934-2013)
7, 168, 261, 459
클라크, 그레이엄(Graham Clark,
1941-) 210, 243, 245, 264
클라크, T. J.(Timothy James Clark,
1943-) 50
『회화 속에 나타난 현대인의 생활:
마네와 그의 추종자들의
그림에 나타난 파리(The
Painting of Modern Life: Paris
in the Art of Manet and His
Followers)』 50
클라크, 페툴라(Petula Clark,
1932-) 336
킨, 크리스토퍼(Christopher Keene,
1946-1995) 77, 206
킬리코, 지노(Gino Quilico, 1955-)
245
킹, 제임스(James King, 1925-2005)
214

ㅌ

타이넌, 케네스(Kenneth Tynan, 1927-
1980) 175
태너, 마이클(Michael Tanner,
1956-) 371-375

『바그너(Wagner)』 371
탱글우드 페스티벌(Tanglewood Festival) 47-49, 301
토스카니니, 아르투로(Arturo Toscanini, 1867-1957) 65, 70, 90-95, 102, 251, 252, 261, 284, 291, 301, 456, 457
토흐, 에른스트(Ernst Toch, 1887-1964) 274, 276
투렉, 로절린(Rosalyn Tureck, 1913-2003) 6, 7, 378
트로야노스, 타티아나(Tatiana Troyanos, 1938-1993) 139

ㅍ

파가니니, 니콜로(Niccolò Paganini, 1782-1840) 450, 452
파레, 폴(Paul Paray, 1886-1979) 13, 14, 334
파바로티, 루치아노(Luciano Pavarotti, 1935-2007) 68, 90, 245
파스벤더, 브리기테(Brigitte Fassbaender, 1939-) 214, 320
파운트니, 데이비드(David Pountney, 1947-) 208, 210
파프, 조지프(Joseph Papp, 1921-1991) 237
파헬벨, 요한(Johann Pachelbel, 1653-1706) 470, 475
파흐만, 블라디미르 드(Vladimir de Pachmann, 1848-1933) 223
패러킬러스, 제임스(James Parakilas, 1949-) 452
『피아노 롤스(Piano Roles)』 452
패트릭, 줄리언(Julian Patrick, 1927-2009) 197

팰컨, 루스(Ruth Falcon, 1942-) 182
퍼라이아, 머리(Murray Perahia, 1947-) 28, 36, 48, 155, 156, 168
퍼트넘, 애슐리(Ashley Putnam, 1952-) 275
펄먼, 이츠하크(Itzhak Perlman, 1945-) 90
페로, 가브리엘레(Gabriele Ferro, 1937-) 117
페르트, 아르보(Arvo Pärt, 1935-) 353
페릭, 크리스토프(Christof Perick, 1946-) 86, 181
페이전트, 제프리(Geoffrey Payzant, 1926-2004) 16, 128, 379, 455
『글렌 굴드: 음악과 정신(Glenn Gould: Music and Mind)』 16, 128, 379
페푸슈, 요한 크리스토프(Johann Christoph Pepusch, 1667-1752) 268
〈거지의 오페라(The Beggar's Opera)〉 268, 269, 270
펩시코 서머페어 페스티벌(PepsiCo Summerfare Festival) 118, 159
포그트, 마티아스 테오도르(Matthias Theodor Vogt, 1959-) 285
「바이로이트에서의 수치요법(Taking the Waters at Bayreuth)」 285
포리에이, 리처드(Richard Poirier, 1925-2009) 18
포브스, 엘리엇(Elliot Forbes, 1917-2006) 503

포스터, E. M.(Edward Morgan Forster, 1879-1970) 105, 263
『인도로 가는 길(A Passage to India)』 105
포터, 앤드류(Andrew Porter, 1928- 2015) 119, 242
폰테코르보, 질로(Gillo Pontecorvo, 1919-2006) 239
폴레, 프랑수아즈(Françoise Pollet, 1949-) 315, 318, 493
폴리니, 마우리치오(Maurizio Pollini, 1942-) 22-25, 28, 30, 32-35, 37, 40, 98-100, 108, 111-113, 129, 156-158, 166, 168, 224, 259, 260, 354, 378, 450, 455, 472
폴케르트, 구드룬(Gudrun Volkert, 1943-) 199, 200
푸르트벵글러, 빌헬름(Wilhelm Furtwängler, 1886-1954) 45, 70, 93, 113, 226, 272, 278, 364, 368, 442, 447, 492
푸코, 미셸(Michel Foucault, 1926- 1984) 80, 229, 342
『감시와 처벌(Surveiller et punir)』 229
프라이, 헤르만(Hermann Prey, 1929- 1998) 289, 306, 307
프루스트, 마르셀(Marcel Proust, 1871- 1922) 40, 45, 71, 107, 182, 194, 291, 445
『잃어버린 시간을 찾아서(A le recherche du temps perdu)』 40, 45
프리드리히, 괴츠(Götz Friedrich, 1930- 2000) 186, 196, 204, 286

프리드리히, 오토(Otto Friedrich, 1929-1995) 379, 380, 382, 388, 455
『글렌 굴드: 인생과 변주(Glenn Gould: A Life and Variations)』 379
피넉, 트레버(Trevor Pinnock, 1946-) 140
피셔, 에트빈(Edwin Fischer, 1886- 1960) 28, 168, 225, 447
피셔-디스카우, 디트리히(Dietrich Fischer-Dieskau, 1925-2012) 210, 211, 230, 268
피오, 콜름(Colm Feore, 1958-) 334
핀칭, 우테(Ute Vinzing, 1936-) 199

ㅎ

하게고르드, 호칸(Håkan Hagegård, 1945-) 245
하우드, 로널드(Ronald Harwood, 1934-) 368
「테이킹 사이즈(Taking Sides)」 368
하울란, 오게(Aage Haugland, 1944- 2000) 69, 202, 218
하이든, 요제프(Joseph Haydn, 1732- 1809) 22, 65, 106, 135, 168- 170, 201-203, 224, 226, 301, 302, 328, 336, 339, 433, 452, 472, 473, 492, 493
〈천지창조(Die Schöpfung)〉 301-303, 473
하이트너, 니컬러스(Nicholas Hytner, 1956-) 269

해들리, 제리(Jerry Hadley, 1952-2007) 368, 420
햄프슨, 토머스(Thomas Hampson, 1955-   ) 264
헤너핸, 도널(Donal Henahan, 1921-2012) 118, 119, 159, 186, 232
헤릭, 크리스토퍼(Christopher Herrick, 1942-   ) 429-436
헤일, 로버트(Robert Hale, 1943-   ) 198
헤프너, 벤(Ben Heppner, 1956-   ) 245
헨델, 게오르크 프리드리히(Georg Friedrich Handel, 1685-1759) 44, 70, 106, 133-140, 256, 257, 269, 336, 341, 470, 475
⟨줄리오 체사레(Giulio Cesare)⟩ 133, 137-141
호로비츠, 블라디미르(Vladimir Horowitz, 1903-1989) 5, 24, 28, 32, 129, 154, 165-168, 172, 255, 335, 383, 387, 454, 455
호로위츠, 조지프(Joseph Horowitz, 1948-   ) 90-95, 261
『토스카니니 이해하기(Understanding Toscanini)』 89, 90
호터, 한스(Hans Hotter, 1909-2003) 72, 73, 194
호프만, 페터(Peter Hofmann, 1944-2010) 72

호프만스탈, 후고 폰(Hugo von Hofmannsthal, 1874-1929) 56-63, 176-178, 180, 183, 201-203, 214, 267, 273, 320
⟨예더만(Jedermann)⟩ 203
⟨이집트의 헬레나(Die ägyptische Helena)⟩ 56, 57, 59-63, 177, 268
호프먼, 윌리엄(William Hoffman, 1939-2017) 242, 245
혼, 메릴린(Marilyn Horne, 1934-   ) 82, 83, 117, 137, 220, 221, 243-245, 264
홀리거, 하인츠(Heinz Holliger, 1939-   ) 65
홀트, 벤(Ben Holt, 1956-1990) 75
홉슨, 이언(Ian Hobson, 1952-   ) 275
홉킨스, 제라드 맨리(Gerard Manley Hopkins, 1844-1889) 82, 389
히스터만, 호르스트(Horst Hiestermann, 1934-   ) 199
히틀러, 아돌프(Adolf Hitler, 1889-1945) 188, 272, 284, 294, 395, 423, 424, 426, 487, 489, 495
힌데미트, 파울(Paul Hindemith, 1895-1963) 29, 127, 180, 211, 274, 354, 363-368
⟨화가 마티스(Mathis der Maler)⟩ 363-368

에드워드 사이드 음악비평집
경계의 음악

초판 1쇄 발행 2019년 6월 10일
초판 3쇄 발행 2024년 2월 15일

지은이 에드워드 사이드
옮긴이 이석호

발행인 박지홍
발행처 봄날의책
등록 제311-2012-000076호 (2012년 12월 26일)
주소 서울 종로구 창덕궁4길 4-1, 401호
전화 070-4090-2193
전자우편 springdaysbook@gmail.com

기획 박지홍
편집 박지홍, 조윤형
디자인 전용완
표지 그림 이광무
제작 세걸음

ISBN 979-11-86372-65-4 (93670)

이 도서의 국립중앙도서관 출판예정도서목록(CIP)은 서지정보유통지원시스템 홈페이지(http://seoji.nl.go.kr)와 국가자료종합목록시스템(http://kolis-net.nl.go.kr)에서 이용하실 수 있습니다. (CIP제어번호: CIP2019018671)